Gustav L. Schmidt

Justus Menius, der Reformator Thüringens

Gustav L. Schmidt

Justus Menius, der Reformator Thüringens

ISBN/EAN: 9783742847331

Hergestellt in Europa, USA, Kanada, Australien, Japan

Cover: Foto ©Lupo / pixelio.de

Manufactured and distributed by brebook publishing software
(www.brebook.com)

Gustav L. Schmidt

Justus Menius, der Reformator Thüringens

Justus Menius,

der Reformator Thüringens.

Nach archivalischen und andern gleichzeitigen Quellen

von

Dr. Gustav Lebrecht Schmidt.

Erster Band.

Gotha,

Friedrich Andreas Perthes.

1867.

Vorwort.

—

Die vorliegende Biographie verdankt ihre Entstehung der Liebe zur Kirchengeschichte der Heimath. Die erste Frucht der Studien auf diesem Felde war eine kurze Abhandlung über Strauß, den ersten evangelischen Prediger in Eisenach, die als Programm des Großherzogl. Realgymnasiums erschien und der Hauptsache nach auch hier eine Stelle gefunden hat. Das Leben des ersten evangelischen Superintendenten sollte ebenfalls in Programmen veröffentlicht werden. Je mehr ich mich aber mit dem Wirken und der Bedeutung dieses Mannes beschäftigte, um so mehr schien er mir eine ausführliche Darstellung zu verdienen, die zugleich einem größeren Leserkreise zugänglich wäre. Seine Wirksamkeit blieb ja nicht allein auf die seiner Leitung unterstellten Diöcesen Eisenach und Gotha beschränkt, sondern seine rührige Thätigkeit bei den Visitationen und seine Energie in der Sicherung der Landeskirche gegen Wiedertäufer und Interim geben ihm vollen Anspruch auf den Namen des Reformators von Thüringen. Daher will sich das Buch insbesondere als ein Beitrag zur Geschichte der thüringischen Landeskirche allen Denen empfohlen haben, die Sinn und Herz dafür haben; es bringt ihnen des Neuen Mancherlei. Aber auch für die allgemeine Reformationsgeschichte ist Menius nicht von so geringer Bedeutung, daß sein Name in ihren Annalen fehlen dürfte. Seine Theilnahme an den wichtigsten Verhandlungen und Fragen der Zeit, der Werth, den Luther seinen Schriften und seinem Urtheile beimaß, seine Streitigkeiten mit Theologen des In= und Auslandes, sowie endlich die von ihm zuerst gegebene Entwickelung einiger Lehrsätze, welche Aufnahme in die Konkordienformel fanden, sichern ihm einen ehrenvollen Platz unter den Vätern der evangelischen Kirche.

Wenn auch C. Schwarz (in Herzogs Realencyklopädie) die richtigen Fingerzeige für eine Würdigung und Darstellung der Verdienste unseres Menius gegeben hat, so mußte doch das Material sämmtlich erst aus den Archiven, aus seinen eignen und andern gleichzeitigen Schriften gesammelt werden, eine Arbeit, welche viel Mühe und Zeit in Anspruch genommen hat. Um so mehr drängt es mich, den Vorständen der Bibliotheken und Archive zu Weimar, Gotha und Heidelberg, sowie vor Allem dem Großherzoglichen Staatsministerium zu Weimar und dem Rathe der Stadt Mühlhausen, welche mir in liberalster Weise die Benutzung der betreffenden Akten gestatteten, meinen tiefgefühlten Dank öffentlich auszusprechen.

Eisenach, den 28. August 1867.

Der Verfasser.

Inhalt des ersten Bandes.

———

Erstes Buch.

Menius bis zu seiner Anstellung in Eisenach 1529.

———

Erstes Kapitel.

Abstammung und Aufenthalt in Fulda.

I.

Justus Menius ist am 13. December 1499 in Fulda geboren [1]). Sein deutscher Zuname ist Menig, sein Vorname ursprünglich Jobocus, der im Volksmunde Jost oder Just lautete und dann wieder zu Justus latinisirt wurde [2]). Von seinen Eltern ist uns nichts bekannt. Sie scheinen nicht bemittelt gewesen zu sein, denn als unser Justus im Jahre 1514 unter dem Rektorate Widelings zu Erfurt immatriculirt wurde, konnte er nur die Hälfte der Gebühren bezahlen; die andere

---

1) Die Angaben über den Tag und das Jahr der Geburt gehen auseinander. Eberus in Calend. hist., p. 396 giebt den 13. December 1499 (und diese Angabe wird durch die Umschrift auf dem Bilde von Menius in der Marienkirche zu Mühlhausen bestätigt), Paullini in den Annal. Isenac., p. 139 den 13. October 1494 an. Das Jahr 1494 hat man nur deswegen angenommen, weil man daran Anstoß nahm, daß Menius bereits 1515 Baccalaureus wurde. Indessen giebt es dafür in jener Zeit viele Beispiele; man denke nur an Melanchthon. Auch Mutian bezog die Universität in seinem 15. Jahre.

2) So auch Jobocus Trutvetter, der vorzüglichste Lehrer Luthers, der oft Justus Isenacensis, auch Doctor Erfordiensis genannt wird; Jobocus (Justus) Jonas, u. A.; Flacius nennt ihn Jost Meintz.

1*

Hälfte sollte er erst nach drei Semestern entrichten [1]). Auch später wurde er noch von seinem Landsmanne Conrad Mutian, dem Gothaer Canonikus, mit welchem seine Eltern verwandt oder wenigstens bekannt gewesen zu sein scheinen, mit Geld unterstützt [2]).

II.

Nach einigen Nachrichten soll Menius sich in Fulda in den Franziskaner-Orden begeben haben, aber nicht lange darin geblieben sein; der päpstliche Nuncius v. Miltitz, dessen Schreiber er hernach geworden sei, habe ihm Dispensation von seinen

---

1) **Motschmann**, Erf. lit. cont. VII, 378. Sein Name lautet in der Matrikel: Jodocus Menigus de Fulda.

2) Vgl. **Tentzelii** Epp. Mut., p. 36 u. p. 103:
    Mutiani epistola ad Urbanum.
    „Henrico Urbano optimo et doctissimo suo S. P. D.
Rectis et ad meliora natis ingeniis impense faveo. Itaque primae aetatis innocentia, si prae se fert bonam indolem, amatur a nobis. Hoc tu mi Urbane nosti. Ideoque vir solertissimus scribis ea de Suebo, quae libenter accipio. Si facultas debitorum in summam a te et Nepotiano nostro coacta fuerit, dabis x Boëmos Suebo et totidem Menio pro paranda Erasmi Bibliothecula. Dictat hoc pietas. Plura darem, si abundarem pecunia. Remitte libros et literas gloriosi amici. Ego Bartholum Duenio invideo. Evehit secum tam bellas delicias, ad consessum scilicet virorum gravium. O mores. Tu vale felix.
                                                                Mutianus."
    In **Helii** Eob. Hessi epist. fam., p. 2 findet sich ein Brief, welchen Coban von Erfurt aus an Joh. Draco und Michael Menius geschrieben hat. Dieser Michael Menius erscheint danach befreundet mit Draco, Lange, Forchheim. Sollte dieser Michael ein Bruder oder Verwandter von unserm Justus oder auch mit Verwechselung des Vornamens unser Justus selber sein? Letzteres ist um so eher möglich, als die Ausgabe der Briefe Cobans sehr incorrekt ist; schon Camerarius klagt darüber in Narr. de Eob. A. iiij: „Cum autem vidissem ante annos aliquot epistolas hujus scriptas ad diversos editasque magis studiose quam prudenter, vel ne studiose quidem satis, nam exempla incorrecta et mendosa divulgata sunt —."

Klostergelübben ausgewirkt [1]). Diese Nachricht ist jedenfalls
unrichtig, denn da Menius in seinem fünfzehnten Jahre bereits
Fulda verläßt, um auf die Universität Erfurt überzusiedeln,
so konnte er der Regel nach wegen Mangel des kanonischen
Alters gar nicht in ein Kloster eintreten, wenigstens nicht
Profeß thun. Wahrscheinlich hat er die Klosterschule besucht,
und daraus hat man mißverständlich abgeleitet, daß er in den
Orden eingetreten sei. Vielleicht ist er ähnlich wie Ulrich
von Hutten von seinen Eltern in das Stift gebracht worden,
daß er nicht blos dessen Schule durchlaufe, sondern „mit dem
Vorsatze, daß er darin verharren und ein Mönch sein sollte" [2]);
aber sein wirklicher Eintritt in den Orden ist nicht erfolgt.
Seine Eltern haben „ihn von Jugend auf zum Studium
fleißig gehalten, denn sie vermerkt, daß er darzu mit schönen
Gaben von Gott geziert gewesen" [3]).

In Fulda mag er sich eine gute Vorbildung für die Universität angeeignet haben. Zwar war die Blüthe, in welcher
die Schule zur Zeit des Rhabanus Maurus stand, längst vorüber; aber die Namen zweier Männer bürgen dafür, daß dort
gerade in jenen Jahren der Sinn für Wissenschaft und geistiges
Streben rege und lebendig waren. Hartmann, Burggraf von
Kirchberg, der von 1507—1513 Coadjutor des Abtes und
von 1513 an Abt war, ist sicher nicht ohne Einfluß auf ihn
gewesen. Derselbe kannte und begünstigte die aufkommende
bessere Literatur, und Hutten sprach noch später mit vieler
Wärme von ihm. Aber den größten und zwar entscheidenden
Einfluß auf das empfängliche Gemüth des aufstrebenden Jüng-
lings hat ohne Zweifel schon in Fulda ein Mann ausgeübt,
der auch in Erfurt sein Lehrer wurde und von da an mit
ihm in vertrautester Freundschaft lebte, bis der Verlauf der
Reformation sie entzweite. Das ist Crotus Rubianus. Zwar

---

1) Paullini, Annal. Isen., p. 139. Eilmar, Mühlhäus. Kirchenhistorie.
2) S. Strauß, U. v. Hutten I, 15.
3) Melanchthon, Corp. Reform. ed. Bretschn. IX, 926.

fehlen uns die bestimmten Angaben, daß Menius schon in
Fulda seinen Unterricht genossen habe; aber die fast schwärme=
rische Verehrung, die er ihm später zollte, und der Eifer, mit
dem er seine Briefe sammelte, sowie der Umstand, daß doch
wahrscheinlich auf Crotus' Empfehlung sofort nach seiner An=
kunft in Erfurt seine Aufnahme in den Mutianischen Bund er=
folgte, lassen nicht daran zweifeln, daß Menius den Crotus
schon in früher Jugendzeit hat auf sich einwirken lassen. Dies
hat um so mehr Wahrscheinlichkeit, als Crotus mit Menius'
Eltern bekannt war; er läßt sie auf seiner zweiten italienischen
Reise von Bologna aus grüßen. Crotus Rubianus war
1510 — 1515 Instruktor der jungen Klostergeistlichen und zu=
gleich Lehrer und Leiter der Schule. Der freisinnige Hart=
mann war zwar sein Gönner, aber der Verkehr mit den „ein=
fältigen Meßpriestern", die nur an Trinken, Spielen und an=
deren schlimmeren Dingen Gefallen finden, erschien ihm als
„unanständig"; deshalb sehnte er sich aus seiner Stellung
weg und war während jener Jahre mehrmals von Fulda ab=
wesend [1]). Trotzdem war sein Unterricht und sein Einfluß ent=
scheidend für Menius.

[1) Kampschulte, Die Universität Erfurt I, 182.

Zweites Kapitel.

Der Mutianische und Eobanische Bund.

I.

Im Jahre 1514 ging Menius nach Erfurt. Dort stand gerade zu jener Zeit die Universität in höchster Blüthe [1]). Von allem Anfang an hatte diese als eine Schöpfung des freien Bürgerthums der Kirche und den Bestrebungen der Zeit gegenüber eine ganz andere Stellung eingenommen, als die übrigen deutschen Universitäten. Während die letzteren, entsprechend dem Geiste des Mittelalters, das sie geschaffen, sich in strengster Weise der Kirche unterordneten und dem neuen Geiste, der über die Alpen herüberwehte, sich auf das ängstlichste verschlossen, hatte die Universität Erfurt, deren Stiftung in die Zeit des großen Schisma fällt, die kirchliche Opposition gleichsam mit der Muttermilch eingesogen (sie war von zwei Päpsten [Clemens VII. in Avignon und Urban VI. in Rom] privilegirt worden), und gewährte dem aufblühenden Humanismus und den nationalen Bestrebungen eine freie Stätte zu ungehemmter Entwicklung. Unter den mannigfachen Namen von

---

1) Vgl. Kampschulte, Die Universität Erfurt in ihrem Verhältnisse zu dem Humanismus und der Reformation (Trier 1858).

Männern, die von Erfurt aus die Verderbniß der Kirche be-
kämpften und ihre Stimme für eine Reformation an Haupt
und Gliedern laut erhoben, sei hier nur an einen der vorzüglichsten Vorläufer der Reformation, an Johann von Wesel,
erinnert, der fast 20 Jahre lang ein gefeierter Lehrer der Universität war und als „berufener Professor der heiligen Schrift"
in kühnster Weise gegen die Indulgenzen stritt. Und noch nachdem er zu Mainz von der Inquisition verurtheilt worden war,
hat „Johann Wesalia zu Erfurt mit seinen Büchern die hohe
Schule regiert" [1]).

Ebenso wenig wie von dem strengen Kirchenthume ließ sich
der Geist der Universität Erfurt von den scholastischen Systemen
in Fesseln schlagen. Fast scheint es, als wären unter den Be-
werbern um die akademischen Grade die humanistisch gebildeten
bevorzugt worden. Die Bibliotheken der Stadt Erfurt enthalten noch heute eine Menge Abschriften nicht allein lateinischer
und griechischer Kirchenväter, sondern auch lateinischer Classiker,
welche ein deutlicher Beweis dafür sind, daß die Universität in
jener Zeit der wiederaufblühenden Wissenschaften sich nicht in
die Schranken der Scholastik einzwängen ließ, sondern der
neuen Richtung einen fruchtbaren Boden entgegenbrachte. Und
es ist sicher nicht zufällig, daß Luther gerade in Erfurt die
Bibel so eifrig studirte; denn die biblische Exegese wurde daselbst außerordentlich fleißig und in höchst liberalem Sinn betrieben. Lernte doch Luther von seinem Lehrer Trutvetter, nur
den canonischen Büchern unbedingte Autorität zuzuerkennen,
über die anderen aber das freie Urtheil walten zu lassen [2]).

Daher kam es, daß Erfurts Ruhm selbst über Deutschlands
Grenzen hinaus erscholl und Jünglinge aus allen Gauen des
Vaterlandes dahin strömten, um zu den Füßen der gefeiertsten
Lehrer zu sitzen. Allgemein war das Sprüchwort verbreitet:
Wer recht studiren will, der ziehe nach Erfurt. Freilich flößte
die dort herrschende wissenschaftliche und politische Freisinnigkeit

---

1) Luther-Walch XVI, 2743.
2) Luthers Briefe, herausgegeben von de Wette, I, 109.

Vielen auch Besorgnisse ein. Man hatte nicht vergessen, daß bei der Eröffnung der Universität ein 'großer Theil der Lehrer und der Studirenden von Prag herübergekommen waren und eine lebhafte Erinnerung an die hussitischen Bewegungen mitgebracht hatten; daher man wohl gelegentlich das prophetische Wort hörte: Erfordia Praga [1]).

II.

Als Menius nach Erfurt kam, herrschte dort das regste geistige Leben. Die classischen Studien hatten rasch Eingang gefunden, griechische und römische Autoren wurden eifrig studirt, die Jugend kehrte der herkömmlichen Schulgelehrsamkeit den Rücken und wandte sich begeistert der neuen Richtung zu. Männer wie Maternus und Marschalk hatten die neuen Ideen in Erfurt eingeführt, die Namen Mutian und Eoban sind die Repräsentanten ihrer Herrschaft.

Conrad Mutianus Rufus hatte in Deventer und Erfurt den humanistischen Studien obgelegen und eine Pilgerfahrt in das classische Land unternommen. Nach seiner Rückkehr aus Italien war ihm eine glänzende Laufbahn zugedacht, aber er zog ein dürftiges Canonicat in Gotha vor. Hier wollte er, wie die Inschrift Beata tranquillitas über der Thüre zu seinem Zimmer andeutete, in glückseliger Ruhe den Musen leben und nur mit den Guten und Gelehrten verkehren. Aber das handwerksmäßige Treiben und die niedrige Bildung seiner Mitcanoniker verleidete ihm allen Umgang mit denselben und rief in ihm bittern Unmuth und eine gereizte Stimmung hervor. Da sah er sich denn nach gleichgesinnten Freunden um, die seine wissenschaftlichen Neigungen theilten, und legte mit Heinrich Urban und Spalatin, welche damals im Kloster Georgenthal lebten und ihm von Erfurt her als Anhänger des Humanismus bekannt waren, den Grund zu einem Bunde von Humanisten, wie sich kein zweiter wieder gefunden hat. Bald schlossen sich die Anhänger der humanistischen Richtung in Erfurt demselben

---

1) De Wette, Luthers Br. II, 5.

an, und die Zahl der Verehrer Mutians wuchs so sehr und
sein Verhältniß zu ihnen wurde so innig, daß er ernstlich daran
dachte, seine „glückselige Ruhe" in Gotha zu verlassen und in
Erfurt mitten unter seiner treuen Schaar selbstthätig die Sache
des Humanismus zu fördern und ihr zum Siege zu verhelfen.
Aber es lag eine gewisse Scheu an die Oeffentlichkeit zu treten
zu tief in seiner Natur begründet, als daß er sich dazu hätte
entschließen können. Daher blieb er in Gotha. Aber es war
jedesmal ein Freudentag für ihn, wenn seine Freunde, wie das
ziemlich oft geschah, zu ihm gewallfahrtet kamen. Die Universität ehrte ihn in jeder Weise und ertheilte oft Jünglingen
ihm zu Ehren unentgeltlich die akademischen Würden.

Urban, der treue Freund, vor dem Mutian sein Herz aus-
schüttete und dem er allen seinen Kummer klagte, lebte großen-
theils in Geschäften seines Klosters im sog. Georgenthaler Hof
zu Erfurt. Spalatin unterstützte die Bestrebungen seiner beiden
älteren Freunde durch seine ausgezeichneten Kenntnisse der
griechischen Sprache und blieb auch, als er 1508 Wittenberg
mit Erfurt vertauscht hatte, mit ihnen in lebhaftem brieflichen
Verkehre. In ganz besonderem Maße umfaßte Mutian seinen
Eoban, den geborenen Dichter, mit seiner Liebe und Fürsorge.
Durch väterliche Ermahnungen suchte er ihn in jeder Weise auf
der rechten Bahn zu erhalten und stellt ihm nach Form wie
Inhalt die alten Classiker als Muster vor. Die ganze Schaar
junger Poeten, welche bisher um Maternus sich gesammelt
hatte, erkannte Mutian als Führer an: Petrejus, der lern-
begierige, vielversprechende Jüngling; Crotus Rubianus, Mutians
besonderer Vertrauter, der als Erzieher mit den jungen Burg-
grafen von Kirchberg wieder nach Erfurt kam; Trebelius, der
auf Mutians Anregung den Dichterkranz erhielt; Justus Jonas;
Euricius Cordus und viele Andere. Denn täglich strömten,
wie Mutian im Jahre 1514 selbst hocherfreut an Reuchlin
schreibt, gute Jünglinge bei ihm zusammen.

Unter ihnen war auch unser Menius. Daß er sich sofort
nach seiner Ankunft in Erfurt an jenen Kreis ausgezeichneter
Männer anschloß, erklärt sich sowohl aus der Richtung, die er

von seinem Lehrer Crotus angenommen hatte, als auch aus
der Bekanntschaft seiner Eltern mit Mutian und seinem persönlichen Verhältnisse zu Crotus. Schon im October 1514
erkundigte sich Mutian angelegentlich nach ihm bei Urban [1]).
Mit seinem Eintritt in diesen Kreis wurde er auch von dessen
Geist ergriffen. Er gab sich ganz den humanistischen Studien
hin und nahm an den Uebungen fleißig Theil, welche Mutian
seinen Jüngern zur Pflicht machte. Mutian ließ sich sogar die
Mühe nicht verdrießen, die Ausarbeitungen seiner Schüler zu cor-
rigiren. „Seine wohlgemeinten Ermahnungen fanden Gehör;
Einige verbanden Beredtsamkeit mit dem Studium der Rechts-
wissenschaft, Andere, von dichterischem Schwung ergriffen, trugen
ihre Gedichte vor, Andere, die ihren Stil zu veredeln suchten,
beflissen sich einer zierlichen Ausdrucksweise in Rede und
Schrift." So sollten die Geister täglich mehr wachsen und die
griechischen und lateinischen Wissenschaften von Schmutz und
Staub befreit werden. Statt bei den Scholastikern sollte man
lieber in den Werken der Alten sich seine Gelehrsamkeit suchen [2]).
Menius' Eifer und Anstrengungen waren vom besten Erfolge
begleitet. Seine Leistungen wurden nur von denen seines
Lehrers Crotus Rubianus übertroffen [3]).

III. [4])

Die glückselige Ruhe, welche Mutian in Gotha gesucht
hatte, war ihm durch seine Amtsbrüder verbittert worden; er,
der feine Humanist, konnte mit ihnen, den starren Scholastikern,

---

1) **Tentzelii** Supplem. Hist. Goth. I, 188.
2) **Kampschulte** I, 104.
3) **Eoban** schreibt 1524 an Menius: „Nisi te malis oculis esse et ex
consuetudine lippire scirem, extorquerem vel conviciis tibi tuum specimen, quo ab eo quod Crotus dederat, non vidi pellucidius." (Alter
libell. epp. I, 3 b.)
4) Nach **Kampschulte**, Die Universität Erfurt u. s. w.

nicht in Frieden leben; der Gegensatz war tief, er war ein principieller. Daher arbeitete er sich immer tiefer in den Haß nicht nur der ihn umgebenden und störenden Scholastiker, sondern der ganzen Scholastik hinein und impfte denselben auch seinen Freunden und Schülern ein. Er bildet sie zu einem Heere heran, mit dem er gegen das alte System zu Felde ziehen will. Der Kampf der alten und der neuen Richtung ist ein Kampf von Licht und Finsterniß. Jetzt ist die Sonne aufgegangen, da soll Niemand mehr im Lager der Barbaren bleiben. Mit allen Mitteln muß gegen die „Sophisten, dieses zornige, anmaßende und geizige Geschlecht" gekämpft, es muß vernichtet und ausgerottet werden. Die academischen Grade, durch welche die Sophisten ihre Herrschaft ausüben, sind leere, barbarische Titel; ihrer bedarf man nicht, wo die Vernunft den Vorsitz führt; wahrhaft Gebildete sollen sie sich nur erwerben, um unter dieser Maske die Unmündigen in der Dunkelheit in Schrecken zu setzen. Um das Urtheil der streitsüchtigen Sophisten sollen sich die Jünglinge seiner Schaar nicht kümmern. Einzeln würden sie den Gegnern nicht gewachsen sein; aber wenn sie, treu verbunden, mannhaft im Kampfe stehen, so wird er, der Feldherr, seine lateinische Cohorte bald siegen sehen über die Barbaren. Die Feinde der Wissenschaften richten nichts aus, denn die Zahl der Gebildeten mehrt sich von Tag zu Tage.

Mit dieser Richtung war in jener Zeit nothwendig die Opposition gegen die herkömmliche Theologie verbunden. Schon als Schüler Johanns von Wesel war Mutian in freiere Bahnen geleitet worden. Der persönliche Charakter seiner Amtsbrüder gab ihm oft Veranlassung zu bitteren und satirischen Ausfällen gegen die Geistlichen. In gereizter Stimmung kamen dann verwegene Angriffe auf die Kirche und deren Lehre. Trotzdem war er von Herzen fromm und unterließ die geistlichen Uebungen nicht, obwohl er auf die äußerliche Darbringung des Meßopfers wenig Werth legte und der ängstlichen Beobachtung der religiösen Ceremonien gegenüber den Glauben betonte und das Gebot der Liebe Gottes und des Nächsten über Alles stellte. Im Gegensatz zu der scholastischen Lehre macht er die geistige Auffassung des Christenthums geltend. „Christi Religion hat nicht mit seiner Menschwerdung angefangen", sagt er, „sondern ist vor allen Jahrhunderten gewesen. Denn was ist der wahre Christus, der wahre Sohn Gottes Anderes als, wie Paulus sagt, die Weisheit Gottes, welche nicht allein bei den Juden war in jener kleinen Landschaft Syriens, sondern bei Griechen, Italienern und Deutschen, obgleich sie verschiedene Religionsgebräuche hatten." [1]) Seine Schüler preisen seine Frömmigkeit und kirchliche Gesinnung, und Euricius Cordus empfiehlt Jedem, der „einen gelehrten, tugendhaften, gefälligen, freundlichen Mann, einen Mann ausgezeichnet durch Religiosität" sehen wolle, nach Gotha zu gehen und den Canonikus aufzusuchen. Also nicht gegen die christliche Religion, sondern gegen die Verknöcherung derselben in Kirche und Theologie war seine Opposition gerichtet.

So wurden die Jünglinge, die Mutian als ihren Meister und Freund verehrten, unvermerkt in die Bahnen der neuen Geistesrichtung gelenkt. Unbewußt wuchs in ihren Seelen mit der Begeisterung für das neue Leben die Abneigung gegen das alte System. Es war ein Leichtes, das Bewußtsein dieses Gegensatzes zu wecken. Wenn die Gelegenheit kam, waren sie Alle gerüstet zum Kampfe. Und der Kampf zwischen Humanismus und Scholastik konnte nicht ausbleiben. Veranlassung zum Ausbruche desselben wurde der bekannte Streit Reuchlins mit den Kölnern. Mutians Bund nahm seit 1513 den lebhaftesten Antheil an der Bekämpfung der Letzteren. Eine Menge Satiren ging von demselben aus, die großartigsten und unübertrefflichsten von allen sind die Epistolae virorum obscurorum.

Ueber das Treiben des Bundes zu jener Zeit besitzen wir eine anonyme Schrift, deren Inhalt wir der Hauptsache nach wiedergeben wollen. Doch müssen wir zuvor uns zum bessern

---

1) Cf. Tentzel l. c., p. 37. 57. 68.

Verſtändniß etwas mit Crotus Rubianus beſchäftigen, an welchen jene Schrift gerichtet iſt [1]).

IV. [2])

Mit den humaniſtiſchen Beſtrebungen verbanden ſich die patriotiſchen auf das engſte. Auch in Mutians Kreiſe er= wartete man mit der Befreiung der Wiſſenſchaft von dem Joche der Scholaſtik und von dem Drucke des Pfaffenthums ein neues Aufleben der deutſchen Nation und eine neue Blüthe des deutſchen Reiches. Die ſchmachvolle Abhängigkeit von Ita= lien abzuſchütteln war der ſehnlichſte Wunſch aller Gebildeten jener Zeit. Als daher Luther an dem Throne des Papſtes rüttelte, fielen ihm alle Patrioten zu, in der ſichern Erwartung, daß ſeine Reformation nicht bei den Dogmen ſtehen bleiben werde. Einer ſeiner eifrigſten Anhänger wurde, freilich nur für wenige Jahre, Crotus Rubianus.

Mit Luther war er ſchon vor deſſen Eintritt ins Kloſter befreundet; ſie lagen zuſammen den philoſophiſchen Studien ob und erfreuten ſich an der Muſik. Von da an bis zu Luthers Auftreten ſcheinen ſie in weiter keiner Verbindung mit einander geſtanden zu haben. Aber gleich die erſten Schriften Luthers machten großen Eindruck auf Crotus. Fand er auch zunächſt in ihm nur einen Genoſſen im Kampfe gegen die Scholaſtik, ſo nahm er doch unvermerkt die neuen religiöſen Ideen in ſich auf. Es wurde ihm zur zweifelloſen Ueberzeugung, daß nur

---

1) Epistola Anonymi ad Joannem Crotum, Rubeanum, verum huncce inventorem et autorem Epistolarum Obscurorum Virorum manifestans, quam e Museo suo cum notis edidit Joannes Christoph. Olearius, consistorii assess. et inspector Arnstadio-Schwartzburg. Arn-stadiae, Litteris Meureianis. A. C. 1720. — In der Ausgabe von E. Böcking (Drei Abhandlungen über reformationsgeſchichtliche Schriften, Leipzig 1858) lautet der Titel: Ad apologiam Joannis Croti Rubeani Responsio amici, ad quem privatim eam scripsit. Am Schluſſe: Anno theologorum, ut soles numerare, XV, defectionis Croti primo.

2) Kampſchulte, Die Univerſität Erfurt. Strauß, Ulrich v. Hutten.

der durch den Glauben Gerechtfertigte Zutritt zu Gott habe.
„Andere", schreibt er [1]), „mögen sich ihrer Genugthuung freuen;
wir sind, wenn wir Alles gethan haben, was uns befohlen ist, doch
noch unnütze Knechte und haben Nichts, als was wir umsonst
empfangen haben. Die heiligen Männer mögen sich in ihrem
Verdienste gefallen und Lohn für ihre Thaten fordern, wir
sind frei von Strafe und Schuld, indem wir an Den glauben,
der den Sünder lebendig macht um des Glaubens willen."
„Das Schwert der heiligen Schrift" wurde sein Wahlspruch. Bald
ging der kühne Humanist dem zaghaften Mönche im rücksichts-
losen Angriffe voran und richtete im October 1518 von Bologna aus einen aufmunternden Brief an ihn. Er schrieb ihm,
daß ihn seine Angelegenheit Tag und Nacht beschäftige, daß er
von ihm träume, nur an ihn denke. Er warb in Italien Anhänger für ihn und sandte seine Schriften nach Rom. Als er
1519 nach Rom kam, wandte er, als man dort auf die Nachricht von dem verhängnißvollen Ausgange der Leipziger Disputation die Anwendung der kirchlichen Censuren forderte, die
Excommunikation Luthers ab, „damit nicht Rom durch einen
voreiligen Spruch eine ähnliche Demüthigung erfahre, wie so-
eben bei dem Ausgange der Kaiserwahl". In vertraulicher
Weise benachrichtigte er seinen bedrohten Freund über Alles,
was in Rom gegen ihn im Werke war. Durch anonyme Satiren und Flugschriften kam er seiner Sache in wirksamster
Weise zu Hülfe. Von Bologna aus forderte er Luther auf,
in seinem Kampfe gegen Rom, den Sitz alles Verderbens [2]),

---

1) Die Stelle ist aus einem von Bamberg 4 Cal. Maj. 1520 an
Luther geschriebenen Briefe: „Disputent acuti homines damnentque ut
libet, nunquam apud me in dubium vocabitur, quin quivis mortalium
justificatus per fidem accessum habeat ad deum. Exultent ipsi sua
satisfactione, nos ubi fecerimus omnia, quae nobis mandata sunt, adhuc inutiles servi sumus, nihil habentes quam quod gratis accepimus.
Placeant sibi sancti viri suo merito et mercedem pro factis postulent,
ipsi credentes in eum, qui vivificat impium ex fide amplius et a poena
et a culpa liberi sumus." Aus Herzogl. Goth. Bibl. Cod. Chart. B. 20,
mitgetheilt von Kampschulte, D. Univers. Erf. II, 46.
2) „Haec eo dico, Martine, ut intelligas, quam parum valeat Romae,

muthig weiter zu gehen; er möge sich nicht durch den Widerspruch streitjüchtiger Theologen irre machen lassen; er thue am
besten, sie zu verachten. Die göttliche Vorsehung habe ihn
selbst, wie einen zweiten Paulus, durch den Blitzstrahl vor den
Thoren Erfurts zu diesem Kampfe berufen [1]. „Fahre fort,
wie Du angefangen hast, hinterlaß der Nachwelt ein Beispiel.
Zwar bist Du bereits ermüdet, hast Schweres erduldet; aber
Großes ward noch nie ohne schwere Mühe erreicht. Bist Du
am Ziele angelangt, dann wird die Erinnerung an das Er-
duldete Dir tröstlich sein, und Du wirst ausrufen: Durch
Wasser und Feuer bin ich geschritten und ich bin gerettet
worden. Dann wird Deutschland auf Dich seine Blicke richten
und mit Bewunderung Gottes Wort von Dir vernehmen!"

si dixeris: mirabilia testimonia tua, Domine, ideo scrutata est anima
mea. Eo enim impietatis progressus est, ut qui vocetur bonus Chri-
stianus vel Theologus, is extremo contemptu spretus esse videatur,
qui vero salutatur e cubiculo vel a mensa Pontificis, idem habetur
gallinae filius albae. Ut Pontifex in dignitate primum teneat locum,
Christus postremum, nihil hic fingitur. Cum progreditur Rex sacri-
ficulus, tot Cardinales, tot Prothonotarii, tot Episcopi, tot praepositi,
tot Legati, tot causidici circa ipsum glomerantur, quot famelicae
aves ad putrida cadavera confluant, sequitur Χριστοῦ Eucharistia in
extrema cohorte, quam impudicae mulieres et prostituti pueri con-
stituunt. Fui nuper Romae cum Hesso nostro, vidi veterum monumenta, vidi cathedram pestilentiae, vidisse juvat, vidisse piget. — Per
tuam mansuetudinem te rogo, ne posthac descendas in arenam dis-
putationis publicae, praesertim contra temerarios. Nescisne quid pueri
ajunt, contra verbosum noli contendere verbis, disputa intra tuum
monasterium, calamo quiete exactissime habetur disputatio, quae
chartis mandatur, quae verbis citroque fertur, caret judicio et saepe
animum disputantis a vero perturbat, ne interim dicam turpe esse
Theologo ad jurgia descendere." Mieg, Monum. piet. et lit. vir. II,
15 sq.; bei Kampschulte II, 52.
1) „Ad haec respexit divina providentia, cum te, redeuntem a pa-
rentibus, caeleste fulmen, veluti alterum Paulum, ante oppidum Er-
fordianum in terram prostravit, atque intra Augustiniana septa com-
pulit e nostro consortio, tristissimo tuo discessu." Epistola Croti ad
Lutherum, Bonon. 16 Cal. Nov. 1519, in: Monumenta pietatis et
litteraria II, 12 sq.

Nach seiner Rückkehr aus Italien richtete er von Bamberg aus ein zweites Schreiben an Luther. Anknüpfend an das verdammende Urtheil, welches die Kölner und Löwener Theologen gegen Luther gefällt haben, bringt er in ihn, rücksichtslos auf der betretenen Bahn vorwärts zu schreiten. Aber vor den blutdürstigen Mönchen solle er auf seiner Hut sein, damit er nicht wie Huß ein Märtyrer seiner Sache werde. Die heiligen Väter, besonders Eck, gäben sich alle Mühe, ihn des Schutzes seines Churfürsten zu berauben. Daher solle er das Anerbieten Sickingens, der ihn auf seine Burgen eingeladen habe, nicht ausschlagen und sich das Wohlwollen desselben zu erhalten suchen. „Zeige, Größter der Theologen, die Tugend, die wir an Dir verehren, offenbare den Unterschied zwischen der Creatur des Papstes und der Creatur Gottes. Der König hat Dich eingeführt in sein Gemach und Dich mit Gelehrsamkeit ausgerüstet, damit Du wissest das Böse zu verwerfen und das Gute zu wählen. Zwar warst Du mir schon längst bekannt, aber von Tage zu Tage erscheint mir Dein Bild heller und glänzender. Eine Sonne ist uns aufgegangen nach dem Nebel der Schulmeinungen. — Ich habe meinen Martin, weil ich so viele Jahre seines Umgangs nicht mehr genossen, nicht genug zu würdigen gewußt. — Wohlan denn, trefflichster Polyclet, führe uns einen Triumphbogen auf über die besiegten Feinde aus dem lebendigen Marmor, der ist Jesus Christus. Er wolle Dich bewahren vor dem Rachen des Löwen und vor den Hörnern der einhörnigen Sophisten in alle Zeit."

Wie diese Ermahnungen des Crotus und die gleichzeitigen Aufforderungen Ulrichs von Hutten auf Luther gewirkt haben, bezeugen seine im Jahre 1520 herausgegebenen Schriften: „Von des christlichen Standes Besserung an den Adel deutscher Nation"; „Von der Freiheit eines Christenmenschen"; „Von der babylonischen Gefangenschaft der Kirche."

· In einem dritten Schreiben vom 4. December 1520 preist Crotus Luthers Größe in überschwenglichen Ausdrücken; er nennt ihn den heiligsten Hohenpriester, den Evangelisten, den die himmlische Gnade diesem verdorbenen Zeitalter geschenkt.

Im Herbste 1520 kam Crotus wieder nach Erfurt und wurde sogleich zum Rektor der Universität gewählt. Hier fand er alle so begeistert für die neue Bewegung, daß er zu zügeln und zu mäßigen suchen mußte. Mutian hatte sich bereits, unzufrieden mit Luthers leidenschaftlichem Auftreten, zurückgezogen und die Führerschaft seiner Schaar aufgegeben. Als Luther auf seiner Reise nach Worms durch Erfurt zog, holte ihn Crotus an der Spitze der Universität am 6. April von Nohra aus ein und begrüßte ihn mit einer feierlichen Anrede [1]). Hiermit hatte die Begeisterung des Crotus für Luther ihren Höhepunkt erreicht. Durch das Wormser Edikt wurde das Bündniß zwischen Luther und der deutschen Reichsritterschaft gelöst; mit dem Aufenthalte Luthers auf der Wartburg nahm seine Thätigkeit eine andere Richtung; er gab den nationalen Standpunkt auf und beschränkte sich auf ten theologischen. Auch die Verbindung mit dem Humanismus sollte bald aufhören. In Erfurt brach bald nach Luthers Durchreise die allgemeine Gährung zu offener Gewalt aus. Als Crotus gegen diejenigen Angehörigen der Universität, welche sich an dem Pfaffenstürmen betheiligt hatten, streng einschreiten wollte, konnte er nicht durchbringen. Mißmuthig legte er deshalb das

---

1) Eob. Farr. II, 116 :

„Nec mora, constratis in equis exire paramus,
    Quadraginta viri, caetera turpe pedes,
Quis numero referat, velut ad spectacla ruentes,
    Quae soleant vulgo non nisi rara dari,
Ibamus, numeroque pares, cultuque decenti,
    Tunc etiam facti Musica turba equites :
Instructo Princeps Crotus ordine duxit euntes,
    Gloria Musarum, deliciaeque Crotus. —
    Tum Crotus haec placido pectore verba dedit:
Unice perfidiae censor, quae plurima nostro
    Pesdidit oppressam tempore pene fidem,
Hoc coram vidisse tuosque agnoscere vultus,
    Hoc est laetitiae non habuisse modum.
Et nobis nihil huc venit jucundius unquam,
    Vix aliquis superum gratior esse queat."

Rektorat nieder und verließ die Stadt. In seinem Unmuthe darüber, daß Luther der nationalen Sache den Rücken kehrte, fand er, daß er auch der Kirche zu viel gethan habe. Hatte er noch 1521 als Grund für seine Anhänglichkeit an Luther angeführt, daß Luther das Volk aus der Knechtschaft befreit habe, so klagte er auf der andern Seite in demselben Jahre, daß man der Kirche nicht die gehörige Achtung erweise und ihr Ansehen zerstöre [1]). Trotzdem blieb er mit den Wittenbergern noch einige Zeit in der engsten Verbindung. Im Jahre 1523 schreibt Luther an Spalatin, daß Jonas Crotus zum Dekan des Allerheiligenstifts vorschlage, und Luther selbst empfiehlt ihn als einen Mann, der vorsichtig neuern und helfen würde [2]). Aber die Heftigkeit der streitenden Parteien mißfiel Crotus und er bat Luther, den Schreiern Einhalt zu thun [3]). Als Melanchthon mit Joachim Camerarius und einigen Anderen 1524 in seine Heimath reiste, besuchte er Crotus in Fulda noch als seinen Freund und Anhänger Luthers. In demselben Jahre trat Crotus in die Dienste Albrechts von Brandenburg, der ein Jahr darauf sich offen zur Reformation bekannte und sein Hochmeisterthum in ein weltliches Herzogthum umwandelte.

---

1) Tert. libellus Epistolarum Eob. et alior. auct. Camerario F.:
 „Crotus inclyto duci Petrejo d. d. Calend. Quinctil. 1521.
   Heu scelus est, dominam sanctamque lacessere matrem,
   Quae peperit leges res aliasque bonas.“
2) De Wette II, 307. 378.
3) De Wette II, 359. Luther an Crotus: „ Quod vero hortaris, ut et nostros castigem clamatores, quod magno videlicet sint scandalo suis incompositis tum verbis tum moribus, certe conscientia illis sua testis est, ex me non habere sese id, quod te offendit. At, mi Crote, quis scit, si altissimo consilio tam importunos evangelistas Christus velit sic desipere, non quidam propter nos, quibus nihil possunt nocere, sed propter hostes verbi, episcopos et sophistas?“ etc. — Schon im Sommer 1521 hatte er an Petrejus geschrieben: „ Contentiones et odia mihi supra modum displicent. Semper placuit morum simplicitas et sincera ingenuitas et ingenua amicitia et fraudis expers animus. Cessent inamoena dissidia. Arrogantes Theologi, si philosophos non ferunt, Superbi Philosophi, si theologos despiciunt.“ (Tertius lib. F.)

2*

Aber er fühlte sich dort nicht wohl, er sehnte sich nach Deutsch=
land zurück. Im Jahr 1530 ging er nach Breslau, von da
nach Leipzig. Die geringschätzige Behandlung, welche Luther
dem Erasmus erzeigte, und der Gegenstand des Streites zwischen
Beiden behagten ihm nicht. Der zweideutige Julius von Pflugk,
bei dem er sich in Leipzig aufhielt, mag diese Stimmung be=
nutzt haben, um ihn ganz auf die Seite der katholischen Kirche
zu bringen. Bald darauf trat er in die Dienste des Erz=
bischofs Albrecht von Mainz und Magdeburg, des erbittertsten
Gegners der Reformation.

Diesen Rücktritt hat man in der verschiedensten Weise zu
erklären versucht. Die Einen werfen ihm weibische Schwach=
heit und Bestechlichkeit vor, Andere preisen ihn als einen offenen
und geraden Mann, „der unbekümmert um fremdes Urtheil
seiner Ueberzeugung folgte". Das Richtige werden wir treffen,
wenn wir erwägen, daß Crotus sich nur deswegen an Luther
anschloß, weil er in ihm einen Kämpfer für die Freiheit der
deutschen Nationalität und Wissenschaft zu finden hoffte und
glaubte. Daß er sich auch der kirchlichen Frage warm an=
nahm, war nicht Schein und Heuchelei; noch in seiner Apologie,
also nach seinem Rücktritt zum Katholicismus, erkannte er an,
daß auf beiden Seiten gleichviel gesündigt werde [1]), und rügte
mit Freimuth die Mängel der alten Kirche. Aber die Refor=
mation hatte, als sie sich einseitig auf die Lehre beschränkte,
ihren Reiz für ihn verloren; und die lutherische Lehre vom
freien Willen, worüber gerade kurz vor seinem Uebertritt der
Streit am heftigsten entbrannt war, mußte einen Humanisten
wie Crotus geradezu zurückstoßen. Um den Preis, den ihm
die lutherische Reformation bot, mochte er die alte Kirche nicht
aufgeben; das Fehlerhafte und Anstößige in ihr konnte ja ver=
bessert oder ausgestoßen werden! [2]).

---

1) Apologia B, 2 a: „Possum vere dicere: Iliacos intra muros pec-
catur et extra."

2) Am 1. Mai 1531 schreibt Crotus an den Herzog Albrecht von
Preußen: „Deshalb habe ich mich ein Jahr lang bei dem hohen Herrn
Albrecht Kardinal und Erzbischof von Mainz und Magdeburg in Dienst

Daß die Wortführer der neuen Kirche Crotus nicht in dieser milden Weise beurtheilten, ist, wenn auch nicht natürlich, doch wenigstens leicht erklärlich. Jonas kann nicht begreifen, wie der Spötterei höchster Meister jetzt die guten Werke preisen könne [1]), und Luther schilt ihn „des Cardinals zu Mentz Teller= lecker, Dotter=Kröte, Eselschreiber [2])".

V.

Kurz nachdem Crotus seinen Wohnsitz in Halle genommen hatte, erhielt er von einem vertrauten Freunde einen Brief, in welchem ihm Fragen vorgelegt wurden, deren Beantwortung ihm sehr unangenehm war. Erzbischof Albrecht war in ge= waltsamer Weise gegen Solche eingeschritten, welche in seiner Magdeburger Diöcese das Abendmahl unter beiderlei Gestalt ge= nossen hatten. Nun wurde Crotus gefragt, ob das wahr sei, was man sich erzählte; er müsse die beste Auskunft geben

---

begeben, in ganzer Hoffnung, E. F. G. werden solches in keiner Ungnade aufnehmen . . . In diesen geschwinden und schweren Läuften der zer= rütteten Religion habe ich mich nirgend anderswohin, als unter das Haupt, wozu ich von alter Ordnung der christlichen Kirche gehöre, zu wenden gewußt." Voigt, Briefwechsel der berühmtesten Gelehrten mit Herzog Albrecht von Preußen, S. 167.

1) Jonas sagt bei Olearius S. 26 ff.: „Witzel und D. Crotus zu Halle schreiben und schreien von guten Werken, und darzu nicht von rechten guten Werken der zehn Gebote, sondern, wie Crotus in seinem Buche meldet, von Weihwasser, von geweihtem Salze, von der hölzernen Taube am 3. Pfingsttage, vom Palmesel, von Wachskerzen, welche man St. Annen aufsteckt u. f. w. Wer nun D. Croten gekannt hat und noch recht kennt, der kann's nicht lassen, er muß lachen, daß es den armen, elenden, bettelischen Werken darzu kommen ist, daß sie Crotus zu Halle soll vertheidigen, welcher vor Zeiten derselbigen kindischen Ceremonien Erzspötter, und auf die Art der Spötterei höchster Meister gewesen und im Herzen noch ist, das ist ja gewiß und kann nicht fehlen, daß Crotus und Witzel in der Bibel und h. Schrift kein Wort verstehen, auch nicht wissen, was Glaube oder gute Werke sind, wie ihr ganzes Wesen und sonderlich ihre eigenen Worte und Bücher anzeigen, welche sie bis anher geschrieben haben. Sie dienen nicht Christo, sondern ihrem Bauche."

2) Vorrede auf Balth. Raidä Antwort wider G. Witzels Läster= und Lügenbüchlein, 1533. Luthers Werke XIV, 304.

können, da er an dem Orte wohne, wo die Dinge vorgefallen
seien. Wie das denn mit dem von gewisser Seite ausposaunten
Lobe des Carbinals übereinstimme? Auch möchte man gerne
seine Ansicht darüber hören, ob alle Sünden in der Beichte
aufgezählt werden müßten, oder ob ein allgemeines Sünden=
bekenntniß genüge?

Darauf antwortete Crotus mit einer Schrift, in der er es
zugleich unternahm, seinen neuen Herrn, den Erzbischof Albrecht
von Mainz, zu vertheidigen [1]). Zuerst beklagt er sich darüber,
daß er sogleich bei seiner Rückkehr mit so unangenehmen Dingen
belästigt werde. Dann führt er als Gründe gegen die Refor=
mation an: Die Satzungen der Kirche dürfen nur von dieser
selbst abgeändert werden; wolle man der Willkür freien Lauf
lassen, so sei nichts mehr sicher. Man streite in maßloser
Weise über Lehrsätze und Formen, und vernachlässige darüber
die Hauptsache, die Moral. Sein Herr, der Erzbischof, ver=
fahre gegen die Neuerer noch lange nicht so schlimm, als die
protestantischen Fürsten gegen ihre katholischen Unterthanen.

---

1) „Apologia, qua respondetur temeritati calumniatorum, non re-
rentium, confictis criminibus in populare odium protrahere Rev. in
Christo Patrem et Dom. Albertum, Tituli S. Petri ad vincula, Presb.,
Card., Leg. natum, Archiep. Mog. et Magd. etc. a Jo. Croto Rubeano
privatim ad quendam amicum conscripta." Darunter das Wappen des
Erzbischofs Albrecht; auf der Rückseite ein Epigramm von Th. Novenianus
aus Haßfurt. Am Schlusse: „Datum Hallis mense Julii ao. 1531.
Lipsiae Michael Blum. excudebat mense Septembri ao. 1531." — Der
Anfang der Apologie lautet: „ Diuturnum silentium quod peperit nobis
absentia mea, dum septem pene annos apud Borussos et Sarmatas
dego, literarum prolixitate postulas compensari, proposita ad epistolae
argumentum tediosa molestarum quaestionum mole. Facis tu quidem
animo, ut te novi, peramico sed sermone parum convenienti: nam pervertitur ordo officii quod in agendo et locum et tempus et personas
observat; par erat ut cujus absentiam aegre tulisti, eum redeuntem
tandem ab exteris ad hoc composito sermone exciperes, uti de more
salutant sese ac obviis manibus excipiunt quos ad tempus a jucunda
familiaritate sors aliqua disjunxit; ut vero intermissam nostram fa-
miliaritatem non vereris renovare ejusmodi quaestionibus, quarum
tractatione conjuncti animi citius multo poterint in discordiam com-
moveri quam ad veterem amicitiam redire . . ."

Gegen diese Apologie des Crotus ist nun die Schrift gerichtet, deren Inhalt wir genauer kennen lernen wollen. Es
heißt darin:

„Du beklagst Dich darüber, mein lieber Crotus, daß ich
Dich in meinem Briefe gefragt habe, in welchem Verhältnisse
Dein Bischof, an dessen Hofe Du, der alte und unverbesserliche
Lutheraner, auf einmal als der herrlichste Papist Dich aufhältst, zu gewissen Dingen steht. Du schreibst, man hätte Dich
bei Deiner Rückkehr aus dem Sarmatenlande voll Freude und
Liebe mit offenen Armen empfangen sollen, statt Dir mit so
hällichen Schreibereien und unangenehmen Fragen die erste
Freude Deiner so frohen und von Allen so ersehnten Rückkunft
zu verderben. Was soll ich Dich lange aufhalten? Gern
weiche ich Dir, einem solchen Manne, einem solchen Weisen,
der eine fremde und exotische Weisheit aus dem Sarmatenoder, wenn ich nicht irre, gar aus dem Scythenlande mitbringt
und über die rechten Pflichten der Freundschaft so vortrefflich
urtheilen kann. Ich gestehe meinen Fehler. Jetzt erst lerne
ich ein Freund zu sein von Denen, welche es wahrhaft verstehen, nämlich von Dir, dem freundlichsten und liebenswürdigsten Manne unter allen Guten, so lange sie gut sind, d. h. so
lange sie sich im Glück befinden und die Mächtigen und Reichen
nicht allzusehr hassen (was in Deiner Philosophie immer für
ein Zeichen des Weisen gegolten hat). Ich erkenne meinen
alten Crotus wieder, der nie gerne mit politischen und ernsten
Dingen zu thun hatte, nach dessen Ansicht man nichts vom
Schlafe abbrechen sollte, um sich mit kirchlichen Fragen zu beschäftigen, der das Elend seiner Zeit nie für so groß, die öffentlichen Verhältnisse nicht für so schwierig, niederschlagend und
traurig ansah, daß er nicht lieber mit seinen Freunden lachen
und ausgelassen sein und an seinen bekannten Scherzen sich erfreuen wollte, als sich mit nie endigenden und für Körper und
Gesundheit immer schädlichen Sorgen herumquälen. Nun
wohl, mein Crotus, wenn meine Predigt von der Kirche, von
beiderlei Gestalt im Abendmahl u. s. w. gerade zu einer Zeit,
wo es am wenigsten nöthig war, vielleicht durch die bloße Er

innerung an jene ernfte Sache Deinem Gehirnchen geschabet
hat, so lege Dich wieder hin zu Deinem gewohnten Schlafe;
ich will inzwischen ganz still sein, denn Du brauchst jetzt Ruhe,
da Du in Folge Deiner schweren Sorgen für die Kirche ganz
ermübet und erschöpft bist unter den Trinkgelagen und Hof=
festen; ich warte jetzt gerne, schlaf wieder ein und schlaf ruhig
Deine schweren Kümmernisse aus, die ich in meiner Zubring=
lichkeit Dir so ganz zur unpassenden Zeit und am unpassenden
Orte bereitet habe; und wenn Du wieder zu Dir gekommen
bist und es Dir beliebt zu wachen und Dich ein bischen um
uns zu bekümmern (was aber ganz ohne Dich zu incommobiren
und zu geniren geschehen mag), dann lies meinen gegenwärtigen
Brief, in welchem ich nicht von Christus, von den Sacra=
menten, von kirchlichen Angelegenheiten, welche Themata Dir,
wie ich sehe, sehr läftig gewesen sind, sondern in aller Freund=
schaft von solchen Dingen mit Dir plaudern will, die ganz
nach Deinem Geschmacke sind, die außer Dir selbst und einigen
alten Freunden Niemand von Dir weiß, welche reichen Stoff
zum Lachen und Scherzen bieten und Dir durch die Erinnerung
an Dein früheres Leben, als Du mehr Du selbst warst, das
neue Römerthum, mit welchem Du Dich dort bei den Un=
aufmerksamen und Unachtsamen für einen Papisten ausgiebst,
noch angenehmer machen sollen, indem Du Dich als den treue=
sten Anhänger der römischen Kirche und das simpelste Seelchen
und Schäfchen unter den treuen Seelenhirten und blutigen
Krieger Clemens VII. stellst und innerlich von ganzem Herzen
lachst und über Alles spottest. — —

„Du weißt, wie vor .15 Jahren, ehe Luther auftrat, als
Deine Dunkelmänner den Kölner Hochstraten und die übrigen
Papisten in jenem zwar nicht unvergleichlichen, aber doch ewigen
Gedichte noch nicht gefeiert hatten, ihr zwei Herren, Du und
Hutten, Allem, was päpstlich hieß, einen furchtbaren Krieg an=
kündigtet, mit wie großen Kräften, mit was für ausgerüfteten
und kernhaften Truppen Ihr Euch vornahmt, die Papisten zu
Wasser und zu Lande zu verfolgen. In wie vielen und großen
Dialogen, Epigrammen, Satiren, lateinischen und deutschen

Schriften habt ihr die Römlinge, Carbinäle, Bischöfe und insbesondere auch die Theologen und Mönche gegeißelt? O gute
Götter, welche Witze, welche Sarkasmen, welche Sticheleien und
Neckereien, welche Arten von Witz und Scherz glaubte jener
Crotus, der jetzt ein großer Freund der Papisten ist, nicht
ausdenken und aufbieten zu müssen, um jenes ganze Geschlecht
zu verspotten? Wenn damals Jemand in Deiner Gegenwart
einen Carbinal anders als einen Carnal, oder einen Kloster-
bruder anders als einen Kothbruder, oder einen Theologen
anders als einen Theolongen genannt hätte, so hätte er in
Deinen Augen keinen Witz, keine Bildung, keinen Verstand gehabt; um zu schweigen von Deinem Buche, das zehn Demo-
kriten zu lachen geben könnte, nämlich den Briefen der Dunkelmänner, welche nichts waren als ein Signal, um Diejenigen,
die für sich nicht so viel Witz hätten aufbieten können, auf-
zustacheln und mit neuen Schmähreden gegen die Papisten zu
bewaffnen; welches Buch Du ohne Zweifel bis heute zärtlicher
liebst als ein Affe seine Jungen, welches Du, wie ich sicher
weiß, so bewunderst, und in welches Du als Deine Erfindung
so sterblich verliebt bist, daß Du lieber möchtest, Homers Ilias
ginge zu Grunde, als des Crotus anmuthige Scherze und unsterbliches Lachen über die Papisten; welches Buch Erasmus
von Rotterdam wegen Deiner unaussprechlichen Witze über
Bischöfe, Mönche und Theologen so bezaubernd gefunden haben
soll, daß er zwei Briefe des herrlichen Werkes, einen, den
allerwitzigsten und elegantesten, von Dir, und einen von Hutten,
wörtlich auswendig lernte und bei Gastmählern vortrug. Und
Du weißt, welchen Spaß, welche Lust uns jenes Buch oft gemacht hat; es gab keine Mahlzeit, kein vertrauliches Beisammen-
sein, keinen Spaziergang, wo Du diese Deine Politik, diese
Idee des neuen Staates nicht mithattest, durch welche alles
Menschliche und Göttliche auf die leichteste Weise, nämlich durch
Lachen und Spotten, in den besten Zustand gebracht werden
könnte. In Kirchen und Hörsälen notirtest Du auf einem
Schreibtäfelchen alle feinen, artigen und witzigen Reden, ins
Lächerliche gezogen, um sie in Dein so herrliches und der Nach-

welt so nützliches Werk zu verarbeiten; denn damals warst Du von der Gottlosigkeit und Abscheulichkeit der Mißbräuche, von den großen Lastern und Verbrechen der Cleriker so überzeugt, daß Du glaubtest, die Papisten Allen zum Verlachen und Verspotten preisgeben zu müssen. Dazu hast Du zuerst und fast allein Hutten, der dann bis an sein Ende der lutherischen Partei treu geblieben ist, veranlaßt, die Redefreiheit des römischen Pasquills nachahmend, in Deutschland die Bischöfe mit allerhand Spottgedichten zu quälen. Daher waren noch vor dem Auftreten Luthers alle Bücherläden voll von Euren beißenden Schriften und Epigrammen, in denen in größter Freiheit bald Satiren, bald Dialoge standen über den unmäßigen Pomp des römischen Oberpriesters, über den königlichen Luxus der Cardinäle, über das Hurenleben der Priester, über die angebliche Armuth der Mönche; Verfasser derselben warst Du, aber aus Furcht ungenannt. Doch mehr als alles Andere hatten Deine Dunkelmänner Haare auf den Zähnen; und Hutten, sonst ein Mann von ausgezeichneter Geläufigkeit und fast göttlicher Leichtigkeit der Sprache, konnte kaum mit Dir verglichen werden, so oft es galt, Cardinäle und Bischöfe durchzuhecheln und die Papisten herunterzureißen. — —

„Ich spreche nicht von den vielen anderen gelehrten Dichtern, die Du allenthalben durch anonyme Briefe angestachelt und eingeladen hast, die römischen Kirchenpuppen zu verspotten. Wohl kein Buch dieses Jahrhunderts hat der Herrschaft des Papstes so viel geschadet und das ganze päpstliche Wesen so lächerlich gemacht, wie Deine Dunkelmänner, die Alles an den Clerikern ins Lächerliche zogen. Was Du aber über die christliche und wahre Religion denkst, wie ernsthaft Du Dich mit der heiligen Schrift beschäftigest, darüber will ich jetzt schweigen; in einem späteren Briefe will ich mit Dir darüber sprechen, was für eine Theologie und was für epikuräische Grundsätze Du aus Italien mitgebracht hast. Ich schweige von Deinen Aussprüchen über das kanonische Recht und über die Gesetze der römischen Päpste, die Du unter unendlichem Gelächter ein verbranntes Gesetz zu nennen pflegtest; diese Bücher der Roma-

niſten ſeien nicht werth, den Maulthieren und Eſeln der römiſchen Cardinäle als Streu zu dienen; im Vergleich zu ihnen
ſei Cicero ein heiliger Apoſtel und eher ein römiſcher Papſt
als Leo X. Ich will hier nicht die vertraulichen Geſpräche mit
dem bekannten Gothaer Freunde wiederholen, was Du da oft
für ein Gelächter erregt haſt über die Meſſe der Papiſten,
deren Gepränge Du dem Comödiantenweſen vergleichſt, über die
Suffraganbiſchöfe, über ihre Salbungen und den Oelſchaum des
Papſtes, über die Reliquien der Heiligen; ebenſo über die
Horen, von denen Du ſagteſt, in der Kirche ſeien ſie ein
Hundegeheul, in den Häuſern der Canoniker ein Summen nicht
von Bienen, ſondern von faulen Drohnen; ebenſo fandeſt Du
die Glockentaufe über Alles lächerlich und alle dieſe Ceremonien
nichtsſagender als ein Traum. Das Alles führteſt Du vor
dem Auftreten Luthers täglich im Munde, natürlich um die
Würde der römiſchen Kirche zu vertheidigen. — —

„Dann, als Luther den Papiſten ernſthaft den Krieg an-
kündigte und zum Reichstag nach Worms reiſte, biſt Du ihm,
wie man ſagt, in Erfurt in ehrenvoller und officieller Weiſe
entgegengeritten und haſt ihn bei ſeiner Weiterreiſe ein Stück
Wegs begleitet und zur Standhaftigkeit ermahnt. Damals
verbreiteteſt Du, ich weiß nicht welchen Vortheil erwartend,
heimlich mancherlei Bücher, ſandteſt Briefe aus und nichts lag
Dir ſo ſehr am Herzen, als daß Luthers Lehre ſo weit als
möglich verbreitet würde; damals hatten die Lutheraner keinen
beſſern Poſtillon als Crotus; und wenn Du auch das Alles
nicht deswegen thateſt, weil Du im Ernſt von Dem ergriffen
warſt, was Luther fromm und rein von der Religion lehrte,
ſo thateſt Du’s doch und wollteſt durchaus Lutheraner ſein und
dafür gelten. Und auch noch vor Kurzem, als Du bei den
Sarmaten lebteſt, biſt Du, wie ich höre, ein ſo ſtandhafter
Anhänger Luthers geweſen, daß Du leugneteſt, ein geweihter
Prieſter zu ſein, und Dich nie mit der Tonſur ſehen ließeſt.
Daß nun dies Alles und vieles Andere von Dir dort am Hofe
Niemand weiß und durch Deine Apologie bald ſo leicht Allen
aus dem Gedächtniß verwiſcht werden konnte, daß Niemand

mehr ahnt, Du seist derselbe Crotus, der Du immer gewesen
bist, als welcher Du geboren und zu dem Du gemacht und er=
zogen worden bist, der . durch keine Kunst wieder umgebildet
werden kann, muß Dich natürlich wunderbar jucken und Dir
unglaubliche Freude machen; denn wenn schon jenes freie und
offene Lachen, wenn Ort und Zeit es mit sich bringen, wenn
Nichts zu fürchten ist und kein Hirtenstab droht, Dich wunder=
bar zu ergreifen pflegt, so ist Dir doch das heimliche Lachen
noch viel lieber, indem Du äußerlich der Sitte gemäß in der
Schaar der Cleriker in der Kirche „Salva regina etc." singst
und hinter Fähnchen, Crucifix und Weihkessel in die Kirche
schreitest, innerlich aber im Herzen Dir Dein Theater ausmalst
und den Papst sammt seinem Papstthum auslachst. — Aber wir
haben nun lange genug ₋geplaudert und ich fürchte nur, Du
kannst das Lachen nicht mehr verbeißen; denn Du weißt, das
Lachen hat eine überwältigende Kraft, es platzt oft ganz wider
Willen heraus. Daher sieh zu, daß Du jenen alten Crotus
recht versteckst, der seine ironische Natur nicht so leicht wechseln
kann, wie ein Mohr die Farbe. Aber, mein liebster Crotus,
was würde Hutten sagen, wenn er wieder käme und sähe
Crotus, den alten eifrigen Lutheraner, wie er beim Hochamt
mit den Händen abwechselnd das Rauchfaß schwingt und jene
Rauchwolken verbreitet, welche er sonst wahren Rauch nannte,
wie er, beide Arme vorgestreckt, die Augenbrauen zusammen=
gezogen, als wenn's sein Ernst wäre, die Inful des Weih=
bischofs hält und ihm wohl gar die Schuhe küßt, wie er mit
den Chorherren die Kniee beugt und beinahe den Staub auf=
leckt, den die Chorherren bei der Vesper halb schläfrig und
trunken mit ihren heiligen Füßen abtreten? Würde nicht
Hutten, der von Natur heftige und hitzige und von Haß gegen
alle Heuchelei glühende, geradeheraus lachen und Dich an=
speien, wenn Du so als frecher Heuchler mitten in der Kirche
ständest?" [1])

---

1) Der Zweck der obigen Auswahl erlaubte nicht gerade solche Stellen
auszusuchen, in welchen die Sprache der Dunkelmännerbriefe meisterhaft

Zuletzt weist der Verfasser dem Crotus an dem Stile seiner Apologie die Zeichen des bösen Gewissens nach und ermahnt ihn, doch in sich zu gehen, wieder der Alte zu werden und dem Cardinal die Wahrheit zu sagen, die derselbe gewiß gern hören würde. [1]).

---

nachgeahmt wird. Auch würde sich diese Eigenschaft des Stiles nicht an der Ueberseßung so anschaulich machen lassen. Hier möge noch eine Stelle folgen, um die gelungene Jronie zu zeigen, mit welcher der Verfasser den Crotus behandelt; sie schließt sich an die Schilderung an, wie Crotus das Rauchfaß schwingt: „Et ego quidem ipse istuc os tuum impudens nimium vellem videre, quis esset, ut ille inquit, status tenere te hoc flabellum, tenere te thuribulum, animal tantum. Verum haec pro libertate amicitiae boni consules, et nisi ruditus vicinorum (ut tu inquis) asinorum tuum illud literarium interturbant ocium aut studia isthic concionatorum qui doctiores et meliores viri te esse perhibentur, quaeso ridicula quaedam illis tuis, id est Croti ironicissimi, respersa et tincta salibus accurate rescribe. Ego nova quaedam accepi ex curia Romana, ex ipsa camera Clementis VII, quem tu, ut audio, clanculum apud tuos symmistas Dementem VII vocare soles, accepi et disputationes quasdam, quantum unus papa tempore papatus sui possit bona conscientia fundere sanguinis in bellis Italicis, ut nihilo minus maneat vicarius humilis et mansueti Christi; item quales chirothecas induit papa quando inter legiones in acie versatur, ne locus Esaiae ipsum tangat ‚Manus vestrae plenae sunt sanguine‘; item quod papa, quando bella gerit, annulum Gygis, non annulum piscatoris gestat, ne deus in coelo videat virum sanguinum; item quod concilium Romae sit habitum de gravi articulo quem et tu tractasti magistraliter in libello tuo ad obscuros viros, quot nodos de caetero habere debet cingulus veri Francisci. Et si delectari te videro mutuis illis scriptionibus, quibus famam tuorum ita tueris ut alios nihil male de te meritos faceres, ut cineres etiam atque ossa viri satis noti, doctoris Crusi, crudeliter infames et persequaris, ego binos libellos quorum alteri titulus est Italica Theologia Croti, alteri Epistolae Lutheranae Croti, etiam ad te mittam, ut ex his te ipsum intueri et contemplari possis."

1) Der Schluß der Epistel lautet: „Sed hic abrumpo epistolium amicum, cui pene biduum dedi; non dissuo tamen nec abrumpo amicitiam, quam sic colam constanter, ut, si ita voles, adhuc liberius tibi expositurus sim quid istic noceas, quam claram et cognitam veritatem contra conscientiam tuam impugnes, quid de te si ita pergis omnes boni, eruditi et pii (etiamsi interim Coclei, Hochstrati et

VI.

Wer ist der Verfasser dieser anonymen Schrift? Wenn die Beantwortung dieser Frage schon im Allgemeinen für die Geschichte des Humanismus und wegen Bestimmung der Verfasser der Dunkelmännerbriefe von größter Bedeutung ist, so ist sie es für uns hier noch in ganz besonderer Weise. Es leuchtet auch für Denjenigen, der nur ganz im Allgemeinen den Inhalt der Schrift kennen gelernt hat, sofort ein, daß der Schreiber mit Crotus eng befreundet und mit dem Leben und Treiben des Mutianischen Bundes nicht nur genau bekannt gewesen sein, sondern auch mitten in demselben gelebt und daran regen Antheil genommen haben muß. Ferner muß er ein Mann sein, der nicht wie Crotus, Mutian selbst u. A. wieder mit Luther zerfiel, sondern ein treuer und begeisterter Anhänger seiner Person und Sache blieb. Aber auch dieser Kreis muß noch enger gezogen werden. Der Verfasser zeigt ein lebhaftes Interesse für die theologischen Fragen jener Zeit, wie namentlich aus dem Eingange der Schrift deutlich hervorgeht, daß sein erster Brief an Crotus nur von solchen Dingen handelte; so daß man mit Sicherheit annehmen kann, er steht in einem evangelischen Kirchenamte. Alle diese Voraussetzungen treffen, so weit unsere Kenntniß reicht, nur bei zwei Männern ein, bei Justus Jonas und Justus Menius.

Seit Olearius ist es nun gewöhnlich geworden, Justus Jonas mit mehr oder weniger Bestimmtheit als den Verfasser der Responsio auszugeben. Aber diese Behauptung stützt sich nur auf die obigen ganz allgemeinen Erwägungen; specielle Beweise sind noch nicht dafür beigebracht worden und können nicht wohl beigebracht werden. Hingegen sind bestimmte Thatsachen vorhanden, welche es unmöglich machen, Jonas für den Ano-

Eckii, tui olim obscuri viri, nunc tibi, nisi te nosse coeperis, clari, nunc tibi splendidi, te laudent) judicaturi sint. Vale et scias Lutheranam doctrinam Croto non indigere, sed ea aliquando indigebit forsan Crotus. Iterum vale. Datae in Sarmatis anno theologorum, ut soles numerare, xv, defectionis Croti primo."

nymus zu halten. Zuerst sagt der Verfasser, als er davon spricht, wie Crotus Luther auf seiner Reise nach Worms von Nohra aus feierlich eingeholt habe: „Man sagt, Du seist Luther entgegengeritten."[1] So aber konnte Jonas nicht schreiben, der zu jener Zeit Canonikus an der Severikirche in Erfurt war und sich unter den Vordersten befand, die Luther entgegenzogen[2]. Auch wäre es höchst auffallend, daß Jonas, wenn er der Verfasser wäre, die Anrede des Crotus nicht benutzt haben sollte, die doch Vieles enthielt, was für seine Zwecke vortrefflich paßte. Ferner wird Wittenberg illa vicina urbs, jene bekannte dem damaligen Wohnorte des Crotus benachbarte Stadt genannt[3]); so konnte Jonas nicht schreiben, der zu der Zeit, als die Responsio abgefaßt wurde, selbst in Wittenberg lebte. Nun könnte man zwar einwenden, der Verfasser habe dies gethan, um seine Anonymität zu wahren, wie ja auch als Ort der Abfassung „in Sarmatis" angegeben ist, während aus vielen Stellen[4]) hervorgeht, daß der Verfasser nicht in Preußen oder Polen schrieb. Allein das „in Sarmatis" ist offenbar ironisch gewählt, und Crotus wußte ohne Zweifel, von wem die Responsio gegeben war, zumal da die Apologie des Crotus eine Antwort auf einen vorher an ihn

1) Resp., § 29: „Deinde cum Lutherus jam serio bellum indiceret papistis et ad Wormaciensia iret comitia, ut sisteret se Carolo V invictissimo et clementissimo imperatori, tu Erffordiae obviam *diceris* in equo vectus Luthero honorificentissime et officiosissime, more majorum, abeuntem etiam aliquot stadiis comitatus es, hortatus virum ad constantiam."

2) Vgl. Eob. Farr. II, 116 (f. oben S. 18, Anm. 1);
„Hos inter, qui nos praevenerat, ibat Jonas,
   Ille decus nostri primaque fama chori."

3) Resp., § 8: „aliquid aspere dices in Lutherum et in illam vicinam urbem". Vgl. § 13: „quae simulas hostilia scripta in vicinos nescio quos".

4) Resp., § 1: „sic e Sarmatis reducem". § 2: „tibi, tali viro, tali sopho, peregrinam et exoticam sapientiam e Sarmatis, e media ni fallor Scythia afferenti". § 7: „interim quod tu abfuisti in Sarmatis". § 31: „nuper quoque cum in Sarmatis ageres".

gerichteten Brief und die Responsio demnach nur eine Replik ist. Den ersten Brief hatte der Verfasser höchst wahrscheinlich nicht anonym geschrieben und nicht veröffentlicht; da aber Crotus öffentlich antwortete, erschien auch die Responsio im Druck und anonym. — Der Verfasser bemitleidet Crotus, daß er in solchem Alter, ein Graukopf, so die Studien verschmähe, welche er von jeher geliebt habe [1]). Diese Bezeichnung will sich für den nur ungefähr 10 Jahre jüngeren Jonas nicht recht schicken. Endlich ist das, was Jonas nach dem Zeugniß von Olearius (s. oben S. 21, Anm. 1) gegen Crotus geschrieben hat, der Art, daß man nicht begreifen könnte, wie er, wenn er wirklich die Responsio geschrieben hätte, kaum ein Jahr darauf so matt und schwach gegen ihn verfahren sein sollte. So wird Dasjenige, woraus Olearius die Vermuthung herleitete, daß Jonas der Verfasser der Responsio sei, gerade zum Zeugniß gegen ihn. Justus Jonas kann die Responsio nicht geschrieben haben. [2])

Ganz anders steht es mit unserm Menius. Bei ihm treffen nicht allein die allgemeinen Bedingungen zu, sondern es kommen uns auch noch mehrere Einzelheiten zu Hülfe, so daß wir nicht zweifeln können, er ist der Verfasser der fraglichen Schrift. Von ihm wissen wir bestimmt, daß er Mitglied des Mutianischen Bundes war und daß er noch später in lebhaftem brieflichen Verkehre mit Mutian stand. Was aber die Hauptsache ist, Menius war Schüler und besonders vertrauter Freund des Crotus. Als dieser seine zweite Reise nach Italien

---

1) Resp., § 44: „miseret me Croti, te scilicet tali aetate et canitie sic contemnere illa studia quae semper amasti".

2) Der Erste, der die Verfasserschaft des Jonas in entschiedenen Zweifel zog, war Strauß, U. v. Hutten I, 256, Anm. 1: „Alles würde zu der Annahme, daß Jonas der Verfasser des Briefes sei, trefflich passen; aber Eines scheint mir im Wege zu stehen. Justus Jonas war Augenzeuge von Luthers Einzug in Erfurt auf seiner Reise nach Worms. Der Verfasser dieses Briefes aber sagt dem Crotus: tu Erfordiae obviam *diceris* in equo vectus Luthero. Konnte ein Augenzeuge, also Jonas, so sich ausdrücken?"

machte, stand Menius mit ihm in Briefwechsel [1]); außerdem
sammelte er die Briefe des Erotus und war eifersüchtig, wenn
Mutian einmal einem anderen Verehrer einen Brief desselben
zukommen ließ. Auf eine solche Briefsammlung weist er in
der Responsio mit bestimmten Worten hin, wenn er sagt:
„Als Beweis dafür habe ich gewisse Briefe von Dir, die ich
vorbringen kann, sobald Du nur den leisesten Wunsch zu er=
kennen giebst." [2]) Unter den Anhängern Luthers war offenbar

1) Alt. lib. ep. K.:
„Justo Menio Fuldano docto proboque juveni.
Si vales, bene est; ego quidem valeo. Tantum est, quod jam tibi
scribere possum. Si quid interest rerum mearum, fac per te sciam.
Sin minus, tu tamen scribito. Vale et saluta parentes. Bononiae.
Ascensionis dominicae festo. Anno MDXVII. *Crotus.*"
Jede Nachricht über Erotus nahm Menius mit dem lebhaftesten In=
teresse auf; daher meldete ihm Mutian sofort die Ankunft desselben in
Deutschland (Lib. alt. ep. J, 7):
„Justo Menio.
Crotus noster in Germania est; fuit Bambergae in aedibus Decani.
Qui id mihi dixit, laudem adjecit, testimonio concionatoris illius in-
signis Ecclesiae: Crotum adesse Theologum graece et latine doctissimum. Ea fama voluptati est et tibi jucundam fore scio; faxit Deus,
ut salvum videamus. Bene vale. Die Valeriani. MDXX. *Mutianus.*"
2) Responsio, § 28 der Böcking'schen Ausgabe: „Testes sunt tuae
quaedam epistolae, quaedam colloquia et lucubrationes, quas, si digi-
tulo innueris, proferre possumus, quae et civibus et ecclesiae isthic
alium ostendent Crotum quam eum quem vultu simulas, alium Vena-
torem (Anspielung auf Erotus' deutschen Namen „Jäger") quam illum,
qui nunc praebendas venatur et salinas: illae, si ita res postulaverint,
Crotum plane aperient neque sinent latere ingenium virtutesque tuas
neque patienter quenquam de homine candidissimo errare amplius." —
Damit vergl. den Brief Mutians an Menius bei Tentz. Reliqu. epist.
Mut. p. 106: „Probatissimo Justo Menio, amico fidelissimo, S. P. D.
Nuper ad me scripsit Crotus noster e Bononia. Darem ego tibi literas viri optimi, quem tu unice veneraris ut hominem doctissimum
et integerrimum, nisi Suebus tecum certaret in amando. Tam amat
Crotum quam tu. Eia, inquit, mi Mutiane, siccine me mea defraudas
voluptate. Semel Croti epistolam dedisti, o qualem, Deus aeterne,
suavem, hilarem, plenam jucunditatis, eruditionis, novitatis. Video
Leogallum suis esse oneri. Video Urbanitatem Regulum suo restitu-
tum dominatui. Video Turcam duobus regnis et quidem maximis

keiner mehr im Stande, den Crotus so abzumalen, wie es in der Responsio geschieht, als Menius. Er hatte die beste und genaueste Kenntniß seiner Person durch den vertrautesten jahrelangen Umgang mit ihm sich erworben, er besaß das vollständige Material dazu und war nach dem Zeugnisse eines vollkommen urtheilsfähigen Mannes, des Eoban Hesse, Derjenige, der nächst Crotus das Beste in dieser Art von Schriftstellerei leistete. [1] Dies wußte Luther sehr wohl. Als daher Crotus in die Dienste des Carbinals von Mainz getreten war und zur Rechtfertigung desselben die Apologie geschrieben hatte, forderte Luther, der über den Abfall dieses alten Freundes und einflußreichen Mannes nicht wenig aufgebracht war, Menius auf, „jenen Epikuräer Crotus, der uns in giftiger Weise ver-

---

sublato Suldano potiri. Haec omnia video verbis electis compositione aptissima describi. Ante dilexi, nunc amo Crotum, et amabo, quoad spiravero. Talia Suebus. scin quam amabilis, quam literatus? ferreus essem et expers omnis officii, si tam bono tam docto amiculo tam bellas et delicatas Croti literas auferrem. Sed dum illi obsequor, te forsan offendo. Affectas enim tui praeceptoris osculari manum. Ah mi Juste, dabis hanc veniam tuo carissimo Suebo. Sine, habeat parum illius boni Croti, cum tu maxima possideas. Sufficit una Suebo epistola velut illicium amoris, cum tibi totam bibliothecam sciamus esse traditam. Verum de literis hactenus! Apud Musardum, qui ludum aperuisse dicitur, si tu vitam agitas, commendo tibi fraterculos Aperhardi. O quantum antiquitatis politissimae talis praeceptor te adjutore et socio in scholam transfundet? Porro non possum non favere tuo municipi, quem coram mihi commendaras. Innocentissimum puto quem tu verecundus et probus tantopere praedicas. Vellem in valles demigraret, vellem se mihi concrederet. Tranquille posset eniti ad gradum et insignia magistrorum. subsidio essemus Urbanus, Suebus et ego. Id est Duronii gratiam Adamo conciliaremus. Vale, die pictoris Evangelici.

Tuus Mutianus.“

Vgl. auch Resp., § 39: „... ego binos libellos quorum alteri titulus est ‚Italica theologia Croti‘, alteri ‚Epistolae Lutheranae Croti‘, etiam ad te mittam, ut ex his te ipsum intueri et contemplari possis“ — und den weiter unten angeführten Brief des Petrejus Aperbachus an Menius.

1) S. unten S. 40, Anm. 3.

folgt und dem Hallischen Pontifex schmeichelt", tüchtig durch-
zukämmen und in den Farben seines Epikuräismus darzustellen,
„denn das wird Deines Amtes sein" [1]. Einem so bestimmten
Auftrage Luthers hat sich Menius, dem an dem Wohlwollen
Luthers viel gelegen war, der ihn bei jeder Gelegenheit um
Rath fragte und sich von ihm Vorreden zu seinen Schriften
zur Empfehlung derselben schreiben ließ, gewiß nicht entzogen;
er hat vielmehr der Aufforderung Luthers und seinen eigenen
Kräften entsprechend den alten Freund so treu abgemalt, daß
dieser nun wohl selbst anerkennen mußte, der Schüler sei dem
Meister gleich geworden, während er den Ton und die Sprache
des ersten Schreibens nicht passend erachtet hatte für das Verhältniß des Schülers zum Lehrer. [2] Die ganze Responsio ist
eine genaue Ausführung des ihm gewordenen Auftrags; und
ich glaube sogar eine Anspielung auf die Worte Luthers zu erkennen, wo Menius von den Paradoxen Epikurs spricht, die
er aus Italien mitgebracht habe. [3] Nicht weniger zeigt der

---

1) De Wette IV, 311:

„. . . Sed ecce Crotum illum Epicureum, qui nos insectatur viru-
lenter et pontifici Hallensi adulatur. Mittimus ad te exemplum, et
tu interim te para, ut illum deperum nobis recte reddas et Epicurismi
sui coloribus pingas: hoc enim tui officii erit. Occupatissimus scriba.
Optime vale. Ego muß haben in idolum magnum tuum, sed certe
prophetae sub prelum traditi sunt vernacule absolvendi. Die S. Lucae
Anno 1531.
                                       T. Martinus Lutherus."

. Der Satz Ego muß haben u. s. w. ist unverständlich; ich glaube mit
Böcking, daß mit prophetae ein neuer Satz beginnt, möchte aber an dem
vorhergehenden nichts ändern und ihn so verstehen: „ich muß etwas gegen
Deinen Liebling haben, aber ganz gewiß." Luther wollte damit gleich
im voraus die Bedenken bekämpfen, die Menius voraussichtlich geltend
machen würde, in der geforderten Weise gegen seinen verehrten Lehrer
und alten Freund öffentlich aufzutreten.

2) Apologia Croti: — „Facis tu quidem animo, ut te novi, peramico, sed sermone parum convenienti: nam pervertitur ordo officii,
quod in agendo et locum et tempus et personas observat."

3) Resp., § 24: „Quid autem de Christiana et vera religione sentias,
quam serio in scripturis sanctis verseris, interim tacebo et ad aliam
differam epistolam in qua si ita voles colloquar tecum cujusmodi

Schluß, daß Menius seinen Freund noch nicht aufgeben möchte und daß er immer noch hofft, er werde wieder der alte werden, so daß auch in dieser Beziehung Luther seinen Mann wohl er= kannt hatte.

Aus der Aehnlichkeit des lateinischen Stils läßt sich kein Beweis führen; indessen thun namentlich die in den zwanziger Jahren geschriebenen Briefe wenigstens so viel dar, daß Menius im Stande war, so ironisch und in der Weise der Dunkel= männerbriefe zu schreiben. [1]) Die späteren Briefe sind durch= weg ernsten Inhalts; die lateinischen Commentare zu biblischen Büchern und die Uebersetzungen lutherischer Schriften ins La= teinische können natürlich hier nicht zur Vergleichung heran= gezogen werden. Der Vorwurf, den man dem Verfasser ge= macht hat, die fortwährende Wiederholung, daß Crotus die Dunkelmännerbriefe geschrieben habe, nehme sich fast wider= wärtig aus [2]), ist zwar etwas schroff ausgedrückt, aber beweist für die Verfasserschaft des Menius, da keine seiner Schriften ganz von ähnlichen Wiederholungen frei ist.

Endlich alle Umstände, welche der Annahme, Jonas sei der Verfasser, entgegenstanden, sind für Menius günstig. Dieser war zur Zeit, als Luther nach Worms zog, in Wittenberg, und konnte demnach nicht anders schreiben als: „Man sagt, daß Du Luther entgegengeritten seist", wenn es nicht den An=

theologiam et Epicuri paradoxa ex Italia tecum attuleris, cujus fidu-
cia nunc nostratia contemnis." — Vgl. auch Anm. 2, S. 34 zu Ende.
1) Resp., § 13: .. „cogitantem de salinis (von den Pfannen zu Halle),
ut semper fuisti salsissimus". — § 14: „vulpissas forsan, sed contra
aulicos, sed contra vulpes; — cave, ne hoc subodoretur princeps
emunctae naris, ne aliquis pervideat Lynceus". — § 36: quis esset
status = was das für ein Staat wäre: animal tantum = ein großes
Thier (hochgestellter oder berühmter Mann) u. a. Auch ungedruckte Briefe
auf der herzogl. Bibl. zu Gotha beweisen dafür. Eine gewisse Aehnlichkeit
in der Anführung von Sprüchwörtern ist nicht zu verkennen. Von den
deutschen Schriften des Menius hat die Sepultura Lutheri die größte
Aehnlichkeit mit der Responsio; auch die gegen Osiander und Flacius ge=
richteten Schriften sind in dieser Beziehung zu vergleichen.
2) Kampschulte I, 200.

schein gewinnen sollte, als schilderte er den Einzug Luthers
in Erfurt ebenso aus eigener Anschauung, wie das andere,
während der Empfänger des Briefs genau wußte, daß er nicht
dabei gewesen war. Menius konnte also auch die Anrede des
Crotus in seinem Schreiben nicht benutzen, weil er sie nicht
kannte. Ferner paßt die Bezeichnung Wittenbergs als einer
Halle benachbarten Stadt sehr gut für Menius, welcher zu der
Zeit, als er dies schrieb, in Eisenach lebte. Das Mitleid mit
dem alten Graukopf klingt aus dem Munde des damals
33 Jahre alten Menius ganz anders als aus dem des Jonas.

Da demnach ebenso bestimmte Gründe gegen die Verfasserschaft des Jonas, als klare Beweise für die des Menius vor-
liegen, dürfen wir es als ausgemacht ansehen, daß nicht Jonas
sondern Menius die Responsio geschrieben hat. [1])

---

1) Eb. Böcking (Drei Abhandlungen über reformationsgeschichtliche
Schriften, S. 67 ff.) hat zuerst den Satz aufgestellt und bewiesen: „Des
Crotus ehemaliger Schüler Justus Menius hat, von Luther dazu auf-
gefordert, die Responsio ad Apologiam Croti Rubeani verfaßt." Im
Obigen glaube ich noch einige wesentliche Momente hinzugefügt zu haben.
Die Einwendungen, welche Kampschulte (II, 273 f.) gegen Böcking macht,
sind nicht stichhaltig.

Herr Archivar Dr. Burkhardt in Weimar, dessen Manuscript zu den
ungedruckten Lutherbriefen einzusehen mir vergönnt war, bemerkt zu dem
oben angeführten Briefe Luthers an Menius bei De W. IV, 311: „Haupt-
stelle, von Niemand gekannt, für Menii Verfasserschaft R. I, 189 b:
Justus Menius ita corruptus erat impia conversatione D. Mut. et
D. Croti, qui non credebant ullum esse Deum, neque Christum, neque
verbum, neque politiam aut aliam vitam credit. Ita ab illis Italicis
nebulonibus persuasus fuit Justus Menius, sed Dei gratia liberatus
est, et illi perierunt. Nam D. Mut., paupertate desperans, se ipsum
veneno necavit, relinquens post se librum vanae suae religionis, quem
vivens proferre non audebat (vgl. T. R. LXXXIII, § 11). — Der
Verfasser der Responsio ist Menius, nicht Jonas und nicht Apell."
Ueber die Responsio vgl. noch Unschuldige Nachrichten 1716, S. 382 f.;
1720, S. 646 f.; 1732, S. 996. — Auch in den folgenden Worten
Wicels scheint mir die Responsio und Menius als ihr Verfasser angedeutet
zu sein: Clarebit tale in confutationibus meis, quorum altera in locum
absoluta jam diu est, altera parabitur ubi Isennachensis cujusdam
lusciosum librum videro. (W i c. epp. H h. iiij. Petri Coth. 1533.)

VII.

Aus der besprochenen Schrift ersehen wir am deutlichsten, in welchem Kreise von Männern und mit welchem Erfolge Menius sich in den ersten Jahren seiner Universitätsstudien bewegt hat. Wenn der Jünger auch nicht über den Meister gekommen ist, so hat er doch gezeigt, daß er seiner werth war. Mag's ihm auch schwer geworden sein, dem verehrten Lehrer in dieser Weise entgegenzutreten, so galt ihm doch die religiöse Wahrheit mehr, als die persönliche Rücksicht. Bei der Beurtheilung seines Verfahrens müssen wir wohl beachten, daß Menius zuvor an Crotus geschrieben hatte, nach des Letzteren eigener Aussage, in der freundlichsten Absicht. Selbst die Responsio. ein Meisterstück damaliger Polemik, läßt nirgends Herzlosigkeit oder Schadenfreude durchblicken; sie ist zwar im persönlichen Auftrage des Wittenberger Reformators, aber doch mehr im sachlichen Interesse der Reformation geschrieben. Denn für diese konnte es gar nicht einerlei sein, wenn ein so glänzender Wortführer der alten humanistischen Partei ins Lager des Papstthums überging. Daß der Verlauf der Reformation selbst die wesentliche Schuld davon trug, daran dachten natürlich die Reformatoren und lutherischen Superintendenten nicht. Die päpstliche Kirche war für sie das vollständige Babylon, die eigene aber das tadellose Jerusalem. Dieses Selbstbewußtsein war nothwendig, um die Reformation unter den schwierigsten Verhältnissen zu einem gedeihlichen Ziele zu führen, hat aber auch die nothwendige Weiterentwicklung für die Zukunft lange unmöglich gemacht. Von einem Charakter, wie wir den des Menius noch näher kennen lernen werden, können wir getrost behaupten, daß bei der Abfassung der Responsio persönliche Freundschaft und reiner Eifer für die heilige Sache in hartem Kampfe gelegen haben, bis die letztere siegte. Als sie die Oberhand gewonnen hatte, wählte er das Wirksamste, was überhaupt existirt; er bekämpfte seinen Gegner mit seinen eigenen Waffen und führte diese in meisterhafter Weise. Das Leben und Treiben im Mutianischen Bunde hatte ihn zum tapfern

Kämpfer herangebildet, als welchen er sich sein ganzes Leben hindurch bewährt hat; er hat nicht umsonst in der lateinischen Cohorte Mutians gedient, sondern ist unter seiner Leitung tüchtig geschult worden.

Nachdem Mutians treue Schaar durch die Dunkelmänner= briefe den Gegnern einen vernichtenden Schlag beigebracht hatte, war ihre Aufgabe gelöst. Mutian hatte seinen Zweck erreicht; er zog sich wieder zu seiner glückseligen Ruhe zurück und er= reichte auf kurze Zeit das ersehnte Ziel. Glänzende An= erbietungen von Seiten des Churfürsten von Sachsen ver= mochten ihn nicht zu stören. Aber der Gang der kirchlichen Angelegenheiten verdüsterte ihn mehr und mehr; Luthers rück= sichtsloses Verfahren schnitt ihm tief in die Seele; er umfaßte die alte Kirche mit immer treuerem Herzen, je schonungsloser ihre Blößen aufgedeckt wurden. Ja, er war in Gefahr, daß ihm auch noch unter dem Scheine des Evangelismus seine be= scheidenen Subsistenzmittel entzogen würden; er selbst schrieb an den Churfürsten: „Ich Elender, Unglückseliger, schon alternd und mit grauem Haupte, sehe mich genöthigt, zu betteln." Aus seinem bittern Mangel und seiner tiefen Bekümmerniß er= löste ihn der Tod am Tage vor Ostern 1526.

Auch in seinen Bundesgenossen war die Leidenschaft durch jene großartige Satire abgekühlt worden; die Gemüther kehrten wieder zu ruhiger Betrachtung der Dinge und zum Studium der Wissenschaften zurück. Crotus ging zu Anfang des Jahres 1517 nach Italien. Die Zurückbleibenden schaarten sich um Eoban, den Dichter der christlichen Heroiden, dem Alle un= bestritten den ersten Rang einräumten. Nach Reuchlins Vor= gang wurde ihm allgemein der Titel „König" beigelegt. Als solcher herrschte er in einem neuen Humanistenbunde. Friedlich und harmlos gab man sich den classischen Studien hin. Ohne diese gab es keine Gelehrsamkeit, keine Weisheit; sie waren der einzige Weg zu Tugend und Weisheit, zu Frömmigkeit und Religiosität, zu Humanität und Ehre auf Erden. Daher wollte Einer immer gelehrter erscheinen als der Andere; in diesem Wettstreite fehlten zuweilen selbst Neid und Streitig=

leiten nicht ¹). Erasmus war das Vorbild, dem man nach=
strebte; ihm huldigte man oft in überschwenglicher Weise. Ihn
würdig zu verehren war der einzige Ehrgeiz Aller. Daneben
verschmähte man die Freuden der Tafel und des Weines nicht,
wobei Eoban ebenfalls nach altgriechischer Sitte sein königliches
Scepter schwang. ²)

In diesen höchst anregenden Kreis ging auch Menius mit
über. Mit dem Könige desselben, mit Eoban, stand er in be=
sonderer Freundschaft. Eoban feuerte ihn an und pries seine
Leistungen als diejenigen, welche denen des Crotus am nächsten
kamen. Es entstand ein inniges Verhältniß zwischen Beiden,
welches nicht auf die gegenseitige Anregung und Mittheilung
in Bezug auf wissenschaftliche Bestrebungen beschränkt blieb,
sondern sich auch auf das häusliche Leben und gesellige Freuden
erstreckte ³). Der in der Jugend geschlossene Freundschaftsbund

---

1) Camerarius Narr. de Eob. A fiij: „Alius alio videri doctior
volebat. Dum igitur se praeferri studet ceteris, fieri non poterat,
quin minus commode interdum de iis loqueretur, quorum existimatione
suam famam premi suspicabatur." '

2) Camerarius sagt in seiner Narr. de Eob.: Erat juvenis ille
pulcherrimus, corpore firmo et procero et membris elegantibus, facie
plane virili et ore severo, barbaque conspicua ac profunda genae totae
vestiebantur. Neque ego facile existimo fuisse quenquam a primo
ortu, cujus habitus atque constitutio ac species cum Eobanico corpore
conferri, nedum huic ut illa praeferri possent. Omnia etiam quibus
exercendo corpus reddi solet cum agilius tum robustius, studio sibi
habuerat, ut luctaretur, ut illos gestus dimicationum et chironomias
disceret, ut saltaret, ut nataret. Neque in ullo genere facile alteri
aequalium cedebat. — Unum vereor ne nimis juveniliter et incogi-
tanter tum non deliberaverit, sed ausus fuerit facere, quo et ingenium
debilitaretur divinum et excellentis corporis quasi soliditas labefieret.
Putavit enim se etiam inter poculorum certamina, quae maxime tum
in aulis certabantur et a nobilitate frequentabantur, non vinci ab altero oportere." — K b.: „Bibemus, ut opinor, homines elegantes et docti
Graeco more."

3) Lib. alt. ep. Eob. et al. J, 3:
„Justo Menio Viro erudito amico suo perpetuo.
S. D. Quos tu Canones petis? quorum in tuas tabulas tantum
nobis est quantum pulici sanguinis, humoris pumici. Aristoteles non-

bauerte fort, als sie räumlich von einander getrennt waren, und mitten unter den ernsthaftesten Geschäften und Kämpfen des Lebens

---

dum absolvit pensum suum; absoluturus credo, ut est egregius procrastinator, ad calendas Graecas. Mittam vero, ubi dederit, non daturus nisi cogatur. Et cogemus nisi Reges non sumus. nosti enim vires hujus imperii. Papam nostrum saluta reverenter et admone anserculi, quem Gotham abituro praeripuimus velut e faucibus. mire eam rem in itinere risimus ego et Megabachus. Nisi te malis oculis esse et ex consuetudine lippire scirem, extorquerem vel conviciis tibi tuum illud specimen, quod ostendebas, quo ab eo, quod Crotus dederat, non vidi pellucidius. Sed habenda tibi ratio valetudinis est. Velim alio aliunde possis desiderium nostrum levare. Sum enim hic, ut vides, avarus. Te valere cupio optimaque valetudine frui, mi carissime Meni. amo enim te propter eruditionem et mores suavissimos. qui amor ex judicio non errore, ut fit, natus inter nos debet esse perpetuus. Plura non licuit. festinabat enim Lupus noster, nec libebat remorari familiarem Papae nostri, Joannis Primi. Bene vale, et deinceps, ubi ad nos mandabis aliquid, memineris ad eum te regem mandare, qui mandata, quae literas non habeant comites, nulla sit acceptnrus, remissurus vero formidabilia fulmina et humanas motura tonitrua mentes. Iterum vale, et scribito saepius, nisi mavis iratum habere Regem. Erfordiae v. Id. Decembr. An. MDXXIV.

Tuus *Eoban. Hessus R.*"

"Justo Menio Fuldano doctissimo amico S. tanquam fratri carissimo. S. D. Inter tumultus multorum stultorum oportuit me ad te scribere, mi carissime Meni; dabis igitur veniam, si et in his literis aliquam deprehendas stultitiam. Quis enim sapiat? Sic urgentibus illis, qui nihil sapiunt. Sed aderat tamen noster Petrejus, qui aegre repressit istorum impetum. Omnia tibi narrabit optimus vir parens tuus, quem et propter te diligo et propter ipsius humanitatem. Mittimus tibi Lecum nuper a nobis novum factum. Colloquere cum Croto. Scripsissem plura, si licuisset. Scribam ad te propediem plura. Nullas attulit literas pater Menius. perdidisse se ajebat, opinor, ut te excusaret. Bene vale, mi Meni. Erfordiae Id. Junii."

Lib. alt. ep. Eob. et al. J, 4:

"Justo Menio S.

Si potes archaicis conviva recumbere lectis,
Nec modica prandere times olus omne patella,
Ad decimam venias, Meni, te namque manebo.

Sic invertimus Horatii versus, ut te convertamus. Ad rem igitur.

Mi Meni, Urbanus noster et ego rogamus, nobiscum ut prandeas,

erkannte Menius das Königthum seines Eoban noch an. ¹) Von denjenigen Freunden, welche aus dem Mutianischen Bunde mit herübergekommen waren, stand Menius nächst Eoban mit Petrejus sehr lange Zeit in freundschaftlicher Correspondenz ²).

praeter sales et jocos nihil sumtuum habiturus. Nam Pythagorici sumus, excepto silentio, quod tacere non possimus.

Tuus *Hessus.*"

1) Altera Cantate MDXXVII (Hel. Eob. Hess. epist. fam. p. 74): „Joanni Lango Eobanus Hessus. . . . Sed heus, mi Lange, nostrum Menium si salutare dedignabere, percute meo nomine, et Regem illi iratum esse dicito, quia nihil scribat. Nurembergae." Ebenso l. c., p. 77: „Saluta clarissimum Justum Menium, mihique ut scribat, admoneto, imo mandato nomine Regio, aut ego illi sceptrum hoc Regium meum aliquando in oculos alioqui imbecilles incutiam, ut Thersiti Homerico Ulysses." — p. 78. — p. 98: „G. Sturtiadae. . . . Hac hora Isenacum versus accingor, conventurus illic et Myconium et Moenium amicos nostros."

2) Lib. alt. ep. Eob. et al. K, 2 b:
„Carissimo Justo Menio Mulbergae S.

Dedi Hunoldo biblia et Nazansenum; libellum illum alterum non dedi. Quem enim habueram, cum cuidam Sacerdoti Schleusingensi donavi ante semestre fere tempus. Neque excogitare quivi, unde jam commodato sumerem. Alioqui nihil a me frustra petes, modo praestare possim. Mirificum mihi desiderium tui adventus injecisti. Nam tametsi maximopere cuperem, si ita utriusque nostrum fortuna ferret, perpetuo tecum vivere, tamen ad commemorationem Crotinarum literarum exarsi peculiari tui videndi cupidine. Quocirca quanto vehementissime nos amas, tanto velocissime. quod tamen sine incommodo tuo fiat, advenire matura. Vale carissimum caput.

Petrejus Aperbachus."

„Justo Menio viro eruditissimo amico suo primario.

Salve, mi Meni carissime! Nudius tertius, cum e quadam peregrinatione, ubi alterum bracchium paene fregeram, domum venissem, offendo Bocatii literas, quibus jubeor te quam vitissime possim, ex istis saltibus evocare. Ecce autem, dum omnes observo simas, si quis forte Fuldam petat, tuus in ipso temporis articulo offertur nuntius, qui tibi nuntium referat non magis cupere te Bocatium, quam ab eodem ipse cupiaris. Itaque quo die has acceperis, imo qua hora para te ad iter. Quo maturior, eo gratior erit adventus tuus. Fama hic sparsa est, a malevolis quidem, ut opinor, facta, quosdam esse pulsos

Die gemeinschaftliche Verehrung des Crotus fesselte sie an einander; die Briefe, welche Menius von Crotus erhielt und besaß, flößten Petrejus die größte Sehnsucht nach dem Freunde ein. Außerdem schlossen sich noch viele frühere Jünger Mutians, wie Jonas, Draco, Urban, J. Lange u. A. dem frohen Kreise an und beugten sich unter das milde Scepter Cobans. Von den neu Hinzukommenden wollen wir nur Denjenigen hervorheben, der wegen seiner Kenntniß der griechischen Sprache diesen von Eifer für die schönen Wissenschaften entbrannten Männern höchst willkommen war, und dem wir hauptsächlich die Nachrichten über diesen Bund verdanken. Dies ist der gelehrte Arzt Joachim Camerarius. Als er im Jahre 1518 von Leipzig nach Erfurt kam und sofort in jenen Freundeskreis eingeführt wurde, lernte er im Hause des Sturziades, des Mäcenas seiner Zeit, auch Menius kennen. Die Bande der Freundschaft knüpften sich erst nach und nach zwischen Beiden, da Menius ein eifriger Schüler des Camerarius im Griechischen wurde. Denn nach Melanchthons [1]) Zeugniß war „der ehrbare und hochgelehrte Joachimus Camerarius auf beiden Universitäten, in Erfurt und hernach in Wittenberg, sein bester Freund, der ihn in griechischer Sprache in sonderlicher Freundschaft unterwiesen hat". Gegen das Ende seines Lebens wurde Menius wieder mit ihm vereinigt, und es war dem feingebildeten Humanisten vergönnt, nach vielfachen bitteren Erfahrungen, die er im

notos nobis homines, ob ductas uxores. I nunc et nega sapientes esse senes illos in Comoediis, qui filios suos jubent potare, ludere, scortum ductare, vitaeque et genio indulgere. Id animo erat longissimis tecum agere, sed dolor bracchii prohibuit. Tu modo tibi ne desis et advola pennis plus quam Daedaleis. Bocatius modo Gothae est. Vale mi Meni, et saluta patrem tuum, Crotum nostrum, Adamum et Bonaemilium, et si qui sunt reliqui in hoc albo.

Petrejus T."

Der zweite Brief ist offenbar eher geschrieben als der erste; er fällt in die Zeit, als Menius von Wittenberg aus sich einige Zeit in Fulda aufhielt, wo auch Crotus lebte, nachdem er sein Rectorat niedergelegt und Erfurt verlassen hatte. Um dieselbe Zeit schrieb auch Coban Hesse an ihn.

1) Corp. Reform. IX, 926.

Kampfe mit hartnäckigen und buchstabengläubigen Theologen ge=
macht hatte, im traulichen Umgange mit dem alten Freunde die
Erinnerung an die schöne Jugendzeit aufzufrischen und an seiner
Seite seine Tage in friedlicher Ruhe zu beschließen. [1])

Die Namen der bedeutendsten Männer, welche dem Cobani=
schen Bunde angehörten, und derjenigen, welche in einer her=
vorragenden Beziehung zu ihm standen, hat Crotus dadurch
verewigt, daß er seinem Rektoratsberichte in der Universitäts=
matrikel eine geschmackvoll und sinnreich gefertigte Wappentafel
zur Seite setzte. Auf derselben befindet sich auch das Wappen
von Justus Menius [2]).

VIII.

Im Herbste 1515 hatte Menius unter dem Dekanate
Henning Blombergs die Würde eines Baccalaureus und im
folgenden Jahre die Würde eines Magisters erlangt [3]). Im
Frühjahr 1519 ging er nach Wittenberg, um daselbst seine
Studien fortzusetzen und insbesondere Melanchthon zu hören.
Mutian billigte dies nicht nur, sondern pries ihn darum

1) In der 1557 verfaßten Einleitung zum Libell. alt. ep. sagt Ca=
merarius A, 6 b: „Menius est nobiscum, vir spectata pietate et religionis sincerae custodia, atque idem bonis artibus percultus."

2) Motschmann, Erford. liter. I, 378. Nach Kampfschulte
(Die Universität Erfurt I, 258) ist die Anordnung der Wappentafel
folgende: .

Luther. Hutten. Cobanus. Jonas. Erasmus.
Menius.   Melanchthon.
Camerarius.   Crotus.   Lange.
Crato.   Eberbach.
Reuchlin. Draco. Urban. Forchheim. Mutian.

Unter dem Gemälde befindet sich folgendes kleine Gedicht von Coban
Hesse:

Ut nunquam potuit sine charis vivere amicis,
Hic etiam solus noluit esse Crotus.
Picta vides variis fulgere toreumata signis,
His sociis nostrae praefuit ille scholae.

3) Motschmann, Erf. lit. I, 378.

glücklich [1]). In Wittenberg hörte er Luther und Melanchthon
sehr fleißig und wurde mit Beiden persönlich bekannt. Von
Melanchthon wurde er am meisten angezogen. In dieser Zeit
wurde der Grund zu der Freundschaft gelegt, die beide Männer
durchs ganze Leben treu verbunden hat. Beruhte sie ja doch
auf inniger Verwandtschaft der Seelen. Im Hause Melanch=
thons genoß Menius wieder den Unterricht von Camerarius,
der im September 1521 nach Wittenberg kam. Im Laufe
dieses Jahres lebte er einige Zeit mit seinem Lehrer und
Freunde Crotus in Fulda, der Erfurt im Mißmuthe über die
dort vorgekommenen Unruhen und deren Folgen verlassen
hatte. Von Fulda kehrte er im Herbste desselben Jahres
wieder nach Wittenberg zurück. Im Jahre 1522 unternahm
er eine Reise nach Rom, wo er kurze Zeit in dem Dienste
von Miltitz gestanden haben soll [2]).

Nun kam die Zeit, daß er sich eine sichere Lebensstellung
suchen sollte. Der Humanist und der Theolog lagen dabei mit
einander in Streit. Er dachte ernstlich daran, in Fulda eine
Schule zu eröffnen. Mutian unterstützte ihn in diesem Vor=
haben und versprach ihm seine Empfehlung [3]). Aber der Plan

---

1) **Tentzelii Reliqu. Epp. Mut. p. 36:**
    Epistola Mutiani ad Justum Menium.
„Dicit tuus Pater referentibus domesticis nostris te daturum operam
Philippo Melanthoni. O si id fieret, felix Menius beatusque esset.
Scripsit ad me nuper disertissime, et quod summae voluptati mihi
fuit, amicissime. Vidi, vidi, vera esse quae in annotationibus Evan-
gelicis de hoc juvene Suevo Erasmus praedicat: Nihil tam abditum
in literis, quod hunc praetereat. Quare favente Francisco et an-
nuentibus sodalibus i felix in Wittenbergense Gymnasium. Datum
Gothae VIII. Id. Aprilis, anno MDXIX.
        Mutianus."

2) Die Nachricht findet sich bei Eilmar, Mühlhäus. Kirchenhistorie.
Aber sie klingt sehr unwahrscheinlich. Sollte Menius aus Wittenberg,
aus den Hörsälen Melanchthons und Luthers weg in die Dienste eines
Miltitz getreten sein?

3) „Justo Menio Bacalareo laudatioris Vitai.
Saluto te, Meni. Trade fideliter binas literas Suebo. Cave ne
quis intercipiat. Quod uni scribitur, non praebeat pluribus haustum

wurbe nicht realifirt. Eine höhere Hand lenfte ihn in eine andere Bahn.

sui. Aliis alia probantur, me Suebus, id est flos cum fructu delectat. Alii florent tantum, alii citra florem proferunt studii fructus, hic flosculus est et fructus simul. Quid institueris facere et quid Uibano sit visum, mihi significa. Utinum Fuldae ludum aperires. Sed quo sine pennis? Legitur in Poenulo Plautina, sine pennis haud facile est volare. Verum quocunque volaveris, addam tibi ceu familiari Daedalo pennam commendatitiam. Vale. Feste Apostolico.

Mutianus."

Drittes Kapitel.

Der Prädikant.

I.

Im Laufe des Jahres 1523 [1]) wurde Menius, jedenfalls auf Empfehlung Mutians, von dem Gothaischen Domherrn Johann Beck als Vikar und Diakonus in dem Erfurtischen Dorfe Mühlberg angestellt, welches zwei Stunden von Gotha nach Erfurt zu liegt. Von hier aus unterhielt er einen regen Verkehr sowohl mit seinem väterlichen Freunde Mutian in Gotha als auch mit den in Erfurt zurückgebliebenen Genossen des Eobanischen Bundes. Durch sie wurde er von allen wichtigeren Erscheinungen in der Literatur und von allen bedeutenderen Ereignissen besonders auf kirchlichem Gebiete in Kenntniß erhalten. Alte und neue Bücher wurden ihm zugeschickt. Der

---

1) Obwohl Menius in seiner Leichenpredigt des Myconius sagt, daß er ungefähr zwei Jahre vor dessen Berufung nach Gotha nach Mühlberg gekommen sei, so kann dies doch erst im Jahre 1523 geschehen sein, da er in seiner Verantwortung auf M. Fl. Jllyrici Verleumbung bestimmt sagt: Wie Dr. Pommer anno domini 1523 von der christlichen Kirche zu Wittenberg zum Pfarramt berufen und durch Dr. Luthern seligen der ganzen Gemeine von der Kanzel öffentlich verkündigt und commendirt worden, das hab' ich, als die Zeit ein Student, selbst gesehen und angehört.

strebsame junge Mann ließ die Wissenschaften nicht liegen. Während seines Aufenthaltes in Mühlberg schrieb er sein Erstlingswerk, einen Commentar zur Apostelgeschichte, welches im Jahre 1524 in Nürnberg gedruckt wurde.

Von großer Bedeutung für seine Zukunft wurde es, daß er bei seinen häufigen Besuchen in Gotha Myconius kennen lernte. Dieser war im August 1524 auf des Raths, der Gemeinde, des Dekans des Stifts und Abts Bitte von Herzog Johann zum Prediger gesandt und verordnet worden. Mit ihm wurde Menius rasch befreundet; das gleiche Streben führte sie zu einander. Im folgenden Jahre finden wir sie bereits im Briefwechsel [1]).

Aber Menius blieb nicht lange in Mühlberg. Die Einsamkeit eines Dorfpredigers mochte ihm nicht behagen, der an einen so regen geistigen Verkehr gewöhnt war. Auch mochte wohl sein Einkommen nicht ausreichen, da er sich verheirathet hatte. Wahrscheinlich wurde ihm seine Stellung auch dadurch verleitet, daß der Probst zu Mühlberg streng an der päpstlichen Kirche festhielt. Noch nach Menius' Weggange beschwerten sich Prediger, die unter dem Probste standen, darüber, daß er die Predigt der neuen Lehre nicht gestatten wolle [2]). Nach seiner eigenen Angabe [3]) hat sich Menius 1525 von Mühlberg nach Erfurt begeben, in der Absicht, daselbst Schüler anzunehmen und sich von der Schule zu nähren. Es ist möglich, daß er sich noch immer nicht für einen bestimmten Beruf fest entschieden hatte. Aber auch jetzt fügte es sich bald so, daß er durch äußere Veranlassung wieder in das Predigtamt kam.

---

1) Cf. Cod. Chart. A, 406 und 1048 auf der herzogl. Bibliothek zu Gotha.

2) Weim. Comm. Arch. Ji, fol. 40 a. A 2, 1526, 14. Schreiben des G. Köber, Pfarrer zu Liebenwerda, an Churfürst Johann, worin er um Instruktion bittet, wie er sich zu verhalten habe, da der Probst zu Mühlberg die Predigt der neuen Lehre in seinem Filial Möglenz nicht gestatten wolle.

3) S. Bericht von Menius an den fürstl. Sekretär Postel über seine Besoldungsverhältnisse, im Weim. Comm. Arch.

II.

Bei seiner Durchreise nach Worms hatte Luther in Erfurt Frieden geprebigt. Aber sofort nach seiner Abreise brach die dumpfe Gährung in offene Gewaltthätigkeit gegen die Geist= lichen aus. Ihre Häuser wurden demolirt, sie selbst mußten fliehen, um ihr Leben zu retten. Die beiden Aufläufe im April und Juni 1525 sind bekannt unter dem Namen „Pfaffen= stürmen". Aber als man seinen Unwillen gegen die Diener der Kirche ausgelassen hatte, ließ man zunächst die kirchliche Ord= nung und den alten Gottesdienst fortbestehen. Der Umsturz des altkatholischen Gottesdienstes ging nicht von der Menge, sondern von den Mönchen aus. Luthers Prebigt von der christlichen Freiheit schlug wie ein zündender Funke in die Klöster. Die Mönche, die Augustiner an der Spitze, verließen in tu= multuarischer Weise die Klöster. Luther billigte diesen lärmen= den Austritt nicht und wünschte, es möchte in aller Ruhe und Frieden geschehen, aber er war auch von der Unmöglichkeit über= zeugt, den Austritt der Mönche zu hindern, und wollte, daß die Freiheit auszutreten öffentlich erklärt werde. [1]) Zu Anfang des Jahres 1521 verließ auch Luthers Freund, der Prior Lange, nachdem schon vorher 14 Mitglieder aus seinem Kloster aus= getreten waren, seine Zelle und bewies in einer Disputa= tion zu Weimar die Sündhaftigkeit des Mönchslebens. Dem Prior folgten alle Mönche des Augustinerklosters bis auf einen, den Augustinern folgten die übrigen Orden. Luther war dar= über sehr besorgt; er sah, daß viele Mönche aus keinem andern Grunde austraten, als aus welchem sie eingetreten waren, um des Bauches und der fleischlichen Freiheit willen. [2]) Und Luther sah darin vollkommen richtig. Aber nicht alle trifft dieses Ur= theil; gerade die ausgetretenen Mönche wurden die eifrigsten Beförderer des Evangeliums. Johannes Lange begann zuerst die evangelische Prebigt in der Michaeliskirche. Gleich ihm eilen

---

1) de Wette, Luthers Br. II, 115. 116.
2) de Wette II, 175.

eine Menge Andere auf die Kanzel, um ihren Austritt aus dem Kloster zu rechtfertigen. Die große Mehrzahl der jetzt in Masse auftretenden evangelischen Prädicanten waren gewesene Mönche. Alle Kanzeln ertönten von den Mißbräuchen der päpstlichen Kirche, von den Sünden des Clerus, von der Verwerflichkeit des Klosterlebens. Nun aber sei die heilige Schrift wieder ans Licht gezogen worden, die alleinige Quelle des Glaubens, durch welchen der Sünder Rechtfertigung erlange vor Gott. Solche Predigt fand Beifall bei der Menge, wenn sie dieselbe auch nicht verstand. Die Gemüther waren durch das Pfaffenstürmen darauf vorbereitet und dafür empfänglich geworden. Man kümmerte sich nicht mehr um die alte kirchliche Ordnung, man schalt die Pfaffen und hielt es für Sünde, die Messe zu besuchen, zu fasten, zu beichten, zu wallfahrten. So wurde das Alte rasch beseitigt. Nur jener Augustiner, der allein seinem Orden treu geblieben war, Usingen, Luthers ehemaliger Lehrer, war ein wackerer und furchtloser Vertheidiger desselben und nahm in seinen Predigten in der Domkirche die wichtigsten bestrittenen Glaubenssätze und Einrichtungen der Kirche in Schutz, wenn er auch so manches Verderben derselben offen tadelte. Nach und nach schlossen sich ihm noch einige an, aber es waren im Ganzen doch nur wenige.

Aber unter den evangelischen Predigern selbst trat in Beziehung auf manche wichtige Dinge eine Verschiedenheit der Ansichten hervor, die gefährlich zu werden drohte. Am meisten betheiligte sich das Volk an der Frage über die Heiligenverehrung. Darüber erschrak Luther, der bisher den evangelischen Eifer seiner lieben Erfurter mit großer Freude beobachtet hatte. Er fürchtete, es möchten in Erfurt ähnliche bilderstürmerische Scenen vorkommen, wie eben in Wittenberg. Daher warnte er nachdrücklich vor gewaltsamer Entfernung der Bilder und Abschaffung der Messe und des Abendmahls unter einer Gestalt. Die Predigt des Wortes ist das einzige Mittel dazu; dann wird jenes alles von selbst fallen. Namentlich hinsichtlich der Anbetung der Heiligen soll man vorsichtig zu Werke gehen; das meiste muß man der bessern Einsicht überlassen. Die Schwachen soll man langsam führen und nicht durch zu rasche Schritte in Verwirrung bringen. Der Satan ist es, der durch Anregung so unnützer Fragen dem Evangelium zu schaden sucht. „Es ist auch", schreibt Luther, „vor mich gekommen, liebe Brüder, wie unter euch Zank und Zwietracht entsprungen sei aus etlichen Predigten von unnöthigen Sachen, nemlich von der Heiligen Dienst. Wiewohl aber das Wort der Gnade durch Zwietracht und allerlei Widerwärtigkeit, als das Gold durch das Feuer muß versucht werden, daß sein Glanz und Kraft desto mehr Frucht bringe und Vielen nützlich werde zur Stärke der Schwachen und Besserung der Starken: derhalben auch nicht zu fürchten ist, daß sich der Schaum darüber selbst absondert und mit falschem Gleißen viel ärgert und verführet; so ist uns doch ja mit aller Sorge und Fleiß deß wahrzunehmen, daß wir allezeit mit einerlei Mund und Sinn Gott den Vater predigen und preisen, auf daß unser Herz gerüstet und gewarnet sei, immer dem einigen anzuhangen, das da noth ist, welches Maria erwählet hat, und uns von den mancherlei Fragen und Bekümmerniß wenden, die der Martha viel zu schaffen gaben ohne Noth (Luc. 10, 40. 42).

Darum bitt ich in Christo, eure Prediger wollten sich der Fragen von den Heiligen im Himmel und von den Todten entschlagen und das Volk davon wenden, angesehen, daß des Fragens kein Ende sein würde, wo ihr eine zulasset, als auch St. Paulus lehret (1 Tim. 1, 4) und doch weder Nutz noch Noth ist zur Seligkeit. Dazu auch Gott uns nichts hat wollen wissen lassen, wie er's mit den Todten mache; denn es thut ja der keine Sünde, der keinen Heiligen anruft, sondern nur fest an dem einigen Mittler Jesu Christo hält; ja ein solcher fähret sicher und ist gewiß. Warum wollt ihr denn euch von dem Sichern und Gewissen wenden und bemühen mit dem, das weder Noth noch Gebot ist? —

Wiederum ist den Anderen genug zugelassen, daß man sie nicht verachtet in ihrer Schwachheit. Laßt sie die Namen der Heiligen anrufen, wenn sie ja wollen, sofern, daß sie wissen und hüten sich dafür, daß sie ihre Zuversicht und Vertrauen auf keinen Heiligen stellen, denn allein auf Christum. Denn Zuversicht ist die höchste Ehre, die Gott allein gebührt, als dem, der die Wahrheit selbst ist. Wir sind sicher, daß die Heiligen alle in Christo sind, sie leben oder seien todt. Ich bitte auch, meine lieben Brüder, wollet daran sein, daß kein Aufruhr durch uns erregt noch Ursache dazu gegeben werde. Es sind viel leichtfertige Leute, die meinen der Sache des Evangeliums mit dem Schwert und der Faust zu helfen, und wollen's wohl ausgerichtet haben, wenn sie Pfaffen und Mönche schmähen und beschädigen. Sie wissen aber nicht, daß unser Streit nicht wider Fleisch und Blut ficht, sondern wider die Schalkheit in den Lüften (2 Cor. 10, 3. 4). Satanas ist ein Geist; der hat weder Fleisch noch Bein, darum wird man ihm nichts mit Eisen oder mit der Faust thun. Wir müssen ihm die Herzen zuvor abreißen durch's Wort der Wahrheit; das ist unser Schwert und Faust, der Niemand widerstehen kann; damit zertheilen die Freunde Christi den Behemoth und zerschneiden ihn. Sehet, womit ich das Papstthum und geistliche Regiment geschlagen habe, das vorhin aller Welt schrecklich gewesen ist, da man ihm sang: Wer kann mit der Bestie streiten! Denn sie hatte Macht auch die Heiligen zu bestreiten und überwinden (Offenb. 13, 4. 7). Noch habe ich nie einen Finger wider sie geregt und Christus hat sie mit dem Schwert seines Mundes getödtet." [1]

III.

Aber auch dieses Schreiben vermochte nicht die Ruhe vollständig herzustellen. Deshalb kamen Luther und Melanchthon im October 1522 selbst nach Erfurt und ermahnten zum Frieden. [2] Sie wurden von dem Volke jubelnd begrüßt, aber weder von der Universität noch von der Stadt officiell empfan-

---

1) de Wette II, 180. 203. 213. 219. 220—224.
2) Corp. Ref. I, 579.

gen. Luther predigte von Glauben und guten Werken, von
Kreuz und Leiden, wie es ein rechter Christ tragen soll, aber
die Gährung dauerte fort. Bei geringen Anlässen brach sie
wieder hervor. Ja sie wurde noch dadurch genährt, daß die
evangelischen Prädicanten unter sich Frieden schlossen und sich
vereinigten, das Papstthum gründlich auszurotten. Anfang
1523 wurde in acht Kirchen evangelischer Gottesdienst gehalten.
Das kaiserliche Mandat, welches 1524 von Madrid aus erlassen wurde, konnte den Rath nicht bestimmen, der evangelischen
Predigt seinen Schutz zu entziehen. Ja es kam so weit, daß
die Duldung des katholischen Gottesdienstes im Liebfrauen- und
Severistift mit 1723 Schock 43 Gr., im Peters- und Karthäuserkloster mit 105 Schock erkauft werden mußte.

In dem verhängnißvollen Jahre 1525 regten sich die Bauern
auch in dem Gebiete von Erfurt. Unglücklicherweise hatte der
Rath das Jahr vorher sein Gebiet genau aufnehmen und die
Leistungen der ihm unterworfenen Dörfer feststellen lassen.
Davon mochten die Bauern Schlimmeres fürchten. Daher
wurden sie leicht von dem ergriffen, was in jener Zeit in der
Luft lag. Schon früher waren sie vielfach in die Stadt gekommen, um die Verkündigung der neuen Freiheit anzuhören.
Die Prädicanten sahen sie gern und rechneten im Fall der
Noth auf ihre Hülfe. Einer derselben, Mechler, sagte in öffent-
licher Predigt: Wenn das Wort des Predigers allein nicht
genügt, müssen Spaten und Hacke des Landmanns dem Evangelium zu Hülfe kommen.

Auf einer Versammlung zu Kirchheim stellten die Bauern
ihre Beschwerden gegen den Stadtrath zusammen und verlangten auf Grund des Evangeliums sofortige Abstellung derselben.
Am 27. April rückten 5000 Bewaffnete vor die Thore der
Stadt. Um die Verlegenheit des Rathes auf das Höchste zu
steigern, rottete sich auch die städtische Gemeinde zusammen.
Diese wurde zwar durch eine Rede des evangelischen Predigers
Hans Eberlin von Günzburg beschwichtigt, aber im Lager
der Bauern erklärte man ihm, jetzt sei keine Zeit Predigten
anzuhören. Nach mehrfachen Verhandlungen sah sich der

Rath genöthigt, die Thore der Stadt zu öffnen. Aber in räthselhafter Weise wurden die Bauern aus Feinden des Raths bei ihrem Einzuge Freunde desselben und machten mit ihm gemeinschaftliche Sache. Sie benahmen sich fried-lich in der Stadt und fügten keinem Bürger ein Leid zu. Aber die erzbischöflichen Gebäude, die Gerichtshäuser und das Zollhaus wurden zerstört und zum Theil niedergerissen, das mainzische Wappen zerschlagen. Ein Ausschuß der Aufständischen constituirte sich im mainzer Hofe. Die katholischen Geistlichen wurden aus ihren Wohnungen vertrieben, die Vorräthe der Canoniker zu einem wilden Gelage in den mainzer Hof geschafft. In den katholischen Kirchen wurden Bilder und Altäre zerstört, in der ganzen Stadt Alles entfernt, was an die mainzische Herrschaft und den römischen Cultus erinnerte. Der Rath hinderte dieses Treiben nicht, vielmehr machte auch er seine Beute. Während die Bauern 100 goldene und silberne Kelche aus dem Domstift raubten, nahm der Rath den silbernen Sarg weg, in welchem die Gebeine des heiligen Eobanus und Abela-rius ruhten. Er richtete sofort in den von den Bauern ge-plünderten katholischen Kirchen evangelischen Gottesdienst ein.

Aber die eigentlichen Forderungen der Bauern, welche sie in 28 Artikeln zusammengefaßt hatten, hatte der Rath nicht Lust zu bewilligen. Durch Zögern gelangte er zu seinem Ziele. Er hatte den Bauern versprochen, das Gutachten Luthers und Melanchthons darüber einzuholen. Da kam die Nachricht von der Schlacht bei Frankenhausen. Alles stob auseinander. Die ironische Antwort Luthers [1] bestärkte den Rath in seiner Mei-nung, daß er an seine in der Noth gegebenen Zusagen nicht gebunden sei. Nur ein Artikel sei vergessen, schreibt Luther, daß ein ehrbarer Rath nichts thue, keine Macht habe, ihm nichts ver-traut werde, sondern sitze da wie ein Götze und Zyfra und lasse ihm fürkauen von der Gemeine, wie einem Kinde, und regiere also mit gebundenen Händen und Füßen, und der Wagen die Pferde führe und die Pferde den Fuhrmann zäumen und treiben.

---

1) de Wette VI (ed. Seidemann), p. 60. Förstemann, Ur-kundenbuch I, 280 ff.

So wurde in dem Verhältniß der Bauern zum Rathe nichts
geändert, aber was vorher in Beziehung auf den Gottesdienst
geändert worden war, blieb bestehn. Die vertriebenen katholischen Geistlichen durften nicht zurückkehren, der katholische Gottesdienst wurde nicht wiederhergestellt. Ein Rathsbeschluß
schaffte den alten Cultus in Erfurt förmlich ab und entsetzte
die katholischen Pfarrer ihrer Aemter. Neunzehn Kirchen, deren
man nicht bedurfte, wurden geschlossen und blieben leer stehen.
Eine neue Ordnung des Gottesdienstes, von Lange entworfen,
wurde von Luther [1]) gebilligt und eingeführt.

IV.

In dieser Zeit wurde auch Menius, der sich bis dahin in
Erfurt seinem Vorsatze gemäß nur mit Unterricht beschäftigt
hatte, von dem Rathe dazu genöthigt, daß er sich zugleich auch
wieder ins Predigtamt begab. Es geschah dies, wie er selbst
angiebt [2]), „in der Aufruhr, weil die Bauern in der Stadt
waren". Er wurde Pfarrer zu St. Thomas.

----

1) be Wette III, 36. — Mit dieser neuen Ordnung des Gottesdienstes wurde zugleich eine neue Eintheilung der Stadt in evangelische
Parochien eingeführt. Es waren deren neun; ihre damaligen Pfarrer
waren: D. Lange, Neunprediger am Dom; Johann Röbelstein (Rute-
lius), Pfarrer an der Predigerkirche; Egidius Mechler, Pfarrer an
der Barfüßerkirche; Nicolaus Fabri, Pfarrer an der Augustinerkirche;
Kilian Wichmann, Pfarrer zum Reglern; D. Joh. Kühlsamer,
Pfarrer zu St. Michael; M. Peter Geltner, Pfarrer an der Kauf-
mannskirche; Melchior Wedemann, Pfarrer zu St. Andreä; und
Justus Menius, Pfarrer zu St. Thomä. — Lange, Doctor und
Professor der Theologie, der Freund Luthers, wurde vom Rathe als Lehrer der evangelischen Theologie bestätigt. Er hatte den ersten Rang unter
den evangelischen Predigern und führte den Namen eines Seniors. Er
starb 1598 und liegt in seiner Pfarrkirche begraben. -
2) Bericht an Poftel im Weim. Comm.-Arch.

Dem neuen Amte gab er sich mit allen Kräften hin. Vor
Allem erschien es ihm von praktischer Wichtigkeit für die Sache
des Evangeliums, daß das Volk über die beiden Sacramente
in der rechten Weise aufgeklärt würde. Daher schrieb er einen
„kurzen und einfältigen Unterricht, in was Glauben und Mei-
nung· die Kindlein zur heiligen Taufe zu fördern seien und wie
des heiligen Leichnams und Blutes unseres Herrn fruchtbarlich
zu nießen". [1]

Die am vierten Tage des Weinmonats zu Erfurt geschriebene
Vorrede lautet: „Dem Leser Heil und Seligkeit durch Christum. Lieber Leser! Dieweil nach der Predigt des heiligen Evangelii unter den Christen nichts nöthigeres noch gemeineres ist
denn der heiligen göttlichen Sacramente, nämlich der Taufe
und des Leibes und Blutes unseres Herrn Christi, Brauch und
Handlung, und darin durch tägliche Erfahrung befunden, daß
nicht allein mit großem und grobem Unverstande, sondern auch
mit erschrecklicher Unachtsamkeit und Unordnung gefahren wird,
will ich dem unverständigen und einfältigen Haufen und sonderlich Denen, so ich zu dienen berufen bin, mit diesem meinen
kleinen und geringen Unterricht guter Meinung gedienet haben,
und bitte sie, sie wollen dies mein geringes Vermögen gutwillig, wie ich's in der Wahrheit gemeinet, aufnehmen und die
Sachen nach ihrer selbst Größe und Tapferkeit mehr denn nach
meinem ungeschmückten Schreiben bedenken und handeln, damit
Gott in seinen Sachen wie billig aller Preis und Herrlichkeit
allein gegeben wird. Desselben Gnade sei mit uns allen. Amen."

Im ersten Theile des Büchleins werden die Eltern und
Gevattern an ihre Pflichten gegen die Kinder erinnert. Die Eltern sollen sie Gott mit recht ernstlichem Gebete vortragen und
sich nach Gevattern umsehen, die in Gottes Erkenntniß wohl
erfahren und zu solchem heiligen Werke geschickt sind. Die
Gevattern sollen die Wichtigkeit des Werkes, zu dem sie berufen
sind, bedenken, wie es nicht um das gewöhnliche Geschenk und
bloses Stehen um den Taufstein zu thun sei, sondern daß sie

---

1) Unschuld. Nachr. 1709, S. 573—581.

des Kindes Sünden auf sich nehmen, an dessen Statt vor Gott treten und sich dergestalt in seinen Jammer und Noth stecken und einwickeln, als ob es sie selbst anginge, dann aber auch an Christi Zusage festhalten, ihn gleichsam zu zwingen, daß er sich des Kindes gnädig annehme. Wenn die Eltern ihr Kind zu Schande und gottlosem Wesen anführen, oder in der Kinder= zucht nachlässig befunden werden, sollen sie dieselben darüber zur Rede setzen und ihren Pathen an die gethane theure Zu= sage und den mit Gott aufgerichteten Bund erinnern; denn die Kraft der Taufe Sünde zu tilgen und zu tödten, ist nicht an eine kurze Stunde gebunden, sondern dauert durch's ganze Leben, bis die Sünde in und mit dem fleischlichen Leichnam ganz er= stirbt. Da spüre man die Frucht derselben am meisten. Da= her halten Diejenigen viel zu wenig von der Taufe, welche eine schlechte geistliche Deutung daraus machen und hernach das rechte Werk, die Sünde zu tilgen, welches allein Gottes ist, fälschlich unsern ohnmächtigen Kräften zuschreiben. Demnach sind die Gevattern schuldig, den Kindern bis an's Ende mit Fürbitte bei Gott, mit Unterweisung im Glauben, mit Lehren und Vermahnen unablässig beizustehn.

Im zweiten Theile wird nachgewiesen, daß das heilige Abend= mahl deswegen eingesetzt ist, weil die nach der Taufe im Fleische zurückgebliebene Sünde sich ohne Unterlaß regt und oft schwer zu Falle bringt. Wer nun dasselbe zu empfangen gedenkt, soll dem Pfarrer Rechenschaft von seinem Glauben geben und ihm auf folgende Fragen antworten:

Was begehrst du? Antwort: Den wahren Leichnam und das wahre Blut unsers Herrn Jesu Christi.

Wozu? — Dazu er's eingesetzt, zu geben und nehmen be= fohlen hat, nemlich zu einem Gedächtniß, das mich seiner mir gethanen Zusage erinnere und nicht allein erinnere, sondern auch gewiß mache, daß ich mich darauf tröstlich und sicher zu verlassen habe.

Was hat er dir denn zugesagt? — Daß er seinen Leib für mich in den Tod gegeben und sein Blut für meine Sünde, dieselbe zu tilgen, vergossen habe.

Was treibt dich denn hiezu? — Die Noth, nemlich meines Gewissens Angst und Unruhe; denn ich erkenne und bekenne, daß ich meiner Sünden halb in Gottes Gericht gefallen und des ewigen Todes und Verdammniß bin schuldig geworden, darin ich ewiglich sterben und verderben müßte, wo mir durch meinen Herrn Christum nicht wäre geholfen worden und also geholfen, daß ich wüßte, daß er alle meine und der ganzen Welt Sünde auf sich genommen, dafür genug gethan und ganz und gar getilget hat.

Auf was Zuversicht meinest du dies zu empfahen? deines eigenen Verdienstes? oder was anders? — Auf meinen Verdienst freilich keinen. Denn dieweil ich von Natur arg und zu guten Früchten ein unfruchtbarer Baum bin, was kann ich denn Gutes mit Guttun verdienen? sintemal mein und alles Fleisches Verdienst und Sold der Tod ist (Röm. 6). Darauf aber begehre ich's, da ich weiß, daß mich Gott geliebt und aus solcher Liebe sich über mich erbarmt hat, mir durch seinen Sohn Christum zu helfen (Joh. 3).

Wie gedenkest du es nun zu empfangen? — Also daß ich zuvor mich an seine Zusage und Verheißung mit festem Glauben halte, der Zuversicht, es werden mir solche seine Worte als allmächtig und ewig in allen meinen, auch des Todes Nöthen seliglich und ohne alles Hinderniß durchhelfen, so gewißlich und wahrhaftig, als er, Christus selbst, durch seinen Tod zum ewigen Leben und in des Vaters Herrlichkeit gegangen ist. Damit ich aber im Glauben und rechten Vertrauen auf solche seine Zusage desto besser bestehen möge, will ich auch des äußerlichen Zeichens oder Siegels, das da ist sein wahrer Leichnam und Blut, nach seinem Befehle brauchen.

Hierauf soll der Pfarrer einem solchen bußfertigen Sünder den Trost des Evangeliums appliciren und ihn vermahnen, daß er die theuren Gnadensätze Gottes wohl bewahre, sie nicht als ein fauler Knecht in die Erde vergrabe, sondern damit wuchere und sie äußerlich vor den Menschen bekenne.

Als Anhang ist eine tröstliche Ermahnung für die Sterbenden beigegeben. Ein Christ, d. h. ein solcher Mensch, der an sich selbst und allen Creaturen seiner Sünden und des verdienten Todes halb verzagt und ganz trostlos gemacht, aber in Christo dem Sohne Gottes von allen Sünden ganz und gar gerechtfertigt, von des Todes Furcht erlöset und des ewigen Lebens, ihm von Christo verdient, zugesagt und bereitet, gewiß gemacht und versichert ist, soll sich vor dem Tode nicht fürchten, sondern fest bauen auf die Zusage seines Heilandes. Vor allen Dingen sei da der Gebrauch der heiligen Sacramente nöthig, um den Glauben zu stärken und sich den Tod appetitlich vorzustellen, wie man mit Christo sterbe, aber auch einst mit ihm wieder auferstehe. Bei solchen guten Gedanken soll man Sterbende unterhalten und sie ja nicht auf menschliche Worte und Werke treiben, wie Mönche und Nonnen zu thun pflegen, welche Höllenhunde, so nur der Suppe bei den Kranken warten, man wo anders hin weisen sollte, die nichts anderes zu rathen wissen, denn nur was in ihren Beutel und Küche dient; da man doch in der letzten Stunde nicht auf solchen losen Sand bauen, sondern auf dem Felsen der göttlichen Gnade und des Glaubens an Christum fest bestehen müsse.

<hr>

V.

Im Sommer 1525 war die Stadt Erfurt nicht so durch und durch evangelisch geworden, als es wohl den Anschein hatte. Nach und nach wurden die Gemüther nüchterner; man überdachte das Geschehene mit ruhigerem Verstande. Die Bauern und der Pöbel hatten ihre Forderungen nicht durchgesetzt; in ihren Verhältnissen blieb es durchweg beim Alten. Warum sollte man da nicht auch das Alte in der Kirche festhalten? Sollte denn in ihr Alles so schlecht gewesen sein? Und wenn sich auch manche Mißbräuche eingeschlichen hatten, konnte man diese nicht entfernen? Mußte man mit ihnen auch alles das Gute wegwerfen? Gab es doch so viele Gebräuche, die dem Volke an's Herz gewachsen waren. Es ist ja undankbar, wenn

wir unsere Mutter, die uns großgezogen hat, um kleiner Mängel und Fehler willen verlassen und verachten wollten. Vielmehr möchte es unsere Pflicht sein, in ihrer Noth ihr erst
recht beizustehn und über die Gefahren wegzuhelfen.

So dachten gar manche, so dachten namentlich auch gebildete Männer, die sich im ersten Freiheitstaumel Luther angeschlossen hatten, dann aber mit dem Gange der Reformation
unzufrieden wurden, weil sie ihnen einseitig erschien und bei
weitem das nicht bot, was sie erwartet hatten. Hatten dann
solche Männer den Muth, ihre Gedanken öffentlich auszusprechen,
so fehlte es im Volke nicht an Herzen, in welchen ähnliche Ge-
fühle dunkel schlummerten. Da wurde es ihnen auf einmal
klar, welch schweres Unrecht sie begangen hatten. Reuevoll
kehrten sie in den Schoß der katholischen Kirche zurück.

Auf das Gesuch der Domherren am Stift wurde ihnen
der Dom, nachdem er für sie ein Jahr lang gesperrt gewesen
war, wieder geöffnet und gestattet, neben der evangelischen
Neumpredigt öffentlich katholischen Gottesdienst darin zu halten.
Ebenso wurden vier Pfarrkirchen, Allerheiligen, St. Niklas,
St. Lorenz und St. Viti dem katholischen Cultus zurückgegeben.

Der muthigste und beharrlichste Vertheidiger der römischen
Kirche in Erfurt war D. Conrad Kling, ein Barfüßermönch,
aus Nordhausen gebürtig. So eifrig er die Lehrsätze seiner
Kirche bis an seinen Tod verfocht, so wenig verschloß er sich
den vielfachen Mängeln derselben. Namentlich war er sehr
betrübt über den Verfall der Kirchendisciplin und des Mönchslebens. Er malt denselben in so schwarzen Farben, daß man
ihn für einen Prediger der Reformation ansah und unter die
ersten Prediger des Evangeliums rechnete. [1]) Die Urtheile

1) Seckendorf, Hist. Lutheranismi I, § 112. Motschmann,
Erf. lib. cont. III, 369—377. — In seinen 1559 zu Cöln in Folio
herausgekommenen Loci theolog. communes pro ecclesia catholica sagt
er: „Abusus clericorum ne dum in personis, sed et moribus jam du-
dum exegit reformationem, nisi reorum cura multoties fuisset impe-
dita. — Quando enim Episcopi, Canonici, Sacerdotes et Monachi in

über ihn gingen sehr auseinander. Einige glaubten, er suche
das Evangelium zu predigen, und wenn er zur Zeit noch Manches von dem früheren päpstlichen Gottesdienste festhalte, so
thue er es nur um der schwachen Gewissen willen, sie allmälig und mit der Zeit aus dem Papstthum herauszureißen. In
Predigten und Privatgesprächen wollte man von ihm selbst gehört haben, daß seine Absicht dahin gehe. Manche erzählten
sogar, er führe nicht allein im Ganzen Luthers Lehre, sondern

---

scripturis student ut deberent? Quando resident in Parochiis, cum
aliqui habeant in pluribus civitatibus et ecclesiis praebendas, Cano-
nicatus, officia, dignitates, parochias, et nunquam sunt praesentes, neque justa janua intrarunt, sed forte per Curtisanorum licentiam, aut
favore et pretio emerunt, solum ut avaritiae studeatur, non conscien-
tiis consulatur? Inde fit passim, ut vel monachi et sacerdotes negotia secularia magnatum tractent, consiliis intersint et omnia velint
moderari, quibus tamen nihil in his rebus ex suis officiis incumbit. —
Praeterea in collatione beneficiorum ubi sunt, qui non attendunt con-
sanguinitatem, amicitiam, pecuniam? ubi sunt, qui gratuito ad eccle-
siam recipiantur, aut propter eruditionem aut probitatem vitae, cum
ibi aliquando indoctus tot habet beneficia, quot horae sunt diei, doctus
autem in miseria eget. Propter propinas assumuntur, propter pecuniam inserviunt ecclesiae et deo ventri. — Insuper ubi hodie fit,
quod sacerdotes solliciti sint in horis canonicis persolvendis et in
hospitalitate et visitatione infirmorum et cibatione pauperum? Sed
habent alios devoratores hodie ut equos, canes, aves, meretrices, super-
fluam familiam et id genus reliqua, qui cibum pauperum rapiunt
et devorant, pauperes vero esuriunt. — Ubi nunc fit, quod ebriosus
Episcopus, Sacerdos vel Monachus deponatur secund. Canon. Eccl.?
Sed ubi jam plus abundant aequales haustus, nisi in domibus Episco-
porum et Sacerdotum? — Ubi jam est Clericus, qui non sit scurrili-
bus ac turpibus verbis plenus, item qui vestitu et gestibus sit matu-
rus? Praeterea cum Apostolus dicit: oportet Episcopum esse conti-
nentem, ubi sunt, qui corrigunt tam aperta lenocinia, quum presbyteri
sub praetextu ancillarum habeant concubinas, cum quibus tot habent
pueros? Aliqui legitimas apud se frivole contra voluntatem marito-
rum detinent uxores; aliqui virgines deflorantes et penes se occulte
retinentes gravissime peccant; aliqui pluribus non contentantur, sed
hodie illam, cras alteram constuprant" etc. S. Lossius, Cob. Hesse,
S. 58. 59.

trage zuweilen ganze Predigten Luthers vor. Andere behaupteten, er verwerfe sie; oft vertheidige und verdamme er in einer und derselben Predigt ein und dieselbe Lehre. Aber nach und nach wurde es immer klarer, daß er ein entschiedener Gegner der Reformation war. Die Altgläubigen strömten in Schaaren herbei, um seine Predigten zu hören. Die große Hospitalkirche, in welcher er eine Zeit lang heimlich, dann aber öffentlich die katholische Messe celebrirte, vermochte die Menge nicht zu fassen. Der ganze Kirchhof und das an die Kirche stoßende sogen. Steinhaus waren überfüllt mit Leuten, die sich zu Pater Kling drängten.

———

VI.

In dieser Zeit ertönten die Kanzeln von den widerwärtigsten Streitigkeiten. Man verketzerte sich hinüber und herüber. Die Predigt wurde zu gegenseitiger Bekämpfung, zum Ausfechten spitzfindiger Streitfragen, zu persönlichen Angriffen derbster Art viel, zur Erbauung der Gemeinde wenig benutzt. Der Kampf war um so erbitterter und häßlicher, je geringer die Bildung der meisten Prädikanten war.

Eine rühmliche Ausnahme machte Menius. Wenigstens im Anfang seines Predigtamtes hielt er sich streng an den vorliegenden Text und legte denselben in einfacher positiver Weise aus. Vor dem maßlosen Auftreten seiner meisten Amtsbrüder schützte ihn seine humanistische Bildung. Aber so gern er auch wollte, er konnte den Streitigkeiten nicht ganz ausweichen. Um aber die Sache nicht sogleich an die Oeffentlichkeit zu bringen, ging er zu Kling ins Kloster und stellte ihm vor, wie verschieden man von ihm und seiner Lehre urtheile. Aus öffentlichem Widerspruch von der Kanzel sei wenig Nutzen für die Gemeinde zu hoffen. Daher dünke es ihm rathsam, daß sie für sich zusammenkämen und sich über den bisherigen Streit verglichen.

Kling erwiderte, an ihm habe es nie gefehlt, er würde es gern sehn, wenn der Sache auf diesem Wege abgeholfen würde, und setzte hinzu, er wäre in vielen Lehrstücken mit den evangelischen Predigern einig, in einigen aber hätte er noch etwas zu wünschen. Insbesondere zeigte er damals seine Meinung über folgende Punkte an: 1) Der freie Wille vermöge gar nichts ohne Gottes Gnade. 2) Man werde durch den Glauben allein vor Gott gerecht, so jedoch, daß der Glaube nicht ohne Werke bleibe. 3) Ceremonien seien frei, hülfen oder schadeten Niemand, es sei denn, daß Jemand darauf sein Vertrauen setze oder sie aus Verachtung unterlasse. 4) Möncherei sei eine Menschenerfindung und auch frei. 5) Das Papstthum gebe ihm gar nichts zu schaffen, es sei ohne ihn aufgekommen und werde wohl auch ohne ihn vergehen.

Nachdem die beiden Männer eine Zeit lang über diese Artikel disputirt hatten, ohne zu einem Resultate zu gelangen, verschoben sie die weitere Besprechung auf eine gelegenere Zeit, und Kling versprach Menius zu sich rufen zu lassen, um womöglich einen völligen Vergleich herbeizuführen. Indessen, obwohl ihn Menius öfters wieder daran erinnerte, konnte er doch keine weitere mündliche Unterredung von ihm erlangen. Aber inzwischen fuhr Kling fort, die evangelische Lehre als eine neue hussitische Ketzerei öffentlich zu lästern und zu verdammen. Da Menius nicht gesonnen war, öffentlich in seinen Predigten dagegen aufzutreten, denn dadurch werde weiter nichts ausgerichtet, als daß man dem Satan einen Hofdienst leiste, so entschloß er sich die Wahrheit durch Schriften zu vertheidigen. Zuvor aber richtete er noch (am 25. October 1526) ein freundliches Schreiben in lateinischer Sprache an Kling und bat ihn, sich über die in demselben aufgestellten Hauptstücke der christlichen Lehre mit den evangelischen Predigern zu vergleichen, damit man der öffentlichen Streitschriften enthoben bleibe. Allein Kling brachte die Sache wieder auf die Kanzel, griff Menius und dessen Schreiben heftig an und provocirte endlich auf die Universitäten Paris, Köln und Frankfurt, um daselbst mit ihm von der Sache zu disputiren.

Unter solchen Umständen sah sich Menius genöthigt, seine Schrift nebst seinem Handschreiben an Kling in deutscher Sprache drucken zu lassen. [1]) Er schickte das Manuscript an Luther und bat ihn um sein Urtheil darüber. Dieser ließ ihm ein Sendschreiben an alle frommen Christen zu Erfurt vordrucken. [2]) Darin sagt er: Er wolle sich nicht Gewalt über andere Prediger anmaßen, Richter oder Regierer zu sein, daß er nicht auch ein Papstthum anfange; aber er wolle aus der Liebe Pflicht einem jeglichen zu Dienst und den Christen zu Nutz Zeugniß geben seiner Lehre, wo sie recht sei, und vor den falschen Lehrern warnen und auch wider sie zeugen, so viel ihm Gott verleihe.

„Demnach gebe ich diesem Büchlein mein Zeugniß, daß es ja wohl gemacht ist, recht und rein die Lehre des christlichen Glaubens handelt und verficht, mit guten, feinen deutschen Worten, im Evangelio und anderer heiliger Schrift wohl begründet, und je billig ist und ihr auch schuldig seid, solche Gnade und Gaben Gottes zu erkennen, wenn er euch gleich nicht mehr, denn solchen einen Mann gegeben hätte. Nun aber hat er euch mit vielen berathen und gleich überschüttet. Sehet zu, daß ihr nicht überdrüssig und undankbar erfunden werdet und euch die Ohren jucken lasset, anderes zu hören und zu wissen, damit denn der Satan Raum gewinnet, mit aller Gewalt Irrthum einzuführen, durch Gottes Verhängniß und Zorn, wie St. Paulus die Thessalonicher auch warnet. Denn er will sein theures Wort in Ehren gehalten haben und seine Prediger und Boten unverachtet, oder will's gar greulich rächen, wie er dräuet Capernaum, Chorazin, Bethsaida, Matth. 11." —
Aber es scheine fast, als wären die Erfurter vor großer Fülle

---

1) Menius hatte sein Buch Dienstag nach Martini (12. November) 1526 beendigt und schickte es sofort an Luther nach Wittenberg. Dieser übergab es sogleich Hans Lufft zum Drucke. Aber hier blieb es lange liegen; erst im November 1527 überschickte Luther Menius die fertigen Exemplare. Vgl. Luthers Briefe an Lange und Menius bei be Wette III, 161. 167. 226. 227.

2) Luth. Br. (herausg. v. be Wette) III, 227—229.

und Reichthum des Wortes schon satt und faul geworden und achteten dessen Diener wenig. Darum lasse sie Gott in solchem großen Lichte noch mit dem Prediger der Finsterniß zu den Barfüßern anfechten, und gebe den Rathsherren nicht den Muth die Zwietracht der Prediger beizulegen. Man möge doch, wie in Nürnberg, beide Parteien disputiren lassen und den besiegten Theil aus der Stadt weisen. „Darum habe ich das Büchlein nicht wollen lassen liegen, sondern durch den Druck ausgebracht, euch und alle andern damit zu stärken. Denn das ist ja der rechte Weg, den das Evangelium uns lehret. Und schicke und schenke es euch hiemit in einer geistlichen Gabe. Gott gebe, daß es viel Nutzes bei euch schaffe. Amen."

Die Hauptstücke der christlichen Lehre, welche Menius gründlich aus der heiligen Schrift zu beweisen suchte, waren folgende:

1) Der allmächtige gütige Gott, wie er den Menschen und Alles allein erschaffen hat, also hat er auch allein Recht und Macht dem Menschen Gesetze zu geben. Daß uns nun derselbe ein ganz fertiges Ebenbild der vollkommenen Gerechtigkeit in zehn Geboten vorgeschrieben habe, vermag überall Niemand zu leugnen, ja es muß die Natur es auch selbst bekennen.

2) Daß nun der Mensch aus seinen Kräften sich frei und ungehindert kehren möge von dem Argen, das in dem Gesetz Gottes verboten, zu dem Guten, das darin geboten wird, das verneinet die heilige Schrift allenthalben, auch wissen die Gewissen wohl, die es durch Erfahrung sind inne worden, daß es anders ist.

3) Daß aber der Mensch ein gefangener und ganz eigener Knecht der Sünden sei, und wenn er thut so viel an ihm ist, daß er dann nicht vom Bösen zum Guten, sondern aus einer Bosheit immerdar immer in die andere gezogen wird, das bezeuget Gottes Gericht über uns, und die Gewissen, so davon überwunden werden, müssen auch, daß es also sei, bekennen.

4) Daher wird auch aus der Schrift nicht gelehrt, vermag auch kein Mensch vorzubringen nur ein einziges gutes Werk eines Menschen, dadurch er sich selbst rechtfertigen und

vor Gottes Gericht darauf bestehen möge; desgleichen ist auch keines guten Werks einiges Verdienst.

5) Das bezeuget aber der heilige Geist wohl, beides in der Schrift und in unsern Gewissen, daß aller Menschen Werke Sünde seien, dadurch kein Fleisch nimmermehr kann rechtfertig werden, noch vor dem Gericht Gottes bestehen, und daß das Verdienst aller fleischlichen Frömmigkeit der Tod sei.

6) Solch elend und erbärmlich Wesen der Menschen hat sich Gott jammern lassen und seinen Sohn in unser Fleisch, Sünde, Vermaledeiung und Tod zu senden, uns, die wir dazu so erbärmlich verdorben waren, daraus zu erlösen und im Geist gerechtfertigt zum ewigen Leben zu erwecken, uns durchs Wort ernstlich verheißen und folgends mit der That auch treulich gehalten.

7) Solche Predigt vom Sohne Gottes ist eben das Evangelium, welches Christus von sich in alle Welt zu predigen befohlen hat und dadurch Seligkeit verheißen allen, die daran glauben. Und solche seine Verheißung, auf daß sie desto gewisser sein sollte, hat er sie auch mit Siegeln bekräftigt, die wir nun Sacramente nennen, als nemlich die Taufe und des Herrn Abendmahl.

8) Alle diejenigen, so sich auf solche Gottesverheißung sammt ihren anhangenden Siegeln tröstlich verlassen, werden allzumal aus Sünden fromm und heilig, aus des Todes Kindern Kinder des lebendigen Gottes wahrhaftig gemacht und genannt, und dieselbigen allein werden für die rechtschaffen christliche Gemeine oder Kirche gerechnet, dawider, als die auf einen Felsen gebauet ist, auch die höllischen Pforten nichts vermögen.

9) Und solche Gemeine, gleichwie sie nur einen Baumeister und Vater hat, also hat sie auch nur einen Regenten und Hauptherrn, nemlich Christum. Und gleichwie derselbige solche seine Gemeine durchs Wort allein erbauet hat, also kann und soll sie auch durch nichts anderes weder erhalten, noch ernährt werden. Wozu dienen denn soviel Menschensatzungen?

10) Darum soll man die Gemeine nicht Christi heißen, welche von Menschen und durch Lehren und Sacramente, die

sie selbst erfunden haben, aufgerichtet ist. Auch sind das nicht
Christi Diener und Gehülfen, sondern des Satans Dienstboten,
die unter dem Namen Christi unverschämt lehren, das sie selbst
erdichtet haben. Derhalben so sollen auf einen Haufen beide,
die da lehren und die da glauben, daß ein andrer Seligmacher
der Menschen sei denn Christus allzumal sein Anathema, Ma-
haram, Motha, d. i. zum ewigen Tod verdammt. Dazu sage
alle Welt Amen! —

Diese Thesen werden aus der heiligen Schrift und mit
theologischen Gründen bewiesen, die Einwürfe, namentlich der,
als verböten die Lutheraner die guten Werke, gründlich abge-
lehnt und die Lehre der Papisten nach allen Artikeln nachdrücklich widerlegt.

Zum Beschluß wird Kling ermahnt, in sich zu gehn, ob er
nicht die Lehre, welche er an den Dienern des Evangeliums
aus blosem Haß als ketzerisch verdamme, an sich für gut, recht
und christlich halte, zumal er ehelängst in einer Predigt gesagt
habe, er wisse Menii Grund und Principien wohl; so könne
er auch wohl wissen, ob sie recht oder unrecht wären. Der
Spruch Pauli, er dürfe nichts reden, denn was Christus durch
ihn wirke, daß er zuvor gewiß sei, helfe ihm nichts; denn wenn
er der Sache noch ungewiß sei, dürfe er es so wenig verdammen als lehren. Er bleibe demnach die Ursache alles Aergernisses und Schadens in Erfurt und der Nachbarschaft, und sei
nunmehr verbunden, sich schriftlich einzulassen. [1])

VII.

Kling ließ nicht auf sich warten, er erwiderte ihm mit einer
Schrift: „Von den abtrünnigen Gliedern der römischen Kirche", und

1) Diese Schrift (Schutzred vnd gründliche Erklerung u. s. w.) habe
ich nicht auftreiben können; ihr Inhalt ist wiedergegeben nach Unsch.
Nachr. 1702, S. 635—644.

setzte die Polemik auf der Kanzel mündlich fort. Am Mittwoch vor Reminiscere 1527 hielt er in der Allerheiligen=Kirche
eine Predigt über Matth. 12, 38—42, in welcher er die Messe
vertheidigte. Er suchte die päpstische Messe als recht und
christlich zu erweisen aus dem Gebot das Osterlamm zu essen
und aus dem Beispiele von dem Opfer Melchisedeks. Wie
Melchisedek Brod und Wein geopfert habe, so habe auch Christus Brod und Wein genommen, gedankt, gedermet (solches
Deutsch habe Kling gebraucht) und geopfert, und seine Jünger
darnach heißen nehmen, essen und trinken, und befohlen solches
Alles zu seinem Gedächtniß zu thun. — Die Lutherischen wollten ihre Messe als recht und christlich dadurch beweisen, daß
sie sagten, die päpstliche Messe sei ein Menschentand und Auf-
satz; Platten, Casel u. s. w. thäten nichts zur Sache; was
in der Schrift nicht gelehrt noch geboten sei, das solle man
allzumal meiden. Aber er habe viele von den heiligen alten
Lehrern gelesen, als Tertullianus, Ambrosius, Augustinus, Dionysius; die ständen alle auf seiner Seite und gäben Zeugniß,
daß ihre Messe die rechte sei, während die Gegner Niemand
als den einzigen Luther hätten. Es sei wohl wahr, daß von
Platten, Casel, goldenen Kelchen u. dgl. in der ersten Einsetzung
Christi gar nicht die Rede sei; denn Christus habe nicht mehr,
als was zum Sacrament nothwendig gewesen, eingesetzt und
das Andere dem heiligen Geist durch die Apostel und Väter
hernach zu ordnen befohlen und dennoch sei es nicht ganz ohne
Grund in der Schrift. Denn gleichwie das Essen des Oster-
lammes eine Figur gewesen von dem Abendmahl des Herrn,
also seien auch die Geberden und Ceremonien, die man bei
diesem Essen gehalten habe, eine Figur und Deutung gewesen
dieser Ceremonien und Geberden bei der Messe. Die Ceremonien aber bei dem Osterlamm waren diese, daß die Israeliten mußten geschürzt sein, Stäbe in den Händen haben,
und Schuhe an ihren Füßen, die oben ganz waren; welche
Ceremonien allzumal ihre besondere Deutung gehabt. Denn
der Gürtel um die Lenden bedeutet Keuschheit, nach Luc. 12.
Die Stäbe in den Händen bedeuten die Weide der Heerde Christi.

Die Schuhe aber, die oben zu sein mußten, bedeuten, daß die Geistlichen nicht sollen geizig sein. [1] Also haben nun die Ceremonien und Geberden der Messe ihre geistliche Deutung auch. Denn das Humerale oder der Schleier auf des Priesters Haupt bedeutet, daß die Gottheit Christi mit der Menschheit bedeckt und überkleidet ist. Das lange leinene Kleid, die Alba, bedeutet das ewige Leben. Die Zipfel um den Hals und um die Arme bedeuten den Gehorsam Christi, der sich nach dem Willen des Vaters in den Tod gegeben hat. Aber die Casel hat diese Deutung: das Stück, welches vorn herabhängt, bedeutet die Väter, welche vor der Geburt Christi gewesen sind und auf seine Zukunft in Glauben gewartet haben. Das hintere Theil aber bedeutet uns, die wir Christo, nachdem er Mensch geboren ist, nachgekommen sind. Und gleichwie diese beiden Theile der Casel an des Priesters Hals hangen, also hangen wir mit den Altvätern und die Altväter mit uns in einem Glauben an Christo, der unser Haupt ist.

Sollte man nichts lehren noch halten, als was in der Schrift stehe, so bedürfe man des heiligen Geistes nicht. Paulus habe den Corinthern selbst geschrieben, Anordnungen treffen zu wollen, wenn er hinkäme. Daraus könne man sehen, daß mehr hiezu gehöre als in der Einsetzung Christi stehe. Anfangs habe Petrus nur das Vaterunser gesprochen und darauf mit den Worten des Herrn consecrirt. Als aber die Zahl der Gläubigen zugenommen, hätten die Apostel eine einhellige und gleichförmige Ordnung und Weise der Messe angestellt, die an allen Orten der Christenheit sollte gehalten werden, wie es auch jetzt in der heiligen römischen Kirche geschehe; ja es sei ganz glaublich, daß Paulus selbst diese apostolische Ordnung gehalten habe. Endlich sage Paulus, den doch die Lutherischen so hoch hielten, selbst 1 Tim. 2: Ich ermahne, daß man vor allen Dingen zuerst thue Bitte, Gebet, Fürbitte und Danksagung u. s. w. Das sei die Messe, wie sie Tertullian und Dionysius bezeugen; sie sei eingetheilt in Collecten, Secreten und Complenden. Aber

---

1) „id quod est valde contumeliosum ordini fratrum Minorum", fügt Menius hinzu.

wenn sie auch nicht in der Schrift gegründet sei, so hätten doch die Lutherischen kein Recht, solche löbliche, heilige und christliche Ordnung zu brechen und zu ändern; denn Petrus gebiete, aller menschlichen Ordnung gehorsam zu sein um des Herrn willen. „Derhalben, so urtheilet nun ihr selbst, liebe Christen, ob unsre oder der Lutherischen Lehre recht sei. Die unsere, wie ihr gehört habt, ist von Christo, seinen heiligen Aposteln und den heiligen Vätern hergekommen. Der Lutherischen Lehre aber ist daher gekommen:

Es war vor Zeiten Einer in England mit Namen Wicleff; bei demselben wurden, als er starb, etliche Bücher gefunden, darin diese Lehre stand. Und um solcher Bücher willen ward der Verstorbene für einen Ketzer verurtheilt und verdammt, dazu auch seine Gebeine wieder ausgegraben und, wie einem Ketzer von Rechtswegen gebührt, mit Feuer zu Asche gebrannt. Aber dieselbigen seine Bücher kamen gen Prag ins Land zu Böhmen einem Namens Johannes Hus zu handen. Derselbe erweckte und erneuerte diese Ketzerei wieder und ward auch darum mit seinem Anhang für Ketzer verdammt und nach Rechtes Vermögen verbrannt.

Sehet zu, liebes Volk, diese Bücher sind nun zu unsern Tagen wieder lebendig geworden und über das Gebirge und Böhmerwald bis gen Wittenberg geflogen. Daher kommt sie nun und ist leider in dieser unserer löblichen Stadt also auch aufgegangen, daß es nicht genugsam zu beklagen ist, daß die Obrigkeit solches sehen und leiden soll. Darum stehet fest in eurem alten Glauben und seid nur harte Gesellen."

Dagegen predigte nun Menius am Sonntag Reminiscere über denselben Text und widerlegte die Behauptungen und Beweise Klings in einer Weise, die man nicht anders als gelungen bezeichnen kann. Namentlich ist seine Erklärung der Schriftstellen meistentheils so aus dem Zusammenhang und der Geschichte geschöpft, wie wir das in jener Zeit selten finden. Aber leider verfällt er in dieser Predigt in den unwürdigen Ton der meisten Prädikanten, vor dem ihn bisher seine höhere Bildung bewahrt hatte. Kling wird fast nie anders als „Suppenprediger"

angeredet. Er entschuldigt sich freilich damit, daß er nur gezwungen diesen Streit aufnehme. „Weil der Satan noch täglich nicht aufhört mit seinen Larven und Lästermäulern unsre
Lehre anzufechten, sind wir auch schuldig, dieselbige und unsern
Glauben wider ihn beständiglich und trotzig zu bekennen, nicht
allein unserthalben (denn wir sinds ja nicht allein, die er meinet und suchet), sondern auch unsrer Nachbarn halben, welcher Glaube durch unser Bekenntniß und Beständigkeit ge-
stärket und durch unsern Abfall und Unbeständigkeit mag geärgert werden.

Denn unsre Pfaffen und Mönche, des Widerchrists und
Teufels Hofgesinde, hat sich nun allhier wieder zusammen-
gefüget und gezüchtet, nachdem sie eine Zeit lang von Gott ver-
scheuchet und verjagt gewesen, wiewohl sie meinen, und sollen
auch (als verstockt sie sind) auf der Meinung bleiben, es sei
nicht Gott, sondern ein Strohbutz gewesen, der sie also ge-
scheuchet hat, schreien und schreiben überlaut in Städten und
Dörfern, wie es hier zu Erfurt also fein wiederum in das alte
Wesen komme, und sagen, es gehe Gottlob der alte, ehrliche,
heilige und löbliche Gottesdienst (also nennen sie ihren Greuel
und Gotteslästerung) wieder an, und die neue verdammte hussitische und lutherische Ketzerei (so nennen sie die reine und göttliche Lehre des Evangelii Christi) nehme täglich ab und müsse
sich mit großen Schanden und Spott wieder verkriechen. Man
halte wieder Messe, Vigilien, Metten, Vesper und alle Gottesdienst. Siehe, zu solchem Geschrei, weil es ohne Aergerniß
nicht gehen kann, müssen wir, sollen und wollen wir, ja wir
können nicht stillschweigen, sondern müssen unsere Lehre und Glauben dawider frei, trotzig und muthig bekennen und die Wahrheit
mit der Lüge nur frisch und getrost treffen lassen, daß sie stürzen
und purzeln muß. — Nun aber der Satan des Sacks will
immerdar vier Zipfel haben und kann sich daran nicht begnügen
lassen, daß er den gottlosen Greuel der Messerei in seinen Haufen
treibet, wie es ihm nur gelüstet, sondern will noch dazu haben,
daß man's für Gott und eitel göttlich Ding halten und anbeten
soll, stellt uns seine Prediger daher, die uns solchen Greuel

anbeten und hoch erwürdigen lehren: da will freilich, lieben Freunde, Redens Zeit und Noth sein, damit nicht unsre Papisten auch ein Geschrei machen, als hätten sie uns das Feld mit der Schrift abgeschlagen, die uns doch noch bisher nicht fröhlich haben dürfen unter Augen treten."

Nun folgt er Kling Schritt für Schritt und widerlegt ihn oft in höchst wirksamer populärer Weise. Wenn Kling sage, die hussitische Ketzerei Luthers werde nicht lange bestehen, da die Lutherischen unter sich selbst uneins seien, er selbst habe in diesem Jahre so und so viel formulas missae in Händen gehabt, von denen keine der andern gleich oder ähnlich wäre, so antwortet Menius, er würde am liebsten „zu diesem Geschrei sammt allem andern Lästern und schändlichen Lügen dieses unverschämten Mauls" stillschweigen. „Weil aber unser Thun und Leiden nicht uns selbst, sondern dem Nächsten allein zu gut und Dienst gehen soll und hier in diesem Fall unser gedulig Stillschweigen und Leiden bei den Einfältigen ohne Aergerniß nicht geschehen kann, so müssen wir um des Nächsten willen in den Koth und Mist treten, uns ein wenig giftiges Gestanks nicht irren lassen und den Unflath, welchen der Satan durch diesen seinen Diener in unsre Lehre gern mengen wollte, so viel wir können ihm wiederum auf seinen Kopf schütten." Uneinig können die Lutherischen nicht sein, da sie allenthalben den Worten Christi folgen; sie stehen fest auf Gottes Wort. „Derhalb solltest Du, lieber Kling, Dich selbst bei der Nase nehmen und Dein Papstthum anschauen, welches in allen seinen Satzungen und Ordnungen will im rechten und schlechten Weg der Seligkeit einher treten, und sind doch die Gesetze und Regeln so ungleich, als noch je keine Finsterniß mit dem Licht gewesen ist. Wie viel Rotten und Secten hat Dein eigener Orden gehecket, der keiner will hören, daß der andere Recht und der seine unrecht sei? Was hat wohl Euer und der Obervanten Uneinigkeit Deutschland gekostet? Wie theuer ist wohl das einige Wörtlein Minister zu Rom erkauft und wieder erkauft worden? Ich will schweigen, was Ihr grauen Esel, mit den bunten Elstern, desgleichen andere mit andern, Krieg und

Habers geführt haben. Siehe, da hab acht auf, und weil Du
weißt, daß ein zertheiltes Reich nicht lange bestehen mag, so
siehe und schaffe in Deinem Papstthum Einigkeit, je eher je
besser, oder es wird auf einem Haufen liegen, eher lang."

Besonders hinsichtlich des versuchten Nachweises, daß die
Messe in der Schrift gegründet sei, wird der Magister noster [1]),
Suppenprediger und Meßknecht Kling arg mitgenommen. „Ach,
lieber Kling, Ihr seid, wie man sagt, ein unwürdiger Doctor
der heiligen Schrift. Warum versteht Ihr sie nicht, wenn Ihr
sie in Euren Händen, vor Euren Augen, ja in Eurem Munde
habt? Warum martert und rabebrecht Ihr sie so jämmerlich?
Warum schlagt Ihr jetzund Christum, dann sobald darauf Euch
selbst ins Maul? Lasset die Schrift einmal gelten, das andre
Mal eben nichts überall, denn nur so viel sie Eure gnädigen
Suppenherrn gerne hören und gelten lassen. Ihr habt mir,
das nun jetzund ein Jahr ist, vorgehalten, ich sollte Euch einen
groben und ungelehrten Eselskopf gescholten haben, das ich doch
wahrlich zu der Zeit noch nie gethan hatte, hielt Euch auch
wahrlich nicht dafür. Aber nun ich Euch mittler Zeit besser
erkannt habe, wenn ich die lautere Wahrheit sagen soll, so mag
ich wohl reden, daß Ihr nicht ein grober Eselskopf, sondern von
den allergröbsten Eseln kaum ein Schwanz seid. Denn Ihr habt
die Tugend und Art eines Esels nicht an Euch, sintemal Ihr
Euern Herrn nicht erkennet, das doch ein Esel und Ochs thut. —
Siehe, lieber Kling, wenn ich Dir und Deiner heillosen Lehre
den Hals abzustechen ein Messer hätte wählen oder wünschen
sollen, wie hätte ich's können schärfer oder besser bekommen,
denn Du Dir's selbst in Deine Kehle steckest? Es sagt Salomo,
einem Narren sei kein Geld nütze, in der Hand Weisheit zu
kaufen, so er doch ein Narr sei. Was meinet er aber damit?
Er meinet freilich, Gottes Güter seien nicht nütze dem Geist=
losen, der ihrer nicht zu gebrauchen weiß. Dessen solltest Du
Dich auch halten und dieweil daheim mit Deinen päpstischen
Götzen und Docken Dein Kinderspiel treiben und der heiligen

---

1) Damals gebräuchlicher Ausdruck für Doctor der Theologie.

Schrift müssig stehen, bis so lang Du es besser lerntest. Denn es gemahnet mich Deines Schrifthandelns gar nicht anders, denn als wenn ein Esel auf der Harfe und ein grober Büffel auf der Fechtschule seine Meisterschaft beweisen wollte. —

Darum, lieber Kling, so sollst Du wissen, weil unsre Messe eine göttliche Ordnung ist, daß wir Euch dieselbe in keinem Weg gestatten zu reißen oder zu ändern, auch nicht gesinnt sind, anstatt derselben irgend eine andere, die von Menschen erdichtet ist, aufzunehmen. Daß Ihr die Frankfurter oder Leipziger oder andere Kaufmessen eine menschliche Ordnung nennet, gönnen wir Euch recht wohl und sagen auch ja dazu, bekennen auch, daß sie zu leiden und ihr zu gehorchen sei, sintemal durch dieselben ein Mensch mit dem andern handthieret und zu schaffen hat, das dies menschliche Leben betrifft.

Derhalb, so mögen wir nun unsres Theils auch wohl leiden, daß ein jeder fromme Christ auf unser beider Rede und Widerrede erkenne und ausspreche, welcher unter uns beiden der Wahrheit des Evangeliums am nächsten geschossen habe und will damit Dr. Klingen nochmals unerschrocken Trotz geboten haben.

Und zuletzt auch kürzlich auf das, so Dr. Kling von unsrer Lehre Ankunft freilich aus eitler reformirten barfüßischen Reinigkeit seines Herzens anziehet, auch zu antworten, sag' ich auf diesmal so viel, daß mir Wicleff und Huß, als deren Schriften ich nicht alle gelesen habe, nicht ganz bekannt sind, sage aber das, daß soviel ich ihrer gesehen habe, dieselbige ganz christlich und unschuldige Schrift sei, und halte es dafür, Ihr lieben Papisten solltet sie eher noch tausendmal verdammen, denn Ihr sie einigesmal überwindet mit der Wahrheit. Es sei nun dem Luther seine Lehre aus Böhmen oder Preußen zugeflogen, so ist es doch ja gewiß Gottes Wort und das wahrhaftige, reine und lautere Evangelium Jesu Christi, welches, ob es gleich von euch Bluthunden und Christenmördern verdammt wird, soll es uns dennoch darum nicht desto unwerther sein, ja es soll uns eben darum recht und herzlich lieb sein, daß es Euch gottlosen Tyrannen und Seelenmördern nicht gefällt. Weißt Du nicht,

daß Christus im Evangelio vom Teufel eben nichts will ge=
preiset sein? Darum so thue Dein Maul nur frei auf und
schände, schilt und lästere, so greulich und so viel Du immer
kannst, bis so lang Dir's Gott wehren wird, welches, ob Gott
will, gar bald geschehen soll. Amen. So wollen wir unsers
Gottes Namen und Ehre wider Dein Lästern mit Mund und
Federn bekennen und rühmen wider Dich, Deinen Satan und die
höllischen Pforten. Dazu soll uns Gott seine Gnade geben.
Amen."

VIII.

Wie Menius in seiner Predigt offen anerkannte, trat in
Erfurt um diese Zeit der Umschwung in den kirchlichen Ange=
legenheiten immer entschiedener hervor. Wie überall, so spielte
auch hier die Rücksicht auf die politischen Verhältnisse eine
große Rolle. Anfangs hatte der Rath zu Erfurt den ihm
vom Churfürsten von Sachsen angebotenen Schutz sich gern
gefallen lassen, weil er dadurch von der Mainzischen Oberherr=
schaft frei zu werden hoffen durfte. Jetzt aber drohte der Ein=
fluß des Schutzherrn immer mächtiger zu werden; daher wandte
man sich dem alten Erbherrn wieder zu, den man schon wegen
seiner Entfernung nicht so drückend fand. Damit war noth=
wendig das Hervortreten der katholischen Partei verbunden.
Sie machte so rasche Fortschritte, daß im Jahre 1527 wieder
Katholiken im Rathe saßen, und daß man sich in Nürnberg
erzählte, Erfurt sei unter das Papstthum zurückgekehrt [1]).

Luther verfolgte diese Vorgänge mit Trauer und Unwillen.
Wie er der Schutzrede des Menius ein Vorwort an alle Chri=
sten zu Erfurt vorgesetzt hatte, so begleitete er auch die gegen
Kling gerichtete Predigt desselben mit einer kurzen Vorrede.

---

1) Eob. et amic. Epp. fam., p. 221.

Er glaubt das Ende der Welt nahe. Die Blindheit und die Finsterniß unter dem Papstthum sei verzeihlich gewesen; aber jetzt lehne man sich muthwillig gegen die öffentlich erkannte Wahrheit auf, da sei keine Hülfe und kein Rath mehr. Darum lasse er dies Büchlein ausgehn, um diejenigen zu warnen, die sich noch warnen lassen wollen. Er bitte alle herzlich, nun aufzuhören. Es sei genug gesündigt in der ersten Sünde. Man möge nicht gegen den heiligen Geist toben und Gottes Zorn nicht reizen zu zeitlichem und ewigem Verderben. Die erste Sünde habe Gott vergeben, die andere wolle er nicht vergeben. Es sei nun genug gesagt. Man möge hören, ehe man's erfahren müsse. — Er wurde mehr und mehr irre an seiner geliebten evangelischen Stadt Erfurt. [1])

Inzwischen ging die katholische Partei immer weiter. Die ihr angehörigen Mitglieder des Rathes fochten die Rechtmäßigkeit der Vocation der evangelischen Prediger an. Die evangelische Majorität zauderte und schwankte; sie wagte die evangelischen Prädikanten nicht in Schutz zu nehmen. „Wir wollen's Euch weder heißen noch wehren", war die gewöhnliche Antwort. Dadurch gewann die katholische Partei im Volke immer mehr Muth; sie schmähte die Evangelischen und suchte ihre Geistlichen unmöglich zu machen.

Dieses Loos traf auch Menius. Seine Gegner warfen ihm vor, er führe sein Predigtamt, ohne dazu berufen zu sein. Er sprach und schrieb dagegen und appellirte an das Zeugniß des Rathes und der Bürgerschaft. Der Magistrat leugnete seine Vocation; Die, welche ihn berufen hatten, schwiegen hartnäckig still. Vor Ablauf seines Dienstjahres (die Berufung scheint immer nur auf ein Jahr erfolgt zu sein) hatte er den Procuratoren seiner Kirche angezeigt, daß er nicht länger dienen

---

1) Am 1. Mai 1528 schreibt er an Menius: „Erfordia est Erfordia, Erfordia erit Erfordia, Erfordia fuit Erfordia: quid enim aliud vel cogitem vel dicam?" — Schon am 9. April 1527 hatte er ihm geschrieben: „Erfordia tua est Erfordia; tam cito sequitur ira de coelo, ut simulac coeperit gratia lucere, statim concurrat et furor Dei excaecantis et gravantis cor Pharaonis." de Wette III, 168. 308.

könne. Sie blieben stumm. Wenn es aber galt, ihn herunter=
zureißen, waren ihre Zungen wie Scorpionen. Da war Nie=
mand ungerechter als Justus, Niemand gottloser als Menius.
Die früher seine besten Freunde gewesen waren, waren jetzt
seine schlimmsten Ankläger. Die es noch am besten mit ihm
meinten, schwiegen still. Die Entscheidung des Rathes, welche
angerufen wurde, blieb Wochen lang aus. [1])

Da also weder der Rath noch seine Pfarrkinder etwas von
seiner Vocation wissen wollten, so dachte Menius darauf Erfurt
zu verlassen; denn ohne bestimmte Vocation konnte und wollte
er nicht in einem Amte stehen. Es kam ihm freilich sehr un=
gelegen, da er sich erst in diesem Jahre ein Haus gekauft hatte.
Am liebsten wäre er nach Wittenberg gezogen; aber er wollte
erst den Rath Luthers und Melanchthons abwarten. Auch
Eberhard von der Thann, den Amtmann zur Wartburg, mußte
er erst darüber hören, da er von ihm Söhne und Anverwandte
in Erziehung hatte. [2]) Luther versprach ihm in einem Briefe
vom 23. Mai 1528, daß er ihm bei der ersten Gelegenheit
von Erfurt weghelfen wolle [3]). Warum er nicht nach Witten=
berg übersiedelte, ist nicht recht klar; wahrscheinlich wünschte es
der Churfürst nicht. „Mit gnädiger Vergünstigung des aller=
durchlauchtigsten hochgeborenen Fürsten und Herrn, Herrn Jo=
hann, Herzog zu Sachsen und Churfürsten" [4]) begab er sich

---

1) Bericht an Postel im Weim. Comm.=Arch. und Cod. Chart. A, 406
auf der herzogl. Bibliothek zu Gotha.

2) Deswegen widmete ihm Menius zwei seiner Schriften, die „Predigt
gegen Kling" und „Erinnerung, was Denen, so sich in Ehestand begeben, zu
bedenken sei".

3) de Wette III, 325: „Ego non omittam, quin ut occasio sese
quaeque prima obtulerit, te ex isto bestiarum crudelium et ingratissi-
marum lustro evocem: ita me habet pessime istius urbis abominatio,
quid enim aliud dicam? Quamquam ego non desperem, brevi aliud
facturum Christum cum adversariis suis. Interim patere, compatior
enim tibi, Christus utrique compatitur et omnibus."

4) Der Churfürst ließ ihm auch während seines Aufenthalts in Gotha
eine kleine Besoldung verabreichen. Vgl. Weim. Comm. = Arch. Li, fol.
50a; A, 5. 1528, 3a: „Bericht des Schossers zu Gotha Fabian Lebe

daher um Bartholomäi (24. August) 1528 mit seinem Hausgesinde, Weib, Kindern und acht jungen Edelleuten nach Gotha,
um sich daselbst den Winter über aufzuhalten und sich von
seiner Schularbeit zu nähren. Sein Freund Myconius hatte
das Nöthige für seine Aufnahme vorbereitet.

an Churfürst Johann wegen des an Menius, Prediger daselbst, auf churfürstlichen Befehl zu verabfolgenden Einkommens auf dem Schlosse Gotha."

Viertes Kapitel.

Der Visitator.

I.

Die Hauptbeschäftigung war jetzt für Menius wieder der Unterricht junger, meist abliger Leute, die er bei sich im Hause hatte. Daneben unterließ er die Predigt des Evangeliums nicht. Seine Absicht war wieder in ein Pfarramt einzutreten. Die freie Zeit benutzte er, um durch kleine Schriften das Volk über praktisch-kirchliche Fragen in echt evangelischem Sinne aufzuklären. Sein Sinn und Streben war von allem Anfang darauf gerichtet, das Evangelium auch in das Leben der Christen einzuführen. Veranlassung dazu wurde ihm genug geboten. Auf der einen Seite lebte der größte Theil des Volkes in der alten Weise fort und glaubte durch Aenderung der Ceremonien die Reformation abgethan. Von einer Besserung des Lebens wollte nicht leicht Jemand etwas hören und wissen. Auf der andern Seite gingen Diejenigen, welche von der lutherischen Reformation nichts wissen wollten, weil sie sich nach ihrer Ansicht auf Aenderung der Lehre und die Theorie vom Glauben beschränkte, wieder zu weit, indem sie alttestamentliche und urchristliche Einrichtungen ins Leben einführen wollten, die zu keiner Zeit zu einem gedeihlichen Ziele geführt hatten und unter den damaligen Verhältnissen am allerwenigsten geeignet waren, evangelisches Leben zu fördern. Mit Unrecht hat man alle Anhänger dieser Richtung unter dem Namen der Wiedertäufer zusammengefaßt. Die weltliche Macht hat sie ohne Unterschied als solche behandelt, aber es waren edle Männer darunter, die eines bessern Looses werth gewesen wären.

Eine Frage, welche in jener Zeit die Gemüther vielfach bewegte und die größte praktische Bedeutung hatte, war die nach dem Wesen der Ehe. Hatten die Katholiken das ehelose Leben als etwas besonders Verdienstliches angesehen und den Mönchen und Priestern, als dem vor allen andern heiligen Stande, zur Pflicht gemacht, so hielten die Wiedertäufer die Ehe für ein Institut, das im Leben der Vollkommenen, die sie sein wollten, zum wenigsten überflüssig war. Den Heiligen ist alles gemein, auch die Weiber.

Im Kampfe solcher Gegensätze galt es die rechte Mitte zu treffen und die evangelische Wahrheit dem Volke laut und deutlich vorzuhalten, damit es nicht nach der einen oder nach der andern Seite hin verführt werde. Wie Menius schon früher in Bezug auf die Sakramente die praktische Bedeutung für das Volk erkannt hatte, so war es auch jetzt in Bezug auf die Ehe der Fall. Dazu kam noch, daß ihn Eberhard von der Thann [1]), Amtmann zur Wartburg, ausdrücklich aufgefordert hatte, ihm etwas vom Ehestande zu schreiben. Zwar hielt es Menius für eine Vermessenheit, mit einer Schrift hierüber hervorzutreten, nachdem davon von so vielen und trefflichen Leuten, sonderlich aber von dem ehrwürdigen Vater in Christo Dr. Martin Luther

---

1) Eberhard von der Thann, geboren 1495 zu Bacha, wurde von Basilius Monner unterrichtet und studirte 1511 bis 1521 zu Wittenberg, Erfurt, Bologna, Padua und Freiburg. 1507 wurde er churfächsischer Rath, 1528 Amtmann auf der Wartburg. Er war der evangelischen Lehre von ganzem Herzen zugethan und besuchte fast alle Reichstage als eifriger Vertheidiger der Sache Luthers. Er war unter den Commissären zur Schlichtung der Flacianischen Streitigkeiten und unter den Visitatoren, als Herzog Johann Wilhelm 1569 die Kirchen und Schulen des sächsischen Landes visitiren ließ. Er starb 1574 als Sachsen-eisenachischer Geheimer Rath. Vgl. Beck, Johann Friedrich der Mittlere II, 165. 166.

so viel und ausbündig wohl geschrieben worden sei, aber er glaubte ihm doch sein Versprechen zu seiner Zufriedenheit zu lösen, wenn er ihm, was sonst in den großen und mancherlei Büchern hin und her von diesem Handel weitläufig geschrieben ist, in einen kurzen Auszug ordentlich zusammenbrächte. Das Geschick dazu besaß er in hohem Grade, wie die Ausführung in seiner „Erinnerung, was Denen, so sich in Ehestand begeben, zu bedenken sei", beweist.

Wie immer, so stellt sich auch hier Menius auf den Standpunkt strengsten Schriftglaubens. Der Ehestand ist nichts anderes, als Gottes Wort, Wille und Werk. Wen Gott der Herr darein wirft, der darf nicht zweifeln, er sei in einem solchen Stande, daran Gott Gefallen habe und darin er sich gern dienen lasse. Daraus ergiebt sich leicht, wer in den Ehestand gehört. Jeder soll sich in dieser Hinsicht wohl prüfen und sich aus freier Willkür weder hineinbegeben noch davon bleiben. Aber wie Alle, die von Gott Mann und Weib geschaffen und zu ehelichen Werken gesegnet sind, allesammt in den Ehestand gehören, sollen sich auch wiederum Die, welche von Gott anders geschaffen und zu andern Werken gesegnet sind, nicht aus lauter Vorwitz und ohne Noth hineinbegeben. In der Ehe soll ein Gatte dem andern seine Pflicht gern leisten. Des Mannes Pflicht ist, das Haus zu bauen und zu arbeiten, aber in dem Bewußtsein, daß der Segen nur von oben kommt; „arbeite des Tages, daß Dir die Haut raucht, und schlafe des Nachts auf Deinem Lager ohne Sorge im Namen Deines Gottes, welcher Dich mit Allem auf das reichlichste versehen wird, ja der Dich schon auf das herrlichste versehen hat, sofern Du seinen Worten glaubst und ihm nur fest darum vertrauen kannst. Er wird Dir ja nicht lügen, was er Dir verheißen und zugesagt hat. Vertrau'st Du ihm aber nicht, fahre immer hin, scharre, krieme und kratze, so sehr Du kannst, und wisse dennoch, daß es Alles vergebens und umsonst ist ohne Gottes Segen". Wer dann Gott als den rechten Hausvater vor Augen hat, der wird auch sein Weib, Kind, Gesinde und das ganze Haus in der rechten Weise regieren und sich in Züchtigen, Strafen,

Lieben, Ehren und Nähren wohl halten. Hingegen muß das Weib dem Manne unterthan und gehorsam sein und die ihr auferlegten Schmerzen gern tragen. Beide Eheleute haben ihre Kinder mit Nahrung und Vorrath zu versehen und also zu ziehen und zu lehren, daß sie die ererbte Ehre und Güter nicht allein zu behalten, sondern auch mit Gott und Ehren wohl zu gebrauchen und zu mehren wissen. Denn mit seiner Kinderzucht dienen die Eltern nicht allein sich selbst und ihren Zeitgenossen, sondern auch ihren Nachkommen, ja ganzen Ländern und Leuten in weite Geschlechter. Knechte und Mägde sollen sie nicht allein zur Arbeit gebrauchen, sondern ihnen den verdienten Lohn und genügende Nahrung nicht vorenthalten und sie zu Gottesfurcht, Ehrbarkeit und Redlichkeit anhalten.

II.

Diese Schrift fand gute Aufnahme. Dadurch sah er sich veranlaßt, dieselbe weiter auszuarbeiten. Sie erschien schon im folgenden Jahre unter dem Titel „Oeconomia christiana". Evangelische Lauterkeit, feine Beobachtung des täglichen Lebens und gründliche Kenntniß der griechischen Literatur, insbesondere der griechischen Philosophie, vereinigen sich hier, um ein schönes harmonisches Ganzes in ansprechendster Form hervorzubringen. Das Buch ist auf praktischem Gebiete dasselbe, wie das in demselben Jahre erschienene des Thomas Venatorius auf theoretischem. [1] Es geht um diese Zeit ein mächtiger Zug durch die junge Kirche, die erkannte evangelische Wahrheit ins Leben einzuführen. Man war auf dem besten Wege, den Gegnern, welche den Evangelischen vorwarfen, sie verböten gute Werke, gründlich den Mund zu stopfen.

---

1) Vgl. J. C. E. Schwarz, Thomas Venatorius, in Stud. u. Krit. 1850 I, 79 ff.

Gerade Menius war ganz dazu angethan, seiner Kirche diesen unendlich wichtigen Dienst zu leisten. Aber die Fanatiker
des Glaubens fanden dadurch das Verdienst Christi geschmälert;
zur Ehre des Evangeliums hielten sie sich verpflichtet, Jeden,
der auch nur mit einem Worte von Luther abwich, mit giftigen Verleumbungen und widerwärtigen Denunciationen zu verfolgen und den Arm der weltlichen Macht zur Unterdrückung solcher Ketzerei und zur Ausrottung so grundstürzender Irrlehren
anzurufen. Das ist der Grund, warum diese schönen An-
fänge zur selbstständigen Behandlung der Moral und einzel-
ner Theile derselben im Keime erstickt wurden. Die da-
malige Zeit konnte es noch nicht verstehen und nicht ertragen,
daß die Bewährung des Glaubens für nothwendig erklärt wurde.

Doch kehren wir zu der uns vorliegenden Schrift zurück. Den populären Ton hat der Verfasser in vorzüglicher
Weise getroffen. Namentlich bringt er eine Menge treffen-
der Sprüchwörter, Aussprüche griechischer Dichter u. s. w.
sehr passend an. Als er z. B. von der Pflicht der Häus-
lichkeit für die Ehefrauen spricht, sagt er: „Es stehet einem
frommen Weibe sehr übel an, viel irre zu laufen und oft
spielen zu gehen, dadurch nicht allein die Haushaltung ver-
säumt, sondern auch viel und mancherlei Unrechts angerichtet
wird. Denn es geht gar selten ab, wo die Weiber also
müssig zusammenkommen, sie brauen ja aufs wenigste einen
Eimer Unglücks mit ihrem unnützen Schwatzen, wird anders
nicht ein ganzes Fuder daraus." Dabei hütet er sich wohl,
in jene anstößige Sprache zu verfallen, wie wir sie in seinen
Streitschriften gegen Kling bemerkt haben. Trotzdem fehlt
es nicht an kernigen und körnigen Stellen.

Da der Inhalt wesentlich nur eine weitere Ausführung
der vorigen kleinen Schrift ist, so beschränke ich mich darauf,
eine Stelle mitzutheilen, welche wohl geeignet ist, die damals
herrschende Richtung der Geister im großen Publikum zu kenn-
zeichnen; eine Vergleichung mit unsrer Zeit wird ergeben,
daß eben unter der Sonne nichts Neues passirt. Die Stelle
lautet: „Zum andern will in der Kinderzucht von nöthen

sein, daß man die Kinder zur Schule halte und studiren lasse. Denn dieweil Gott seine Erkenntniß Niemand anders giebt, denn durch das Mittel der heiligen Schrift, so muß man ja freilich Leute haben, die da studiren und so viel lernen, daß sie Andern zu ihrer Nothdurft mit Predigen und sonst dienen können. Was will doch sonst für ein wild, jämmerlich und elend Leben werden auf Erden?

Ach, Herr Gott, wie läßt sich die blinde, thörichte Welt in diesem einigen Stück so gar grob merken? Wer sollte es doch immermehr glauben, daß so gar Niemand nach Gott fragt auf Erden, wenn man's nicht öffentlich sähe? Etwa sagt man, wenn Einer sein Kind zum Pfaffen, Mönche oder Nonne macht, er hätte es unserm Herrn Gott geopfert, so es doch im Grund der Wahrheit und wenn man's beim Lichte besehen wollte, nicht Gott, sondern dem Bauch geopfert ward. Denn wo ist je Einer gewesen, der sein Kind aus anderer Ursache zum Pfaffen, Mönche oder Nonne gemacht habe, denn nur allein darum, daß es sollte wohl versorgt und ernährt sein? Man hat ja allerwege auf die besten und fettesten Pfründen und nach den reichsten und herrlichsten Klöstern gesehen, und nicht, wo die ärmsten Leute wären, die der Priester am meisten bedurften. Wie wohl man die Sache schmücken mag, so viel man kann und will, so ist es aber doch die lautere Wahrheit.

Denn man sieht ja vor Augen, dieweil die Pfaffenweide ein wenig dürr und schmal ist worden, daß Niemand mehr ist, der um Gottes und gemeinen Nutzens willen sein Kind zur Schule ziehen und zum Pfaffen will machen, und wird mit der Weise gar bald dahin kommen, daß viele Oerter ohne Pfarrer, Predigt und Sakramente sitzen müssen, und allerding eine wüste, gottlose, heidnische Welt aufwachsen, dafür ein frommer Christ ihm tausendmal lieber wählen sollte, daß ihm seine Kinder vor seinem Angesicht und auf demselbigen Flecke alsobald auch er selbst erstochen und jämmerlich erwürget würde, ehe denn er in solchem greulichen Wesen leben sollte. Man hat sein zwar gerade an genugsamen Exempeln und Anzeigungen mehr denn an einem Ort, wenn man's sehen und bedenken und mit zeitlichem Rath, dieweil man noch könnte, dazu thun wollte.

Darum, so möchte wohl jetzund Einer sagen, er hätte sein Kind geopfert, so er's zur Schule hält und sonderlich in der heiligen Schrift studiren und zum Pfarrer werden läßt, sintemal solch Amt jetzt Jedermann scheucht und fleucht, derhalben, daß es große Gefahr und Arbeit, dagegen aber geringen Nutzen und Ehre, ja große Verachtung und Verfolgung schier allenthalben gewarten und erleiden muß, wiewohl kein Christgläubiger nicht zweifeln soll, Gott wird sein Diener unbelohnet und den gottlosen Haufen auch ungestrafet nicht lassen; es soll jetzund also sein.

Was Wunders ist's aber, daß die Welt nach verborgenen und heimlichen göttlichen Sachen nicht groß fragt, wie denn die Lehre des christlichen Glaubens eine heimliche und hohe Lehre ist? Thut sie doch in ihren eignen Weltsachen, die sie vor Augen hat und damit sie täglich umgeht, gleich also, daß einen Halbverständigen wohl wundern möchte, wo man zu den Sachen nicht anders thun will, was doch für ein Wesen auch im Weltregiment mit der Zeit werden will. Denn man schier ebenso wenig in andern guten Künsten studirt als in der heiligen Schrift. Nun ist's ja gewiß, soll die Welt länger eine Welt sein, so wird man dennoch müssen Leute haben. Darum welcher Vater seinem Kind wohl will und klug ist, der denke darauf, daß er's studiren lasse, es sei in der heiligen Schrift, in den Rechten, Arznei oder andern ehrlichen guten Künsten, und lasse sich Nichts beschweren, ob er gleich etwas Unkost darauf wenden müsse und andere Narren ihr Gespött darauf haben, die Zeit wird's Alles wohl und reichlich wiederum hereinbringen."

Die Vorrede ist an die Herzogin Sibylla gerichtet; sie schließt so: „Derhalben, gnädige Fürstin, weil unter allen Ständen des menschlichen Lebens kein größerer Orden ist, dem auch seine Statuta und Regel von Gott ordentlicher und eigentlicher beschrieben sind, als der Eheleute, und ihrer doch wenige sind, die solches rechtschaffen erkennen und glauben, habe ich mir in diesem Büchlein vorgenommen, was Gott diesem Stande für Statuta und Privilegia gegeben hat, zusammenzubringen.

Und will Ew. Fürstl. Gnaden, welche in solchen heiligen Orden von Gottes Gnaden nun auch eingesegnet, solch Büchlein zu Erbietung meiner unterthänigen schuldigen Dienste zugeschrieben und unterthäniglich geschickt haben, der Hoffnung, es soll damit nicht allein E. F. G. zu gnädigem Gefallen, sondern auch allen Eheleuten zu Nutz und Trost gedienet werden. Denn ich's nicht darum geschrieben habe, daß es allein ein schlecht Statut oder Regel der Eheleute sein soll, daraus sie lernen möchten, im Haushalten alles fein ordentlich thun und ausrichten, sondern vielmehr, auf daß sie in allen ihren Werken auf Gottes Wort, Befehl und Ordnung wider den Teufel sich trösten und trotzen mögen.

Daß aber E. F. G. solche meine Arbeit zu gnädigem Gefallen aufnehmen werden, verhoffe ich mich aus dem, daß Gott der Allmächtige das fürstliche Haus zu Sachsen unter vielen andern fürstlichen und christlichen Tugenden auch mit diesem Stück insonderheit geziert hat, daß sie im Ehestand wohl aller Welt ein gottselig und besserlich Exempel sein mögen, wie denn an Landgraf Ludwig und St. Elisabeth zu sehen ist, welcher heiligen Eheleute Exempel ich nicht allein E. F. G. sondern aller Welt will vorgestellt haben, daran zu lernen, wie sie sich im Ehestand christlich und rechtschaffen halten sollen, und damit E. F. G. sammt dem ganzen fürstlichen Hause zu Sachsen und ihren Unterthanen Gott dem Allmächtigen in gnädigen Schutz und Schirm befohlen haben. Gotha, am 8. März 1529."

Luther gefiel das Buch vortrefflich; er setzte ihm, als es zum Druck nach Wittenberg geschickt wurde, eine Vorrede vor und widmete es dem damaligen Hauptmann zu Wittenberg, Hans Metsch, welcher noch unverheirathet war. Denn, sagt er, mich dünkt, der Meister, Herr Just Menius, hat darinnen Eures Herzens ein großes Stück wohl getroffen, und Eure Nothdurft, wiewohl blindlings, fein und eben abgemalt, daß

ich hoffe, Gott solle Gnade verleihen, daß Ihr auch einmal bie-
sem Büchlein ein Bild und Exempel geben werdet. — Nach
seiner Ansicht ist das Buch so wohl gesetzt, daß es auch den
Widersachern gefallen muß. „Das Büchlein ist mit Fleiß einem
jeglichen Hausvater zu lesen, der vor Gott und der Welt seliglich hier und dort bestehen will."

Ebenso empfahl es Joh. Matthesius seinem Sohne als
dem Laien nützlich und wohl zu lesen.

Der Erfolg des Buches war ein bedeutender. Noch in
demselben Jahre erschien es in plattdeutscher Mundart; später
wurde es ins Dänische übersetzt und erlebte viele Auflagen [1]).

III.

Die neue Lehre hatte sich rasch verbreitet. Aber in den
einzelnen Städten war sie aus vielfach verschiedenen Gründen
angenommen worden, die zuweilen mit dem Evangelium gar
nichts zu thun hatten. Zudem ging die Auffassung derselben
je nach der Individualität der leitenden Personen sehr auseinander. Daraus folgte von selbst die größte Verschiedenheit
in den praktischen Einrichtungen des Gottesdienstes, der Verwaltung der Sakramente u. s. w. Wie in Erfurt, so hatte
man auch an andern Orten bereits bestimmte Einrichtungen
getroffen, noch ehe Luthers deutsche Messe und Ordnung
des Gottesdienstes erschien; eine Umänderung nach den in derselben angegebenen Grundsätzen ließ sich nicht ohne weiteres
durchsetzen. Die Prediger verfuhren mit der größten Willkür,
da es an jeder geordneten Aufsicht fehlte. Manche waren in

---

1) Unsch. Nachr. 1710, S. 10—16. — Dieselben Gedanken verarbei-
tete Menius in der 1550 zu Wittenberg erschienenen Auslegung des
128. Psalms vom heiligen Ehestande.

höchstem Grade unwissend [1]) und meinten rechte evangelische
Prädikanten zu sein, wenn sie tüchtig auf den Papst, die
Mönche und den alten Cultus schimpften.

Bei solcher Verwirrung hätte eine evangelische Kirche nicht
entstehen können. Es war durchaus nothwendig, daß Ordnung
und Einheit in das Reformationswerk hineinkamen.

Der Erste, der das einsah und die Vornahme einer Kirchenvisitation durchsetzte, war Jakob Strauß, der erste evangelische
Prediger von Eisenach. Bereits gegen Ende des Jahres 1524
oder in den ersten Tagen des Januar 1525 hatte er auf seine
Eingabe von Herzog Johann von Sachsen, dem Bruder des
Churfürsten, die Erlaubniß und den Auftrag erhalten, in Eisenach
und Umgegend eine Visitation vorzunehmen. Denn schon am
15. Januar 1525 berichtet [2]) er über den Beginn und Erfolg
seiner Thätigkeit. Der fürstliche Rath Burkhardt Hundt war
ihm als Convisitator beigegeben. Er war überzeugt, daß die
Arbeit mit Gottes Gnade nicht unfruchtbar · sein sollte. Nur
wollte es Etlichen des Adels und der fürstlichen Amtleute nicht
gefallen, „weil sie in ihrem tyrannischen Vornehmen über die
armen Unterthanen, auch unchristlichen und ärgerlichen Wandels
halben, wie sie denn unverschämt leben, die göttliche Wahrheit
und Strafe in keinem Wege erleiden mögen", wie er es schon
an zwei Orten erfahren hatte. In der Stadt widersetzte sich
insbesondere die Aebtissin und der Vorsteher des Nikolaiklosters

---

1) Tentzel (Suppl. hist. Goth. II, 804) berichtet, daß der Pfarrer
zu Molschleben ein Knochenhauer, der Pfarrer zu Wiegleben ein Leine-
weber, der Kaplan zu Weimar ein Kürschner, der Pfarrer zu Warza ein
Böttcher, der Pfarrer zu Kirschroda ein Ziegeldecker, der Pfarrer zu Trüg-
leben ein Barbiergeselle gewesen waren.

1) Weim. Comm.-Archiv, Reg. Ji, fol. 36 b; A 1, abgedruckt in meiner
Abhandlung über Jak. Strauß (Eisenach, Bärecke, 1863.) — Herzog Johann hat schon in einem Briefe an Luther vom 24. Juni 1524 eine Idee
von einer Visitation, indem er Luther vorschlägt, durch Thüringen zu
ziehen und die untüchtigen Pfarrer zu entfernen. Luther geht aber in seiner
Antwort, die bei de Wette II, 519 irrthümlich vom 21. Mai datirt
ist, darauf nicht ein. Vgl. Walch, Luth. W. X, 398.

der Einführung der evangelischen Predigt, so daß Strauß bittere Klage darüber zu berichten hatte. Um der Wirksamkeit des Visitators den Boden vorzubereiten und Eingang zu verschaffen, erließ der Herzog Freitag nach Reminiscere einen Befehl an „alle und jegliche des hochgebornen Fürsten Herrn Friedrichs, Herzogs zu Sachsen, Churfürsten, seines lieben Bruders und seinen Amtleuten, Schultheißen, Burgemeistern der Städte, Predigern, Heimbürgen und Gemeinen der Dorfschaften in den Aemtern Wartburg, Hausbreitenbach, Salzungen, Kreuzburg und Gerstungen", in welchem es unter anderem heißt: „Wir haben dem Ehrwürdigen, unserm lieben, andächtigen Herrn Jakobus Strauß, Doctor, Prediger zu Eisenach, als einem, den wir dazu tauglich und geschickt achten, befohlen, wie wir ihm auch hiermit befehlen, unsere Unterthanen und bevoran Diejenigen, so jedes Orts zum Predigtamt verordnet, zu besuchen, visitiren, und nach Erfindung dasjenige fürzuwenden und Einsehens zu haben, so sich der göttlichen Schrift nach geziemt und gebührt, und begehren darauf von allen und jeglichen unsern Unterthanen, insonderheit den Predigern, gemeldeten Doctor Strauß als unsern verordneten Visitator in Sachen, so er mit Vorlegung des göttlichen Worts anzeigen oder strafen, anfechten und tabeln wird, gutwillig und gehorsamlich zu hören, und seiner Unterweisung, die er vermittelst des göttlichen Worts thun wird, zu folgen."[1]). Die Amtleute, Schosser und Schultheißen sollen Strauß mit Schutz und Handhabung beiständig, auch sonst auf seine Anzeige in gemeldeten Sachen förderlich sein und ihn mit Geleit nach Nothdurft versorgen.

Diese Visitation wurde aber durch den Bauernaufruhr gestört und in Folge des noch in demselben Jahre erfolgten Weggangs des Dr. Strauß von Eisenach nicht wieder aufgenommen.

Nun empfahl auch Luther die Vornahme einer Visitation dem Churfürsten auf das bringendste noch in demselben Jahre 1525. Doch erst 1527 ertheilte dieser seine Genehmigung. Im östlichen Thüringen (Jena bis Weida) leitete Melanchthon

---

1) Weim. Comm.-Archiv, Reg. Ji, fol. 36 b; A. 1.

die Visitation von Mitte Juli 1527 bis Anfang April 1528; im westlichen (Weimar, Gotha, Eisenach) wurde dieselbe von Mitte Oktober 1528 bis gegen Ende Januar 1529 abgehalten. Visitatoren waren hier Philipp Melanchthon, Justus Menius, Friedrich Myconius, Christoph von der Plaunitz, Georg von Wangenheim und Johann Cotta, Bürgermeister von Eisenach. Die Visitatoren hatten Lehre und Leben der Pfarrer zu prüfen. Diejenigen aus dem Papstthum herübergekommenen Pfarrer, welche nicht fähig waren, das Evangelium zu predigen und die Sakramente dem Worte Gottes gemäß zu verwalten, sollten von ihrem Amte entfernt, wenn sie aber zu alt waren, um sich anderweit ihren Lebensunterhalt zu erwerben, aus den Einkünften der Pfarrei erhalten werden. An ihre Stelle sollten die Visitatoren fromme und gelehrte Männer setzen. Diejenigen, welche nicht reine Lehre führen, sollen sie ebenfalls absetzen, nöthigenfalls auch strafen, ebenso Die, welche einen unsittlichen Lebenswandel führen. Wo noch Besserung zu hoffen ist, sollen sie Geduld haben oder sie auf eine andere Stelle versetzen. Die Pfarrer, welche im Amte bleiben, sollen ermahnt werden, daß sie das Wort Gottes in derselben Reinheit predigen, wie es jetzt in diesen Landen angenommen worden ist. [„An allen Orten soll den Pfarrern, Predigern und Caplanen gesagt und ernstlich angezeigt werden, daß sich ihrer keiner nicht unterstehe anders zu lehren, predigen oder der Sakramente und Ceremonien halben zu handeln, denn nach Vermögen göttlichen Worts und in der Einfalt, wie das von uns und den Unsern in dieser Zeit, darin Gott seine Gnade gethan und gegeben hat, angenommen ist." Unterricht der Visitatoren.] Diejenigen, welche schädlichen Meinungen anhangen und sie öffentlich vorzutragen fortfahren, sollen des Landes verwiesen werden. Denn wenn der Churfürst auch Niemanden zum Glauben zwingen will, so kann er doch auch nicht dulden, daß solche Leute Aufruhr erregen. Sie müssen überwacht und in Schranken gehalten werden. Wenn Leute aus dem Volke falsche Ansichten von der Religion haben, so müssen sie belehrt werden; für den Fall, daß sie sich nicht bessern wollen, wird ihnen eine Frist bestimmt, innerhalb welcher sie ihre Güter zu verkaufen und auszuwandern haben. Gegen Widerspenstige wird Strafe vorbehalten. Wo es nöthig ist, soll die Zahl der Prediger und Lehrer vermehrt werden. Die Einkünfte der Pfarreien, erledigten Klöster u. s. w. sind genau zu erforschen und zu verzeichnen, und daraus die Besoldungen für Pfarr- und Schulstellen auszuwerfen. Ferner sollen die Visitatoren wo möglich Stipendien zu wissenschaftlichen und wohlthätigen Zwecken gründen, säumigen Zahlern der Abgaben an die Kirchen mit Execution drohen und diese nöthigenfalls verhängen, an allen Orten Kirchenkassenverwalter einsetzen, weil die Pfarrer, wenn sie ihre Einkünfte selbst einzutreiben hätten, leicht mit ihren Beichtkindern in unangenehme Conflikte gerathen könnten u. s. w. Ferner sollen sie ihr Augenmerk richten auf die Erhaltung der kirchlichen Gebäude, auf Hospitäler und Almosenanstalten, Superintendenten einsetzen, Ehestreitigkeiten schlichten, resp. darüber an den Fürsten berichten, schlechte Sitten des Volks, wie Trunkenheit, Würfelspiel, Trägheit, schamlose Bettelei u. s. w. zu entfernen und zu bessern suchen, Mönche und Nonnen, die ihre Klöster verlassen, abfinden und versorgen u. s. w. [1]

Daraus ersieht man, welche ungeheure Arbeit auf den Schultern der Visitatoren lastete. Nicht die geringste davon hat unser Menius gethan, wie ihm Melanchthon und Myconius bezeugen. Der Erstere schreibt [2]: „Darnach Anno 1527, als

---

1) Seckendorf, Comment. de Lutheranismo II, 100. Unterricht der Visitatoren an die Pfarrherren im Churfürstenthum zu Sachsen, bei Richter, Die evangelischen Kirchenordnungen des 16. Jahrh. I, 77 ff. — Um das Geschäft der Visitation etwas zu beschleunigen, wurde nicht jede Stadt und jedes Dorf besonders besucht, sondern die Pfarrer, Caplane, Schulmeister, Patrone, Schultheißen, Bürgermeister, Heimbürgen u. s. w. eines Amtes wurden auf einen oder mehrere Tage an einen bestimmten Ort vorgeladen und daselbst verhört.

2) Corp. Reform. IX, 925. Vergleiche auch die Briefe Melanchthons aus der Zeit der Visitation an Myconius (Corp. Ref. I, 1021 sq.), in welchen des Menius stets mit der größten Anerkennung Erwähnung gethan wird.

der durchlauchtigste hochgeborene Fürst und Herr, Herr Johann Herzog zu Sachsen, Churfürst 2c. gewißlich aus ihrer Gottes Gnad, das christlich nützlich Werk, die erste Visitation der Kirchen, vorgenommen hat, ist er, Justus Menius, seiner churfürstlichen Gnaden angezeigt worden für eine Person, die zur Visitation sehr wohl zu gebrauchen sein würde. Nun ist öffentlich, daß in derselben ersten Visitation große Arbeit gewesen. Viel Pfarren sind von Neuem fundirt worden, aller Kirchen Einkommen sind in ordentliche Register gebracht, von der Lehre ist viel nöthiger Unterricht geschehen. Es sind auch viel Ehesachen verhört. In dieser Arbeit hat Justus Menius nicht allein mit Reden, sondern auch mit Schreiben, die Register zu machen, die Verträge, Abschiede und Urtheile zu stellen u. s. w. mehr gethan, denn wir andern." Und Myconius berichtet in seiner Reformationsgeschichte [1]), daß er alle Ecclesias beider Fürstenthümer in Thüringen hat helfen constituiren.

---

1) Historia reform., p. 61.

Zweites Buch.

Menius in Eisenach.

Erstes Kapitel.

Einführung der Reformation in Eisenach.

I.

Die Stadt Eisenach [1]) hat einen guten Klang in der Kirchen-
und Reformationsgeschichte. Es ist allbekannt, daß Luther hier
die Schule besuchte und später als Junker Georg auf der
Wartburg Schutz vor der Reichsacht fand. Eisenach war mit
Kirchen, Klöstern und Kapellen so reich bedacht, daß es Luther
einen rechten geistlichen Stapelort und Pfaffennest nennen
konnte. Außer den zahlreichen Bewohnern der Klöster gab es
allein 67 Weltgeistliche. Die Stadt war in drei Parochien
eingetheilt: St. Maria, St. Georg und St. Nikolaus.

Die Marienkirche (Unserer lieben Frauen Maria Stifts-
Kirche, Dom-Stift, Thumb, Ecclesia Collegiata B. Virginis)
war die bedeutendste sowohl wegen der reichen Stiftungen und
Vorrechte, welche die Domherren genossen, als auch wegen der

----

1) Vgl. Toppius, Historia der Stadt Eisenach, S. 13 ff. Schuh-
macher, Merkwürdigkeiten der Stadt Eisenach. Merian, Topographia
Superioris Saxoniae etc., p. 52 sq. Storch, Topographisch-historische
Beschreibung der Stadt Eisenach, S. 30 ff. Funkhänel, Beiträge zur
Geschichte der Schule, 2 Thle. Rein, Kurze Geschichte und mittelalterliche
Physiognomie der Stadt Eisenach, in Ztschr. des Vereins für thüringische
Geschichte V, 1 ff.

Pracht des Gebäudes, zu welchem ähnlich wie beim Erfurter Dome eine breite steinerne Treppe hinaufführte, und wegen der Menge der Altäre und Vikarien, deren sie mehr als 20 zählte. Sie lag im erhabensten Theile der Stadt, an dem oberen Ende der Rittergasse. Ursprünglich gehörte sie den deutschen Rittern. Landgraf Albert tauschte sie 1290 gegen die Margarethenkirche in Gotha ein und gründete das Collegiatstift, zu welchem er die Prälaten und Canonici von Großborsla herbeizog. Das Capitel bestand aus einem Dechanten oder Decanus, einem Scholastikus, der Dirigent der mit der Kirche verbundenen Domschule war, einem Cantor, welcher den musikalischen Theil des Cultus leitete (diese drei heißen Prälaten); acht präbendirten Canonicis, Capitularen, Domherren und 23 Vikarien. In Folge der Bauernunruhen und der Einführung der Reformation ging sie ein. Die Bänke derselben wurden in die 1560 restaurirte Georgenkirche herübergenommen. Im Jahre 1692 wurde sie ganz abgebrochen.

Den Bau der St. Georgenkirche hatte Ludwig III. im Kampfe gegen Heinrich den Löwen gelobt; er führte ihn 1182—1188 aus. Diese Kirche war von vornherein Pfarrkirche und hatte nicht weniger als 24 Altäre. Das Patronat über dieselbe stand dem Katharinenkloster zu. Im Bauernkriege wurde sie so arg mitgenommen, daß sie nicht mehr zum Gottesdienste benutzt werden konnte und statt ihrer die benachbarte Franziskanerkirche als Parochialkirche gebraucht wurde bis zur Wiederherstellung der Georgenkirche im Jahre 1560. Mit der Georgenkirche war die Schule verbunden, welche Luther besuchte; denn die gewöhnliche Angabe, daß Luther die mit dem Franziskanerkloster verbundene Schule besucht habe, ist falsch [1]). Rektor der Schule war zu jener Zeit, und mithin Lehrer Luthers, Johann Trebonius; ob auch Wolfgang Ostermeier oder Cappelmeier hier sein Lehrer gewesen sei, ist zweifelhaft [2]). Der alte Irrthum, daß Jodocus Trutvetter, der Doctor

---

1) Funkhänel, Beitrag zur Gesch. der Schule I, 18.
2) Löscher, Reformationsacta I, 206. Paullini, Historia Isena-

Isenacensis, schon in Eisenach Luthers Lehrer gewesen sei, ist längst widerlegt.

Die St. Nikolaikirche, am Nikolaithor, erhielt die Rechte einer Parochialkirche von Ludwig dem Wilden. Als solche hatte sie auch eine Schule. Sie hatte 7 Vikarien. Mit dem Beginn der Reformation wurde sie geschlossen und erst 1555 wieder geöffnet.

Außer diesen drei Pfarrkirchen hatte die Stadt noch die St. Annenkirche an dem von der heiligen Elisabeth gestifteten Hospital zu St. Anna, mit einem Pfarrer und 5 Vikarien, die mit dem Dominikanerkloster verbundene Dominikanerkirche am Predigerplatz, die Jakobskirche, auf deren Platze jetzt die Mehlwage steht (sie war bei dem großen Brand 1636 ein Raub der Flammen geworden), die Michaelskirche, welche unter der Charlottenburg stand, die Franziskanerkirche, die nicht weit von der Georgenkirche auf der Esplanade lag und seit der Zerstörung der letzteren durch die Bauern eine Zeit lang Pfarrkirche war, die Michaelskapelle auf der Michelskuppe am Wege nach Kreuzburg, die Johanniskapelle am Löbersbach, die Kapellen zu St. Clemens vor dem Nikolaithore und zu St. Spiritus vor dem Georgenthore, eine Kapelle auf der Wartburg, im Hellthale, im Johannisthale und die heilige Kreuzkapelle vor dem Nikolaithore.

Nicht weniger reich war Eisenach an Klöstern und kirchlichen Stiftungen. Das älteste Kloster ist das Nikolaikloster bei der Nikolaikirche. Es war ein Benediktiner = Nonnenkloster, von Adelheid, der Tochter des Landgrafen Ludwig I., 1151 gegründet. Ursprünglich lag es am Petersberge. Nach der Sage hat die englische Königin Reynschwig am Hörselberge bei Sätelstedt (Satelstede, d. i. Sathanas stete) eine Kapelle gebaut, um die Seele ihres verstorbenen Gemahls aus den Qualen des Fegefeuers zu erlösen. Aus dem mit dieser Kapelle verbundenen Kloster seien die Nonnen nach dem Tode

censis, p. 126. Rebhan, Hist. Isenac. eccles., p. 107 (Manuscript auf der Bibliothek des Eisenacher Gymnasiums).

Schmidt, Menius. L.   7

der Königin auf den Petersberg gezogen und ungefähr 100 Jahre daselbst geblieben, bis Adelheid ihr Kloster im sogenannten Steinhofe gründete. Diesem Nonnenkloster stand ein Probst vor. Das Franziskaner= oder Barfüßer=Kloster, ungefähr 1221 gegründet, lag hinter dem Zollhofe (jetzt Residenzhaus). Hier lebte und litt Johannes Hilten. Ein kleines Kloster desselben Ordens mit nur 6 Brüdern hatte Landgraf Friedrich an der Stelle des von der heiligen Elisabeth gegründeten Hospitals unter der Wartburg angelegt (1331). Auf der Wartburg wurden mehrere Reliquien der heiligen Elisabeth, als Napf, Gürtel, Löffel u. s. w. aufbewahrt, welche die Franziskaner alljährlich in feierlicher Procession in ihre Kirche brachten und daselbst ausstellten. . Diese „Heilthümer" ließen sich mehrmals sächsische Fürstinnen kommen, da sie eine glückliche Entbindung bewirken sollten. In dem Franziskanerkloster hatte man auch ein Marienbild mit dem Jesuskinde, welches den betenden Sündern den Rücken so lange zukehrte, bis diese dem Kloster ein Geschenk zusagten. War dieses groß genug, so wurde es ganz freundlich und segnete die reuigen Sünder. An der Stelle des jetzigen Strafarbeitshauses stand ein Karthäuserkloster, dessen Kirche den Platz einnahm, wo jetzt die Wohnung des Gärtners ist. Die zur Schweigsamkeit verpflichteten Bewohner desselben arbeiteten täglich an ihrem eigenen Grabe. Wie streng sie ihre Satzungen hielten, zeigt der Umstand, daß im Jahre 1819 ein lebendig begrabener Mönch, in einem kleinen Behälter sitzend, mit einer Lampe, einem Wasserkruge, einer Schüssel und anderen kleinen Geräthschaften versehen, ausgegraben wurde. In einer Schlucht des Johannisthals am Fuße des Breitengescheides lag ein kleines Cisterzienkloster, ebenso unter der Eisenacher Burg bei der Egidienkapelle. Vor dem Georgenthore da, wo jetzt der Gasthof zum goldnen Stern steht, lag das reiche Katharinenkloster, in welchem neben anderen fürstlichen Personen König Heinrich Raspe und Friedrich mit der gebissenen Wange begraben wurden. Am Todestage Heinrich Raspe's drängten sich große Massen von Wallfahrern zu seinem Grabe, denn dafür hatte Papst Innocenz IV. zweijährigen Ablaß zugesagt. Die Aebtissin dieses Klosters führte das Prädicat „von Gottes Gnaden"; die Nonnen standen in dem Rufe großer Frömmigkeit und strenger Sittenreinheit. Die letzte, Anna von Farnroda, folgte 1530 dem Professor Fach als Gattin nach Wittenberg. König Heinrich Raspe stiftete 1236 das ursprünglich zu einem Nonnenkloster bestimmte Dominikaner= oder Prediger=Kloster, in dessen Räumlichkeiten sich seit 1544 das Gymnasium befindet; der erste Prior desselben war Graf Elger von Hohenstein. Oft sind große Synoden und fürstliche Versammlungen in demselben gehalten worden. Nahe dabei (an der Stelle der jetzigen Großherzogl. Bezirks= direktion) lag das Beguinenhaus, von welchem die Nonnengasse ihren Namen erhalten hat.

Von den kirchlichen Stiftungen möge es genügen, die Namen zu nennen: das Hospital St. Annen am Georgenthore, von der heiligen Elisabeth gestiftet, um armen, nothleidenden Personen in ihrem Alter einen Zufluchtsort und den nöthigen Unterhalt zu gewähren, das Hospital St. Justus am Pfarrberge, jetzt Heiligenhaus genannt, von den Franziskanern als Bet= und Opferhaus gebaut, das Hospital St. Clemens oder das Männersiechen, ehedem vor dem Georgenthor, bei Erbauung des Katharinenklosters vor das Nikolaithor verlegt, das Hospital St. Spiritus oder das Weibersiechen am Ehrenstiege, der Heiligengeisthof am Frauenberge (vormals Lussenhof, jetzt Forst= akademie), das Haus des Abts von Hersfeld (jetzt Poststall= halterei), mehrere Höfe des Abtes von Georgenthal u. s. w.

II.

Trotz dieses außerordentlichen Reichthums an geistlichen Personen und Institutionen scheint die Reformation doch sehr leicht Eingang gefunden zu haben. Wir lesen nichts von tumul= tuarischen Auftritten, wie sie in anderen Städten von Seiten des Bürgerstandes gegen die oft alles Maß übersteigenden Pri=

vilegien der Kleriker stattfanden, nichts von politischen Beweg-
gründen, die anderwärts so häufig die Magistrate zur Annahme
der neuen Lehre bestimmt haben. Vielmehr scheint Eisenach
eine von den wenigen Städten zu sein, in welchen die Reformation sich aus sich selbst ganz naturgemäß entwickelte. Schon
vor dem Auftreten Luthers finden wir Spuren von einem
freieren Geiste in den Klöstern. Es traten Männer auf, welche
die Mißbräuche in der Kirche und das anstößige Leben der
Mönche und Geistlichen offen und freimüthig tadelten. So
lebte hier im Ausgange des 15. Jahrhunderts ein Mönch,
Johannes Hilten, der für sein Bekenntniß der Wahrheit im
Gefängniß starb. Er hatte auf der Universität Erfurt Philosophie studirt und war dann in das Franziskanerkloster in
Eisenach eingetreten [1]). Er schrieb Commentare über den Propheten Daniel und die Apokalypse und griff einige Irrthümer in
der Lehre der katholischen Kirche an, besonders den Artikel von der
Nothwendigkeit der guten Werke, von der Darreichung des
heiligen Abendmahls unter einer Gestalt u. a. [2]). Da er
aber auch das gottlose und üppige Leben der Mönche heftig
tadelte, warfen ihn diese ins Gefängniß und drohten ihn lebendig zu begraben, wenn er nicht widerrufen würde. Doch ließ
er sich dadurch nicht von der einmal erkannten Wahrheit abbringen. Als er nach 30jähriger Gefangenschaft sein Ende
nahe glaubte, ließ er den Guardian zu sich rufen. Da ihn
dieser hart anließ, soll er folgendes prophetische Wort gesprochen
haben: „Im Jahre 1516 wird ein Held aufstehen, der wird
Euch Mönche scharf genug angreifen, wider den Ihr nicht werdet mucksen dürfen!" [3]) Dann bat er um das heilige Abend-

1) Cf. Freheri Theatrum virorum eruditione singulari claro-
rum, p. 97.
2) Cf. Paullini, Hist. Isen., p. 122. — In der Apologie der
Confessio Augustana heißt es im Art. De votis monasticis· über ihn:
„vidimus enim ejus scripta, ex quibus satis intelligi potest, quale fuerit
ipsius doctrinae· genus. Et qui norunt eum, testantur fuisse senem
placidum et sine morositate gravem." Libri symb. (ed. Hase), p. 276.
3) Apologia Conf. Aug. l. c. Paullini l. c. Toppius,. Historie
der Stadt Eisenach, S. 28.

maßl. Ein Mönch wollte ihm dasselbe unter einer Gestalt, die geweihte Hostie, darreichen; allein er wies dies standhaft zurück. Endlich reichte man ihm Brod und Wein. Da warf er sich auf seine Knie nieder und rief: „Herr Jesu Christ! Du kommst jetzt zu mir, und ich wollte zu Dir kommen." Wenige Augenblicke darauf verschied er sanft und ruhig. [1])

In den Jahren 1521—1525 verkündigten theils Solche, welche auf der Universität Wittenberg Luthers und Melanchthons Unterricht genossen, theils Solche, welche durch Luthers Schriften angeregt worden waren, aller Orten die evangelische Wahrheit und überall fing man an die Messe abzuschaffen und

---

1) **Rebhan**, Hist. eccl. Isen.,p. 102. **Luther**, Tischreden, Cap. 27. Corp. Ref. I, 1063. **Luthers** Briefe (ed. de Wette) III, 514. **Seckendorf**, Comm. de Luth. I, 8, § VIII, add. I, c. — Am westlichen Eingange der Georgenkirche steht noch ein Monument mit folgenden Versen des Rektors Weinrich:

> Duo vaticinia Johannis Hiltenii, unum:
> Exsurget Heros, qui vos monachos adorietur
> Acriter, contra quem ne hiscere quidem
> Audebitis; alterum: Anno MDC mundus
> Verberabitur gladio Mahometico vehementer.

> Cenotaphium.
> Hiltenii Patris Monachi simul atque Prophetae
> Non procul hic recubant ossa sepulta loco.
> Qui cum voce Dei Fratrum taxarat abusus,
> Pectora contendens vivere justa fide,
> Carceris enectus tandem squallore fameque
> Moesta Prophetarum praemia more tulit.
> Sed prius appellans ad Christi voce tribunal,
> Cum peragenda Deo judice causa foret.
> Tempora principii cecinit tunc plana Lutheri,
> Signaque supremum dans praeitura diem.
> Itala regna statim victori et Tentona Turcae
> Succubitura, piis vaticinatus, ait:
> Prima quod evenit praedictio vera, fateris;
> Altera ne fiat vera, precare Deum.

Das Monument hat die Umschrift: „Johanni Hiltenio, Monacho Franciscano, propter confessionem evangelicae et refutationem pontificiae religionis a fratribus Ao. MCCCCXCVI in carcerem conjecto in coque vita defuncto. Non cultus, sed memoriae causa, FF. antiq. stud."

das Wort Gottes aus der heiligen Schrift zu predigen. So auch in Eisenach. Auf seiner Rückreise von Worms predigte Luther hier, obwohl ihm bei seiner Abreise von dort verboten worden war, unterwegs zu predigen. [1]) Der Pfarrer protestirte vor Notar und Zeugen dagegen, entschuldigte sich jedoch deswegen bemüthig, da er es aus Furcht vor seinen Thrannen thue. [2]) Auf der Wartburg aber hat Luther während seines dortigen Aufenthalts nicht gepredigt. [3])

In den Klöstern regte es sich gewaltig; Luthers Schriften wurden eifrig gelesen. Heinrich Plunder, der bei seinem Eintritte in das hiesige Karthäuserkloster den Namen Hieronymus angenommen hatte, trat im Jahre 1523 wieder aus dem Kloster aus und schrieb zur Rechtfertigung dieses Schrittes an seinen Prior und Visitator in Nürnberg einen Brief, den er dann veröffentlichte. Darin macht er jenem Prior zuerst Vorwürfe darüber, daß er den Mönchen verboten habe, die Schriften Luthers zu lesen, während er doch früher in Erfurt selbst öffentlich erklärt habe, er möchte die Lektüre dieser Bücher nicht mit dem ganzen römischen Reiche vertauschen. Dann fährt er mit folgenden Worten fort: „Wenn unsere Statuten gleich aus und in der Schrift gegründet wären, so sollte man doch aus den Klöstern gehen und die verwüsten von wegen des großen Haß und Neids und anderer ungenannten Sünd und Schalkheit, so in den Orden und Klöstern sind, ohne allerlei wunderliche Anfechtung. Wenn es die Leute wüßten, wie es zugeht, sie ließen uns nicht eine Stunde leben und es müßte kein Stein auf dem andern bleiben. Dieweil sie aber den äußerlichen Schein nur ansehen, so gefällt es ihnen wohl. Denn wir sind (als Du wohl weißt) gleich als die gemalten Gräber, welche auswendig hübsch scheinen, aber inwendig sind sie voll Todtenbein und Unflat." [4])

1) Luthers Briefe I, 605.
2) Luthers Briefe II, 6.
3) Funkhänel, Luthers Predigten auf der Wartburg, in Ztschr. des Vereins für thüringische Gesch. V, 281.
4) Rebban, Hist. eccl. Isen., p. 129. Paullini, p. 136. Seckendorf, Comm. de Luth. I, 57, § CLII, add. III, c.

Kurz vor Weihnachten des Jahres 1522 kam Franz Lambert von Avignon nach Eisenach, nachdem er wegen seiner Wirksamkeit für die Sache des Evangeliums aus Frankreich vertrieben worden war. Er nannte sich in der Verbannung Johannes Serranus. Da er dem Orden der Minoriten angehört hatte, so hegte Luther Verdacht gegen ihn, daß er nur zum Scheine das Evangelium predige, und antwortete Spalatin, welcher ihn im Namen des Churfürsten in Betreff desselben um Rath gefragt hatte, man möge ihn in Eisenach predigen lassen, um zu sehen, wie es um seine Lehre stehe; wenn es jedoch der Churfürst für besser halte, ihn auf seine Kosten nach Wittenberg zu schicken, so wolle er ihn prüfen und dann sehen, was weiter zu thun sei. Lambert hielt nun in Eisenach unter dem heftigsten Widerspruche der Mönche eine Vorlesung über das Evangelium des Johannes und eine Disputation über das widerrechtliche Verbot der Ehe für die Kleriker, über die Lehre von der Beichte, der Taufe, der Buße und der Genugthuung, also gerade über solche Artikel, aus denen man die Aufrichtigkeit seiner Bekehrung und die Lauterkeit seiner Lehre am sichersten erkennen konnte. Dann veröffentlichte er 139 Sätze, welche die in der Disputation behandelten Artikel näher bestimmen und ihre Wahrheit gründlicher nachweisen sollten. Die Mönche konnten dagegen nichts Stichhaltiges vorbringen und schwiegen [1]).

Mit ziemlicher Gewißheit läßt sich voraussetzen, daß er hier auch gepredigt hat, da er als Apostolicus unter den Minoriten die Pflicht gehabt hatte, nach dem Beispiele der Apostel in verschiedenen Gegenden und Ländern umherzuziehen und zu predigen, und wie er später als Professor in Marburg und auf der Synode zu Homberg bewiesen hat, eine glänzende und hinreißende Beredtsamkeit besaß. Indessen war sein Aufenthalt in Eisenach sehr kurz; schon am 23. Januar

---

1) So berichtet Eckhardt, Direktor des Eisenacher Gymnasiums, in einem Programme vom Jahre 1778, nach einer Relation Schelhorns aus dem eigenhändigen Diarium Spalatins in den Amoenitat. literar., p. 328.

1523 finden wir ihn in Wittenberg bei Luther. Dieser hatte unterdessen nicht allein den Bericht über sein Verhalten in Eisenach und seine dort vorgetragenen Lehrsätze, sondern auch von anderen Seiten die besten Zeugnisse über ihn bekommen und erkannte sofort die hohe Bedeutung des Mannes. Er bat deshalb den Churfürsten um Unterstützung für ihn, bis er eine Anstellung gefunden haben würde. „Er wird nicht lang hier bleiben, acht ich wohl, denn er seines Gleichen oder Meister wohl finden wird" [1]. — Lambert wurde später Professor in Marburg und einer der Gründer der hessischen Kirche.

Weit weniger als über die Wirksamkeit Lamberts in Eisenach läßt sich über die von Aquila etwas mit Sicherheit ermitteln. Caspar Aquila (Adler), geboren den 7. August 1488 zu Augsburg, wurde, nachdem er Prediger in Bern gewesen war und sich einige Monate in Leipzig aufgehalten hatte, Feldprediger bei Franz von Sickingen und nach kurzer Zeit Pfarrer in Jengen bei Augsburg. Wegen seiner freisinnigen Predigten wurde er vom Bischof Chr. von Stadion zu Augsburg ins Gefängniß geworfen und nur auf Verwendung der Königin Isabella von Dänemark 1520 daraus entlassen. Darauf ging er wieder zu Sickingen. Als er sich hier weigerte eine Stückugel zu taufen, steckten ihn die Soldaten in einen großen Feuermörser und wollten ihn über die Mauer schießen. Indessen der Mörser versagte, und man ließ ihn laufen. Darauf lebte er ungefähr ein halbes Jahr in Eisenach. Ob und in welcher Weise er hier für die Reformation thätig gewesen ist, darüber fehlen zwar alle positiven Nachrichten, doch läßt sich nicht wohl annehmen, daß ein Mann von der Thatkraft und dem Eifer Aquilas so lange unthätig gewesen. Es ist durchaus nichts Seltenes in jener Zeit, daß Männer eine Zeit lang an einem Orte als Prediger auftreten, ohne eine feste Anstellung zu haben [2].

---

1) Luthers Briefe II, 263, 270, 272, 378, 387, 437. Paullini, p. 136. Toppius, p. 76.

2) Aquila wurde 1524 churfürstlicher Schloßprediger in Wittenberg.

III.

Der erste wirkliche evangelische Prediger in Eisenach und
zugleich der bedeutendste war Dr. Jakob Strauß (Struthio).
Er war, wie wir in seiner Schrift über das Abendmahl gegen
Oekolampadius lesen, in Basel geboren. Er scheint dem Do=
minikanerorden angehört zu haben [1]). Seit dem Jahre 1506 [2])
war er als Lehrer in Wertheim und Straßburg thätig. Luthers
Schriften machten einen gewaltigen Eindruck auf ihn und brachten
ihn zur Erkenntniß der evangelischen Wahrheit. Schon im
Jahre 1521 trat er als evangelischer Prediger zu Hall im
Innthal, „als die göttliche Wahrheit ihn unüberwindlich ge=
zwungen und Gott ihn zur Erkenntniß des Evangeliums be=
rufen, ohne alle menschlich Furcht vor etlich tausend frommen

---

1527 auf Luthers Empfehlung Pfarrer in Saalfeld und 1528 Superin=
tendent daselbst. Er kam in Streit mit Thomas Naogeorgus (vulgo
Kirchmayer) über die Gnadenwahl. In Folge seines heftigen Auftretens
gegen das Interim mußte er sein Amt aufgeben; und da der Kaiser sogar
einen Preis von 5000 Gulden auf seinen Kopf gesetzt hatte, so hielt ihn die
Gräfin Katharina von Schwarzburg=Rudolstadt längere Zeit in Untermaßfeld
bei Meiningen verborgen. Im Jahre 1549 wurde er Pfarrer im Stifte
zu Schmalkalden. In den Osiandrischen Streitigkeiten trat er, obwohl
ihn sein Gönner, Herzog Albrecht von Preußen, milder zu stimmen suchte,
heftig gegen Osiander auf. Er starb 1560 in Saalfeld, wohin er 1552
zurückgekehrt war. Cf. Seckendorf, Comm. de Luth. I, § 152;
II, § 36. § 43, 3; III, § 24. § 113. § 137, 13. Schlegel, Leben
des Aquila, S. 133 ff. Beck, Johann Friedrich der Mittlere II, 100.

1) Bierordt, Gesch. der Ref. in Baden I, 137.

2) „Auffrur, Zwitracht vnd Vneinigkeit zwischen woren Evangelischen
Christen furzukommen kurtz auch vnüberwintlich leer, Einem jeden erkenner
Gottes, besunder Allen frummen Christlichen Fürsten vnd Landesherrn
notturfftig vor ergangner auffrur Etlichen großmechtigen Herren gepre=
diget vnd auß Ansinnen frommer Christen (wie nachfolgt) in truck bracht.
Dr. Jac. Strauß, Jesu Christi vnd aller Christen Diener. 1525" —:
„Ich hab nun in das 19. Jahr mit viel Verfolgung vnd harter Arbeit
gelesen vnd geprediget, aber ich konnte noch nie das Evangelium finden,
das Jedermann gern hört, oder daß Etliche von dem wunderbarlichen
Worte Gottes nicht ärger vnd böser wären geworden."

Chriften auf". In den Faften 1522 fuchte er durch eine Reihe
von 16 Predigten aus dem Leiden des Herrn zu erweifen, daß
fich der Menfch nicht fchämen folle, einem Nebenchriften feine
Sünde zu eröffnen, weil Jefus Chriftus in feinem heiligen
Leiden fo fchmählich und läfterlich entehrt worden fei. Auch
fei es zur rechten Buße vollkommen genug, daß ein Chrift
feinem vertrauten Mitbruder feine Sünde bekenne und von
ganzem Herzen beklage, und beide miteinander Gott um Barmherzigkeit, Vergebung und Nachlaffung der Sünden anrufen.
Dann möge einer dem andern die Abfolution ertheilen etwa in
der Weife: „Lieber Bruder, ich vernehme, daß Dir Deine Sün-
den in Gott leid find; darum fei ungezweifelt aus den Worten
Gottes, die nicht fehlen mögen. Gehe hin und fündige nimmer,
Deine Sünden werden Dir vergeben, und gehe hin in Frieden,
Dein Glaube hat Dich von Sünden felig gemacht." Wenn diefe
Worte gefprochen und feft im Glauben angenommen würden,
fo fei die rechte Beichte vollbracht, und keines Mönchs oder
Pfaffen nöthig. Zur ganzen und vollkommenen Vergebung der
Sünden fei aber fchon genug, daß der Menfch Gott, dem Allmächtigen, feine Sünden herzlich bekenne, und das müffe zu
aller Zeit gefchehen. Der wahre lebendige Glaube an Chriftus
fei eine ftete verharrende Bekenntniß und Beichte der Sünde [1].
An jedem Tage fchloß er feine Predigt mit der Ermahnung,
daß kein Menfch aus Zwang oder Gebot beichten folle, wenn
er nicht von Neuem eine Todfünde begehen und ein Gleisner
vor Gott werden wolle. Unerfchrocken trat er allein den mächtigen und liftigen Beichtherren entgegen, obwohl er fehr von
ihnen geängftigt wurde, und widerftand dem alten eingewurzel-
ten Gebrauche mit aller Kraft feiner Beredtfamkeit.

---

[1] Am ausführlichften entwickelt er feine Gedanken über diefen Gegen-
ftand in dem den Chriften zu Hall gewidmeten Buche: „Eyn newes wunder-
barlichs Beichtpüchlein, in dem die warhafft gerecht beycht vnd pueßfertigkeit
Chriftenlichen gelert vnd angezeigt wirt, vnd kürtzlichen alle Tyranney
ertichter menfchlicher beycht auffgehoben, zu feliger rew, frid vnd frewd
der armen betrübten vnd gefangen gewiffen." — Vgl. Schelhorn, Er-
götzlichkeiten II, 238. Strobel, Miscellaneen III, 3. Uhlhorn,
Urbanus Rhegius, S. 47.

Am Pfingsttage 1522 hielt er eine Predigt über das Sakrament des Leibes und Blutes Christi, in welcher er die Darreichung unter e i n e r Gestalt und entsetzliche Mißbräuche bei
der Beichte nachdrücklich bekämpfte. Durch solche und ähnliche
Predigten zog er sich den Haß der Pfaffen zu und konnte nur
mit Lebensgefahr ihren Nachstellungen und Verfolgungen entgehen. Er floh nach Haßlach, von wo aus er unter dem
16. Mai „ein kurtz christenlich vntherricht von den besondern
erdichten pruderschafften" an seine ehrsamen lieben Herren und
Freunde in Hall sendete. Später hat er dieses kleine Büchlein auch
drucken lassen. Von da wandte er sich, wie damals die meisten wegen des Evangeliums Verfolgten, nach Sachsen. In
Wittenberg hielt er sich nur kurze Zeit auf; mit Luther scheint
er nicht in persönliche Berührung gekommen zu sein. Während
seines Aufenthalts in Kemberg ließ er die oben erwähnte
Predigt auf Bitten des Raths von Hall drucken [1]) und fügte
einen „Vnderricht" hinzu, „wie sich der frumb Christ bei den
messen, so yetz gehalten werden, wenn er sich mit gutem fug
mit darvon absondern kan, halten sol, das er sich nit versünde,
vnd die Zeit nit vnnützlich verlier". Er erklärt es darin
für besser, der fromme Christ käme gar nicht zur Messe, damit er die Irrung nicht durch seine Gegenwart gutheiße;
wenn er aber einmal sich für sein Seelenheil ängstige, wenn
er Sonntags die Messe nicht höre, so solle er wenigstens eine
Uebung im Glauben vornehmen, damit er von seinem Gott
und Herrn Christo geistlich erlange, was ihm von menschlicher
Unmildigkeit sakramentlich entzogen sei.

Gegen Weihnachten dieses Jahres fand in Weimar eine
Disputation zwischen dem Hofprediger Stein und den Barfüßern statt. Stein leugnete, daß im Abendmahl ein Opfer

---

1) „Ein verstendige tröstlich Leer, über das wort St. Paulus, der mensch
soll sich selbs probieren, vnd also von dem brodt essen, vnd von dem
kelch trincken. Zu Hall im Jnnthal geprediget in dem 1522 Jar. Kauffs
vnd ließ, es wirt dir gefallen." — Die Vorrede ist in Kemberg in
Sachsen geschrieben. — Es ist dies, wie er selbst sagt, das Erste, was er
drucken läßt.

dargebracht werde und „hielt und predigte die Messe als vor ein Testament und Gedächtniß Christi". Dawider erhoben sich die Barfüßer in Weimar. Beiden Theilen wurde nach der Sitte der damaligen Zeit aufgegeben, die Wahrheit ihrer Behauptungen in einer Disputation zu beweisen. Da die Disputation zu keinem Resultate führte, befahl der Churfürst, die Sache schriftlich weiter zu verhandeln; aber beiden Parteien wurde streng aufgegeben, nichts davon in die Oeffentlichkeit gelangen zu lassen. Die Barfüßer kehrten sich jedoch nicht an dieses Verbot, sondern rühmten sich offen und laut, daß sie Stein überwiesen und zum Schweigen gebracht hätten. Bei der Disputation war Strauß, wie auch Thomas Münzer, zugegen gewesen. Da nun Stein wegen des churfürstlichen Befehls, trotzdem daß die Barfüßer dagegen handelten, glaubte schweigen zu müssen, so ließ sich Strauß von ihm die gewechselten Schriften schicken und übergab sie, in christlicher Liebe gezwungen, wider Steins Willen, aber nach Gottes Willen, dem Drucke [1]), „damit die elenden Sophisten in ihrer eigenen Hoffahrt baß ersaufen, und Christenleute von ihrer Verführung durch Christum Jesum geledigt werden".

IV.

Die Vorrede zu dieser Schrift ist Eisenach am 20. Januar 1523 datirt. Strauß war mit einem Empfehlungsschreiben des Churfürsten hierhergekommen und hatte sehr bald eine Anstellung als Pfarrer an der Georgenkirche gefunden, denn auf dem Titel seines Beichtbüchleins, dessen Vorrede den 9. Februar

---

1) „Ob bz allerhochwirdigste Sakrament des leibs vnd blutes vnseres heilmachers Christi .anders benennet moge werden dan eyn getrew Testament, beschettet von dem bluet vergiessen vnd sterben Christi. Eine newe Disputation geschrifftlich gehalten Zwieschen den Barfuessern Zw Weimar vnd Magister Wolffgang Steyn, deß durchlauchten hochgebornen Fürstenn Hertzogenn Hanßenn Zw Sachsszen Prediger."

1523 geschrieben ist, nennt er sich schon „Ecclesiastes zu Eisen=
nach in Thüringen".

In seinen Predigten eiferte er ebenso sehr gegen das un=
sittliche Leben und Treiben, wie gegen die Mißbräuche in Kirche
und Staat und die Irrthümer in der Lehre. Er war ein
energischer Mann und mochte Vielen unbequem sein, zumal
da er kein Ansehen der Person kannte. In manchen Dingen
ist er allerdings weiter gegangen als Luther und Melanchthon,
aber noch keineswegs so weit wie Carlstadt und seine Anhänger.
Sein Hauptstreben war, auch diejenigen Vorschriften des Evan=
geliums, welche sich auf das praktische Leben beziehen, weiter
durchzuführen, und wenn er hierin Fehlgriffe gethan hat, so
sind sie aus demselben Grunde hervorgegangen, welcher
auch Luther in Beziehung auf die Lehre zu Behauptungen
geführt hat, welche so unselige Streitigkeiten hervorgerufen
haben; Beide hielten sich, jeder in seiner Weise, zu streng
an den Buchstaben der Schrift und vergaßen dabei, daß ihr
Geist es ist, in dem sie die Wahrheit hätten finden können
und sollen. Ganz besonders stark äußert sich Strauß gegen
Diejenigen, welche das Evangelium immer nur im Munde
führen und die Consequenzen für das Leben nicht ziehen wollen [1]).

---

1) In der „Christenlich vnd begrundet antwurt vnd hertzlich ver=
manung Dr. Jakobi Strauß, Auff das vngültig schmachbüchlin Dr. Jo=
hannis Coclei von Wendelsteyn, Betreffen die auffrur" schreibt er: „Es
befindet sich auch leider viel tausenfältig mehr Schaden und Abgang an
der Frucht evangelischer Lehre durch die falschen Brüder, die ohne Auf=
hören Evangelium, Evangelium, Glaub, Glaub, Christus, Christus, mit
dem Maul schwätzen, und doch nichts weniger denn Christus mit seinem
Wort und Glauben bei ihnen in der Wahrheit erfunden wird. Denn so
sie auch in öffentlicher Aergerniß ihrer Nächsten, auch in Verhinderung
Gottes Ehre im Wort sträflich angezeigt werden, so fahren sie hervor mit
Schänden und mit Pochen mit dem Evangelium, als seien sie sehr gut evan=
gelisch, und was man ihnen zu Straf guter Meinung vorträgt, das ist
bei ihnen nicht evangelisch, sondern aus hitzigem Affect und Zorn be=
schehen. Denn solche Leut sind ganz vollkommen und unstrafbar, sobald
sie sagen können Evangelium." — Himmel schreibt: „Strauß — soll
heftig fulminirt haben wider Mönch und Pfaffen." (Schedae Himme-
lianae im Archiv des K. F. Gymnasiums in Eisenach, Mscr.)

Indeſſen überſtürzte er doch nichts. Er hielt zunächſt an dem Grundſatze feſt, daß man in äußeren Dingen und Gebräuchen tolerant ſein müſſe; aber er fand in gewiſſen Fällen Veranlaſſung, entſchiedener zu verfahren.

In Bezug auf die Lehre von der Taufe hatte er in vielen Predigten dargethan, daß der Glaube allein die Auswirkung des Sakraments bringe und der Eltern und Pathen Glaube dem Kinde helfen müſſe. Die nothwendigen Stücke des äußerlichen Sakraments der Taufe ſeien nichts Anderes denn Waſſer und die Worte, die Chriſtus ſelbſt dazu verordnet habe. Aber die herkömmlichen Gebräuche bei der Taufe ließ er beſtehen in der Hoffnung, daß alles Unevangeliſche in derſelben nach und nach von ſelbſt fallen werde, wenn erſt die Erkenntniß und Ueberzeugung der Gemeindemitglieder mehr gewachſen und feſter geworden ſei. Er benahm ſich in dieſer Angelegenheit um ſo vorſichtiger, weil Pfaffen und Mönche mit ihrem Anhange bereits großes Geſchrei über ihn erhoben hatten; auch wollte er der gewöhnlichen Rede der „zarten Evangeliſten“, die ihn einen Schwärmer und Ungeſtümen ſchalten, nicht neue Nahrung geben. Allein die Sache ſollte raſcher zur Entſcheidung gebracht werden, als er gedacht hatte. Als die Oſterzeit herannahte, in welcher das Oel und der Chryſam für die Taufe geweiht und verkauft wurde, richtete man an Strauß die Frage, ob es nöthig wäre, für die Gemeinde Oel und Chryſam holen zu laſſen, wie das früher geſchehen. Er gedachte, ſo viel es Gottes Wort erleiden möchte, Geduld zu haben mit den ſchwachen Gewiſſen, und hielt es für gerathen danach zu ſchicken, doch mit dem Unterſchied, „daß daſſelbig heilig Ding, dieweil es Pfaffen und Mönche, auch der langwierige Gebrauch für heilig und der Seele förderlich geachtet, lauter um Gottes willen begehrt, und ſodann kein Geld dafür bezahlt werde“. Als der Bote nach Langenſalza kam, „wo man das heilig Ding um Geld verkaufte“, und um Gottes willen Chryſam und Oel begehrte, erklärte ihm der Pfaff, der zum Verkaufe verordnet war, ohne Geld könne er es ihm nicht geben; seine Nahrung bestehe in dem Handel. Mit diesem Berichte kam der Bote am Osterabend zurück, als Strauß eben auf die Kanzel gehen wollte, um die Passion zu beschließen. Er hatte sich vorgenommen, in seiner Predigt die Eigenschaft und Bedeutung des zerrissenen Vorhanges im Tempel zu erklären. Da schickte sich die Sache nach dem Geiste Gottes, daß der Vorhang reißen mußte, welchen der Antichrist und sein Anhang durch Menschenlehre, Gesetz und Ordnung vor den wahren Verstand des Evangeliums gezogen hatte. Durch die Predigt [1]), in welcher er die Taufe mit Oel und Chrysam, die noch dazu nur für baares Geld [2]) und in fremder Sprache gehalten werde, für unchristlich erklärte, überzeugte er seine Zuhörer so, daß sie sich fortan mit der Substanz des äußerlichen Sakraments begnügten und ihre Kinder ohne Oel und Chrysam taufen ließen.

Wie über die Taufe, so suchte er seine Gemeinde auch über das wahre Wesen des Abendmahls in mehreren Predigten aufzuklären. Folgende Stelle aus seiner in Hall gehaltenen Pfingstpredigt enthält seine Ansichten über dieses Sakrament am klarsten. „Denn allein will hie Christus gessen und getrunken werden mit einem geübten, aufmerklichen Glauben, d. i. daß wir glauben und gegenwärtig diesem Sakrament mit allem Fleiß gedenken, daß der Leib Christi für uns gemartert und in den Tod geben, und daß sein heiliges Blut für unser Sünd vergossen ist worden; und daß er zu einem gewissen, festen und ungezweifelten

---

1) „Wider den simoneischen tauff vnd erlaußten ertichten krysam vnd oel, auch worin die recht christlich tauff (allein von Christo auffgesetzt) begriffen sey, ein genöthige sermou."

2) Interessant ist die Notiz, daß die Gebühren für die Taufe 8 Pfg. betrugen; davon bekam der Pfarrer 6, der Kirchner 2. — Strauß verrichtete alle Amtshandlungen umsonst. — Auch unter den Artikeln, welche von der Bürgerschaft in Magdeburg dem Magistrate am 23. Juni 1523 vorgelegt und von diesem bestätigt wurden, befindet sich einer, daß alle Verrichtungen der geistlichen Aemter in Zukunft völlig umsonst geschehen sollen. Vgl. Planck, Gesch. des protestant. Lehrbegriffs II, 139.

Zeichen der Vergebung der Sünden sein wahrhaftiges Fleisch und Blut uns zu einer Speis und Trank zuverordnet hat. Und das ist der ganze Beschluß unseres Glaubens, daß wir bekennen und glauben, daß Christus der wahre natürliche Sohn Gottes und Mariä Kind für uns gestorben ist. Und wird in dem Glauben angefangen, vollstreckt und selig vollbracht die ganze Summ aller christlichen Werke. Denn allein in diesem Glauben werden wir gerecht gemacht und von unsern Sünden gelebigt, und hebt . an Christus in uns zu sein und wir in Christo."

In einer andern Reihe von Predigten weist er nach, worin das wahre Wesen der Ehe bestehe, und daß die päpstlichen Gesetze und die Gelübde hinsichtlich der Ehelosigkeit nicht bindend seien. Er wünschte, daß die Priester ihr ehelich Wesen den Laien zu einem schönen Exempel, ganz dem Worte Gottes gemäß, mit stiller, züchtiger Wirthschaft anfingen, und ging selbst mit gutem Beispiele voran. Dies hatte zur Folge, daß mehrere ihre Kinder und Verwandten Priestern zur Ehe gaben. Allein die Freiheit Christi verkehrte sich bald in die Dienstbarkeit der Sünde. Ein Priester beging seine Hochzeit allzuweltlich mit Tanz und solchem Lärme, daß der Gottesdienst zur gebräuchlichen Stunde nicht gehalten werden konnte. Solche und ähnliche Vorfälle benutzten die Feinde der Reformation und schalten die Evangelischen in Eisenach die vollen, unsinnigen, abtrünnigen Christen, und breiteten aus, hier werde gelehrt, frei nach dem Fleisch zu leben und Abstinenz, christliche Zucht und Ordnung nicht mehr zu achten. Dies bewog Strauß, seine über diesen Gegenstand gehaltenen Predigten herauszugeben [1]).

---

[1] „Ain Sermon, In der deutlich angezeygt vnd geleert ist die pfaffen Ee, in Evangelischer leer nit zu der freyhayt des flayschs, vnd zu betrefftigen des alten Abam, wie etlich flayschlich pfaffen das Eelich wesen mit aller pomp, Hoffart, vnd ander Teufels werck auheben, gefunbieret, aber das Gottes werck vnd wort allein angesehen mit forcht vnd Christenlichen beschaydenhayt auch die wirthschafft vollenbracht, damit die feind des Evangeliums vnns zu schelten, vnd Gottes wort zu lestern mit geursacht worden. Dr. Jac. Strauß zu Eyssenach, Ecclesiastes."

Die lateinische Messe hatte er natürlich sogleich abge=
schafft; auch entfernte er die Bilder aus den Kirchen, ohne
daß dies irgend welchen Anstoß erregte, und bekämpfte die
Lehre vom Fegefeuer[1]).

V.

Sein Ansehen und sein Anhang wuchsen außerordentlich
schnell; der Gegner wurden immer weniger. Am Sonntage
nach Margarethen 1523 wollte Einer vom Rathe der Stadt,
während Strauß predigte, in dem unmittelbar an die Georgen=
kirche angrenzenden Rathhause zum Tanze aufspielen lassen; da
die Spielleute sich weigerten, während des Gottesdienstes
Musik zu machen, versuchte er vor der Kirche auf dem
Markte Lärm und Tumult zu erregen; da ihm auch dies
nicht gelang, ging er in die Kirche, hörte der Predigt eine
Zeit lang zu und rief gegen das Ende derselben laut: „Wenn
hat Dein Waschen ein Ende? Müssen wir Dir alle zuhören?
Sollt ich Deines Fürgebens folgen, ich wollt' meinem Vater
nie folgen. Was höret ihr ihm zu? Er verführt euch mit
seiner ketzerischen Lehre." Wegen dieser Störung des öffent=
lichen Gottesdienstes erließ Strauß ein besonderes Schrift=
chen[2]), rief aber die weltliche Macht in keiner Weise zu
Hülfe. Derselbe Senator suchte auch die Bürger gegen die

---

1) „Kurtz vnd verstendig leer vber das wort S. Pauli zu den Romern,
der todt ist, der ist von sünden gerecht gemacht, fast dienstlich der gemey=
nent wochen, so yn etlichen kirchen, in Franken vnd Düringen, jerlich für
die selen gehalten. Darynnen das fegfeuer gar verlöschet, auch der Pfaf=
fen vnd Mönchen heyliger getz getzieret vnd rechtgeschaffen abgemalt ist.
gepredigt zu Eysenach off dye gemein Seelenwochen gehalten nach S.
Michaelstag 1523."

2) „Ernstliche Handlung wider ein freventlichen Widersprecher des worts
gottes beschehen in St. Jörgen Kirche zu Eisenach. Adversus senatorem
Pontificium Straussio concionanti publice contradicentem." — Cf. Paullini, p. 137.

Taufe, wie sie Strauß vollzog, als eine ungültige und ketzerische aufzuwiegeln und brachte es dahin, daß einer seiner Verwandten sein Kind mit besonderer Pracht und pfäffischer Herrlichkeit anderswo taufen ließ. Allein sein Wüthen war vergeblich, sein Eifer für das Papstthum verloren. Die ganze Bevölkerung der Stadt wurde so sehr für die Sache der Reformation gewonnen, daß die Klöster immer leerer wurden. Strauß verfuhr aber gegen Mönche und Nonnen ganz in derselben milden Weise, wie es später auf Anordnung des Churfürsten bei den Sequestrationen geschah. Er vertrieb keinen Mönch oder Pfaffen, sondern suchte dieselben durch seinen Rath, so viel ihm möglich war, vor persönlichen Gefahren zu schützen und ihnen ein entsprechendes Auskommen für ihre noch übrige Lebenszeit zu sichern. Daß er nicht immer und überall gehört wurde, daß vielmehr der Volkshaufe in seinem Ungestüm sich manches erlaubte, was besonnene Freunde des Fortschritts mißbilligten, kann ihm nicht zur Last gelegt werden. So wurden die letzten Mönche, nachdem sie sich vor der Barfüßerkirche versammelt hatten, zwei und zwei unter Vorantritt eines Frohnboten, welcher einen Fliegenwedel in der Hand trug, zum Nikolaithore hinausgeführt. — Am Donnerstag nach Martini 1525 ersucht der Rath der Stadt Eisenach den Churfürsten „die Klosterrechnung anzuhören, nachdem sie sich der Klöster nun ganz entäußert". [1]

Es ist schon oben gezeigt worden, daß Strauß seine reformatorische Thätigkeit nicht auf die Stadt Eisenach beschränkte, sondern auch auf ausdrücklichen Befehl des Churfürsten die Kirchen in den Aemtern Wartburg, Hausbreitenbach, Salzungen, Kreuzburg und Gerstungen reformirte und visitirte. Bei diesem Geschäfte zeigte er sich sehr vorsichtig und behutsam. Die Bauern, welche die neue Lehre allzubereitwillig annahmen, prüfte er genau auf die Lauterkeit ihrer Beweggründe; und wenn sie den alten Pfarrern nichts mehr geben, sondern sogleich alles den neuen Predigern zuwenden wollten, schalt und

---

1) Sachsen-Ernestin. Gesammtarchiv in Weimar, Reg. Ji, fol. 37a.

tadelte er sie entschieden. In seinen Visitationspredigten drang er besonders auf eine Aenderung und Besserung des ganzen Lebens, so daß er oft wenig Dank davon erntete. Auch die Kirche in Waltershausen versorgte er mit evangelischen Predigern. Unter andern beförderte er den berüchtigt gewordenen, später wieder zur katholischen Kirche übergetretenen Wicel [1]) zum Pfarrer in Wenigenlupnitz und den später als Haupt der Wiedertäufer hart verfolgten Melchior Rink nach Eckartshausen, in der Nähe von Eisenach. Wegen der Selbständigkeit und Entschiedenheit, mit welcher er dabei verfuhr, sagte Justus Jonas von ihm: „Er regierte nicht allein in der Kirche, sondern war auch Amtmann, Schultheiß, Rath und Alles." Darauf erwiderte ihm Wicel: „Weß Du hie diesen Doctor schuldigst, das könnte einer Deinem Luther wieder in den Busen stoßen, welcher nicht allein Amtmann, Schösser und Rath, sondern selbbürstig Fürst, Thun und Lassen im ganzen Lande ist."

---

1) Wic. Epp. O ij. Georg Wicel war 1503 in Vacha geboren als der Sohn eines Gastwirths. Er studirte in Erfurt und Wittenberg. Nachdem er eine Zeit lang Pfarrschulmeister in seiner Vaterstadt gewesen war, wurde er 1521 Vicarius daselbst und fing 1523 an lutherisch zu predigen. Nachdem er seine Stelle in Wenigenlupnitz hatte aufgeben müssen, wurde er Prediger in Niemeck. Hier nahm er J. Campanus, welcher wegen Leugnung der Dreieinigkeit verfolgt wurde (Wicelii Epp. E, ij.) auf und wurde deswegen ins Gefängniß geworfen. Auf Luthers Fürbitte wurde er 1530 aus demselben befreit unter der Bedingung, daß er das Land verließe. Darauf hielt er sich einige Jahre in Vacha auf und kehrte bald in den Schooß der katholischen Kirche zurück. Er starb als Fuldischer geistlicher Rath zu Mainz 1573. Hase, K.-G., S. 449: „Wicel, als Jüngling ein eifriger Prediger für das lutherische Evangelium, dem er absagte (1531), weil die Rechtfertigungslehre dem christlichen Leben Eintrag thue, um allein das Evangelium Christi zu verkündigen, als Priester zu Eisleben voll Hader gegen Luther in der verödeten Kirche für die katholische Sache predigend und doch verheirathet, nachmals im Rathe katholischer Prälaten, hielt die Hoffnung fest, auf dem Wege des Erasmus mit Abschaffung der scholastischen Spitzfindigkeiten und papistischen Mißbräuche durch eine Läuterung der Kirche nach der Schrift und nach dem Vorbilde des Alterthums die Christenheit wieder um ihren Herrn Christus zu vereinigen."

Auch Luther äußert seine Unzufriedenheit über das selbständige Vorgehen von Strauß, sei es nun aus Mißmuth darüber, daß Strauß ihn nicht fragte, ober sei es, daß er falsche Nachrichten über ihn erhalten hatte; doch scheint das erstere das richtigere zu sein. [1])

Dagegen war Strauß mit den Wittenbergern nicht recht zufrieden, weil sie die Reformation nach seiner Meinung nur auf die Lehre beschränkten. Schon bei der Disputation mit den Barfüßern in Weimar 1522, an welcher er auf Befehl des Herzogs Johann Theil nahm, äußerte er sich dahin, wenn die Lutherischen weiter nichts wollten, als die Leute vexiren, so hätten sie es lieber unterlassen sollen. Er nennt sie deßhalb die „gemolten Evangelisten". In einer seiner Schriften [2]) findet sich folgende bemerkenswerthe Stelle: „Folgt und schließt sich hie, daß wir uns alle billig christlichen Namens beschämen

---

1) Luther hatte einen ihm vom Grafen von Wertheim zugeschickten Prediger unterwiesen, wie die Reformation am ersprießlichsten einzuführen sei. Als er ihn zurückschickt, spricht er in einem Briefe an den Grafen seine Genugthuung darüber aus, daß er ihn um Rath gefragt habe, und fährt dann fort: „Denn D. Strauß hat seinen Kopf und machts itzt in Eisenach auch wie er kann, und läßt uns sagen und schreiben." Luthers Br. (ed. de Wette), Bd. VI, herausgegeben von Lic. th. Seidemann, S. 43. Der Brief ist vom 17. Juli 1523. — Auf der andern Seite scheint Luther in Strauß einen zweiten Carlstadt vermuthet und gefürchtet zu haben, wie folgende Stelle aus einem seiner Briefe beweist: „Valde vellem D. Strauss sua quoque regna quaerenti per Principes inhiberi. Non deest homini furor, sed locus et tempus. Jamdudum, licet occulte, nos ei parum probamur, qui rusticum illum seditiosum totum Carlstadiensem nobis longe praefert, quem tu Norinbergae mirabaris, sed nequam inventus est, et ut dicitur, monachus simulato rustici vultu." — Und das schrieb Luther zu der Zeit, als Strauß mit der ihm vom Churfürsten aufgetragenen Visitation beschäftigt war! (den 10. April 1523; de Wette II, 643).

2) „Das Wucher zu nehmen vnd geben vnserm Christlichen glauben vnd brüderlicher lieb (als zu ewiger Verdammniß reychent) entgegen ist, vnüberwintlich leer vnd geschrifft. In dem auch die gemolten Evangelisten erkennet werden. Auch wo das gemeyn geschrey auffrur, auffrur, außgehet, am ende mit kurtzem guttem vnderscheydt angezeygt." (1524.)

sollen und sonderlich die gemolten Evangelisten, die auf der Zunge und in süßen Worten die Liebe vortragen, und predigen überall in Winkeln, man soll nur den Glauben und die Liebe predigen, als ob sonst etwas in evangelischer Lehre anders geprebigt könnte werden. Ja man muß benselbigen Gnadjunkern allwegen sagen: Glaube Glaube, Liebe Liebe, und blos in Wind schlagen; da kann der Glaube und die Liebe in Worten und auf der Zunge nicht vollkommen seien; es muß das göttliche Wort im Glauben durch die Liebe zu Werken kommen. Das befind sich dann wohl bei denselben evangelischen Schwätzern, so es an ihren Eigennutz geht und das Zeitliche anrühret, wie dann ihr Vertrauen zu Gott steht, und wie groß der Beistand ist den Nächsten zu trösten und zu fördern. Es ist alles Heuchelei und gleißender Schein." — Auf der andern Seite weiß er sich, den Feinden der Reformation und den reformirten Schweizern gegenüber, in vollem Einverständniß mit Luther. Aber er protestirt gegen die Benennung „Lutherisch", wie ja auch Luther selbst sich darüber beschwerte, daß der einige selige Name Christi in seinen Namen verkehrt werden sollte.

Seine Ausdrücke sind ziemlich derb, doch erreicht er hierin Luther noch lange nicht. In seinen Predigten und Schriften kennt er kein Ansehen der Person; er schont weder Hoch noch Gering, weder Räthe noch Fürsten. So sagt er einmal [1]): „Aber die Augen und Hände an diesen Häuptern, b. i. die Weltgelehrten und Gewaltigen bei den Fürsten, die können's alles verblümen und vertheidigen, was zu verderben Land und Leute offenbar und wissentlich reichet. Denn allein ihr Eigennutz zwingt dieselben verblendeten Leute, daß sie nur trachten, wie ihnen das Regiment und alle Gewalt zu Handen gestellt werde, und daß die Fürsten dazwischen ihren zarten alten Abam wohl pflegen und nach überflüssiger Pracht und Wollust leben, Bankette halten, stechen, brechen, jagen, und gleich einen Muth

---

1) „Aufrur, Zwitracht vnd Bneinigkeit zwischen waren Evangelischen Christen fürzukommen" u. s. w.

haben, und so ist Land und Leute wohl ausgerichtet und ver=
sehen. Wenn man die Fürsten dahin geführt hat, daß sie das
wunderbarlich köstlich und edel Amt fürstlicher Regierung mit
dem geringsten Finger gründlich und stattlich nicht anregen,
und wird denen befohlen, die allein, wie gewöhnlich am Tag
liegt, ihren Eigennutz bedenken, es stehe um den Fürsten oder
um die armen Unterthanen wie es mag; sie werden voll, des
Fürsten Kammergut wird geringert, und daß sie es verblümen,
so suchen sie Ursach und rathen, wie man die arme Landschaft mit
neuen Beschwerden überläftige, mit ungebräuchlichen Schatzungen
und Diensten" u. s. w.

VI.

Besonders fand es Strauß mit dem Evangelium und mit
der christlichen Liebe unverträglich, Geld auf Zinsen auszuleihen
und Zinsen zu bezahlen. Er ließ daher im Jahr 1523
51 Sätze [1]) drucken, in welchen er lehrte: „Das Gebot Gottes
Deut. 15 und Luk. 6, daß ein Jeglicher seinem Nächsten in
der Noth frei und willig leihen soll, ist allen Christen bei
ewiger Verdammniß noth zu halten. Ein Pfennig, der über
die ausgeliehene Hauptsumme eingenommen wird, ist Wucher.
Wucher ist in seiner Natur, als wider die Liebe des Nächsten
und das Verbot Gottes, eine schwerwichtige und offenbare Tod=
sünde. Alle, welche in Todsünde willigen, noch viel mehr Diejenigen,
welche Hülfe, Schutz und Schirm zur Todsünde thun, sind des
Todes würdig. Der Wucher ist ein starker Grund des uner=
sättlichen Geizes der Pfaffen und Mönche. Unselig und des
Glaubens gar entsetzt ist Der, der in seiner Armuth Wucher
zu reichen bewilligt. Es soll ein jeder fromme Christ den zu=

---

1) „Hauptstück vnd artickel Christenlicher leer wieder den vnchristlichen
wucher, darum etlich pfaffen zu Eisenach so gar vnruhig vnd bemühet
sind, geprediget zu Eisenach durch D. Jacob Strauß." (1523.)

sagenden Worten Christi sonder Zweifel anhangen, so wird ihm nichts abgehen an seiner Nahrung. Gott speiset die Vögel in den Lüften, die Fische im Wasser und bekleidet die Blümlein auf der Haide. Wer wissentlich wider das Evangelium zu thun sich verpflichtet, verleugnet Christum und sein lebendiges Wort. Wucher nehmen und geben ist offenbar wider das Evangelium Jesu Christi. Die Verschreibung, Wucher zu bezahlen, lautet in Wahrheit also: Ich verspreche und gelobe, jährlich den Wucher wider Gott und sein Gebot zu bezahlen, als ein Verzagter an Gottes Hülfe. So mit Gewalt der Wucher ausgedrungen wird von Dir, laß fahren auch den Mantel dem, der Dir den Rock zucket. Du mußt Leib, Gut, Seele und Ehre verlieren, daß Du Christum mit seinem Wort erhalten mögest. Hüte Dich, frommer Christ, daß Du nicht gedenkest, Gewalt mit Gewalt zu verdämpfen. Du hast hie keine Wehr denn Gottes Wort mit Geduld." — Da er solche Grundsätze auch in seinen Predigten verbreitete, so beschwerte sich das Domkapitel [1]) darüber bei Herzog Johann, dem Bruder des Churfürsten. Man brachte seine Lehre in Zusammenhang mit den Unruhen, welche Carlstadt verursachte, und verdächtigte ihn in vieler Beziehung ohne triftigen Grund. So wurde ihm namentlich auch Schuld gegeben, daß er, ähnlich wie der Hofprediger Wolfgang Stein in Weimar, das kaiserliche Recht, als von Heiden, und das geistliche Recht, als von den Päpsten herrührend, abgeschafft und statt dessen die mosaischen Gesetze eingeführt wissen wollte. In seiner Schrift über den Wucher zieht er die Beispiele von dem Sabbathjahre und dem Jubeljahre der Juden heran und schließt daraus, wenn solche Einrichtungen schon bei den Juden bestanden hätten, so sei um so viel mehr der Wucherzins für die Christen, die Bekenner der Religion der Liebe, verdammlich. „Fürwahr, es ist nicht eine kleine Schande und Laster, daß wir Christen unter dem armen

---

1) Weim. Comm.-Archiv, Reg. K. K., S. 39, Nr. 15, 2. „Irrung zwischenn dem Stifft Eißenach vnndt D. Straußen Etzlicher seiner predigtenn halben."

Herrn Christo so gelbsüchtig und unersättlich uns erzeigen, und
gröber und auch härter unsern nächsten Menschen beschweren,
denn die gottlosen Juden einer dem andern thut." Aehnlicher
Beweisführungen mochte sich Strauß auch sonst, besonders in
seinen Predigten, bedient haben, und daher entstand die falsche
Beschuldigung, daß er die Einführung des mosaischen Gesetzes
verlange. In ähnlicher Weise knüpfte sich an seine Lehre von
der Verwerflichkeit des Wucherzinses die Verdächtigung, daß er
das Volk aufreize, keinen Erbzins und keine Abgaben mehr zu
bezahlen. Dagegen verwahrt er sich mit aller Entschiedenheit.

In Folge jener Beschwerde des Domkapitels erhielt Luther
den Auftrag, mit Melanchthon ein Gutachten abzugeben. In
diesem sagt auch Luther, daß der Zins der christlichen Liebe
entgegen sei; doch müsse man es dem Gewissen der Gläubiger
überlassen, ob sie Zins nehmen wollten oder nicht, wenn sie
nur nicht mehr als 4 oder 5 vom 100 nähmen; auf jeden
Fall solle aber der Christ sich nicht erst durch Gewalt zur
Zahlung zwingen lassen. Denn kein Zinsmann würde sich
verbinden, Zins zu geben, wo ihn die Noth nicht zwänge. Die
Fürsten sollen Bedacht nehmen auf Abschaffung des Zinskaufes.
Im übrigen müsse das Evangelium helfen. [1] Luther schrieb
auch selbst an Strauß, „den treuen Diener Christi und Evangelisten des Volkes in Eisenach, seinen theuersten Bruder",
suchte ihn in seinen Ansichten milder zu stimmen und warnte
ihn, daß er das Volk nicht zur Zügellosigkeit aufreize [2]. Doch
schenkte Luther den falschen Gerüchten, welche über Strauß verbreitet wurden, immer mehr Glauben. Er hatte ein ganz
richtiges Gefühl davon, daß ihre Wege in Bezug auf die praktischen Consequenzen der Reformation auseinandergingen, und
in seiner Angst, daß sein Werk gestört werden möchte, ver-

---

1) Luth. Br. II, 425. Vom 18. Oktober 1523.
2) Luth. Br. II, 504. Vom 25. April 1524. Der Anfang des
Briefes lautet: „Gratia et pax. Nihil minus, optime vir, de me cogites
velim, quam cogitari de te a me quam optime, etiamsi talia fierent,
quae gravia essent. Persuasum enim habeo, te per Evangelii gloriam
ante omnia triumphare."

dammte er schon auf unsichere Gerüchte hin die durchaus nicht aufrührerischen Bestrebungen des ersten Eisenacher Evangelisten. Als Melanchthon im April 1824 auf seiner Reise in seine Heimath durch Eisenach kam, hatte er im Auftrage des Churfürsten eine Unterredung mit Strauß. Melanchthon verlangte Gehorsam gegen die öffentlichen Gesetze, man solle den Zins sich nicht allein abzwingen lassen, sondern freiwillig geben. Aber das letztere wollte Strauß in keinem Falle zugeben, weil man sonst selbst an der darin liegenden Gottlosigkeit Theil haben würde [1]).

Im August kam Herzog Johann nach Eisenach. Strauß ging zu ihm und besprach sich mit ihm „des Münzers und seiner Anhänger Lehre und der neuen Geister halben". Zur Ausgleichung der Meinungen schlug Strauß eine Zusammenkunft von Luther, Carlstadt, Melanchthon, Strauß, Münzer u. A. in Weimar vor. Herzog Johann ging darauf ein und berichtete darüber an seinen Bruder, Churfürst Friedrich den Weisen [2]). Dieser

---

1) Corp. Reform. I, 655. — Melanchthon schließt seinen Bericht über diese Unterredung mit dem Wunsche: „Utinam concionatores pro politicis legibus docerent nos Evangelium!"

2) Brüderliche lieb. Wir wollen Ewer lieb nit pergenn, das Doctor Jacobus Straus der prediger zu Eisenach daselbst zu vns komen ist, der des munzers vnd seiner anhänger leer vnd der newen geister halbenn, wie er sie genannt, allerlei mit vns geredt, Nun ist sein bedencken vnd not gewest, dieweil Doctor Carlstadt derselben meinung, wie er etwa zu witemberg von Jme verstanden auch were, vnd das Jn andern articeln, mit Doctor Martinus, streitig sein soll, das wir gedachten Martinus vnd Carlstatt, philipssen Melanchthon, Jnen, den prediger zu Alstet vnd andere hieher erfordern sollten, sich von denselben vnd anderen articeln zu vnterreden. Dieweil dann D. Straus vnd nun sein folger vns viel muhe des ortes mit dem machen, daß sie gelehrt vnd geprediget, man muge wiederläuffliche zinsse als wucher ane todsünde nit bezahlen, das aber D. Martinus mit ihnen auch nicht einig vnd D. Carlstadt vns itzo geschrieben, darinne er sich auch erboten vorzukommen, so seind wir geneigt den Kosten darauf zugehen zu lassen vnd sie mit einander furberlich, dergleichen auch den schoffer, schultheiß vnd rath von Alstet auf dieselb Zeit hierher zu erfordern, damit der prediger zu Alstet nit zu sagen hab, so er geurlaubt, er hätt seiner leer halbenn nit mugen zu verhör komen,

stimmt in einem Schreiben vom 27. August zu, aber die Unterredung scheint, wenigstens in der beabsichtigten Ausdehnung, nicht stattgefunden zu haben. Denn in einem Schreiben von Anfang Septembers macht Luther Vorschläge, in welcher Weise die Fürsten dem Carlstadt auf sein Erbieten zu einer Disputation antworten möchten [1]). Daß aber noch eine Unterredung mit Strauß zu Stande gekommen sei, möchte aus seinem Buche über den Wucher, das wohl eine Frucht dieser Disputation ist, mit Recht geschlossen werden dürfen.

In der mehrfach erwähnten Schrift setzt er nun seine Ansichten weitläufig, aber auch gemäßigt und umsichtig [2]) auseinander. Es ist ihm Gewissenssache, was er einmal als Recht und im Evangelium begründet erkannt hat, auch offen zu vertreten. „Ich rede hier viel und lasse mich vielleicht in Gefahr. Ich kann seiner aber nicht achten, Wahrheit ist Wahrheit. Wenn ich und meinesgleichen würden schweigen, so werden doch die Steine des göttlichen Zorns gar bald ausschreien." Am schlimmsten kommen dabei Diejenigen weg, welche ihn umzustimmen versucht hatten. „Wir haben vor etlichen kurzen Tagen viel großer Hansen vom Evangelio hohe Dinge hören sagen und sich berühmen, sie wollen bei dem Evangelio sterben, ja auch, wie Petrus sagt, mit Christo in Gefängniß und Tod gehn. Auch da man allein wider die elenden Pfaffen und Mönche das Evangelium einführt, mochten sie desselben wohl

---

die er zu erhalten sich vielmals zu erboten, denn so er gehort vnd vngeschickt befunden, hat man alsbann desto besser vnd mehr vrsach ihnen zu vrlauben. So wurde auch dem armen volcke, so er verfuhrt hat, besto baß zu sättigen vnd stillen sein." (Weim. Comm.=Archiv, Herzog Johann an Churfürst Friedrich aus Weimar am Tage Bartholomäi, 24. August 1524.)

1) Luth. Br. II, 550.

2) Auch Luther ist mit dieser Schrift mehr zufrieden. Er schreibt gegen Ende Decembers an Spalatin: „ Sermo Straussii placet plus quam antea libellus ejusdem: nam mitigavit hic locum de solvendis etiam usurariis censibus. Hoc solum deest, quod census redemtionis sine discrimine damnat, usurae universos: nam si in ordinem redigerentur (licet sint passim in abusu), inculpabiles essent." Luth. Br. II, 585.

lachen, und ihrer Etliche wollten Pfaffen und Mönche stürmen
und verjagen. So aber das Schwert Christi ihnen den Stich
beut und berühret ihnen ihre sündliche Wollust und Eigennutz,
so befindet es sich, wo der Hase lag, und also bleiben sie bei
dem Evangelio, wie Petrus bei Christo." Am Schlusse der
Schrift vertheidigt er sich gegen die Verdächtigungen, daß er
Aufruhr predige und alle Abgaben verbiete. „Ich habe hier
gelehrt in dem Namen unsres lieben Herrn Jesu Christi, man
soll Jedermann geben, was man göttlich und redlich schuldig
ist, Wucherzins willig und ohne Zwang, auch ohne brüderliche Vermahnung und Protestation des unbilligen Anforderns
zu geben, ist wider Gott und das ganze christliche Wesen, das
allein im Glauben und brüderlicher Liebe fruchtbarlich wirkt.
Und so ich solches aus christlicher Pflicht getreulich gelehrt
habe, so schreien die unverschämten Lügner und füllen allen
Menschen die Ohren an und sagen, ich habe verboten alle Zins
und Bezahlung. Daß sich Gott über die elenden Lügner wolle
erbarmen, und gebe ihnen die Wahrheit zu erkennen."

VII.

Im Jahre 1525, als der Bauernaufstand ausbrach, regten
sich die Bauern auch in der Umgegend von Eisenach. Die
Empörung beginnt in der Umgegend von Vacha.[1] Stadt
und Amt Salzungen, die Aemter Hausbreitenbach und Gerstungen, Stadt und Amt Kreuzburg, das Amt Eisenach standen
sammt Adel und Geistlichkeit auf und brachten gegen 8000
Mann zusammen. Auch Graf Wilhelm und Graf Hermann
von Henneberg wurden gezwungen zu den Bauern zu schwören
und in die 12 Artikel zu willigen. Am Dienstag Mariä (d. i.
der 25. April) berichtet der Schosser von Eisenach nach Wei-

---

1) Georgi Spalatini Sächs. Historie, in Struves Histor. und
polit. Archiv., 3. Thl. (Jena 1719), S. 100. Büff, Der Bauernaufruhr
im Jahre 1525 im Werrathale. — Förstemann, Urkundenbuch I, 263 ff.

mar, daß die Bürger in Eisenach und Kreuzburg zu den Bauern übergegangen sind. Der Adel an der Werra schlug sich am 24. April zum Bauernhaufen. Burckart Hund zum Altenstein, Wilhelm von Herda, Erasmus Kraluck, beide Amtleute zu Salzungen, Werner von Reckenrot, Endres Georg von Kraluck, Philipp von Stein zu Barchfeld, Mangold von Reckenrot zu Wenigenschweina und Ludwig von Boyneburg mußten einen Revers ausstellen, daß sie die zwölf Artikel, „oder ob sich der noch mehr finden würden", halten wollten. [1] In der Stadt Eisenach wurden die Kirchen und Klöster geplündert und zum Theil zerstört. Das letztere traf namentlich die Georgenkirche; diese wurde so arg zugerichtet, daß sie nicht mehr zum Gottesdienst benutzt werden konnte und die Barfüßerkirche für einige Zeit zur Parochialkirche gemacht werden mußte. Doch waren die werthvolleren Kirchengeräthe vorher in Sicherheit gebracht worden [2]. Strauß gab sich mit Hans Oßwald alle Mühe, die Bauern zu beschwichtigen; er zog im Amte Eisenach umher und predigte ihnen Frieden; wenn sie Beschwerden hätten, so möchten sie dieselben einreichen, der Churfürst werde sie gnädig anhören und billige Forderungen gewähren. Er beschwor sie unter Thränen, sich nicht gegen die von Gott eingesetzte Obrigkeit zu empören; allein vergebens. Die Bauern mochten von ihm erwartet haben, daß er ganz auf ihre Seite treten würde [3]; da sie sich nun in dieser Hoffnung vollständig getäuscht sahen, wollten sie ihn sogar in die Werra werfen.

Der Bauernhaufen, welcher von Salzungen hergekommen, darunter ein Fähnlein Eisenacher von 500 Mann, wandte

---

1) Nach Excerpten des Herrn Archivar Dr. Burkhardt aus dem Weim. Comm.-Archiv.

2) Weim. Comm.-Arch., Reg. Ji, fol. 37 a. Gesuch des Raths zu Eisenach an Churfürst Johann von Sachsen, die Monstranz von St. Jorgen (16 Mark Gewicht) wieder zu überantworten, mit anderem Silberwerke und zwei Kelchen zu Austheilung des heiligen Abendmahls.

3) Neben Luther, Melanchthon und Andern wird unter den Schiedsrichtern, welche über die Billigkeit der Forderungen entscheiden sollen, in den 12 Artikeln der schwäbischen Bauern auch der Pfarrer Dr. Jakob Strauß genannt.

wieder um und nahm Klosterbreitingen und Schmalkalben ein. Von da wendete er sich wieder nach Eisenach. Aber hier war es den vereinigten Bemühungen von Strauß und Oßwald und den inzwischen angekommenen churfürstlichen Räthen gelungen, die Ordnung und den Gehorsam gegen die Gesetze wieder herzustellen. Die anrückenden Bauern, denen sich jetzt der Schultheiß von Gerstungen angeschlossen hatte, forderten auch den Schultheißen und etliche vom Rathe der Stadt Eisenach auf, zu ihnen zu kommen. Schon waren sie unterwegs, da hörten sie, daß Landgraf Philipp von Hessen und Herzog Heinrich von Braunschweig bereits mit ihren Truppen in Hersfeld stünden. Voll Schrecken und Reue kehrten sie um. Die Bauern wurden zurückgeschlagen und zogen nach Mühlhausen und Frankenhausen zu weiter. Neun ihrer obersten Hauptleute wurden gefangen genommen und auf Befehl des Churfürsten. geköpft. Am 7. Mai rückte der Landgraf von Hessen in die Stadt ein [1]), die aber seiner Hülfe nicht mehr bedurfte. Deßhalb folgte er sogleich mit Herzog Heinrich von Braunschweig den Spuren der Bauern. Aber an die Gemeinde zu Eisenach erließ Thomas Münzer mit dem Schwert Gideonis eine scharfe Abmahnung.

Am 5. Mai war Churfürst Friedrich, „ein Kind des Friedens, friedlich verschieden". Ihm, der noch am 14. April seinem Bruder geschrieben hatte: „Vielleicht hat man den

---

1) Hel. Eob. Hessi Epist. fam., p. 111:
„Georg. Sturciadae Eob. Hessus.

Princeps Hessorum Heresfeldiam cepit, Fuldam occupavit, principes factionis capite multavit, ad trecenti in ingressu confossi lanceis, futuros in Thuringiam timetur, ut cum reliquis Molhusium oppugnet: auxilio illi adsunt Duces Brunopolitani, et Episcopi Osnabrugenn. et Monasterien. cum ingentibus copiis equitum et peditum.

Frater uxoris meae audiverat: hac nocte sexcentis equitibus Principes Saxoniae patrem et filium Isenacum ingressuros. Illis se conjuncturos Principem Hessorum, et Duces Brunopolitanos, ac proelio decertaturos cum Molhusianis tumultuatoribus. Jamdudum haec mussata hic sunt, nunc adeo vera nunciantur, ut fidem non habere sit religio. — Erphurdiae, 6. Idus Maji MDXXV."

armen Leuten zu solcher Aufruhr Ursach gegeben und sonderlich mit Vertretung des Wortes Gottes; so werden die Armen in vielen Wegen von uns beschweret", folgte Johann, ein entschiedener Freund der Reformation, aber auch ein entschiedener Feind der aufrührerischen Bauern. Am 30. April hatte er zwar seinem Bruder geklagt: „Gott verleihe uns seine göttliche Gnade, wir haben's um Gott wohl verdient; denn der liebe Christus will sich suchen lassen, daß er der Herr sei und nicht wir armen Sünder." Aber er hatte stets zu energischen Maßregeln gerathen und gedrängt. Er war aber auch durch den Aufruhr in die größte Noth und Bedrängniß gerathen. So heißt es in demselben Schreiben: „Ich habe Sorge, E. L. und ich sind nun verdorbene Fürsten. Es ist ohne Zweifel der Wille Gottes. Ich habe müssen den Zehenten von E. L. und meinetwegen den mehrer Theil abthun. So will das Einkommen E. L. und mein schmal werden. E. L. will ich auch als meinem lieben Bruder klagen, daß ich nicht weiß, wie ich meinen Glauben (b. i. Credit) erhalten soll auf dem Markte (= Ostermesse), es ist mir wahrlich leid, das weiß Gott in Ewigkeit." — Je mehr er von den Bauern zu leiden und zu fürchten gehabt hatte, desto strenger glaubte er gegen sie auftreten zu müssen, zumal da er in dieser Ansicht von Luther bestärkt wurde. — Zur Schlacht bei Frankenhausen kam er zu spät; die Krankheit und der Tod seines Bruders hatten ihn verhindert, eher zu den übrigen Fürsten zu stoßen, aber vor Mühlhausen verlangte er seinen Theil an der Beute. Nachdem die Mauern Mühlhausens gebrochen worden waren, brachen am Mittwoch vor Pfingsten der Churfürst Johann nach Eisenach, der Landgraf nach Hessen, Herzog Heinrich nach dem Eichsfeld auf. Am Donnerstag kam der Churfürst nach Eisenach und ließ daselbst 17 Aufrührer enthaupten.

Auch Strauß wurde in Untersuchung gezogen. Da er wenig oder nichts bei den Bauern hatte ausrichten können, gab man ihm Schuld, er halte es mit denselben. Dazu kam, daß er nicht so hart über sie urtheilte, wie Luther. Dieser hatte den Rath gegeben, man solle sie todtschlagen wie tolle Hunde;

Strauß hingegen gab zu bedenken, daß man auch an einem Mörder einen Mord verschulden könne, und machte darauf aufmerksam, daß die Schuld der Einzelnen sehr verschieden sei; denn viele arme einfältige Leute, durch die Schreier verführt, seien mit dem großen Haufen gelaufen, ohne recht zu wissen, was sie thäten; andere seien genöthigt und gezwungen worden; endlich hätten sich in manchen Gegenden die Edelleute ohne Zwang zu dem aufrührerischen Haufen geschlagen und ihre Unterthanen und Priester mitgebracht; darum müsse auch ein Unterschied in der Strafe gemacht werden. Er wurde deßhalb nach Weimar gefordert und dort verhört. Er wußte sich aber so zu verantworten und wurde „auch·so beständig und unerschrocken seines Amtes erfunden, daß sonder Zweifel dieselben, die im Verhör wider ihn gestanden, keine Lust mehr hatten, solcher Weise die Wahrheit ferner anzutasten". Hätte man ihn überweisen können, so würde er gewiß hart bestraft worden sein. Er kehrte aber nach Eisenach zurück und hielt noch eine Zeit lang seine Predigten in der Barfüßerkirche. Dies ist der beste Beweis für seine Unschuld. Selbst Thomas Münzer bezeugt diese, indem er sich darüber beklagt, daß Strauß gegen ihn gesprochen und geschrieben habe [1]).

Indessen verbreiteten sich weithin ungünstige Gerüchte über ihn; die Fürsten wären nach der Einnahme Mühlhausens nach Eisenach gezogen und hätten den Strauß gefangen genommen; Luther hörte sogar, daß Strauß hingerichtet worden sei [2]).

---

1) Seidemann, Thomas Münzer, S. 98: „Münzer wurde dem Strauß feind, denn er sagt, daß ,er Doctor Strauß habe zw Weymar angeredt, do er uff schrifft Hertzog Johans zw Sachsen erschinen, dozumahel als strauß mit den barfusern disputirt, habe er sich vornemen lassen zw den bruedern', wo dye luderischen nichts anders aufrichten wolten, dan das sye dye leuthe vexirten Monnch vnd pfaffen, hetten sye es gleych so mer vnberlassen, Habe syder. der zceyt wibber Jnn geschriben, an eynen Johans toler zw Mulhawsen, wo Jne des wegs nit verdrosse, mocht er woll gegen Molhawsen kommen vnd Jne vertreiben, sey villeycht darumb gescheen, das er gerne selbst do gewest were.

2) Luth. Br. II, 670. Das erste Gerücht war daher entstanden, weil Strauß zum Verhör nach Weimar gefordert worden war, das zweite,

Dadurch wurde seine Stellung als Geistlicher unhaltbar. Er sah dies selbst ein und gab sie noch im Jahre 1525 freiwillig auf. Die Gründe dafür setzte er in einer besonderen Schrift [1] auseinander. Nachdem er drei Jahre lang in Thüringen das Evangelium gepredigt und schriftlich und mündlich ermahnt habe, so sei doch bei Vielen seine Stimme fruchtlos geblieben. Er habe sich zwar bei dem Aergerniß über den höllischen Aufruhr den Tod gewünscht, aber die wüthenden Häupter und Ursacher alles Aufruhrs hätten ihr Laster wider Gott und alle Wahrheit fälschlich ihm aufgeladen. Daher weiche er ihrem unvermeidlichen Hasse und begebe sich aus dem Lande.

Er hielt sich zunächst im Anfange des Herbstes in Nürnberg auf, wo er einige Zeit krank lag, und wechselte von da aus Briefe mit Oekolampadius über das Abendmahl. Zu Anfang des Jahres 1526 erhielt er durch Verwendung der Gattin des badischen Landhofmeisters Conrad von Venningen, einer eifrigen Freundin der evangelischen Lehre, eine Stelle als Canonikus und Prediger an der Stiftskirche zu Baden. Hier setzte er als guter Lutheraner seinen Kampf gegen die Abendmahlslehre der Schweizer fort [2]. Es schmerzte ihn tief, daß man dem frommen Volke den wahren Leib und das kostbare Blut Christi in dem Sakramente des Brodes und Weines nehmen und dagegen nur trocken roh Brod und blosen Wein reichen wollte. In seiner letzten Schrift gegen Oekolampadius sucht er dessen Argument zu widerlegen: „Es ist des Leibes Art

---

weil unter den auf dem Markte in Eisenach Hingerichteten auch ein Diakonus, Namens Paulus, war.

1) „Auffrur, Zwitracht vnd Vneinigkeit" u. s. w.

2) „Wider den vnmilten Irrthum Maister Ulrichs Zwinglins, So er verneunet die warhaffte gegenwirtigkait beß allerheiligsten leybs vnd bluts Christi im Sakrament. D. Jac. Strauß ablenung vnd erklärung im jar 1526 mense Junii Marggraffen Baden." — „Das der war leyb Christi vnd sein heiliges blut im Sakrament gegenwertig sey, richtige erklerung auff das new büchlein D. Johannes Haußscheyn, diesem zuwider außgangen. Jesu Christi vnd aller glaubigen diener Jacobus Strauß zu Marggraff Baden." (1527.)

an einer Stätte zu sein; Christus sitzt zur Rechten seines
Vaters, also kann er nicht im Abendmahl gegenwärtig sein.
Strauß will dagegen nachweisen, daß das Sitzen zur Rechten
Gottes nicht leiblicher Art sei. Man solle aber nicht speculiren,
wie der Leib Christi gegenwärtig sei, sondern den einfältigen
Worten unverrückten Glauben geben.

Von da an verlassen uns alle sicheren Nachrichten über
Strauß. Er scheint vor 1533 gestorben zu sein. Die Be=
hauptung Wicels, er sei vor seinem Tode wieder zur römischen
Kirche zurückgekehrt, ist ohne jegliche Begründung. [1])

VIII.

Nach dem Bauernaufstande blieb nur eine Kirche in Be=
nutzung, und zwar wurden die Parochialrechte von St. Georg
auf die Barfüßerkirche übertragen, bis 1560 die Georgenkirche
wieder in brauchbaren Zustand gesetzt wurde. Als Pfarrer wird
Georg Thomas genannt, als sein Diakonus Thomas Neuen=
hagen [2]). Beide hatten von den Anhängern von Strauß zu
leiden; G. Thomas hatte sich schon während Strauß' Thätig=

---

1) Vgl. Strobel, Miscellaneen III, 1 ff. — Wicelii Confu-
tatio calumniosissimae responsionis Justi Jonae B, 4. — Döllinger,
Reformation I, 152.

2) Daß der bisher nur unter dem Namen Georg bekannte Geistliche
Georg Thomas heißt, ergiebt sich aus Weim. Comm.=Arch. Oo, 792, 193:
„Zulage des G. Thomas, Diakonus zu Eisenach"; Oo, 792, 214: „Gesuch
des G. Thomas, Diakonus, um Vorstreckung von Geld zur Erwerbung
der Behausung von seiner Taufpathe Barbara Weissensee"; Oo, 226:
„Gesuch, das von Amtmann zur Wartburg unterstützt wurde, um eine
Zulage für G. Thomas, Diakonus in Eisenach". — G. Thomas war aus
Langensalza gebürtig und soll daselbst 1540 gestorben sein; Thomas
Neuenhagen stammte ebenfalls aus Langensalza. Vgl. Paullini,
S. 256. Luth. Br. III, 126; IV, 237.

keit demselben widerseßt. Aber Beide waren ihm in keiner
Beziehung gewachsen gewesen und wurden deshalb nach seinem
Weggange von seinen Anhängern geringschäßig behandelt und
verachtet. Luther räth zwar Neuenhagen, dies als ein Lob
anzusehen und die Gegner mit Verachtung zu strafen; aber
diesen Rath diktirt ihm offenbar seine Abneigung gegen Strauß,
von dem er in diesem Briefe sogar sagt, daß er dem Satan
gedient habe. Ja er räth Neuenhagen sogar, streng auf die
Ceremonien zu halten, die er selbst als des Streites nicht
werth bezeichnet, nur damit es nicht schien, als gebe man den
Straußianern nach. Diese kannten ihren Mann aber jedenfalls
besser; sonst wäre er wohl in der zweiten Visitation 1533
nicht abgesetzt worden. [1])

Der Schwäche dieser beiden Geistlichen ist es wohl auch
zuzuschreiben, daß im Jahre 1527 die Stiftsherren es wagen
konnten, um die Erlaubniß zur Wiedereinführung des katholischen
Gottesdienstes nachzusuchen. [2]) Ihre Bitte wurde natürlich
abgeschlagen. Endlich im Januar 1529 wurden die kirchlichen
Angelegenheiten Eisenachs nach Ueberwindung vielfacher Schwierig=
keiten definitiv geordnet. [3]) In den Fasten kam Menius zu=
nächst als Diakonus. Nachdem er von Marburg, wohin er
Luther zum Gespräch mit Zwingli und Oekolampadius, jedoch

---

1) Weim. Comm.=Arch. J i, fol. 121 a, 32: „Gesuch des Thomas Neuen=
hagen in Eisenach um Verabreichung einer Unterstützung aus dem ge=
meinen Kasten daselbst, nachdem er von den Visitatoren abgesetzt und
ohne Dienst und Versorgung geblieben sei.“

2) Weim. Comm.=Arch. K k, fol. 40 b: „Capitell Zw Eißenach schreibbt
Jrer ausstendigenn Zinsen halb vnnd bidt, das man Jnen vorgonnen
wollt, die Alten Ceremonien wider auffzurichten.“

3) Vgl. Melanchthons Briefe aus dieser Zeit an Myconius, Corp.
Ref. I, 1023. 1028. 1029. 1030. 1031. 1032. Seckendorf, Comm.
de Luthero II, 1025. Im Stift fanden sich noch der Dekan, der
Scholastikus, der Kantor, 7 Kanoniker, 23 Vikarien. Ihre Einkünfte
wurden ihnen gelassen, weil sie die Messe nicht hielten und die evangelische
Predigt zuließen. Aber diejenigen Einkünfte, welche sie aus dem Gebiete
des Herzogs Georg zu beziehen hatten, wurden ihnen aus eben diesem
Grunde entzogen.

nur als Zuhörer begleitet hatte, zurückgekommen war, wurde er als Superintendent eingeführt und bei dieser Gelegenheit ein Fehler wieder gutgemacht, der bei seiner Ordination begangen worden war und ihm Gewissensskrupel bereitet hatte [1]).

1) Corp. Ref. I, 1094. Euricius Cordus, der die zu Marburg versammelten Theologen in einem Gedichte feiert, redet darin Menius mit folgenden Worten an:

„Et solida plus mente valens, quam corpore, Meni."

Zweites Kapitel.

Die Wiedertäufer im westlichen Thüringen. [1]

I.

Die erste wiedertäuferische Bewegung war zwar von Luther in Wittenberg mit Ernst und Milde unterdrückt worden, aber seit dem Bauernkriege waren Wiedertäufer der verschiedensten Richtungen und Schattirungen weit verbreitet; überall waren sie mehr oder minder stark vertreten. In der Schweiz, in

---

1) Weim. Comm.-Arch., Reg. N, S. 493. Justus Menius, Der Widberteuffer leer vnd geheimnis (1530). Seidemann, Thomas Münzer. Tentzels Monatl. Unterredungen v. J. 1694, VI, 280. 283. Dan. Ernst Wagners Weltgesch., des 16. Bds. 4. Abth., S. 26—29. Seckendorf, De Luth. III, 71. Strobels Beiträge II, 213 ff. Jonas, Wilch die rechte Kirche, N iiij. sq. Qij. sq. Wicel, Von der christlichen Kyrchen, wider Jodocum Koch; der sich nennet Justum Jonam (1538), Qijb. T. Wicelii Epp. Nij. Oij. T iij. Cc. Ggiijb. diij. Corp. Ref. II, 997. Erblam, Gesch. der protest. Selten im Zeitalter der Ref., S. 565. Paullini, S. 142. Unsch. Nachr. 1710, S. 718; 1711, S. 49. f. Hamelmanni Opp. gen. hist., p. 827. Funtens Erneuertes Gedächtniß der Prediger zu Aurich, S. 26. Ubbo Emmius LIV, 848. Luth. Br. IV, 30. Hochhuth, in Niedners Ztschr. für histor. Theol. 1858, S. 538 ff.

Frankreich, Deutschland, Polen, Böhmen waren sie zu finden. [1])
Im westlichen Thüringen waren Städte und Dörfer voll von
ihnen. [2])

Die Thüringer waren für religiöse Schwärmerei besonders
empfänglich. Spuren von waldensischen und geißlerischen Ideen
lassen sich nicht verkennen. Am 5. Mai 1232 ließ Conrad
von Marburg auf dem jetzigen Friedrich-Wilhelms-Platze in
Erfurt 4 Pikarbier, welche jedenfalls der waldensischen Richtung
angehörten,. auf dem Scheiterhaufen verbrennen. Aehnliche
Hinrichtungen kommen noch mehr vor im übrigen Thüringen.
Daß Lehrer und Schüler zahlreich von Prag nach Erfurt über-
siedelten, ist uns schon bekannt geworden. Die Geißler, die
besonders in Aschersleben und Sangerhausen ihr Wesen trieben,
behandelten ihren Prediger als Propheten und meinten in ihm
den Richter vom jüngsten Tage zu sehen. [3]) Als der erste,

1) Joh. Wigand, De anabaptismo, p. 457 sq.:
„Anabaptistae passim diffusi sunt per multas regiones, nec forte
excindi prorsus potuerint ante novissimum diem. Nam pleraque dia-
boli fermenta eam habent naturam, ut, licet ex una regione expurges,
tamen in alia mox iterum repullulent. Sic etiamnum in Suevia et
ad Rhenum hoc hominum genus passim reperitur, quod anabaptisti-
cos furores fovet et ulterius quantum potest sese plantat ac pro-
pagat. In inferiori Germania circa Oceanum occidentalem magna
copia aliis hominibus immixti sunt, praecipue vero in Phrysia. Imo
sese extenderunt ad litus oceani orientalis quoque, ac praesertim iis
locis se continent, ubi sunt loca udosa, quae fossis et abductione aqua-
rum, et frumentorum et pasouorum feracia mira arte et sedulitate
efficiunt, et magnum vaccarum et equorum numerum alunt. Sic habi-
tant circa Dantiscum et alia vicina loca. Imo in ipsa quoque Po-
lonia non pauci hinc inde reperiuntur. Ubi autem pedem semel
fixerunt, aegre sese inde pelli patiuntur. Pertinacia autem omnes
extrema laborant."

2) Wicel schreibt am 29. December 1531: „Non est jam tutum am-
bulare inter Fuldam et Erphordiam. Quotquot enim oppida ac vici medii,
hos corripuit lues, excepta nostra civitatula (Bacha). Attamen huic
graviter imminet, et jam tertio in aedes quorundam invasit, uno atque
altero elato, sed incusso impoenitentibus terrore, tertio aufugit."

3) In Förstemanns Neuen Mittheilungen II, 1 ff. werden die

welcher die Sekte der Flagellanten in Thüringen, besonders in nnd um Erfurt einführte, gilt Conrad Schmidt, um 1369. Die Sekte gewann so viele Anhänger, daß man es für nöthig hielt, Heinrich Schönfeld von Meißen als Inquisitor gegen sie herbeizurufen. Im Jahre 1414 wurden im Dorfe Winkel bei Langensalza unter dem Vorsitze des Grafen von Schwarzburg 44 Geißler verbrannt. Einer, den man nicht zu diesen Ketzern gezählt hatte, kam zu Pferde herangesprengt und sprang ins Feuer mit den Worten: Ich gehöre auch zu ihnen. In Sangerhausen wurden 83, in Querfurt 33, in Thomasbrück 8 verbrannt u. s. w. Noch im Jahre 1481 fand eine Inquisition gegen einen Geißler auf dem Schlosse Hoym statt. Die ersten Verkündiger des reinen Evangeliums in Thüringen gehörten fast sämmtlich der freiesten Richtung an und wollten die socialen und politischen Zustände mit in die Reformation hineingezogen haben. So der Hofprediger Stein in

---

Artikel der thüringischen Flagellanten in folgender Weise von Stumpf zusammengefaßt:

1. In adventu Crucifratrum cessavit baptismus fluminis et incepit baptismus sanguinis.

2. In eleemosina tribuenda maxime valet calidus panis.

3. Vinum rubrum in nuptiis Chanae significasse flagellationem.

4. Ad minus omni secta feria sanguinem fundas et jejunes.

5. Et ut brevis sim: Spernebant Sacramenta, Sacramentalia, Ecclesias speluncas latronum dicebant: Papae et Imperatori non obediebant.

6. Illud quoque memorandum venit, quod illis temporibus accedentes ad communionem denarium solvere debuerant: hinc jocose flagellantes ajebant: satis est casum focum denarius pro pane tantillo.

Die Geißler in Sondershausen sprachen vor der Geißelung:

Treth herezu, wer bo büßen wölle,
hüten wyr uns vor der heyßen helle.

Dann warfen sie sich dreimal mit ausgespannten Armen auf die Erde nieder und beteten:

Herre Vater Jhesu Christ,
sint das du alleyne bist,
der by Sunde kan vorgeben,
Frist uns uff eyn besser leben.

Erbarme dich ober deyne Kint,
wan wyr yn großen funden sint;
dorch Got vorgyssen wyr unser blut,
das ist vor by sunde gut.

Weimar, Viele unter den Erfurter Predigern, Wicel in We=
nigenlupnitz, Strauß in Eisenach. Der Letztere als Sohn der
freien Schweiz und nicht unbekannt mit dem radikaleren Ver=
fahren Ulrich Zwinglis bei Einführung der Reformation brachte
Grundsätze mit, die bald mit Luthers conservativem Verfahren
in Zwiespalt gerathen mußten. Jedenfalls kannte er auch seinen
Landsmann Simon Stumpf, der als Pfarrer zu Höng bei
Zürich seine Bauern über die Ungöttlichkeit des Zehnten und
der Zinsen belehrte. Seine Lehre vom Zinsnehmen als einer
schwerwichtigen und offenbaren Todsünde ebnete den Boden für
die wiedertäuferischen Ideen von der Gemeinschaft der Güter,
und seine Behauptung, daß der Reichthum gottlos sei und das
Streben nach demselben aus dem Mangel am rechten Gott=
vertrauen entspringe, da ja Gott die Vögel in Lüften, die
Fische im Wasser speise und die Blümlein auf der Haid' bekleide,
ist selbst schon Schwärmerei. Wie überhaupt, so hat besonders
in Thüringen der Bauernkrieg einen starken Anstrich von reli=
giöser Schwärmerei. Mit der Bibel in der Hand bewiesen die
Bauern, daß die Leibeigenschaft ein Ende haben müsse, da Chri=
stus mit seinem kostbaren Blute alle Menschen erlöst und los=
gekauft habe, daß alle Menschen das unbeschränkte Recht haben,
Wildpret, Gevögel, oder Fische im fließenden Wasser zu fahen,
da ja Gott dem Menschen Gewalt gegeben habe über alle
Thiere auf dem Felde, über den Vogel in der Luft und über
die Fische im Wasser.

Nach dem Bauernkriege glommen diese Ideen allenthalben
fort. Bei der Visitation wurde einem alten Prediger in
Breitenbach [1]) die Erlaubniß zum Predigen entzogen, obgleich
er versicherte, daß ihm sein Gewissen keine Ruhe lasse, er müsse
predigen. Er rühmte sich besonderer Offenbarungen, die ihm
nicht erlaubten, das Sakrament zu gebrauchen. Er sprach von
Gütergleichheit und ähnlichen politisch aufregenden Dingen. Er
wurde bedeutet, seine Offenbarungen, wenn er sie nicht für
sich behalten könne, der Obrigkeit mitzutheilen, und mit harter
Strafe bedroht, wenn er sie dem Volke verkündete.

---

1) Corp. Ref. I, 1021. 1029.

In den Jahren 1528—1530 weilte Dr. Johann Draco in Eisenach, dessen Beispiel sicherlich auf die Menge gewirkt hat. Als Churfürst Johann in Eisenach gewesen, hatte ihm Draco eine Schrift und ein Bekenntniß des Glaubens über= geben und die Gründe auseinandergesetzt, warum er Walters= hausen verlassen und sich nach Eisenach begeben habe. Es war aber dem Churfürsten glaublich berichtet worden, daß er, so lange er in Eisenach gewesen, das heilige hochwürdige Sakra= ment des Leibes und Blutes Christi nie empfangen, noch Ge= meinschaft mit dem Pfarrer, Kirchendiener oder gemeiner Kirche des Orts gehabt. Auf Befehl des Churfürsten wurde Draco von den Visitatoren in Untersuchung genommen und wegen seiner Lässigkeit im Gebrauch des Abendmahls verwiesen. Sein Antrag, die Bibel in 4 Sprachen zu übersetzen, fand keinen Anklang, angeblich, da in dieser Beziehung bereits viel gearbeitet sei, und nur mit Mühe wirkte er sich die Erlaubniß aus, in dem von ihm bewohnten Hause noch einige Wochen zu bleiben. [1])

Der erste eigentliche Wiedertäufer in dieser Gegend und zu= gleich der bedeutendste und einflußreichste Führer [2]) dieser Sekte war Melchior Rink, der im Jahre 1523 von Strauß als Pfarrer nach Eckartshausen, einem Dorfe in der Nähe von Eisenach, befördert worden war. Im Jahre 1526 erschienen Gedichte von ihm, auf deren Titel er sich als Hessen bezeichnet. [3]) Auch andere lateinische Gedichte hat er drucken lassen. [4]) Dar= aus geht klar hervor, daß die Annahme, Rink sei Kürschner gewesen, jeglicher Begründung entbehrt. Auch sein gewöhnlicher

1) Weim. Comm.=Arch. Ji, fol. 84b, 67; fol. 100b, 98; fol. 84b, 67.

2) Wicelii Epp. Gg iijb: „Retinctores Rinchium ita solum ad-mirantur, ut solus sapere ipsis videatur, ceteros omnes vocant umbras."

3) Panzer, Annal. typogr. XI, 437. No. 566b:
„Melchioris Rynchii Hessi Carmen amoenitates vernae, tempestatis ex parte complectens. Evangelium christiani pascatis versibus hex. inclusum. Elegia ad Deum O. m. Elegia ad sanct. dei parentem vir. Mariam. Elegia in vitae humanae brevitatem et fortunae perfidiam. Vita dive Helisabetae viduae cursim conscripta et alia nonnulla." (Lipsiae impressit Jacobus Thanner MDXVI. 4⁰.)

4) Seidemann, Die Reformationszeit in Sachsen von 1517 bis

Beiname „der Grieche" (Greck) scheint ihn als einen Gelehrten bezeichnen zu wollen. Er war ursprünglich Schulmeister in Hers= feld, sein Bruder, Johannes Rink, ebendaselbst Kaplan. [1]) Der Letztere war später in Münster und scheint von da nach Schweden entkommen zu sein. In Uebereinstimmung mit seinem Pfarrer Heinrich Fuchs schaffte er schon 1523 Seelenmesse und Vigilien ab. Melchior Rink soll 1521 mit Storch und Stübner nach Wittenberg gezogen sein in der Absicht, daselbst die Sache der Wiedertäufer gegen die Häupter der Wittenberger Schule zu vertheidigen. Allein dies widerspricht einestheils der Angabe Melanchthons, anderntheils bezeugt Wicel ausdrücklich, daß Rink nicht allein ein tüchtig wissenschaftlich gebildeter Mann, sondern auch zu der Zeit, als er mit ihm von Wenigenlupnitz aus verkehrte, noch nicht in diese Schwärmerei verfallen ge= wesen sei. [2]) Vielmehr ist er, wie auch Menius berichtet, erst in den Jahren 1524 und 1525 ein Schüler und Anhänger Thomas Münzers geworden, wie auch Hans Hut aus Hain in Franken, der, nachdem er Münzers Beginnen als falsch und

---

1539: „Frank und der berüchtigte Melchior Rink haben zu den 1516 dem Johann Lang Bambergius gewidmeten Schriften ‚Jacobi Philippi de Ysabellis artificiosa memoria in omni scibilium genere perficere volenti utilissima' Jeder ein Epigramm geliefert."

1) Johann Rinck, Freund des Erasmus und Gönner vieler Humanisten, dem schon im Jahre 1529 Nikolaus Herborn seine Streitschrift gegen Franz Lambert widmete, und der noch am 16. März 1535 einen Brief an Erasmus richtete, kann nicht derselbe sein, wie Melchior Rink (vgl. Cornelius, Gesch. des Münster. Aufruhrs, S. 53), was Hochhuth S. 542 anzunehmen scheint.

2) Corp. Ref. I, 13. 536. — Wicelii Epp. Nijb: „Rinchium, veterem sodalem, per literas monui, ut Anabaptismo renuntiaret et doceret, quae propius ad salutem animarum faciunt, sed in proposito perstat. Vir is est incredibili fortitudine, vita austera et excellenti eruditione, si modo, favente Deo, ab illa retingendi dementia avocari posset." — O iij: „Rinchium apud nostrates in publica custodia asservatum per nepotem ad palinodiam anabaptismi sollicitavi rogando atque monendo, sed sine effectu. Dicitur christiane docere in multis. Ipse eum non audivi nec vidi, praeterquam Lupnitiae, quum nondum esset in hunc errorem lapsus."

.

irrthümlich erkannt hatte, sich unter die Taufgesinnten aufnehmen ließ und in Franken, Passau, Salzburg, Oestreich, Mähren und Schlesien predigend und taufend umherzog. Auch Fuchs, der inzwischen Pfarrer zu Markjuhl geworden war, schloß sich Münzer an; er wurde vor Frankenhausen im aufrührerischen Haufen mit erschlagen. Rink hat im Bauernaufruhr „als ein Hauptjacher und Fürgehender geholfen und gerathen". Nach gestillter Empörung hat er seinen Irrthum nicht etwa bereut, sondern sich vielmehr gerühmt, Gott habe ihm vor Frankenhausen darum davongeholfen, daß er des Münzers vorgenommene Handlung vollführen und zu Ende bringen solle. Er verließ Weib und Amt, zog in der Gegend von Eisenach bis nach Vacha und Hersfeld umher und warb Anhänger für seine wiedertäuferischen Ideen. Ebenso suchte er dieselben durch Schriften, die er sowohl geschrieben als auch gedruckt ausgehen ließ, zu verbreiten. So schrieb er ein Buch, um den Lutherischen zu beweisen, daß sie Schrift wissen, lesen, hören und nachschwatzen so viel hielten als glauben, wie das aus der Vorrede Luthers zum Neuen Testament hervorgehe. Sie lehrten nicht mehr, denn einen eitlen, faulen und todten Glauben, dessen Werke nicht mehr wären, denn nur allein seinen eigenen Namen ausrufen. Dagegen sei Thomas Münzer ein rechter Held mit Predigen, durch dessen Wort die Kraft Gottes gewaltig wirkte; der sollte in einem Jahre mehr ausrichten, denn tausend Luther ihr ganzes Leben lang. Die heilige Schrift hielt er für gar nichts und nannte sie nur einen todten Buchstaben. Menius hörte einmal aus seinem eigenen Munde, alle Bücher des Neuen Testaments in allerlei Sprachen, griechisch, lateinisch, deutsch u. s. w. wären allzumal falsch und kein rechtes auf Erden mehr. Item im Abendmahl, da der Herr sage: „Nehmet hin, trinket alle daraus; das ist mein Blut, das für euch vergossen wird", seien die folgenden Worte „zur Vergebung der Sünden" vom Teufel hineingeschmeißet worden.

Als Menius gegen die Behauptung: die Kinder könnten nicht glauben, darum sei es Sünde und Unrecht sie zu taufen, einwandte: Christus sage, Solcher ist das Himmelreich; nun könne aber, wie die ganze heilige Schrift bezeuge, Jemand, der nicht glaube, nicht in das Himmelreich kommen, folglich müßten die Kinder glauben, — erwiderte ihm Rink, Christus habe nicht gesagt, das Himmelreich ist ihr, nemlich der Kinder, sondern es ist solcher, talium nicht illorum, d. i. deren ist das Himmelreich, die den Kindern gleich sind. Wenn die Evangelischen die Kindertaufe schon darum nicht als Sünde anerkennen konnten, weil sie Christus nicht verboten habe, so hielt ihnen Rink in seiner Schrift von der Kindertaufe entgegen, es sei widerchristlich, daß man noch ein eigentliches Verbot eines Dinges haben wolle, das Gott nirgends geboten habe. Denn Alles, was Gott nicht geboten habe, sei so gut wie verboten.

Die Taufhandlung pflegte er in folgender Weise vorzunehmen. Zuerst wurde der Täufling gefragt: Bist Du ein Christ? Antwortete er: Ja, so wurde er weiter gefragt: Was glaubst Du denn? Antwort: Ich glaube an Gott, meinen Herrn Jesum Christum u. s. w. Dann wurde weiter gefragt: Wie willst Du mir Deine Werke geben? Antwort: Ich gebe sie einem allzumal um einen Groschen. Weitere Frage: Wie willst Du mir Deine Güter geben, auch um einen Groschen? Antwortet er: Nein, so sagt er abermals: Wie willst Du mir denn Dein Leben geben, auch um einen Groschen? Antwortet er: Nein, so sagt er: Ei, siehst Du, so bist Du auch noch kein Christ. Denn Du hast noch keinen rechten Glauben und stehest nicht gelassen, sondern nimmst dich noch der Kreaturen und Dein selbst an. Darum bist Du auch nicht recht in Christus Taufe mit dem heiligen Geist, sondern nur allein in Johannis Taufe mit dem Wasser getauft. Willst Du aber selig werden, so mußt Du wahrlich entsagen und Dich zuvor verzeihen aller Deiner Werke, aller Kreaturen und zuletzt auch Dein selbst, und mußt allein an Gott glauben. Nun frage ich Dich aber: Verzeihest Du Dich Deiner Werke? Antwort: Ja. Ich frage Dich weiter: Verzeihest Du Dich der Kreaturen? Antwort: Ja. Ich frage Dich noch weiter: Verzeihest Du Dich auch endlich Dein selbst? Antwort: Ja. Glaubst Du allein an Gott u. s. w.? Antwort: Ja. So taufe ich Dich im Namen u. s. w.

Von Päpstlichen und Lutheranern, die ihm der ganze Wust
und Greuel des Widerchrists sind, wurde er als Ketzer und Schwärmer, Sünder und Aufrührer von Dorf zu Dorf, von Stadt zu
Stadt, von Land zu Land verfolgt und vertrieben. Um das Maß
seiner Trübsal voll zu machen, verklagte ihn sein Eheweib, daß er,
wie auch der Kürschner Hans Römer aus Eisenach, der eine Zeit
lang in und um Mühlhausen unter Münzer gepredigt hatte,
das seinige verlassen hatte. Darüber schreibt er an Eberhard
von der Thann, Amtmann zur Wartburg, sein Gewissen habe
ihn eine Zeit lang nicht wenig gefressen der vermeinten Ehe
halben, so er mit Anna, Hans-Eckarts Tochter in Eckartshausen, besessen habe. Er habe nicht viel, ja gar nichts von
solcher Ehe gehalten, doch habe er sie wiederum auch bei Etlichen schriftlich für sein Eheweib bekannt. Nachdem sie nun
aber öffentlich bewiesen, welches Sinnes sie von Anfang gegen
ihn gewesen sei, wie sie ihn nicht aus Liebe und freiwilligem
Herzen, sondern um ruhige Tage zu haben und von ihren
Eltern gezwungen, genommen habe, wie er denn auch von Anfang solches nie anders bei ihr befunden habe, so werde
er verursacht, aus Liebe der Wahrheit mit gegenwärtiger
Schrift sie hinfort für sein eheliches Gemahl zu verleugnen.
Ihr Vater habe sein Kind offenbar nicht verehelichen, sondern
verkaufen wollen. Nicht Alles, was um zeitlicher Ehre und
Nutzens willen zusammengefügt wird, sei von Gott zusammengefügt. Christus habe zwar geboten, es solle sich Niemand von
seinem Weibe scheiden, es sei denn um Hurerei willen, das
treffe aber in seinem Fall nicht zu; er habe gar kein Eheweib
im eigentlichen Sinne des Worts gehabt. Daher sei es nicht
allein zugelassen, sondern sogar geboten, sich von einer zu thun,
die nie sein Eheweib gewesen und ihn unter dem Namen der
Ehe betrogen habe. In der Welt sei es freilich gewöhnlich
so. „Es kostet hie nicht mehr, so man allein zu beiden
Seiten des Kaufs eins ist, denn daß der Pfaff sie mit Händen
zusammengebe, daß man fresse und saufe, die Blutsverwandten
zu beiden Seiten schätze, und zwar gleichwie die Pfaffen mit
ihrem Kindertaufen und broternen Abgott machen, sich über

Gott und Christum setzen, also thun sie auch in der Zusammen=
fügung so vieler unehelicher Ehen. Aber die Werke bezeugen
allenthalben, daß die Werkmeister weder Gott noch Christus,
sondern der Satan und Widerchrist sind." Sein Schwieger=
vater beklage sich, daß er sein Eheweib seit sechs Jahren weder
in Eckartshausen besucht noch zu sich gefordert habe. Da=
gegen habe er einzuwenden, daß sie ihm nicht habe folgen
wollen, weil er keine bleibende Stätte habe und weil sie sich
mehr zu ihren Eltern als zu ihm halte. Also nicht er habe
sie, sondern sie habe ihn verlassen. Seine Widersacher for=
derten ihn auf von seiner Schwärmerei zu lassen und wieder
zu seinem Weibe zu kommen, aber er halte sich billig zu dem
Ausspruche Christi: Wer Weib und Kinder lieber hat denn
mich, der ist mein nicht werth. Er wolle gern seine Schmach
tragen, obwohl er betrogen sei und nicht betrogen habe.

II.[1]

Im Jahre 1528 faßte er in der Gegend von Hersfeld,
namentlich in Sorge, festen Fuß, predigte und taufte und
sammelte eine nicht unbedeutende Gemeinde von Wiedertäufern
um sich. Deshalb ertheilte der Landgraf von Hessen dem
Pfarrer Balthasar Raid den Auftrag, Rink zu vernehmen und
zu bestimmen, daß er entweder seine Lehre vor den Professoren
der Theologie in Marburg aus der Schrift erweise oder, wenn
er das nicht könne, vor der Gemeinde zu Hersfeld öffentlich
widerrufe oder das Land verlasse. Darauf legte Rink ein
Glaubensbekenntniß ab, dessen Grundzüge Raid in Folgendem
wiedergiebt:

„1) Melchior Rink lästert und schmähet das heilige Evan=
gelium, welches Gott zu dieser Zeit offenbart hat, und spricht,
es sei ein falsches, heuchlerisch gleißnerisches Evangelium. Alle,

1) Hochhuth, Landgraf Philipp und die Wiedertäufer, in Niedners
Zeitschr. für hist. Theol. (1858), S. 543 ff.

die Martin Luther folgen und so lehren, die führen die Leute zum Teufel; denn obwohl Luther erst Gottes Geist gehabt, so sei er doch nun ein Teufel worden und der rechte Antichrist. 2) Die Erbsünde von Adam verdamme Niemand, bis so lange der Mensch zur Vernunft komme und in die Sünde willige. 3) Er leugnet, daß die Kinder um der Sünde willen sterben sollen, und behauptet, der Spruch Gen. 3: welchen Tag du von dem Baume essen wirst, wirst du des Todes sterben, sei von dem geistlichen Tode der Seele und nicht des Leibes gesagt. 4) Die Kinder seien vor der Vernunft und ehe sie in die Sünde willigen, weder recht noch ungerecht, weder selig noch unselig, sondern brächten von der Geburt guten und bösen Samen mit sich. 5) Alle, die das Sakrament empfangen, wie Luther bisher aus göttlicher Schrift beweist, die empfangen allemal einen Teufel. 6) Alle Sprüche der Schrift, darin Gott das Fleisch, die Sünde und den Menschen verdammt, gehen die Kinder Gottes nichts an und sind nicht von den Kindern gesagt, die keine Vernunft haben und nicht in die Sünde willigen. 7) Die Prädestination verleugnet Rink gegen das 9. Capitel zu den Römern. 8) Christus ist dem Vater nicht gehorsam gewesen nach dem Fleisch; das Fleisch hat wider den Geist gestrebt und ist ungehorsam gewesen, doch ohne Sünde. 9) Mit der Taufe und dem Sakramente hält Rink es weder mit Luther noch mit dem Papste; alle Kinder würden nämlich in der Taufe dem Teufel geopfert, und Alle, die das Sakrament nehmen, empfangen einen Teufel. 10) Man dürfe den Kindern Buße und Vergebung der Sünde nicht predigen, weil sie vom Guten nicht abgewichen seien; weil die Kinder weder Gutes noch Böses wüßten, darum sei die Taufe eine Gotteslästerung, darum sei es Noth, daß man sich und Andere taufen lasse, und von Neuem, als ob die Taufe jetzt geschehen, bekenne. 11) Christi Leib und Blut sei nicht im Sakrament des Altars. 12) Der Mensch könne sich durch die Verleugnung und Abjagung seiner Werke, der Kreatur und seiner selbst, das ist nichts anderes denn durch seine natürliche Kraft, so ihm von Gott in der Schöpfung gegeben, zum Glauben bereiten und zum Geist Gottes kommen."

Die Bemühungen Raids blieben vergeblich; seinen Beweisen aus der Schrift setzte Rink die ihm gewordenen Offenbarungen entgegen. Auch die Geistlichen der Universität Marburg, vor denen Rink Montag und Dienstag post assumptionis Mariae 1528 verhört wurde, konnten ihn nicht von seinen Verirrungen zurückbringen. Nur einzelne Artikel suchte er zu modificiren. „Er gestehe nicht ein", sagte er, „das Evangelium Christi gelästert zu haben, hoffe vielmehr mit seinem Leibe zu bezeugen, daß es ein wahr Evangelium und daß außerhalb des Evangelii Christi keine Vergebung der Sünden sei. Luther habe von den Sakramenten unrecht gelehrt, was er seiner Zeit beweisen werde. Auch habe er weder gesagt, daß der das Sakrament genieße, den Teufel empfange, noch die Prädestination, die er nach Röm. 9 lehre, geleugnet. Die Kindertaufe sei dem Befehl und der Ordnung Christi entgegen, denn die Kinder seien ohne Schuld der angeborenen Sünde, und die Erbsünde verdamme sie nicht."

Zwischen dem Churfürsten von Sachsen und dem Landgrafen von Hessen herrschte große Meinungsverschiedenheit hinsichtlich der Bestrafung der Wiedertäufer. Der Erstere wollte, nachdem er seine Theologen und Juristen mehrmals gutachtlich darüber gehört hatte, nach dem am 24. September 1529 zu Speyer erlassenen kaiserlichen Mandat verfahren, welches dahin lautete, „daß alle und jede Wiedertäufer und Wiedergetauften, Manns- und Weibspersonen, verständiges Alters vom natürlichen Leben zum Tod, mit dem Feuer, Schwert oder dergleichen, nach Gelegenheit der Personen ohne vorgehend der geistlichen Richter Inquisition, Gericht und Gepracht, und derselbigen Fürprediger, Hauptsacher, Landläufer und Aufrührische des berührten Lasters des Wiedertaufs, auch die darauf beharren und die ihnen zum andernmal umgefallen, hierin keineswegs begnadet, sondern gegen ihnen, vermöge dieser unser Konstitution und Satzung ernstlich mit der Straf gehandelt werden solle". Der Churfürst hielt sich für verpflichtet, an diesem Mandat, „darein er seines Theils neben andern Churfürsten, Fürsten und Ständen des Reichs auch bewilliget, desgleichen an seinem offenen Ausschreiben, so dieser Sekten halben hernachmals beschehen", nach dem Rathe seiner Gelehrten festzuhalten. Hingegen Landgraf Philipp glaubte, mit Milde und Belehrung dasselbe zu erreichen. „Denn wir können in unserm Gewissen nicht finden", schreibt er an den Churfürsten, „Jemanden des Glaubens halben, wo wir nicht sonst genugsam Ursache der Verwirkung haben mögen, mit dem Schwert richten zu lassen. Denn so es die Meinung haben sollte, müßten wir keinen Juden noch Papisten, die Christum am höchsten blasphemiren, bei uns dulden und sie dergestalt richten lassen." Daher konnte sich der Landgraf noch 1540 rühmen, daß in seinem Lande die Todesstrafe an keinem Wiedertäufer vollzogen worden sei, während in andern deutschen Ländern bis zum Jahre 1530 schon 2000 hingerichtet worden waren. [1])

---

[1]) Corp. Ref. IX, 420. 757. Seb. Frank, Chron., S. 445. — Schon in dem Unterrichte der Visitatoren (1527) heißt es: „Wäre etwa Einer (Pfarrer, Prediger, Kaplan), der darin Beschwerung hätte oder meinte, es sollte in einem oder mehr Stücken anders, denn wie es berührt, angenommen, zu lehren und zu halten sein, der soll sich derselbigen seiner widrigen Meinung in unserm Fürstenthum nicht vernehmen lassen, sondern sich daraus wenden und seine Pfarre oder Predigtamt auflassen, denn wiewohl unsere Meinung nicht ist Jemanden zu verbinden, was er halten oder glauben soll, so wollen wir doch zu Verhütung schädlicher Aufruhr und anderer Unrichtigkeit keine Sekten noch Trennung in unsern Fürstenthümern und Landen wissen noch gedulden; wo auch darüber gespürt würde, daß sich Jemand dem zu entgegen zu predigen, lehren oder mit den Sakramenten es anders zu halten unterstehen würde, so sollen unsere Amtleute, Schosser und die vom Abel, denen die Gerichte zuständig, Befehl haben, zu Stund nach ihnen solcher Uebertretung halben zu trachten. Item dergleichen Inquisition soll von den Visitatoren der Laien halben auch bestehen, nachdem wir befinden, daß an etlichen Orten mancherlei Sekten und sonderlich der Sakramente halben einwurzeln wollen, und sollen dieselbigen, so der Sakramente halben oder sonst im Glauben Irrthums verdächtig, vorgefordert, befragt, auch so es die Noth erheischt, Kundschaft wider sie gehört werden, und so sie sich dann dazu bekennen oder sonst überwunden, sollen sie berichtet und unterwiesen werden, des Irrthums abzustehen. Welche aber solche christliche Unterrichtung nicht wollen annehmen, denen soll durch unsere Visitatores, Amtleute, Schosser und sonst eine jede Obrigkeit geboten werden, inwendig einer namhaftigen Zeit zu verlaufen und

So wurde auch Rink seines Gefängnisses entlassen und aus dem hessischen und auf ein Schreiben des Churfürsten hin auch aus dem churfürstlichen Gebiete verwiesen. Das Gefängniß und die Landesverweisung brachten den Schwärmer so wenig von seinem Treiben ab, als die Ermahnungen seines alten Freundes Wicel. Er trieb sein Wesen in der alten Weise in der Gegend von Vacha und Herßfeld weiter. Daher wurde er am Martinstage 1531 durch Martin von der Thann, den Bruder Eberhards, Amtmann zu Vacha, daselbst mit 11 andern Genossen abermals gefänglich eingezogen. Um den Landgrafen diesmal zu einer härtern Strafe zu bestimmen, sandte Eberhard von der Thann folgenden Bericht über Rink an ihn ein:

„Erstlich ist es am Tage offenbar, daß Melchior Rink, oder Grink genannt, in dem vergangenen Bauernaufruhr ein Heerführer gewesen ist. — Und obwohl ihm gleich Andern, die sich desselben mehr aus Unwissenheit denn fürsätzlich theilhaftig gemacht, Gnade in Hoffnung seiner Besserung sollte bewiesen werden, so hat doch derselbige nie begehrt noch bei seiner Obrigkeit gesucht, und solche Uebelthat und Mißhandlung gleich andern Bußfertigen bereuen wollen, sondern gleich darauf mehr denn an einem Ort, obwohl der Münzer, so sei doch seine Sache nicht gefallen, öffentlich hören lassen und sich durch keine Gnade oder Strafe von seinem aufrührerischen Vorhaben abschrecken lassen, auch unverzüglich auf frischem Fuße von seinem Eheweibe, unter dem Namen der unchristlichen verführerischen Wiedertaufe, einen andern Aufruhr zu erwirken sich in die Irre begeben und hin und wieder nunmehr bis in das 7. Jahr seinen Gift ausgelassen. Ob nun dieselbige Wiedertaufe für sich als bloser Mißglaube und als weil es im Herzen allein einfältiglich geglaubt, durch das weltliche Schwert soll gestraft werden oder nicht, das will ich, weil es meines Berufs nicht ist, allhier nicht äußern, sondern die verständigen Schrift- und

sich aus unseren Landen zu wenden mit gleichmäßiger Verwarnung der ernstesten Strafe, wie zu Ende des nächsten Artikels berührt ist."

Rechtsgelehrten ausfindig machen lassen. Wenn aber dieselbige in Worten und Werken wider die öffentliche heilige Schrift und das Verbot der Obrigkeit hervorbricht und auf vielfältige freundliche und ernstliche Vermahnung und Verwarnung nicht will abgestellt werden, so soll sie meines einfältigen Verstandes, allein um der Wiedertaufe willen, ob au chdarinnen ohne das nichts aufrührerisches gelehrt werde, durch die Obrigkeit als eine öffentliche Gotteslästerung, wie sie denn ist, gestraft werden. Dann, wo nicht, so muß man gleichfalls alle die ungläubigen Gotteslästerer, so unter und neben uns unsern Glauben, die Ehre und Majestät unsers Heilandes Jesu Christi lästern und schmähen, auch ungestraft zur Verführung und Verderben vieler einfältigen Herzen ihren Muthwillen üben lassen. Und wie man sagt, ein Fürst möge viel weniger Verletzung seiner Ehre denn Beschädigung seiner Unterthanen mit Gnaden nachlassen, vergeben und vergessen, also soll vornehmlich der christlichen Fürsten Gewalt und Obrigkeit zu Handhabung von Gottes Ehre und folgends zur Besserung und Liebe des Nächsten gerichtet sein. Daß aber die Wiedertaufe und sonderlich dieses Melchior Rinks Lehre und Leben über das, daß sie die größte und öffentliche Gotteslästerung, auch aufrührisch und wider die Obrigkeit ist, erweiset und erfindet sich aus folgenden Ursachen.

Erstlich, so hat gedachter Rinke gelehrt, man solle keine Obrigkeit haben; folgends aber, als er den armen Einfältigen dieses aus Dem, daß sie vornehmlich aus diesen und dergleichen Artikeln in dem vergangenen bauerischen Aufruhr gestraft worden sind, nicht hat einbilden mögen, an des Statt gesagt: ein Christ solle oder möge kein Oberherr sein, Item die Gemeine solle dieselben zu setzen und zu entsetzen haben, welches zweierlei Rede und einerlei Meinung ist: damit hat er anfänglich die Obrigkeit in den Herzen der Menschen verdächtig machen und folgends, wenn ihm dieser Griff, dieselbe zu fällen, gerathen wäre, der Gemeine die Gewalt solche unchristliche und verachtete Obrigkeit, wie er sie achtet und nennet, zu setzen und zu entsetzen einräumen und beschließlich nichts anderes denn dieselbe ganz und gar stürzen und an ihrer Statt einen

Münzerischen Haufen ohne Obrigkeit erwecken wollen. Denn wenn keine Obrigkeit ist, oder wenn sie ohne Ehre ist, dann kann auch kein Friede sein; und wo kein Friede ist, da bleibt auch keine Nahrung und kann Keiner vor des andern Frevel. Zudem hat Rink dieses auch mit der That in dem, daß er E. F. G. Gebot über vielfältige gnädige Vermahnung, Begnadigung, Einziehung, ernstliche Verwahrung und Verweisung verächtlich gehalten, öffentlich bezeugt und erwiesen: jüngst auch wie ich berichtet bin, als ihn E. F. G. Amtmann zu Vach, warum er die Gebote verachtet hätte, befragt, soll er ihm frech, die Erde sei des Herrn, derwegen gebe er auf dieses E. F. G. Gebot gar nichts, zu mehrerer Anzeigung dieser seiner Unterthänigkeit zur Antwort gegeben haben. Und zu unserer Bekräftigung, daß sein Vorhaben allein ein Aufruhr wider uns zu erwecken und eine gemeine Zerrüttung und Zerstörung der Obrigkeit und aller Stände einzuführen gewesen sei, so hat er wider die Obrigkeit als ein Aufrührer alle weltliche Ordination, christliche Polizei und Stände, so viel an ihm zu erweisen, beide Regimente niederlegen und zerstören, ohne welche die Welt nichts denn ein wüster Haufe und keineswegs bestehen mag, dagegen aber eine Gleichheit und Gemeinschaft aller Menschen, wie wir sie denn christlich und in jenem Leben zukünftig glauben, einführen wollen. Daraus denn folgt, daß im Fürstenthum Sachsen und anderswo durch seine Eingebung und Verführung viel einfältige Leute ihren Beruf, die Pfarrherren ihre Seelsorge, Mann und Weib oft beide, zur Zeit eins unter denselben, ihre Kinder und Säuglinge, etwan unter einander sich selbst wider göttliches Recht, alle Vernunft und unmenschlicher Weise haben verlassen und ihm nachzufolgen in die irrige Einöde sich begeben. Und ob er dasselbige alles, wie berührt, oder zum Theil in Abrede stellen und verneinen wollte, so ist solches im Fall der Nothdurft aus seinen Büchern, welche er zum Theil im Druck, zum Theil mit seiner eigenen Hand geschrieben, hat ausgehen lassen, deren ich etliche E. F. G. überschicke, leichtlich zu überweisen. Aus welchem allem der Sinn und des Münzers Lehre einhellig und ohne allen Unterſchied, allein daß dieſe mit der Wiedertaufe, jene mit chriſtlicher Bruderſchaft und jedoch die erſte mit beſſerem Schein bedecket, beide aber einen gemeinen Aufruhr zu erwirken gerichtet ſind.

Dieweil nun dem allen alſo, nemlich daß Melchior Rink ein Urheber des vergangenen baueriſchen Aufruhrs, und davon nicht geſättigt, ſondern unbeirrt noch in ſeinem unruhigen Vor-haben, Fleiß und Arbeit, denſelben wiederum unter dem Schein der Wiedertaufe zu erwecken geweſen iſt, ſolches auch vielmals mit der That, als ein ungläubiger Gottesläſterer, ungehorſamer widerſpenſtiger Aufrührer erwieſen und nicht in Abrede ſtellen mag, ſo will ich mich zu C. F. G. verſehen, dieſelbige werden ihn ernſtlich als einen Gottesläſterer, folgends als einen unbe-lehrten, verſtockten, unbußfertigen Aufrührer und Verächter aller göttlichen und menſchlichen Ordnung, nach ſeiner Verwirkung, Gott zu Ehren und zur Erhaltung gemeines Friedens, ihm ſelbſt zur Beſſerung und andern zum Abſcheu auf das förder-lichſte ſtrafen laſſen.“

Es fanden noch mehrfache Verhandlungen der beiden Fürſten und Berathungen ihrer Beamten ſtatt, aber es konnte keine Einigung erzielt werden. Schließlich wurde Rink an einen be-quemen Ort weit genug von den churfürſtlichen und landgräf-lichen Landen geführt; „daſelbſt ſoll er die Zeit ſeines Lebens im Gefängniß verwahrlich und alſo gehalten werden, daß er Keinen mehr verführen oder ihm anhängig machen mag“.

In Gotha wurden 1529 mehrere Wiedertäufer verhaftet. Sie wurden über alle ihre Artikel aus Gottes Wort unter-richtet und bekannten frei, daß ſie leider geirrt hätten und von den falſchen Propheten und aufrühreriſchen Lehrern jämmerlich verführt worden wären. Sie bekannten und widerriefen ihre Irrthümer öffentlich und trugen willig die ihnen aufgelegte Buße. Auch gelobten ſie der Obrigkeit an, ſich hinfort vor ſolchen Irrthümern zu hüten. Aber ſie hielten ihr Verſprechen nicht. Das Jahr darauf wurden ſie wieder in Reinhardsbrunn gefänglich eingezogen. Sie wurden wieder belehrt und wußten an dem Unterrichte nichts zu tadeln. Sie gaben wieder vor, verführt worden zu sein, und versprachen Besserung. Aber ehe man sich's versah, waren sie wieder abgefallen. Einige erklärten, obwohl sie ihrer Lehre keinen gewissen Grund aus Gottes Wort anzuzeigen wüßten, so wären doch andere Leute, die es wüßten, deren auch etliche, z. B. Thomas Münzer, darauf gestorben wären; also wollten sie auch thun, und weil sie das Leben ohnedies doch verwahrlost hätten, so wollten sie auf ihrem Glauben bleiben. Dazu erregten sie in der Kirche einen Auflauf und versuchten Einen, der ihre Artikel widerrufen sollte, zu steinigen. Daher wurden am Dienstag nach Antonii mehrere zu Reinhardsbrunn hingerichtet.

In Eisenach hatten sich drei von Neuem taufen lassen. Da einige 20 Bürger Fürbitte bei dem Churfürsten einlegten, gewährte man ihnen Gnade und entließ sie aus dem Gefängniß unter Angelobung der Besserung und mit dem Versprechen, daß sie sich eines christlichen Wandels befleißigen wollten.

III.

Diese Wiedertäufer machten den beiden Superintendenten Justus Menius zu Eisenach und Friedrich Myconius zu Gotha außerordentlich viel zu schaffen. Menius hatte bereits im December 1528 mit Eberhard von der Thann einen Bericht in dieser Angelegenheit an den Churfürsten eingesendet und seine Aufmerksamkeit nie von dieser gefährlichen Bewegung abgelenkt. Keiner war so geeignet, den literarischen Kampf mit den Wiedertäufern aufzunehmen, wie er, da er, wie wir gesehen haben, seit den Jahren 1524, in welchem er mit Münzer im Briefwechsel stand [1]), und 1525 fortwährend mit ihnen in Be-

----

1) Corp. Ref. I, 1012. Der Anfang des Briefes Münzers an Menius lautet:

„Suo dilecto Lris. Meni Thomas Munzer.

Der Geist der Weisheit und die Erkenntniß Gottes Kunst sei mit Euch, herzenhaftiger Bruder.

Ich spüre in Eurem Briefe ganz emsige Begier zur Wahrheit, darum,

rührung gekommen war. Er verband sich mit Myconius, um eine Streitschrift herauszugeben [1]), ließ sie aber dann im Jahre 1530 unter seinem Namen allein erscheinen und widmete sie dem Landgrafen von Hessen. Sie ist, wie seine meisten Schriften, etwas weitschichtig angelegt, so daß Melanchthon fürchtete, sie werde deshalb nicht viel gekauft werden [2]), widerlegt aber die täuferischen Irrthümer in einer Weise und mit einer Schriftkenntniß, wie man sie für jene Zeit kaum erwarten konnte, und ist für uns die beste und ergiebigste Fundgrube für die Kenntniß dieser eigenthümlichen und merkwürdigen Bewegung im westlichen Thüringen.

In der Einleitung spricht er sich über das nahe Ende der Welt aus, das durch die Offenbarung des Antichrists, den Einbruch der Türken und das Aufstehen der mancherlei Sekten in der Christenheit deutlich angezeigt werde. Dann schildert er in anschaulicher und lebendiger Weise, wie die Wiedertäufer sich bei dem Volke einführen und dasselbe bereden und bestricken:

„Der erste Mantel, damit sich dieser schalkhaftige Rottengeist deckt und schmückt, ist der, daß er die Leute durch seine Diener und trüglichen Arbeiter mit einem Schein einer besondern Heiligkeit blendet und anficht und sich unter demselben also dargiebt, daß der arme Pöbel nichts anderes denkt, denn da sei eitel köstlich Heiligthum und Gott selbst. Da ziehen die Rottenmeister nur zu den armen Leutlein zur Herberge und ist ihr

---

baß Ihr also mannigfaltigen Fleiß verwendet zu fragen nach dem rechten Wege, welcher Euch am allersichersten zu erkennen wird in der reinen Furcht Gottes am XVIII. Psalm: Coeli enarrant etc. Da wird Euch durch den heiligen Geist angesagt, wie Ihr müßt lernen durch das Leiden Gottes Werk im Gesetz erklärt, Euch zum ersten die Augen eröffnet werden müssen, Ihr müsset ein Wort immer gegen das andere halten, und die Betrachtung Eures Herzens dahin richten, da die Sonne aus wahrem Ursprunge aufgehet nach der langen Nacht" u. s. w. — S. Unsch. Nachr. 1716, S. 1242 ff.
1) Luth. Br. III, 558.
2) Luth. Br. III, 569.

Gruß: der Friede des Herrn sei mit euch, lassen sich hören, sie gehören nur zu den Armen; zu denselben habe sie Gott ausgeschickt; und wo sie einkommen, da geben sie sonderliche Heiligkeit vor, mit besonderen Gebeten, und lesen den Leuten vor aus dem Evangelio, sonderlich was da Lehren sind von äußerlichen leiblichen guten Werken, als daß man dem Nächsten soll behülflich sein mit Geben und Leihen, und der zeitlichen Güter ingemein also genieße, Niemand keinen Schaden thun, sondern sich freundlich und brüderlich unter einander vertragen, keiner über den andern herrschen, sondern alle unter einander gleiche Brüder und Schwestern sein und in Summa was dergleichen Lehren mehr sind, die wir allesammt gern hören und lernen, wenn sie Andere gegen uns erzeigen sollen, und aber doch gar ungern, ja nimmermehr gegen Andere beweisen; das bläuen sie den Leuten also vor.

Auf das disputiren sie denn, wie übel es jetzund in aller Welt stehe und wie gar Wenige nach solcher heiligen und heilsamen Lehre sich halten und leben; daraus sie dann den Leuten einreden, für das erste, daß der jetzigen Prediger Lehre nicht das rechte Evangelium und Wahrheit Gottes sei, dieweil sie solche Furcht in aller Welt nicht wirket. Zum andern sagen sie denn, wie eine große greuliche Strafe die Welt um der Sünde willen in kurzem übergehen wird und allda nicht mehr denn nur die Auserwählten Gottes allein bleiben und erhalten, und sonst aber alle andern vertilgt und in Grund und Boden ausgereutet werden."

Solche Strafe sei die Zukunft unseres Herrn Jesu Christi und der Welt Ende, aber noch nicht der jüngste Tag des Gerichts. Denn das Ende der Welt und der jüngste Tag liegen weit auseinander. Beim Ende der Welt werden alle Gottlosen, d. h. diejenigen, welche das Bundeszeichen nicht empfangen haben, vom Erdboden vertilgt, und das Häuflein der Auserwählten, d. h. diejenigen, welche das Bundeszeichen empfangen haben, wird allein erhalten und führt unter ihrem Könige Christus „ein seliges neues Leben auf Erden ohne alle Gesetze und Obrigkeit, da man auch keine Ehe stiftet, nicht freiet noch sich freien läßt, und doch gleichwohl unter einander eitel heilige und reine Frucht zeugt ohne alle sündliche Lust und bösen Willen des Fleisches. Da sollen und werden alle Güter gemein sein, und Niemandem wird etwas mangeln, sondern aller Güter ein reicher und überschwenglicher Ueberfluß werden, ohne alle Arbeit und Mühseligkeit. Ja in demselben Leben sollen auch alle Prophetien und heilige Schrift ganz aufgehoben und unnöthig sein, als der solche heilige Leute und vollkommene Gotteskinder nicht mehr bedürfen werden."

Gott hat schon etliche Engel und Boten ausgeschickt, die alle Welt durchlaufen und die Auserwählten Gottes allenthalben, wo sie sie finden und antreffen mögen, mit dem Bundeszeichen versiegeln sollen, auf daß ihrer in der Strafe, so über die andere Welt gehen soll, verschont werde. Die mit dem Bundeszeichen Versiegelten werden sich von den vier Enden der Welt an einem ·Orte sammeln; da wird Christus als ihr Hauptmann und König unter sie treten und ihnen das Schwert in die Faust geben, und wenn der Zorn und die Strafe sich erhoben und angefangen, alsdann wird er sie flugs und frisch drein schlagen und die Gottlosen vollends ausreuten und in Grund und Boden vertilgen heißen. Diese Strafe wird damit anfangen, daß der Türke als ein Werkzeug Gottes mit großer und grausamer Heereskraft daher kömmt und die Unbesiegelten umbringt und erwürgt. Das alles belegen sie mit Beweisstellen aus der Offenbarung Johannis und anderen, wie Jer. 48. Luc. 19. Matth. 21, 4. Mos. 24. Psalm 9. 12. 14. 37. 58. 75. Das neue selige Leben der mit dem Bundeszeichen Versiegelten beweisen sie mit Offenb. 20 u. 21.

Wenn dann die mit dem Bundeszeichen Versiegelten in ihrem neuen und seligen Leben auf Erden 1000 Jahre hingebracht und ihre Herrschaft vollendet haben, alsdann wird das jüngste Gericht gehalten.

Sie bieten aber den Leuten ihre Lehre mit Maßen und Vorsicht, und versichern sich ihrer Sache weislich, ob ihre Lehre auch eingehen und haften wolle oder nicht:

„Wenn sie nun den armen Leuten mit solchem Geschwätz Furcht

und Schrecken vor der greulichen Strafe eingeprediget, dazu auch ein Verlangen und Sehnsucht nach dem guten Leben gemacht haben, und die armen thörichten Leutlein einestheils aus Einfalt und Unverstand, einestheils wohl auch aus Vorwitz, der zu solchen neuen seltsamen Dingen Lust hat, bewegt werden und fragen, wie sie ihm denn thun sollen, damit sie der schrecklichen Strafen entgehen und in dem Bund Gottes auch möchten erhalten und selig werden, denn sie wollten ja auch gern recht und wohl thun, und was unrecht und schädlich wäre, lassen, da lobsingen sie dann und danksagen Gott aufs allerherrlichste einher, daß ihre Predigt nicht leer abgegangen, sondern so viel gewirket und die Zahl der Auserwählen etwas gemehrt habe, und geben alsdann vor, wie daß sie solche Boten seien, von Gott in alle Welt ausgeschickt, die Auserwählten, auf daß sie vor dem schrecklichen Zorn und Strafe Gottes bleiben mögen, zu erretten, und geben weiter vor, wie sie etwa in einem Traume gesehen und erkannt haben, daß sie an dem Orte etliche Auserwählte finden und antreffen würden. Nun sei ihnen von nöthen, daß sie von Sünden abstehen, weltliche Gesellschaft meiden, nicht saufen, nicht fressen, keine Hurerei treiben, nicht spielen, nicht fluchen, nicht schwören, nicht schelten noch lästern, und sonderlich sei ihnen von nöthen, daß sie sich gemeines Kirchganges enthalten, denn da, sagen sie, werde Gott am allergreulichsten geschändet und gelästert mit falscher Lehre und Mißbrauch der Sakramente, welcher schweren Sünde sie möchten theilhaftig und gleich schuldig werden, so sie es also öffentlich anhören und mit Stillschweigen gebulden sollten.

Ferner sollen sie sich mit dem Bundzeichen Gottes versiegeln lassen. Aber dabei sollen sie wissen und verwarnet sein, daß, sobald sie von Sünden ablassen, die Welt und Gotteslästerung der Schriftgelehrten (also nennen sie alle die, so in dieser Zeit im öffentlichen Predigtamt dienen) meiden, und das Bundzeichen Gottes annehmen werden, so werden sie wiederum von der Welt Verachtung, Verspeiung, Verspottung und allerlei Verfolgung bis in den Tod hinein müssen gewärtig sein. Wo sie nun darein sich ergeben und solches um des Namens Christi willen leiden zu wollen bereit seien, also denn wollen sie sie auf Gottes Befehl mit dem Bundzeichen versiegeln und recht taufen.

Etliche, sonderlich die Anhänger von Hans Denk, erzählen dem Neuling, ehe sie ihn taufen, sieben böse Geister her, von denen er besessen sei. Er muß bekennen, daß er sie habe und ihnen dann entsagen; diese sind: Menschenfurcht, Menschenweisheit, Menschenverstand, Menschenkunst, Menschenrath, Menschenstärke und Menschengottseligkeit. Alsdann nennen sie ihm sieben andere gute Geister, die er aufnehmen soll, nemlich Gottesfurcht, Gottesweisheit, Gottesverstand, Gotteskunst, Gottesrath, Gottesstärke und Gottesseligkeit. Verspricht er dies, so vollziehen sie die Taufe. Wer nun so getauft ist, der ist sogleich ein anderer Mensch, hat einen andern Geist und redet mit neuen Zungen. Da haben sie nicht mehr leiblichen Vater noch Mutter, Bruder noch Schwester, Weib noch Kinder, sondern sind eitel geistliche Brüder und Schwestern unter einander. Da spricht Keiner: ich bin in meinem, sondern in unserm Haus; ich liege in meinem, sondern in unserm Bette; ich decke mich mit meinem, sondern mit unserm Rock; ich und Käthe, meine Hausfrau, sondern ich und Käthe, unsere Schwester, halten mit einander Haus; Summa: da hat Niemand mehr etwas eigenes, sondern es heißt und ist alles unser, der Brüder und Schwestern, da heißt man Niemand mehr Ihr, sondern alle unter einander gleich Du. Da gilt keine Schrift mehr, sondern sind eitel göttliche Träume, Gesichte und himmliche Offenbarungen, dadurch die Herrlichkeit Gottes mit diesen Heiligen redet und handelt, und lehret sie gar viel hoher, heiliger, geistlicher und übertrefflicher Dinge, denn in der Schrift zu finden sind, ja so heilig und trefflich Geheimniß, daß man es vor aller Welt, sonderlich aber vor den Schriftgelehrten verhehlen und bergen muß und Niemandem offenbaren darf, er habe denn zuvor das Bundzeichen empfangen und sei ein versiegelter Ordensbruder; die Andern aber, außer dem Orden, sind gegen sie eitel Säue, Hunde, Böcke zur linken Seite Christi und verdammte Gottlose."

Dagegen macht Menius geltend: 1) Die äußerliche Heiligkeit sei eine Teufelslarve, in die sich schon die falschen Apostel

verkleidet hätten; 2) daß die Prediger nicht das rechte Evan=
gelium lehrten, sei eine Teufelsläfterung; denn die Lehre sei
nicht nach dem Leben schlechter Leute zu beurtheilen; 3) das
Vorgeben von künftiger Strafe der Gottlosen und taufend=
jährigem Wohlleben der Versiegelten auf Erden sei ein Teufels=
gedicht, nicht gegründet in der Schrift, ja gegen alle Schrift.
Der Teufel wolle, wie er diesen verführten Leuten durch Ver=
achtung der Predigt und der Sakramente allen Trost und
alles Heil gestohlen, ihnen nun auch alle Gottesfurcht aus dem
Herzen reißen.

IV.

Nun geht Menius auf die einzelnen Artikel der Wieder=
täufer ein.

Der erste derselben lautet: Das Wort Gottes soll Nie=
mand geprebigt werden, denn nur allein denen, so da
in der Wiedertäufer Orden und mit dem Bundzeichen ver=
siegelt sind. — Dieser Satz streitet wider Gottes Befehl, der
sein Evangelium öffentlich in der Welt geprebigt haben will,
und wider des rechten Glaubens Art, der göttliche Wahrheit
unerschrocken und standhaft bekennt. Der rechte Glaube bricht
frei heraus, bekennt und sagt, was er weiß, sollte auch alles
Unglück über ihn kommen. Solcher Glaube, der Gott lobt
und preist, ist das einige Werk und Opfer, das von allen
Heiligen, ja von allen Engeln unserm Herrgott am aller=
genehmsten und den Menschen am allernützlichsten geschehen
mag. Die evangelischen Prediger wissen von Gottes Gnaden
sehr wohl, daß zur christlichen Lehre mehr gehört als ein
todter Glaube, nemlich Gottesfurcht und gute Werke auch zu
lehren, wie sie denn auch thun, ja sie lehren noch weiter,
daß ein todter Glaube, der ganz ohne Werke ist, kein Glaube,
sondern eitel Heuchelei ist. Aber äußerliche Werke machen
Niemand vor Gott fromm und selig. Der rechte Glaube ist

weit verschieden von der Verstocktheit der Wiedertäufer, die sie wohl auch trotzig in den Tod gehen läßt. Endlich verstößt der obige Artikel auch gegen die Nächstenliebe, da er den Nächsten nicht durch Bekenntniß der reinen Lehre erbauen lasse.

Der zweite Artikel lautet: Der Glaube an Jesum Christum allein, ohne unsrer eignen Werke und Leiden Mitverdienst, macht vor Gott Niemand weder fromm noch selig. — Dagegen entwickelt der Verfasser die evangelische Lehre von der Rechtfertigung ausführlich; und auf den Einwand: Ei, man soll ja den Glauben auf der Werke und Leiden Verdienst nicht setzen, aber man soll und muß sie dennoch gleichwohl haben als nöthige Dinge zur Seligkeit, erwidert er: Das ist nichts geredt; denn sind sie zur Seligkeit nöthig, so kann man die Seligkeit ohne sie gewißlich nicht erlangen; kann man aber die Seligkeit ohne sie nicht erlangen, so macht der Glaube allein auch nicht selig. Das ist aber falsch und wider die ganze heilige Schrift.

Den dritten Artikel: Der Kinder Taufe ist wider Gott und Sünde, den Kindern weder zu Nutz nich nöthig, darum soll man die Erwachsenen und Alten allein taufen, stützen die Wiedertäufer mit folgenden Gründen: 1) die Kindertaufe sei nirgends geboten; 2) das Lehren müßte vor dem Taufen hergehen, nach Matth. 28, 19; 3) Niemand sei zu taufen, er glaube denn zuvor, Mark. 16, 16; 4) die Taufe sei den Kindern unnöthig, weil sie keine Sünde hätten; 5) Johannes, Christus und die Apostel hätten kein Kind getauft; 6) Christus sei erst im dreißigsten Jahre getauft worden u. s. w.

Indem wir auf die specielle Widerlegung der einzelnen Gründe nicht eingehn, wollen wir zwei Stellen anführen, aus denen sich ergiebt, wie die reformirt-symbolische und die lutherisch-dynamische Ansicht von dem Wesen der Taufe bei Menius unvermittelt und sorglos neben einander hergehen. Die erste lautet: „Die Taufe ist, daß der Mensch auf Befehl und Ordnung Christi ins Wasser eingetaucht und wiederum herausgezogen wird, zum Wahrzeichen und Zeugniß, daß er, der sonst in seiner Natur ein Knecht der Sünden, ein Kind der Ungnaden und Verdammniß wäre und ewiglich bleiben müßte,

durch und in Christo Vergebung der Sünden, Erlösung von
Tod und Teufel, bei Gott dem Vater ewige Gnade, Leben und
Seligkeit zu ewigen Zeiten glauben und haben soll, wie ihm
durchs Evangelium das alles reichlich verheißen und zugesagt,
also, daß, wer die Taufe empfängt, derselbe fürwahr wissen soll,
daß alle die Gnade, die im ganzen Evangelium durch Christum
geprediget und verheißen wird, ihm eignet und zusteht, und daß
er sich derselbigen als seines Eigenthums zu ewigen Zeiten anzunehmen und zu getrösten habe." Die andere: „Wir setzen
die Seligkeit gar nicht ins Wasser, sondern Christus hat sie durch
sein Wort selbst hineingesetzt und uns weiter befohlen, sie da
heraus zu empfangen. Dem Befehl folgen wir nun und sind
aus seinem Wort aufs allergewisseste, daß es nicht ein schlecht
elementisch Wasser, wie die tolle Vernunft schwärmt, sondern
ein recht geistlich, heilig, selig und lebendig machend Wasser ist,
dadurch und darunter Christus mit seinem heiligen Geist wahrhaftig in unser Herz kommt, dasselbige bewegt, verändert, er-
neuert und reinigt, und in Summa, durch die geistliche Wiedergeburt neue Kreatur und Gottes Kinder macht."

Wenn die Wiedertäufer die Worte pressen, um zu beweisen,
daß Lehren und Glauben dem Taufen vorhergehen müssen, so
wirft ihnen Menius Inconsequenz vor. Denn consequenter
Weise müsse man dann auch mit Taufen warten, bis der ganzen Welt das Evangelium geprediget wäre, da die Worte „alle
Völker" im Text auch dem „Taufen" vorausgingen. Die
Taufe ist auch nicht ein bloßes Merkzeichen des äußerlichen
Lebens und Wandels unter einander, dabei einer den andern,
ob er ihm angehöre oder nicht, kennen soll, sondern ist vielmehr ein solch Zeichen, dadurch unser Gewissen versichert und
vergewissert wird, daß alle die Verheißungen, so uns im Evangelio durch Christum geschehen sind, uns angehören, und daß
wir uns derselbigen getrösten, unsern Glauben und Zuversicht
gegen Gott darauf sicherlich setzen und bauen mögen. — Die
Taufe ist ein Mittel, dadurch uns Gott die Gnade und Seligkeit, durch Jesum Christum erworben und ins Wort bei der
Taufe verfaßt, anbeut und zueignet. — So viel die Vernunft

betrifft, so ist ein junges Kind mit schwacher Vernunft zur Lehre des Glaubens nicht allein nicht ungeschickter, sondern in alle Wege viel geschickter denn ein alter, der seine volle tolle Vernunft hat. —

Erbsünde ist nicht die Schuld oder Strafe, die Adam mit seinem Ungehorsam und sündlichen Werken verdient hat (denn was geht uns dieselbe an, weil sie ihm durch den Glauben an den verheißenen Weibessamen, d. i. unsern Herrn Jesum Christ, vergeben war?), sondern die Neigung der Lust und Wille, welcher uns alle unser Leben lang vom Guten und Rechten, das Gott gebeut, so gewaltig abzieht und zu dem verbotenen Argen so gewaltig zwingt und treibt, daß wir mit so großer Gottesverachtung so schwerlich und vielfältig sündigen, das heißt und ist die Erbsünde, deshalb, daß wir sie nicht von Anderer Exempel, Fürthun und Anweisung gelernt haben und nachthun, sondern daß wir sie allesammt mit unserm natürlichen Wesen von Adam her durch unsere Eltern auf uns ererben, und möcht auch wohl eine Erzsünde oder Hauptsünde genannt werden, deshalb, daß sie nicht eine Sünde ist, die gethan wird, als andere, sondern sie ists allein, die alle Sünde thut und treibt, von welcher alle andern Sünden herkommen und nichts anderes denn nur Früchte dieser Erbsünde oder Erzsünde sind. Denn wo diese Erbsünde in unsrer Natur nicht steckte, so hätten noch thäten wir keine Sünde. Daher ist sie auch in den Kindern, was die Wiedertäufer mit Unrecht leugnen.

Der vierte Artikel betrifft das Abendmahl und geht dahin, daß Brod und Wein nicht der wahre Leib und Blut unsres Herrn Jesu Christi sind. — Da diese Lehre gerade in jener Zeit so vielfach behandelt worden war, läßt sich Menius nicht näher darauf ein, und beschreibt die Art und Weise, wie die Wiedertäufer ihr Abendmahl halten, also: Wenn sie zusammenkommen, was sie denn gemeiniglich thun, wenn sie sich etwa besorgen, das Wasser wolle mit ihnen über die Körbe gehen, derhalben sie es auch das letzte Essen nennen, so ist das das erste, daß ihrer Fürsteher einer (also pflegen sie gewöhnlich ihren Rottenmeister zu nennen) oder wo derselben keiner vorhanden, sonst ein andrer anhebt und prebigt einher, erstlich von der brüderlichen Liebe und Treue, wie einer den andern lieben, fördern, helfen und rathen soll, als die da alle zu Hauf eines Leibes Glieder und der rechte Leib Christi seien. Darauf sie denn die Sprüche Röm. 12 und 1 Cor. 10 ziehen und legen also das Abendmahl nach denselbigen Sprüchen aus und geben für, wie das Brod und Wein solcher ihrer Deutung Zeichen seien. Denn gleich, sagen sie, wie viele Glieder einen Leib machen, also machen auch viele Körner ein Brod, und viele Weinbeeren einen Trank, und solche Einigkeit, Liebe und Treue die Christen zu lehren und zu verwahren soll der Ursachen eine sein, darum Christus das Abendmahl eingesetzt und befohlen hat. Derhalben, ehe denn sie das Abendmahl halten, pflegen sie vorhin den Bann zu halten, und müssen die, so etwa wider den Orden gehandelt und sonderlich, wenn sie aus der Schule geschwätzt, oder ihre teuflischen Irrthümer bekannt und widerrufen haben, ehe sie zum Abendmahl wiederum gelassen werden, ihre sonderliche Pönitenz und Buße tragen, auf daß ja die Brüderschaft allerdinge rein sei und keinen Mangel habe. Nächstdem wenn sie etwa vermerken oder sich sonst dünken lassen, es wolle ihnen einmal an die Haut gehen; oder wenn gleich deß nichts vorhanden ist, sondern die Rottenmeister sich sonst besorgen, ihre Bundsgenossen möchten etwas faul werden, und der Orden abnehmen, so kommen sie doch sonst zusammen und erdichten ihnen etwa eine Fährlichkeit und brauchen also das Abendmahl. Gleichwie aber das Korn, ehe es zu einem Brod wird, und ehe der Weintrauben zu einem Trank wird, zuvor alles zermalen und zerkeltert werden muß, also muß man durch Leiden Christo auch eingeleibt, ein Leib mit ihm und selig werden. Wie die Diebe, Mörder und andere Uebelthäter, wenn sie sich ihres bedachten Endes versehen, aus einem verzweifelten Muthe ihnen eine Freude mit einander fressen und saufen wollen, also thut ihm das Volk eben auch, kommt etwa in einem Feldhaus oder sonst in einem Winkel zusammen, frißt auf einmal ganze Kühe und Kälber, Schweine und Schafe auf, was es nur hat, und das heißt dann das letzte Essen gehalten.

Eine verführte Weibsperson bestand in Menius' Gegenwart trotzig darauf, es wäre Gott nicht möglich, den einigen Leib Christi auf einmal so Vielen zu geben. Wenn Jeder den Leib Christi im Abendmahl empfangen sollte, so müßte Christus mehr als einen Leib haben. Sei sein Leib wirklich vorhanden, warum man ihn denn nicht sehe noch fühle? — Dagegen beruft sich Menius einfach auf Gottes Macht und Willen; „denn er, als ein allmächtiger Herr und Gott, kann und weiß wohl einen Leib an viel Oertern zumal und viel Leib an einem einigen Ort, auch wohl einen Leib außer allen Oertern zu erhalten, sintemal er ein allmächtiger Herr und Gott ist". Die Nießung soll freilich geistlich sein; aber nichts desto weniger ist dennoch Christi Leib, der für uns gegeben ist, wahrhaftig im Abendmahl.

Den fünften Artikel: Jesus Christus ist nicht natürlicher und wahrer Gottessohn, widerlegt Menius mit den betreffenden Bibelstellen, und den sechsten: Alle Verdammten und Gottlosen, dazu auch der Teufel selbst, werden noch endlich selig werden, erklärt er für den Garaus, der aller Bosheit Thür und Thor öffne, und verwirft dabei die Lehre vom tausendjährigen Reiche.

Indem dann der Verfasser schließlich diejenigen irrigen Artikel der Wiedertäufer bespricht, welche das äußerliche zeitliche Leben auf Erden und den leiblichen Wandel vor den Menschen betreffen, macht er gegen die Verwerfung der Obrigkeit, des Gerichtsgebrauchs, der Eidespflicht, des Eigenthums, Ehestandes u. s. w. geltend, daß alle solche Dinge zumal Gottes Kreaturen und Ordnung sind, deren wir zu dieses Lebens Nothdurft ebensowenig entbehren mögen, als Essen, Trinken, Kleider, Herberge u. s. w. Daß sie sich auch ihrer eignen Eheweiber abthun und sich also insgemein mit einander behelfen sollen, will Menius noch gar nicht glauben, obwohl er es in etlichen Artikeln der Wiedertäufer verzeichnet gefunden und auch von einem ihrer vornehmsten Vorsteher selbst und glaublich gehört habe.

Vor so und so viel Jahren haben sie vorgegeben, wie alle Gottlosen durch sie umkommen sollten und ausgerottet werden, und waren der Sachen so gewiß, daß sie die Pfeile und Büchsensteine mit den Aermeln und Filzhüten auffangen wollten, und hätten in Wahrheit gern große Wunderzeichen gethan, wenn's sonst hätte gerathen wollen. Nun ihnen aber selbige Praktika gefehlet, lassen sie dennoch nicht ab, sondern greifen's auf ein neues an und geben vor, jetzt soll sich ein neues seliges Leben auf Erden anfangen, darin Christus selbst leiblich regieren wird, und ist ihre Prophetie schon so weit gekommen und erfüllt worden, daß die königliche Krone, Scepter sammt andern königlichen Zierraten und Kleinoden in Schwaben schon zugeschickt und der König erwählt ist worden, ja auch ein groß Theil seines Volks in Friesland zusammenkommen.

V. [1]

Die strengen Maßregeln von Seiten des Churfürsten und gewiß auch die belehrende Schrift von Menius bewirkten, daß in den churfürstlichen Landen die Wiedertäufer fast ganz verschwanden. Namentlich in der Stadt Eisenach hatte die eifrige und doch besonnene Wirksamkeit des Superintendenten den besten Erfolg. Die radikaleren Elemente ließen sich belehren oder beugten sich vor dem mild gewinnenden, aber konsequenten Verfahren ihres Pfarrherrn. Daher finden wir von da an nur die Namen von ein oder zwei Eisenachern, die sich auswärts dem wiedertäuferischen Treiben angeschlossen hatten.

Desto ärger und schlimmer war das Treiben der Wiedertäufer in dem Amte Hausbreitenbach, wo die Jurisdiktion vom Churfürsten und Landgrafen gemeinschaftlich geübt wurde. Beide hielten an den Grundsätzen fest, wie wir sie hinsichtlich des gefangenen Mink befolgen sahen, und konnten sich über eine gemeinschaftliche Bestrafung der Wiedertäufer nicht einigen. Bei einer Zusammenkunft in Schmalkalden blieb der Landgraf fest bei seiner Ansicht und willigte nicht in leibliche Strafen, erbot sich aber, die Hälfte der durch die Gefangenhaltung erwach-

1) Weim. Comm.-Arch., Reg. N, 493.

senden Kosten für die Wiedertäufer aus dem Amt Hausbreitenbach zu tragen. Eberhard von der Thann fand diesen Vorschlag unpassend, da noch mehrere Wiedertäufer aus dem Amte
Hausbreitenbach eingezogen werden müßten, und schlug vor,
die Wiedertäufer zu theilen und dann jedem Fürsten die Art
der Bestrafung zu überlassen. Johann Friedrich erwiderte:
„So wissen wir auch hinwieder ohne merkliche Verletzung unsres
Gewissens in solche Milderung der Verweisung nicht zu bewilligen, denn daß wir Ursach geben und Raum lassen, andre
arme Leute durch weitere Einbildung ihres verderblichen Irrthums in Verderb Leibs und der Seele zu führen, zu Ungehorsam, dieweil solches wider der Obrigkeit Recht vorgenommen,
auch wider die Liebe, so wir vor Gott unserm Nächsten schul-
big sind. Bitten derhalben nochmals freundlich, E. L. wolle mit
uns gegen diese Wiedertäufer verwirkte und rechtmäßige Strafe
vorwenden und sich mit uns vereinigen, damit das Ding zu Ende
gebracht und solcher verdammter Irrthum weiter nicht einbreche.“
    Der Churfürst stützte sich dabei auf den Rathschlag seiner
Wittenberger Theologen, die ihn daran, daß sich Etliche verführen ließen, für entschuldigt erklärten, da er das Seine gethan
habe, indem er durch ein Mandat „die heimliche Predigt und
Konventikula, Anabaptisten und andere schädliche neue Lehre
verboten habe“. „Der Strafe halben“, heißt es dann weiter,
„mag man es also halten, wo Anabaptisten begriffen werden,
daß man fleißig darnach frage, von wem sie diese Lehre haben,
und ob sie Anfänger sind oder haben fremde Schleicher receptirt,
item welche Artikel sie halten. Denn man muß Unterschied
halten mit Personen und Artikeln, und sind nemlich dreierlei
Personen, die ersten Anfänger und Receptatores, die andern
Anhänger, so pertinaces sind, die dritten, die aus Einfalt gefallen sind (da noch Besserung etwa zu hoffen). Wo man nun
befindet, daß sie selbst Anfänger oder Receptatores sind und ver-
botne Artikel haben, mag man sie mit dem Schwert strafen,
als diejenigen, so Konventikula angerichtet haben wider meines
gnädigen Herrn öffentlich ausgegangenes Mandat.
    Und dieses erstlich von wegen der verbotnen Konventikula,

damit sie Ungehorsam gegen die Obrigkeit gezeigt haben. Denn dieses heimliche Zusammenschleichen ist der Obrigkeit in keinem Wege zu leiden, bringt auch nichts Gutes; darum es die Obrigkeit billig wehren soll und muß.

Zum andern, so findet man gemeiniglich bei den Anabaptisten öffentlich aufrührerische Artikel, als nemlich diese, daß in Obrigkeit sein unchristlich sei, daß die Christen müssen ihre Güter ingemein haben, daß ein Christ keinen Eid thun soll, auch nicht der Obrigkeit, daß sie die Kirche reformiren müssen und die Gottlosen alle umbringen u. s. w., daß Zins geben unrecht sei und dergleichen viel, die leichtlich zu richten sind. Wo nun solche Artikel befunden werden, ist der Magistrat sicher. Denn solche Lehre kann nicht abgehn ohne Aufruhr. Derhalben wer darauf nach geschehener Verwahrung und Unterricht beharrt, soll als ein Aufrührer gerichtet werden.

Zum dritten, obschon etliche Anabaptisten nicht solche Artikel öffentlich aufrührerisch vorgeben, denn ob sie schon also halten, bekennen sie es doch nicht, wie wir erfahren haben, so ist doch das ein blasphema und seditio, daß ihre principale Weise dahin gerichtet ist, daß sie das öffentliche ministerium verbi verdammen und die Leute davonziehen, und doch selbst auch keine Kirchen haben, ja sie verwerfen solch öffentlich Ministerium. Dies ist eine unleidliche Blasphemie, daß sie das öffentliche ministerium verbi verwerfen und lehren, man soll sonst heilig werden ohne Predigt und Kirchenamt. Darüber ist es eine Zerstörung der Kirchen und ein Aufruhr contra ecclesiasticum ordinem, welche Zerstörung auch verhütet und gestraft werden soll, wie andere Aufruhren. Und diese Ursach ist nicht gering zu achten. Denn der Potestat ist schuldig laut des andern Gebots, das öffentliche Ministerium, d. i. ecclesiasticum ordinem zu schützen und zu erhalten. Und diese zwei Ursachen werden angezogen wider die Donatisten, da auch die alten Kaiser den Wiedertauf peinlich gestraft haben, die erste, daß die Donatisten die Kirchen zerrissen und damnirten Sakrament und Kirchen an allen Orten, darum daß man die Bösen duldet in der Kirche, wollten auch eine reine Kirche machen, wie die Anabaptisten, und wenn man das vornimmt, so muß die öffentliche ordinatio zerstört werden; denn in dieser Welt ist dieselbe reine Kirche nicht möglich, wie uns Christus oft verwarnet hat und gelehret, man soll sie also dulden. Item die andere Ursach war, daß die Donatisten und Circumcelliones viel gewaltiglich überfielen, wie auch die Anabaptisten sich an vielen Orten erzeigt haben, und haben dennoch die Donatisten so viel schrecklicher und aufrührerischer Artikel nicht gehalten, was weltlich Regiment und Wesen belangt. Derhalben schließen wir, daß, so viel die Anfänger und Receptatores belangt, · mein gnädiger Herr die Strafe in codice lege secunda gesetzt wider sie mit gutem Gewissen brauchen möge.

Dergleichen schließen wir auch von den andern Anhängern und Verführten, welche öffentliche aufrührerische Artikel haben und nach geschehener Vermahnung und Unterricht darauf beharren, item, welche darauf beharren, daß unsere Taufe und Predigt nicht christlich sind, und also diese Kirche nicht Christi sei [1]), wider diese mag der Potestat auch bedachte poenam codicis brauchen mit gutem Gewissen.

Von den dritten, wo man findet etliche, die aus Einfalt in Irrthum gefallen, und lassen sich davon weisen und wollen revociren, soll man sie annehmen mit einer öffentlichen Pönitenz und Bedrohung, so sie wiederum fielen; im Fall aber, daß sie sich nicht davon weisen lassen, denn ihrer viele sind leiblich besessen von dem Teufel, und man findet doch keine öffentlich aufrührerischen Artikel oder Muthwillen, mag man sie verweisen oder mit einer andern gnädigen Strafe, die ihnen zu Besserung und Andern zu einem Scheu dienen möge, strafen.

---

1) In einem 1540 zu Schmalkalden gegen Seb. Frank und Kasp. Schwenkfeld abgefaßten und von J. Jonas, J. Bugenhagen, C. Cruziger, Ph. Melanchthon, A. Corvinus, J. Cymeus, B. Rhardus, J. Leningus, N. Scheubelius, W. Bucerus, Johannes Amsberdamus und N. Amstorfius unterschriebenen Gutachten heißt es mit großem Selbstbewußtsein und mit großer Naivität zugleich: „Discessimus ab Ecclesiis Papae propter manifestam idololatriam et impia dogmata plurima, quae in Papa ceclesiis regnant. At nulla vera causa est, quare ministerium in nostris Ecclesiis deserendum sit." (Cod. Palat. [Heidelberg], No. 435.)

Das alles soll man nach Gelegenheit lindern oder schärfen. Daß man nicht viel Frucht schaffe mit dem Tödten, derhalben daß die Wiedertäufer so getrost sterben, ist so hoch nicht anzusehen, daß darum kein Ernst sollte erzeigt werden, sonderlich wider die Anfänger und Receptatores und Anhänger, die aufrührerische Artikel vorgeben; sondern der Potestat ist schuldig, vor Gott blasphemiam und Aufruhr zu wehren, und soll auf Gottes Befehl und in Gottes Furcht sein Amt brauchen. So wird Gott helfen, daß es Frucht schafft. Denn man muß den Teufel verachten und nicht mehr denn Gott fürchten.

So weiß auch der Potestat dieses, daß, obschon etliche Anabaptisten mögen aus Einfalt irren, daß dennoch ihre Sekte gewißlich vom Teufel ist und gereicht zu Vertilgung der rechten reinen Lehre des Evangelii. Denn sie lehren gewißlich eitel Werke und nicht Christum; ja sie haben keine gewisse Lehre. Darüber gereicht sie zu Zerstörung des Ministerii und zu Aufruhr. Denn das ist auch gewiß, daß sie viel Irrthum haben von weltlichem Regiment. Derhalben muß der Potestat der Sekte wehren. Ob er schon etwa mit einer Person zu geschwind führe, thut er dennoch recht, daß er der Sekte wehret. Denn es ist genug, daß Gesetz und Strafe an ihr selbst und in genere in Gottes Befehl gehe und recht gemeint werde, und in plurimum recht geübt werde."

Unter dieses Gutachten schrieb Luther: „Placet mihi Luthero. Wiewohl es crudele anzusehn, daß man sie mit dem Schwert straft, so ist's doch crudelius, daß sie ministerium verbi damniren und keine gewisse Lehre treiben und rechte Lehre unterdrücken und dazu regna mundi zerstören wollen."

Endlich ließ sich der Churfürst von seinem Kanzler Dr. Brück ein Gutachten anfertigen, von dem wir hier wenigstens den Anfang mittheilen wollen: „Man befindet aus des Landgrafen zu Hessen Antwort so viel, auch aus anderem seinem Handeln, daß er und seine Leute mit höchstem Fleiß trachten, wie sie seine Obrigkeit mögen erweitern, und was sie großer Sachen halben nicht thun können, das unterstehn sie sich erstlich mit der Religion und was derselben anhängig. Also unterstehn sich

seine F. G. die Pfarre zu Berka, die Pfarre zu Hausbreitenbach allein zu verleihen und Superattendenten daselbst zu setzen,
ungeachtet, daß das gemeldete Amt meines gnädigsten Herrn
des Churfürsten zu Sachsen und S. F. G. gemein Amt ist, das
sie mit aller Obrigkeit und Gerechtigkeit pro indiviso zugleich
und in ungetheilter Administration besitzen und allein aus dem
Grund, daß der Abt von Hersfeld jus patronatus etzlicher Kirch-
lehen gehabt, welch jus patronatus doch mit Annehmung der
wahren Religion ebenso wohl als andere päpstische ungegründete Mißbräuche gefallen. So haben etzliche meines gnädigsten
Herren Klöster dergleichen jus patronatus im Papstthum im
Land zu Hessen auch gehabt, und sonderlich so hat das Katharinenkloster vor Eisenach allweg verliehen die Pfarre zu Alten-
dorf. Daß aber mein gnädigster Herr dahin sollt Pfarrer
setzen lassen, das wollten S. F. G. nicht leiden.

Aber aus solcher S. F. G. Pfarrverleihung im Amt Hausbreitenbach und Berka ist diese Frucht erfolgt, weil er einen
gen Breitenbach verordnet, der dem Wiedertauf verwandt gewest, daß dieselbe verdammliche Sekte fast im ganzen Amt ein-
gebrochen, und wiewohl beiderseits Superattendenten mit den
verstockten Leuten gehandelt und sonderlich Herr Justus Menius
von Eisenach neben des Landgrafen Superattendenten von
Rotenburg, so sind sie doch je länger je verstockter geworden.
Aber gleichwohl will der Landgraf nicht willigen, daß man sie
mit Ernst am Leben strafe, sondern giebt vor, unser Herr
Gott werde Gnade geben, daß sie sich bekehren lassen, das doch
nun in 10 oder 12 Jahren nicht hat können vermerkt werden.
So weiß er auch Niemand um des Glaubens willen zu tödten.
Das hat er aber hievor wohl wollen geschehen lassen, daß
man sie hinwegziehen ließ. Das ist mein gnädigster Herr der
Churfürst beschwert gewesen und noch; denn damit weist man
sie in andere Obrigkeit, da sie mehr Leute verführen, wie sie
sich selbst haben verführen lassen, und wäre dieselbe Strafe der
Verweisung Andern kein Abscheu. Darum S. Churf. G. bei
dem Landgrafen mehr denn einmal gesucht haben, daß die Strafe
möchte vorgenommen werden nach der kaiserlichen und des heiligen

Reichs Konstitution, so der Wiedertäufer halben gemacht und im Reich publicirt. Damit behält der Landgraf der gemeinen und sämmtlichen Regierung halb abermals den Vortritt, würde mit der Zeit sagen, er wäre in der Gewähr und Posseß, daß es im Amt Hausbreitenbach und Berka gehalten müßt werden nach seiner Meinung und Gefallen. Darum meinem gnädigsten Herrn zu bedenken sein will, wie solches zu brechen, damit man der Wiedertäufer aus berührter sämmtlichen Regierung durch ordentliche und ernste Strafe los und dem Landgrafen die vermeinte Posseß oder der Vordruck gebrochen und S. Churf. G. gewiß gesichert werden, nachdem S. Churf. G. Theologen zu Wittenberg, sonderlich Martinus und Philippus mehr denn einmal Ursachen angezeigt, die dem Landgrafen zugeschickt sind worden, warum die Pön berührter kaiserlicher Konstitution mit rechtem gutem Gewissen wider die halsstarrigen Wiedertäufer wohl möge vollstreckt werden.

Aber dieser Handel will nun auf zwei Punkten zu erwägen sein, 1) was mein gnädigster Herr der Churfürst in solcher sämmtlichen Regierung, wo der Landgraf der Strafe auf die kaiserliche Konstitution nochmals nicht mit einig würde sein, zu Recht und allein zu thun wohl befugt, und 2) was darüber zu thun füglich sein will."

Trotz dieses Gutachtens wagte der Churfürst doch nicht bei denjenigen Wiedertäufern, die der beiderseitigen Jurisdiktion unterstanden, einseitig mit der Strafe nach dem kaiserlichen Mandat vorzugehn, sondern begnügte sich damit, die Schuld davon, daß die Wiedertäufer im Amt Hausbreitenbach immer wieder auftraten, geradezu darauf zu schieben, daß man sie nicht nach kaiserlichem Mandat bestrafe, und erklärte sich feierlich außer aller Schuld.

VI.

Im Jahre 1531 war das Gefängniß in Hausbreitenbach so angefüllt mit Wiedertäufern, daß der Amtmann Philipp

Metzsch an den Churfürsten berichtet, man möge die Gefangenen
nach Eisenach transportiren, weil sie dort besser verwahrt werden
könnten. Auch sei in Hausbreitenbach Niemand vorhanden, der
geschickt wäre, sie zu fragen und zu verhören. Der hessische
Voigt willigte ein unter der Bedingung, daß seinem gnädigen
Herrn von Hessen an S. G. Gerechtigkeit kein Abbruch geschehe
und die Gefangenen, wenn sie gerechtfertigt, wieder ins Amt
Hausbreitenbach geführt würden. Als sie nach Eisenach gebracht
waren, wurden sie im Beisein und durch Justus Menius mit
allem Fleiß gefragt. Als sie aber nach dem Bedünken der
Untersuchungskommission frech gewesen und nicht bekennen wollen,
sind sie durch einen Meister peinlich gefragt worden. Das
Resultat des Verhörs war folgendes:

Hans Zwinger der alte sagte, er sei vor zwei Jahren
durch einen, Herr Niclas genannt, anderweit getauft worden,
es sei ihm leid, daß er damals widerrufen und also wider
seinen himmlischen Vater gethan habe, wollte aber auf Menius'
Frage, warum die Kindertaufe falsch und die andere recht wäre,
keinen Grund angeben. Vom Sakrament des Altars hält er
nicht, daß man im Brod und Wein des Herrn Christi Leib
und Blut empfange, sondern es müsse im Geist geschehen.

Fritz Erbe achtet dafür, wenn Jemand zur Lehre und
zum Worte Gottes komme und dasselbe annehme und Gott
erkenne, so wäre ihm an der ersten Taufe genug; es stände
aber in eines jeden Willkür, ob er diese behalten oder sich anderweit taufen lassen wolle. Es wäre aber besser, man ließe die
Kinder erst zu Vernunft und Verstande kommen und taufe sie
alsdann. Er sei vor ungefähr zwei Jahren von Niclas, der
jetzt in Hersfeld sei, in seinem Hause getauft worden, denn
sein Gewissen habe ihn dazu getrieben. Er könne nicht glauben,
daß im Sakrament das Brod und der Wein der wahrhaftige
Leib und das wahrhaftige Blut Christi seien; denn Christus sei
jetzt im Himmel und sitze zur rechten Hand Gottes, vermöge
des Spruchs: Nachdem er mit ihnen geredet hatte, ward er
aufgehoben gen Himmel und sitzt zur Rechten Gottes. Trotz
der Belehrung von Menius blieb er bei seiner Ansicht, er könne

in seinem Gewissen nicht anders glauben, da es ihn der Geist Gottes gelehrt habe.

Tilo zum Rengers[1]), der, von Justus Menius unter= wiesen, schon einmal Buße gethan hatte, gestand, daß er nichts= destoweniger hernach durch Einen in dem Hause des Gevatters von Zwinger (wer er gewesen und wie er geheißen, wisse er nicht) ungefähr vor einem Jahre getauft worden sei, wobei er ihm Wasser über das Hemb gegossen habe.

Hans Zwinger der junge sagt: er sei nicht anders weit getauft, aber er wisse nicht, wozu ihm seine eigene Taufe dienstlich, vielweniger, ob seinen Kindern ihre Taufe zu ihrer Seelen Seligkeit förderlich sei. Das Sakrament des Leibes und Blutes Christi bleibe, was es sei.

Als Fritz Erbe gefragt wurde, wie er zu diesem Irrthum gekommen sei, gab er an: Es wäre eine Frau, Katharina ge= nannt, welche ungefähr vor einem Jahre in Frankenhausen auch des Irrthums halben gerechtfertigt worden, zu ihm auf dem Wege zwischen Berka gekommen und habe mit ihm mancherlei geredet; unter andrem sei auch des Wiedertaufs gedacht worden. Darauf habe er gesagt, wenn Jemand vorhanden wäre und das könnte, möchte er es gerne hören. Darauf habe sie ge= antwortet, zu Wünschensuhl sei Einer, Niclas genannt, der geschickt sei. Derselbe wäre dann auf ihr Anregen zu ihm gekommen, habe ihn in mancherlei unterwiesen und getauft. Einer grüße den Andern: Der Friede des Herrn sei mit Dir, Bruder! Ist der Andere ein Wiedertäufer, so spricht er: und mit Deinem Geiste! Daran erkennten sie sich. Wie sie es aber mit Cere= monien und dergl. hielten, wollte er nicht bekennen.

Am folgenden Dienstag früh wurde er wieder vorgeladen, bestätigte seine Aussage vom vorigen Tage und gab auf Er= mahnung weiter an: Er sei in Albrecht Schneiders Haus gekommen und habe da Einen, Jerge genannt, aus Franken gefunden, der ein Täufer gewesen sein solle. — Bei Berlet in Breitenbach habe er den Grecken (Rink) getroffen, das sei vor

---

1) Jetzt Rengershof bei Wünschensuhl.

des Grecken Gefängniß gewesen. Dieser habe ihm von der Wiedertaufe und Liebe Gottes gepredigt; seitdem habe er ihn nicht wieder gesehen. Die Sprüche, die er gestern vorgebracht, habe er nicht in öffentlicher Predigt gehört, sondern habe sie sich sonst lesen lassen. Claus, der ihn getauft, habe ihm angezeigt, es werde ein großes Heer wie eine Nacht von Mitternacht über die ganze Welt kommen, alsdann sollten die, welche wiedergetauft seien, von Gott erhalten werden. Jost Ißleib zu Berka und dessen Weib seien auch von Claus getauft worden, wie ihm Ißleib selbst gesagt habe. Ein Schneider Caspar in Breitenbach und sein Weib seien auch getauft, das hätten sie ihm selbst gesagt; dasselbe habe er von Gorge Scheffer in Breitenbach gehört; er wisse aber nicht, von wem. Seiffart, ein Schneider zu Späl in Buchen [1]) im Amte Rockenstuhl, sei ebenfalls von Claus getauft worden.

Hans Eiffart sagt, er habe ungefähr vor zwei Jahren einen Schnitter gehabt; der habe mancherlei mit ihm von der Wiedertaufe gesprochen und zuletzt ihn und sein Weib getauft. Doch sei er, durch Justus belehrt, davon zurückgekommen; aber er glaube nicht, daß die erste Taufe etwas nütze; darum habe er auch jetzt seine Kinder nicht taufen lassen wollen, nach dem Spruch: Wer glaubt und getauft wird, wird selig werden. Er bat, ihm Gnade zu erzeigen, er wolle sich gern belehren lassen.

Hans Zwinger der alte, zum zweiten Male vernommen, bleibt bei seinen früheren Aussagen, bestätigt den Gruß der Brüder und sagt, daß sie sich auch daran erkennten, daß sie einen Stock (Stäblein) in ihren Händen trügen und sonst keine Wehr. Ferner sagt er aus: Um vergangene Ostern sei Hans Both aus Lengsfeld, der sich in Hessen aufhalte, bei ihm gewesen und habe gesagt: „Lieber Bruder, daß Du abgewichen, hast Du wider Deinen himmlischen Vater gethan"; deshalb sei er wieder der früheren Meinung geworden; es wäre ihm leid, daß er widerrufen habe; er bitte aber um Gottes willen, ihm Gnade zu erzeigen; er wolle sich gern unterrichten lassen und Buße thun.

---

1) Jetzt Spahl im Großherzogl. S. Justizamtsbezirke Geisa.

Hans Zwinger der junge behauptet, er sei nicht getauft, aber sein Weib. Dieses habe ihn länger denn ein Jahr verlassen und ein kleines Kind liegen lassen, welches gestorben wäre; seitdem habe er seine Frau nicht wieder gesehen. Er bat um Gnade und erklärte sich willig und bereit, jede Buße, die ihm auferlegt würde, zu tragen.

Tilo zum Nengers gesteht ebenfalls, ohne scharf angelassen worden zu sein, daß er ungefähr vor zwei Jahren in Zwingers Haus in Gegenwart von Barbara Zwinger von Jerge und dem Vorsteher von Staffelstein getauft worden sei. Barbara Zwinger sei aber von ihrem Irrthum zurückgetreten. Er bestätigt mehrere Aussagen der Vorigen und fügt hinzu: Er habe von denen, die ihn getauft, gehört, es werde eine Strafe über die Welt kommen mit einem großen Heere vom Aufgang der Sonne; alsdann sollten die, welche anderweit getauft, auf einem Berge, der Sonderberg genannt, bei Hersfeld zusammenkommen; da werde ihnen Gott davon helfen. Desgleichen Rede hätte Zacharin, der in Frankenhausen gerichtet worden sei, ihm auch gesagt. — In Großenbach in Buchen sollten auch bei acht Paaren getauft sein; diese wären nachmals zum Theil nach Hersfeld gekommen. Es wären auch zwei von Großenbach vor der Ernte bei ihm gewesen und nach Thüringen gegangen, um daselbst Hafer zu hauen. Der Vorsteher, d. i. derjenige, welcher tauft, habe ihm gesagt, der Müller auf der Sorge bei Hersfeld wäre auch getauft. Einer solle den andern nicht erzen. Schließlich bittet er, ihm Gnade zu erzeigen, er wolle sich gern unterrichten lassen und Buße tragen und leiden.

Auf den Bericht über dieses Verhör wurde der Untersuchungskommission aufgegeben, die Wiedertäufer noch weiter zu fragen, warum sie sich des Churfürstlichen Ausschreibens von wegen der Wiedertäufer nicht gehalten und solch Gebot verachtend der verführerischen Lehre anhängen, ob sie dieselbe auch Andern lehren und ihrer mehr an sich ziehen, was sie von der Obrigkeit halten, was ihr Vorhaben sei u. s. w. Ferner soll sie sich auch erkundigen, ob sie zu Aufruhr gepredigt, ob sie solches öffentlich oder insgeheim gelehrt, und ob sie etwas gethan, was sich zu Aufruhr ziehen möchte.

Nachdem in dieser Beziehung Bericht erstattet worden war, verordnete der Churfürst, daß Fritz Erbe, da er keinen Unterricht annehmen und nicht widerrufen wolle, bis auf den Neujahrstag gefangen gehalten und inzwischen vermahnt werde, wenn er aber halsstarrig bliebe, nach der kaiserlichen Konstitution mit dem Schwerte vom Leben zum Tode gerichtet werde. Wenn dann Hans Zwinger d. a., Hans Eiffart und Tilo zum Rengers auf Vermahnung und Bericht von dem Irrthum abstehn, in die Einigkeit der reinen christlichen Lehre wiederum treten, für ihren Abfall öffentlich Buße annehmen, auch thun und die Gemeinschaft der Wiedertäufer und Sakramentirer meiden, das also geloben und halten wollten, so sollten sie Gnade erlangen, des Gefängnisses entledigt und geduldet werden. In alle Wege aber sollen Hans Eiffarts Kinder getauft werden. Und wo sie wieder abfallen, soll die kaiserliche Strafe angedroht und auf solchen Fall auch wider sie gebraucht werden, und wiewohl solche Strafe wider Hans Zwinger d. a. dieser Zeit ohne alle Gnade als einen, der zum andern Mal abgefallen, auch zu gebrauchen, so soll er doch, dieweil er Unterricht annehmen wird und um Gnade bittet, gleich obberührten Personen begnadigt werden, mit der Verwarnung, daß, wenn er zum dritten Male abfiele, keine Buße ihm Gnade bringen würde. Ebenso sollen die Uebrigen geduldet werden, wenn sie Buße thun. Diejenigen, welche keine Lehre und Unterweisung annehmen wollen, sollen im Gefängniß behalten werden, bis anderer Befehl kommt. Mit dem hessischen Vogt soll man sich wegen der Strafe zu verständigen suchen.

Fritz Erbe weigerte sich standhaft, Buße zu thun; aber die Abgeordneten des Landgrafen willigten nicht in seine Bestrafung mit dem Schwerte. Daher wurde er im Gefängniß behalten. Dies hatte zur Folge, daß die heimlichen Anhänger desselben durch seine Standhaftigkeit veranlaßt wurden, offener und freier hervorzutreten. Am 27. Juli 1533 berichten die Visitatoren aus Eisenach an den Churfürsten, daß, seit Fritz Erbe in Eisenach gefangen sitze, der Irrthum der Wiedertaufe in Herda ganz außerordentlich um sich gegriffen habe und mehr „denn

die Hälfte in solchem Irrthum vom christlichen Glauben und
Wandel abgetreten und sich dahin ohne alle Scheu frei öffentlich bekennen thut, und wie uns auch heutiges Tages über alle
vorige Anzeigung ein Vikarius von Herda berichtet, daß eines
Wiedertäufers Eheweib Kleba vor acht Tagen eines Kindleins
genesen sei und dasselbe gleichwohl noch zur Zeit ungetauft
liegen lassen soll. Dieweil wir ohne das bedacht, sintemal
solcher giftiger Irrthum in E. Churf. G. Fürstenthum allein
des Orts in Gerstungen, da die Gerichte und etliche Pfarrherrn vielleicht mit dem Hersfeldischen Stift vermenget, und,
Gott Lob, sonst nirgends eingewurzelt, und ich, Justus Menius,
so lange ich dieses Orts Pfarrherr und Superattendent gewesen,
je und je befunden habe, daß der Pfarrherr sammt dem Vikario
zu Herda sich um ihrer Ungeschicklichkeit und unordentlichen
Wesens willen niemals strafen noch weisen lassen, sondern sich
allerwege auf die hessische Visitation, sofern sie ihnen dienlich,
berufen haben, daß nie verwegen bei E. Churf. Gnaden dieser
obvermeldeten und. andern mehr Sachen halb, so uns in der
Visitation des Orts viel Zerrüttung und Hinderniß bringen
werden, unterthäniglich erholen wollten, und die Sachen dermaßen vorfallen, daß zu besorgen, längerer Verzug möchte wenig
Nutzen gebären, so ist demnach unsre unterthänigste Bitte,
E. Churf. Gnaden wollen aus Churf. christl. Obrigkeit diesen
fährlichen Sachen mit zeitlichem Einsehen dermaßen gnädiglich
zu begegnen bedenken, damit solch Uebel gedämpft und weiter
um sich zu fressen nicht verstattet werden möge, damit nicht
dem Feinde Raum und Ursach gelassen werde, unter den
reinen heilsamen Waizen des gnadenreichen Evangeliums
seiner verderblichen und schädlichen Irrthümer Unkraut zu ver-
mengen.“

Darauf erhielten Eberhard von der Thann, Justus Menius
und Hans Bohner, Schultheiß zu Eisenach, den Befehl, mit
hessischen Abgeordneten nach Berka zu gehen und die der
Wiedertaufe Angeklagten zu verhören. Es wurden verhört
Heinz Kleba aus Berka, Kesselhans von Herda, Peter Leine-
weber, Hans Zwinger der alte, der zweimal öffentlich widerrufen

hatte und nun zum dritten Male wieder abgefallen war, Hans Heilmann von Dorfbreitenbach, Hermann Adam aus Springen, dessen Ehefrau Barbara, Lenz Rüdiger von Hausbreitenbach, Tilo zum Rengers, der auch schon zweimal öffentlich widerrufen und Buße gethan hatte, Hans Zwinger der junge von Wünschensuhl, dessen Ehefrau Gela, Peter Leinewebers Weib Anna, Caspar Schneiders Weib und Hans Wilhelms Weib von Dorfbreitenbach, Margaretha Garköchin, eine Wittwe aus Hersfeld, Fritz Erbe's Weib von Herda, Wagners Weib von Hausbreitenbach, Hans Pauls Weib von Wünschensuhl. Sie alle stehen mehr oder weniger mit der Sorge, einem Dorfe bei Hersfeld, in Verbindung, welches ein Hauptherd für die hessischen Wiedertäufer war. Einige darunter erklären, daß sie nichts würde bewegen können, in die Kirche zu gehen, so lange der jetzige Pfarrer und Vikarius zu Herda sein würden. Andere wollen von keiner andern Kirche wissen als von der in ihrem Herzen. Etliche sagen sogar, daß sie in den jetzigen Religionswirren nicht wüßten, wo die Wahrheit zu finden wäre und wohin sie sich halten sollten; sie wollten deshalb warten, bis die kirchlichen Angelegenheiten durch ein allgemeines Koncilium geordnet wären.

In dem von Menius verfaßten Berichte, mit welchem das Protokoll eingesendet wird, heißt es unter anderm: „Dieweil wir aber nach dieser Handlung, daß dieselbigen Wiedertäufer frecher und mehr denn zuvor andre Leute zu diesem Irrthum zu bereden und zu ziehen ohne alle Scheu und Furcht unterstehn, und daß aus diesen Ursachen solcher Irrthum im Amt Hausbreitenbach sichtlich zunehmen soll, sonderlich aus dem Bericht, welchen der Amtmann von Hausbreitenbach an den Amtmann von der Wartburg erstattet hat, befunden und daraus für die Unterthanen der größte Nachtheil erwachsen möchte, so haben wir nicht unterlassen, noch besonders neben dem Protokolle über das Verhör anzuzeigen, daß wir wahrlich besorgen, wie denn unsres Vermerkens augenscheinlich am Tage ist, daß diese Rotterei eigentlich und endlich nichts anderes denn alle Polizei Gottes, geistliche und weltliche Ordnung zu zerstören und einen wilden, wüsten Haufen anzufangen und zu versammeln sucht. Denn wohin mag solche Lehre sonst gelangen, da sie sagen und halten, kein Christ möge mit gutem Gewissen etwas eigenes haben, item ein Christ möge nicht im Amt der Obrigkeit sein mit gutem Gewissen, und ob ihrer Einem aus einem Fürstenthum um solcher Rotterei willen würde geboten, daß sie dennoch nicht weichen, sondern ohne ja wider der Obrigkeit Willen darin bleiben wollten, denn ihrer Etliche sich hören lassen, daß die Obrigkeit eine Gewalt sei, welche die Menschen nicht aus Gottes Befehl und Ordnung empfangen, sondern aus eigner Tyrannei und Frevel zu sich geraubt haben, und daß der Münzersche Aufruhr Gottes eigen Werk und Wille gewesen, und deshalb auch denjenigen, so darin gestraft worden, Gewalt und Unrecht geschehen und sie wahrhaftige Gottesmärtyrer sein sollten, item daß Diejenigen, welche diesen Aufruhr gedämpft, in Kurzem wiederum werden gestraft werden. In Summa wie ihre Worte lauten, also sind auch alle ihre Geberden. Denn es ist ihrer keiner, der einem ein gut Wort geben oder von einem andern kann aufnehmen, sondern achten es als eine Todsünde oder Gotteslästerung, so sie einen außerhalb ihrer Gemeinschaft anders als Du heißen oder gegen ihre Obrigkeit mit einem Finger an ihren Filzhut greifen sollten, und obwohl wir dies alles der groben Menschen Einfalt und Unverstand zumessen —, so besorgen wir doch, es möchte dieser Irrthum, dieweil er sich ferner ausbreitet, zu großem Schaden und Nachtheil gereichen."

Der Churfürst wollte gegen die Wiedertäufer peinlich und nach kaiserlicher Konstitution einschreiten. Er schrieb an den Landgrafen: „Daß auch aus der Wiedertäufer verdammten Lehre und Art endlich nichts anderes denn Aufruhr folgt, solches befinden E. L. aus jetziger Empörung und Aufruhr zu Münster, so durch die Wiedertäufer daselbst angerichtet, erregt und verursacht ist worden. Darum, da E. L. und wir den Wiedertäufern ihres verführerischen und verdammten Irrthums länger gestatten und verhängen und uns gegen ihnen nicht mit ernster und rechtmäßiger Strafe erzeigen sollten, haben E. L. leichtlich zu bedenken, daß endlich durch sie auch nichts anderes denn der gleichen Empörung und Aufruhr erregt und angerichtet würde werden." Er sendete ihm das Bedenken der Leipziger Juristen, das in Betreff Fritz Erbe's eingeholt worden war, zu, aber der Landgraf blieb unerschütterlich fest auf seinen Grundsätzen bestehen. „Da dieser Mann allein der Irrung halben der Wieder= taufe gefangen und berüchtigt ist, so wollen wir nicht bergen, daß wir bisher in solchen Fällen keinen Menschen um Sachen willen den Glauben belangend mit dem Schwert haben richten lassen. Aber wir haben sie bisher des Landes verwiesen und wo wir vermocht veräußert; welche aber so halsstarrig gewesen, daß sie sich des Landes nicht verweisen lassen wollen, als wir der wohl befunden, die haben wir gefänglich enthalten und wohl verkühlen lassen", — und so möge es auch mit Fritz Erbe gehalten werden.

Dieser saß in einem Thurme auf der Stadtmauer. Nächt= licher Weile pflegten andere Wiedertäufer trotz der aufgestellten Wachen ihn als eine besondere Person zu besuchen und sich von ihm stärken zu lassen. Sie beriefen sich auf ihn als ihren Propheten und erklärten, wenn man Etwas gegen ihn erweisen oder ihn mit Gottes Wort überwinden könnte, so würde man ihn nicht so lange sitzen lassen. Ja Etliche begehrten am hellen Tage sich zu ihm gefangen zu setzen. Zwei Männer, die man darüber ergriff, wurden bestraft. Aber es wirkte Alles nichts. Endlich, da man der Sorge und täglichen Mühe müde war und befürchtete, daß auch andere einfältige Personen dadurch verführt werden möchten, warf man ihn zunächst in ein unter= irdisches Gefängniß, und da sich bald herausstellte, daß dasselbe seine Gesundheit vollständig vernichten würde, brachte man ihn in einen Thurm auf der Wartburg.

Gegen Ende des Jahres 1541 erklärte Fritz Erbe, die chur= fürstliche Begnadigung annehmen zu wollen. „Wir befinden aber unter Anderem", berichtet Eberhard von der Thann dar= über, „daß er von wegen seines Alters und dieses langwierigen Gefängnisses am Leibe fast unvermöglich und darüber etwas hart mit dem Schwindel am Haupt ist beladen, also daß es sich mit ihm auf eine Eil nicht will handeln lassen, besonders

da etwas Fruchtbares bei ihm soll ausgerichtet werden, daß es
viel Zeit haben und oft und auf einmal ein wenig mit ihm
muß geredet und gehandelt werden. Nun will es den Predigern
sich täglich auf das Schloß zu begeben, desgleichen dem armen
Menschen aus und wieder in den Thurm zu thun und in dieser
Kälte heraußen eine Zeit lang verharren zu lassen, fast schwer
fallen. Dieweil er denn Leibs und Alters halben fast unvermöglich, und wir das Zeugniß von ihm haben, daß er bis auf
diese Mißhandlung **einen guten Wandel geführt und
sich je und allerwege billigen Gehorsams gehalten,**
er auch mit Weib und Kindern und ziemlicher Bauersnahrung
im Amt Hausbreitenbach besessen, so ist meine unterthänige
Bitte und Bedenken, E. Churf. G. wollen ihn ungefähr vier
Wochen auf genugsame Verbürgung des Gefängnisses entledigen
und in dem Barfüßerkloster allhie bestricken lassen, dergestalt,
daß er des Orts der christlichen Unterredung sollt gewarten,
und ferner nicht denn in die Predigt, jedoch unter einem Sack
als ein bußfertiger Wiedertäufer, und von dannen wieder in
sein Gemach begeben, so will ihn Herr Nikolaus Euander,
Prediger allhie, zu sich in das Kloster nehmen, ein Gemach
einthun und seines besten Verstandes unterrichten und ver-
hoffentlich zu christlichem Unterricht und Besserung vermittelst
göttlicher Hülfe bringen."

Aber Fritz Erbe blieb im Gefängniß. Im Jahre 1544
zündete am Trinitatissonntage Abends nach 10 Uhr der Blitz
in dem hintern Thurme, in welchem er saß. Er machte den
heftigsten Lärm, bis das herbeieilende Gesinde des Amtmanns
und Eisenacher Bürger das Feuer löschten. Endlich im Jahre
1548 wurde er von seinem harten Leiden durch den Tod befreit und unter dem Schlosse zu St. Elisabeth begraben. Ein
trauriges Beispiel von der furchtbaren Glaubenstyrannei jener
Zeit, die nicht einmal eine von der recipirten Staatsreligion
abweichende Ueberzeugung duldete! Denn daß er sich sonst in
keiner Beziehung etwas hatte zu Schulden kommen lassen, wird
ihm ja ausdrücklich bezeugt! Da waren seine Gefährten glück-

licher daran, die 1533 hingerichtet wurden, weil sie der Jurisdiktion des vernünftigen und milden Landgrafen nicht mit unterstanden.

VII.

Trotz alledem wucherte die Sekte fort. Je weniger sie sich
öffentlich blicken lassen durfte, desto fester und hartnäckiger
wurden ihre Anhänger, desto weiter bildeten sie ihre Lehrartikel
aus und gingen immer mehr zur Schwärmerei über. Schwenk-
felds Einfluß ist bald nicht mehr zu verkennen.

Im Jahre 1537 wurden in Eisenach zwei Wiedertäufer,
ein alter Mann, Hans Köhler von Eiteroda auf dem Eichsfelde,
und ein junger Geselle, Hans Scheffer von Hastrungsfeld bei
Eisenach, gefänglich eingezogen und von Menius verhört. Als
ihre irrigen und unchristlichen Artikel werden folgende berichtet:

Christus sei ja für uns gestorben und habe uns erlöst; es
werde aber durch solche Erlösung Niemand selig, er folge denn
Christo in seinem Wandel nach, thue und leide, wie er gethan
und gelitten habe.

Weil Gott den Menschen und alle Kreatur rein und gut
geschaffen habe, darum sei die Erbsünde Nichts. Der Mensch
werde ohne Erbsünde empfangen, geboren, und seien deshalb
alle Kinder ihres natürlichen Wesens halb in einem unschuldigen und seligen Stande, daran nichts verdammlich.

Also aber werden die Menschen zu Sündern, wenn sie zu
völligem Verstande kommen, Gutes und Böses zu unterscheiden
wissen und also dann sich freiwillig von dem Guten zum Bösen
abwenden.

Die jungen Kinder, so lange sie nicht zu Vernunft und Verstand kommen, daß man sie lehren möge, können auch keinen
Glauben haben. Deshalb möge man sie nicht taufen, sintemal

die Taufe ohne Glauben dessen, der da getauft wird, keine rechte Taufe sei.

Die Kinder haben keinen Teufel bei sich, seien auch des Teufels Gewalt nicht unterworfen. Deshalb sei es Unrecht, daß man bei der Taufe den Teufel von ihnen austreiben wolle.

Man soll keinen Prediger in der Christenheit hören, er sei denn ohne Sünde und lebe in Wahrheit und Gerechtigkeit, wie Christus gewandelt habe. Derjenige, welcher solches nicht thue, habe nicht Gottes Wort. Denn Sünde und Gerechtigkeit können nicht beisammenstehn, ebenso wenig als Licht und Finsterniß.

Alle Prediger, die auf gewisse benannte Besoldung dienen, seien ungerecht und ihre Lehre nicht zu hören. Denn rechte Prediger sollen wie die Apostel und Christus in der Welt umherziehen, keine bleibende Stätte noch Wohnung haben, umsonst dienen und sich an dem begnügen lassen, was man ihnen eines jeden Orts zu essen vorsetzt, nachdem Christus befohlen: Umsonst habt ihr's empfangen, umsonst sollt ihr's auch geben.

Im Abendmahl des Herrn werde nichts mehr noch anderes denn schlecht Brod und Wein genossen und getrunken. Darum thue man Unrecht und wider die 10 Gebote, daß man da einen brodernen Gott machen wolle.

Den Kelch des Herrn trinken, sei nicht sein Blut trinken, sondern leiden und Blut vergießen, wie etwa die lieben Märtyrer gethan. Solches wolle auch Christus von uns haben, indem er sage: Trinket alle daraus.

Von göttlicher Weltordnung, von der Obrigkeit, ob auch ein Christgläubiger solch Amt für einen andern führen möge, wollen sie nicht klar ja oder nein antworten, sagen, Christus habe gesprochen: die heidnischen Könige haben Gewalt und Herrschaft, lassen sich gnädige Herren heißen, unter euch aber soll es nicht also sein, sondern welcher der größte sein will, soll der Andern Diener sein.

Eide schwören sei Unrecht und wider Gott, sintemal Christus gesagt: Eure Rede sei ja, ja, nein, nein, und sollt gar nicht schwören.

12*

Ein Christ möge in irrigen Sachen, die er mit Andern habe, wohl gütliches Unterhandeln leiden, aber nicht vor Gericht habern.

Ein Christ soll nichts Eigenes haben, sondern alle Dinge lassen des Herrn sein und andern Brüdern davon nach Nothdurft helfen und mittheilen.

Ein Dritter, Hans Müller, bekannte außerdem, er wisse von keiner Ehe denn der, die im Geist ist. Es möge wohl sein, daß sich zwei zusammen vertrauen, thue aber nichts, der geistliche Ehestand käme denn dazu. — Christus sei geistlich auferstanden und der Leichnam im Grabe verwest. Denn wie er durch den heiligen Geist in die Welt gekommen, also sei er auch auferstanden. Desgleichen werde es mit des Menschen Auferstehung zugehen. [1]

Diese drei unterrichtete Menius mehrere Tage lang aus Gottes Wort und redete ihnen ins Gewissen. Allein sie schenkten ihm weder Gehör noch Folge. Schon war das Erkenntniß des Hofgerichts zu Wittenberg eingeholt und vom Churfürsten der Befehl zur Exekution gegeben worden, als sie bei der Publikation des Todesurtheils in der letzten Stunde noch anderes Sinnes wurden, um Gnade baten und Buße thun zu wollen erklärten. Damit sie sich hinfort erkennen und bessern möchten, wurde ihnen gnädigste Buße und Strafe gewährt in der Weise, daß ein Jeder insonderheit den Widerruf öffentlich in der Kirche 2 oder 3 Sonntage nach einander thun von Artikel zu Artikel, welche ihnen vorgeschrieben oder vorgelesen werden sollten, daß sie auf einen jeden antworten und bekennen, sie seien in solchem Irrthum gewesen, aber jetzt verdammten sie denselben und glaubten nach Gottes Wort, wie in diesen

---

1) „Circumfertur et Schwenkfeldii libellus, qui negat humanitatem Christi post resurrectionem Christi esse creaturam, ac vituperat omnes, qui dissentiunt, eosque vocat creaturas. contendit humanam naturam in Christo non esse creaturam post glorificationem, cum quidem fateatur ante glorificationem fuisse creaturam. " Gutachten gegen S. Frank und O. Schwenkfeld, Cod. Palat. (Heidelb.), No. 435, p. 37 sq.

christlichen Kirchen gelehrt wird. Daran sollen sie endlich ihre
Bitte hängen, daß man ihnen verzeihen wolle, daß sie Aergerniß
angerichtet, und wolle sie wiederum in die Gemeinschaft der
Kirche aufnehmen und Gott um Beistand und Gnade bitten.

„So sie auch alle drei, einer oder zwei in unsern Landen
oder sonst, da christliche Lehre gepredigt wird, wohnhaftig wären,
sollen sie den Widerruf einmal in Eisenach, das andre Mal
an dem Ort, da sie wohnhaftig, thun, und soll ihnen in alle
Wege aufgelegt werden, daß sie bei diesen Kirchen forthin ihr.
Leben lang zu bleiben zusagen, damit sie allen guten Unterricht
haben mögen, auch diese Bekehrung zur Besserung gerathe, und
daß man Acht auf sie haben könne; im Fall aber, daß sie nicht
an den Orten, wie gedacht, wohnhaftig sein würden, ist zu besorgen, daß es hernach ärger mit ihnen werden möchte; darum
sollen sie entweder von dannen hinwegziehen, oder aber diese
Pflicht von ihnen genommen werden, daß sie, soviel die Kirche
belanget, sich zur evangelischen Kirche halten und allda Predigt
und Sakrament suchen sollen und nicht bei den Papisten.“

Dadurch kam die Sache vor die Gemeinde. Menius hielt
Predigten gegen die Irrthümer der Wiedertäufer und ersuchte
die Gemeinde um ihre Fürbitte für die Verirrten. Zugleich
veröffentlichte er, um diesem Unwesen zu steuern und weitere
Verführung zu verhüten, den Einfältigen zum Besten ein besonderes Schriftchen: „Wie ein jeglicher Christ gegen allerlei
Lehre, gute und böse, nach Gottes Befehl sich gebührlich halten
soll.“ In der Vorrede gedenkt er, wie er über dieser Sache
lange Zeit viel Angst und Bekümmerniß gehabt habe; daher
wolle er Andern, die vielleicht auch solches heimliche Leiden
hätten, gern dienen, damit ein Jeder das Seine zur Erhaltung
der evangelischen Lehre und zum Abbruch des Teufels und
seiner Rotten beitragen möchte.

Für sich selbst ist jeder Christ schuldig, allen Gottesworten
von Herzen zu glauben, diesen Glauben mit dem Munde gegen
Jedermann zu bekennen und den göttlichen Geboten in einem
heiligen Leben nachzuwandeln. Dagegen muß er Alles, was
nicht Gottes Wort ist, fliehen und als Lügen des Teufels

haffen, daffelbe freimüthig verdammen und fein ganzes Leben von dem, was ihm Gottes Wort nicht befiehlt, abwenden.

Andern gegenüber liegt ihm ob, daß er ihnen nach Gottes Wort recht zu glauben, zu bekennen und zu leben nach allem Vermögen helfe und rathe, hingegen von allem Unglauben, irrigem Bekenntniß und gottlosem Leben sie treulich abzuführen suche, jedoch dergestalt, daß er die gemeinen Christenpflichten, wodurch ihm vergönnt sei, mit Andern von göttlichen Dingen insonderheit zu reden, zu vermahnen, zu erinnern und zu trösten, nicht überschreite, viel weniger in ein fremdes Amt eingreife und sich unterfange, zu predigen oder Sakramente zu verwalten. Denn Gott habe unterschiedliche Stände auf Erden gesetzt und Jedem das Seine zur Fortpflanzung reiner und zur Dämpfung falscher Lehre anbefohlen.

Der geistliche Stand hat Gottes heiliges Wort öffentlich zu lehren und zu verkündigen und sich dabei der von Christo ihm anvertrauten Macht der Schlüssel zu bedienen. „Daher sollen die Prediger Alle, die die gnadenreiche Verheißung Gottes durch ihr Wort und Predigt mit dem Glauben annehmen und halten, selig sprechen und zu Gottes Kindern machen, dagegen auch alle Die, so solcher göttlichen Gnadenverheißung durch ihr Wort und Predigt weder mit dem Glauben annehmen noch halten wollen, die sollen sie auch zum ewigen Tod verdammen und mit allen Ungläubigen dem Teufel zu eigen geben. Und wie beide, Gläubige und Ungläubige, durch dies göttliche Amt in Gottes Namen und seines Wortes Kraft entweder selig gesprochen oder verdammt werden, also sollen sie auch von allen gottesfürchtigen und rechtgläubigen Christen demselbigen nach gehalten und in die christliche Versammlung gerechnet oder aber davon geschieden werden, nicht anders, denn ob Gott selbst vom Himmel herab solch Urtheil gesprochen hätte.‟

Die weltliche Obrigkeit hat zwar ihres Amts halben nur mit äußerlichen Weltsachen zu schaffen und kann über Glauben und Unglauben, als im Herzen verborgene Dinge, nicht richten; aber das Bekenntniß, welches mit Worten öffentlich geschieht, und das Leben, welches vor den Leuten geführt wird, steht

allerdings unter obrigkeitlicher Aufsicht. Daher soll sie auch
von Amts wegen verordnen, daß in ihrem Gebiete nicht anders
als allein nach Gottes Wort gelehrt, bekannt und gelebt werde;
im Gegentheil, weil falsche Lehre ausstreuen die schrecklichste
Gotteslästerung und ein wirklicher Seelenmord sei, so zieme
ihr, derselben mit aller Macht zu steuern und falsche Lehrer
in gebührende Strafe zu nehmen, zumal da die Ausbreitung
der Irrthümer gar selten ohne Zerrüttung der äußerlichen Ruhe
abgehe. Der Spruch Christi: Laßt beides wachsen bis zur
Ernte, dürfe sie daran nicht hindern. Denn so wenig ihr damit untersagt sei, Räuber, Diebe und Mörder zu strafen, so
wenig sei ihr auch das Recht benommen, falschen Lehrern und
Lästerern zu steuern. Es sei ebenso sehr wider die äußerliche
Weltordnung als wider Gottes Wort, wenn einige wider die
helle Wahrheit göttlicher Schrift öffentliche Ketzereien und teuflische Irrthümer zu Gottes Unehre, der Menschen Verderben
und Zerrüttung aller christlich-ehrlichen Ordnung ohne ordentlichen Befehl, ohne alle Noth und Ursachen, allein aus eigenem
Frevel und Vorwitz in fremde Herrschaften ausstreuen und
damit Rotten anrichten, dazu keine Weisung aus Gottes
Wort weder hören noch leiden und gleichwohl im Lande bleiben
wollen. Hier müsse die Obrigkeit gebührende Schärfe sehen
lassen (eine andere Bewandtniß habe es mit Einfältigen und
Verführten, die mit Unterricht aus Gottes Wort zurecht zu
bringen wären), und ihr Amt also erweisen, daß die Pfarreien
allenthalben mit verständigen, treuen und frommen Seelsorgern
bestellt, allen fremden Schleichern durch ein öffentliches Verbot
Land und Herrschaft versperrt, und den Unterthanen dieselben
zu meiden und sich an ihre ordentlichen Seelsorger zu halten
ernstlich auferlegt werde, damit man weder zu weit gehe, wie
die Papisten, welche die Ketzerei strafen, aber das Evangelium
nicht predigen lassen, noch zu wenig thue, indem man wohl
sich des Evangeliums rühme, aber die demselben zuwiderlaufenden
Irrthümer ungestraft lasse.

Damit würden die Leute nicht etwa zum Glauben gezwungen, sondern man wehre nur, daß sie nicht vom Glauben

zum Unglauben verführt werden. Es dürfe kein rechtschaffner, reiner Lehrer ohne ordentlichen Befehl sich in eine Herrschaft eigenthätig eindrängen und bleiben, wo man ihn nicht dulden wolle, warum sollte denn dies den Rottengeistern gestattet werden? Wenn die Obrigkeit sage, man solle sie gehen lassen, so lange sie nichts Thätliches vornähmen, so treibe sie Scherz mit göttlichen Dingen und beweise, daß sie weder Gott noch Teufel, weder Himmel noch Hölle glaube.

Auch könnten das die Papisten nicht zu ihrem Vortheil ausbeuten und mit rechtgläubigen Lehrern und Unterthanen hart verfahren. Ein Prediger, der unter ungläubiger Obrigkeit stehe, solle sich bemühen, ihr aus Gottes Wort die Irrthümer zu benehmen und sie ermahnen, daß sie solche ihr und ihren Unterthanen zu gut fahren lasse. Folge nun die Obrigkeit auch für ihre Person nicht, dulde aber dabei, daß in ihren Landen die Wahrheit gelehrt werde, so müsse der Seelsorger bleiben, wohin ihn Gott verordnet habe. Wolle man ihn nicht leiden, so möge er anders wohin fliehen. Wolle man dieses verwehren und ihn zwingen, göttliche Wahrheit zu verleugnen und Irrthümer zu predigen, so müsse er Gott zu Ehren seinen Hals daran strecken. Unterthanen, welche die Obrigkeit zu des Antichrists Lehre und Dienst zwingen wollte, sollten sich an andere Oerter wenden, wo das Evangelium frei verkündigt werde. Würden ihnen dazu die Wege abgeschnitten, so möchten sie sich in Gottes Willen ergeben, ihren Glauben freimüthig bekennen in der Hoffnung, Gott werde sie von allem Uebel erlösen. Niemand aber dürfe einer ungläubigen tyrannischen Obrigkeit sich mit Gewalt widersetzen und Rotten anrichten, sondern er müsse entweder weichen oder leiden und das übrige Gott, dem obersten Richter, anheim stellen. [1] —

In Folge der Maßregeln, die von allen Seiten gegen die Wiedertäufer ergriffen wurden, verschwanden sie nach und nach, oder zogen sich wenigstens in die Stille und Verborgenheit zurück. Nur einzelne Zuckungen sind noch bemerkbar. So

---

1) Vgl. Unsch. Nachr. 1712, S. 637 ff.

wurden am Montag nach Margaretha 1543 die Frauen von Betzenhans und von dem Holzknecht Zachmund zu Eckartshausen wegen ihres Irrthums bezüglich der Kindertaufe und des Abend= mahls durch Menius in Gegenwart von zwei Diakonen und des Schultheißen von Eisenach verhört. Ihre Ansichten stimmen ganz mit denen der früheren überein. Der churfürstliche Be= fehl lautet: „So viel Betzenhansens Weib betrifft, weil diese nicht getauft hat, auch wiederum nicht getauft worden ist, auch falsche Lehre nicht ausgebreitet, dieselbe auch halsstarrig nicht vertheidigt, sondern die Artikel mit den Sakramenten nicht ver= stehen kann, soll man billig mit ihr Geduld tragen, dermaßen, daß die Prediger sie fleißiger unterweisen und sie auch dazu gehalten werde, in die Predigt fleißig zu gehen und von solchen Sachen bei Andern nicht zu reden.

Was aber betrifft Zachmunds Weib, weil dieselbe nicht ge= tauft hat noch getauft worden, kann sie mit peinlicher Strafe nicht angegriffen werden; dieweil sie aber sich zu aufrührerischen ketzerischen Artikeln öffentlich bekannt, dieselben auch halsstarrig vertheidigt, möchte sie nochmals zum treulichsten verwarnt werden, davon abzustehn, und wo sie nicht wollte, daß sie des Landes ewiglich verwiesen würde.

Was aber Peter Erben betrifft, wäre derselbe darum, daß er getauft oder wiedergetauft worden, oder aber daß er die verführerische Lehre geprediget und ausgebreitet, gefänglich ein= gezogen, und er hätte bisher auf vielfältige Vermahnung nicht abstehn wollen und verharrte auch noch darauf, daß derselbe mit dem Schwert vom Leben zum Tode gerichtet werde.

Weil Betzenhans sich erboten, von seinem Irrthum abzustehn, bleibe es dabei billig, doch sollen ihn die Prediger fleißig zur Predigt anhalten und alle Jahre etliche Male dieser Artikel halb verhören.“

Den 18. December 1544 berichtet Menius, „daß die Wieder= täufer von ihrem Irrthum nicht allein gar nicht abstehen, sondern damit viel frecher, freudiger und trotziger sich erzeigen, denn sie vormals gethan; denn da sie bisher von gemeinem Kirchgang sich allein abgestanden und ihr Wesen für sich im

Verborgenen gehabt, andre Leute; ausgenommen was heimlich geschehen, des Ihren haben warten lassen, so unterstehn sie sich nun, die Leute, wenn sie in der Kirche das heilige göttliche Wort angehört und das heilige Sakrament empfangen haben, auf der Gasse deswegen anzuschreien und zu spotten, lassen sich hören, sie seien gleichwohl ihrer Meinung noch unüberwunden, gerecht, und man müßte sie dennoch bleiben lassen, welches in was Aergerniß einfältiger Leute es gereicht, E. Churf. G. leichtlich zu erachten."

Wieder wurde eine aus hessischen und sächsischen Beauftragten bestehende Kommission abgeordnet, eine Menge Leute, die der Wiedertaufe angeklagt waren, zu verhören. Aber sie wollten auf die vorgelegten Fragen keine rechte Antwort geben. Darum hielt Menius in einer Versammlung derselben eine Verwarnung aus heiliger Schrift und nahm sie dann wieder einzeln ins Verhör. Aber nach langem christlichen Vermahnen und Verwarnen blieben die meisten auf ihrer wiedertäuferischen Sekte und Lehre beständig und waren nicht Willens, davon abzustehn. So konnte man auch in aller Güte nicht von ihnen erfahren, wer sie getauft, wo und an welchem Orte solches geschehen, wo ihr Täufer oder Lehrer sein möchte. Denn auf dieses Vorhalten gaben sie stets die Antwort, daß sie Niemanden zu verrathen bedacht wären.

Der Knabe von Hans Zwinger dem jungen von Wünschensuhl, welcher vor 12 Jahren mit seinem Weibe der Wiedertaufe anhängig gewesen war, war noch ungetauft. Menius und der Superintendent Winter von Rotenburg ließen ihn taufen und gaben ihm, da derselbe ganz arm und blos von Kleidern war, jeder einen halben Gulden zu einem Kleide.

Die meisten von Denjenigen, welche die Wiedertaufe bekannten, waren solche, die schon früher deswegen verhört worden waren, darunter auch die Frau Fritz Erbes, der noch auf der Wartburg gefangen saß. Die Belehrung hatte sie aber nicht von dem Irrigen ihrer Ansichten überzeugen können, ihr Widerruf war nur ein erzwungener gewesen. Die allermeisten aber, die als der Wiedertaufe verdächtig angezeigt und angeklagt worden waren, hatten weiter nichts begangen, als daß sie nicht in die Kirche gingen und am Abendmahl nicht Theil nahmen. So hatte Menius „beneben dem Schosser und Pfarrer zu Gerstungen ungefähr in die 50 Personen, welche von dem Pfarrer angegeben, vorbeschieden und befunden, daß sie Gott Lob keiner sonderlichen Sekte anhängig, sondern allein aus Hinlässigkeit, Widerwillen, oder daß sie auf Erkenntniß eines Concilii bis anher gewartet, sich davon enthalten, haben sich aber allesammt bis auf einen, der mit einem andern in Widerwillen steht und ihm kurzum nicht vergeben will, erboten, sich hinfortan mit Anhörung göttlichen Worts, Empfahung des heiligen Sakraments und sonst allem andern christlich zu halten."

Die Ursache endlich von dieser Entfremdung, die auf die ganze Erscheinung ein helles und schlagendes Licht wirft, giebt Menius selbst in Folgendem an: „Ferner weiß E. Churf. G. ich auch Dieses nicht zu bergen, daß im ganzen Amt Hausbreitenbach nicht mehr denn zwei Pfarren sind, nemlich zu Berka und Herda, welche beide von meinem gnädigen Herrn dem Landgrafen von wegen des Stifts Hersfeld zu Lehen rühren, und hat die Pfarrei zu Berka 5 Dörfer, als nämlich Dippach, Hausbreitenbach, Dorfbreitenbach, Gosperode und Hörsel, Herda aber Wünschensuhl zu versorgen, und wiewohl jede Pfarrei einen Vikarius hat, unter welchen der eine, nemlich zu Berka, seiner Gebrechlichkeit halb gar nicht dienen kann, so ist doch nicht möglich, daß solche Dörfer allesammt, deren etliche groß sind und in die 60 Wirthe haben, nothdürftig versorgt werden mögen; denn etliche Dörfer kaum in der dritten Woche eine Predigt haben; und sind dazu etliche der Pfarrer und Vikarien Nichts gelehrt, auch ärgerlichen Lebens, daß zu besorgen, solches sei auch nicht eine geringe Ursache dieses eingerissenen Irrthums. Wenn nun E. Churf. G. mit hochbedachtem meinem gnädigen Herrn dem Landgrafen sich dessen vergleichen könnten, daß die zwei Vikarien, deren eine zu Berka von der Gemeinde daselbst, die andere zu Herda von dem Aeltesten von Herda zu Lehen rührt, von den Pfarren abgesondert, mit ziemlichen Zulagen gebessert und davon noch zwei Pfarren im Amt bewidmet würden, so ſtünde zu hoffen, die Leute ſollten beſſer verſorgt und dem Irrthum auch ſtattlicher geſteuert werden."

Andere Pfarrer wechſelten mit katholiſchem und evangeliſchem Ritus, wie ihnen ihre am Alten hängenden Patrone nach Belieben vorſchrieben. So that der Pfarrer Hartmann in Lauchröden auf die großen Feſte die Caſele wieder um, weil ſeine Junker Reinhard und Georg von Herda es ſo haben wollten, da „es ſo fein ſtünde, ſich auf ein ſolch Feſt alſo kleiden, und wäre auch an dem Dinge nicht viel gelegen, man thäte es an oder ließe es". Daß er die Meßkleider angehabt habe, gab er in dem Verhöre ſelbſt zu, leugnete dagegen, daß er ein Meßbuch gebraucht, den Kanon geleſen und andere papiſtiſche Gebräuche gehalten habe. Den Pfarrer David Färber zu Niederellen zwang G. von Herda durch Drohungen, das Meßgewand anzuziehen, „wo er es nicht thue, wolle er ihm einen rothen Kopf machen; zudem ſo er nicht wollte, wollte er ſehen, daß er einen andern bekäme, der es alſo halte".

Wenn Geiſtlichkeit und Adel alſo that, was Wunder, wenn der große Haufe ſeine eigenen Gedanken bekam und ſeine eigenen Wege ging?

Drittes Kapitel.

Menius und die Schule. [1]

I.

Eisenach hatte vor der Reformation drei Schulen, die mit den drei Parochialkirchen verbunden waren. Höchstwahrscheinlich waren alle drei nicht bloße Elementarschulen. Von der Georgenschule ist dies außer Zweifel, wie schon daraus hervorgeht, daß Luther ihr Schüler ist. Schulen für Mädchen gab es nicht, auch die Reformation sorgte nicht sogleich für die Ausbildung derselben, so sehr auch das Bedürfniß anerkannt wurde [2].

---

1) Vgl. Funkhänel, Geschichte der Schule, Thl. I.

2) Menius in der Vorrede zu seinem Katechismus: „Bin auch über das deßhalb desto williger dazu gewesen, daß ich bedacht, ob vielleicht dieser mein Dienst dazu auch förderlich sein wollte, daß die Eltern um solcher christlichen heilsamen Lehre und guter Zucht willen zu lernen ihre Kinder, sonderlich die Mägdlein desto lieber und fleißiger zur Schule zu ziehen gereizt werden möchten. Denn als ich ihren, der Mägdlein, Fleiß und Geschicklichkeit im Lernen bisanher gespürt, bin ich ungezweifelt, wo man eine Schule für sie aufrichten würde, es sollte solches ohne sonderliche gemeines Nutzens auch ohne sonst männigliches Beschwerung geschehen und zu sonderer merklicher Förderung beides der Religion und aller Ehrbarkeit gereichen. Denn obwohl den Weibern in der Gemeine zu lehren und zu predigen nicht geziemt, so wird dennoch das Niemand leugnen können, daß eine fromme, verständige

Eine wesentliche Verbesserung erfuhr die Georgenschule 1525 bei der durch Strauß vorgenommenen Visitation. Es wurden dabei solche Lehrer angestellt, welche nicht allein die freien Künste und die griechische und lateinische Sprache, sondern auch die Hauptstücke der Religion besser und reiner lehrten. Luther hatte Strauß die Schulen noch ganz besonders ans Herz gelegt.[1] Der erste evangelische Rektor oder Schulmeister[2] war Petrus Avianus (Vogler), ein einfacher und gerader Mann von alten Sitten und Tugenden, ein tüchtiger Lateiner und Grieche, der erste evangelische Kantor Michael Himmel, zuvor Vikar an der Kirche zu St. Georg.

Bedeutende Umänderungen haben die Schulen jedenfalls in der Visitation von 1528 und 1529 erfahren. Leider sind die Akten derselben verloren ▪gegangen. Das Visitationsbüchlein beweist, daß die Visitatoren nicht allein die Dotation der Schulen im Auge behalten sollten. Die Berichte von den späteren Visitationen haben freilich fast weiter nichts zu melden.

. Dem Schulwesen hat Menius in nie erkaltender Liebe

---

und gottselige Hausmutter ihren Kindlein im Hause zu christlicher Erkenntniß und Zucht mit ihrem Unterricht überaus wohl dienen kann. Und solche Hausmutter muß man freilich von Jugend auf in Schulen ebenso wohl auferziehen, als andre Leute und geschickte Mannspersonen, so zu andern Aemtern tüchtig werden sollen." — Als im Jahre 1557 die evangelischen Prädikanten in Mühlhausen die Errichtung einer Schule für Mädchen beantragten, um sie in Religion, Lesen und Schreiben zu unterrichten, wurde dies vom Rathe abgeschlagen, weil man wöchentlich zweimal in der Kirche den Katechismus recitiren lasse und weil die Mädchen, da keine große Kaufmannschaft vorhanden sei, das Lesen und Schreiben nicht eben sehr bedürften.

1) de Wette, Luth. Br. II, 504: „Ceterum oro, apud tuos urgeas causam istam juventutis instituendae. Video enim, Evangelio impendere maximam ruinam neglectu educandae pueritiae. Res ista omnium maxime necessaria est."

2) Im Mittelalter wurde Alles zunftmäßig betrieben, auch das Schulwesen. Daher stammt die Bezeichnung des Direktors (Rektors) als Schulmeister, ludi magister oder magister scholarum, und der übrigen Lehrer als Gesellen. Der zweite Lehrer war der Kantor (Sangmeister), auch hypodidascalus oder Untermeister genannt.

stets seine besondere Aufmerksamkeit und Vorsorge gewidmet. Er hatte ja von Anfang an die Absicht, sich ganz dem Lehrerberufe zu widmen, und hat auch, nachdem er sich ins Predigtamt begeben, immer junge Leute von Adel in seinem Hause unterrichtet, bis ihm die Superintendenturgeschäfte dies nicht mehr erlaubten. Daher hatte er ein scharfes Auge für die Mängel des lutherischen Katechismus. Es ist ja in neuerer Zeit von allen rationellen Pädagogen anerkannt, daß es große Bedenken hat, zu verlangen, daß die Kinder die Erklärungen Luthers von Wort zu Wort auswendig lernen sollen. Wenn auch gegen eine solche Forderung, wie sie Luther selbst gestellt hat, im Allgemeinen nichts einzuwenden ist, so kann doch jeder Lehrer, namentlich der Lehrer an der Volksschule, jeden Tag beobachten, daß es den Kindern außerordentlich schwer wird, sich Luthers Erklärungen fest einzuprägen. Deshalb ist auch der Wortlaut in der Regel vergessen, sobald sie die Schule verlassen haben. Und die Schuld liegt, das müssen wir offen gestehen, in den Worten selbst. Sie sind viel zu schwer, zuweilen für Kinder gar nicht verständlich, folglich auch sehr schwer oder auch gar nicht zu memoriren und im Gedächtniß zu behalten. Man sehe nur die Erklärungen zu den drei Artikeln des zweiten Hauptstückes und zur 4. und 5. Bitte darauf an, ob diese ein Kind verstehen und merken kann. Diese Erfahrung mochte Menius in erhöhtem Maße machen, wenn er in besonderen Gottesdiensten in Gegenwart der Gemeinde den Kindern den Katechismus erklärte und auf dem Wege des Vorsagens einprägte. Als erfahrener Lehrer trug er daher kein Bedenken, die Worte Luthers zu ändern. Diejenigen, auf welche es bei der Erklärung hauptsächlich ankam, behielt er bei, aber er löste die großen unverständlichen Perioden auf und kürzte die längeren Erklärungen ab, soweit es, ohne dem Inhalte zu schaden, möglich war.

Er wurde vielfach gebeten, den Katechismus, wie er ihn der Gemeinde zu lehren pflegte, durch den Druck zu veröffentlichen. Aber er weigerte sich, einmal weil ihn die Gemeinde täglich in der Kirche hören und so leicht lernen konnte, sodann weil er es für eine Vermessenheit hielt, da schon so viele und vielleicht der Form nach geschicktere existirten, noch seinen eignen drucken zu lassen. Indessen wurde er doch durch eine bestimmte Veranlassung dazu bewogen. Eisenach wurde von einer ansteckenden Krankheit heimgesucht, an welcher viele Menschen starben. In dieser Zeit (1532) hielt man namentlich die Kinder vom Kirchenbesuch ab. Um der dadurch entstehenden Versäumniß zuvorzukommen, gab Menius endlich den Bitten seiner Pfarrkinder nach und ließ „es also mit Willen geschehen, daß der Katechismus im Namen Gottes gedruckt wurde".

II.

Die Abweichungen von dem Wortlaute des lutherischen Katechismus sind folgende:

Dem ersten Hauptstücke gehen diese einleitenden Fragen voraus: Wie viel sind Hauptstücke der ganzen christlichen Lehre? — Fünf. — Welches ist das erste? — Die zehn Gebote. — Das andere? — Die Hauptartikel des christlichen Glaubens. Das dritte? — Das Gebet. — Das vierte? — Das Sakrament der heiligen Taufe. — Das fünfte? — Das Sakrament des heiligen Leibes und Blutes unseres Herrn Jesu Christi." — Es fehlt also wie auch in den früheren Ausgaben des lutherischen Katechismus das Hauptstück von der Beichte.

Vor jedem einzelnen Hauptstücke stehen dann wieder einleitende Fragen, die mit den dazu gehörigen Antworten in dem Mühlhäuser Katechismus von 1760 [1]) als „Justi Menii kurze

---

1) „Dr. Martin Luthers kleiner Katechismus zum Gebrauch und Nutzen der Mühlhäusischen Kirchen und Schulen, auf obrigkeitlichen Befehl in diese beständige Form und Ordnung wieder bracht und privilegirt 1760." — Auf der Rückseite des Titelblattes steht: „Der Katechismus (Lutheri, mit Menii Summarien, Starckii Spruchbüchlein, Mechlers Fragen über die Haustafel, Rosini Festfragen, Wineckers Katechismusfragen und Frohnii Konfirmationsformul) wäre zu drucken, nach denen monitis. Decretum in Senatu triplici, den 19. Oktober 1725."

Summarien über die Hauptstücke" zusammengefaßt sind. Sie mögen hier in dieser Zusammenstellung folgen, da so recht deutlich wird, in welch' geschickter Weise Menius zwischen den verschiedenen Hauptstücken den innigsten Zusammenhang nachgewiesen hat.

„Von den zehn Geboten.

Wozu dienen die zehn Gebote? Antwort: Sie dienen dazu, daß wir daraus lernen sollen, was Gott von uns will gethan und gelassen haben [1]).

Vom Glauben.

Wozu dienen die drei Hauptartikel unseres christlichen Glaubens? Antwort: Sie dienen dazu, daß sie uns anzeigen, was wir von Gott gewarten und empfahen müssen, daraus wir ihn recht erkennen lernen und Dasjenige thun mögen, das er in den zehn Geboten von uns fordert.

Vom Gebet.

Wozu dient das Gebet? Antwort: Es dient dazu, daß wir Gott immerdar bitten sollen, daß er uns den Glauben und die Erfüllung der zehn Gebote geben, erhalten und mehren wolle und Alles, was uns daran hindert, hinwegnehmen. — Was soll uns vermahnen zum Gebet? Antwort: Dreierlei: Zum ersten, daß uns Gott geboten hat, seinen Namen in allen Nöthen anzurufen und zu beten. Zum andern, daß er uns hat zugesagt, er wolle unser Gebet gewißlich erhören. Zum dritten, daß er uns die Nothdurft, darum wir bitten sollen, im Vaterunser selbst anzeigt und zu erkennen giebt.

Von den Sakramenten.

Wozu dienen die heiligen Sakramente? Antwort: Sie dienen dazu, daß sie den Glauben in uns erwecken und stärken sollen und uns der gnadenreichen Zusagung Gottes in Christo versichern als gewisse Siegel und Zeichen, die Gott der Herr selbst eingesetzt und gegeben hat."

---

1) In den Summarien des Mühlhäuser Katechismus sind noch die Worte „und unsere Sünde erkennen" hinzugefügt, wie auch an anderen Stellen Citate aus der Bibel beigegeben sind.

Was nun die Hauptstücke selbst betrifft, so hat er im ersten
Gebote das Wörtchen „allein" eingeschoben: „Wir sollen Gott
allein über alle Dinge fürchten"; und im Anfang der lutheri=
schen Erklärung stets „also": „Wir sollen Gott, also fürch=
ten und lieben" u. s. w. Das vierte Gebot lautet: „Du
sollst Deinen Vater und Deine Mutter ehren, auf daß Du
langes Leben habest auf Erden."

Die Erklärung zum 1. Artikel des zweiten Hauptstücks hat
er in folgender Weise abgekürzt: „Ich glaube, daß Gott mich
und alle Kreatur mit Leib und Seele, Sinn und Vernunft
und allen Gliedern geschaffen hat und noch immerdar mit aller
Nothdurft und Nahrung versorgt, vor allem Uebel bewahret,
und das Alles aus lauter väterlicher Güte und Barmherzigkeit,
das ist gewißlich wahr."

Zum 2. Artikel: „Ich glaube, daß Jesus Christus, wahrer
Gottes und Mariä Sohn, sei mein Herr worden, der mich
verdammten Menschen von Sünde, Tod und aller Gewalt des
Teufels erlöst hat durch sein unschuldiges Leiden und Sterben,
auf daß ich sein eigen sei, ihm zu leben und zu dienen in ewiger
Gerechtigkeit, gleichwie er auferstanden ist vom Tode, lebet und
regieret ewiglich, das ist gewißlich wahr."

Zum 3. Artikel: „Ich glaube, daß mich nicht meine eigene
Vernunft, sondern der heilige Geist durchs Evangelium zum
Christenglauben gebracht und darin geheiligt hat, gleichwie er die
ganze Christenheit auf Erden in solchem Glauben versammelt
und heiligt, in derselbigen alle Sünde vergiebt, am jüng=
sten Tage alle Todten auferwecken wird und mir mit allen
Gläubigen in Christo ein ewiges Leben geben wird, das ist ge=
wißlich wahr."

Die Erklärungen des dritten Hauptstücks lauten:

Zur ersten Bitte: „Hilf uns, lieber Vater, daß wir Deinen
Namen durch Dein heiliges Wort erkennen und nach demselben
ein göttliches Leben führen mögen; behüte uns, lieber Vater,
daß wir mit falscher Lehre und bösem Leben Deinen Namen
nicht entheiligen noch unehren."

Zur zweiten: „Gieb uns, lieber Vater, Deinen heiligen Geist, daß wir Deinem heiligen Worte durch Deine Gnade glauben und göttlich leben mögen hier zeitlich und dort ewiglich."

Zur dritten: „Hindere, lieber Vater, allen Rath und Willen des Teufels, der Welt und unseres Fleisches, die uns Deinen Namen nicht heiligen und Dein Reich nicht wollen kommen lassen; stärke und behalte uns in Deinem Wort und Glauben bis an unser Ende, das ist Dein gnädiger Wille."

Zur vierten: „Laß uns, lieber Vater, von Dir gewarten und mit Danksagung empfahen, auch recht und wohl gebrauchen unser täglich Brod, d. i. allerlei Leibes Nahrung und Nothdurft dieses Lebens."

Zur fünften: „Laß uns, lieber Vater, unsere mannigfaltigen täglichen Sünden in unserm Gebet gegen Dir nicht entgelten, sondern sei uns gnädig und vergieb's uns; so wollen wir um Deinetwillen wiederum herzlich vergeben und wohlthun allen Denen, die uns beleidigen."

Zur sechsten: „Behüte uns, lieber Vater, wenn wir vom Teufel, der Welt und unserem Fleisch mit Mißglauben, Verzweiflung und anderen großen Sünden und Schanden angefochten werden, daß wir doch nicht überwunden werden, sondern endlich obliegen und den Sieg behalten."

Zur siebenten: „Erlöse uns, lieber Vater, von allerlei Uebel Leibes und Seele, Guts und Ehre; bescheere uns ein seliges Ende und nimm uns mit Gnaden von diesem Jammerthal in Dein Himmelreich. Amen, d. i. Es ist gewißlich erhört und Alles Ja, dieweil er uns zu bitten befohlen und zu erhören verheißen hat. Amen."

Das vierte und fünfte Hauptstück und was bis zur Haustafel folgt, lautet so:

„Was ist die Taufe? — Die Taufe ist nicht allein ein schlecht natürlich Wasser, sondern sie ist ein Wasser in Gottes Gebot gefaßt und mit Gottes Wort verbunden.

Wie heißt dasselbige Wort Gottes? — Matthäi am letzten sagte Christus zu seinen Jüngern: Gehet hin und lehret alle Heiden und taufet sie im Namen des Vaters und des Sohnes und des heiligen Geistes.

Was nützt oder giebt die Taufe? — Sie wirket Vergebung der Sünden, sie erlöset vom Tod und Teufel und giebt die ewige Seligkeit allen Denen, die es glauben, wie denn die Worte und Verheißung Gottes lauten.

Welches sind denn solche Worte und Verheißung Gottes? — Marci am letzten spricht unser Herr Christus: Wer da glaubt und getauft wird, der wird selig werden, wer aber nicht glaubt, der wird verdammt werden.

Wie kann Wasser solche große Dinge thun? — Schlecht Wasser thut's freilich nicht, sondern das Wort Gottes, darein solch Wasser verfaßt ist, das thut's, so man's glaubt, und macht, daß die Taufe ein gnadenreich Wasser des Lebens und ein Bad der neuen Geburt ist im heiligen Geist.

Wo steht das geschrieben? — St. Paulus zu Tito am 3. Kapitel spricht: Nach seiner Barmherzigkeit hat uns Gott selig gemacht durch das Bad der Wiedergeburt und Erneuerung des heiligen Geistes, welchen er ausgegossen hat über uns reichlich durch Jesum Christ unseren Heiland, auf daß wir durch desselbigen Gnade gerechtfertigt Erben des ewigen Lebens würden nach der Hoffnung, das ist gewißlich wahr.

Was bedeutet solch Wassertaufen? — Es bedeutet, daß der alte Adam in uns durch tägliche Reue und Buße soll ersäuft werden und sterben mit allen Sünden und bösen Lüsten, und wiederum täglich herauskommen und auferstehn ein neuer Mensch, der in Gerechtigkeit und Reinigkeit vor Gott ewiglich lebe.

Wo steht das geschrieben? — St. Paulus zu den Römern im 6. Kapitel spricht: Wir sind mit Christo durch die Taufe begraben in den Tod, daß gleichwie Christus ist auferweckt von den Todten durch die Herrlichkeit des Vaters, also sollen wir auch in einem neuen Leben wandeln.

Vom Sakrament des Altars.

Wovon ist das fünfte Stück der christlichen Lehre? — Vom Sakrament des Altars.

Was ist das Sakrament des Altars? — Es ist der

wahre Leib und Blut unseres Herrn Jesu Christi unter dem
Brod und Wein, uns Christen zu essen und zu trinken von
Christo dem Herrn selbst eingesetzt.

Wo steht das geschrieben? — Also schreiben die heiligen
Evangelisten Matthäus, Marcus, Lucas und St. Paulus:
Unser Herr Jesus Christ in der Nacht, da er verrathen ward,
nahm er das Brod, dankete und brach's und gab's seinen
Jüngern und sprach: Nehmet hin und esset, das ist mein Leib,
der für Euch gegeben wird; solches thut zu meinem Gedächtniß.
Desselben gleichen nahm er auch den Kelch nach dem Abendmahl, dankete und gab ihnen den und sprach: Nehmet hin und
trinket alle daraus; dieser Kelch ist das neue Testament in
meinem Blut, das für Euch vergossen wird zur Vergebung der
Sünden; solches thut, so oft Ihr's trinket, zu meinem Gedächtniß.

Was nützet solch Essen und Trinken? — Das zeugen uns
diese Worte: ‚für Euch gegeben und für Euch vergossen zur
Vergebung der Sünden‘, nemlich, daß uns im Sakrament
Vergebung der Sünden, Leben und Seligkeit durch solche Worte
gegeben wird; denn wo Vergebung der Sünden ist, da ist auch
Leben und Seligkeit.

Wie kann leiblich Essen und Trinken solche große Dinge
thun? — Schlecht leiblich Essen und Trinken thut's freilich
nicht, sondern das Wort Christi: ‚Für Euch gegeben und vergossen zur Vergebung der Sünden‘, um welches Wortes
willen das leibliche Essen und Trinken auch eingesetzt ist, dasselbe thut's, so man's glaubt, und das machet, daß der Gläubige
nicht allein schlecht leiblich ißt und trinkt, sondern daß er auch
geistlich und in rechter Wahrheit empfahet Dasjenige, so die
Worte sagen und lauten, als nemlich Vergebung der Sünden.

Wer empfängt das Sakrament würdiglich? — Der ist recht
würdig und wohl geschickt, der in Reue und Leid an diese
Worte glaubt ‚für Euch gegeben und vergossen zur Vergebung
der Sünden‘; wer aber an solche Worte nicht glaubt, der ist
unwürdig und ungeschickt, denn das Wort ‚für Euch‘ will
ein gläubig Herz haben.

Von der Beichte.

Was ist die Beichte? — Beichten ist nichts Anderes, denn seine eigene Schuld bekennen und um Vergebung bitten, wie uns Christus im Vaterunser gelehrt hat.

Wie mancherlei Weise geschieht das? — Dreierlei. Zum ersten, wenn wir unser ganzes Leben vor Gott sündlich bekennen und um Gnade bitten, wie denn alle Heiligen thun müssen, Psalm 32. Zum andern, wenn wir unsern Nächsten beleidigt haben und um Vergebung bitten, wie Christus Matthäi am 5. befohlen. Zum dritten, wenn wir nach Erforderung unserer Nothdurft die heimliche Noth unseres Gewissens einem Menschen entdecken, auf daß wir durch ihn mit Gottes Wort getröstet werden.

Wo ist den Menschen befohlen, daß sie dem Gewissen rathen sollen? — Da Christus zu seiner Christenheit und derselben verordneten Dienern sagt Matthäi 18: Was Ihr auf Erden binden werdet, soll auch im Himmel gebunden sein, und was Ihr auf Erden lösen werdet, soll auch im Himmel los sein; item Johannis am 20.: Welchen Ihr die Sünde erlasset, Denen sind sie erlassen, und welchen Ihr sie behaltet, Denen sind sie behalten.

Kurzer Beschluß des ganzen Katechismi.

Was ist nun die Summa und kurzer Beschluß dieser ganzen Lehre? — Antwort: Das ist sie ganz und gar, daß Christus allein aus gnädigem Willen des himmlischen Vaters uns armen Menschen, die wir nach Ausweisung der zehn Gebote allzumal von Art und Natur Sünder und zum ewigen Tode verdammt wären, Vergebung der Sünden, Erlösung vom Tode und Teufel und die ewige Seligkeit durch sein unschuldiges Leiden und Sterben erworben hat, wie denn der andere Artikel des Glaubens von solcher Erlösung lehret, und läßt uns nun seinen heiligen Geist solches Alles aus lauteren Gnaden ohne alles unser Verdienst durch sein heiliges Evangelium verkündigen und zu eigen schenken, wie der dritte Artikel von der Heiligung lehret, uns auch desselbigen durch seine heiligen Sakramente der Taufe, des Altars und Absolution versichern, und das Alles darum, auf daß wir also durch solche seine eigenen Worte und Zeichen oder Siegel an ihn von Grund unseres Herzens festiglich glauben und durch solchen Glauben das ewige Leben empfangen sollen.

Wo steht das geschrieben? — St. Paulus zu den Römern am 3. Kapitel spricht von allen Menschen: Es ist hie kein Unterschied; sie sind allzumal Sünder und mangeln des Ruhmes, den sie an Gott haben sollten, und werden ohne Verdienst gerecht aus seiner Gnade durch die Erlösung, so durch Christo Jesu geschehen ist, welchen Gott hat vorgestellt zu einem Gnadenstuhl durch den Glauben in seinem Blut.

Dieweil mir die Seligkeit also aus lauteren Gnaden ohne alles unser Verdienst allein um Christus willen durchs Evangelium gegeben und durch den Glauben empfangen wird, soll man denn keine guten Werke thun? oder sind si nichts nutz?

Antwort: Daß man aus lauteren Gnaden ohne alles unser Verdienst allein um Christus willen durch den Glauben an das Evangelium selig werde, das ist gewißlich also, wie gelehrt ist; daß man aber darum keine guten Werke thun soll, oder daß sie auch nichts nutz sein sollen, das ist die Meinung der christlichen Lehre gar nicht. Denn es ist unmöglich, daß der Glaube ohne gute Werke sein und bleiben mag, gleichwie es unmöglich ist, daß ein lebendiger Mensch ohne seine natürlichen Werke sein sollte; denn welcher Mensch von Herzen glaubt, daß ihm Gott der Vater durch seinen Sohn Christum solche unaussprechliche Gnaden und Wohlthaten erzeigt habe, wie könnte sich Der enthalten, daß er denselben seinen Gott und freundlichen treuen Vater nicht wiederum von Grund seines Herzens lieben und loben, ihm danken und dienen sollte? Ja, es hat ein solch gläubig Herz keinen größern Fleiß, Begierde und Lust, denn wo es seinem Gott zu Dank und Gefallen nur dienen soll, und wiederum so hat es auch keine größere Sorge, denn daß es ja den herzlieben Vater nicht etwa erzürne, vertrauet ihm allein, ruft ihn allein an, klagt ihm seine Noth, bittet und gewartet Trost und Hülfe von ihm in allerlei Trübsal, preiset, lobet und danket ihm, wenn es ihm wohlgeht, ja wenn es auch Noth leidet, und richtet sein ganzes Leben in allem seinem Thun, Lassen und Leiden nach seinem Wort, dadurch es gewiß sein mag, daß es Gott ja wohlgefalle und angenehm sei. Und das ist allezeit, dieweil es auf Erden lebt, seine ewige Reue und Leid, daß es seinem lieben Gott zu Lob und Ehren so viel nicht thun und so stätig und fleißig leider nicht dienen kann, als es gern thun wollte.

Welche sind nun die guten Werke, davon man gewiß ist, daß sie Gott wohlgefallen? — Antwort: Es sind erstlich die Werke, die Gott in zehn Geboten allen Menschen insgemein geboten hat; darnach sind es die, so einem Jeden nach seinem Stande und Orden insonderheit von Gott geboten sind.

Welches sind nun die Stände und Orden, so Gott selbst eingesetzt und gestiftet hat? — Im geistlichen Reiche Gottes sind's Bischöfe, Pfarrherren, Prediger und andere Seelsorger, durch welcher Amt der heilige Geist uns zu Seligkeit beruft hie zeitlich im Glauben und Hoffnung und nach diesem Leben in herrlicher Offenbarung ewiglich; im Weltreich, welches auch Gottes ist, da sind Oberherren und Unterthanen, als Hausherren und Landesherren, Hausgenossen und Landsassen, Eltern, Kinder, Gesinde, Taglöhner, Arbeiter, Alt, Jung, Wittwen, Waisen, Arm, Reich. Das sind alles Stände, die Gott eingesetzt und geordnet hat, daß christgläubige und gottselige Leute in ihrem Glauben hier auf Erden ihm nach seinem Wort, Befehl und Willen darin dienen sollen, und ein Jeder deß gewiß sein, daß Gott solches seines Standes (sofern er sein im Christenglauben gebraucht) gnädiges und gutes Gefallen habe.

Und daß man deß gewiß sein möge, so folgt hernach, was Gott einem jeden Stande insonderheit durch sein Wort geboten habe, darnach er sich darin wisse zu halten." (Folgt die Haustafel und das Traubüchlein Luthers.)

III.

Dieser Katechismus legt Zeugniß ab von dem hohen pädagogischen Takte unseres Menius und hat sicherlich reichen Segen gewirkt. Dabei verdient er hohes Lob wegen der Milde in der dogmatischen Fassung. So sehr auch Menius Luther verehrte und so sehr er sich mit ihm in der Lehre eins weiß und auf ihn beruft, so hat er sich doch nie knechtisch an seine Worte gebunden, sondern stets seine wissenschaftliche und Ueberzeugungs-Freiheit behauptet und etwaige Abweichungen offen ausgesprochen. Es ist nicht zu verkennen, Menius hat sich sein ganzes Leben hindurch hinsichtlich der Lehre mehr zu Melanchthon und dessen milder Weise hingezogen gefühlt. Den milden, oder wenn man will, den freieren Standpunkt zeigt der Katechismus namentlich in der Lehre von den Sakramenten, wo der Verfasser ähnlich wie in den weiter oben angeführten Stellen gewissermaßen schwankt zwischen der dynamischen und symbolischen Auffassung. Denn die Worte: „Die Sakramente dienen dazu, daß sie ....'. uns der gnadenreichen Zusagung Gottes in Christo versichern, als gewisse Siegel und Zeichen, die Gott der Herr selbst eingesetzt und gegeben hat", erinnern deutlich an die reformirte Auffassung, wie sie der Heidelberger Katechismus Frage 66 giebt: „Sakramente sind sichtbare heilige Wahrzeichen und Siegel, von Gott dazu eingesetzt, daß er uns durch den Brauch derselben die Verheißung des Evangeliums desto besser zu verstehen gebe und versiegele." Auch die Worte, „daß der Gläubige nicht allein schlecht leiblich isset und trinket", können nach der Weise der Reformirten so aufgefaßt werden, daß der Ungläubige blos Brod und Wein genießt. Ja wenn Menius schreibt: „Schlecht Wasser thut's freilich nicht, sondern das Wort Gottes, darein solch Wasser verfaßt ist, das thut's, so man's glaubt", so hätten die Wiedertäufer dies füglich für ihre Ansicht anführen können, daß der Mensch erst getauft werden soll, wenn er den Glauben hat. Daß Menius so geschrieben habe mit Rücksicht auf die Wiedertäufer, ist sicherlich nicht anzunehmen; wohl aber dürfte nicht zu verkennen sein, daß das Auftreten der Wiedertäufer und deren Vorwurf, die Lutherischen lehrten nur einseitig den Glauben und seien gleichgültig gegen ein sittliches Leben, ihn bestimmt habe, noch besonders die Aufmerksamkeit auf die von Gott gebotenen und Gott gefälligen Werke hinzulenken. Auch Melanchthon sprach in der Ausgabe seiner Glaubenslehre von 1535 die Nothwendigkeit wahrhaft guter Werke aus.

Luther hat es ruhig mit angesehen, daß dieser Katechismus statt des seinigen im Fürstenthume Eisenach gebraucht wurde; aber die Epigonen der Reformationszeit fanden, daß Luthers Katechismus vom heiligen Geiste inspirirt sei, und konnten deshalb nicht dulden, daß der Christengemeinde statt dessen ein bloßes Menschenwerk und Menschenwort geboten werde. Mit der Konkordienformel kamen auch die kirchlichen Konstitutionen für das Churfürstenthum Sachsen, in deren 4. Artikel es ausdrücklich heißt: „Zum ersten sollen sie (die Pfarrherren) keinen anderen Katechismum dem Volke vortragen noch in den Schulen lehren lassen, denn wie derselbe durch weiland den hocherleuchteten Mann Dr. Martin Luther seligen in Druck gegeben und seinen Tomis einverleibt worden ist" [1].

Indessen hatte sich der Menius'sche Katechismus doch so in das Volk eingelebt, daß er nicht ohne Weiteres ganz entfernt werden konnte. Man traf daher den Ausweg, daß man die Erklärungen Luthers vollständig aufnahm, aber die einleitenden, oben als Summarien zusammengefaßten Fragen von Menius vor den einzelnen Hauptstücken beibehielt und in dem Lehrstück von der Beichte die Texte von Menius und Luther ruhig neben einander hergehen ließ. In dieser Weise sind die Aus-

---

1) Menius hatte seinen Katechismus auch in Mühlhausen eingeführt; als daselbst in Folge des schmalkaldischen Krieges und des Interims die evangelische Lehre unterdrückt wurde, verschwand natürlich auch der Katechismus. Im Jahre 1557 führte Dr. Salmuth daselbst mit der sächsischen Agende und der Leipziger und Wittenberger Kirchenordnung auch den lutherischen Katechismus ein, in welchen jedoch ebenfalls einzelne Stücke von dem Menius'schen aufgenommen wurden.

gaben für das Fürstenthum Eisenach und die Jenaische Landes-
portion aus dem 17. und 18. Jahrhundert gedruckt; erst die
neuesten Ausgaben haben die Summarien weggelassen und
nur die mit * bezeichneten Fragen von Menius beibehalten.

Nicht weniger als der Volksschule widmete Menius seine
Aufmerksamkeit dem höheren Schulwesen. In diesem waren
zwar in Folge der Reformation und speciell der Kirchen- und
Schulvisitationen manche Verbesserungen erfolgt; allein ein
Uebelstand blieb nach wie vor, daß nemlich die jungen Leute
auf den Schulen, die wir nach unseren heutigen Begriffen
Gymnasien nennen würden, nicht so weit vorgebildet wurden,
um die öffentlichen Vorlesungen auf den Universitäten mit
Nutzen und Erfolg besuchen zu können. Daher hatten die
Studenten auf der Universität in der Regel noch einen besonderen Präceptor oder wurden zu einem Professor in Pension
gegeben, um sich auf diese Weise die volle Reife zu erwerben.
Damit waren mancherlei Unannehmlichkeiten und Nachtheile
verbunden. Einmal kamen die Knaben zu jung in die akade-
mische Freiheit, so daß sie deswegen bei dem Mangel an sitt-
licher Reife und Charakterfestigkeit großen Gefahren ausgesetzt
waren. Sodann aber wurden die Kosten, da der Aufenthalt
in der Universitätsstadt bedeutend verlängert wurde — er
dauerte selten weniger als fünf Jahre — für weniger be-
mittelte Eltern so groß, daß sie ihre Kinder nicht studiren
lassen konnten. Dies traf namentlich die nicht eben glänzend
besoldeten Pfarrer. Auf der anderen Seite fehlte es aber
an geeigneten Personen für die geistlichen Aemter, zu denen
damals wie jetzt die Pfarrhäuser das Hauptkontingent stellen
mußten, gar sehr. Daher mußte man darauf Bedacht nehmen,
diesem Mangel abzuhelfen. Menius war eifrig bemüht, in
Eisenach eine solche Schule herzustellen, welche die Jünglinge
vollständig für den Besuch der Universität vorzubilden im
Stande wäre. Denn die Georgenschule reichte dazu nicht aus;
Diejenigen, welche ihren Söhnen keinen besondern Präceptor
halten wollten, schickten sie meistens nach Wittenberg, Magdeburg
oder Gotha. Der Rath der Stadt kam ihm dabei bereitwillig

entgegen. Aber es kostete ihm einige Mühe, bis er vom Churfürsten einigen Zuschuß zu den Kosten und Besoldungen erhielt; dieser hatte auf die Kirchkasse verwiesen, in welcher aber bei genauerer Nachforschung sich ein Mehr der Ausgaben von 28 fl. über die Einnahmen ergab. Entscheidend für die schließliche Bewilligung des erbetenen Zuschusses war wohl der Umstand, daß die Schule nicht Stadt= sondern Landesschule werden sollte. Im Jahre 1544 ließ der Stadtrath das in den Bauernunruhen arg mitgenommene und seitdem meist leerstehende Predigerkloster für die Aufnahme der Schule neu und bequem herrichten und mit bequemen Lehrzimmern und Wohnungen für Lehrer und hülfsbedürftige Schüler versehen. Auf die Bitte des Rathes kam Menius, der damals mit Ein= führung der Reformation in Mühlhausen beschäftigt war, nachdem er die Erlaubniß dazu beim Churfürsten eingeholt hatte, zurück und leitete die innere Einrichtung der Schule und die Berufung von Lehrern. Statt der bisherigen drei Lehrer und Klassen erhielt die Schule deren vier. Auf Me= lanchthons Empfehlung wurde M. Bartholomäus Rosinus (Roßfeld) [1] als Rektor berufen, M. Heinrich Martin, ein Eisenacher, als Baccalaureus oder Konrektor, Christoph Dür= feld [2] aus Gotha als Subkonrektor, Wolfgang Zeuner [3] als

---

1) Er war 1520 zu Pößneck geboren, studirte von 1536 an in Wit= tenberg und war Rektor von 1544 bis 1551. Von da an war er Dia= konus in Eisenach, bis er 1559 als Superintendent nach Weimar berufen wurde. Wegen der Strigelschen Streitigkeiten und wegen seines Verhält= nisses zum Kanzler Brück ging er 1562 als Pfarrer nach Waldenburg im Schönburgischen. Im Jahre 1567 wurde er zwar zurückberufen und 1569 zu einer Kirchenvisitation zugezogen, aber 1578 mußte er Weimar abermals verlassen. Er wurde erster Geistlicher zu Regensburg und starb daselbst den 17. September 1586.

2) Er wurde 1546 an die Schule in Gotha berufen, hierauf weimari= scher Rath, Professor der Rechte in Jena, Assessor des Hofgerichts zu Gotha, Syndikus zu Halle, und starb endlich als Assessor des Kammergerichts zu Speier am 23. März 1583.

3) Er wurde später Diakonus an der Georgenkirche.

Kantor. Die Schule wurde zur Landesschule erhoben, die
Besoldung der Lehrer aufgebessert [1]). Als beachtenswerth wollen
wir noch bemerken, daß durch eine Verfügung des Churfürsten [2])
die Anstellung und Entlassung des Rektors ausdrücklich von
dem Gutachten des Superintendenten abhängig gemacht wurde.

---

1) Im Jahr 1544 betrug die Besoldung des Rektors 65 fl., die der
übrigen Lehrer je 40 fl., die des Pfarrers 100 fl., die der übrigen Geistlichen je 65 fl., ohne das Getreide.

2) Abgedruckt bei Funkhänel, Gesch. der Schule I, 14 f.

Viertes Kapitel.

Verſammlungen.

I.

Geſpräch zu Marburg 1529. [1])

Es wird nicht ohne Intereſſe ſein, Menius auf die Konvente zu begleiten, an denen er mehr oder weniger thätigen Antheil genommen hat. Der erſte iſt der Konvent oder das Religionsgeſpräch zu Marburg 1529.

Sobald Luther das katholiſche Prieſterthum verwarf, mußte er auch die Wandlungslehre aufgeben. Wenn ihn Jemand hätte berichten mögen, daß im Sakrament nichts denn Brod und Wein wäre, der hätte ihm einen großen Dienſt gethan. Er machte ſchwere innere Kämpfe durch und wäre gern herausgeweſen, weil er wohl ſah, daß er damit dem Papſtthum den härteſten Stoß hätte verſetzen können. Aber er war gefangen und konnte nicht heraus; der Text ſtand zu gewaltig da, und es lag eine zu ſtarke Myſtik tief in ihm, als daß er die leibliche Gegenwart des Leibes und Blutes im Abendmahl hätte miſſen können. Hingegen Carlſtadt in ſeiner Neigung zur ſub-

----

1) Akten bei Walch, Luthers Werke XVII, 1880 ff.   Corp. Ref. I, 1095 sqq.   Neubecker, Urkunden aus der Reformationszeit, S. 89 ff.

jektiven Willkür und Verachtung alles Aeußerlichen fand im Abendmahl nur eine feierliche Erinnerung an Christi Leiden zur Erlösung der Menschheit und erklärte die Einsetzungsworte „das ist
mein Leib" dahin, daß Jesus dabei auf seinen lebendigen Leib
hingewiesen habe. Darüber entbrannte seit 1524 ein heftiger,
oft sehr ins Persönliche ausartender Streit zwischen ihm und
Luther. Dieser schreibt darüber: „Ja, wenn noch heutigen
Tages möchte geschehen, daß Jemand mit beständigem Grunde
beweiset, daß schlechtes Brod und Wein da wäre, man dürfte
mich nicht so antasten mit Grimm. Ich bin leider allzu geneigt dazu, so viel ich einen Adam spüre. Aber wie Dr. Carlstadt davon schwärmet, ficht mich so wenig an, daß meine
Meinung nur desto stärker dadurch wird. Und wenn ich's
vorher nicht hätte geglaubt, würde ich durch solche lose, lahme
Possen, ohne alle Schrift, allein aus Vernunft und Dünken
gesetzt, allererst glauben, daß seine Meinung müßte Nichts sein,
als ich hoffe Jedermann sehen soll, wenn ich nun antworte.
Ich glaube auch kaum, daß es sein Ernst sei, oder Gott muß
ihn verstockt oder verblendet haben. Denn wo es Ernst wäre,
würde er nicht so lächerliche Stücklein mit einmengen und aus
griechischer und hebräischer Sprache daher gaukeln, welcher er
doch nicht viel vergessen hat, wie man wohl weiß."

Carlstadts nahmen sich die Schweizer an. Zwingli erkannte
in dem Abendmahl nur ein Zeichen der Erinnerung und Gemeinschaft und übersetzte „das ist" mit „das bedeutet". Sein
Gehülfe in der schweizerischen Reformation, Oekolampadius,
der früher auch die wahre Gegenwart des Leibes und Blutes
bekannt hatte, trat auf seine Seite und nahm das Brod als
Laib für ein Sinnbild des Leibes. In Süddeutschland lehrten
Brenz, Schnepf und Strauß wie Luther. Die Theilnahme
am Streite wurde immer allgemeiner; die Reformation theilte
sich in zwei große Parteien, als deren Führer Luther und
Zwingli angesehen wurden. Luther schrieb 1527 wider die
Schwarmgeister, daß die Worte Christi „das ist mein Leib" noch
feststehen, und berief sich auf den Buchstaben, Zwingli auf den
Sinn des göttlichen Wortes.

Landgraf Philipp sah in dieser Spaltung große Gefahr und fürchtete, daß sie die Einigung der Evangelischen dem drohenden Reichstagsabschiede von Speier gegenüber hindern möchte. Daher gab er sich, zumal da er die Auffassung Luthers nie vollkommen getheilt hatte, alle Mühe, die Parteien zu versöhnen, und lud die Wortführer auf Michaelis 1529 zu einem Gespräch nach Marburg ein, um womöglich eine Vereinigung der streitenden Theologen zu Stande zu bringen.

Die Einladung wurde schon ganz verschieden aufgenommen. Zwingli und die Schweizer hofften das Beste und kamen voller Freuden. Zwingli, welcher fürchtete, von dem Rathe der Stadt zurückgehalten zu werden, reiste ab, ohne auch nur seiner Frau etwas davon zu sagen und ohne den hessischen Geleitsbrief abzuwarten. Hingegen Luther schrieb an den Landgrafen: „Ich habe E. F. G. Schrift und gnädiges Begehren, daß ich mich soll gen Marburg begeben, mit Oekolampadio und den Seinen eine Unterredung zu haben, des Zwiespalts halben vom Sakrament, ob Gott wollte Friede und Einigkeit geben, unterthäniglich vernommen. Wiewohl ich aber eine schlechte Hoffnung habe zu solchem Frieden, so ist doch ja E. F. G. Fleiß und Sorge hierin hoch und sehr zu loben, und ich für mich willig bin, solchen verlorenen und vielleicht auch uns gefährlichen Dienst E. F. G. mit allem Fleiß zu beweisen und E. F. G. Willen und Vornehmen nach auch begeben, wohin ich soll. Denn ich den Ruhm mit Wahrheit dem Widertheil nicht lassen will (ob Gott will), daß sie mehr zu Friede und Einigkeit geneigt wären, denn ich. Ich will E. F. G. eben so mehr bei Zeiten dürre heraussagen, was ich denke. Aber da bitte ich für, gnädiger Fürst und Herr, daß E. F. G. wollten gnädiglich bedenken oder auch erforschen, ob jenes Theil auch geneigt wäre, etwas zu weichen von ihrer Meinung, damit endlich übel nicht ärger werde, und eben das Widerspiel deß gerathe, das jetzt E. F. G. so herzlich und ernstlich sucht. Denn was hülfe es zusammenkommen und unterreden, so beider Theil mit Vorsatz kommt, nichts überall zu weichen. — Denn ich weiß das wohl, daß ich ihnen schlicht nicht weichen werde; kann auch nicht, weil ich so ganz für mich gewiß bin, daß sie irren, dazu selbst ungewiß sind ihrer Meinung. — Darum ist meine unterthänige Bitte, E. F. G. wollten um Gotteswillen helfen höchlich bedenken, ob's mehr Frucht oder Schaden bringen werde. Denn das ist gewiß, wo sie nicht weichen, so scheiden wir von einander ohne Frucht und sind vergeblich zusammengekommen, und ist E. F. G. Kost und Mühe verloren." Auch Melanchthon rieth, daß der Churfürst keine Erlaubniß geben möchte, nach Marburg zu reisen. Als Luther an die hessische Grenze kam, war er nicht zu bewegen, sie zu überschreiten, bevor er in aller Form einen Geleitsbrief vom Landgrafen erhalten hatte.

In Marburg wurden die sämmtlichen Abgeordneten, Luther, Melanchthon, Jonas, Osiander, Brenz, Stephan, Agricola von Augsburg, Oekolampadius, Zwingli, Bucer, Hedio, Menius, Myconius, Eberhard v. d. Thann u. A. vom Landgrafen freundlich aufgenommen und bewirthet. Am 1. Oktober unterredete sich Luther allein mit Oekolampadius, und Melanchthon allein mit Zwingli. Auf Luthers Verlangen wurde, ehe man an die Lehre vom Sakrament ging, zuvor von einigen andern Punkten gesprochen, in denen nach seiner Behauptung die Schweizer unrichtig lehrten, so von der Erbsünde, vom Predigtamt, von dem Gebrauch der Sakramente, von der Trinität, von der Rechtfertigung. Die Schweizer in ihrer Friedensliebe gaben nach, wo sie konnten, „je mehr sie davon hörten, je besser es ihnen gefiel, und sind in allen diesen Stücken gewichen, wiewohl sie zuvor öffentlich anders geschrieben".

Am zweiten und dritten Tage fand eine öffentliche Unterredung vor dem Landgrafen, seinen Räthen und mehreren theologischen und weltlichen Abgeordneten statt. Luther verlangte wieder, daß zuerst von den anderen streitigen Artikeln gehandelt werde; aber Zwingli erklärte, man wäre nicht zusammengekommen, von andern Artikeln zu reden, sondern allein vom Sakrament; wenn man jedoch darüber einig würde, wolle er auch von anderen Sachen reden. Auf Befehl des Landgrafen unterredete man sich sogleich vom Abendmahl.

Zwingli und Oekolampadius stützten sich auf folgende

Gründe: 1) Joh. 6 lehre Christus seinen Leib geistlich essen; daher sei auch im Sakrament nur eine geistliche Nießung anzunehmen. 2) Ein Leib könne nicht an vielen Orten zugleich sein; da nun Christus einen wahren Leib habe und im Himmel sei, so könne er nicht zugleich im Sakramente gegenwärtig sein. Gott gebe nicht so unbegreifliche Dinge vor; und es möchten nicht so große Werke durch böse Priester geschehen, daß Christi Leib dahin gebracht würde. 3) Sakramente seien Zeichen; daher werde der Leib Christi nur bedeutet, aber er sei nicht wirklich vorhanden. Luther erwiderte zu 1: das 6. Kapitel des Johannes sei der Einsetzung des Abendmahls nicht entgegen; dort werde die geistliche Nießung, hier die äußerliche angeordnet. Der Spruch „das Fleisch ist kein nütze" sei nicht von Christi Fleisch zu verstehen; denn Christus sage ja, sein Fleisch bringe Leben. Zu 2: die Vernunft solle nicht Gottes Macht und Herrlichkeit richten; Gott könne einen Leib wohl ohne Statt erhalten; die Gegenwart des Leibes werde nicht durch des Priesters Verdienst, sondern durch Christi Ordnung und Befehl gewirkt; überhaupt hänge die Wirksamkeit des Sakramentes nicht von dem Verdienste und der Würdigkeit des Priesters oder Predigers ab, sondern es wirke aus Kraft göttlicher Ordnung und göttlichen Befehls. Zu 3: die Sakramente seien allerdings Zeichen, aber wir sollen sie nicht anders deuten, als Christus sie gedeutet hat; daraus folge nicht, daß Christus im Abendmahl nicht wirklich gegenwärtig sei. Allen Einwänden gegenüber wies Luther auf die Worte hin, die er vor sich auf die Tafel geschrieben hatte: dies ist mein Leib.

In der Hauptsache kam eine Einigung nicht zu Stande; Luther blieb dabei: „Ihr habt einen andern Geist, als wir"; doch wurden am 3. Oktober 14 Artikel von den anwesenden Theologen unterschrieben, von denen der 9., 10., 11. und 14. so lauten:

„9) Daß die heilige Taufe sei ein Sakrament, das zu solchen Glauben von Gott eingesetzt und weil Gottes Gebot: Gehet hin und taufet (Matth. 28, 19) und Gottes Verheißung: Wer glaubt (Matth. 16, 16) darin ist, so ist es nicht allein ein lebig Zeichen oder Losung unter den Christen, sondern ein Zeichen und Werk Gottes, darin unser Glaube gefördert, durch welchen wir wiedergeboren werden;

10) daß solcher Glaube durch Wirkung des heiligen Geistes, hernach, so wir gerecht und heilig dadurch gerechnet und worden sind, gute Werke durch uns übet, nemlich die Liebe gegen den Nächsten, beten zu Gott und leiden alle Verfolgung;

11) daß die Beichte oder Rathsuchung bei seinem Pfarrherrn oder Nächsten wohl ungezwungen und frei sein soll, aber doch fast nützlich den betrübten, angefochtenen oder mit Sünden beladenen oder in Irrthum gefallenen Gewissen, allermeist um der Absolution oder Tröstung willen des Evangelii, welches die rechte Absolution ist;

14) glauben wir und halten Alle von dem Abendmahl unseres lieben Herrn Jesu Christi, daß man beide Gestalt nach der Einsetzung brauchen soll; daß auch die Messe nicht ein Werk ist, damit einer dem andern, todt und lebendig, Gnade erlange; daß auch das Sakrament des Altars sei ein Sakrament des wahren Leibes und Blutes Jesu Christi und die geistliche Nießung desselbigen Leibes und Blutes einem jeglichen Christen vornehmlich vonnöthen. Desgleichen den Brauch des Sakraments wie das Wort von Gott, dem Allmächtigen, gegeben und geordnet sei, damit die schwachen Gewissen zum Glauben und Liebe zu bewegen durch den heiligen Geist.

Und wiewohl wir aber uns (ob der wahre Leib und Blut Christi leiblich im Brod und Wein sei) diese Zeit nicht verglichen haben, so soll doch ein Theil gegen den andern christliche Liebe, sofern jedes Gewissen immermehr leiden kann, erzeigen, und beide Theile Gott den Allmächtigen fleißig bitten, daß er uns durch seinen heiligen Geist in dem rechten Verstande bestätigen wolle. Amen."

Diese Artikel wurden von Luther, Melanchthon, Jonas, Osiander, Brenz, Agricola, Oekolampadius, Zwingli, Bucer, Hedio unterschrieben. Die übrigen theologischen und die weltlichen Abgeordneten wurden nicht zur Unterzeichnung zugezogen, weil sie an dieser Disputation keinen thätigen Antheil genommen

14*

hatten. Auch von Frankfurt, Köln, Straßburg, Basel u. s. w. waren noch viele Männer, denen das Wohl der evangelischen Kirche wesentlich auf der Einigung der streitenden Parteien beruhte, herbeigeströmt, aber sie konnten nicht einmal als Zuhörer zugelassen werden, weil die Zimmer die Menge nicht faßten. Luther, der sich einbildete, daß er die Wahrheit absolut erfaßt habe, meinte, die Schweizer hätten mehr aus Furcht und Scham, als aus Bosheit nicht nachgegeben; trotzdem bot man sich die Hand des Friedens und der Liebe, und versprach gegenseitig wenigstens nicht harte Schriften und Worte zu wechseln. Man schied in demselben Geiste des Friedens und der Liebe, in welchem die ganze Unterredung geführt worden war.

In einem Briefe an Reifenstein spricht sich Jonas über die Persönlichkeit der Schweizer aus: „An Zwingli ist etwas Bäuerisches und Stolzes. Oekolampadius ist von besonderem gutem und freundlichem Gemüth. Hedio hat nicht minder Freundlichkeit und guten Kopf. Bucer hat verschlagene Fuchsart, die sich in Scharfsinnigkeit und Klugheit verstellt. Sie sind alle gelehrte Leute, da ist kein Zweifel, so daß gegen sie die Papisten für nichts zu rechnen; doch scheint's, Zwingli habe sich wider sein Naturell auf die Studia gelegt."

II.

Die Wittenberger Konkordia von 1536.[1]

Luther freute sich, daß die Schweizer in Marburg sich genug und mehr als genug gedemüthigt und Brüderschaft begehrt hätten. Nikolaus von Amsdorf, der schon damals lutherischer war als Luther und die Fahne der Orthodoxie hochhielt, ehe es noch eine Orthodoxie gab, triumphirte, daß sie die Brüderschaft solcher Leute, die sie immer Götzendiener, Fleischfresser,

---

1) Walch, Luthers Werke XVII, 2379 ff. Seckendorf, De Lutheranismo III, 124. Neudecker, Urkunden, S. 252 ff.

andere Thhestas und eines hrödernen oder Eßgottes Anbeter, Kapernaiten u. f. w. genannt hätten, von freien Stücken hätten suchen müssen und doch nicht erlangen können.

Landgraf Philipp setzte seine Bemühungen, die streitenden Parteien völlig zu vereinigen, fort, namentlich in Schmalkalden 1529 und 1531 und während des Reichstags in Augsburg 1530. Aber Luther vermahnte und warnte ihn treulich und herzlich, daß er sich durch die süßen guten Worte des Widertheils nicht bewegen lasse oder vielmehr der listigen Einfälle und Gedanken des Teufels sich nicht annehme. Denn es sei gefährlich, eine solche neue Lehre wider so hellen offenbarlichen Text und klare Worte Christi anzunehmen und solchen alten Glauben fahren zu lassen um solcher geringen Sprüche und Gedanken willen, die sie bis jetzt vorgebracht hätten. Er wisse fürwahr, daß die Widersacher ihr eigenes Gewissen selbst nicht damit stillen könnten, und glaube sicher, wäre das Bier wieder im Fasse, sie ließen es jetzt wohl anstehen. Auch Melanchthon schrieb an den Landgrafen: „Der Brüderschaft halben mag sein, daß man Christen, so irren und doch Irrthum nicht vertheidigen, als Brüder dulden solle, wie Christus selbst seine Jünger geduldet hat. Aber Diejenigen, so ungegründete Lehre vorgeben und vertheidigen, kann man nicht für Brüder halten; denn man soll ja nicht willigen in unrechte Lehre." Philipp vermochte in dieser Ansicht nicht Christi Geist zu erkennen und hoffte, Melanchthon und Brenz, der Melanchthons Brief mit unterschrieben hatte, würden sich eines Besseren besinnen. Zuletzt bittet er sie „um der Ehre Gottes willen und um aller Gläubigen willen auch dem gemeinen Nutzen zu gut, ist's möglich, machet einen brüderlichen Frieden mit Denen, die man Zwinglisch nennet, und bedenket, wie gar freundlich die Apostel und viele der Alten mit einander und gegen die Fremden gehandelt haben. Denn Ihr wisset ja wohl, daß der Glaube nicht gezwungen sein soll und daß man erst die Herzen gewinnen muß, sonst helfen keine äußerlichen Gebote. Denn Gebot und Zwang thut nichts, sondern Unterweisung, und daß man sieht, daß ihr die Zwinglischen mit Treue begehrt zu unterrichten

und nicht zu verderben. Ich hoffe auch immer, daß Ihr der
Meinung, daß man die Zwinglischen mit Gewalt zu Eurem
Glauben drängen soll oder sie um ihres Glaubens willen
überziehen, welches doch wäre wider alle Schrift, dazu wider
Luthers eignes Schreiben, der in dem viel geschrieben hat,
den Türken betreffend und sonst, welcher Glaube gar nicht
tauge, ich traue es Euch nicht zu, wiewohl mir allerlei gesagt
wird". Es gelang trotzdem Bucer, der der eigentliche Unterhändler des Landgrafen war und von diesem dafür zu seinem
Kaplan ernannt wurde, nicht, in seinen Verhandlungen mit
Melanchthon und Brenz in Augsburg und mit Luther in Koburg ein Einverständniß in der Lehre vom Abendmahl herbeizuführen, und die vier Städte Straßburg, Kostnitz, Memmingen
und Lindau, die sich nicht zur Annahme der in der Augsburgischen Konfession vorgetragenen Lehre von der wahren
Gegenwart des Leibes und Blutes Christi im Abendmahl entschließen konnten, waren gezwungen, ein eigenes von Bucer
verfaßtes Bekenntniß, die sogenannte Confessio Tetrapolitana,
zu überreichen.

Als es dann wiederum galt, den von Neuem drohenden
Gefahren gegenüber die protestantischen Fürsten und Städte zu
einem starken Bündniß zu vereinigen, war es wieder Landgraf
Philipp, der sich die größte Mühe gab, eine Einigung oder
wenigstens Verständigung in der Abendmahlslehre herbeizuführen.
Bucer arbeitete dafür auf dem Grunde, daß man beiderseits
bekenne, daß der Leib und das Blut Christi im Abendmahl
wahrhaftig zugegen sei und mit den Worten gereicht werde zur
Speise der Seele. Luther versicherte zwar, daß er diese Miß-
helligkeit zu beruhigen und zu stillen wünschte, sollte er auch
sein Leben dreimal aufsetzen, und bat, es nicht seiner Hartnäckigkeit, sondern seinem wahrhaften Gewissen und der Nothwendigkeit seines Glaubens zuzuschreiben, daß er diese Eintracht ver-
weigere; aber es war ihm erschrecklich zu hören, daß in einerlei
Kirche oder bei einerlei Altar sollten beide Theile einerlei Sakrament holen und empfangen, und ein Theil sollte glauben,
er empfange eitel Brod und Wein, der andere aber, er em-

pfange ben wahren Leib und das wahre Blut Christi. Er zweifle oft, ob es zu glauben sei, daß ein Prediger oder Seelsorger so verstockt und boshaft sein könnte und hiezu stillschweigen. Vor solchen Predigern müsse man warnen wie vor dem leibhaftigen Teufel selbst.

Die Straßburger hatten schon im Oktober 1529 gebeten, wenn ein evangelisches Bündniß zu Stande käme, sie in dasselbe aufzunehmen. Auf dem Konvente zu Schmalkalden zu Weihnachten 1530 wurden die vier oberländischen Städte, welche in Augsburg ihr besonderes Bekenntniß hatten übergeben müssen, zu den Verhandlungen zugelassen und im März 1531 zu Schmalkalden förmlich in den Bund aufgenommen. Aber die Schweizer wurden zurückgewiesen, trotzdem daß sich der Landgraf bei dem Churfürsten in der wärmsten Weise für sie verwendete und Theologen wie Urbanus Rhegius und Erhard Schnepf in einem besonderen Bedenken sich dahin aussprachen, daß Churfürst, Fürsten und Städte um Sicherheit willen und Schutz wider unrechte Gewalt mögen mit den Eidgenossen in einen Verstand oder Verbündniß kommen, obschon sie in einem oder mehr Artikeln anders hielten; denn die Verbindung geschehe ja nicht, um das Evangelium an sich selbst zu beschirmen, sondern zum Schutz der Unterthanen, die um des Evangeliums willen möchten beschädigt werden. Aber die churfürstlichen Abgeordneten hatten den Auftrag, sich nicht in weitere Verhandlungen mit den Schweizern einzulassen, wenn diese die Augsburgische Konfession nicht unbedingt annehmen wollten.

Trotz dieser mißlungenen Versuche hörte Bucer, der dabei in politischer Beziehung vom Landgrafen, in theologischer namentlich von Capito fortwährend unterstützt wurde, nicht auf, Zeit, Mühe und Kräfte daranzusetzen, um eine wirkliche Vereinigung herbeizuführen. „Wenn ich alles bedenke", schreibt er an den Kanzler Brück, „kann ich nicht finden, worin wir in der Sache selbst uneinig sind, wenn wir nur in Worten einstimmen können. Dr. Luther hat, daß nicht blos Brod und Wein im Abendmahl gelassen würden, solche Redearten gebraucht, die nach Vieler Meinung geschienen, als ob sie dem groben Irrthum der Päpstler zu

Statten kämen. Denn die Leute sind dadurch vom Glauben zu äußerlichem Pfaffenwerk und von der Ehre des ehrwürdigen Sakraments zu gottlosem Meßgepränge gezogen worden. Diesem Gebrechen haben die Unsern abhelfen wollen und sich solcher Worte bedient, dadurch Lutherus geglaubet, es würden die Worte Christi getadelt und nichts als blos Brod und Wein im Abend= mahl gelassen, daran die Unsern aber nie gedacht haben." Luther hingegen warnte nach allen Seiten vor einer Ver= gleichung mit den Zwinglianern, da es kein bloser Wortstreit sei. Als er von Reisenden, die von der Frankfurter Messe kamen, gehört hatte, wie dort in zwinglischer Weise vom heiligen Sa= krament gelehrt werde, jedoch unter dem Schein und mit solchen Worten, als stimme das vollständig mit Luthers Lehre überein, erließ er sofort ein langes Schreiben an den ehrbaren und fürsichtigen Rath und die Gemeinde der Stadt Frankfurt am Main, seine günstigen Herren und Freunde, und gab ihnen seinen treuen Rath, den er vor Gott schuldig zu sein glaubte: „Wer seinen Seelsorger öffentlich weiß, daß er zwinglisch lehret, den soll er meiden und ehe sein Leben lang des Sakramentes entbehren, ehe er's von ihm empfangen sollte, ja auch eher darüber sterben und Alles leiden. Ist aber sein Seelsorger der Zweizüngigen einer, der mit dem Maul vorgiebt, es sei im Sakrament der Leib und Blut Christi gegenwärtig und wahrhaftig, und doch verdächtig ist, daß er im Sacke verkaufe und anders meine, weder die Worte lauten: so gehe oder sende frei zu ihm und laß Dir's deutlich heraus sagen, was das sei, das er Dir mit seinen Händen reicht und Du mit Deinem Munde empfängst, hintangesetzt auf das mal, was man im Herzen glaube oder nicht glaube, schlecht gefragt, was Hand und Mund hier fasset." Die evangelischen Prediger von Frank= furt aber wiesen nach, daß sie während der Messe das Nacht= mahl nie gehalten und vom heiligen Sakramente nicht ge= predigt hätten, außerdem aber mit Luther sich in der Lehre eins wüßten. Aehnlich erging es Luther mit seinen Warnungs= schreiben an den Rath zu Augsburg und zu Münster.

Im Jahr 1534 gelang es dem Landgrafen, ein Gespräch

zwischen Bucer und Melanchthon in Kassel zu Stande zu bringen. Jetzt urtheilte auch Luther viel milder. „Wenn sie bei ihrer Meinung in dem Punkt von der Gegenwart des Leibes Christi mit dem Brod bleiben wollen und bitten würden, daß wir doch einander dulden wollten, so will ich sie gar gerne dulden, in Hoffnung, daß wir künftig in eine Gemeinschaft kommen möchten." Dagegen suchte aber auch Bucer in dem Handel nur dreierlei zu verhüten: 1) daß man keine natürliche Vereinigung des Leibes Christi mit dem Brod und Wein halte; 2) daß der Leib Christi keine Speise des Bauches oder den Wirkungen desselben unterwürfig werde; 3) daß die sakrament= liche Vereinigung nicht so weit ausgedehnt werde, daß, wer das Sakrament empfängt oder hat, nicht gleich dafür angesehen werde, als ob er die Speise des ewigen Lebens eben wie die Speise des leiblichen Lebens genieße und habe. Durch das Kasseler Gespräch wurde die Sache so weit gefördert, daß Luther in einem Bedenken an den Churfürsten erklärte, da die Prädikan= ten der Konfession und Apologie gemäß lehren wollten und deutlich bekennten, daß Christi Leib wahrhaftig und wesentlich im Abendmahl im Brod gereicht, empfangen und gegessen werde, so wisse er für seine Person solche Konkordia nicht aus= zuschlagen. Als sich die Prediger von Augsburg, Ulm und Straßburg besonders um die Förderung der Konkordia be= mühten, schrieb er nach Augsburg: „Wenn diese Konkordia be= festigt ist, will ich mit freudigen Thränen singen: Herr, nun lässest Du Deinen Diener in Frieden fahren"; und nach Straß= burg: „Weil diese Sache viel und große theils Fürsten, theils Männer mit betrifft, haben wir darauf zu denken, wie wir eine Zusammenkunft hielten, darin wir sowohl in dieser als andern Sachen durch gutes Gespräch Alles zu einem rechten Vergleich bringen, und zwar je eher je besser; denn die Sache ist es werth, daß man darüber Zeit und Kosten, so zu reden, verschleudere, wie Ihr selbst leicht finden werdet. Wenn ich auch dabei sein soll, müßte man einen Ort in Hessen oder in unserm Koburg nehmen. Denn unser Fürst möchte mich wohl nicht außer Landes lassen. Berathet Euch demnach mit den

Brüdern und schließet wegen der Zeit und des Orts, und lasset es uns wissen, daß wir es dem Fürsten in Zeiten melden und auch den Brüdern in Sachsen, Pommern und Preußen kund thun, daß sie einen von ihrem Stamme abschicken oder es Jemandem von uns auftragen. Denn einen Haufen Leute wollte ich nicht eben gern beisammen haben." Man kam schließlich dahin überein, daß die Zusammenkunft am 4. Sonntage nach Ostern (14. Mai) 1536 in Eisenach stattfinden sollte. Am 13ten kamen Capito und Bucer von Straßburg, Frecht von Ulm, Otther von Eßlingen, Wolffhardt und Mäußlin von Augsburg, Schüler von Memmingen, Bernhardi von Frankfurt, Alber und Schradin von Reutlingen hier an und warteten auf die Ankunft der Wittenberger. Am 17ten traf aber ein Brief von Luther ein, worin er meldete, daß Krankheit ihn hindere, die weite Reise nach Eisenach zu unternehmen, und bat, näher zu ihm nach Grimma zu kommen. Da es aber nicht sicher war, ob Luthers Gesundheitszustand ihm erlauben würde, auch nur die kleine Reise nach Grimma zu machen, und da die Süddeutschen Sehnsucht trügen, Wittenberg, den Hort der sächsischen Reformation, kennen zu lernen, wurde die Unterredung mit Genehmigung des Churfürsten dahin verlegt. Von Eisenach reisten die Abgeordneten, nachdem sich ihnen Menius angeschlossen hatte, nach Gotha, wo sie Myconius besuchten. Dieser nahm sie freundlich auf, namentlich Bucer, den er von Marburg her kannte, und bald kam das Gespräch auf das heilige Abendmahl. Bei dem rein freundschaftlichen Verkehre wurde weit mehr gewonnen, als bei einer officiellen Disputation. Auch unterwegs auf der Reise nach Wittenberg ließen Menius und Myconius keine Stunde vergehen, ohne wacker zu erklären und tapfer zu streiten, daß das Brod im Abendmahl nicht aus Würdigkeit oder Unwürdigkeit Derer, die es nehmen, oder die es geben, sei und werde genannt der wahre Leib Christi, der für uns gegeben, sondern aus Kraft und Gewalt Dessen, der das Brod in seine Hand genommen und gesagt: das ist mein Leib.

Als sie am folgenden Sonntage nach Wittenberg kamen,

war die Freude nicht eben groß. Denn dort war in=
zwischen die Hoffnung auf eine Einigung wieder geschwunden,
weil eben der Briefwechsel zwischen Zwingli und Oekolampadius
mit einem Briefe Bucers als Vorwort gedruckt worden war,
worin natürlich der lutherischen Auffassung nicht gerade das
Wort geredet wurde. Luther hatte dies sogleich an den Chur=
fürsten berichtet und darauf die Weisung erhalten, daß er gegen
bemeldte Prädikanten auf der Augsburgischen Konfession und
Apologie und zuförderst von wegen des hochwürdigen Sakra=
ments des Leibes und Blutes unseres Heilandes Jesu Christi
beständig bleiben und darob festhalten und ihnen in keinem
Wege und mit nichten auch in dem wenigsten Punkte und Ar=
tikel nicht weichen sollte; eine Mahnung, die bei Luther nicht
nöthig war. Als nun Menius und Myconius Luther und
Melanchthon erzählten, wie sich die Oberländer unterwegs gegen
sie ausgesprochen hätten, wollte es Luther nicht glauben, aber
Melanchthon schöpfte wieder Hoffnung. Glücklicherweise konnte
Bucer nachweisen, daß die Episteln Zwinglis und Oekolampads
nicht allein ohne sein Wissen, sondern auch wider sein Verbot
gedruckt worden wären und daß sein vorgedruckter Brief nicht
eine Vorrede hätte sein sollen, sondern vor einem Jahre ganz
privatim geschrieben worden sei. Aber noch einmal drohte im
Verlaufe der Unterredung eine ernstliche Differenz über die
Frage auszubrechen, ob der Leib Christi auch von den Gott=
losen empfangen werde. Jedoch auf die Erklärung Bucers,
„wenn er sage, daß die Gottlosen den Leib nicht empfangen,
so wolle er mehr nicht, denn dies verstanden haben, daß, wenn
ein Türke, Jude oder eine Maus oder ein Wurm die Hostie,
so die Priester einsperren, zernagt, daß solches allein dem
Brode widerfahre und sei nur Brod und nicht der Leib
Christi, und geschehe auch solches nicht am Leibe Christi", gab
Luther so weit nach, daß man statt dessen das Wort des
Apostels Paulus „Unwürdige" gebrauchen möge.

Nach beendigter Unterredung, die in Luthers Wohnung
stattfand, zogen sich die sächsischen Theologen am 23. Mai
Nachmittags zurück und beschlossen einstimmig die Vereinigung

und den Frieden. Als sie wieder aus dem Nebenzimmer herauskamen und sich Jedermann gesetzt hatte, erzählte Luther alle Dinge mit großem Geist und Muthe, der auch an seinen Augen und ganzem Angesichte zu sehen war. Als Bucer sein Ziel nach vielfachen Mühen endlich erreicht sah, weinte er Freudenthränen, und Alle dankten Gott mit gefalteten Händen.

Am 24. Mai, dem Tage der Himmelfahrt Christi, hörte man die Predigten von Weller, Menius und Myconius. Zur Vesper predigte Luther über die Worte: Gehet hin in alle Welt u. s. w. so herrlich und geistreich, daß Myconius darüber berichtet: „Ich habe Luther zwar oftmals hören predigen, aber dazumal war mir nicht anders zu Sinne, denn als rede er nicht allein, sondern donnerte aus dem Himmel selbst im Namen Christi.“

Die von Melanchthon aufgesetzte und von Wolfgangus Capito, Martinus Bucer aus Straßburg, Martinus Frecht aus Ulm, Jakobus Otther aus Eßlingen, Bonifacius Wolffhardt, Wolfgangus Mäußlin aus Augsburg, Gervasius Schüler aus Memmingen, Johannes Bernhardi ans Frankfurt, Martinus German aus Surfeld, Matthäus Alberus aus Reutlingen, Johannes Schradinus aus Reutlingen, Martin Luther, Justus Jonas, Kaspar Kreuziger, Johannes Bugenhagen, Philippus Melanchthon, Justus Menius und Friedrich Myconius unterschriebene Formula Concordiae lautet:

„1) Die Theologen beider Theile bekennen, laut der Worte Irenäi, daß in dem heiligen Sakrament zwei Dinge sind: ein himmlisches und ein irdisches; demnach halten und lehren sie, daß mit dem Brod und mit dem Weine wahrhaftig und wesentlich zugegen sei und dargereicht und empfangen werde der Leib und das Blut Christi.

2) Und wiewohl sie keine Transsubstantiation halten, auch nicht halten, daß der Leib Christi localiter, d. i. räumlich ins Brod eingeschlossen oder sonst beharrlich außerhalb der Nießung des heiligen Sakraments damit vereinigt werde, so bekennen sie doch und halten, daß um sakramentlicher Einigung willen das Brod sei der Leib Christi; d. i., sie halten und glauben, daß mitsammt dem Brod wahrhaftig zugegen sei und wahrhaftig

dargereicht werde der Leib Christi u. s. w. Denn außerhalb dem Gebrauch und der Nießung, so man nemlich das Brod bei Seite legt und in die Monstranzen oder Sakramentshäuslein einschließt, oder in Procession und Kreuzgängen umträgt und zeigt, wie es im Papstthum geschieht, halten und glauben sie, daß der Leib Christi nicht zugegen sei.

3) Demnach halten sie, daß die Einsetzung des Sakraments, durch Christum geschehen, kräftig sei in der Christenheit, und daß sie nicht steht oder liegt an der Würdigkeit Dessen, der es reicht oder selbst empfängt. Darum wie St. Paulus sagt, daß auch die Unwürdigen das Sakrament nießen, also halten sie auch, daß den Unwürdigen auch wahrhaftig dargereicht werde der Leib und das Blut Christi und daß die Unwürdigen solches wahrhaftig empfangen, wo man des Herrn Christi Wort und Einsetzung halte. Aber Solche empfangen es zum Gericht, wie St. Paulus sagt, denn sie mißbrauchen das heilige Sakrament, dieweil sie es ohne wahre Buße und Glauben empfangen. Denn das heilige Sakrament ist darum eingesetzt, daß es bezeuge, daß allen Denen, so wahre Buße thun und sich wiederum durch den Glauben an den Herrn Christum trösten, die Gnade und Wohlthat Christi zugeeignet, sie dem Herrn Christo eingeleibet und durch's Blut Christi gewaschen werden.

4) Von der heiligen Taufe haben sie alle ohne einigen Zweifel sich deß verglichen, daß die Kindertaufe nothwendig sei. Denn dieweil die Verheißung des Heils auch den Kindern zugehört, aber nicht Denen, so außerhalb der Kirchen sind, da sei es vonnöthen, daß man ihnen solche Verheißung durch den Dienst der Kirchen applicire und zueigne und sie zu den andern Gliedern der Kirche hinzuthue. Und dieweil der Herr Christus von solchen Kindern, so in der Kirche sind, gesagt habe, es sei der Wille des Vaters nicht, daß eins aus ihnen verloren werde, so sei gewiß, daß den Kindern durch die Taufe mitgetheilt werde die Abwaschung der Erbsünde und die Gabe des heiligen Geistes, welcher auch in ihnen nach ihrem Maß kräftig und thätig sei. Derhalben so verwerfen sie den Irrthum Derer, so ihnen selbst dichten und träumen, daß die Kinder

Gott gefallen und selig werden ohne besondere Wirkung Gottes in ihnen. So doch Christus helle sagt Joh. 3, 5: Es sei denn, daß Jemand wiedergeboren werde durchs Wasser und heiligen Geist, so kann er nicht ins Himmelreich eingehen. Und wiewohl man nicht eigentlich wissen kann, welcher Gestalt und was Weise solche Wirkung Gottes in ihnen geschehe, so ist doch dies gewiß, daß in ihnen erwecket werden neue und heilige Uebungen der Bewegungen, wie auch in Johanne ge= schehen ist, da er noch im Mutterleibe lag.

Und wiewohl man nicht gedenken soll, daß die Kinder ver= ständen, jedoch so werden die Bewegungen und Neigungen dem Herrn Christo zu glauben und Gott zu lieben etlichermaßen verglichen den Bewegungen, so beide der Glaube und die Liebe sonst haben. Und das wollen sie auch verstanden haben, wenn sie sagen und lehren, daß die Kinder eignen Glauben haben. Denn also reden sie, damit man verstehen könne, daß die Kinder nicht heilig oder selig werden ohne eine besondere Wir= kung Gottes in ihnen.

Und wiewohl der Brauch ist an etlichen Orten, daß man auf etliche gewisse dazu bestimmte Tage öffentlich tauft, so soll man die Leute in alle Wege deß vermahnen, wo man sich der Kinder halben und ihres Lebens zu besorgen habe, daß sie sie taufen lassen, und sollen alsdann die Diener die Taufe solchen mit= theilen [1]).

5) Von der Absolution. Hier wünschen und begehren Alle, daß die Privatabsolution in der Kirche erhalten würde, nicht allein von wegen des Trostes, so die Gewissen hierin haben, sondern auch dieweil in alle Wege diese Disciplin, da man die Leute besonders verhört und Unverständige unterweiset, der Kirche in viel Wege nützlich ist. So will es auch den Groben

---

1) Bucer hielt nicht dafür, daß der Herr die Seligkeit also an die Taufe gebunden hätte, daß die Niemand möchte erlangen und daß alle Kinder, so nicht getauft werden, da doch die Taufe nicht aus Verachtung verlassen wird, sollten verdammt sein. Doch wollte er die Leute ermahnt wissen, daß sie ihre Kinder zur Taufe brächten.

und Unverständigen in allewege vonnöthen sein, daß man sich dergestalt mit ihnen unterrede und sie befrage. Jedoch soll die alte und päpstliche Beichte sammt der Erzählung der Sünden weder gebilligt noch angerichtet werden, sondern eine solche freundliche Unterrede und Rathsfragung soll um der Absolution und auch um der Unterweisung willen erhalten werden.

6) Von der Kommunion und Gemeinsinn der Kirchen haben sie sich bewilligt, daß sie männiglich zu Gemeinschaft der Kirchen mit höchstem Ernst vermahnen und sich in allewege deß befleißigen wollen, damit solche Gemeinschaft in Wort und Predigt hören, in den heiligen Sakramenten und im Gebet ernstlich und wie es sich gebühret erhalten werde."

Diese Konkordia wurde angenommen von Straßburg, Biberach, Isny, Augsburg, Ulm, Frankfurt, Landau, Worms, Weißenburg, Eßlingen, Memmingen, Kempten u. s. w. In ganz Süddeutschland freute man sich allgemein und aufrichtig über die endlich gelungene Einigung. Auch die Schweizer, namentlich die Städte Zürich, Bern, Basel, Schaffhausen, St. Gallen, Mühlhausen und Biel zeigten große Neigung der Konkordia beizutreten und knüpften zur Zeit des Konventes in Schmalkalden 1537 Verhandlungen mit Luther an. Bucer war auch hier wieder der Vermittler. Luther versprach die Sache zu fördern, so viel es ihm immer möglich wäre. Ein im April 1538 zu Zürich gehaltener Konvent erklärte in einem Schreiben an Luther: „So können wir nunmehr nicht anders sehen noch befinden, denn daß wir (Gott hab Lob!) im Verstande und rechter Substanz mit einander einig und zu gutem Frieden auch kein Streit mehr zwischen uns sei, und daß uns Gott in wahrer Einigkeit zusammen geholfen habe." Damit blieb die Sache abgethan.

III.

Der Konvent zu Schmalkalden 1537. [1])

Seit dem Augsburger Reichstage und dem Abschlusse des Religionsfriedens von 1532 war die Berufung eines allgemeinen Konciliums vielfach Gegenstand von Verhandlungen gewesen. Papst Klemens VII. stellte aber stets Bedingungen, die die Protestanten nicht annehmen konnten, weil er die Schuld an dem Mißlingen auf diese schieben wollte. Sein Nachfolger Paul III., seit 1534, gab sich den Anschein, als betreibe er die Sache mit höchstem Ernste. Im Jahr 1535 schickte er Vergerius, der sich bereits als schlauer Unterhändler bewährt hatte, an den Churfürsten von Sachsen und ließ ihm Anerbietungen machen, welche die Befürchtungen der Protestanten zerstreuen sollten. Durch eine Bulle vom 2. Juni 1536 lud Paul III. die gesammte Christenheit auf den Mai des folgenden Jahres zu einem allgemeinen Koncilium nach Mantua ein.

Als Grundlage für die Verhandlungen protestantischer Seits achtete es Johann Friedrich hoch vonnöthen, „daß Dr. Martinus sein Grund und Meinung mit göttlicher Schrift verfertige, worauf er in allen Artikeln, die er bisher gelehrt, geprebigt und geschrieben, auf einem Koncilio, auch in seinem letzten Abschied von dieser Welt vor Gottes allmächtigem Gericht gedenkt zu beruhen und zu bleiben und darinnen ohne Verletzung göttlicher Majestät, es betreffe gleich Leib oder Gut, Frieden oder Unfrieden, nicht zu weichen. In welchen Artikeln aber um christlicher Liebe willen, doch außerhalb Verletzung Gottes und seines Worts, die nicht nöthig wären, etwas könnte und möchte nachgegeben werden, wiewohl derselben ohne Zweifel wenig sein werden; daß sie von gedachtem Dr. Martino darbei auch würden unterschiedlich angezeigt und da Dr. Martinus mit solchem Werk fertig, — daß er es alsdann den andern

---

1) Corp. Ref. III, 119 sq. Luthers Briefe herausgeg. v. de Wette V, 45 ff. Neubecker, Urkunden, S. 274 ff. Ranke, Deutsche Geschichte im Zeitalter der Reformation IV, 76 ff. Justus Menius, Verantwortung auf Flacii Verleumdung, G[b].

Theologen zu Wittenberg, desgleichen etlichen vorgehenden Prädikanten, die er erfordern sollte, vorhielte und an ihnen hörte, sie auch zum Höchsten erinnern und vermahnen thäte, ob sie derselben seiner gestellten Artikel mit ihm einig wären oder nicht, und darauf ihr Gemüth und Meinung bei ihrer Seelen Seligkeit gänzlich vernommen würde, aber nicht im Schein des Friedens oder Unfriedens willen, oder aber daß sie sich gegen den Doktor nicht gerne auflehnen und also dieser Ursachen halben ihr Herz nicht gänzlich öffnen, und doch folgend zu einer andern Zeit nie anders lehren, predigen, schreiben, an den Tag geben wollten, auch den Leuten wider berührte Artikel ein andres rathen möchten, wie denn in etlichen Fällen durch ihrer etliche vormals beschehen."

Der Churfürst zog zugleich mit in Erwägung, ob nicht, wenn man sich in Schmalkalden über die vorzulegenden Artikel geeinigt hätte, von Seiten der Protestanten ein gemein, frei christlich Koncilium auszuschreiben sei, und zwar durch Dr. Martinum sammt seinen Nebenbischöfen und Ecclesiasten als den Pfarrherren. Zu einem solchen Koncil sollte der Kaiser eingeladen, die Gründe für die Berufung desselben sollten ihm auseinandergesetzt und versprochen werden, „daß unser Theil Ursache unserer Lehre und Glaubens mit göttlicher, heiliger Schrift anzeigen wollten. Dagegen sollte auch ein Jeder, er sei geistliches oder weltliches Standes, gehört werden, was er unserer Lehre und Glaubens halben, das er für christlich, nütz und gut achtet, aus heiliger Schrift vorbringen würde, zu dem sollten dem- oder denselben zu bemeldtem Koncilio, soweit sich unsers Theils Botmäßigkeit erstrecken thät, frei, sicher, christlich und ungefährlich Geleit werden, ihres und seines Gefallens, so oft ihnen oder ihm das geliebt, ab und zu, bis in ihr oder sein Gewahrsam zu reisen und sollt also Niemands auch nicht unsere ärgsten Feinde gefährdet werden.

Es sollt aber auch in solchem christlichen Koncilio nichts vorgebracht und gehandelt werden, denn was in göttlicher, heiliger Schrift gegründet und darin verfaßt ist, und alle menschliche Satzung, Ordnung und Schriften sollten dazumal und in der Sache, so den Glauben und Gewissen belangen, ganz nicht gehört, zugelassen oder aber dieselben gegen göttliches Wort etwas anzuzeigen verstattet werden. Wer auch solches würde vorbringen, soll nicht gehört, sondern dem- oder denselben Schweigen eingebunden werden.

Ob auch in solchem heiligen und christlichen Koncilio würde befunden, daß unsere Lehre göttlichem Wort zuwider und entgegen, daß wir unsere christliche Lehre demselben christlichen Koncilio Urtheil wollten unterworfen haben."

Als Ort des Koncils faßte man Augsburg ins Auge und beabsichtigte zum Schutz und zur Vertheidigung desselben in der Nähe einen wohlgeordneten Haufen Kriegsvolk von 15000 Knechten und 3000 Pferden aufzustellen. Um der Versammlung einigen Glanz und Ansehen zu geben, sollten wenigstens 250 Bischöfe, Ecclesiasten, Pfarrer, Prediger und Theologen, auch Juristen dazu berufen werden.

Indessen ließ man den Gedanken eines Gegenkoncils bald wieder fallen. Man suchte den Schein zu vermeiden, als wolle man ein Schisma anrichten und sich wider alle Welt auflehnen. Auch war die Einigkeit unter den evangelischen Ständen keineswegs so groß, daß nicht die Möglichkeit zu fürchten gewesen wäre, das Koncil werde in Uneinigkeit auseinander gehen zum Schaden der evangelischen Kirche und zum Spott und Hohngelächter der Gegner. Die Stadt Augsburg mochte sich so großer Gefahr nicht aussetzen. Luther, der einzige, der eine solche Versammlung hätte berufen können, war gerade zu dieser Zeit von den heftigsten Steinschmerzen gequält, so daß man seinen Tod befürchtete, und überhaupt über die Jahre hinaus, in denen der Mensch so folgenreiche Thaten muthig unternimmt. Aber dem churfürstlichen Auftrage gemäß hatte er die Artikel, und zwar diejenigen, von welchen man in keinem Falle nachlassen könne, gesondert von denen, über welche man mit Gelehrten, Vernünftigen oder unter sich selbst handeln möge, ausgearbeitet und Amsdorf, Agrikola und Spalatin vorgelegt. Als vorgehende Prädikanten hatte er auch Menius und Myconius zu diesem Zwecke nach Wittenberg zu entbieten beabsichtigt; aber die Kürze der Zeit erlaubte nicht, diese Männer aus solcher Ferne kommen zu lassen. Am 3. Januar 1537 schickte er die verglichenen Artikel, von den drei Genannten mit unterschrieben, an den Churfürsten ein.

Im Februar trat der Konvent zu Schmalkalden zusammen. Die Versammlung war so zahlreich und glänzend, wie noch keine der Protestanten. Zwar einigte man sich sehr rasch dahin, daß vom Papste ausgeschriebene Koncil nicht zu beschicken; die Einladungsschreiben des Papstes wurden gar nicht angenommen; nur dem Kaiser antwortete man motivirend: „Er möge sich erinnern, daß in den Jahren 1523 und 1524 ein gemeines, freies Koncilium zur Ausrottung der in der Kirche eingerissenen Irrthümer und Mißbräuche versprochen, diese Zusage auch noch in dem Frieden von Nürnberg wiederholt worden sei. Damit aber habe man nicht ein Koncilium in den Formen der früheren gemeint, noch auch ein solches, wie es der Papst jetzt in Aussicht stelle, von dem er selbst erkläre, er berufe es zur Ausrottung der lutherischen Ketzerei. Unmöglich sei es ihnen, eine Versammlung dieser Art zu besuchen, am wenigsten in Italien. Vielmehr ergehe ihre Bitte an den Kaiser, daß er ihnen ein wahrhaft freies Koncilium ohne alle parteiische und verdächtige Handlungen in deutschen Landen verschaffen möge." Trotzdem wurde es für nöthig gehalten, um die vollständige Einigkeit der Evangelischen zu dokumentiren, nicht allein die Augsburgische Konfession und ihre Apologie, sowie die Wittenberger Konkordia, sondern auch die von Luther ausgearbeiteten Artikel, die nachher den Namen Schmalkaldische Artikel bekamen, durch die Unterschrift der anwesenden Theologen als Bekenntnißschriften anerkennen zu lassen. Für Menius, den dringende Geschäfte nach Hause gerufen hatten, unterschrieb Myconius. Auch die Abhandlung Melanchthons über den Primat des Papstes wurde von den meisten Theologen unterzeichnet *):

---

1) Die Arbeit war ihm hauptsächlich deshalb übertragen worden, um dadurch seinen Glauben auf die Probe zu stellen. Der große Gelehrte

Von Luthers Krankheit erzählt Menius in seiner Verantwortung gegen Flacius Folgendes: „Ich muß erzählen, was er
Anno 1537, da er auf dem Bundestage zu Schmalkalden auf
den Tod krank lag, unter anderem geredet hat. Denn als
die Zeit M. Veit Dietrich, Prediger zur St. Sebalduskirche
in Nürnberg, und Herr Friedrich Mecum, Pfarrherr zu Gotha,
und ich vor dem Bette standen, darin er krank lag, und mit
gar betrübten, schwermüthigen Herzen viel Redens davon hatten,
wie übel und erbärmlich es, wie wir besorgten, in der Kirche
des Herrn Christi ergehen würde, wenn ihn unser Herr Gott
von diesem Leben hinwegnehmen würde, da sagte er: ‚Ei, liebe
Herren, darüber dürft Ihr Euch so gar hoch nicht bekümmern;
es sind, Gott lob, viel Leute da vorhanden, die gelehrter sind,
denn ich bin; die werden, ob Gott will, unserem Herrn Christo
nichts vergeben.‘ Darauf M. Veit antwortet: ‚Ach mein
lieber Herr Doktor! ich habe große Sorge, daß eben dieselben
Leute, die sich vermessen und dünken lassen, sie seien gelehrter
denn ihr seid, die werden den allergrößten Schaden thun.
Denn sie können und werden Niemand hören, es sei gleich
Dr. Philippus, Dr. Pommer, Dr. Creuziger, oder wer es
wolle, sondern werden mit ihren Köpfen wollen hindurch dringen,
daß es entweder gehen oder brechen muß, es gerathe gleich
oder verderbe. So sieht und erfährt man, wie bald und

---

und friedliebende Theolog war in der letzten Zeit arg verdächtigt worden.
Ein Herr Pastor Cordatus von Niemek, der es seinem Namen schuldig
zu sein glaubte, muthig Zeugniß abzulegen, denuncirte ihn, er habe in
dem Artikel von der Rechtfertigung gelehrt, der neue Gehorsam sei nothwendig zum Heile. Die Denunciation hatte zwar weiter keine Folgen,
aber man ließ dem Melanchthon doch ein gewisses Mißtrauen merken.
Melanchthon empfand das wohl; er trauerte über die Hartnäckigkeit man-
cher Theologen, namentlich Amsdorfs (Corp. Ref. III, 180), über die homines indocti et vehementiores und duriores. An Camerarius schreibt
er den 1. März: „Veni huc animo mirifice anxio. Nam qualia prin-
cipum consilia futura essent, praevidebam, et, si certamen acrius ex-
isteret inter theologos, discordias videbam futuras horribiliores. Non
enim ignoro, quo propendeant animi certorum, et quibus suam fabu-
lam singuli saltent."

leichtlich solche vermessene dummkühne Leute einen großen Beifall und Anhang bekommen, nicht allein beim gemeinen groben
und unverständigen Pöbel, sondern auch an der Fürsten und
Herren Höfen. Wenn sie dann denselben Anhang haben, hilft
weder Predigen noch Schreiben, halte es auch dafür, sie werden
sich an eure eignen Schriften, wo ihnen dieselbigen zu ihrem
Vornehmen nicht dienen, nichts kehren.'

Darum sagte Dr. Luther seliger weiter: ,Ja, das ist
wahr; vor denselben Schwärmern habt Ihr Euch am meisten
vorzusehen. Der Papst wird Euch, ob Gott will, nichts thun,
denn er ist durch Gottes Hülfe schon hingerichtet, daß er nicht
viel wird schaden können, wenn man allein die Lehre mit Fleiß
treiben wird; denn die ist's, die ihn gestürzt hat, die wird ihn
auch nicht wieder aufkommen lassen, wo man sie in Kirchen
und Schulen nur fleißig treibt. Aber das werden die tollen
Köpfe nicht thun, denn sie schämen sich, daß sie solch gemein
Ding mit Anderen lehren sollen, können's auch nicht, so wird
es der Pöbel auch leicht überdrüssig zu hören. Drum werden
sie gedenken, wie sie nach meinem Tod an dem todten Papste
allein mit Schelten und Lästern mögen zu Rittern werden,
gleichwie etwa viel der Griechen an dem todten Hektor vor Troja
auch alle zu Rittern werden wollten, die ihm doch, da er noch
am Leben und auf den Beinen war, nicht durften unter Augen
kommen. Was ich und Andere bis daher gethan haben, das
wird bei solchen Leuten alles nichts sein. Sie aber werden's
allein thun wollen, das weiß ich sehr wohl und hab es nun
längst wohl gemerkt und erfahren. Aber fürwahr, sie werden
nichts damit ausrichten, denn daß sie die Leute mit ihrem
Schelten und Lästern von der Lehre des Evangelii nur abziehen,
daß sie's verlieren und selbst nicht wissen, wie sie drum kommen.
Ja, diese werden's sein, die dem Evangelio und der Kirche den
größten Schaden thun werden, viel viel größer, denn der Papst
mit allem seinem Bannen und Fluchen je gethan hat oder noch
thun könnte.' "

IV.

Die Konvente zu Hagenau und Worms 1540.[1]

Für den bedrohten Frieden Deutschlands schien nichts nothwendiger als eine Versöhnung der Katholiken und Protestanten. Alle die Streitigkeiten über die Herausgabe der geistlichen Güter, Anerkennung des Kammergerichts u. s. w. würden von selbst weggefallen sein, wenn man sich über die Lehre hätte einigen können. Die Hoffnung, dies Ziel noch zu erreichen, lebte noch immer fort; sie schien besonders genährt zu werden dadurch, daß auch innerhalb der katholischen Kirche eine nicht unansehnliche Partei auf eine Reformation drang. Es wurde manche Stimme laut, daß die hundert Beschwerden Gersons noch nicht beseitigt, wohl aber noch manche Mißbräuche hinzugekommen seien.

Ein Versuch zur Einigung sollte wieder im Jahre 1540 gemacht werden. Auf einer vorbereitenden Versammlung der Mitglieder des Schmalkaldischen Bundes zu Arnstadt im November und December 1539 konnte eine Vereinigung über die Bedingungen, unter welchen man sich mit den Katholiken vereinigen wollte, nicht erzielt werden. Die Sachsen, der Churfürst an der Spitze, waren einer Verständigung überhaupt nicht zugeneigt und wollten namentlich von einer Zurückgabe der Kirchengüter durchaus nichts wissen. Hingegen Landgraf Philipp und seine Theologen, unter denen Bucer fortwährend den größten Einfluß hat, erklärten sich bereit, den Bischöfen die weltliche Gewalt und ihre Güter zu lassen, wenn sie versprächen, dieselben nach den Gesetzen und zum Besten der Kirche zu verwalten und zu verwenden; auch der Papst könne von den Pro-

---

1) Corp. Ref. III, 1039 sq. **Seckendorff**, De Luther. III, 256 sq. **Plant**, Gesch. des protest. Lehrbegriffs III, 2. S. 52 ff. **Ranke**, Deutsche Gesch. im Zeitalter der Reformation IV, 151. **Hassencamp**, Hess. Kirchengesch. 1, 532 ff. **Neudecker**, Urkunden, S. 300—568. **Walch**, Luthers Werke XII, 456 ff., besonders 617 ff.

testanten anerkannt werden, wenn er sich auf rein geistliche Wirksamkeit beschränken wolle; auch die Privatmesse sei den Katholiken bis auf Weiteres zuzugestehen; nur müßten die Evangelischen darauf bringen, daß die Lehre von der Rechtfertigung reiner gepredigt, das Abendmahl unter beiden Gestalten gereicht und den Geistlichen die Ehe gestattet werde.

Auf einer weiteren vorbereitenden Versammlung zu Schmalkalden im März 1540 wurde unter dem versöhnenden Einflusse Melanchthons und Bucers beschlossen, zwar an der Augsburgischen Konfession und Apologie festzuhalten, aber in Mitteldingen sich möglichst nachgiebig zu zeigen. Den Bischöfen könne ihr Länderbesitz und ihre ganze Kirchengewalt zurückgegeben werden, wenn sie versprächen, die reine Lehre zu lehren. Die Verfügung über die Kirchengüter wolle man dem zusammentretenden Konvent überlassen unter der einzigen Bedingung, daß sie zum Nutzen der Kirchen und Schulen verwendet würden.

Nachdem König Ferdinand, welchem der Kaiser die Leitung der Verhandlungen übertragen hatte, die Stände wegen einer ansteckenden Krankheit nicht nach Speier, wie ursprünglich bestimmt war, sondern nach Hagenau eingeladen hatte, sandte der Churfürst als theologische Abgeordnete Menius, Myconius und Melanchthon, da dieser aber unterwegs in Weimar heftig erkrankte, an seiner Stelle Creuziger dahin.

In Hagenau suchte Ferdinand das Zustandekommen des Religionsgesprächs ganz zu verhindern. Er machte den katholischen Ständen, die er auf einen früheren Termin einberufen hatte, den Vorschlag, für den Fall, daß aus der Einigung nichts würde, sich enger aneinander zu schließen, um die Evangelischen in Ruhe und Gehorsam zu erhalten. Aber diese waren einem Kriege durchaus abgeneigt. Sodann bot er im Verein mit der katholischen Majorität den Evangelischen Frieden an, unter der Bedingung, daß sie sich dem Koncil unterwerfen, die geistlichen Güter zurückgeben und keine neuen Mitglieder in den Schmalkaldischen Bund aufnehmen wollten. Die Protestanten wiesen diese Bedingungen natürlich zurück. Sie hegten schlimme Befürchtungen vor den Katholischen, da man ihnen dieselben Beschränkungen auferlegte wie in Augsburg und sie in die Vorstädte von Hagenau einquartiert hatte. Da nun auch viele katholische Stände das Religionsgespräch verlangten, so kam es Ferdinand darauf an, dasselbe wenigstens hinauszuschieben und Zeit zu gewinnen. Am 25. Juni forderte der Triersche Kanzler die Protestanten auf, die streitigen Artikel aufzusetzen. Diese verwiesen auf die Augsburgische Konfession und deren Apologie; bei dieser wollten sie beharren; die Gegner möchten die Streitpunkte aufstellen; sie wären geneigt dieselben anzuhören. Einige Tage darauf wurde ihnen erwidert, man habe in den Augsburgischen Akten gefunden, daß man sich schon über einige Artikel verglichen habe; man wolle daher die unverglichenen vornehmen und sich über dieselben auch noch zu vergleichen suchen. Eck stellte ein Verzeichniß solcher Artikel auf, und Cochläus reichte dem König ein Bedenken ein, wie weit man sich in Augsburg mit den Protestanten verglichen habe. Da die Protestanten nicht zugeben konnten, daß irgendwelcher Vergleich zu Augsburg zu Stande gekommen sei, da die verglichenen Artikel damals von katholischer Seite gar nicht weiter beachtet worden waren, und da sie auf einem Kolloquium, aber nicht nach den Vorschlägen, bestanden, so schützte Ferdinand die Abwesenheit des Churfürsten und des Landgrafen vor und setzte am 28. Juli die Eröffnung des Gesprächs auf den 28. Oktober zu Worms fest. In dem Abschiede wurde bestimmt, daß jeder Theil elf friedfertige und verständige Männer schicken solle, um sich freundlich, christlich und der heiligen Schrift gemäß über alle streitigen Punkte zu besprechen und sie womöglich zur Vergleichung zu bringen. An diesem Gespräche sollte auch ein päpstlicher Nuntius Theil nehmen.

Auf einem Tage zu Gotha am 12. Oktober beschlossen die sächsischen Theologen und Juristen, in Worms sei gegen den päpstlichen Legaten zu protestiren und zu erklären, daß man den Papst nicht als Richter anerkennen könne, sondern als den Hauptgegner ansehen müsse. Wolle man einwenden, daß in der Augsburgischen Konfession vom Papste nichts erwähnt sei, so sei zu erwiedern, der Papst wäre in dem Artikel von der Bischöfe Gewalt mit inbegriffen. Den Abgeordneten zum Konvent, Melanchthon, Creuziger und Menius, wurde in ihrer Instruktion eingeschärft, nicht nur von dem Sinn, sondern auch von dem Buchstaben der Augsburgischen Konfession nichts nachzulassen, selbst wenn eine Trennung der Evangelischen daraus hervorgehen sollte. Am wenigsten dürfe dem Papste und seiner Gewalt etwas zugestanden werden. An die Vergleichsverhandlungen, welche in Augsburg geführt worden waren, mochte man nicht gern erinnert sein.

In Worms schien es anfangs wirklich, als solle diesmal Ernst gemacht werden. Granvella und Naves, denen der Kaiser die Leitung der Verhandlungen übertragen hatte, erklärten, die Verhandlungen über die Religionsstreitigkeiten seien die Hauptsache, von der Frage über die Zurückgabe der Kirchengüter könne man einstweilen absehen; und Naves fügte hinzu: „Man muß auf den Grund der Wahrheit gehen; aus dem wird man sehen, was recht oder übel gebraucht, was zu restituiren oder nicht zu restituiren. — Auch wäre an der doctrina pietatis, daß man die erweitere, mehr gelegen denn an dem Zeitlichen." Aber der päpstliche Nuntius Morone sah bald, daß die Evangelischen die Majorität bekommen würden, da von den schon zu Hagenau von König Ferdinand ernannten 11 katholischen Mitgliedern zwei, die Churfürsten von Brandenburg und der Pfalz, denselben zugefallen waren, und eine dritte Stimme, die des Herzogs von Kleve, wenigstens zweifelhaft war, und suchte deshalb das Gespräch um jeden Preis zu hintertreiben. Da auch die Evangelischen zum größten Theile im Herzen einer Einigung abgeneigt waren, so zankte man sich über eine Menge kleinlicher Vorfragen hinüber und herüber, so daß die wirkliche Eröffnung des Gesprächs sich weit hinauszog. So verlangte Morone, daß das Gespräch schriftlich gehalten werde, dann, daß die elf Mitglieder jeder Partei unter sich abstimmen und so nur eine Stimme haben sollten, ferner daß statt des großen nur ein kleines Gespräch stattfinde, an welchem von jeder Seite nur drei oder auch nur ein Kollokutor sich betheiligte, daß die Abgeorbneten nichts nach Hause berichten sollten, daß statt der Augsburgischen Konfession die Augsburgische Konfutation zu Grunde gelegt werde u. s. w. Nachdem man sich so bis zum 12. Januar 1541 über die Form des Gesprächs gestritten hatte, einigte man sich endlich dahin, daß jede Partei einen Theologen ernenne, der für sie das Wort und die Vertheidigung ihrer Sache führe. Als solcher wurde von den Protestanten Melanchthon, von den Katholiken Eck ernannt. Menius klagt in seinen Briefen aus dieser Zeit bitterlich über die Unthätigkeit, zu der er verurtheilt sei, und über Langeweile.

Am 14. Januar wurde das Gespräch wirklich eröffnet. Eck machte zunächst einige Anspielungen auf die von Melanchthon besorgte veränderte Ausgabe der Konfession; man könne sie unmöglich für Diejenige halten, über welche sie allein zu verhandeln angewiesen seien. Doch ging er vor der Hand nicht näher darauf ein und behielt sich vor, bei den einzelnen Artikeln darauf zurückzukommen. Nun disputirte man 4 Tage lang über den zweiten Artikel der Konfession von der Erbsünde. Eck wußte die Streitfrage meisterhaft zu verwirren, so daß eine Vereinigung nicht möglich war. Da kam auf einmal vom Kaiser, der jedenfalls von Granvella schon vor dem Beginn der Unterredung, um den päpstlichen Nuntius zu befriedigen, darum gebeten worden war, ein Reskript, daß das Gespräch für jetzt geschlossen und erst bei dem Reichstage zu Regensburg wieder aufgenommen werden sollte.

Auch in Regensburg ging man resultatlos auseinander, obwohl dem Gespräche eine von Bucer verfaßte, später das Regensburger Interim genannte, Vereinigungsformel zu Grunde gelegt wurde und die Kollokutoren — protestantischer Seits Melanchthon, Bucer und Pistorius; katholischer Seits Eck, Julius von Pflug und Gropper — sich über die 4 Artikel: von der Vollkommenheit der menschlichen Natur vor dem Falle, von der Freiheit des Willens, von der Erbsünde und von der Rechtfertigung, einigten. Die Hindernisse, welche die übrigen Artikel, namentlich von der Kirche, von den Sakramenten, von den Heiligen u. s. w. darboten, waren und blieben unübersteiglich.

V.

Visitationen.

Die erste Visitation war nicht ganz zu Ende gebracht, nicht Alles, was von den Visitatoren beschlossen und bestimmt worden war, ausgeführt worden. Als daher in Folge des Nürnberger Religionsfriedens die Protestanten einen festen Grund und mehr Ruhe hatten, beschlossen [1]) die sächsischen Stände in Weimar die Bitte an den Churfürsten zu richten, daß eine nochmalige Visitation vorgenommen und dieselbe vorzüglich auf die Durchführung des bei der ersten Beschlossenen und auf Bestrafung der Widerspenstigen gerichtet werden möchte. Auch erinnerten sie daran, daß Alles, was den Kirchen genommen worden war, denselben zurückgegeben, daß für die kirchlichen und geistlichen Gebäude Sorge getragen, in jedem Bezirke zwei Exekutoren angestellt werden möchten, welche mit den Superintendenten, was beschlossen worden oder nützlich wäre, ausführen sollten, auch ohne von den Pastoren darum angegangen worden zu sein. Die Pfarrbesoldungen sollten aus den sequestrirten Einkünften der Kirchengüter aufgebessert, Pfarrer, die sich in Lehre und Wandel untüchtig erwiesen, enturlaubt werden. Das unfruchtbare Schelten und Schmähen auf der Kanzel, wobei die Personen oft mit Namen genannt wurden, sollte streng verboten werden.

Zu Visitatoren wurden von den Ständen erwählt für den chursächsischen Kreis: Justus Jonas, Johannes Bugenhagen, Sebastian von Kotteritz, Bernhard von Hirschfeld, Kilian Goldstein; für Thüringen: Justus Menius, Friedrich Myconius, Georg von

---

1) Seckendorf, De Luth. III, 70 sq. Menius' Bericht an Postel.

Wangenheim, Georg von Denstedt, Johann Cotta; für Meißen und Voigtland: Georg Spalatin, Johann Reimann, Christoph von Planitz, Erasmus Spiegel, Joseph Metsch, Michael Alber; für Franken: Johann Wolkenhain, Johann Prusch, Johann Schott, Sylvester von Rosenau, Paul Baber; also in der Regel zwei Theologen, zwei vom Adel und einer von den Städten. Zu Exekutoren wurden ernannt für den chursächsischen Kreis: Johann Metsch und Christoph Groß; für Thüringen: Eberhardt von der Thann, Ekbald Brandenstein und Georg von Denstedt; für Meißen und Voigtland: Erasmus Spiegel und Günther von Bünau; für Franken: Schott und Rosenau.

Dies ist der eigentliche Ursprung der Konsistorien; sie gingen ganz von selbst daraus hervor. Die Visitatoren und Exekutoren entschieden, auch nachdem die eigentliche Visitation längst vorüber war [1]), über Enturlaubung der Pfarrer, über Ehestreitigkeiten [2]) und dergleichen, und wurden so zu geistlichen und weltlichen Konsistorialräthen.

Die Visitation selbst erfolgte auf Grund der früheren Visitationsartikel oder des sogenannten Visitationsbüchleins. Für die Sonntage wurde die Erklärung des großen Katechismus, für die Wochentage die des kleinen angeordnet. Es wurden Strafen festgesetzt gegen Faullenzer, Gotteslästerer, gegen Solche, welche obscöne und andere gottlose Bücher läsen oder solche Lieder sängen, oder über Gegenstände der Religion Späße machten oder den Predigern öffentlich widersprächen (privatim ihnen Vorhalt zu thun, war erlaubt), endlich gegen Diejenigen, welche die kirchlichen Abgaben nicht zur rechten Zeit entrichteten

---

1) Es läßt sich dies wenigstens bis zum Jahre 1539 nachweisen. Luther verweist Mehrere, die sich unmittelbar an ihn gewendet hatten, an die verordneten Visitatoren ihres betreffenden Kreises. Vgl. de Wette V, 71 f. 165 f. 183.

2) Ueber Ehestreitigkeiten liegen eine Menge Entscheidungen von Menius' eigner Hand ausgefertigt im Sächs. Ernest. Gesammtarchiv zu Weimar, die einer näheren Durchsicht werth wären, um das dabei beobachtete Verfahren ins rechte Licht zu setzen.

oder die Schuldigen nicht pflichtgemäß dazu anhielten. Denn zuweilen erklärten die Bauern, an den Fürsten wollten sie die Abgaben wohl bezahlen, nur nicht an die Pfarrer. Die bisher in den Klöstern und Kollegiatstiften noch gebuldeten Messen und anderen papistischen Gebräuche wurden gänzlich abgeschafft und nur die sogenannten horae canonicae gebuldet, jedoch abgekürzt und verbessert. Fast alle Kanoniker und Vikare hatten geheirathet; Diejenigen, welche noch Konkubinen hatten, mußten dieselben heirathen oder entlassen [1]).

Große Schwierigkeiten boten die Pfarrbesoldungen, die wenigstens 40 Gulden jährlich betragen sollten. Der Adel hatte die Kirchengüter zum großen Theil an sich gerissen und konnte nur mit Mühe gezwungen werden, wieder etwas davon herzugeben. Deshalb bewilligten die Stände zu diesem Zwecke für Thüringen 1200 Gulden aus den jährlichen Einkünften der Klöster und bestimmten, daß auch die durch Absterben der noch Pension beziehenden Mönche und Nonnen flüssig werdenden Gelder dazu verwendet werden sollten.

Bei dieser Visitation wurde die Reformation im Reußischen und in Schwarzburg, obere Herrschaft, eingeführt. In der unteren Herrschaft, Frankenhausen und Sondershausen, geschah dies erst 1539, weil hier Herzog Georg von Sachsen und der Erzbischof von Mainz die Oberhoheit hatten.

Menius hatte dabei besonders viel zu thun — er hatte alle Koncepte zu entwerfen und die Register zu führen —, so daß er oft sehr über die ihn fast erdrückende Geschäftslast klagte.

Eine neue Last für ihn wurde die Einführung der Reformation in Herzog Heinrichs Landen. Herzog Georg, der erbittertste Gegner Luthers, starb am 17. April 1539. Da sein ältester Sohn kinderlos vor ihm gestorben war und sein zweiter

---

1) Der Zustand der Geistlichen war zuweilen ein entsetzlicher; einer mußte gestehen, daß er 26 Jahre lang keine Bibel in der Hand gehabt habe, ein ändrer hatte mit 2 Schwestern 6 Kinder erzeugt; viele hatten Frauen bei sich, die sie ihren noch lebenden Ehemännern entführt hatten u. s. w.

wegen Blödsinns zur Regierung unfähig erklärt wurde, so ging
das Herzogthum nach der testamentarischen Bestimmung des
Vaters auf Georgs Bruder Heinrich und dessen Söhne Moritz
und August über. Heinrich aber, der der neuen Lehre längst zugethan war, hatte die Anträge seines Bruders, durch welche
dieser ihn zur Erhaltung des Katholicismus hatte verpflichten
wollen, entschieden zurückgewiesen und nach der Abreise der
Gesandten zu seinen Räthen gesagt, diese Gesandtschaft sei der
Satan, der Christo die Reiche der Welt verspreche. Heinrich
schritt sofort zur Einführung der Reformation, die überall mit
Freuden aufgenommen und rasch zu Ende geführt wurde, da der
Boden trotz und gerade wegen des strengen Verbots Georgs dafür
wohl vorbereitet war. Zu Pfingsten hielt Luther die erste Predigt in Leipzig. Der eigentliche Begründer des Evangeliums daselbst wurde Myconius, den die Leipziger zwar nicht nach ihrem
Wunsche zu ihrem Pfarrer bekamen, aber doch mit Erlaubniß
des Churfürsten 18 Monate als Prediger bei sich behielten.

Die Visitatoren wurden vom Churfürsten geschickt, und
zwar für Meißen: Jonas, Spalatin, Melchior von Creutz und
Johann von Pack; für Thüringen, soweit es unter der Herrschaft
Heinrichs stand: Menius, Johann Weber, Superintendent zu
Neustadt a. d. O., Hartmann Goldacker, Friedrich von Hopf-
garten und ein Herr von Watzdorf. Vorher hatte Melanchthon
die meisten Städte bereist und ein Bedenken [1] abgegeben, wie
sie mit Predigern und Pfarrern besetzt werden möchten. In
Meißen versprach der Pfarrer, der bis dahin sehr geschwankt
hatte, die Mißbräuche abzuthun, recht zu predigen und die
Sakramente christlich zu reichen. Aber statt des unbrauchbaren
Diakonus möge der Pfarrer von Bürgel oder von Jena auf
einige Zeit dahin als Prediger geschickt werden. In Eckartsberga war ein Pfarrer, der schon von Apolda als ein „böser
untüchtiger" weggetrieben worden war; an seine Stelle wird
Thomas Brunswitz empfohlen. In Weißensee hatten die Leute
einen sehr guten Willen zum Evangelio; da aber der Pfarrer

---

1) Seckendorf III, 208—222. Corp. Ref. III, 751.

ungelehrt und leichtfertig war und ein schändliches Leben führte, so baten sie um einen tüchtigen und bezeichneten als solchen M. Rabtsch zu St. Georg in Naumburg. Der Pastor in Denstädt war „ganz ein Unflat"; es wird empfohlen, ihn sofort zu entfernen und den Pfarrer von Ichtershausen dahin zu versetzen. Nach Langensalza müsse unter allen Umständen Balthasar Raid von Hersfeld kommen; auch der Viceguardian Erhard Fabri könne angestellt werden. Mit dem Pfarrer von Kindelbrück möge man's probiren, da er sich erboten, sich nach christlicher Lehre zu halten und die Leute ihm ein gutes Zeugniß gegeben haben; doch müsse man für einen tüchtigen Diakonus sorgen. Die Geistlichen zu Sangerhausen mußten wegen unzüchtigen Lebens entfernt werden; statt ihrer wird Johann Siebenroth von Nordhausen empfohlen. Der Pfarrer in Freiburg a. d. U. war ein giftiger Lästerer, aber eben deswegen von Eck dahin geschickt worden. An seine Stelle eigne sich Laurentius von Schilda.

An die Visitation dieser Lande schloß sich, wie schon oben bemerkt wurde, die der schwarzburgischen Unterherrschaft, Frankenhausen und Sondershausen, an, die nun nach dem Tode Georgs ebenfalls dem Evangelium offen standen. Auch hier war Menius mit thätig, ebenso bei der Visitation des Bisthums Naumburg.

Im Jahre 1539 schlichtete Menius einen Streit zwischen Kaspar Aquila in Salfeld und seinem Diakonus Jakob Siegel über das Gesetz [1].

Eine dritte Visitation Thüringens, so weit es chursächsisch war, wurde 1541 vorgenommen von Melanchthon, Menius, Myconius, von Planitz, von Wangenheim und Johann Cotta, Bürgermeister von Eisenach [2], also von denselben, die schon 1533 damit beauftragt worden waren, nur

---

1) de Wette V, 165 f., vgl. mit S. 183. Schlegel, Kasp. Aquila, S. 274—276.

2) Seckendorf, De Luth. III, 222. Paullini, Annal. Isenac., p. 148.

daß von Planitz an die Stelle Georgs von Denstädt getreten
war. Dies bestätigt wieder die Ansicht, daß die Visitatoren
nach und nach ein stehendes Kollegium, ein Konsistorium,
wurden.

VI.

Sepultura Lutheri.[1]

Im Jahre 1538 erschien ein eigenthümliches Buch unter
dem Titel: Sepultura Lutheri. Nach zweifellosen Nachrichten
hat es Menius geschrieben und mit Bewilligung Luthers herausgegeben, aber anonym. Da das Buch selbst verloren zu
sein scheint, so gebe ich hier seinen Inhalt nach Hummel an.

Die ganze Schrift ist in ein Gespräch zwischen Tautologus
und Trophophagus eingekleidet. Tautologus, der sich in Italien
mit der lieben Juristerei gemartert hat, besucht seinen alten
Bekannten Trophophagus. Nach einigen Fragen, wie es denn
in Welschland mit den Staatsangelegenheiten stünde, fragt
Trophophagus, was er auf der Messe zu Frankfurt Gutes geschafft habe? Die Antwort war, er habe sich nicht sonderlich
daselbst umgesehen, weil schon in Welschland sein Beutel ziemlich geleert worden sei; doch sei er in einige Buchläden gegangen, wo „etliche seltsame visirliche Gemälde" ausgestellt gewesen wären. Trophophagus erbittet sich darauf die Beschreibung dieser Gemälde und Tautologus beschreibt ihm das erste
mit folgenden Worten:

„Es hat Einer auf eine Tafel eine Stadt gemalt also, daß
man fein konnte sehen zwei Thore, die offen standen. An
einem Thore waren ein trefflicher großer Haufe der Geistlichen,
Päpste, Kardinäle, Bischöfe, Pfaffen, Mönche und Nonnen in
allerlei Ordenskleidern gemalt; deren jeder hat etwas zu Handen,

---

[1] Corp. Ref. III, 496. de Wette, Luthers Briefe V, 466. Hum-
mels Neue Bibliothek von seltenen Büchern II, 125 u. 316—321.

einer ein Kreuz, der andere einen Bischofsstab, der dritte einen
Kelch, der vierte eine Monstranz, der fünfte ein Meß = oder
Betbuch, der sechste sonst etwas anderes von Kirchengeräth, so
zur Geistlichkeit gehört. Auch war sonderlich ein Mönch ge=
malt mit einem Guardiansacke, wie die Terminarier zu tragen
pflegen. Diese alle mit einander waren also gemalt, wie sie
mit aller Macht stürmten, schlugen und warfen auf ein Weibs=
bild, welches war in feinen weißen ehrlichen Kleidern gemalt,
hatte ein Buch in ihren Händen wie eine heilige Matrona,
war gleich unterm Thor, doch mehr außer, denn in der Stadt
von den Geistlichen darniedergestürmet, daß sie gleich zu sinken
und zur Erde zu fallen sich neigete, und stund da ja zumal
visirlich, daß der Mönch mit dem Guardiansacke also gemalt
war, als hätte er einen großen Käse herausgezogen und das
Weib damit werfen wollen."

Trophophagus fiel ihm in die Rede und sagte: „Ei leicham,
das ist ein guter Poß." Tautologus aber fährt fort: „Am
andern Thor war auch also ein Haufe gemalt, allesammt in
köstlichen Schauben, ja auch wohl in goldenen und silbernen
Stücken aufs allerköstlichste geziert, unter welchen die vordersten
ein jeder ein großes mächtiges Buch hatte, aufs höchste zum
Wurf aufgerückt, die hintersten aber mit königlichen Sceptern,
blojen Schwertern und weißen Richterstäblein auch aufs
gewaltigste stürmten, warfen und schlugen auf ein Weibsbild,
welches auch aufs allerherrlichste bekleidet, in der linken Hand
eine Wage und in der rechten ein Schwert trug, also daß
dasselbige Weibsbild gleichwie das andere, davon ich droben
gesagt habe, zum Thor auch hinausgestoßen und mit Macht
darniedergeschlagen werden mußte." Außer der Stadt, fährt er
fort, seien etliche Leute gemalt gewesen, welche zusahen und
weinten, und über denselben mit ganz kleinen Buchstaben:
ἡ τῆς ἀληθείας καὶ τῆς δικαιοσύνης ταφή.

Nach allerhand Betrachtungen über diese Tafel erzählt
Tautologus, daß er auch eine andere der vorigen nicht unähn=
liche gesehen habe, mit der Ueberschrift: Sepultura Lutheri.
Darüber entsetzt sich nun Trophophagus, wünscht, daß es mit

Luthers Begräbniß noch nicht so geschwind gehen möge, und bittet um ausführlichere Beschreibung dieses Gemäldes. Tautologus thut es ungefähr also: In einem großen Feuer saß ein Augustinermönch in seinem Ordenskleide, ein Buch in der Hand haltend. Die Flammen und Funken fuhren nicht über sich, sondern von den Seiten aus und hatten die Gestalt ganz kleiner, kaum sichtlicher fliegender Geister. Das andere Gemälde aber habe also ausgesehen: Ein Doctor theologiae auf seinem Lehrstuhl stehend, vor ihm ein Haufen Zuhörer, darunter ein Theil sich wider ihn empört und mit Schreibzeugen und Büchern nach ihm wirft. Es war aber derselben keins ganz, sondern fliegen setzen- oder blätterweis um den Doctor herum. Dasjenige, welches er selbst hatte, führte die Aufschrift: Cedo nulli. Unter der vor ihm stehenden und auf ihn stürmenden Versammlung waren einige in lange Röcke gekleidet, unter welchen verschiedene Ordenshabite hervorblickten, weil die langen Röcke vorn offen standen. Etliche hatten auch Bilder in Händen, und über den Häuptern Einiger war zu lesen: Kenodoxus, über andern Philantus.

Nun besprechen sie sich über dieses Gemälde und machen allerhand Auslegungen. Der Doktor sei Luther, die Bücher, die nach ihm geworfen würden, die Dekretalen, die Schriften der Kirchenväter, der Scholastiker, Mönche u. s. w.; das Cedo nulli zeige seinen Trotz und Standhaftigkeit an, u. s. w.

Fünftes Kapitel.

Die Doppelehe des Landgrafen.

I.[1]

Wie tief das sittliche Leben besonders in Bezug auf ehe-liche und geschlechtliche Verhältnisse im 16. Jahrhundert dar-niederlag, ist Jedem bekannt, der einige Blicke in die Literatur jener Zeit geworfen hat. Selbst edle Naturen, wie Ulrich von Hutten, haben furchtbar daran gelitten; aber Niemand hat in seiner Zeit Anstoß daran genommen. Die Hauptschuld liegt an der Kirche, die dem Fleische freien Lauf ließ, um den Geist desto strenger zu fesseln. Das Eheverbot für die Geistlichen führte den Ehebruch praktisch ins Leben ein, die Nonnenklöster wurden Pflegeanstalten für den Kindesmord. Es ist haar-sträubend, wenn man liest, was Jakob Strauß aus dem Beicht-stuhle eines papistischen Pfaffen erzählt, wie dieser Wollüstling auf die raffinirteste Weise die Frauen, die zu ihm in die Beichte kamen, zu verführen verstand! Was konnten auch die frommen Frauen und Jungfrauen anders thun, als ihren Seelsorgern willig folgen, die sie in den Himmel führten! Die

---

1) Codex Palatinus (Heidelberg), No. 435. — Corp. Ref. III, 849 sqq. de Wette, Luth. Br. V, 236 f.; VI, 296 f. Seckendorf III, 278. Hassencamp, Hessische Kirchengeschichte I, 459—520.

großen Koncilien waren zahlreicher von öffentlichen Dirnen be=
sucht als von kirchlichen Würdenträgern und ein Papst wurde
wegen seiner 16 Kinder als der Vater des Vaterlands ge=
priesen!

Die fürstlichen Höfe blieben natürlich nicht zurück. Auch
Landgraf Philipp hatte von Jugend auf dem Laster der Un=
keuschheit gefröhnt; seine Verheirathung mit Christina und sein
Uebertritt zur evangelischen Lehre hatten darin nichts geändert.
Seine Körperkonstitution und seine Lebensweise schienen es zu
verlangen. Die Folgen seines ausschweifenden Lebens brachten
ihn auf andere Gedanken. Es war ihm zu gefährlich, der
Venus vulgivaga zu dienen, dazu fühlte er Gewissensbisse,
wenn er zum heiligen Abendmahl gehen oder Hurer und Ehe=
brecher strafen sollte. Darum hatte er schon länger darauf
gedacht, nicht sein Leben aufrichtig zu bessern, sondern ein Mittel
aufzufinden, wie er unter einem leiblichen Scheine des Rechts
seine Lust befriedigen könne. Bereits 1526 hatte er bei Luther
wegen Eingehung einer Doppelehe angefragt; dieser aber hatte
ihm abgerathen. Die Bekanntschaft mit Margaretha von der
Saale, welche er an dem Hofe seiner Schwester, der Herzogin
von Rochlitz, machte, weckte den Gedanken von Neuem in ihm.
Ihre ehrgeizige Mutter war bereit, die Reize ihrer Tochter zu
verkaufen, jedoch unter der Bedingung, daß die Ehe eine öffent=
lich anerkannte werde. Philipp suchte zu diesem Zwecke um
die Einwilligung seiner Gemahlin und der Theologen nach.

Die erstere ertheilte dieselbe in einer vom 11. December 1539
aus Spangenberg datirten Urkunde. Die hessischen Theologen
kamen in ihrem Gutachten zu dem Resultate: „Weil es die
Schrift frei läßt, so kann man's ihm nicht wehren; er thue es
im Namen des Herrn."

Der Landgraf hätte sich füglich damit begnügen können;
aber es scheint ihm allen Ernstes daran gelegen gewesen zu
sein, auch die Zustimmung aller bedeutenden und angesehenen
Theologen zu erlangen. Als Mittelsperson brauchte er wieder
seinen Kaplan Bucer, der ihm ja schon so viele Dienste ge=
leistet hatte. Leider kann man kaum annehmen, daß das Gut=

achten, welches er abgab, und die weiteren Bemühungen, denen
er sich unterzog, ebenso aus seinem innersten Herzen und aus
seiner festesten Ueberzeugung hervorgingen, wie seine Thätigkeit
für eine Vereinigung der Lutheraner und Reformirten. Sein
Gutachten gipfelt in folgenden Worten: „So mag es in dieser
Zeit nicht anders geschlossen werden, denn daß der ihm je
meinet, ein Zuweib solle ihm zur Heiligkeit dienen und vor
Unzucht weiter verhüten, solches Weib recht heimlich vor wenigen
vertrauten Personen zur Ehe nehme, dieselbige Ehe unter allen
andern Umständen und dann mit dem Gedinge besonders ein-
gehe, daß das Weib die weltliche Schmach des Konkubinats
um des Herrn willen mit Geduld trage, und sie beide, Mann
und Weib, so sie von Jemand ihrer Beiwohnung gerechtfertigt
werden, einfältiglich sprechen: Ich hoffe, ich habe einen gnädigen
Gott und wollt' ungern in einem Wesen stehen und verharren,
darin ich nicht trauete auch auf Gottes Gnade und das Verdienst
Christi zu sterben. Bitte Dich, urtheil mich nicht weiter, denn
Dich das Wort des Herrn weiset. Wo dann mit solcher Rede
das ganze Leben eine wahre Gottesfurcht und Gottseligkeit
zeigen würde, würde die Aergerniß ohne weitere öffentliche Bekenntniß so viel abgetrieben werden, so weit einem solchen Menschen, der sich in oftgedachter Blödigkeit und Nothdurft befindet, diese Aergerniß und Anstoß abzutreiben gebührt und zusteht."

Bucer erhielt nun den Auftrag, auch Luther und Melanchthon für eine Dispensation zu gewinnen und den Churfürsten
von Sachsen mit seinem Vorhaben bekannt zu machen.

II.

Luther und Melanchthon ertheilten dem Landgrafen folgende Antwort:

„Gottes Gnade durch unsern Herrn Jesum Christum zuvor.
Durchlauchtiger Fürst und Herr. Nachdem E. F. G. uns

durch den Herrn Bucerum etliche langwierige Beschwerung ihres Gewissens und dabei ein Bedenken angezeigt mit Ueberreichung einer Schrift oder Instruktion, die ihm E. F. G. gegeben, wiewohl uns in solcher Eil darauf zu antworten schwer ist, so haben wir doch den Bucerum ohne Schrift nicht wollen reiten lassen.

Und erstlich sind wir von Herzen erfreut und danken Gott, daß er E. F. G. wieder von der gefährlichen Krankheit geholfen, und bitten, er wolle E. F. G. an Seel und Leib zu seinem Lobe stärken und erhalten. Dann, wie E. F. G. sehen, die arme elende Kirche Christi ist klein und verlassen und bedarf wahrlich frommer Herren und Regenten; wie wir nicht zweifeln, Gott werde etliche erhalten, obgleich allerlei Anfechtung fürfallen.

Und ist auf die Frage, davon Dr. Bucerus mit uns geredt, erstlich dieses unser Bedenken. E. F. G. wissen und verstehen dieses selbst, daß großer Unterschied ist, ein gemein Gesetz zu machen, oder in einem Fall aus wichtigen Ursachen und doch nach göttlicher Zusagung einer Dispensation zu gebrauchen; denn wider Gott gilt auch keine Dispensation. Nun wissen wir nicht zu rathen, daß man eine öffentliche Einführung und also ein Gesetz mache, daß männiglichen zugelassen sei, mehr denn ein Eheweib zu haben. Sollte man nun etwas davon in Druck geben, so könnte E. F. G. achten, daß solches für ein gemein Gesetz verstanden und angenommen würde, daraus viel Aergerniß und Beschwerung folgen würden. Derhalben solches in keinem Weg vorzunehmen, und bitten, E. F. G. wollen dieses selbst bedenken, wie schwer es sein würde, so Jemand aufgelegt würde, er hätte dieses Gesetz in deutscher Nation aufgebracht, daraus in allen Heirathen ewige Unruh zu besorgen.

Daß aber dagegen mag gesagt werden: was vor Gott recht ist, soll durchaus zugelassen werden, das hat ein Maß. So es Gott geboten oder ein nöthig Ding, ist's wahr; aber so es nicht geboten und nicht nöthig, soll man andere Umstände auch bedenken. Als von dieser Frage: Gott hat die Ehe also eingesetzt, daß es allein zweier Personen Gesellschaft sein soll und nicht mehr, so die Natur nicht verderbet wäre. Das will der Spruch: Es sollen zwei ein Fleisch sein. Und dieses ist erstlich also gehalten; aber Lamech hat das Exempel eingeführt, mehr Weiber sämmtlich zu haben, welches von ihm in der Schrift gemeldt als eine Einführung wider die erste Regel. Darnach ist es bei den Ungläubigen gewöhnlich worden, bis daß Abraham und seine Nachkommen mehr Weiber genommen. Und ist wahr, daß hernach solches im Gesetz Mosis zugelassen, wie der Text sagt Deut. XXI: Si homo habuerit duas uxores etc. Denn Gott nur der schwachen Natur etwas nachgegeben. Weil es aber dem ersten Anfange und der Schöpfung gemäß ist, daß ein Mann nicht mehr denn ein Weib habe, ist solch Gesetz löblich und also in der Kirche angenommen, und ist nicht dagegen ein ander Gesetz zu machen oder aufzurichten. Denn Christus erholet diesen Spruch Matth. 19: Et erunt duo in carne una, und erinnert uns, wie die Ehe erstlich vor der menschlichen Schwachheit gewesen sein sollt. Daß aber etwa in einem Fall eine Dispensation gebraucht würde, als so etliche in fremden Nationen gefangen, da gefreiet haben, und wiederum ledig worden, ihre Weiber mit sich bracht; item so langwierige Schwachheit Ursach geben, wie bei den Aussätzigen bisweilen bedacht worden; so in solchen Fällen der Mann noch ein Weib nähme mit Rath seines Pastoris, nicht ein Gesetz einzuführen, sondern seiner Nothburft zu rathen, diesen müßten wir nicht zu verdammen.

Dieweil nun ein ander Ding ist ein Gesetz einzuführen, ein andres eine Dispensation zu brauchen, so bitten wir unterthäniglich, E. F. G. wollen bedenken, erstlich, daß in alle Wege zu verhüten, daß diese Sache nicht öffentlich in die Welt zu bringen sei als ein Gesetz, dem männiglich zu folgen Macht habe; zum andern, dieweil es kein Gesetz sein soll, sondern allein eine Dispensation, so wollen E. F. G. auch das Aergerniß bedenken, nemlich daß die Feinde des Evangelii schreien würden, wir wären gleich den Wiedertäufern, die zugleich viel Weiber genommen; item die Evangelischen suchten solche Freiheit, Weiber, soviel sie wollten, ihres Gefallens zu

nehmen, wie es in der Türkei gehalten wird. Item, was die
Fürsten thun, wird viel weiter ausgebreitet denn was von
Privatpersonen geschieht; item, so Privatpersonen solch Exempel
der Herren hören, wollen sie ihnen solches auch zugelassen
haben, wie man sieht, wie leicht ein Ding einreißt. Item,
E. F. G. haben einen wilden Adel, deren viel, wie in allen
Landen, von wegen des großen Genieß, den sie aus den Dom-
stiften gehabt, dem Evangelio heftig entgegen sind. So wissen
wir selbst, daß von etlichen großen Junkern sehr unfreundliche
Reden gehört werden. Wie sich nun solche Junker und Landschaft gegen E. F. G. in dieser Sache, so eine öffentliche Einführung vorgenommen, erzeigen würden, ist leichtlich zu erachten.
Item E. F. G. haben durch Gottes Gnaden einen sehr löblichen Namen, auch bei fremden Königen und Potentaten, und
sind derhalben gefürchtet, bei welchen dieses auch eine Verkleinerung machen würde.

Dieweil denn so viel Aergerniß zusammenfällt, bitten wir
unterthäniglich, E. F. G. wollen diese Sache wohl und fleißig
bedenken. Das ist aber auch wahr, daß wir in alle Wege
E. F. G. bitten und vermahnen, Hurerei und Ehebruch zu
vermeiden. Wir haben auch in Wahrheit große Bekümmerniß
derhalben lange Zeit gehabt, daß wir vernommen, daß E. F. G.
also mit solchem Unlust beladen, daraus Strafen von Gott
und andere Fährlichkeiten folgen möchten, und bitten, E. F. G.
wollen solch Wesen außer der Ehe nicht für eine geringe Sünde
halten, wie solches die Welt in Wind schlägt und verachtet.
Aber Gott hat die Unzucht oft greulich gestraft; denn Ursach
der Sündfluth wurde angezogen, daß die Regenten Ehebruch
getrieben. Item, die Strafe Davids ist ein ernstlich Exempel,
und Paulus spricht oft: Gott läßt sich nicht spotten, Ehebrecher werden nicht ins Reich Gottes kommen, 1 Cor. 9, 10.
Denn dem Glauben muß ein Gehorsam folgen, daß man nicht
wider das Gewissen handelt, noch wider Gottes Gebot. 1 Joh.
3, 21. Röm. 8, 13.

Dieses erzählen wir derhalben, zu bedenken, daß Gott mit
olchen Sünden nicht scherzen will, wie viel Leute nun frech

werden und solche heidnische Gedanken haben. Wir haben auch gern vernommen, daß E. F. G. ernstlich darüber geklagt und solcher Sünden halben Schmerzen und Reue haben.

So liegen auf E. F. G. große und schwere Sachen, die ganze Welt belangend; zudem, daß E. F. G. einer subtilen und nicht starken Komplexion sind und wenig schlafen, daß billig E. F. G. des Leibes hierin schonen sollten, wie viele Andere thun müssen. Und man liest von dem löblichen Fürsten Scanderberg, der viel löblicher Thaten wider beide türkische Kaiser gethan, wider Amurathem und Mahometem, und Griechen- land, so lange er gelebt, geschützt und erhalten. Dieser, sagt man, habe insonderheit sein Kriegsvolk zur Keuschheit vermahnet und gesagt, daß kein Ding freudigen Männern also den Muth nehme als Unkeuschheit. Item, wann schon E. F. G. noch ein Eheweib hätten und nicht mit Ernst der bösen Gewohnheit und Neigung widerstehen wollten, so wäre E. F. G. noch nicht geholfen.

Es muß der Mensch in solchem äußerlichen Wandel seine Gliedmaß auch selbst im Zaum halten, wie Paulus sagt: Gebet eure Gliedmaß, daß sie Waffen sind der Gerechtigkeit. Darum wolle E. F. G. in Betrachtung aller dieser Ursachen, des Aerger- niß, der andern Sorgen und Arbeit und Leibes Schwachheit, diese Sache wohl bedenken; wolle auch ansehen, daß Gott E. F. G. schöne junge Herrlein und Fräulein mit diesem Gemahl gegeben, und mit ihr für gut haben, wie viele andere in ihrem Ehestande Geduld haben müssen, Aergerniß zu verhüten. Denn daß wir E. F. G. zu einer beschwerlichen Einführung anreizen sollen, ist unsre Meinung ganz nicht. Denn die Landschaft und Andere möchten uns derhalben etwa anfechten wollen, welches uns darum unträglich wäre, daß wir aus Gottes Wort den Befehl haben, die Ehe und alle menschliche Sachen auf die erste und göttliche Einsetzung zu richten und so viel möglich darin zu halten, auch bei männiglich alle Aergerniß abzuwenden. So ist es sonst jetzund die Weise der Welt, daß man gern alle Schuld auf die Prädikanten legt, so etwas Beschwerliches vorfällt, und menschliche Herzen in hohen und niedern Personen sind unstät und ist allerlei zu befahren.

So aber E. F. G. das unzüchtige Leben nicht lassen, weil sie schreiben, daß solches nicht möglich, wollten wir auch lieber, daß E. F. G. in bessern Stand wäre vor Gott und mit gutem Gewissen lebte, zu E. F. G. Seligkeit und Land und Leuten zu gut. Wo aber E. F. G. endlich darauf beschließen, noch ein Eheweib zu haben, so bedenken wir, daß solches heimlich zu halten sei, wie von der Dispensation droben gesagt, nemlich daß E. F. G. und dieselbige Person mit etlichen vertrauten Personen wissen E. F. G. Gemüth und Gewissen beichtsweise.

Daraus folget keine besondere Rede oder Aergerniß; denn es ist nicht ungewöhnlich, daß Fürsten Concubinas halten; und obgleich nicht alles Volk wüßte, wie die Gelegenheit wäre, so werden doch vernünftige Leute sich selbst wissen zu erinnern, und mehr Gefallens an solchem eingezogenen Wesen tragen, denn an Ehebruch und anderm unzüchtigen wilden Leben und Wesen. So ist auch nicht alle Rede zu achten, wenn das Gewissen recht steht; so fern und dieses halten wir für recht. Denn was vom Ehestand zugelassen im Gesetz Mosis, ist nicht im Evangelio verboten, welches nicht die Regiment im äußerlichen Leben ändert, sondern bringet ewige Gerechtigkeit und ewiges Leben und fähet an einen rechten Gehorsam gegen Gott, und will die verderbte Natur wieder zurechtbringen. Also hat E. F. G. nicht allein unser Gezeugniß im Fall der Nothdurft, sondern auch unsere Erinnerung; die bitten wir, E. F. G., wolle sie als ein löblicher, christlicher, weiser Fürst bewegen. Und bitten, Gott wolle E. F. G. leiten und regieren zu seinem Lob und zu E. F. G. Seligkeit.

Daß auch E. F. G. die Sache wollen an den Kaiser gelangen lassen, achten wir, der Kaiser halte Ehebruch für eine geringe Sünde; denn sehr zu besorgen, er habe den päpstischen, karbinalischen, italischen und saracenischen Glauben, würde solches E. F. G. Ansuchen nicht achten, und E. F. G. mit Worten aufhalten zu seinem Vortheil, wie wir vernehmen, daß er ein untreuer falscher Mann sei und deutscher Art vergessen habe. So sehen E. F. G., daß er zu keiner christlichen Nothdurft ernstlich thut, läßt auch den Türken unangefochten, prakticirt allein Meutereien in Deutschland, die burgundische Macht zu erheben. Darum zu wünschen, daß fromme deutsche Fürsten nichts mit seinen untreuen Praktiken zu thun haben. Gott bewahr' E. F. G. allezeit, und E. F. G. zu dienen sind wir willig.

Datum Wittenberg, Mittwoch nach Nikolai, anno 1539.

E. F. G. willige und unterthänige Diener

Martinus Luther.

Philippus Melanchthon."

Diesem Gutachten schlossen sich noch durch Namensunterschrift an Martin Bucer, Anton Corvinus, Adam Fulda, Joh. Leningus, Justus Winter, Dionysius Melander und Balthasar Raid.

Trotzdem daß dieses Bedenken weit mehr ab- als zurathend war, ging Bucer doch sofort zum Churfürsten. Er traf ihn am 15. December in Weimar. Der Churfürst war im höchsten Grade erstaunt und empört über das Vorhaben des Landgrafen, drang im Fall, daß derselbe durchaus nicht davon ablassen wollte, auf das nachdrücklichste darauf, daß solche „Buhlschaft" ganz geheim gehalten werde, und wies das Begehren, den Landgrafen, falls er wegen dieses Schrittes angefochten werden sollte, in Schutz zu nehmen, entschieden ab.

III.

Das alles war nicht im Stande, Philipp von dem verhängnißvollen Schritte zurückzuhalten. Am 4. März 1540 ließ er sich zu Rotenburg durch Dionysius Melander Margaretha von der Saale zur linken Hand antrauen. Außer Bucer, Eberhard von der Thann und mehreren Andern war auch Melanchthon zugegen, der zu diesem Zwecke von Schmalkalden herbeigerufen worden war. Nach der Trauung legte Dieser dem Landgrafen eindringlich ans Herz, „weil der Ehestand nach Paulus ein großes Sakrament der Liebe Christi gegen die Kirche sei, sich dieser Kirche, wie auch der Pfarrer und Schuldiener, desto besser anzunehmen; von nun an das Laster der Hurerei und des Ehebruchs gänzlich zu meiden und die Strafe Davids vor Augen zu haben; diese Sache nicht allein heimlich zu halten, sondern auch die ihm bewilligte Ausnahme vom Gesetz zu keiner öffentlichen Einführung zu mißbrauchen, noch über diesen Gegenstand disputiren zu lassen."

Allein wie konnte die Sache verschwiegen bleiben? Von dem ersten vertraulichen Berichte eines Schweizer Studenten in seine Heimat bis zum öffentlichen Geheimniß in ganz Deutschland verfloß eine kurze Zeit. Je lauter man davon sprach, desto unangenehmer und peinlicher wurde die Lage für Luther und Melanchthon. Der Erstere steifte sich darauf, daß er dem Landgrafen nur heimlich und privatim einen Beichtrath gegeben habe und half sich außerdem mit schlechten Witzen und lutherischer Grobheit. „Denn dies werden E. F. G. nicht erhalten können", schreibt er an den Landgrafen, „daß die Welt solche E. F. G. heimliche Ehe sollte für eine öffentliche Ehe annehmen, wenn sie gleich hundert Luther und Philippse, auch Andere vortragen; sie werden doch sagen, Luther und Philipp haben nicht Macht, wider öffentlich und löblich Recht anders zu setzen, ob sie gleich heimlich zur Noth des Gewissens schuldig sind anders zu rathen. — Hieraus folgt, wo E. F. G. auf der Offenbarung des Rathschlags stehen will, daß E. F. G. die Metze wieder muß von sich thun als eine Hure, oder doch wiederum in diesen heimlichen Rathschlag kriechen, so wäre es ebenso mehr jetzt mit Ehren, als hernach mit Schanden. — Daß E. F. G. mit mir scherzet, wie wir Theologen nehmen, wo es uns gefällt, habe ich fröhlich gelesen, aber damit ist nicht unsere Schuld, daß Ihr Fürsten nehmet, was Euch gefällt. Warum thut ihr nicht anders! So hoffe ich auch, E. F. G. sollen selbst auch an der lieben Metze erfahren, wo nicht mehr an einer schönen Frau zu bekommen ist, denn das Pfui dich an, wie man spricht, kurze Freude, lange Unlust, so wäre es nicht möglich, eine Ehe lange zu bleiben oder neue anzufahen."

Melanchthon, der überdies noch ein zurathendes Schreiben an den Landgrafen gerichtet hatte, wurde, als der Letztere darauf drang, daß das Gutachten der Theologen veröffentlicht werde,

so von Gewissensbissen gequält, daß er auf der Reise zum
Hagenauer Konvent in Weimar ernstlich und gefährlich erkrankte. Davon erzählt Ratzeberger: „Da nun eben zumale
ausbrach, wie der Landgraf zu Hessen neben seinem rechten
Ehegemahl auch die von der Saale geehlicht, und man sich
vermuthen mußte, daß gemeldte That dem Evangelio bei den
Päpstischen einen großen Schimpf und Nachtheil bringen würde,
ging solches dem Philippo gar sehr zu Herzen. Denn er sah
und merkte, da er dahin (nach Hagenau) ziehen würde, daß
solches dem lutherischen Theile gar einen großen Stoß thun
würde. Insonderheit fiel ihm dieses desto schmerzlicher vor,
weil er je und allezeit zu diesem Landgrafen eine sonderliche
Hoffnung und Zuneigung getragen, der aber nunmehro ein
solches Aergerniß begangen hatte; wiewohl Etliche sagen wollen,
es sei ihm dieser Schwermuth daher entstanden, daß er solches,
des Landgrafen unfertiges Vornehmen auf Persuasion und
Ueberredung seines Hofpredigers Dionysii sollte gebilligt haben [1]),
welches ihm aber nachher zu Hofe zum höchsten geunbilliget.
Ward derhalben mehr aus Grämniß und Schwermuth denn
anderer Ursachen halben zu Weimar so heftig krank, daß er
auch von allen Kräften kam, und nicht anders denn der gewisse
Tod an ihm zu gewarten war. Als er nun so heftig krank
lag, und es mit ihm so gefährlich stunde, ließ der Churfürst
bei Tag und Nacht Lutherum von Wittenberg holen, ehe
Philippus noch stürbe. Da derselbe nun ankam, fand er leider
die Sachen also beschaffen, wie es zuvor war berichtet worden.
Denn die Augen waren ihm gleich gebrochen, aller Verstand
gewichen, die Sprache entfallen, das Gehör vergangen und das
Angesicht schlaff und eingefallen, und, wie Lutherus sagte, facies
erat Hippocratica. Dazu kannte er Niemand, aß und trank
Nichts. Als ihn nun Lutherus so unbekenntlichen ansieht, er-

---

1) Die Akten wurden zuerst 1697 durch Laurentius Beyer an das
Licht der Oeffentlichkeit gebracht in einer „dem durchlauchtigsten, groß-
müthigsten, Hochgeborenen, Hoch- uud Wohl-Edlen, Auffrichtigen, Ehr-
uud Tugendliebenden christlichen Frauen-Zimmer" dedicirten Vertheidigung
der Polygamie.

schrickt er über die Maßen und spricht zu seinem Gefährten:
‚Behüt Gott, wie hat mir der Teufel dies organon geschändet!‘
kehrt sich alsbald zum Fenster und betet ernstlich zu Gott.
‚Allda‘, sagt Lutherus, ‚mußte mir unser Herr Gott herhalten.
Denn ich warf ihm den Sack für die Thüre und rieb ihm
die Ohren mit allen promissionibus exaudiendarum precum,
die ich in der heiligen Schrift zu erzählen wußte, daß er mich
mußte erhören, wo ich anders seinen Verheißungen trauen
sollte.‘ — Hierauf ergreift er Philippum bei der Hand und
spricht: ‚Bono animo esto, Philippe, non morieris!‘ [1]) Obwohl Gott Ursache hätte zu tödten, so will er doch nicht der
Sünder Tod, sondern daß er sich bekehre und lebe. Er hat
Lust zum Leben und nicht zum Sterben. Hat Gott die allergrößten Sünder, so je auf Erden kommen, als Adam und
Evam, zu Gnaden wieder berufen und angenommen, viel weniger
will er dich, mein Philippe, verstoßen noch in Sünden und
Schwermuth verderben lassen. Darum so gieb dem Trauer-
geist keinen Raum und werde an Dir selbst kein Mörder, sondern vertraue dem Herrn, der tödten und wiederum lebendig
machen kann, verletzen und verbinden, schlagen und wieder heilen
kann.‘ Denn Lutherus wußte wohl seines Herzens und Gewissens Anliegen. In solchem Ergreifen und Aussprechen fähet
Philippus an, wieder Athem zu holen, konnte aber doch lange
nichts reden bis über eine gute Weile. Da wendete er sein
Angesicht stracks auf Lutherum und fähet an, ihn um Gottes
willen zu bitten, er wolle ihn nicht länger aufhalten; er sei
jetzo auf einer guten Fahrt, er solle ihn lassen hinziehen; es
könne ihm doch nichts Besseres widerfahren. ‚Mit nichten‘, sagte
Lutherus, ‚Philippe, Du mußt unserm Herr Gott noch weiter
dienen!‘ Also wurde Philippus je länger je mehr munterer,
und ließ ihm Lutherus eilends etwas zu essen vorrichten und
brachte's ihm selber. Aber Philippus weigerte sich davor. Da

---

1) An Camerarius schreibt Melanchthon, den 23. März 1543: „et te
illud canere opto: non moriar, sed vivam et narrabo opera domini,
quem versiculum, quum Wimariae aegrotarem, vidi scriptum in pa-
riete, et omine delectatus sum.“

nöthigte ihn Lutherus mit diesen Dräuworten und sagte: „Hörst Du, Philippe? kurzum, Du mußt mir essen, oder ich thue Dich in den Bann.' Mit diesen Worten wurde er überdräuet, daß er aß, doch gar wenig, und also allgemach wieder zu Kräften kam."

Als am 27. Juni wieder ein Rückfall eintrat, schrieb auch der Churfürst von Gotha aus an ihn und bat ihn, den Handel des Landgrafen, über den er sich so sehr bekümmere, sich nach dem Rathe Luthers aus dem Sinne zu schlagen; dann werde ihm der Allmächtige bald sein Gemüth und damit auch seine Gesundheit wieder geben. Sobald er könne, möge er mit Luther und Jonas ihm nach Eisenach zu dem daselbst wegen der Angelegenheit des Landgrafen abzuhaltenden Konvente nachfolgen. Am 10. Juli schreibt Luther bereits an seine Frau von Eisenach aus: „Magister Philippus kommt wieder zum Leben aus dem Grabe, siehet noch kränklich aber doch leberlich, scherzet und lebt wieder mit uns, und · isset und trinkt im Zimmer und über Tische."

In Eisenach wohnte Luther im Hause von Menius, der zu der Zeit gerade in Hagenau war. Der Konvent selbst fand am 18. Juli statt. Luther, der fest überzeugt war, daß man ihn getäuscht, seinen Beichtrath gemißbraucht und die gestellten Bedingungen nicht erfüllt hatte, empfing die hessischen Theologen und den Kanzler so, daß ihnen das Wasser von den Backen lief. Es handelte sich darum, ob die Schmalkaldischen Bundesgenossen dem Landgrafen Hülfe leisten dürften, wenn er wegen seiner Bigamie in Gefahr käme. Die hessischen und sächsischen Abgeordneten stimmten darin überein, daß unter gewissen Umständen um des Gewissens willen und zu Verhütung größerer Sünden die Bigamie gestattet werden könne; aber die Sachsen bestanden darauf, daß das Geheimniß unter allen Umständen streng gewahrt werden müsse, womit die Hessen nicht einverstanden waren. Schließlich mußte sich der Landgraf mit der Erklärung des Churfürsten begnügen, daß er nicht verlassen werden solle, wenn hinsichtlich der Nebenehe das strengste Geheimniß beobachtet werde.

IV.[1]

Das Geheimniß wurde aber nicht beobachtet. Der Landgraf wünschte zu sehr, daß die Bigamie, resp. Polygamie durch Druckschriften vertheidigt werde. Johannes Lening, Pfarrer zu Melsungen, schrieb daher in seinem Auftrage unter dem fingirten Namen Huldericus Neobulus einen „Dialogus, das ist ein freundtlich Gespräch Zweyer personen, davon, ob es Göttlichem, Natürlichem, Keyserlichem vnd Geistlichem Rechte gemesse oder entgegen sei, mehr denn eyn Eeweib zu haben. Vnnd wo yemant zu dieser Zeit solchs fürnehme, ob er als ein vnchrist zu verwerffen vnd zu verdammen sei oder nit". Bucer galt allgemein für den Verfasser, und zwar glaubte man, daß er vom Landgrafen dafür bezahlt worden sei. Er hat schwer darunter leiden müssen. Er ist auch wirklich nicht frei von aller Schuld. Der Landgraf legte das Manuskript Bucer und Melanchthon vor. Beide riethen, das Buch nicht drucken zu lassen; das Aergerniß würde nur um so größer werden, wenn man es versuche, die Polygamie principiell zu rechtfertigen. Da aber der Landgraf versprach, dasselbe nur vertrauten Freunden zuzusenden, um seine angegriffene Ehre wieder herzustellen, verstand sich Bucer dazu, das Manuskript einer Durchsicht zu unterwerfen und an einzelnen Stellen zu verbessern. Trotz dieses Versprechens ließ es hernach der Landgraf durch den Buchhandel verbreiten und schickte es auch an Luther und Melanchthon. Luther war im höchsten Grade darüber aufgebracht und hatte bereits eine Gegenschrift begonnen, stand aber auf die Vorstellungen des Churfürsten und Melanchthons davon ab.

Auch Menius[2] verfaßte eine Schrift, in welcher er sich entschieden gegen die Polygamie aussprach. Der Gedankengang

---

1) Cod. Palat. Heidelb., No. 435. be Wette, Luthers Briefe V, 426. Corp. Ref. IV, 755. 768. 770. 797. Hassencamp, Hess. Kirchengesch. I, 508 ff.

2) Daß Myconius eine Gegenschrift angefertigt habe, wie Hassencamp I, 515 angiebt, ist ein Irrthum.

dieses Buches, „daß einem christen nicht geziemet auf einmahl mehr dan ein einiges eheweib zu haben", ist folgender:

Paulus sagt: Alles, was nicht im Glauben geschieht, ist Sünde. Alles, was ohne Gottes Wort und Befehl geschieht, ist zweifelhaft, ob es recht oder unrecht sei. Daher soll ein rechter Christ nichts vornehmen, er sei denn zuvor aus Gottes Wort gewiß und sicher, daß es recht sei und Gott dem Herrn wohlgefalle.

Daß ein Mann auf einmal zugleich mehr als ein Eheweib habe, ist niemals von Gott eingesetzt und in der heiligen Schrift nirgends gelehrt oder befohlen. Zwar wird im alten Testamente erzählt, daß einige Väter mehrere Frauen zugleich hatten, und im Gesetz Mosis finden sich Vorschriften für diesen Fall. Aber mit dem Gesetzesvolk unter dem jüdischen Regiment hat es eine ganz andere Bewandtniß als mit uns Christen unter unsrer ordentlichen Obrigkeit. Gott hat den Vätern, jedem insonderheit, und dem ganzen jüdischen Volke insgemein gar mancherlei befohlen und nachgelassen, was er gleichwohl von Andern nicht nachgethan haben will.

In geistlichen Dingen halten wir uns mit Recht nach dem Exempel der alten Väter; denn darin haben wir einerlei Lehre, Befehl und Verheißung mit ihnen. Aber im äußerlichen Wandel und leiblichen Wesen dürfen wir ihnen nicht allenthalben folgen, denn in dieser Beziehung hat uns Gott weit von ihnen geschieden; er hat ihnen Manches nachgelassen, was er uns verboten hat, und hat Diejenigen, die es trotzdem gethan, greulich gestraft. Und wenn Gott die Vielweiberei bei den Vätern auch nicht gestraft hat, so hat er sie doch nie gelobt und noch viel weniger nachzuthun befohlen. Kurz, was die lieben Väter aus sonderlicher göttlicher Dispensation und Nachlassung gethan, soll ohne gewissen sonderlichen Gottesbefehl nachzufolgen gar Niemand erlaubt noch nachgelassen werden.

Was das Gesetz betrifft, so hat Moses dasselbe nach dem keineswegs allenthalben richtigen Stand und Wesen des Volkes gerichtet und ihnen um „ihrer Grobheit willen nachgelassen, was sonst nach Gottes Ordnung billig hätte anders gehen sollen, wie Christus vom Ehescheiden und ander Weib nehmen klärlich zeigt", Matth. 19.

Moses hat mehr als ein Eheweib zu nehmen nicht eingeführt, sondern Lamech, aus Kains Stamme, ist vor der Sündfluth der erste gewesen, der es gethan hat. Moses fand es dann als Gewohnheit vor und konnte dieselbe nicht sofort ausrotten, sondern mußte wohl oder übel Bestimmungen darüber treffen, um weiteren schlimmen Folgen vorzubeugen. Wenn jetzt in der Türkei das Evangelium geprebigt würde, so könnte man auch nicht verlangen, daß Jeder auf einmal seine Frauen bis auf eine entlassen sollte. Sonst würde eine große Unordnung daraus entstehn und man würde lieber das Evangelium nicht annehmen. So hätten auch die Apostel mit den ersten Christen Nachsicht gehabt und zunächst nur von den Bischöfen verlangt, daß sie nicht mehr als ein Eheweib haben sollten. Deswegen kann man aber noch nicht sagen, daß solche Unordnung durch das Evangelium gebilligt werde.

Jetzt ist es aber mit Gottes Volk ganz anders geworden, als es unter Mose war. Daher ist auch mit den Gesetzen eine Aenderung eingetreten. Unter allen Umständen dürfen die Gesetze nicht wieder eingeführt werden, die Moses nur aus Noth, der gemeinen Gottesordnung entgegen, dem Volke Israel insonderheit nachgelassen hat.

Im heiligen römischen Reiche und in der ganzen Christenheit gilt, Gott Lob! Gottes Ordnung, und diese verlangt, daß ein jeder Ehemann nur ein einiges Eheweib habe. Denn Gott hat Adam nur ein Weib geschaffen und durch sein Wort befohlen, daß Jedermann seinem Eheweibe anhangen und die Zwei ein Fleisch sein sollen. Gen. 2. Matth. 19. So wie es nun wider Gottes Ordnung und Stiftung ist, Mann und Weib, welche von Gott zusammengefügt und ein Fleisch sind, zu scheiden, so ist es auch wider Gottes Ordnung, zu dem einen rechten Eheweibe noch ein zweites hinzuzunehmen. Denn wenn nicht allein Derjenige, der sich von seinem Eheweibe scheidet, sondern auch Derjenige, der eine andere freiet, unangesehn, ob er die erste von sich geschieden hat oder nicht, ein Ehebrecher ist, ja wenn schon Derjenige für einen Ehebrecher erklärt wird, der nach der Scheidung von dem ersten Weibe eine andere freiet, so muß der ein zwei- und dreifacher Ehebrecher sein, der eine oder mehrere andere freiet und die erste Ehefrau auch ungeschieden bei sich behält. Moses hat zwar im Auftrage Gottes den Juden um ihrer Herzenshärtigkeit willen auch in dieser Beziehung Dispensation ertheilt; aber von einer solchen kann Niemand Gebrauch machen, der nicht ganz sicher ist, daß sie ihm von Gott ertheilt ist. Wir aber haben solche Dispensation nicht, vielmehr haben wir ein ausdrückliches Verbot, solches zu thun, indem Christus sagt: Von Anfang war es nicht also, und ich sage euch, wer sich von seinem Weibe scheidet und freiet eine andre, der bricht die Ehe. Daraus folgt, daß in diesem Fall das Gesetz Mosis und die Beispiele der Väter nichts helfen. Ebenso wenn 1 Cor. 7 dem Weibe verboten wird, bei Lebzeiten ihres Mannes einen andern zu nehmen, so kann dasselbe auch dem Manne nicht zu thun erlaubt sein. Wenn ferner Paulus verlangt, daß ein Bischof nicht mehr als ein Eheweib habe, so muß er es als etwas Sträfliches und Tadelnswerthes angesehen haben, mehr als ein Eheweib zu haben. Sonst würde er es nicht verboten, sondern vielmehr vertheidigt haben.

Auf einmal mehr als ein Eheweib zu haben, ist aber nicht allein wider Gottes Ordnung und Einsetzung, sondern auch wider die weltlichen Rechte und Gesetze, denen wir nach Gottes Willen Gehorsam zu leisten schuldig und verpflichtet sind, so lange sie dem Worte Gottes und dem natürlichen Rechte nicht widersprechen. Denn wollte man in diesem Falle von den weltlichen Gesetzen dispensiren und das jüdische Gesetz gelten lassen, so müßte man auch in andern Fällen dasselbe thun, und so würde eine grenzenlose Unordnung entstehen; es hieße das nichts Anderes, als geradezu alle Gesetze, Recht und Ordnung aufheben.

Zudem würde aus einer solchen Aenderung allerhand Schande und Unrath folgen. Vollends wenn Jemand aus hohem Stande dies anfangen wollte, so könnte man's dem Pöbel gar nicht wehren, und es würde ein wüstes unzüchtiges, leichtfertiges, wildes, viehisches Leben daraus hervorgehen. Wollte man's großen Hansen nachlassen und dem Pöbel wehren, so würde es zu Aufruhr und Blutvergießen führen.

„Derhalb es gewiß und sicher ist, daß der leibige Teufel und gewißlich kein anderer noch besserer Geist solch Spiel treibt, unter den Leuten Unfrieden, Mord, alles Unglück und Herzleid dadurch zu erregen und was er desselbigen nur erregen möchte, daß er solches Alles darnach dem lieben Evangelio zum Schand= lappen an den Hals hinge, und man sagte: Siehe da, das ist das neue Evangelium, die feine christliche Freiheit. Da sieht man, woher die Wiedertäufer und anderer Rotten Wesen seinen Anfang und Ursprung hat. — Da aber solches alles bei Jemand in alle Wege verächtiglich wollte gehalten werden, so will sich doch gebüren allen andern christlichen frommen Leuten, erstlich ingemein aufs treulichste und ernstlichste gegen Gott den Allmächtigen dawider und daß solche Thorheit zeitlich und zum Besten gesteuert werde, zu beten, darnach sich aufs allerheftigste dawider zu setzen und nachdem einem Jeden seines sonderlichen Standes und Berufs halben gebührt zu wehren, den Predigern mit Strafen mündlich und schriftlich, und allen andern Ständen, nachdem ihnen Gottes Ehre zu erhalten und fördern und Aergerniß und Sünde zu wehren und verhindern einem Jeden nach seinem Beruf insonderheit befohlen ist.

Dann Summa Summarum [1]) des Handels ist diese, daß auf einmal zugleich mehr denn ein Eheweib haben niemals Gottes Befehl und Ordnung gewesen und heutiges Tages noch nicht ist, daß aber die Väter und Gesetzvolk auf einmal mehr denn ein Eheweib gehabt, ist aus einer sonderlichen Dispensation ihnen nachgegeben und im neuen Testament durch Christum als göttlicher Einsetzung und Ordnung zuwider und sündlich verboten, und demnach durch übliche weltliche Rechte aus ge= nugsamen Ursachen zu strafen billig befohlen.

---

1) Dieser letzte Abschnitt steht in Cod. Pal. 435 zweimal, einmal be= sonders als judicium Moenii de bigamia, und so wird auch im Corp.

Urſach: Gottes Ordnung vom Eheſtande hält alſo, Gott
ſchuf den Menſchen ein Männlein und Fräulein u. ſ. w. und
ſprach: der Menſch wird Vater und Mutter verlaſſen und ſeinem
Weibe anhangen und werden ſein Zwei ein Fleiſch.

Solcher Gottes Ordnung wird zuwider gehandelt, nicht
allein damit, ſo ein Mann ſich von ſeinem Weibe ſcheidet,
ſondern auch ſo er eine andre freiet.

Und wiewohl ſolches Beides, nemlich ſich vom Eheweib
ſcheiden und andere freien, dem jüdiſchen Volk durch Moſen
nachgelaſſen, Deut. 24, ſo iſt es doch den Chriſten Beides durch
Chriſtum verboten, Matth. 19.

Und will ſich gar nicht reimen, daß Moſis Geſetz Chriſti
Wort auflöſen ſoll und dawider dispenſiren, ſondern ſo unter
Chriſto und Moſe Einer des Andern Wort aufheben ſoll, ſo
ſoll Chriſtus Moſis Wort aufheben, Moſes aber Chriſto ſein
Wort unaufgelöſt ſtehen und bleiben laſſen.“ —

Ueber dieſe Schrift urtheilt Luther: „Herrn Juſti Menii
Büchlein gefällt mir wohl, ſonderlich um des Pfarrherrs willen
zu Melſungen, der dieſe Sache hart getrieben und, wie man
ſagt, angerichtet hat.

Ob’s aber auszulaſſen ſei zu dieſer Zeit, hat wohl ein
Bedenken, erſtlich daß es Suspicion bewegen würde, als wäre
etwas an der Sache, und macht das Geſchrei ſtärker; zum
andern möchte Melſungen darauf antworten; da würde zuletzt
der Luther abermal noch mehr gerathfragt und vielleicht begehret, daß ich auch ſchreiben ſollt. Da wollt ich’s lieber ſo
ſelbſt ſich ſetzen laſſen, wie angefangen, denn den Dreck vor
aller Welt Naſen rühren. Die Leute haben ſonſt Luſt, allzuviel
von neuen und fröhlichen Sachen zu wiſſen und zu forſchen,
daß mich dünkt, Silentium ſei in ſolchen Fällen nicht allein
auch ein Responſum, ſondern auch optimum responſum.

Es iſt aber nicht wider uns, denn Herr Juſt procedirt
contra legem et exemplum publicum polygamiae, das wir

Ref. und bei de Wette-Seidemann darüber referirt. Es iſt aber
nichts Anderes als der wörtliche Schluß der größeren Abhandlung.

auch thun und nicht contra necessitatem et casualem dispensationem individuae personae, davon wir als Beichtväter gehandelt ·haben.

Auch entschuldigt er die alten Väter zu schwächlich, und· ist ein oder zwei Konsequenzen darin nicht stark genug, sed habet nihil ad rem."

Aber Luther hat offenbar nicht Recht, wenn er meint, Menius gestatte die Dispensation; er hebt im Gegentheil hervor, daß sie von Christus verboten ist, und spricht sich ohne alle Ausnahme ganz entschieden gegen jede Bigamie aus. Indessen darin hatte er Recht, daß er es nicht für rathsam hielt, das Buch durch den Druck zu veröffentlichen. Dies zu verhindern,· war nach damaligen Preßgesetzen sehr leicht. Kanzler Brück übersandte das Gutachten Luthers an den Churfürsten. „Darauf ist vom Churfürsten von Sachsen dem Herrn Justo Menio geschrieben worden, daß· er sein Büchlein nicht wollt drucken lassen, denn es unter den Theologen eine große Disputation und Zweiung verursachen und erregen würde, da dann Nachtheil dem göttlichen Wort erfolgen würde, und über der Zweiung die Papisten eine Fröhlichkeit empfahen sollten."

Sechstes Kapitel.

Die Reformation in Mühlhausen.

I. [1]

Die erſten Regungen des evangeliſchen Geiſtes gaben ſich in Mühlhauſen und deſſen Gebiete in ähnlicher Weiſe kund, wie in vielen andern Orten, wo der Druck der Geiſtlichkeit nicht allein auf den Geiſtern, ſondern ebenſo ſehr auf den materiellen Intereſſen der Bewohner laſtete. Die erſten Ver- ſuche ſind darauf gerichtet, ſich von den drückenden Abgaben Erleichterung zu verſchaffen und der ſchreienden Ungerechtigkeit der geiſtlichen Gerechtigkeitspflege ein Halt zuzurufen. Die Klage des Statthalters und der verordneten Räthe zu Mainz, welche bereits im Jahre 1522 vernommen, daß der Rath der Geiſtlichkeit in der Stadt Mühlhauſen und deren Gebiete an Einbringung der geiſtlichen Zinſen und ſonſtigen Gerechtigkeit vielen Eintrag thue, auch ſich unterſtehe, ſie zu verhindern, ſich der geiſtlichen Proceſſe gegen die Seinigen zu bedienen und ſomit

----

1) Akten und Protokolle im Rathsarchiv zu Mühlhauſen. Excerpte S t e p h a n s unter dem Titel: Acta religionis, ebendaſelbſt. Chronicon Mul- huſinum, Manuſkr., desgl. Zum 14. September Anzeige betreffend die Reformationsgeſchichte der Stadt Mühlhauſen u. ſ. w. vom Stadtrath und Archivar F. S t e p h a n (1842).

den Erzbischof und das Stift Mainz ihrer ordentlichen Juris-
diktion zu entsetzen, ist gewiß nicht unbegründet, wenn auch der
Rath in seiner Antwort die Wahrheit der Angabe leugnet.
Zwei evangelische Prediger, Matthias und Johannes Laue,
mußten bald wieder weichen. Aber der Funke, der in das
Volk gefallen war, zündete und verbreitete je mehr und mehr
helles Licht über die tiefe Finsterniß, in welcher bisher die
Geister geschmachtet hatten. Die lutherische Lehre gewann
immer mehr Boden, trotzdem daß am 5. März 1523 von
Erfurt aus alle Diejenigen mit Exkommunikation bedroht
wurden, welche die verdammte hussitische Ketzerei unter dem
Namen des Evangeliums in Mühlhausen predigten oder der Verbreitung derselben nicht kräftig entgegenträten. Der patricische
Rath fand es natürlich seinen Interessen angemessen, dem erzbischöflichen Wunsche und Befehle auf das genaueste nachzu-
kommen.

Aber Heinrich Pfeiffer (Schwerdtfeger), der Reiffensteiner
Mönch, war nicht der Mann, der sich durch drohende Gefahren
hätte abschrecken lassen, das Evangelium zu predigen. Zwar
war er vor den Verfolgungen seiner geistlichen Vorgesetzten
aus dem Eichsfelde gewichen, aber in seiner Vaterstadt Mühlhausen achtete er solche Hindernisse nicht. Rasch gewann er
einen bedeutenden Anhang. Als am Sonntage nach Septuag.,
nachdem das Kreuz um die Kirche getragen worden war, der
Bierrufer auf einem hohen Steine auf dem Kirchhofe der
Pfarrthür zu Unsrer Lieben Frauen gegenüber Wein und Bier
ausgerufen hatte, trat er in weltlichen Kleidern auf denselben
Stein und sagte: „Höret zu, ich will Euch ein ander Bier verkündigen", und fing an, über das Evangelium desselben Sonntags zu predigen und Pfaffen, Nonnen und Mönche zu schelten.
Schließlich forderte er das Volk, das inzwischen in großer Masse
herbeigelaufen war und großen Gefallen an solcher Weise des
Predigens fand, auf, wenn sie ihn weiter hören wollten, am
folgenden Tage wieder zu kommen; könnte er nicht in die
Kirche kommen, so würde er wieder von diesem Steine herab
predigen.

Auf die Nachricht davon ließ ihn der Rath am folgenden Montage auf das Rathhaus fordern. Pfeiffer antwortete, er werde kommen, wenn er gepredigt habe. Zu Mittag zog er mit vielen Bürgern und Bauern, die vom Eichsfelde und anderen Orten in die Stadt gekommen waren, vor das Rathhaus. Die Menge trat dort so ungestüm auf, daß der Rath nicht daran denken konnte, ihm das Predigen zu untersagen, sondern froh war, als er die aufgeregte Masse mit guten Worten besänftigt hatte. Nach einigen Wochen machte er wieder einen Versuch und forderte Pfeiffer auf das Rathhaus; als dieser aber sicheres Geleit verlangte, wurde ihm dieses abgeschlagen. Da betrat er die Kanzel in der Marienkirche und sprach: „Wer bei dem Evangelio stehen will, der recke einen Finger auf." Da reckten Alle, Mann und Weib, Jung und Alt, die Finger auf und holten ihre Waffen. — Durch den hartnäckigen Widerstand des Rathes gegen die Predigt des Evangeliums wurde Pfeiffer dahin gedrängt, zu anderen Waffen zu greifen. Das Regiment der wenigen Patricier, welche die Bürger in schmählicher Knechtschaft hielten, mußte gestürzt werden. Doch hielt er sich dabei höchst maßvoll; er konnte zwar nicht umhin, die Hülfe des Pöbels in Anspruch zu nehmen, um seine Forderungen beim Rathe durchzusetzen, aber er wollte nicht entfernt eine Pöbelherrschaft. Johann Rothmeler und Johann Köhler, zwei vormalige Mönche, von denen der Letztere unter andern auch mit Jakob Strauß in Eisenach in Briefwechsel stand, unterstützten ihn in seinen Bestrebungen. Nicht so maßvoll wie die Predigten Pfeiffers, der sich aus der Marienkirche in die Vorstadt St. Nikolaus hatte zurückziehen müssen, waren die von Matthes, einem Mönche, der von Oldisleben gekommen war. Auf dessen Betreiben zogen die Bürger und fremden Eichsfelder, welche Pfeiffer anhingen, bewaffnet vor das Rathhaus und drohten die Herren zu erschlagen. Einige Schüsse wurden gewechselt. Nach mannigfachen Verhandlungen und Zusagen des Raths zog ein Theil ab und plünderte die Klöster und Pfarrhäuser zu St. Mariä und St. Blasii, sowie den Brückenhof; ein Theil aber blieb und wartete, bis die Achtmannen, welche von ihnen zu ihrer Vertretung gewählt worden waren, sich mit dem Rathe einigten. Der letztere mußte sich endlich zu einem Recesse verstehen, durch welchen der Gemeinde eine gesetzliche Mitwirkung in der Verwaltung und Berathung zugestanden und mancherlei drückende Bestimmungen aufgehoben wurden. In Bezug auf die Religion bestimmten

Art. 43. Mit den deutschen Herren soll geredt werden, daß die Pfarrkirchen und Kapellen mit evangelischen Predigern bestellt werden; geschieht es nicht, so will es die Gemeine mit E. E. R. bestellen.

Art. 44. Es soll auch sonsten das Evangelium zu predigen nicht gewehrt werden.

Art. 48. Mönchen und Nonnen soll freistehn, aus dem Kloster zu gehen mit ihrem eingebrachten Gute.

Art. 53. Den Armen und zu Erhaltung des Worts Gottes soll ein Kasten in die Kirchen gesetzt werden.

Daß Pfeiffer weder in diesem Recesse noch sonst irgend etwas für seine Person verlangt hat, ist der beste Beweis dafür, daß ehrgeizige Pläne und egoistische Zwecke ihm vollständig fremd waren. Vielmehr hat er mit klarem Blicke die wahren Bedürfnisse des armen Volkes erkannt, und es ist ihm ebenso wenig als Strauß und Anderen zum Vorwurfe zu machen, daß sie bei der damaligen allgemeinen Bewegung etwas mehr für die Unterdrückten zu erlangen suchten als eine bloße Revision der Dogmatik. Daß er später sich an Thomas Münzer, diesen schwärmerischen Thoren, anschloß und allerdings Schritte that, die er selbst bei ruhiger Ueberlegung nicht gebilligt haben würde, dazu haben ihn die Zeitverhältnisse, vor allen Dingen die hartnäckige Blindheit und starre Opposition seiner Gegner gezwungen. Denn der Rath eilte keineswegs mit der Ausführung der die Religion betreffenden Artikel[1]), ermannte sich vielmehr und trieb

---

[1] Am Montag nach Jakobi wurden Briefe an den Pfarrkirchen angeschlagen, darin stand: „Der Pfarrer hat stal vol Esel, die konnen nicht prebigen das wort gottes rein vnd lautter; er lasse sie es prebigen, oder wir wollen Jme einen rothen hahn aufs hauß setzen.“

Pfeiffer mit seinen vorzüglichsten Anhängern, sowie Matthes, aus der Stadt. Durch ein Mandat des Kaisers und ein Schreiben Herzogs Georg von Sachsen war er dazu ermahnt und ermuthigt worden. „Dieweil wir denn, gnädiger Fürst und Herr", schreibt er an den Letztern, „in denselbigen E. F. G. Schriften und gnädigen Warnungen anderst nit denn gemeiner Stadt Nutzen und Gedeihen vermerkt, welches wir E. F. G. als unser gnädiger Schutzfürst mit Erbieten höchliches Fleißes dankbarlich zu verdienen; nachdem auch, gn. F. u. H., E. F. G. uns weiter Erinnerung gethan, wie Röm. Kais. Maj., unser allergnädigster Herr, als ein löblicher christlicher Kaiser verordnet und ausgeschrieben, daß man solche nicht leiden soll, sondern dem widerstehen, wie denn dasselbige kaiserliche Mandat, welches uns auch eins auf den Montag in den Pfingstheiligentagen zukommen, mit sich bringet, dem wir, will's Gott, so viel möglich, auch nachzugeleben, und ob nun in denselbigen die Prediger, Bitte, uns als die wenig Verständigen etwas zu viel, welches ohne unsern Willen und Gunst vorgenommen, so sind wir doch des Vertröstens, daß hinfort die verordneten Ordinarien Einsetzung thun werden, dadurch solche Unordnung ganz abgewendet" u. s. w.

Pfeiffer wendete sich mündlich und schriftlich an Herzog Johann von Sachsen mit der Bitte, daß er bei dem Rathe ihm die Erlaubniß zur Rückkehr auswirken möge. Die Vermittelung fruchtete zunächst nichts; erst gegen das Ende des Jahres 1523 kehrte er heimlich zurück. Nun erwachte die alte Parteileidenschaft wieder mit gleicher Heftigkeit. Die alten Ordenspfarrer wurden auf jegliche Weise beschimpft, mit Steinen und Schneebällen geworfen und aus ihren Stellen vertrieben. Johann Köhler drang am dritten Weihnachtstage mit einer Rotte von Männern und Weibern, nachdem diese den Pfarrer zu St. Blasii vom Kilians-Kirchhofe bis zur Blasiuskirche gejagt und gezwungen hatten, sich zu verkriechen, in die Pfarrei zu St. Blasii und verzehrte die vorgefundenen Speisen. Der Pfarrer verließ alsbald aus Furcht die Stadt. Johann Laue, ein Deutsch-Ordenspriester, der noch einmal von Weimar aus geschickt wurde, schloß sich der Bewegung ebenfalls an, aber es wird ausdrücklich von ihm bezeugt, daß er „nicht so böse gewesen sei wie Pfeiffer und Münzer", auch nicht an ihrem Bündnisse Theil gehabt habe.

Als Thomas Münzer von Allstedt her nach Mühlhausen kam und hier als Prediger auftrat, hing sich sogleich das gewöhnliche Volk, auf welches er es hauptsächlich abgesehen hatte, an ihn. Eine nicht zu verkennende Verwandtschaft zog sie zusammen. Der Rath, welchem der üble Ruf Münzers nicht unbekannt war, erbat sich von den Herzögen zu Sachsen Bericht, ob er im Guten von ihnen geschieden sei. Dies war aber nicht der Fall. In Allstedt [1]), wohin er ebenfalls ohne eigentlichen Beruf gekommen war, hatte er auf der Kanzel in der Altstadt den Grafen Ernst von Mansfeld einen ketzerischen Schalk und Schindsessel gescholten. Als der Churfürst in Folge einer Beschwerde des Grafen darüber dem Rathe zu Allstedt seine Mißbilligung aussprach und Bericht forderte, wer Münzer nach Allstedt berufen habe, antwortete Dieser: „Nachdem mich Gott zum ernsten Prediger gemacht hat, so pflege ich auch die lautbaren beweglichen Posaunen zu blasen, daß sie erschallen mit dem Eifer der Kunst Gottes, keinen Menschen auf dieser Erde zu verschonen, der dem Worte Gottes widerstrebt, wie Gott selbst durch den Propheten befohlen hat (Jes. 58). Darum muß mein Name wie billig von Noth wegen den Weltklugen gar grausam, häßlich und untüchtig sein. Er ist aber dem armen dürftigen Häuflein ein süßer Geruch des Lebens und den wollüstigen Menschen ein mißfallender Greuel des geschwinden Verderbens." Graf Ernst von Mansfeld habe den ganzen Sommer hindurch seinen Leuten den Besuch der deutschen Messe verboten. Deshalb habe er gegen ihn predigen müssen. Man möge ihn nach göttlichem Rechte verhören lassen, ob er rechtschaffen sei in seinen Entschuldigungen; auch der Churfürst möge hierin keck sein. Der unglückliche Schwärmer glaubte sich dazu berufen, den Unglauben durch Blut und Eisen vertilgen zu

---

1) **Förstemann**, Urkundenbuch I, 228 ff.

sollen. Seine von ihrem Landesherrn, dem Herzoge Georg
von Sachsen, verfolgten geliebten Brüder in Christo zu
Sangerhausen, welche seinen Rath erbeten hatten, weist er zur
Furcht Gottes, dem Anfang seiner Weisheit, in der sie den
Sieg behalten werden; sie sollen nicht verzagen, denn es sei
die Zeit vorhanden, daß ein Blutvergießen über die verstockte
Welt ergehen solle um ihres Unglaubens willen. — Sie sollen
des Urtheils Gottes gewärtig sein in der Anweisung und im
Hinfahren ihrer Herzen. Das Fürchten Gottes geschehe mit
Gefahr der Dinge, die wir auf Erden fürchten. Mehr als
30 Bündnisse der Auserwählten sind gemacht [1]), durch Gottes
Güte will sich in allen Landen das Spiel machen, „kurzum
wir müssen ausbaben, wir sind eingesessen; laßt Euch das Herz
nicht entsinken!"

Am 3. August 1524 schrieb Münzer an den Churfürsten,
die Nothdurft fordere aufs allerhöchste, dem Unglauben vorzu=
kommen, und wie es durch Gott verfügt sei, daß er wie eine
Mauer der armen zerfallenden Christenheit sich vorlege. Der
Satan treibe die Gelehrten zu ihrem Untergange, „denn sie
lassen ihren Schalk hervorgucken in dem, daß sie den heiligen
Geist Christi zum verachtetsten Spottvogel machen und den in
Vielen Auserwählten einen Teufel schelten, wie jetzt der ver=
logene Luther thut in seinem Schandbriefe an die Herzoge zu
Sachsen und wider mich ausgangen (de Wette II, 538, wo
also der 21. August falsch ist), da er so grimmig und häßlich
einherplatzt als ein prächtiger Thrann ohne alle brüderliche
Vermahnung". Münzer giebt zu bedenken, was daraus werden
solle, wenn er Luthers Lästerungen vergelte; aber er bittet,
ihm zu gestatten, daß er predige und schreibe, um andere Fähr=
lichkeiten zu vermeiden. Er predige einen Christenglauben, der
mit Luther nicht übereinstimme, sondern der in allen Herzen
der Auserwählten gleichförmig sei. —

Münzer war auf den 1. September nach Weimar beschieden

---

1) Das Schreiben ist vom 15. Juli 1524.

worden, aber er hatte sich bei nächtlicher Weile von Allstedt entfernt.

Als der Rath zu Mühlhausen dies in Erfahrung brachte und überdies durch ein kräftiges Schreiben Luthers vor Münzer gewarnt wurde, war es bereits zu spät. Münzer und Pfeiffer hatten sich verbunden und schon einen so großen Anhang gefunden, daß ihnen der Rath nicht mehr Einhalt thun konnte. Die Häupter des Widerstands wurden aus dem Rathe vertrieben, die Vorstädter und die Bauern des Mühlhäusischen Gebietes wurden aufgeboten. Die Bewegung ging immer mehr vom religiösen und kirchlichen auf das politische und bürgerliche Gebiet hinüber. Es war nicht mehr Reformation, sondern vollständige Revolution. Da bot der Rath und sein Anhang im Innern der Stadt noch einmal seine ganze Kraft auf und verjagte Pfeiffer und Münzer.

Aber kurz vor Weihnachten (am 13. December) desselben Jahres kehrten sie zurück. Ihre Hauptthätigkeit ist von nun an auf die Veränderung der städtischen Verfassung gerichtet. Einzelne Rathsgeschlechter und einflußreiche Rathsherren traten auf ihre Seite. Ein neuer Rath, der ewige genannt, da er als ein einziges Kollegium ohne Wechsel regieren sollte, wurde in Pfeiffers Sinne durch den Ausschuß gewählt (Freitag nach Reminiscere 1525). Mit dem alten Rathe fiel auch der alte Glaube. Münzer hatte seit seiner Rückkehr unter großem Zulaufe als Pfarrer in der Marienkirche gepredigt. Wenn er auf der Gasse von Jemandem gefragt wurde, setzte er sich nieder und lehrte öffentlich aus der Bibel, die er stets mit sich führte. Daher lief ihm allenthalben viel Volks nach. Seine Lehre bezog sich insbesondere auf die äußerliche Freiheit wider die Obrigkeit und den Adel. Er verdeutschte die lateinischen Responsorien, Messe und andere Gesänge und ließ auch deutsche Meßbücher schreiben und drucken. Pfeiffer blieb zu St. Nikolai.

In den Weihnachtsfeiertagen stürmte der aufrührerische Haufe die Mönchs- und Nonnenklöster, jagte die Personen heraus und zerschlug oder nahm Alles, was er vorfand. Nur das Nonnen-

Kloster auf dem Brückenhofe wurde auf Verwenden des Raths nicht geplündert, die Geschmeide und Kleinodien wurden auf das Rathhaus gebracht; die Jungfrauen, welche das wollten, ließ man bleiben und versorgte sie mit Essen und Trinken; aber in den Kirchen sollten sie nichts mehr zu thun haben. In Kirchen und Klöstern wurden Altäre und Bilder niedergerissen, zerschlagen und verbrannt. Johann Laue, der inzwischen sich verheirathet hatte, zeichnete sich dabei durch besonderen Eifer aus. Die Altäre wurden vor dem Chor aufgestellt. Ein deutscher Herr, Kaspar Rudolph, welcher nach den Worten des Textes statt des Altars einen Tisch haben wollte, an welchem man das Abendmahl halten sollte, konnte mit seiner Ansicht nicht durchbringen und durfte nicht mehr predigen. Im Barfüßerkloster wurden die Meßgewänder, Sammt, Perlen u. s. w. verkauft.

Wieweit die religiöse Schwärmerei damals um sich gegriffen hatte, beweist folgender Vorfall. Am Montag nach Quasimodogeniti kam ein Bauer von Riethnordhausen nach Mühlhausen und disputirte mit Münzer und Pfeiffer über die Frage vom Hauptmann Kornelius, ob ein jeglicher Mensch damals den heiligen Geist empfangen und ob auch jetzt ein jeder den heiligen Geist habe oder nicht. Einige lachten und spotteten, Andere hielten es mit dem Bauer. Zuletzt mußte er jedoch aus der Kirche und aus der Stadt hinausgebracht werden, damit nicht sein Leben von dem sich erhitzenden Haufen gefährdet würde.

Zwei Tage nach dieser Disputation zogen Pfeiffer und Münzer mit ihrem Haufen, ein weißes Fähnlein mit einem Regenbogen voran, zur Musterung aus der Stadt. Zufällig hörten sie da, daß in Langensalza ein Aufstand ausgebrochen sei. Sofort entschlossen sie sich, ihren christlichen Brüdern Hülfe zu bringen. Aber die von Langensalza dankten ihnen und wiesen sie unter Verehrung von zwei Faß Bier von ihrer Stadt zurück. Nachdem die Heerfahrt nun einmal begonnen war, verlangten Münzer und der Pöbel, daß sie auch weiter fortgesetzt würde. Auf dem Eichsfelde, wohin sie auf das inständige Bitten der dortigen Bauern zogen, um sie von der bösen Obrigkeit und dem willkürlichen Drucke der Edelleute zu befreien, wurden Schlösser und Klöster geplündert, der Raub vertheilt, Teiche ausgefischt und Weinkeller ausgetrunken. Aber auf dem Zuge über Ebeleben, Heiligenstadt und Duderstadt bis nach Mühlhausen zurück ist kein Blut vergossen worden.

Vor Duderstadt erklärte Münzer, ihm sei im Traume angezeigt worden, er solle nach Aufgang der Sonne ziehen; wer nicht mitgehen wolle, der möge heimkehren. Da wandten sich etliche Hessen und Eichsfelder nach Hause. Die Uebrigen zogen nach Mühlhausen und ruhten daselbst einen Tag. Als am folgenden Morgen Münzer die Trommeln rühren ließ, folgten Pfeiffer und die meisten Mühlhäuser Bürger dem Rufe nicht. Pfeiffer hatte es nicht verschmäht, auf dem Eichsfelde, dem Gebiete des Erzbischofs von Mainz, Rache zu nehmen für früher erlittene Unbilden; aber ihm, dem auch jetzt noch die Reformation der Kirche Hauptsache war, konnte es nicht einfallen, einen räuberischen Zug in das Gebiet von Fürsten zu machen, die der neuen Lehre von Herzen zugethan waren. Darum trennte er sich von Münzer und blieb in Mühlhausen zurück. Nachdem aber Münzer bei Frankenhausen geschlagen und gefangen genommen worden war, und die Fürsten vor Mühlhausen zogen, suchte sich Pfeiffer mit andern Prädikanten und vielen Bürgern ihren Händen zu entziehen, wurde aber in der Nähe von Eisenach gefangen genommen und ins Lager nach Germar geführt. Er wurde mit dem Schwerte hingerichtet und darnach gespießt, wie Münzer; doch starb er nicht wie dieser als reuiger Feigling, sondern in dem Bewußtsein, daß er das Beste gewollt, mit männlichem Muthe als Märtyrer einer heiligen, aber beschmutzten Sache.

Johann Laue war entkommen, wurde aber im folgenden Jahre zu Erfurt gefänglich eingezogen. Nach Anwendung der Tortur sagte er aus, er habe gepredigt, Fürsten und Herren seien Gänse, Töffel, Tieltappen, Schindhüte; darum solle man ihnen nicht gehorsam sein. Das habe er deshalb gepredigt, weil er gesehen, daß das Volk Gefallen daran habe. Die Bilder habe er geheißen zerschlagen, weil die Schrift verbiete,

sie zu verehren. Er habe gepredigt, daß alle Güter gemein
sein sollten, weil er gehofft habe, daß er auch etwas davon
bekommen würde. Doch habe er solches nicht vom Besitz verstanden, denn Gott habe Abraham ein Land, Jakob das andere
zu besitzen gegeben. Er habe gepredigt, daß er drei gute Werke
zu Mühlhausen gethan, nemlich die teuflische Messe abgeschafft,
die Bilder zerschlagen und das Frauenhaus zugeschlossen habe.
In Münzers Bündniß sei er nicht gewesen. Geflohen sei er
deshalb, weil er besorgt habe, man werde seine Antwort nicht
hören. Laue wurde an Herzog Georg nach Eckartsberga geschickt; dort entfloh er aus dem Gefängniß.

Georg Pfeiffer, welcher namentlich in Ebeleben im Sinne
seines Bruders thätig gewesen war und gepredigt hatte, war
mit Laue zusammen in Erfurt gefangen genommen worden,
wurde aber nach peinlichem Verhör losgegeben.

***

II.

Mühlhausen mußte schwer büßen für den Aufruhr. Obwohl nach einem in großer Noth und Angst gefaßten Beschlusse
des Raths gegen 1200 Frauen mit demüthigen Kleidern und
mehr als 500 Jungfrauen mit Wermuthkränzen, sowie alle
Mannspersonen, jung und alt, die nur gehen konnten, mit
blosen Häuptern und barfuß, am Abend vor Himmelfahrt zu
den Fürsten ins Lager kamen, einen Fußfall thaten und um
Gnade flehten, mußte die Stadt doch einen Theil ihrer Mauern
niederreißen, damit sie wie eine eroberte aussähe. Sie blieb
zwar Reichsstadt, aber die drei Fürsten, der Churfürst von
Sachsen, der Herzog Georg von Sachsen und Landgraf Philipp
von Hessen führten abwechselnd je ein Jahr die Regierung;
die Stadt mußte jedes Jahr um Bestätigung des Raths und
der Beamten nachsuchen. Sie verlor das Reichsgericht und
ihr Gebiet. Als die Fürsten zu Himmelfahrt ihren Einzug
hielten, sagten sie zu, nur die Schuldigen strafen zu wollen,

aber von der Plünderung mußte sich die Stadt für ungeheures Geld (40000 Gulden) loskaufen. Außerdem mußte sie dem thüringischen und eichsfeldischen Adel, dem weit mehr Schaden von seinen eigenen Unterthanen als von den Mühlhäusern zugefügt worden war, hohe Summen Entschädigung zahlen oder verschreiben, sowie sich den drei Fürsten zu einem ansehnlichen jährlichen Erbschutzgelde verpflichten (bis zum Jahre 1531 die Summe von 40000 Fl., von da an jährlich 900 Fl.). Eine Anzahl Bürger wurden ohne Urtheil und Recht hingerichtet [1]).

In dem Sühnebriefe mußten die von Mühlhausen bekennen, daß „sie aller Empörung und Aufwiegelung im Lande zu Thüringen eine einige Ursache, und daß sie Andere an sich gehangen, Kirchen, Klöster, Dörfer, Städte, Edelsitze beraubt, geplündert, verbrannt, mit 8000 Mann zu Felde gezogen, alle Obrigkeit haben vertreiben und vertilgen wollen, alles in vermeintem evangelischem Schein, wider die kön. kais. Majestät und des heiligen Reiches Reformation, Landfrieden, alle Recht und Billigkeit, dadurch sie sich aus Friede in Unfriede gesetzet, Leib und Gut verwirket haben; dadurch sie die Chur- und Fürsten bewegt, mit Heereskraft sie zu überziehen und zu strafen und doch auf ihr eigen Bekenntniß und Bitten, sie, ihr Leib, Hab und Gut zu Gnaden und Ungnaden aufzunehmen bewogen und viele aus ihnen den Vorgängern und Führern ihrem Verdienst nach zu strafen".

In Bezug auf die Religion wurde darin bestimmt: „Es sollen von denen von Mühlhausen alle Klöster und Pfarrkirchen ziemlicher maßen auf Herzog Georgen, dem das erste Jahr die Verwaltung gewilliget, Befehl wiederum angerichtet werden." Herzog Georg war der Mann, der des Laue Lehre als die einzige Ursache des Aufruhrs rücksichtslos ausrotten konnte. Er hat seine Aufgabe in einer Weise vollbracht, wie man sie nur von ihm erwarten konnte. Er schickte zwei Prediger von

---

1) Unter den Hingerichteten findet sich Hermann Holzapfel, Feldhauptmann von Eisenach.

Leipzig, Dr. Hieronymus Ochsenfurth und M. Dietrich Buchmann, die das Volk wieder nach der alten katholischen Lehre lehren und zurechtbringen sollten. Auch schrieb der Rath sobald dem Weihbischof Paulus, daß er die Kirchen, Altäre und Bilder wiederum weihen sollte. Aber, bemerkt die Chronik, sie konnten ihn nicht bald haben, und mußte die Weihe lange nachbleiben, und fiel dennoch die Kirche nicht ein.

Alle Pfaffen, Mönche und Nonnen, die ihren Stand übertreten und sich verehelicht oder sonst meineidig geworden, auch alle die, welche dem Pfeiffer, Münzer oder den Viertelmannen anhängig gewesen oder sie mit Rath und That unterstützt hatten, mußten binnen acht Tagen die Stadt verlassen. Die übrigen Ordenspersonen hieß man wieder in ihre Klöster gehen und versorgte sie wie zuvor. Der Provinzial des Predigerordens in Sachsen, Hermann Rabe, hatte dies Geschäft zu leiten.

Der Rath, der jetzt aus lauter Gegnern des Evangeliums zusammengesetzt war, und Herzog Georg, der erbitterte Feind Luthers, fanden sich trefflich in einander. Ihre vollständige Uebereinstimmung in Glaubenssachen befreundete sie immer mehr, so daß der Herzog von seiner anfänglichen Strenge, mit welcher er namentlich das Strafgeld beitreiben ließ, bald nachließ und sogar seinen Antheil am Strafgelde und das Schutzgeld auf eine Reihe von Jahren ganz und gar erließ. Es kam ihm eben alles darauf an, daß die Reichsstadt für den altkatholischen Glauben erhalten würde. Daher trat der Rath, gewiß nicht ohne Georgs Zuthun, in ein ebenso freundschaftliches Verhältniß zu einem andern nicht weniger eifrig katholischen Fürsten, dem Herzoge Heinrich von Braunschweig. Der Rath glaubte durch die Verbindung mit ihnen und durch sie mit dem Kaiser am leichtesten die volle Freiheit und Selbständigkeit der Stadt wieder erlangen zu können und hinreichende Sicherheit zu haben gegen die beiden andern evangelischen Schutzfürsten. Um so strenger mußte er aber auch die alte Kirche festhalten. Es war ihm sehr erwünscht, daß ihm Herzog Heinrich ein kaiserliches Mandat übermittelte, in welchem der Kaiser ihm mit dankbarem Gemüth sein besonderes Wohlgefallen und seine Gnade ausspricht, daß sie von der „verdammten, verführerischen lutherischen Lehre und Irrsal, daraus bisher so viel Uebels, Aufruhr, Gotteslästerung, Todtschlag, Verderbniß und Zerstörung Land und Leute entstanden und erfolgt ist," zum Gehorsam und alten heiligen christlichen Glauben zurückgekehrt ist, und befiehlt „bei den Pflichten, Eiden und Gehorsam, so Ihr uns und dem heiligen Reiche gethan habt und zu thun schuldig seid, und bei Entsetzung und Verlierung aller und jeglicher Gnaden, Freiheiten, Privilegien und Rechten, so Ihr von unsern Vorfahren, römischen Kaisern und Königen, auch uns und dem heiligen Reiche habt, und sammt allen andern Pönen und Strafen in unsrem Edikt, das wir auf unsrem gehaltenen Reichstage zu Worms mit einhelligem Rathe und Wissen unser und des Reichs Churfürsten, Fürsten und Stände der Zeit daselbst versammlet, gethan und im heiligen Reich ausgehen und verkünden haben lassen, begriffen, von kaiserlicher Macht ernstlich mit diesem Briefe gebietend und wollen, daß Ihr Euch von dem berührten Eurem alten wieder angenommenen christlichen Glauben durch Niemand wiederum bewegen, abziehen noch abbringen lasset, besonders in demselben standhaftig bleibet und Euch darin mit Haltung der heiligen gottesdienstlichen Zierungen und allem andern nach Einsetzung und Ordnung der heiligen christlichen Kirche und wie Ihr das nach Eurer Uebertretung und empfangener Strafe wiederum zu thun habt angenommen, aus dem Guten je mehr und mehr zu dem Bessern richtet und haltet, und Euch zu Heil, Wohlfahrt und Gutem hierin kein anderes vermehrt noch thut". In seiner Antwort an den Herzog Heinrich spricht der Rath seine Freude darüber aus, daß ihn S. K. M. wegen des Aufruhrs nicht mit ungnädigen Augen angesehen hat, und verspricht dem Befehle Sr. Kais. Röm. Maj., seines allergnädigsten Herrn, gemäß in aller Unterthänigkeit die verdammte lutherische Lehre und Irrsal zu tilgen und auszurotten.

Die beiden andern Schutzfürsten sahen bald, welchen Fehler sie damit begangen hatten, daß sie dem Herzoge Georg das erste Verwaltungsjahr überlassen und die Anhänger des Evangeliums, als deffen Stützen sie sonst muthig eintraten, in Mühlhausen und seinem Gebiete preisgegeben hatten. Sie suchten es dadurch wieder gut zu machen, daß sie in ihren Regimentsjahren durch Drängen, Drohungen und gnädige Verheißungen den Rath für die neue Lehre zu gewinnen suchten. Sogleich 1526, in seinem ersten Regimentsjahre, schickte Churfürst Johann einen von Luther selbst dem Rathe empfohlenen evangelischen Prediger, aber er wurde zurückgewiesen. Mittwoch nach Jakobi 1529 ließen die verordneten Räthe, Eberhardt von der Thann, Amtmann zur Wartburg, und D. von der Sachse, vom Churfürsten von Sachsen, und Jost von Eschwege und der Kanzler Johann Norbeck, von Hessen, die drei Räthe auf das Rathhaus fordern, wo ihnen Eberhard von der Thann folgendes vortrug:

Es sei ihnen bewußt, welchermaßen Herr Johannes, Churfürst, vor drei Jahren durch seinen Schultheißen zu Eisenach einen gelehrten Prediger, das Wort Gottes dem Volke zu predigen, zugeschickt, den sie aber nicht angenommen hätten, und sie würden vermerkt haben, was für Gnade ihnen daraus entstanden sei. Dieweil nun der Churfürst abermal das Regiment in hiesiger Stadt habe, und dasselbe demnächst an S. F. G. von Hessen gelange, so habe der Churfürst sich entschlossen, zwei christliche fromme Prediger, das Wort Gottes rein und lauter zu predigen und das Volk mit den Sakramenten zu versorgen, anher zu setzen, weshalb er von den Räthen begehre, sie willig anzunehmen.

Darauf antworteten die drei Räthe, sie erinnerten sich des früheren Antrags recht wohl, es sei ihnen aber vom Herzog von Braunschweig ein kaiserliches Mandat zugekommen, das sie dem Schultheißen vorgelegt hätten, wodurch er auch zufrieden gestellt worden. Man wolle dies den fürstlichen Räthen gleichfalls vorlegen. Nachdem dies geschehen, erklärten die Räthe, daß sie versprochen hätten, diesem Mandat zu folgen, weshalb sie es jetzt nicht überschreiten könnten.

Eberhard von der Thann brachte viel gegen diesen Entschluß vor. Das Mandat weise auf christliche Werke hin, und das

Wort Gottes sei das wahre christliche Werk. Der Regimente seien zwei, das äußere und das innere. Das innere sei das Wort Gottes, das habe der Kaiser nicht in seiner Gewalt. Deswegen sei auch Zwiespalt auf den Reichstagen wegen des Glaubens. Sie würden, wenn sie folgten, beim Churfürsten und dem Landgrafen viel mehr Gnade finden als bisher.

Der Rath ließ sich aber nicht auf das Ansinnen ein, bat vielmehr den Herzog Georg um Verhaltungsmaßregeln, da er, wenn er die der Stadt zugedachten evangelischen Prediger nicht einlasse, sich die Ungnade des Churfürsten, wenn er sie aber einlasse, sich die Ungnade des Kaisers zuziehen würde. Auch bringen es die Gesandten der Stadt dahin, daß sich die übrigen freien Reichsstädte, welche den Abschied der Religion halben gehorsamlich angenommen hatten, sub dato den 27. August 1530 beim Kaiser dahin verwenden, daß er Mühlhausen unverzüglich wieder unter des Adlers Flügel nehmen möge. Der Kaiser nahm die Supplikation gnädig auf und erklärte, daß er wolle darob sein, daß die von Mühlhausen wieder zu der Restitution kämen. Indessen die Sache zog sich noch viele Jahre hin.

Die Versuche des Churfürsten und des Landgrafen kehren nun immer wieder. Im Jahre 1532 wollten ihre Gesandten den Rath überrumpeln. Eines Tages kündigten sie Abends 7 Uhr dem regierenden Bürgermeister an, daß am folgenden Morgen um 6 Uhr zu Unser lieben Frauen geläutet werden solle, wo sie ihren eigenen Prediger, den sie mitgebracht hätten, predigen lassen wollten. Der erschrockene Bürgermeister berief sogleich den Rath zusammen; dieser bat mit Bezug auf das kaiserliche Mandat von 1526 ihn damit zu verschonen, und bei dieser Weigerung blieb es trotz der Drohungen der fürstlichen Räthe. Der Churfürst Johann Friedrich glaubte von Gottes und Rechts= wegen Herr von Mühlhausen zu sein und die Reformation Gewissenshalber durchführen zu müssen. Während der Land= graf durch Milde zu gewinnen suchte und zuerst seinen Antheil am Strafgelde erlassen zu wollen erklärte, wenn der Rath die neue Lehre annähme, und dann auch wirklich im Voraus erließ, griff der Churfürst zu allerhand Repressalien, verlangte mit aller Strenge die Ablieferung des Strafgeldes und kündigte seinen Schutz auf. Herzog Georg, an welchen sich die Stadt in ihrer Noth wendete, bat den Landgrafen, seinen Schwieger= sohn, jedes thätliche Vornehmen von Seiten des Churfürsten zu hindern; er habe die von Mühlhausen deshalb an ihn ge= wiesen, weil er jetzt das Regiment habe und sie also um so mehr schützen müsse. Den Rath ermahnte er, sich auch ferner auf die dem Kaiser gegebene Zusage zu berufen und sich der gemäß zu halten. Wenn es auch etwas hart zugehen würde, möge er sich gedulden und Gott vertrauen, dessen Allmacht ihm ge= wiß in der Kürze seine Gnade verleihen werde. Sollten auch die beiden Fürsten ihm wirklich ihren Schutz entziehen, so brauche er sich doch nicht sehr zu fürchten, da noch andere Fürsten vorhanden, mit deren Schutz er auch versorgt sein würde.

Als Kaiser Karl V. vernahm, daß die Räthe des Chur= fürsten von Sachsen und des Landgrafen von Hessen vom Rathe zu Mühlhausen begehrt hätten, ihre Prediger, die sie mitge= bracht, dort predigen zu lassen, und daß dem Rathe, als er sich darauf nicht einlassen wollte und um 3 Monate Bedenkzeit bat, mit ungeschickten Worten und Drohungen nur eine Frist bis heiligen drei Könige bewilligt worden sei, schrieb er dem Erzbischof von Mainz und dem Pfalzgrafen Ludwig bei Rhein, es gereiche ihm dies zu hohem Mißfallen und er habe sich zu dem Churfürsten und dem Landgrafen versehen, daß sie sich dem vor kurzem zu Nürnberg aufgerichteten Abschiede gemäß halten würden. Dieweil es nun sein Wille sei, daß es in Religions= sachen bei dem aufgerichteten Frieden bleibe und kein Theil den andern dagegen beschwere, so befehle er dem Erzbischof und dem Pfalzgrafen, die beiden Fürsten an den Abschied zu erinnern und sie anzuhalten, die von Mühlhausen und andere der neuen Sekte nicht Anhängige in Frieden und bei ihrem alten christ= lichen Gebrauche zu lassen, damit nicht Weiterung veranlaßt werde. Dem Rathe und der Gemeinde zu Mühlhausen befiehlt er bei seiner und des Reiches schweren Ungnade, daß sie sich in solche beschwerliche Neuerung nicht einlassen, sondern bei ihrem christlichen Glauben und Ceremonien standhaft bleiben sollen. Des Kaisers Bruder, König Ferdinand, schrieb noch besonders in dieser Angelegenheit an die beiden Churfürsten von Mainz und der Pfalz und begehrte vom Rathe, daß er in seinem christlichen Vorsatze beständig bleibe. Auch den Chur=fürsten und den Landgrafen erinnerte er an den Nürnberger Religionsfrieden und ermahnte sie, die von Mühlhausen bei ihrem alten Glauben zu lassen, „denn Deine Lieb haben zu bedenken, daß es ihr auch beschwerlich und unleidlich sein würde, wo Derselben Unterthanen gleicherweise wider gemeldeten Nürn=berger Abschied beschwert werden sollten".

Unter den Bürgern war inzwischen die Liebe zur evange=lischen Lehre keineswegs erloschen. Nur mit Widerstreben beugte man sich unter das neue Joch. Einer, Namens Hans Möller, ging ein halbes Jahr lang ohne Hut, damit er nicht nöthig habe, der neuen Obrigkeit Ehre zu erweisen. Die Eingepfarr=ten aller Haupt= und Nebenkirchen beschwerten sich mehrfach beim Rathe über die Vernachlässigung des Gottesdienstes und baten, daß Herzog Georg wenigstens um Einsetzung tüchtiger Prediger möge angegangen werden. Der Statthalter des deut=schen Ordens, dem die Bestellung der Priester zustand, ent=schuldigte sich mit seinem Unvermögen, da seit dem bäuerischen Aufstande ihm seine Einnahmen an Opfern, Anniversarien, Erbzinsen und alle anderen Gerechtigkeiten mehrfach entzogen und nicht gegeben würden, auch die Erb= und wiederkäuflichen Zinsen zum Theil erniedrigt worden seien. Die Eingepfarrten widerlegten diesen Vorwand damit, daß früher 13 oder 14 Priester ohne die Chorschüler in jeder Hauptpfarre unterhalten worden, während jetzt deren kaum 2 oder 3 seien. Endlich wurde 1534 zwischen der Ballei des deutschen Ordens und und dem Rathe ein Pachtkontrakt auf 12 Jahre abgeschlossen, durch welchen Letzterem die Ernennung, aber auch die Besol=dung und Unterhaltung der Pfarrer und Kaplane, überlassen wurde. Der Pachtkontrakt ging später in einen Kaufkontrakt über.

Mittwoch nach Bonifacii 1535 eröffneten die churfürstlichen Räthe Ewald von Brandenstein, Hauptmann zu Weimar, und Eberhard von der Thann, Amtmann zur Wartburg, im Beisein Simons von Boyneburg, Landvogts an der Werra, in der Rathsstube den drei ehrbaren Räthen, wie der Churfürst von ihnen von Neuem begehre, die Religion anzunehmen, wie man sie in seinen Landen übe und wie man sie auf jüngstem Reichstage zu Augsburg erhalten habe. Der Churfürst wolle dann die Stadt wie seine eignen Lande und Leute schützen, auch etliche Prediger schicken.

Der hessische Rath fügte hinzu: Nachdem sein Herr seinen Antheil am Strafgelde erlassen, versehe sich derselbe zu den Räthen, daß sie sich dem Begehren fügen würden.

Die Räthe baten um Bedenkzeit. Als Nachmittags die Antwort gefordert wurde, erklärten sie, dazu noch nicht bereit zu sein. Hierauf legten die churfürstlichen Räthe zur Rechtfertigung ihres Antrags ihre Instruktion vor, folgenden Inhalts: Es wüßten die von Mühlhausen, was vergangenen Winter wegen der 10000 Gulden Strafgeldes mit ihnen verhandelt worden sei, und was sie auf ihre Bitten, desgleichen auf die erlangten Verwendungen des Herzogs Georg und des Landgrafen Philipp für Antwort erhalten. Dabei habe es sein Bewenden. Der Churfürst habe ihnen alle Gnade bezeigt und sein Vater sich erboten, ihnen die 10000 Gulden zu erlassen, wenn sie das Wort Gottes und die geistlichen Ceremonien annehmen wollten. Da aber Alles unfruchtbar gewesen sei, so bestehe er auf unverzüglicher Bezahlung des Strafgeldes und werde, wenn sie nicht erfolge, auf andere Wege denken.

Darauf baten die Aeltesten um zwei Monate Frist, die ihnen bewilligt wurde.

Sonnabends nach Kiliani desselben Jahres kamen die churfürstlichen und landgräflichen Räthe wieder und verlangten Nachmittags von den Bürgermeistern, welche nebst einigen Senatoren auf dem Rathhause erscheinen mußten, daß die drei Räthe versammelt würden, da sie im Namen ihrer Fürsten einen Antrag an sie zu machen hätten, und daß man morgen mit dem Amte in den Pfarren verziehen möchte; einer von den zwei Prädikanten, die sie mitgebracht hätten, solle da, wo der meiste Zulauf wäre, eine Predigt halten.

Die Bürgermeister erklärten, daß sie die Räthe auf morgen, Sonntag, früh 4 Uhr versammeln würden, daß sie aber hinsichtlich des zweiten Punktes die Entscheidung nicht auf sich nehmen könnten.

Darauf antworteten die fürstlichen Beamten, es stehe wohl bei den Bürgermeistern, einen evangelischen Prediger auf die Kanzel zu lassen; doch wollten sie es bei den Räthen suchen. Es hätten ihre Herren auf dem Reichstage zu Augsburg vor dem Kaiser, dem römischen Könige und allen Ständen das Evangelium predigen lassen, und würden, wenn's unrecht wäre, nicht ihre Lande und Leute beschweren.

Am folgenden Morgen versammelten sich die Räthe um 5 Uhr, und der Bürgermeister berichtete ihnen den Vorgang. Einmüthig beschlossen sie, da sie auf den Antrag Mittwoch nach Bonifacii um zwei Monate Frist gebeten, es dabei bewenden zu lassen. Nach deren Ablauf wolle man dem Churfürsten und dem Landgrafen antworten. Doch wolle man den Antrag der fürstlichen Beamten anhören.

Auf diese Nachricht ließen die fürstlichen Räthe zurücksagen, man habe ihnen gestern versprochen, die Antwort um 5 Uhr zu geben; zu ihrem großen Mißfallen aber sei sie abschläglich und hinterlistig bis 6 Uhr verzogen worden. Doch kamen sie in die Rathsversammlung und trugen folgendes vor:

Es hätte einer ihrer Prediger auf den heutigen Tag das Evangelium verkündigen sollen; durch den Verzug der Antwort sei ihnen aber eine Weigerung zu erkennen gegeben worden. — Es hätten ihre Herren neulich vom Rathe begehrt, von den papistischen Irrthümern zu dem Evangelium überzugehen, und der Churfürst wolle in diesem Falle der Stadt 10000 Gulden Strafgeld erlassen, auch unverzüglich zwei Prediger schicken. Dieses Begehren ließen jetzt beide Fürsten wiederholen und versprächen die Stadt wie ihre eigenen Lande und Leute zu schützen. Uebrigens wären die Fürsten hinsichtlich der Prediger kraft ihrer Obrigkeit nicht schuldig, wie bisher geschehen, den Rath zu ersuchen, sie wären entschlossen, Prediger anher zu setzen. Der Rath solle sich erklären, ob er es wehren wolle; doch solle er die Prediger lieber erst hören, ehe er antworte.

Hierauf ließen die Räthe den fürstlichen Beamten durch Abgeordnete melden, sie wünschten, daß es bei der ihnen gegebenen Frist bliebe, nach deren Verlauf sie sich erklären würden. Auch seien die Predigtstühle bereits besetzt, wobei man bitte es bewenden zu lassen.

Die Gesandten antworteten, daß die erbetene Frist nicht genehmigt sei, zeige schon ihre Sendung. Aus der Erklärung des Raths ersehe man deutlich, daß ihm die von ihren Fürsten geschickten Prediger nicht genehm wären, obwohl es bekannt sei, was für ein Leben die hiesigen Prediger führten. Weil aber die Stadt ihren churfürstlichen und fürstlichen Gnaden als ihren Erbschutzfürsten gleich ihren eignen Landen und Leuten zugethan sei, so wollten sie ihres Gewissens halben das Benehmen des Rathes nicht länger dulden. Der Rath möge sich daher zu einer besseren Antwort entschließen, sonst würden die Fürsten auf andere Mittel denken.

Als der Rath sah, daß er mit Bitten nichts ausrichten konnte, erwiderte er, da der Kaiser ohne alle Mittel ihr Erb- und Oberherr sei, so bäten sie, daß der Churfürst und der Landgraf so lange anstehen möchten, bis sie es an den Kaiser oder seinen Statthalter und an den Herzog Georg, dem sie als ihrem Miterbschutzfürsten gleichmäßig mit Eiden zugethan seien, hätten gelangen lassen.

Die fürstlichen Abgeordneten wollten diese Antwort ihren Herren überbringen, waren aber der Zuversicht, daß der Kaiser und Herzog Georg das Vornehmen nicht mißbilligen könnten. Sie hätten eine andere Antwort erwartet; der Rath möge sehen, was die Folge sei. Wem nicht zu rathen sei, dem sei auch nicht zu helfen.

III.

Je hartnäckiger der Rath die Annahme der Reformation verweigerte, desto strenger verlangte der Churfürst die Bezahlung der 10,000 Gulden Strafgeld. Als mühlhäusische Gesandte deshalb den Landgrafen um gnädige Verwendung baten, erwiderte er ihnen: „Ja, ich weiß es wohl; was soll ich thun? Ihr von Mühlhausen seid abenteurische Leute. Ihr wollt auch nicht thun, was Ihr billig thun solltet. Wenn Herzog Georg das Regiment hat, so macht Ihr es, wie er's haben will; wenn aber mein Vetter, der Churfürst, und ich das Regiment haben, so fragt ihr gar nichts nach uns. Ihr wollt Euch dem Evangelio gar nicht gemäß halten. Was fragt Ihr mich darum? Ihr seid dem Churfürsten um 10000 Gulden verschrieben; macht Ihr es mit ihm, ich weiß wohl, daß ich Euch vormals auch zweyrenst verschrieben habe, aber nichts erhalten können. Der Churfürst hat auch einen Kopf, und wenn ich Euch gleich verschriebe, so weiß ich, daß es nichts hilft. Ihr seid mir auch 10000 Gulden schuldig gewesen; ich habe mich lassen überreden und habe Euch quittirt. Macht's mit dem Churfürsten auch, daß er zufrieden sei.“

Die Gesandten entgegneten: „Gn. Fürst und Herr! Wir bitten, E. F. G. wolle uns doch mit einer andern gnädigeren Antwort, denn diese ist, begegnen; denn wir wissen, wenn wir solche Antwort unseren Herren bringen, so werden sie der gar sehr erschrecken. E. F. G. wolle doch das Unvermögen derer von Mühlhausen und die armen Unschuldigen, die die Bürde tragen müssen, bedenken! Und wie können wir uns nach E. F. G. und Churf. Gn. zu Sachsen halten des Glaubens halben? Denn wir haben ein ernst und geschwind Mandat von Röm. Kais. Maj. überkommen; das hat uns unser gnädiger Herr Herzog Heinrich von Braunschweig insinuiren lassen, daß wir uns in Sachen die Religion belangend dem alten Brauche nach halten sollen. Wie können wir doch vorüberkommen?“

Als der Landgraf einwarf: „Ja, Ihr habt ein kaiserliches Mandat. Habt Ihr nichts dazu gethan? Habt Ihr's nicht

ausgebracht?" antworteten die Gesandten: „Wir dürfen
E. F. G. mit gutem Gewissen und in der Wahrheit anzeigen,
zweifeln auch nicht, es dürfen's unsere Herren, so es ihnen mit
Recht auferlegt wird, wohl auf ihren Eid erhalten, daß sie zu
solchem kaiserlichen Mandat nichts gethan oder etwas davon
gewußt haben, bis so lange, da es ihnen intimiret ist worden."

Der Landgraf sagte darauf: „Was da! Man muß Gott
mehr fürchten, denn den Kaiser oder den Menschen. Thut,
was Ihr dem Kaiser schuldig seid, und Gott, was Ihr Gott
schuldig seid. Vor der bäuerischen Empörung waret Ihr gut
evangelisch, und also sehr, daß Ihr gar toll darüber waret,
und konnte Euch der Teufel nicht steuern. Jetzo so man es
mit einer Maßen von Euch haben will, so wollt Ihr es nicht
annehmen. Könnet Ihr doch wohl das Evangelium an einem
Ort außerhalb der Stadt predigen lassen. Ihr wollt aber
nicht! Es ist Euch gleich wie jenen, da der Herr von sagt:
,Man hat Euch lange gepfiffen, aber Ihr wollt nicht tanzen.'
Ihr macht es, wie es Herzog Georg gefällt. Es ist wahr,
Herzog Georg, mein Schwäher, ist ein guter, frommer Mann;
weil er lebt, laß ich's geschehen und kann wohl mit Euch
laviren, wenn er aber stirbt, so muß es anders werden.
Ich sehe jetzund zu, es wird aber vielleicht nicht lange währen."

Dagegen replicirten die Gesandten: „E. F. G. wolle doch
bedenken, wie sich's schicken wollte, wenn wir es die zwei Jahre,
wenn E. F. G. und unser gnädiger Herr der Churfürst die
Regierung haben, auf die neue Weise hielten, und des dritten
Jahres, wenn unser gnädiger Herr Herzog Georg das Regiment
hätte, wiederum auf die alte Weise uns hielten; denn das wäre
ja auf gut mammeluckisch gehandelt, und daß wir von Herzog
Heinrich von Braunschweig ein kaiserliches Mandat haben, das
wir ja nicht überschreiten dürfen, und wie wir dagegen handeln
können, und bitten noch unterthäniglich E. F. G. um gnädige
Fürbitte an unseren Herrn den Churfürsten."

Der Landgraf entgegnete: „Ei, es kann einer diesfalls ein
Jahr oder zwei wohl ohne Sakrament bleiben. Gehet hin zu
Herzog Heinrich von Braunschweig und heischt Euch 10000 Gulden

und bezahlt den Churfürsten damit, oder schenkt D. Brück 3- oder 400 Gulden, der wird auch wohl Rath geben."

Schließlich ließ sich der Landgraf doch noch erweichen, daß er versprach, beim Churfürsten Fürbitte einlegen zu wollen.

Durch das Verfahren des Churfürsten und des Landgrafen wurde der Rath bestimmt, sich immer enger an die katholische Partei in Deutschland anzuschließen. Als diese im Jahre 1538 dem schmalkaldischen Bunde der evangelischen Stände gegenüber und als eine Nachbildung desselben zu Nürnberg einen Bund zum Schutze der katholischen Religion schloß, trat Mühlhausen demselben voller Freuden bei. Heinrich von Braunschweig als Hauptmann der sächsischen Provinz (der Bund zerfiel in eine sächsische und oberländische Provinz) vermittelte es, daß der Beitritt Mühlhausens geheim bleiben und die Beiträge der Stadt so lange erlassen sein sollten, bis sie im Stande wäre, dieselben zu bezahlen. Der Kaiser versprach, die Stadt vermöge dieses christlichen Bündnisses, wenn sie angefochten, beunruhigt und vergewaltigt würde, zu schützen und zu schirmen, und machte ihr Hoffnung, daß sie ihre Gerechtigkeiten und Freiheiten, sowie ihr Gebiet bald wieder erhalten sollte.

Die Sache blieb aber nicht lange verborgen. Es wurden Abgeordnete des Raths nach Kassel citirt und dort vom Statthalter gefragt, ob er kürzlich eine Botschaft in Wolfenbüttel gehabt habe, und ob er dem Nürnberger Bunde beigetreten sei? Die Gesandten antworteten ausweichend, Herzog Heinrich habe dem Rathe zu wissen gethan, daß er für ihn vom Kaiser einen Befehl und eine Schrift habe, und der Rath habe um des dem Kaiser als seinem Erbherrn schuldigen Gehorsams willen nicht umhin gekonnt, seine Botschaft nach Wolfenbüttel zu schicken. Wegen des Nürnberger Bündnisses habe weiland Herzog Georg zu Sachsen an den Rath geschrieben und ihn zur Theilnahme aufgefordert, da es nicht wider seine Eide und den Sühnebrief wäre, und er bewirken wollte, daß der Rath, bis seine Lage sich bessere, mit den Beiträgen verschont bliebe.

Die sichere Aussicht auf demnächstige Wiederherstellung der Stadtfreiheit machte den Rath immer hartnäckiger; zweimal unterließ er es, die Schutzfürsten um Bestätigung der Obrigkeit zu bitten. Endlich 1542 fanden die evangelischen Fürsten in Wolfenbüttel, welches sie im Kriege gegen Heinrich von Braunschweig eroberten, den Beweis, daß der Rath gegen seinen geschworenen Eid dem Nürnberger Bunde wirklich beigetreten war. Was half es da, daß die Gesandten vom Reichstage zu Speier die Kunde von der völligen Wiederherstellung der Freiheit der Stadt mitbrachten? Der Rath mußte sogar darum bitten, daß die darauf bezügliche Urkunde ihm nicht zugeschickt werde. Im Gegentheil drohten Gesandte der Fürsten die Verwüstung der Stadt, welche man dem Kriegsvolke als Beutepfennig überlassen wollte, an, wenn sich der Rath nicht von Neuem verschreiben und noch unbedingter unterwerfen würde. Der Rath mußte urkundlich bekennen, daß er sich „aus Verleitung etlicher Ihrer Churf. und Fürstl. Gnaden Mißgünstigen dahin habe bewegen lassen, daß er das vergangene und das laufende Jahr keine Rathsbestätigung bei Ihren Churf. und Fürstl. Gnaden vermöge des Sühnebriefs gesucht und Ihre Churf. und Fürstl. Gnaden also nicht allein derselben Ihrer erlangten Gewähr zu entsetzen Vorhabens gewesen, sondern sich auch wider Ihre Churf. und Fürstl. Gnaden und derselben Land und Leute und Verwandten mit Herzog Heinrich von Braunschweig, hochgedachter seiner gnädigsten und gnädigen Herren höchstem und vornehmstem anderwärtigen Feinde und etlichen anderen seinen Anhängern in ein Bündniß eingelassen", und sich mit neuen Eiden und Briefen verpflichten und verbinden, daß er dem bisherigen Bündnisse mit Heinrich von Braunschweig entsagen und den aufgerichteten Sühnebrief gegen den Churfürsten, den Landgrafen und den Herzog Moritz von Sachsen in allen seinen Punkten, insonderheit mit Ansehung um die Rathsbestätigung, Regierung, Kirchenverbesserung und andere gehorsamlich und unverbrüchlich halten, auch hinfort die Kirchenversehung, wie bisher von ihm dem Sühnebrief zuwider geschehen, weiter nicht weigern wolle.

IV.

In Bezug auf die Reformation war man schon vorher entschiedener aufgetreten. Im Jahre 1539 war Herzog Georg von Sachsen gestorben. Sein Nachfolger war Protestant, und so waren nun die drei Schutzfürsten in diesem Punkte vollständig einig.

In der Woche vor Michaelis 1541 kamen Eberhard von der Thann und Justus Menius von Eisenach und hielten auf den zum Gebiete von Mühlhausen gehörigen Dörfern eine allgemeine Visitation, setzten evangelische Prediger ein und reformirten die kirchlichen Ceremonien. Der Rath protestirte dagegen, aber natürlich ohne Erfolg.

In Folge des Sühnebriefs und der oben besprochenen neuen Verschreibung schickten die Schutzfürsten ihre Räthe und geistlichen Kommissarien Friedrich von Wangenheim, Amtmann zu Salzungen, Justus Menius, Superintendent zu Eisenach, Valentin Tölde, Amtmann zu Wanfried, M. Justus Winter, Superintendent zu Rothenburg und Johann Leningus, Pfarrer zu Melsungen, am 9. September 1542 nach Mühlhausen. Am 14. September hielt Menius wieder die erste evangelische Predigt in der Marienkirche unter großem Zulaufe des Volkes.

Die Marienkirche und die Kirche zu St. Blasii wurden Hauptkirchen und mit einem Superintendenten und vier Diakonen bestellt. Die übrigen Kirchen blieben ohne Pfarrer; ein Verfahren, dem wir in den Visitationen der Reformationszeit sehr oft begegnen, gewiß nicht zum Vortheil des kirchlichen Lebens. Auch waren die drei Fürsten über diese Gestaltung des Kirchenwesens nicht ganz einig. Im Jahre 1544, vor dem Weggang von Menius, dauerten die Verhandlungen darüber noch fort. Die sächsischen Fürsten wollten nur einen Pfarrer und Superintendenten für beide Kirchen und vier Diakonen; hessischer Seits hielt man aber diese Vereinigung nicht für gut. Zur Unterhaltung des Superintendenten verwilligte der Churfürst aus den Renten des Gerichts und der Vogtei von seinem Antheil 40 Gulden in der Hoffnung, daß Herzog Moritz und

Landgraf Philipp sich jeder zu ebenso viel verstehen würden. Darauf gingen diese nicht ein, sondern ließen durch ihre Räthe auf den Verkauf der übrigen Kirchen und Kapellen antragen, wogegen der Rath das Recht des deutschen Ordens vorschützte. Schließlich wurde die Angelegenheit noch im sächsischen Sinne geregelt und ein vierter Diakonus (bis dahin waren nur drei dagewesen) angestellt.

Die Klöster wurden geschlossen, die Kleinodien, Ornat u. s. w. inventarisirt und auf dem Rathhause niedergelegt. Für die Stadt wurde dieselbe Kirchenordnung genehmigt, welche Menius das Jahr vorher auf den Dörfern eingeführt hatte. Die Mönche, welche in der Stadt bleiben wollten, mußten versprechen, sich ihrer Klöster und Ordenskleidung zu enthalten. Statt der beiden Küsterschulen bei den Hauptkirchen wurde im Barfüßerkloster eine Stadtschule zu errichten beschlossen. Diese Einrichtung trat aber erst 1544 ins Leben, als auf die Empfehlung Melanchthons M. Hieronymus Wolf zum Rektor berufen wurde. Bis dahin bestanden die Schulen an den beiden Pfarrkirchen fort [1]).

Die Besoldungen für Kirchen- und Schuldiener wurden festgestellt. Danach sollte der Gehalt des Superintendenten 120 Gulden an Geld, 20 Malter Korn, 10 Malter Gerste, 10 Malter Hafer, 20 Schock Scheitholz, 5 Schock Reisig, 1 Fuder Kohlen, 1 Fuder Heu, 3 Schock Stroh, der eines Schulmeisters (Rektors) 80 Schock, 10 Malter Korn, 5 Malter Gerste, 5 Malter Hafer, 13 Schock Holz, 1 Karren Kohlen, und der eines jeden Baccalaureus 45 Schock betragen.

Nachdem die fürstlichen Kommissarien mit Zugeordneten des Raths diese Geschäfte vollendet hatten und ein Receß

---

1) Bei Ameis (Das dritte Reformationsjubelfest in Mühlhausen) wird (S. 151) eine Urkunde aus dem Stadtarchive aus dem Jahre 1544 angeführt, in welcher als „Dienere der Schulen beider Kirchen Wolfgangus Fulba, Magister von Salzungen, Nikolaus Blumentrost, Kantor von Gottau, Justinus Menius, Baccalaureus von Eisenach" aufgezählt sind.

darüber ausgestellt worden war, reisten sie am 21. September wieder ab. Menius blieb zunächst als Superintendent und Pfarrer an der Blasiuskirche, um die neugeschaffenen Zustände sich befestigen zu lassen. Als der ihm vom Churfürsten zugemessene Urlaub zu Ende ging, wurde ihm derselbe auf Fürbitte des Raths wiederholt verlängert. Ebenso geschah es mit den beiden Diakonen Severus Severinus und Johann Brambach, von denen Ersterer vom Landgrafen, Letzterer vom Churfürsten gesendet worden war.

Wenn auch Viele, namentlich vom Rathe, noch dem alten Glauben anhingen, so zählte doch auch die neue Lehre genug Bekenner. Denn 1545 baten die Prädikanten um Errichtung einer dritten Pfarrkirche, weil in den zwei bestehenden zu wenig Gestühl besonders für Männer vorhanden sei. Auch sei es den Vorstädtern, namentlich alten Leuten, beschwerlich, in den zwei Pfarrkirchen ihr Pfarrrecht zu holen. Daher ging ein anderer Vorschlag dahin, daß in den Vorstädten in zwei Kirchen einen Sonntag um den andern, desgleichen in der Woche einmal in jedem Spital geprebigt und zu diesem Zwecke ein neuer Prädikant angestellt werden solle. Als Mittel zur Unterhaltung desselben wies der Rath die vielen Lehen und Spenden an, die bisher von Unberechtigten eingenommen worden waren.

Die Altgläubigen, die ins Mainzische zur Messe gingen, versuchten zuweilen den evangelischen Gottesdienst zu stören. Sie gingen während der Predigt auf den Kirchhöfen spazieren, erhitzten sich in Branntwein und fingen Spiele an, so daß der Rath dagegen einschreiten mußte. Gegen Solche, welche nicht in die Kirche kamen und die heiligen Sakramente und das Wort Gottes verachteten, wurden die Pfarrer angewiesen, nach ihrer eigenen Jurisdiktion zu verfahren.

Einer der vornehmsten und ältesten Bürgermeister, Johann Wettich, nannte, als er bei Severus Severinus zu Tische war und viel getrunken hatte, die anwesenden Frauen der Geistlichen Huren und ihre Kinder Hurenkinder, schimpfte den Schulmeister einen Buben und Hurer und sagte, das Silberwerk, das die

Geiſtlichen hätten, ſeien eitel geſtohlene Kelche. Als ſich Hein=
rich Schele des Schulmeiſters annahm, fuhr Wettich fort: Es
ſei ein Bube wie der andere. Man müſſe den verlaufenen
Buben große Beſtallung geben, ohne daß die viel ausrichteten,
außer daß man ihretwegen auf alle, die zum Sakrament (Meſſe)
gingen, eine ſchwere Schatzung legen müſſe. Man habe zu
Mühlhauſen ein gut Regiment gehalten, ehe die Buben ge=
kommen wären, denn es ſeien zwei Mönche dageweſen, die ſich
wohl die Augen aus den Köpfen geprebigt hätten. Dieſelben
wolle er wieder anbringen, denn was jetzt gepredigt werde, ſei
eitel Teufels Lehre. Sie unterſtänden ſich, die Bilder in den
Kirchen abzuſchaffen; das ſolle ihnen nicht gelingen, er habe
auch noch Macht, es werde nicht lange mit ihnen währen; bald
ſollten ſie die Köpfe verlieren, ihre Weiber erſäuft werden und
ihre Kinder betteln u. ſ. w.

Als ihn hierauf Schele erinnerte, ob ſolche Rede mit ſeinen
Pflichten gegen die Schutzfürſten übereinſtimme, antwortete er,
er wiſſe von keinem Eide, gedächte auch keinem Fürſten zu
ſchwören. Hätten es die andern Bürgemeiſter, Rodemann und
Göbike, gethan, ſo gehe ihn das nichts an; die hätten wohl eher
eine Stadt in Schaden geführt und als Schelme und Böſe=
wichter gehandelt. Darauf läſterte er die Lehre der Lutheriſchen
nochmals, beſonders den Katechismus, und ſchimpfte darüber,
daß man die Leute zu ihren Sauſakramenten treiben wolle
u. ſ. w.

Die Geiſtlichen würden dieſe Reden dem trunkenen Manne
verziehen haben, wenn er nicht die ganze Zeit, ſo lange ſie in
Mühlhauſen waren, alles Mögliche gegen ſie angeſtiftet und die
vom Rathe zu ihrem Beſten getroffenen Anordnungen zu hinter=
treiben geſucht hätte. So hatte er den vergangenen Winter
bei einer Hochzeit die Knechte einiger Edelleute aufgehetzt, daß
ſie den mitanweſenden Heinrich Schele ſchlagen und die Treppe
hinunterwerfen ſollten. Daraus ging hervor, daß Wettich in
ſeiner Trunkenheit nur ſeine wahren Gedanken verrathen habe.

Die Geiſtlichen beklagten ſich beim Rathe. Dieſer vernahm
die Sache mit Unwillen und beſchied Wettich zur Verantwortung.

Im Verhör leugnete Wettich, stellte jedoch dem Rathe Alles anheim. Zuletzt mußte Wettich, nachdem er eine Zeit lang sich in Erfurt aufgehalten hatte, nachdem die Beschwerde von den Geistlichen dem Churfürsten und dem Landgrafen vorgetragen worden war, erst in der Kirche vor der ganzen Gemeinde von der Kanzel seine Schmähungen abbitten lassen, darnach selbst vor den fürstlichen Räthen und dem Rathe der Stadt Abbitte thun, 100 Gulden in den Gotteskasten geben und sein Amt niederlegen.

Im Sommer 1544 wünschte Menius wieder in sein Amt nach Eisenach zurückzukehren, um so mehr, da die Eisenacher seines Raths bei der neuen Einrichtung der Schule begehrten. Um Michaelis verließ er Mühlhausen, nachdem er über zwei Jahre daselbst thätig gewesen war, mit dem Zeugnisse des Raths, daß sie ihn, wenn es hätte sein können, herzlich gern die Zeit seines Lebens in solchem Dienste behalten hätten.

Auf seine und Luthers Empfehlung wurde Sebastian Boëtius, der damals in Wittenberg lebte, Anfang Septembers als Pfarr-herr und Superintendent der Kirchen zu Mühlhausen eingeführt [1]), an welchem „ die andern Prediger, der Rath und männiglich nur ein sehr gutes Gefallen hatten", so daß Menius hoffen konnte, „ Gott der Allmächtige werde seine Gnade verleihen, daß durch desselben Amt und Dienst sein heiliger Name geehrt, und der Seelen Heil und Seligkeit gefördert werde". Aber

---

1) Interessant ist die Notiz, daß der Rath die fürstlichen Superin-tendenten J. Menius in Eisenach, J. Winter in Rotenburg und Joh. Rotelstein in Langensalza um Bestätigung desselben gebeten hat. Winter antwortet darauf: „ — Und als die würdigen hochgelehrten Lichter der heiligen christlichen Kirchen D. Martin Luther, Pomeranus und Philippus Melanchthon den auch würdigen und wohlgelehrten Sebastianum Boëtium zu solchem Amte dargethan und genugsam erkannt, und darauf die wür-digen sächsischen Visitatores denselbigen für einen Pfarrer und Super-intendenten bei euch bestätigt, will ich in Ansehen, daß die ehergedachten lieben Herren und Väter Herrn D. Sebastianum genugsam erkannt haben zu solchem Ministerio, seine Wahl und Berufung Amts halben, so viel mir gebühren will, im Namen des allmächtigen Gottes hiemit auch bekräftigt und bestätigt haben."

obwohl ein Theil der Bürger dem Evangelium von Herzen zugethan war, so hatte doch Boëtius eine schwierige Stellung.
Der Rath setzte fort und fort seine Hoffnung auf den Kaiser,
von welchem er die Freiheit der Stadt bald erlangen zu können
glaubte, und das um so mehr, je offener der Bruch zwischen
dem Kaiser und den evangelischen Fürsten zu Tage trat.

V.

Als die Macht der Evangelischen durch die Schlacht bei
Mühlberg (24. April 1547) gebrochen worden war, trat der
Rath offen auf die Seite des Kaisers.[1]) Die evangelischen
Prediger der Stadt bekamen die Folgen davon bald zu spüren.
Im August ließ der Rath dieselben durch eine Deputation ver-
mahnen, daß sie, wenn sie dableiben wollten, des römischen
Kaisers nicht im Bösen gedenken, sondern für dieselben bitten

---

1) Wie eifrig der Rath sich dem katholischen Kultus wieder zuwandte,
beweist folgende Stelle aus einem Schreiben an den Erzbischof von Mainz
aus dem Jahre 1549: „Wir wollen E. Churf. G. nicht verhalten, daß uns
kurz verrückter Zeit von Kaif. Maj. u. a. G. H. derhalben auch ein
gnädigst Mandat zukommen. Wenn wir uns nun ihrer Kaif. Maj. gehorsam zu bezeigen allezeit schuldig erkennen, und dann ihre Kaif. Maj.
auf dem Reichstage zu Augsburg mit gemeiner Bewilligung der Stände
uns alle unsre Habe und Güter wiederum restituirt und ergänzt hat,
dadurch wir der hochbeschwerlichen Servitut und Bürden, darin wir leider
bis in die 20 und etliche Jahre unter dem Gezwang der Thur- und Fürsten
Sachsen und Hessen gewesen, gänzlich entnommen und der verführerischen
lutherischen Lehre, so wir aus Bedrängniß jetzt vermelbter Churfürsten und
Fürsten annehmen müssen, damit auch los worden, so haben wir ob-
vermelbtem kaiserlichen Befehl mit herzlichem begierigem Gemüth und höchstem Fleiß nachgesetzt und alsobald unsere Kirchen und Kanzeln in- und
außerhalb unsrer Stadt, auch auf allen unsern Dörfern, so viel deren
in Eil haben zu versehen gewußt, mit Abschaffung der neuen zugeschickten
lutherischen Präditanten und anderen wieder in den alten Stand und
Ordnung und wie wir's vor der bäurischen Empörung und auch hernach
etliche Jahre lang nach Ordnung der heiligen christlichen katholischen Kirche
gehalten haben, restituirt und angerichtet."

sollten. Die kaiserlichen Räthe hätten sich zu Augsburg gegen die Abgeordneten der Stadt wegen ihrer Schmähungen des Kaisers sehr bedrohlich ausgesprochen. Der Sprecher der Deputation fügte hinzu: „Hat die Kais. Maj. des Churfürsten und Landgrafen und anderer Rebellen nicht geschont, so würde er ihrer auch nicht verschonen." Boëtius antwortete, er habe das nicht gethan und könne sich wohl verantworten; aber er habe an der Antwort genug und werde sich danach zu halten wissen.

Der Rath hatte dem Kaiser nach der Schlacht bei Mühlberg eine Gesandtschaft nach Wittenberg entgegengeschickt und ihm schwören lassen, daß „ein ehrbarer Rath der Kais. Maj. und dem heiligen Reiche getreu und gehorsam sein und sich den Rebellen keineswegs anhängen noch ihnen einigen Vorschub thun wolle". Dafür nahm der Kaiser die Stadt wieder unter des Adlers Flügel und gab ihr allergnädigst alle ihre Habe und Güter, sowie alle ihre Freiheiten und Privilegien zurück.

Noch 1547 wurde die „gute Schule" im Barfüßerkloster aufgehoben und Severinus verließ, zuletzt von allen Geistlichen, die Stadt. Im Jahre 1548 nahm der Rath das Augsburger Interim einstimmig an. In Folge dessen gingen auch die beiden evangelischen Prediger, Heller und Schele, die man nach dem Weggange von Severinus zum Scheine hatte kommen lassen, wieder weg. Vorsichtiger Weise hatte der Rath, der jedenfalls schon damals wußte, daß das Interim demnächst zu erwarten sei, beschlossen, sich „mit ihnen nicht zu hart zu verbinden". Wenigstens hatte er seinem Gesandten in Augsburg den Wunsch ausgesprochen, insgeheim in einem besondern Zettel Nachricht über die Religionssachen, was man dieserhalb zu erwarten habe, zu erhalten. Man stellte wieder katholische Priester an und hielt Processionen. Auch auf den zum Gebiete der Stadt gehörigen Dörfern wurde das Interim, wenn auch unter einigen Schwierigkeiten, durchgeführt. Die vornehmsten Anhänger des evangelischen Glaubens, namentlich Dominikus Bonat, waren auf ausdrücklichen Befehl des Kaisers mancherlei Verfolgungen ausgesetzt.

Indessen Churfürst Moritz wandte sich von Magdeburg, gegen welches er die Acht zu vollziehen übernommen hatte, mit

12000 Mann gegen Mühlhausen und zwang dasselbe, ihn wieder als seinen Schutzfürsten anzuerkennen. Aber er kümmerte sich in dieser Stadt wenig oder gar nicht um das Religionswesen. Desto mehr geriethen innerhalb derselben die evangelische und die katholische Partei mit einander in Konflikt. Mehr suchte Churfürst August, Moritzens Nachfolger, seinen Einfluß im Kirchenwesen geltend zu machen. An ihn wendeten sich 1555 mehrere von der Mühlhäuser Bürgerschaft und Mannschaft, sowie Einige vom Adel in der Umgegend, mit der Bitte ein Einsehen zu haben, daß zu Mühlhausen die reine Lehre geprebigt werde. Da nun dem Churfürsten vermöge des Schutzes zustand, sich dieser verlassenen Christen anzunehmen, so begehrte er von dem Landkomthur der Ordensballei von Thüringen, Hans von Germar, dem von Amts wegen die Bestellung der Pfarrer gebührte, da er zugleich churfürstlicher Rath war, den Rath dahin zu bringen, daß den Evangelischen eine Kirche geöffnet und ein Prädikant Augsburgischer Konfession bestellt werde. Dieser stellte daher das Ersuchen an den Rath: „Ihr wollet solche Predigtstühle mit geschickten christlichen Lehrern und Prädikanten (die das Wort Gottes lauter ohne menschlichen Tand nach christlicher apostolischer Lehre dem armen Volke vortragen und die Sakramente nach christlicher Ordnung reichen, inmaßen ihr diese Kirchen vor 10 Jahren bestellt befunden) wiederum versehen, damit mir kein Ungnad, euch auch kein Schaden an eurer Seelen Heil erfolgen möge." Mündlich fügte er in einer Rathsversammlung hinzu, er hätte gehofft, daß der Receß von 1546, dem die Klausel[1]) mit Vorwissen

---

1) Bei der Erneuerung des Pachtkontraktes auf weitere 12 Jahre war zu den früheren Bedingungen hinzugefügt worden, daß es dem Statthalter freistehen solle, ob er ferner zwei Ordenspriester hier haben wolle oder nicht. Im letzteren Falle sollte der Rath die ihnen jährlich gebührenden 8 Gulden nebst der Auflegung dem Statthalter entrichten, sich auch wegen ihrer Beköstigung mit ihnen vergleichen. Zuletzt wurde festgesetzt, daß, wenn nach Gottes Willen die Religion und Ordnung der Geistlichen sich ändern sollte, der Rath nach Ablauf der Zeit doch Niemandem als dem Statthalter des deutschen Ordens die Pfarrgüter überantworten solle.

der drei Fürsten zugesetzt worden, besser gehalten werden würde. Die Stadt sei hier zu Lande noch allein papistisch. Man wisse, wie es ihr Anno 1552 ergangen (als Churfürst Moritz gegen sie zog); wo er und andere churfürstliche Räthe ihr noch Linderung verschafft hätten; jetzt möchte noch viel Aergeres erfolgen, da viele vom Adel große Lust hätten, daß Mühlhausen nochmals überzogen werde. Das Feuer sei vor der Thür und möchte Einzelne besonders brennen. Er könne den Rath nicht zwingen, wolle ihm aber aus Gutmeinen rathen, in Güte zu thun, was man am Ende in Ungnaden thun müsse. Den altgläubigen Christen solle man auch ihre Kirche und Prädikanten lassen, und bei diesen letzteren nur Aergernisse abstellen. Auch möge man bedenken, daß ihm, dem Komthur, nach zwei Jahren die Kirchenbestellung anheimfalle, die er in keinem andern Fall vornehmen würde. Mit dem Kaiser könne man sich nicht entschuldigen, da es der Reichsabschied nachlasse und auch Köln, Erfurt, Nordhausen u. a. einen gnädigen Kaiser hätten.

Die Räthe konnten zu keinem festen Entschlusse kommen; etliche wollten die Sache an den Kaiser gelangen lassen, andere bis zum nächsten Reichstage verschieben, um sich dann dem Schlusse der Stände zu fügen; eine dritte Person hielt es wegen der Drohungen für gerathen, in die Forderung zu willigen.

Nach mehrfachen unerquicklichen Verhandlungen zwischen den drei Räthen unter einander und mit dem Statthalter des deutschen Ordens, und nachdem mehrere Edelleute auf den Dörfern bereits evangelische Prediger eingesetzt hatten, gab der Rath 1557 endlich zu, daß eine Kirche dem augsburgischen Bekenntnisse geöffnet werde, trotzdem daß König Ferdinand geschrieben hatte: „Daß einige Bürger oder Einwohner einer Stadt, da eine Zeit her allein der obbemelten Religionen eine, als nemlich unsere alte Religion oder der Augsburgischen Konfession Religion im Gang und Gebrauch gewesen, befugt sollten sein zu begehren, ihnen der andern Religion und Kirchenordnung halben von Neuem eine Kirche zu öffnen und dieselbe Religion, unangesehn daß sie vor dem bemelbten Augsburgischen Reichsabschiede und gemachten Religionsfrieden daselbst nicht in Gebrauch gewesen, aufrichten zu lassen, und daß ihnen der Magistrat ein solches zuzusehen, zu bewilligen und zu gestatten schuldig sein soll, das werden sie aus jetzt berührtem Reichsabschiede nicht darzuthun haben und aus diesen und andern mehr billigen Bewegungen ist unser gnädiges Begehr an euch, daß ihr bemeldte eure Mitbürger von ihrem Vorhaben abweiset, wo ihr aber ja solches nicht zu thun vermeintet und aus euren erzählten Ursachen euren Mitbürgern nochmals zu willfahren für gut achtetet, so sollt ihr sie doch dahin vermögen, daß sie Geduld tragen, bis ihr diese Sache an hochgedachte Kais. Maj. bringen und euch Bescheids daselbst erholen könnt, oder aber, wo ihnen dieser Weg auch nicht gelegen oder annehmlich, doch bis der vorstehende Reichstag seinen wirklichen Fortgang gewinnt, und die Sachen daselbst wieder an uns gelangen lassen, möget Verzug halten, daselbst wollen wir uns auf solch euer ferner Anbringen nach gepflogenem Rath der Churfürsten, Fürsten und Stände des heiligen Reichs gebührender gnädiger Antwort entschließen und euch dieselbe widerfahren lassen."

Melanchthon, der das christliche Werk mit Freuden vernahm und es gern fördern helfen wollte, fand es für gut, einstweilen, um den Anfang zu machen, Jemanden von der Wittenberger Kirche nach Mühlhausen zu senden. Er hatte dazu den Licentiaten Heinrich Salmuth, den Schwiegersohn des Superintendenten Pfeffinger und den M. Ambrosius Otto ausersehen, welche, wenn es der Rath zufrieden wäre, drei bis vier Wochen dort bleiben sollten, in welcher Zeit man andere zur definitiven Besetzung der Stellen finden würde.

Am Sonntag nach Pfingsten hielt Salmuth wieder die erste evangelische Predigt in der Blasiuskirche. Mit dem Willen des Raths führte er die sächsische Agende, den Katechismus Luthers und die Leipziger und Wittenberger Kirchenordnunge in. Statt M. Otto kam M. Johann Hennigl, um zu bleiben.

Nach vieler vergeblicher Mühe wurde endlich M. Hieronymus Tilesius, damals zu Delitzsch, zur definitiven Uebernahme der Oberpfarrer- und Superintendentenstelle bewogen. Er vollendete glücklich das Werk der Reformation in Mühlhausen.

Als die Pachtzeit mit dem deutschen Orden 1558 ablief, nahm der Statthalter desselben sofort die Marienkirche, in welcher inzwischen noch katholischer Gottesdienst gehalten worden war, in Besitz und übergab sie dem Superintendenten Tilesius. Dieser predigte in derselben am 12. Juni 1558 über das Evangelium vom reichen Manne und Lazarus. Die katholische Partei, welche immer mehr zusammenschmolz, bildete eine eigene Gemeinde in der Kreuzkirche. Nach dem Absterben ihrer vornehmsten Glieder verließen die Meßpriester die Stadt, und am Dreikönigstage 1566 wurden die Schlüssel auch von dieser letzten Burg des Papstthums dem nun ganz evangelischen Rathe übergeben.

VI.

Mühlhausen war ganz geeigneter Boden für das Treiben der Wiedertäufer. Sie konnten da nicht ausbleiben, wo Münzer dem ungebildeten Volke seine Schwärmereien und Thorheiten vorgeprebigt hatte. Auch Einsichtsvollere und besser Gesinnte, deren Kopf und Herz durch die freie Predigt des Evangeliums vollständig befriedigt worden wären, wurden durch die Hartnäckigkeit und die Verfolgungen der aristokratisch = katholischen Partei dazu gezwungen, ihre religiösen Bedürfnisse auf heimliche Weise zu befriedigen, und näherten sich nach und nach dem separatistischen und schwärmerischen Wesen der Wiedertäufer. Ja, es ist fast zu verwundern, daß diese Partei in Mühlhausen sich nicht noch weit mehr ausgebreitet und festgesetzt hat, als es in der That der Fall ist.

Schon 1523 hörten viele Leute den M. Hildebrand, Pfarrer zu Flarchheim, gern, wenn er aus dem Giebel eines Hauses zu Mühlhausen predigte, die Gnade verlachte und sie mit einer gründigen Sau verglich. Unter Münzer predigte der Kürschner Hans Römer zu St. Blasii, welcher später seine Ehefrau verließ, n fremden Landen umherzog und sich an andere Weiber hing.

Nachdem der Bauernaufruhr niedergeschlagen worden war, trat einige Jahre Ruhe ein. Aber 1528 und 1529 begann die wiedertäuferische Bewegung wie in andern Theilen Deutschlands, namentlich in Thüringen und Hessen, so auch in Mühlhausen und Umgegend, z. B. in Niederdorla, Röhrborn, Gerstenau und im Hainich. Das Mandat, welches Kaiser Karl V. am 4. Januar 1528 von Speier aus gegen die Wiedertäufer erließ, wurde auch dem Rathe der Stadt Mühlhausen zugeschickt und dieser angewiesen, dieser Sekte entgegen zu arbeiten und gegen diejenigen, welche darin verharren würden, die in den Rechten geordnete Todesstrafe zu verhängen. Mehrere Wiedertäufer zu Bamberg sagten in ihrer Urgicht aus, wenn ihr Vornehmen seinen Fortgang genommen, so wäre ihr Entschluß gewesen, sich zusammen nach Mühlhausen zu begeben.

Im Jahre 1534 wurde ein Bürgerssohn, Klaus Schurff, als Wiedertäufer verhaftet. Auf die Anfrage des Raths, wie er ihn und seine Anhänger behandeln solle, erließ Herzog Georg ein Mandat „der erschrecklichen und aufrührerischen Ketzerei, der Wiedertäufer halben, die da nicht allein die christliche und selige Kindertaufe und die heiligen hochwürdigen Sakramente, sondern auch alle Obrigkeit und gute Polizei zu zerstören und auszurotten und unmenschliche und bei allen Nationen, auch unter den Heiden und Türken unerhörte Sachen, ihnen vorgenommen". Er verordnet darin, „daß man deren keinen, die da solcher Ketzerei anhängig befunden und desselbigen durch sein Bekenntniß oder sonst überwunden, soll des Wiederrufs halben die verwirkte Pön und Strafe erlassen, sondern nichtsdestoweniger damit verfahren, sie am Leben strafen und alle ihre Güter konfisciren. Ob sie wohl nicht geständig noch bekannt sein wollen, daß sie mit der That selbst gewiedertauft sind oder andere gewiedertauft haben, und doch nicht verneinen können, daß sie ernstlichen Gemüths von sich geredet, geschrieben oder dabei gewesen und nicht widerfochten, sondern darein gehehlet und mit Worten oder Werken gehandhabt, daß das für recht und christlich angegeben, gelehrt und ausgebreitet, daß die Kindertaufe und andere christliche Sakramente nichts und verächtiglich zu halten seien, und zur anderweiten Taufe oder dergleichen unchristlichem Vornehmen zu bereden ist unterstanden und vorgenommen worden, dieselbigen alle sollen damit das Leben und alle ihre Güter verwirkt, und ersäuft oder, wo man nicht gelegen Wasser dazu hat, mit dem Schwert gerichtet, und ihre Güter konfiscirt werden. — Gleichwohl sollen die geistlichen Beichtväter allen Fleiß anwenden, sie zu herzlicher Reue, Widerruf und Gebuld ihrer verdienten Strafe, auf daß ihnen Gott desto eher ihre Sünde vergeben möchte, zu bewegen." — Nicht blos die Obrigkeit, sondern Jedermann soll dafür sorgen, daß Leute, die sich der Wiedertaufe verdächtig machen, sofort zu Gefängniß gebracht werden. Wer sich darin säumig zeigt, soll gestraft werden; dagegen sollen diejenigen, die sich darin mit sonderlichem Fleiß erzeigen, den dritten Theil der Güter von den Verurtheilten erhalten. — Ein Spionier- und Denunciationssystem, dem viele Unschuldige zum Opfer gefallen sind! Es wurden sogar mehrere aus ihren Wohnungen vertrieben, da sie der Aufforderung, dieselben zu verkaufen, nicht Folge geleistet hatten, blos deswegen, weil sie ihre Kinder zwar zur Taufe gebracht, aber die Gevatterschaft als nicht im Worte Gottes gegründet verworfen hatten. Diese wendeten sich an den Landgrafen Philipp, der sich ja immer durch eine vernünftigere Behandlung der Wiedertäufer rühmlich ausgezeichnet hatte, und baten ihn, er möge sie durch seine Prediger in Kassel unterweisen lassen; sie wollten sich gern eines Bessern belehren lassen; wenn sie aber nicht aus Gottes Wort überwunden werden könnten, so hofften sie auch, daß er sie dabei bleiben lassen werde. Der Landgraf gewährte ihre Bitte, und die Täufer verglichen sich nicht nur mit den Prädikanten, sondern gaben auch ihren Irrthum auf.

Klaus Schurff wurde freigelassen, aber schon 1537 mit 9 Andern wieder gefänglich eingezogen. Außer ihm war nur noch ein Mann dabei, Jakob Störger aus Koburg, der Lehrer und Prediger der kleinen Sektengemeinde; die übrigen 8 waren Frauen und Jungfrauen, zum Theil aus Mühlhausen, zum Theil aus der Fremde (Gotha, Frankenhausen, Ansbach). Ihr

Bekenntniß ist im Wesentlichen kurz folgendes: 1) Sie halten
nichts von der Kindertaufe; 2) sie halten nichts vom Sakrament des Altars; Gott wohne nicht in Dingen von Menschen-
hand gemacht; 3) die meisten sind seit dem Bauernlärm nicht
zum Sakrament gegangen; 4) Alle, außer einem, sind seit
etwa zwei Jahren in Privathäusern zu Mühlhausen anderweit
getauft worden; 5) sie halten nichts von Messe und Beichte,
weil sie nicht von Christus eingesetzt sind; 6) die weltliche
Obrigkeit erkennen sie alle an, einige mit dem Zusatze, so weit
es nicht wider den Geist ist; 7) in ihren Zusammenkünften
loben sie den Herrn; 8) sie erkennen sich an dem Gruße: „der
Friede sei mit dir“, oder: „der Friede des Herrn sei mit uns“;
9) von andern Mitbekennern in der Stadt oder auf den
Dörfern wollen sie nichts wissen oder nichts bekennen; 10) sie
leugnen, daß sie die, welche nicht ihres Glaubens sind, mit
Feuer vertilgen wollten; 11) die Ehe sei vom Herrn eingesetzt,
und Niemand solle sich von seinem Weibe scheiden, denn um
Hurerei willen.

Der Rath berichtete wieder an Herzog Georg. Dieser
lobte seinen Eifer und befahl wider sie alle nach des Kaisers
und seinen Mandaten mit der Schärfe zu verfahren. Wenn
auch etliche unter ihnen widerrufen wollten, so könne ihnen
das doch weiter nichts helfen, als daß sie beichten, von der
Geistlichkeit belehrt werden und Absolution empfangen dürften;
übrigens seien sie mit den andern zu ersäufen. Welche unter
ihnen schon vorher widerrufen hätten und nachher meineidig
geworden, denen sei vorher öffentlich die Faust abzuhauen.
Nur der Jugend, die aus Einfalt dazu gekommen, möchte man
schonen, wenn sie nicht halsstarrig befunden werde.

Die Ermahnungen des Rathes und der Pfarrer, zum Heil
ihrer Seele von ihrer Lehre abzugehen, fruchteten nichts. Als
ihnen das kaiserliche Edikt vorgelesen wurde, verspotteten sie
dasselbe; die Beichte verschmähten sie. Von dem Wagen herab,
auf welchem sie nach der Unstrut gefahren wurden, riefen sie
den Leuten zu: „Thut Buße, ihr verstockten Leute und steht
ab von dem Hundebad, von dem Saubade und Sudelbade der

Kindertaufe." Am 8. November wurden sie in der Unstrut beim tiefen Wasser ertränkt. Dasselbe geschah am 17. Januar 1538 wieder mit einem Mann und einer Jungfrau. Vier Frauen, darunter Margaretha Störger, die Ehefrau des Predigers, verstanden sich zum Widerrufe. Indem sie die rechte Hand auf die linke entblößte Brust legten, mußten sie schwören, von ihren Irrthümern abzustehen und solches festiglich zu halten. Darauf wurden sie aus der Stadt verwiesen.

Trotzdem erhob sich die Sekte 1544 wieder in der Stadt und auf den zu Mühlhausen gehörigen Dörfern, und viele Bürger und Bauern beiderlei Geschlechts hingen derselben an. Nachdem der Amtmann Hans von Ebeleben zu Salza um Rath gefragt worden war, beschloß man, alle Verdächtigen vor einem Ausschuß unter Zuziehung der Prädikanten zum Verhör und Versuch der Bekehrung vorzubescheiden. Diejenigen, welche versprächen, sich zu bessern, sollten unbeschwert bleiben, die Andern verhaftet werden, ob sie dadurch bekehrt werden möchten.

Um diesem immer wiederkehrenden Unwesen der Wiedertäufer vorzubeugen und dasselbe erkennen zu lehren, gab Menius sein Buch „Vom Geist der Wiedertäufer" heraus. In der vom 3. April 1544 datirten, dem Rathe der Stadt gewidmeten Vorrede spricht er sein Bedauern aus über das Unglück, welches die Stadt Mühlhausen seit 20 Jahren erlitten hat. Aber die Schuld davon darf nicht dem Evangelium beigemessen werden. „Da ich nun", heißt es, „in das andere Jahr euer unwürdiger Prediger bin, so achte ich in allewege, mir wolle gebähren, die Unschuld des Evangelii, so ich sammt den andern meinen Mitgehülfen euch dieser Zeit predige, auch darzuthun, damit Jedermann der rechten Wahrheit gründlich unterrichtet, dieselbige annehmen, dabei ohne Aergerniß bleiben und allerlei Irrthum und Rotterei vermeiden möge; — sintemal öffentlich am Tage und unwidersprechlich wahr ist, daß ihr bis auf unsre Predigt das Evangelium unsres Herrn und einigen Heilandes Jesu Christi niemals rein und rechtschaffen gehabt habt.

Aber das Evangelium und ganze Kirchenregiment ist, Gott Lob, nun also angerichtet, daß es geht, wie es gehn soll, und wir allerseits, beide Seelsorger und Gemeine, Gott unsrem lieben Vater dafür nicht genugsam volldanken können. So ist eure Schule zum Besten auch bestellet, und hat euch Gott mit einem wohlgelehrten, frommen, treuen und fleißigen Schulmeister so wohl beseliget, daß ihr ihn freilich nicht besser wohl wünschen könntet; denn er kann und will, was er soll, das sonst sehr seltsam ist." — Aber immerhin giebt es noch viel zu thun, „denn der Münzer ist dahin, aber sein Geist ist nicht dahin; der lebt wahrlich noch, regt sich auch noch in vielen Winkeln, sonderlich in der Wiedertäufer Sekten, welche, vom Münzer dieses Ort Landes gepflanzt, bis daher nicht ganz hat ausgerottet werden mögen".

Die Schrift selbst zerfällt in zwei Theile. Im ersten giebt der Verfasser die Merkmale an, an welchen die Wiedertäufer zu erkennen sind; im zweiten widerlegt er ihre Irrthümer und vertheidigt die evangelische Kirche und deren Prediger gegen ihre Beschuldigungen und Angriffe. Da wohl die Anordnung und Ausführung vielfach neu, der Stoff selbst aber im wesentlichen bereits in seiner früheren Schrift gegen die Wiedertäufer verarbeitet ist, so sehen wir von einer weitern Analyse des Inhalts ab und führen nur eine Stelle an, welche von großer Bedeutung für die Entwicklung der Ubiquitätslehre gewesen ist.

Wo Menius gegen den Einwurf der Wiedertäufer: „Christus ist gen Himmel gefahren und sitzt zur Rechten Gottes; daher kann sein Leib und Blut im Sakrament nicht zugegen sein", darzuthun versucht, daß das Sitzen Christi zur Rechten Gottes seine Gegenwart im Abendmahl vielmehr bekräftige, sagt er unter anderm: „Derhalb, wie die rechte Hand Gottes allenthalben im Himmel und auf Erden gegenwärtig ist, alles allein schafft, erhält und regiert und an keinen sonderlichen Ort oder Stätte mag gebunden werden, also muß man auch Christum nicht allein nach seiner ewigen göttlichen, sondern auch nach der angenommenen menschlichen Natur, so weit sich die Rechte Gottes, d. i. seine unendliche göttliche Macht und Gewalt, erstreckt, auch gegenwärtig sein und bleiben lassen, und sollte der Geist mit allen seinen Mitgeistern darüber noch so toll und thöricht werden."

Als den Verfassern der Konkordienformel der Vorwurf ge=
macht wurde, daß sie die Lehre von der Allgegenwart der
menschlichen Natur Christi erst neuerdings erdacht hätten, be=
riefen sich die würtembergischen Theologen in einer 1589 er=
schienenen Schrift [1]) auf diese Stelle, um zu beweisen, daß die=
selbe schon zu Lebzeiten Luthers, in einer Schrift, zu der Luther
selbst eine Vorrede [2]) geschrieben habe, vorgetragen und also
auch von Luther gebilligt worden sei. Sie sagen: „Justus
Menius, ein fürnehmer Theologus, bei D. Luthers und Phi=
lippi Lebzeiten, hat diese Sache in einer gedruckten langen
Schrift [vom Geist der Wiedertäufer] gewaltig und durch etliche
Blätter ausgeführt.“ Nach Anführung der Stelle heißt es
weiter: „Ueber dieses Buch hat D. Luther (nur zwei Jahr
vor seinem Tod) eine Vorrede gemacht, in der er gedachte
Schrift Justi Menii kommendirt und lobet. Wie dann diese
Schrift Justi Menii nicht allein zu Wittenberg gedruckt, son=
dern auch dem andern Theil der Bücher Lutheri einverleibt
worden. Welcher andere Theil noch bei Lebzeiten D. Luthers
gedruckt und für denselbigen D. Luther selbst eine Vorrede gemacht.
Daraus auch nicht allein zu sehen, daß D. Luther bis an sein Ende
die Allgegenwart des Menschen Christi geglaubt, sondern auch da=

---

1) „Gründlicher ausführlicher Bericht der Würtembergischen Theologen,
daß die Christliche Lehr von der Majestät Christi (welche von etlichen die
Ubiquität genannt wird) nicht allein in H. Göttlicher Schrift gegründet,
sondern auch nach dem wiedergeoffenbahrten Evangelio, von D. Luthern,
seel. Gedächtniß, und andern fürnehmen reinen Theologen Augspurgischer
Konfession, in und allewegen, biß auff unsere Zeit, wider der Zwinglianer
Irrthumen, in öffentlichen Schrifften geführt, der Christlichen Formula
Concordiae einverleibt, und aus Gottes Wort behalten worden. Und
wird in dieser Schrifft ordentlich von einem Artikul zum andern gründ=
lich geantwortet auff das Büchlein D. Danielis Hoffmanni, in welchem er
D. Jacobo Andreae, Probst und Cantzler bey der Universität zu Tübingen,
und andern Würtembergischen Theologen, XVII Irrthumb mit Ungrund
zugemessen.“

2) Luther lobt besonders den reinen deutschen Stil des Verfassers und
sagt in Bezug auf die Deutlichkeit der Schrift, daß, wenn eine Kuh Ver=
nunft hätte, sie sagen müßte, es wäre ja die Wahrheit und könnte nicht
anders sein.

neben die andern sächsischen Theologi solche Lehre gebilliget. Und da sie zur selbigen Zeit an solcher Lehre Mangel gehabt, und ihnen selbige in ihrem Gewissen beschwerlich gewesen, hätte ihnen gebürt solches zu ändern, D. Luthern, (da sie desselbigen Person gescheuet) Justum Menium davon zu wissen, welches aber von keinem reinen Theologo damalen beschehen und sie also mit ihrem Stillschweigen diese Lehre approbirt und sich dazu bekannt haben."

Perthes' Buchdruckerei in Gotha.

Justus Menius,

der Reformator Thüringens.

Nach archivalischen und andern gleichzeitigen Quellen

von

Dr. Gustav Lebrecht Schmidt.

Zweiter Band.

Gotha,

Friedrich Andreas Perthes.

1867.

Inhalt des zweiten Bandes.

Drittes Buch.

Viertes Buch.

Menius in Leipzig.

Erstes Kapitel.

Zweites Kapitel.

Drittes Buch.

Menius in Gotha.

Erstes Kapitel.

Myconius, Superintendent von Gotha.

I. [1]

Nach seiner Rückkehr von Mühlhausen blieb Menius nicht lange mehr in Eisenach. Wir holen aus seiner hiesigen Thätigkeit nur noch nach, daß ihm im Jahre 1541 der Fall vorkam, einen zum Christenthum übertretenden Juden taufen zu müssen. Menius fragte darüber namentlich wegen der dabei zu beobachtenden Ceremonien Luther um Rath; dieser schrieb ihm, er möge dem Juden die Kleider aus- und nur ein weißes Hemd anziehen, sodann ihn in eine Wasserwanne setzen und vorwärts ins Wasser tauchen. Er solle sich vorsehen, daß der Jude ihn nicht betrüge. Wenn er einen Juden zu taufen hätte, so würde er ihn in den Elbstrom stürzen, damit er mit der diesem Volke ganz gemeinen Unbeständigkeit Christum in seiner Taufe nicht verlästern möchte.

Nachdem Menius 1545 zur Inspektion der Kirchen in

Brückner, Goth. Kirchen- und Schulenstaat, S. 183 f., S. 41 ff. — Myconii Hist. Reform. — Myconii Erbauliches Schreiben von seiner Bekehrung. — Lommatzsch, Narr. de Frid. Myconio. — Ledderhose, Friedr. Myconius.

Nürnberg berufen worden war, wurde er 1546 zuerst Stellvertreter und bald darauf Nachfolger von Myconius.

Friedrich Mecum (Myconius) war am 26. December 1491 in dem Städtchen Lichtenfels am Main geboren. Seine Eltern waren fromme, ehrliche Bürgersleute; sein Vater hatte für jene Zeiten einen sehr gesunden evangelisch = christlichen Sinn. Nachdem Friedrich die Stadtschule in Lichtenfels sechs Jahre besucht hatte, schickten ihn seine Eltern in seinem dreizehnten Lebensjahre (1504) zu seiner weiteren Ausbildung in die damals blühende Schule zu Annaberg. Dort herrschte der finsterste Aberglaube; unter der Masse von Reliquien, welche daselbst verehrt wurden, werden unter andern eine Kniescheibe, eine Rippe, ein Achselbein und ein Finger der heiligen Anna genannt, die Herzog Georg der Hauptkirche zum Geschenk gemacht hatte. In solcher Umgebung wurde Myconius zweifelhaft, ob er seinem Vater oder den Priestern mehr glauben sollte, und glaubte doch den Priestern mehr. Als 1510 Tetzel nach Annaberg kam und zwei Jahre lang daselbst Ablaß predigte, hörte er ihm so eifrig und andächtig zu, daß er ganze Predigten von ihm auswendig konnte und dieselben nicht allein mit der Stimme sondern auch mit den Gesten des Ablaßpredigers so vorzutragen im Stande war, daß man Tetzel selbst zu hören glaubte. Und das that er nicht etwa im Scherz, sondern in vollem Ernste, „denn ich meinte", sagt er, „das wären wahrhaft göttliche Aussprüche, und was vom Papste komme, das komme von Christus selber".

Im Vertrauen auf einen Anschlag, daß den Armen der Ablaß umsonst gegeben werden solle um Gottes willen, ging auch Myconius hin und bat die im Vorzimmer Tetzels stehenden Priester in einer zierlichen lateinischen Ansprache um Absolution. Da man ihm entgegenhielt, nur eine „hülfreiche Hand" mache fähig, den Ablaß zu empfangen, zog er in großer Betrübniß ab und trat, von Sorge um das Heil seiner Seele gequält, auf den Rath seines Rektors Staffelstein in das neu erbaute Franziskanerkloster ein. Vom ersten Abend seines Mönchslebens erzählt er einen Traum, der in symbolischer

Weise sein ganzes künftiges Leben vor dem Auge seines Geistes vorüberführte.

Im Jahre 1516 erhielt er die Priesterweihe und ein Predigtamt in Weimar. Luthers Thesen ergriffen ihn so, daß er in ihrem Sinne von der Kanzel predigte; dafür erlaubten ihm die Mönche nicht, mit Luther zu sprechen, als dieser auf seiner Reise nach Augsburg 1518 im Barfüßerkloster übernachtete, erklärten ihn fünfmal in die Acht und bewachten ihn achtzehn Wochen lang so streng, daß er mit keinem Menschen sprechen und keinen Briefwechsel führen konnte. Endlich gedachten sie ihn in Eisenach in demselben Kloster lebendig zu begraben, in welchem Hilten gelebt und gelitten hatte. Aber zu dieser Zeit wurde das Evangelium in Eisenach bereits frei gepredigt; Strauß ließ die Strahlen desselben auch bis hinter die Klostermauern dringen. Darum war es nicht gerathen, Myconius länger hier zu lassen. Die Absicht der Mönche konnte leichter und sicherer erreicht werden, wenn sie ihn in das Land Herzog Georgs schafften. Nach kurzem Aufenthalte im Franziskanerkloster zu Leipzig sollte er nach Annaberg gebracht werden; aber unterwegs entfloh er nach Zwickau. Von hier aus schrieb er im Frühjahr 1524 einen Mahn= und Trostbrief an seine liebe Bergstadt Annaberg, nachdem er von den dortigen Franziskanern wegen der ersten evangelischen Predigt, welche er am Psalmsonntage zu Zwickau öffentlich gehalten hatte, in den Bann gethan worden war, und ermahnte die Annaberger, sich vor den Papisten zu hüten und in der evangelischen Freiheit beständig zu bleiben.

II.

Die Zwickauer hätten ihn gern als ihren Prediger und Seelsorger behalten, aber er glaubte einem Rufe folgen zu müssen, der ihn auf ein größeres Erntefeld führte. Er erzählt selbst: „In demselben Jahre 1524, um das Fest der Himmelfahrt Mariä, bin ich, Friedrich Mecum, hieher gen Gotha, aus des Raths, der Gemeinde, des Dekani, des Stifts und Amts Bitt von Herzog Johannsen zum Prediger verordnet und geschickt worden. Zu Gotha hatten die Kanonici, Nonnen und Mönche aller Pfarren Güter inkorporirt und länger denn 400 Jahre verschlungen, und waren alle Ministeria und Kirchen wie ein alt Haus zerfallen. Aber mit Gottes und des Landesfürsten auch der Visitatoren Hülfe habe ich's in diese Ordnung, darinnen es jetzt, Gott Lob! stehet, gebracht, die Schulen ins Augustinerkloster fundirt [1]), und zu den Ministeriis das Einkommen, wie es in diesem Buch verzeichnet, erworben und geordnet. Und ist alles durch die Churfürsten und Visitatores bestätigt, mit Brief und Siegel ratificirt und geordnet worden. Es hat unglaublich Arbeit gekostet, aus dem alten, verspureten, zermalmeten, faulen Holz ein neues Haus zu erbauen; aber du lieber Gott! gieb, daß es die Posteri erhalten! Ach! wie haben wir wider den Strom müssen waten und alles mitten aus dem Feuer holen. In dieser Arbeit hab ich neben denen, die mir geholfen, **ab** anno 1524 bis ins Jahr 1542 [2]) umgangen." —

In den Anfang seiner Wirksamkeit in Gotha fiel der Bauernaufstand. Seiner energischen Thätigkeit und dem Einflusse seiner Beredtsamkeit ist es vorzüglich zuzuschreiben, daß Gotha und seine nächste Umgebung von den Greueln dieser Empörung möglichst verschont blieben. „Wiewohl ich der Allergeringsten einer gewesen", schreibt er darüber, „so muß ich doch die Werke Gottes durch mich, wie Paulus, auch rühmen. In der Bäuerischen Aufruhr hat Gott durch sein Wort diese Stadt

---

1) An einer andern Stelle sagt er: „Die Schulen haben wiederum angefangen und restituirt Basilius Monnerius von Weimar, jetzt Doctor Legum, des Churfürsten Rath und der jungen Fürstin Präceptor. Ist der Anfang geschehen im Augustinerkloster, als noch die Mönche in ihren habitibus darin waren, Anno 1524. Sein Successor war Laurentius Schöpperus, nach dem M. Georgius Merula; nach diesem M. Pancratius Sussenbachius Silesius, der hat sie in eine rechte Form und Ordnung bracht."

2) In diesem Jahre schrieb Myconius seine Reformationsgeschichte.

Gotha und die Pflege, daß sie nicht aufrührerisch wurden, erhalten. Den Haufen Bauern zu Ichtershausen beredet und zertrennet ich mit einer Oration, daß sie abzogen und Niemand Schaden thäten. Die wollten die Schlösser Gleichen, Mühlberg, Wachsenburg schleifen und den Adel vertreiben."

In Gotha zeigten sich die Früchte seiner Arbeit und der Segen des Evangeliums bald nach den verschiedensten Seiten hin. „Da ward wiederum geflickt, was man flicken konnte. Man stellte das Zehren und Trinken im Kram ab, man richtete seine Ordnung an in allen Polizeien, man verordnete Aufseher auf die Spitäler, Siechhof und Armuth und einen gemeinen Kasten, und ward die Armuth reichlicher, denn zuvor je, versehen. Man machte auch den Fleischhauern, Bäckern, Müllern und Handwerkern Ordnung, strafte die Uebertreter. Man strafte und wehrte Unfug und Unzucht, hielt guten Frieden. Man verordnete auch Vormünde der Kirchen und dem Einkommen des Ministerii. Man verordnete auch den freien Fleischmarkt auf'm Markt. Item man besserte auch die Mauern, und ward von anno 1532 fast in zwei oder drei Jahren die ganze Stadt schier durch und durch gepflastert, die Thürme, die etliche gerissen, ausgebessert. Es baueten auch die Bürger fast in allen Gassen, daß etliche große Gassen in wenig Jahren schier eitel neue Häuser und Hof kriegten, daß die Stadt, Gott Lob, gar ein ander Angesicht bekommen. Es wurde auch in den Kirchen Alles aufs ordentlichste bestellt, daß der Katechismus und Kinderpredigt aufs fleißigste gehalten. Das machte auch gar neue Leute. Und da es zuvor Ehre war Ehebrechen und Frauenschänden, das ward ein solch Sünd und Schande, daß Etliche darob vor Leid starben, wie Ditzel-Weber u. s. w. Man ging auch fleißiger und schier alle Tage zu Rath, und durfte zwar Niemand, der Aemter hatte, müßig gehen. Da die Bienlein einander also halfen, nahm der gemeine Bienenstock zu und ward voller gutes Honigs. Summa: des Herrn Auge mästet das Pferd, und des Herrn Fuß dünget den Acker. Wenn aber Jedermann seinen Nutz suchen will, und in seinem Namen mehr auf sich, denn auf gemeinen Nutz sehen, so muß

es wiederum zu Boden gehen. Da behüt' uns vor, lieber
Herr Gott, und behalt' uns ja das Wörtlein unser, unser,
unser, in deinem Haus und Vater unser. Amen."

Im Jahre 1527 begleitete Myconius den Herzog Johann
Friedrich, der um Sibylla, die Tochter des Herzogs Johann
von Kleve, warb, nach Düsseldorf, wo er täglich im Schlosse
predigte. Auch in Köln, Jülich, Kleve, Westphalen, Braunschweig, Celle, Soest, Essen, wohin er den Herzog begleitete,
hielt er evangelische Predigten.

Von da an finden wir Myconius fast ununterbrochen in
Gemeinschaft mit Menius an den wichtigsten Ereignissen jener
Zeit Theil nehmen, so an den Visitationen in Thüringen in
den Jahren 1528, 1533, 1541; an dem Gespräch zu Marburg 1529; an der Wittenberger Konkordia 1536; dem Konvent zu Schmalkalden 1537, an der Einführung der Reformation in Herzog Heinrichs Landen 1539; an dem Konvent
zu Hagenau 1540.

Im Jahre 1538 wurde er mit dem Vicekanzler Franz
Burckart und Dr. Georg von Boyneburg vom Churfürsten
nach England gesandt. König Heinrich VIII., der sich durch
seine Vertheidigung der sieben Sakramente vom Papste den
Titel eines defensor fidei, von Luther aber den eines Lügners
und Unbiedermannes erworben hatte, fand es später, um die
Güter der Kirche zu erlangen und seine Frau los zu werden,
gerathen, sich den Protestanten in Deutschland zu nähern und
einen Anschluß zu versuchen. Zu diesem Zwecke knüpfte er
1535 Verhandlungen mit dem Churfürsten von Sachsen und
den Wittenbergern an. Melanchthon freute sich über den für
das Evangelium zu erhoffenden Gewinn, und Luther brachte
es über sich, einen demüthigen Brief an den falschen König zu
schreiben und ihm unmännlichen Widerruf anzubieten. Eine
englische Gesandtschaft verweilte drei Monate in Wittenberg,
um sich über die Augsburgische Konfession von Artikel zu Artikel zu verständigen; und als Fox die Zustimmung seines Königs
zu denselben versicherte und um Absendung evangelischer Männer
nach England bat, vermochte der Churfürst nicht zu widerstehen

und sandte nach einigen Zwischenverhandlungen die oben genannten drei Männer 1538 an König Heinrich, um eine Vereinigung herbeizuführen. Ob die Wahl der Gesandten eine glückliche genannt werden dürfe, möge dahingestellt bleiben; Landgraf Philipp wenigstens war mit derselben durchaus nicht zufrieden. Der König empfing die Gesandten aufs freundlichste; aber ein Resultat wurde nicht erreicht. Myconius selbst erzählt: „Da stellet sich König Heinz VIII., als wollte er das Evangelium annehmen, verordnet drei Bischöfe und vier Doktoren der Theologie, nemlich Thomas Craemer, Erzbischof von Kanterbury, den Bischof von London, den Bischof von Leicester, den Dr. Deius, Rektor von Kantabrigia, Dr. Nikolaus Hethus, Archidiakonus zu Kanterbury, Dr. Wilson und Dr. Robert Barns, welche einen ganzen Sommer mit uns von der Confessio Augustana handelten, einen Artikel nach dem andern, also daß sie nicht einen einigen Artikel mit Schrift oder Grund hätten tadeln können, sondern fast alle, doch ein wenig mit andern Worten, denn in der Augsburgischen Konfession steht, Alles mit ihren Handschriften bekenneten; also daß in ganz England eine gemeine Hoffnung ward, Christus würde allda Platz und Raum kriegen; ließ auch und gebot das Evangelium rein zu predigen, aber man sollte nichts desto weniger den alten Abgott Winkelmeß, eine Gestalt des Sakraments, die Ohrenbeichte oder Erzählung aller Sünden, die Pfaffen- und Nonnenkeuschheit behalten, d. i., den Antichrist im Tempel Gottes sitzen lassen und König Heinz lassen Papst sein. Und als wir mit guter Hoffnung abgezogen, da offenbarte sich's, daß es diesem Heinzen nur um's geistliche Einkommen zu thun gewesen, zerbrach die gülbenen und silbernen Särge, St. Thomas Kantuariensis Grab, item Maria de Bara Thalassa, nahm alle geistlichen Gefälle des Landes zu sich, setzte einen Kollektor drüber und trug jährlich etliche viel hunderttausend Gulden, Das war des Heinzen Evangelium, das er suchte. Darnach verstieß er die Herzogin von Jülich, sein Gemahl, wie er dreien seinen Königinnen zuvor auch gethan, und nahm die fünfte. Und hat zuvor umgebracht sechsundzwanzig Herren im Lande, etliche seine nächsten Blutsverwandten. — Und verbot, verbannte und vertrieb Christus Namen gar. Summa, Herodes ist nicht wider Christum und Nero wider die Apostel so tyrannisch gewesen. Dieses Königreich ist wohl gefärbt und gedüngt worden mit Christenblut."

III.

Zu Anfang des Jahres 1541 begann auch in Beziehung auf seinen Körper der Traum im Kloster zu Annaberg in Erfüllung zu gehen. Die Schwindsucht brach aus und zehrte ihn ab; das Sprechen wurde ihm besonders schwer, so daß er nicht mehr predigen konnte. Das drückte ihn sehr nieder. Seine trübe Stimmung sprach er auch in Briefen an seine Freunde aus, die ihn in gewaltigen Trostschreiben aufzurichten suchten. [1]

Dem Befehl, Bitte und Brief des ehrwürdigen Vaters Lutherus schreibt es Myconius neben den Recepten des vorzüglichen Arztes und Humanisten Sturziades zu Erfurt zu, daß er vom Tode zum Leben zurückgerufen wurde. Auch die Bitte Luthers sollte erfüllt werden, daß Myconius ihn überleben möchte; freilich nicht lange. Einen starken Stoß erlitt seine schwache Gesundheit durch den Schrecken, welchen eine große Feuersbrunst 1545 verursachte. Am 4. Adventssonntage dieses Jahres hielt er seine letzte Predigt. Von da an mußte er meist das Bett hüten. Die Nachricht vom Tode Luthers traf ihn hart. Einen Brief, den er darüber am 7. März 1546 an seinen Freund Menius schrieb, schloß er mit den Worten: „Gebe mir der Herr eine selige Stunde, daß ich ihm bald folge! Amen."

Als es ihm gewiß wurde, daß dieses Lager sein Sterbelager sein würde, schrieb er einen rührenden Abschiedsbrief an

---

1) Brief von Menius s. Tentzel, Suppl. III ad Sag. hist. Goth., p. 99.

den Churfürsten, in welchem er auch um einen tüchtigen Nachfolger an „diesem fürnehmsten Orte in Thüringen" bat.
„Wenn man's nicht besser machen könnte, hielte ich dafür, es
sollte nicht unbequem sein, daß Herr Justus Menius hierher
gesetzt würde und ein anderer an seine Statt, doch daß derselbe unter Herrn Justo wäre und seiner Weisung sich halten
thäte."

IV.

Auf diesen Valetbrief antwortete Johann Friedrich in freund-
lichster und liebevollster Weise und versprach ihm insbesondere
auch, falls er von diesem Jammerthale scheiden würde, darauf
zu denken, wie er alsdann an seine Statt einen frommen
christlichen Mann, seinem Bedenken und Gutmeinung nach, zum
Pfarrer und Superintendenten verordnen möge.

Am Sonntag Lätare, den 7. April 1546, erlag Myconius
seinen Leiden. Am folgenden Morgen hielt der Rektor Pankratius Suffenbach in Gegenwart der benachbarten Pfarrer in
der Schule eine kurze lateinische Lobrede auf ihn; die Leichenpredigt hielt Menius, der ihm kurz zuvor als Adjunktus beigegeben worden war, über Joh. 12, 24—26: „Wahrlich,
wahrlich, ich sage euch, es sei denn, daß das Weizenkorn in
die Erde falle und sterbe, so bleibet es allein; wo es aber
erstirbt, so bringet es viele Früchte u. s. w." Darin sagt
er von dem Entschlafenen:

„Wie treulich nun euer lieber Pfarrherr und Seelenhirte
Herr Friedrich seliger unserm lieben Herr Gott in diesem seinen
Befehl gedient, mit was großem Ernst und herzlichem Eifer er
sein Amt geführt und ausgerichtet, wisset ihr alle zum besten,
und werden's ihm beide, Freunde und Feinde, an jenem Tage
gewisse und wahrhaftige Zeugen sein müssen, obgleich jetzt vor
der Welt ein Jeder redet oder schweiget, was ihn lüstet. Ach
lieber Gott, wie mit großer Mühe, Sorge und Gefahr hat er

sein Stücklein Feldes bei euch allhie roden müssen! Wie herzlich sauer warb es ihm, ehe er die alten groben Stöcke weg-
räumen und die dicken Hecken ausrotten und es ein wenig ausrichten konnte, daß es sich ansehen ließ, als wollte ein Acker
des Herrn daraus werden. Ich selbst habe aus seinem Munde
mehr denn einmal gehört, daß er sagte, wollte es nicht besser
von Statten gehen, so wollte er dahin wiederum kehren, daher
er gekommen wäre, und war dennoch ein Mann, der, ob er
wohl klein von Leib, gleichwohl einen großen unverzagten Muth
hatte und sich einen kleinen Rauch nicht leichtlich beißen noch
verjagen ließ.

Denn obwohl vor ihm etliche Andere das Robewerk hier
angefangen, war doch sehr wenig und schier gar nichts ausgerichtet vor seiner Ankunft. Denn ihr wisset ja, lieben Freunde,
selbst zum allerbesten, wie es in eurer Kirche und Gemeine
stand vor 22 Jahren, ehe denn Herr Friedrich seliger hier ankam. So weiß ichs zu guter Maßen (als der ich die Zeit
wohl zwei Jahre vor Herrn Friedrich seligen im Predigtamt
zu Mühlberg euer nächster Nachbar war) auch wohl, und ist
gewißlich wahr, wie ihr selbst bekennen müsset, daß damals in
dieser, wie sonst in andern Kirchen auch, mit des Teufels
Disteln, Dornen und allerlei andern Unkräutern durch des
Papstes, seines Apostels, Lehre und antichristisches, tyrannisches
Regiment alles zumal, christliche Lehre, Glaube, wahre Anrufung und rechter Gottesdienst also verschlammet und ver-
dämpfet war, daß Eurer gar wenige (so anders etliche) waren,
die von der wahren Erkenntniß Christi, wie man Vergebung
der Sünden recht suchen, erlangen und selig werden möchte,
etwas wüßten.

Denn ob ihr wohl von ferne gehört, daß das antichristische
Papstthum mit seiner Lehre und Greueln des Teufels Reich
wahrhaftig und eigentlich wäre, deswegen ihr ihm billig feind
worden, den Meßpfaffen und Mönchen mit ihrem gottesläster-
lichen Thun und Wesen euch geäußert, so mangelte es euch
doch noch an dem, welches das größte und allernöthigste ist zur
Seligkeit, als nemlich, daß ihr anstatt der falschen Lehre des

Papstes die rechtschaffene reine Lehre des Herrn Christi nicht hattet, und stand fest auf dem, da auch unser lieber Herr Gott euren treuen Seelenhirten Herrn Friedrich seligen oder einen andern seinesgleichen bei Zeit nicht zugeschickt, ihr wäret des Papstthums also abgestanden und los worden, daß ihr zum Evangelio gleichwohl nicht bald gekommen, sondern unter dem Schein und Namen des Evangelii etwa einen Strauß, Münzer oder andern dergleichen Schwärmer bekommen, der euch mit Leib und Seel in Angst und Noth geführt hätte, oder aber ihr ohne solche für euch selbst in ein heidnisches und epikureisches Wesen gerathen wäret.

Dazu der Teufel damals bereitan einen großen Vortheil und guten Anfang hatte, nemlich daß die Schulen bei euch allerding gefallen und abgegangen, also, daß nicht allein nicht ein einiger Schüler vorhanden war, sondern auch große Mühe und Arbeit hatte, daß man ihrer etliche zur Schule bringen und wiederum von Neuem anrichten möchte, und die Sachen fast allenthalben also standen, daß Schulen und Studia beim Pöbel aufs höchste verachtet waren, und ihrer eher zehn zu finden, so Schulen stürmen und verstören, denn einen oder zwei, so sie hätten auf= und anrichten helfen.

Wiewohl nun diese grobe, harte und verdrießliche, schwere und gefährliche Rodearbeit, davon jetzt gesagt, dem guten Herrn Friedrich seligen über die Maßen hart und schwer angekommen, und er sich die scharfen stachelichten Dornen und Disteln über die Maßen übel hat müssen kratzen und stechen lassen, nicht allein von des Papstes Gesinde, den Pfaffen und ihrem Anhang, so ihren Gott den Papst und seinen Götzendienst mit Gewalt gern erhalten und vertheidigt gehabt, sondern auch von den Welt= flüglingen, Epikureern, welche des Papstthums gern also ab= gekommen und los geworden wären, daß sie hernachmals weder unter des Papstes tyrannischem Zwang noch sonst in anderer christlichen Zucht und Gehorsam, sondern allein nach ihrem eigenen und freien Willen hätten leben und handeln mögen, wie denn zu der Zeit es allenthalben zuging, daß Jedermann mehr eigen= willisch dann evangelisch zu leben und frei zu werden begehrte.

So ist es doch gewißlich auch wahr und offenbar, daß Herr Friedrich seliger nicht leichter noch weniger Mühe und Arbeit gehabt hat, den neuen Rodacker mit reinem guten Weizen zu besäen, denn zu roden. Denn es ihm da auch nicht anders gegangen ist, denn wie es von Anfang andern Gottesdienern vor ihm auch ergangen ist, noch heutiges Tages und allewege zu gehen pflegt, nemlich, daß er wohl guten reinen Samen gesäet, d. i. das heilige, gnadenreiche und seligmachende Wort des Evangelii mit allem Ernst und treuem Fleiß geprebigt, aber solcher Same ihm nicht allerwege also gefallen und seine herzlich wohlgemeinte treue Lehre nicht also von Jedermann zur Besserung angenommen ist, als er's gern gewollt und von Herzen gut gemeinet hat, denn er mit großem Herzwehe sehen, hören und gedulden müssen, wie solches edlen Samens der heilwärtigen himmlischen Lehre ein Theil am Wege von den frechen Verächtern in Dreck getreten und von den gutdunklen Fladengeistern und selbstgewachsenen Naseweisen, halbgelehrten Klüglingen aufgefressen, ein gut Theil von den Dornen des Eigennutzes, Wucherseuche, Stolz- und Prangseuche erstickt und sonst übel umgekommen und zu keinen Früchten gediehen ist.

Zudem ihm nicht weniger wehe gethan, daß ihm auch der Feind der Satan (wie wacker und fleißig er in seinem Amt gewesen) dennoch sein Unkraut und bösen Samen unter seinen reinen guten Weizen zu mengen sich unterstanden hat, sonderlich da der Teufel die Aufruhr erreget und hernachmals der Wiedertäufer Sekten, denen er zu wehren und steuern und auch vor ihnen zu vertheidigen über die Maßen großen Fleiß und Sorgen, Mühe und Arbeit gehabt und sich auch in nicht kleine geringe Gefahr darüber gewaget hat, bis so lang, daß Gott der barmherzige gütige Vater unsres lieben Herrn und Heilands Jesu Christi durch seines heiligen Geistes Kraft und Wirkung zu der treuen Arbeit und Fleiß Herrn Friedrichs seligen seinen himmlischen Segen und Gedeihen gegeben und euch also zu seinem Werk geschaffen und bereitet hat, wie es heut zu Tage (Gott sei Lob und Dank in Ewigkeit) steht; nemlich daß ihr, so weiland

Disteln und Dornen gewesen, und nunmals (so viel Euer die
heilsame und selige Lehre des Evangelii von Herrn Friedrichen
seligen und seinen treuen Mitdienern recht angenommen) ein
feiner schöner Same, Weizen geworden seid, d. i. ihr seid eine
heilige und selige Gemeine Gottes, erleuchtet mit der seligen
Erkenntniß seines lieben Sohnes und versiegelt mit seinem heiligen Geist in euren gläubigen Herzen zum ewigen Leben und
Seligkeit, deren ihr mit andern Gotteskindern hofft und wartet,
und euch freilich nichts mehr mangelt, denn daß solcher Weizen
in die Erde falle, ersterbe und zu ewiger Herrlichkeit wieder
aufgehe, oder aber der Hausvater ihn ungesäet und unerstorben auf seinen Boden auftrage, d. i., euch mangelt gar
nichts, denn daß unser lieber Herr Gott in solcher Erkenntniß
und Glauben uns, wie er jetzt unserm lieben Herrn Friedrichen
gethan, von dieser Welt abfordere, unsere sterblichen Leiber in
die Erde verscharren und ersterben lasse und wiederum an dem
fröhlichen seligen Tage seiner Zukunft sie zu ewiger Herrlichkeit
auferwecke, oder aber zu solcher Herrlichkeit, ehe wir hier ab-
scheiden, unverscharret und unerstorben (aber doch verwandelt)
zu sich aufnehme, wie ihr mit solcher heilsamen und tröstlichen
Lehre von eurem lieben und treuen Seelenhirten aufs fleißigste,
reichlichste und tröstlichste unterrichtet seid und es freilich von
ihm also gefasset und in eure Herzen gebildet habt, daß es
darinnen noch immerdar lebt und brennet und sich, ob Gott
will, durch keinerlei Noth noch Anfechtung auslöschen lassen
wird.

Solches Vertrauen habe ich stark und fest zu unserm lieben
Gott daher, erstlich daß Er, unser lieber Herr Gott selbst,
verheißen und zugesagt, sein Wort soll nimmermehr vergebens
und ohne Frucht geprediget werden, Jes. am 55. Capitel, und
zum andern, daß ich weiß und ihr selbst desgleichen auch, daß
euer lieber Pfarrherr und Seelenhirte Herr Friedrich seliger
solches euch nicht von schlechtem Hörensagen und aus todten
Buchstaben, sondern gewißlich aus Gottes, des heiligen Geistes
selbst, Erleuchtung und seines Herzens lebendiger Empfindung
vorgeprediget und gelehret hat, denn er je dieselbige Lehre von

unserm lieben Heiland Jesu Christo also gewaltig getrieben, daß männiglich, der sie aus seinem Munde gehört, merken und bekennen müssen, daß er derselbigen in seinem Herzen aufs allergewissiste wäre, und was er lehrete und redete, daß er dasselbige auch für seinen selbst einigen, gewissen und höchsten Trost hielte und glaubte.

Solches müssen noch vielmehr sagen und zeugen die, so täglich mit ihm umgegangen und sonderliche Gemeinschaft mit ihm gehabt haben, welche gesehen und gehört, daß er niemals größere Lust und Freude gehabt, denn wenn er von der heilwärtigen, tröstlichen, seligen und seligmachenden Lehre des heiligen Evangelii reden und handeln sollte, und wiederum, daß er auch niemals unlustiger und ungeduldiger zu sein gepflegt, denn wenn er Andere davon übel reden und sie lästern gehört, davon dem Manne sein Herz hätte brechen mögen.

In Summa, in der Gnadenlehre war sein Herz also ersoffen und so gar trunken davon, daß er nicht allein wachend davon gern redet und höret, sondern daß er auch im Schlaf Tag und Nacht solche Träume gehabt, die Jedermann, der sie hörte, bekennen mußte, daß es nichts anderes denn des heiligen Geistes Worte und Gedanken im Evangelio beschrieben waren, in welchen fröhlichen, lustigen, heilwärtigen und seligen Gedanken er sein Herz also zufriedengestellt, daß er die ganze Zeit seiner schweren langwierigen Krankheit je und je nur sehr wohl und aufs beste zufrieden gewesen und nichts Lieberes begehret noch gewünschet, denn daß er als ein Weizenkörnlein nur flugs begraben werden, dieses elenden Lebens abkommen und mit Christo, seinem und unserm lieben Herrn und Heiland, ewig sein und bleiben möchte, welches sein herzliches Begehren und Wünschen, Bitten und Flehen unser lieber Herr Gott auch endlich erhört und ihn zu seinen Gnaden seliglich genommen hat. Dahin er uns, wenn unser Stündlein kömmt, mit gleicher Gnaden auch helfen wolle. Amen. Amen.

Wie auch der selige Mann nicht allein mit seinem Lehramt allen Betrübten und Elenden tröstlich, sondern auch nach seinem Vermögen behülflich und wohlthätig gewesen, und sonderlich, was er nicht allein einzelnen Personen, sondern auch dieser ganzen Stadt und Gemeine zu zeitlicher ihrer Wohlfahrt ge= dienet, solches will ich Die sagen und rühmen lassen, denen es Dankbarkeit halben gebührt. Gewiß ist's, daß ihr seiner Diensten und Förderung keinen Schaden gehabt, wie kündlich und un= leugbar ist."

Nach der Churfürstlichen Konstitution über die Besetzung der geistlichen Stellen zu Gotha sollten die bleibenden Pfarrer und Diakonen, nebst dem Hauptmann, dem Schosser, dem alten und dem neuen Rathe, auch den Verordneten aus der Gemeinde, zusammenkommen, sich davon freundlich unterreden und einen andern frommen, geistlichen gelehrten Mann an des Abgegangenen Statt einträchtiglich erwählen und berufen, den= selben Ihro Ch. F. G. unterthänigst angeben und namhaftig machen. Bereits am Dienstag nach Palmarum restribirte der Churfürst von Torgau aus: „Ihr wollet einträchtiglich vermöge unserer Konstitution Herrn Justum Menium zu einem Pfarrer und Superintendenten gegen Gotha vociren und berufen."

Menius nahm den Ruf an, behielt aber auch zugleich nach dem Vorschlage von Myconius die Superintendentur zu Eise= nach, wo Johann Weiß (Albinus) an seiner Stelle Pfarrer wurde.

Zweites Kapitel.

Der Schmalkaldische Krieg.

I.

Als es 1545 dem Kaiser Karl V. gelungen war, den Papst zu bestimmen, daß ein allgemeines Koncilium zur Ausgleichung der Religionsstreitigkeiten berufen werde, verlangte er von den Protestanten im Voraus Anerkennung der zu fassenden Beschlüsse. Dies konnten die Protestanten nicht zugestehn; sie wußten recht wohl, daß das angekündigte Koncil kein allgemeines, kein freies noch auch christliches sei, wie sie es längst verlangt hatten und wie es ihnen im Reichsabschied vom Jahre 1544 verheißen worden war. Zudem fürchteten sie mit dem Eintritt des Koncils den Beginn der Feindseligkeiten, da ihnen der Friede bisher immer nur bis zum Zusammentritt eines allgemeinen Koncils gewährt worden war. Daher forderten sie eine Zusicherung, daß die vorher aufgerichteten Friedstände durch das Tridentinische Koncil nicht aufgehoben, sondern bis zu christlicher Vergleichung beständig bleiben und gehalten werden sollten. Der Kaiser erklärte zwar, daß er nicht daran denke, die Protestanten mit Krieg zu überziehen, aber ihre Forderungen gewährte er ihnen nicht. Die versuchte Vermittelung des Churfürsten von der Pfalz konnte bei der Lage der Dinge zu keinem

Resultate führen. Die Mehrzahl der Protestanten hielt es für das Beste, unverzüglich zu den Waffen zu greifen, aber Johann Friedrich glaubte keine Gewalt vom Kaiser fürchten zu müssen. Dieser aber war fest entschlossen, die Unterwerfung der Protestanten unter das Koncilium nöthigenfalls mit Waffengewalt zu erzwingen und traf im Geheimen alle Vorbereitungen dazu. Der Uebertritt des Erzbischofs und Churfürsten von Köln, sowie der Beschluß der weltlichen Stände desselben, den schmalkaldischen Bund um Hülfe zu ersuchen, und die Abordnung einer Gesandtschaft in dieser Angelegenheit von Seiten der Verbündeten an den Kaiser erregten dessen Haß und Widerwillen noch mehr. Dazu unterhandelte der Churfürst von der Pfalz über seine Aufnahme in den schmalkaldischen Bund, und der nach dem Tode Albrechts neugewählte Erzbischof und Churfürst von Mainz, Sebastian von Heusenstamm, hatte sich dem Landgrafen gegenüber für freie Predigt, Priesterehe und Abendmahl unter beiderlei Gestalt erklärt. So konnte Landgraf Philipp bei der allgemeinen Furcht vor der wachsenden Macht des Kaisers den Plan fassen, einen Fürstenbund ohne Rücksicht auf das Bekenntniß zu dem Zwecke zu stiften, daß die in Trient zu fassenden Beschlüsse nicht ausgeführt werden sollten.

Solchen Gefahren gegenüber betrieb der Kaiser seine Rüstungen immer eifriger. Sie konnten den Protestanten nicht verborgen bleiben, ebenso wenig als die Anerbietungen, die der Papst demselben gemacht hatte für den Fall, daß er sich zum Kriege gegen die Protestanten entschließe. Zwar gab der Kaiser vor, er wolle nur den Ungehorsam bestrafen und die Autorität des Reichs wieder herstellen, und es mag sein, daß sich Herzog Moritz, der, wie Luther einst gesagt hatte, nicht allein sein Emporkommen, sondern auch sein Dasein der evangelischen Gemeinschaft verdankte, sich nur in dieser Voraussetzung von ihm gewinnen und zum Konservator, Exekutor und Beschirmer der beiden Stifte Magdeburg und Halberstadt ernennen ließ; allein der Kaiser hat in einem Briefe selbst ausdrücklich die Sache der Religion, die Trennung der Protestanten als seinen vornehmsten Grund bezeichnet.

2*

II.

Als endlich der Kaiser erklärte, er beabsichtige die ungehorsamen Fürsten zu züchtigen, die unter dem Scheine der Religion die Rechtspflege des Reiches störten, geistliche Güter einzögen und je nach eignem Belieben mißbrauchten, konnte kein Zweifel mehr sein, gegen wen und gegen was die Rüstungen gerichtet waren. Schrecken ergriff die Gemüther, die Furcht vor einem Religionskrieg war allgemein. Daß aber ein solcher vom Kaiser beabsichtigt sei, wurde von den Protestanten behauptet, von den Katholiken geleugnet. Damit hing die Entscheidung der Frage zusammen, ob es den protestantischen Fürsten erlaubt sei, gegen den Kaiser in den Krieg zu ziehen. Auch für Diejenigen aus dem Volke, welche Kriegsdienste zu leisten hatten, war es von größter Wichtigkeit, daß diese Frage in rechter Weise beantwortet wurde. Die Prediger erörterten daher die Sache auf den Kanzeln und Menius schrieb seinen Unterricht von der Nothwehr zugleich mit Berücksichtigung der von katholischer Seite besorgten und vielfach gefälschten Ausgabe des „Rathschlags Martini Luthers und andrer Hochgelehrten zu Wittenberg, ob sich der Churfürst von Sachsen um des Evangelii willen mit dem Kaiser in Krieg einlassen soll (Leipzig 1546)". [1]

In der Vorrede führt Menius aus, daß Gott auch in der letzten Zeit dieser Welt seine Kirche erhalten werde, wie er verheißen habe. Gott verhängt dieses Elend über beide Theile wegen der großen Sünden, Abgöttereien, Gotteslästerung, Mord, Unzucht und anderer Laster, die lange Zeit bei den Päpstlichen gewesen und jetzt nicht allein bleiben, sondern als löbliche Ordnung und Tugenden gestärkt werden, und wegen unsrer vielfältigen Untugend, Unordnung in Wollüsten, Versäumniß und Unfleiß in geistlicher und weltlicher Regierung, Verachtung der Lehre und Studien, vorwitzigen Opinion, sträflicher Unwissen-

---

1) Das Gutachten ist vom 6. März 1530. be Wette III, 560; vgl. Corp. Reform. VI, 356.

heit, Stärkung etlicher schädlichen Mißbräuche und des wilden furchtlosen Lebens u. s. w. Durch solche Strafe will Gott die Menschen erinnern, daß sie ihre Sünden erkennen und Gnade suchen. Es schreien aber jetzt viele Gegner, unsere Herren sollten wider die Kriegsrüstung, weil sie des Kaisers Namen hat, nichts vorgenommen haben, ob sie gleich dieser Herren Lande überzogen hätten, hätten Kirchen und Städte zerstört, schreckliche Unzucht und Mord geübt u. s. w. Und sie haben nicht allein ein Frohlocken an so viel christlicher, ehrlicher Leute Verfolgung, sondern wollen uns auch den Trost des guten Gewissens nehmen, daß der Schmerz größer werde. Denn äußerlich leiden ist noch nicht das Höchste, sondern Angst des Gewissens ist viel höher. „Darum habe ich den Gewissen zu Gute diesen Unterricht gestellt." Die Verfolgung ist gegen die Wahrheit des Evangeliums gerichtet und hat bei Dr. Luther angefangen. Die Beseitigung von Irrlehren und Abstellung von Mißbräuchen berühren die weltliche Obrigkeit nicht, ja würden auch die Bischöfe nicht in ihrem Regimente stören, wenn sie Gottes Ehre und der Kirche Seligkeit suchen wollten.

„Gleichwohl sitzen Papst, Bischöfe und weltliche Potentaten zusammen und haben lange Zeit gerathschlagt, wie sie unsere Kirchen im Grund vertilgen könnten, sind also lange Zeit mit diesem Kriege, der nun leider vor Augen ist, schwanger gegangen.

Und wiewohl Etliche vorgeben, der Kaiser suche nicht Unterdrückung dieser Lehre, die unsere Kirchen bekennen, so ist doch öffentlich aus den päpstlichen Schriften, in Polen und in die Schweiz gesandt, die im Druck ausgegangen sind, und aus vielen andern gewissen Anzeigungen, daß dieser Krieg auf des Papstes, Pfaffen und Mönche Anhetzen und endlich zu Vertilgung der Lehre beschlossen und vorgenommen ist. Das wird Gott richten, der aller Menschen Herzen erkennt. Denn wie listiglich dieser ganze Krieg practicirt ist, davon will ich hier nicht reden.

Aber dieses weiß männiglich, nicht allein in deutschen Landen, sondern auch in vielen fremden Nationen, in Italia, Gallia,

Danja, Bohemia, Hungern und andern, daß die löblichen Reichsstädte in allen weltlichen Sachen zu aller Zeit diesem Kaiser allen unterthänigen Gehorsam erzeigt haben, haben in kaiserlichen Zügen mit Geld und Leuten gedienet.

Dergleichen haben zu dieser Zeit alle Chur- und Fürsten nicht anders gewußt, denn daß sie einen gnädigen Kaiser hätten, sind auch in weltlichen Sachen zu allem Gehorsam willig gewesen und haben ihm in diesen 4 Jahren etliche treue Dienste gethan.

So sind die Religionssachen auf ein gemein frei christlich Koncilium angehänget gewesen, welches noch nicht gehalten, und obgleich das Koncilium zu Trient zu einem Schein angefangen ist, so hat es doch von den vornehmsten streitigen Artikeln noch nicht geschlossen, daß die Exekutio noch nicht zu fürchten gewesen. Darum sich zu dieser Zeit unsere Herren keiner Ungnad und keines Krieges besorgt.

Da sich aber der Kaiser in Rüstung begeben und unverborgen gedroht, etliche deutsche Fürsten zu strafen, sind diese Herrn verursacht auch anzuziehen, sich, ihr Gemahl und junge Herrschaft, Lande und Leute, Priester, Kirchen, Studia, tugendsame Frauen und Jungfrauen und Kinder zu schützen, besonders weil man wußte, daß fremde Nationen, Italiener und Spanier, im Anzug waren, die unsrer Kirche Lehre nicht wissen und derhalben wider uns als Ketzer alle Grausamkeit zu üben angehetzt sind. Und wie züchtig sie sonst sind, das hat man nun leider im Werk befunden.

Dieweil nun von dieser Defension, die von unsern Herren treulich gemeinet und mit gutem Gewissen vorgenommen ist, von Vielen disputirt ist, ob diese Defension in diesem Fall, wie gemeldet ist, wie des Papstes und Kaisers Rüstung recht und nicht wider Gott sei, habe ich folgenden Unterricht kürzlich zusammen gezogen."

Im ersten Theil wird nun nachgewiesen, inwiefern man jeder Obrigkeit, geistlicher und weltlicher, Gehorsam schuldig ist. Es ist aber das geistliche Regiment eigentlich das Predigtamt, dadurch das heilige Evangelium vom Sohne Gottes rein verkündigt wird, und werden die Sakramente nach göttlichen

Befehl den Gläubigen mitgetheilt, und tüchtige Personen zu Pflanzung der Lehre geordnet, durch welches Amt Gott sich eine ewige Kirche im menschlichen Geschlecht sammelt, und will wahrhaftiglich zu Gnaden und ewiger Seligkeit annehmen alle Menschen, die dem Evangelio wahrhaftiglich glauben und auf den Sohn Gottes vertrauen. Keine Kreatur hat Macht etwas wider das Evangelium zu lehren, zu setzen, zu schließen oder aufzurichten; hingegen sind alle Menschen schuldig, die Wahrheit zu bekennen. Das weltliche Regiment ist auch Gottes Befehl und Ordnung, dazu eingesetzt, daß es die Gebote Gottes und vernünftige Gesetze dem Volke vortrage und die Uebertreter derselben strafe. Von solcher Würde des Regiments und von herzlicher Ehrerbietung gegen die Herrschaft ist in tausend Jahren nicht so gründlich geschrieben worden als von vielen Lehrern der evangelischen Kirche. Daher ist es eine große Unwahrheit, wenn ihnen die Widersacher Schuld geben, daß sie Aufruhr predigen. Wenn aber die Regenten die rechte Lehre unterdrücken und eignen Gottesdienst, Abgötterei, Mord, Unzucht und dergl. einführen, so soll man sich nicht durch Gehorsam desselben Verbrechens schuldig machen, sondern Gott mehr gehorchen als den Menschen. Gott ist stets in denen mächtig gewesen, die sich in solchen Fällen der Obrigkeit widersetzten. Zwar lehrt hier weltliche Weisheit: Schweige, leide und meide, daß Du nicht Dir und Andern Unruhe machst, aber Gottes Gebot und unwandelbarer Wille ist, man soll ihn recht anrufen und nicht Abgötterei treiben. Die Weltweisen sagen: So man etwas in gewöhnlichen Ceremonien ändert, so folgen Zwietracht, Verachtung der Obrigkeit, Zerrüttung guter Zucht und Sitte, Uneinigkeit der Fürsten, Kriege, Zerstörung und Verwüstung der Länder; darum sei es viel besser, daß man ganz stillschweige von allen gewöhnlichen Opinionen und Ceremonien, ob sie gleich abgöttisch und öffentlich schändlich sind. Das Aergste ist, daß man die Evangelischen beschuldigt, sie thäten unrecht, seien unsinnig und aufrührerisch und zerrütteten der Länder Frieden und Einigkeit ohne Ursache. Diese Beschuldigung ist der scharfe Essig, damit man sie am Kreuze tränkt.

Die Schrift giebt deutlich an, wo man der Obrigkeit Ge=
horsam und wo man Gott das Bekenntniß schuldig ist. Gebet
dem Kaiser, was des Kaisers ist, und Gott, was Gottes ist.
Da ist nicht vergeblich gesagt, was des Kaisers ist, nicht was
der Kaiser haben will, sondern dasjenige, was sein ist, nemlich
was in sein Amt gehört. Aber diese Gebote: Du sollst die
todten Heiligen anrufen, Du sollst nicht glauben von Vergebung
der Sünden, wie Gott im heiligen Evangelio verheißen und
geboten hat u. s. w., sind nicht des Kaisers, ob er sie gleich
zu sich zieht und sie haben will als seine Krone und Scepter.

Gehorsam ist eine große und schöne Tugend, so lange sie
in der göttlichen Ordnung bleibt, daß man nichts thue, lobe
oder stärke, was Gott verboten hat. Friedliches Regiment und
freundliche Einigkeit der Fürsten sind herrliche Gaben Gottes,
und Niemand soll sie ohne Noth und freventlich stören. Aber
nicht Diejenigen, welche das wieder an den Tag gekommene
Evangelium annehmen, sind die Zerstörer des Friedens, son=
dern Die, welche die Wahrheit unterbrücken.

Im zweiten Theil wird ausgeführt, daß Nothwehr gegen
unrechte Gewalt und Grausamkeit ein zugelassenes und rechtes
Werk sei.

Jede Obrigkeit hat göttlichen Befehl, sich und ihre Unter=
thanen zu Erhaltung rechter Lehre und Zucht zu schützen. Also
in unserm Fall. Wenn der Papst den jetzigen Krieg vor=
nemlich erregt und führt, so ist kein Zweifel, der Churfürst
von Sachsen und der Landgraf von Hessen und andere Ver=
wandte derselben thun recht, wenn sie sich und ihre Kirchen
wider diesen Feind schützen. Denn Papst und Bischöfe haben
keine Hoheit über diese Churfürsten, Fürsten und Stände. Und
wenn sich der Papst einige Hoheit anmaßt, so ist solches ein
Raub und eine Tyrannei und nicht solche Obrigkeit, die
St. Paulus göttliche Ordnung nennt. Ja es ist wider Gottes
Ordnung, daß sich der Papst über alle Könige und Fürsten
setzt und gebietet ihnen falsche Lehre zu glauben und Abgötterei
zu treiben, und will diese seine Hoheit und die Abgötterei selbst
mit dem Schwerte erhalten. Das Alles ist stracks dem Dienste

des Evangeliums, dessen er sich annimmt, zuwider. Deshalb ist der Papst und sein Kriegsvolk nicht anders denn als öffentliche Mörder zu achten.

Ebenso ist die Nothwehr gegen den Kaiser vollkommen berechtigt. Wenn die Fürsten sich, ihr Gemahl, Kinder, Priester, Schulen und Land und Leute gegen fremde mörderische Nationen schützen und Vertilgung der rechten Lehre, Unzucht und Mord verhüten, so ist das ein gottgefälliges Werk und nicht Aufruhr. Denn zwischen Schutz und Aufruhr ist ein großer Unterschied. Schutz ist ein geordnetes Werk in menschlicher Natur, nicht vornemlich Andern zu schaden vorgenommen, sondern unrechte Grausamkeit wider sich und die Seinen aufzuhalten, so keine andere ordentliche Rettung ist. Aber Aufruhr ist eine Empörung wider die ordentliche Obrigkeit, nicht zu nöthigem Schutz vorgenommen, sondern sich ohne Beruf zu erhöhen.

Es reden Viele von Geduld und Gehorsam. Wenn ihnen aber Italiener und Ungarn in die Häuser kämen, würde sie ihr eignes Elend lehren, daß sie bekennen müßten, die Fürsten und Städte thäten löblich, wenn sie mit Ernst zusammenträten, solche Grausamkeit und Unzucht aus Deutschland hinwegzubringen. Denn man höret leider allzuviel Exempel, welche große Schande, die in den Himmel ruft, die Italiener in Bayern und Schwaben eine Zeit lang getrieben haben.

Das Wort des Herrn an Petrus: Wer das Schwert nimmt, wird durch das Schwert umkommen, ist nicht dagegen. Denn in unserm Falle nimmt der Papst das Schwert, der diesen Krieg erregt hat, so doch seiner Person das Schwert zu führen nicht gebührt. Und überdies übt er Grausamkeit wider unschuldige Leute, Priester, Herrn und ganze Landschaften. Dagegen nehmen die Churfürsten und Fürsten das Schwert nicht, sondern es ist ihnen als weltlicher Gewalt zum Schutz gegeben, und Gott billigt den Schutz, der natürlichen Rechten und dieses Reichs Gesetzen gemäß ist.

Etliche rathen den Fürsten, Ständen und Prädikanten sehr übel und schreien, Christen sollen leiden und keine Gegenwehr wider die Obrigkeit vornehmen, ob sie gleich öffentlich unrechte Grausamkeit übt. Sie ziehen auch eine alte Schrift an, die der ehrwürdige Herr D. Martinus Luther soll gestellt haben. Ob nun diese unbarmherzigen Leute Gott zu Ehren oder aus Haß gegen die Evangelischen und wider rechte Lehre solche Reden ausbreiten, darüber zu richten mag Gott anheimgestellt bleiben. In der Warnung, welche vor vielen Jahren ausgegangen, und in andern Schriften hat sich Luther dahin erklärt, daß er die Nothwehr für recht halte. Was wären christliche Regenten anders, denn der hohen Könige Henker, wenn sie die Prädikanten und andere fromme Leute auf der hohen Potentaten Gebot ohne alle Widerrede tödten oder verjagen sollten?[1])

Im dritten Theile endlich werden die vornehmsten Artikel der rechten und reinen Lehre aufgeführt, die der Papst und sein Anhang verfolgen, damit der gottesfürchtige Kriegsmann wisse, daß er von wegen rechter, nöthiger Sachen streiten oder leiden werde, die so großwichtig sind, daß ein jeder sein Leben geringer achten und zur Erhaltung derselben im Bekenntniß und sonst nach seinem Beruf das Leben wagen soll.

III.

Der Krieg brach aus. Der Kaiser hatte sich durch ein Bündniß mit den geistlichen Reichsfürsten und dem Herzog von Bayern, namentlich aber mit Herzog Moritz von Sachsen, bedeutend verstärkt. Die Protestanten waren theils sehr schlecht unterrichtet — übertrug doch der Churfürst seinem Vetter die Verwaltung der Churlande für die Zeit seiner Abwesenheit —, theils unfähig zum Handeln durch die Vielköpfigkeit des Kriegsraths und die verfehlte Rücksicht auf den Kaiser. Daher er-

---

1) Besonders in diesem Theile dokumentirt Menius eine außerordentliche Belesenheit in der griechischen und römischen Literatur durch Mittheilung einer Menge der passendsten und schlagendsten Beispiele aus der Geschichte.

hielt der tapfere Schärtlin, der Feldherr der oberdeutschen Städte, nicht einmal die Erlaubniß, den Kaiser bei Regensburg zu überfallen, oder die Versammlung in Trient zu sprengen und den Zuzug aus Italien abzuschneiden. Trotzdem standen, namentlich in Folge der im kaiserlichen Heere ausgebrochenen Krankheiten, die Sachen günstig für die Protestanten, als plötzlich die Nachricht kam, daß Moritz an seinen Glaubensgenossen zum Verräther geworden und mit Heeresmacht in das Land seines Vetters eingefallen sei. Johann Friedrich eilte nach Hause, um sein Land zu schützen; auch Landgraf Philipp zog heim, und das ganze Bundesheer löste sich auf. Bis zum Frühjahr 1547 wurde ganz Süddeutschland unterworfen. Die Städte öffneten die Thore und übergaben ihre Geschütze. Der Churfürst von Köln legte seine Würde nieder; sein Nachfolger schaffte bald den deutschen Gottesdienst ab und führte die lateinische Messe wieder ein. Nun wurde auch Johann Friedrich, der inzwischen die Truppen von seinem Vetter Moritz geschlagen und dessen Land zum großen Theil erobert hatte, auf der Lochauer Haide an einem Sonntag Morgen beim Gottesdienst überrascht und in der Schlacht bei Mühlberg (27. April 1547) geschlagen und selbst verwundet und gefangen genommen. Das Todesurtheil, welches der Kaiser über ihn aussprechen ließ, vollzog er zwar nicht, sondern verwandelte es nur in ewiges Gefängniß, aber Johann Friedrich mußte seine Festungen Wittenberg und Grimmenstein zu Gotha übergeben und Land und Chur an Moritz abtreten. Aber dazu konnte er nimmermehr gebracht werden, daß er darein willigte, sich in Alles zu fügen, was der Kaiser und das Tridentiner Koncil in Religionssachen bestimmen und beschließen würden. Daher strich der Kaiser, welchen solche Standhaftigkeit mit Bewunderung erfüllte, mit eigner Hand den betreffenden Artikel aus der Urkunde und befahl deshalb nicht weiter in den gefangenen Churfürsten zu dringen.

Am 25. Mai hielt der Kaiser seinen feierlichen Einzug in Wittenberg, welches die Gemahlin des Churfürsten, Sibylla, am 5. Juni verließ, um ihren Sitz mit ihren Söhnen fortan in Weimar zu nehmen.

Da nach der Wittenberger Kapitulation auch Gotha mit der Festung Grimmenstein dem Kaiser übergeben werden sollte, so zog der kaiserliche Oberst Lazarus von Schwendi dahin, um die Festungswerke schleifen zu lassen. In Gotha war die Furcht vor dem kaiserlichen Kriegsvolke groß. Denn „es wurden die Leute bedrängt, beschwert und geplündert, die Städte und Dörfer verheert und aufs höchste gebrandschatzt. Des Verheerens und Verderbens war kein Maß noch Ende, und Türken und Heiden konnten es gegen Christen nicht ärger machen. Kirchen wurden erbrochen, Kelche, Ornate, Kirchengeschmeide und Alles, was die Leute von ihrer Habe hineingeflüchtet hatten, wurde geraubt. Einem armen schwangeren Weibe hatte man die Büchse auf die Brust gesetzt, um von ihr Geld zu erpressen. Sie starb mit ihrem Kinde an den Folgen der greulichen Behandlung. Viele Bürger wurden mit Stricken gebunden und gemartert, um anzugeben, was sie über und unter der Erde hätten".[1]

In dem Dorfe Reisdorf wurden 88 Häuser niedergebrannt und so gewüthet, daß der Schaden auf 8800 Gulden berechnet wurde. Als daher diese Scharen sich Gotha näherten, flüchteten viele Familien. Auch Menius bat die alte befreundete Stadt Mühlhausen um gastfreundliche Aufnahme seiner Frau und seiner Kinder[2], und floh selbst; aber auf ein beruhigendes Schreiben[3] des Herzogs Johann Friedrich d. M. kehrte er wieder

---

[1] Beck, Johann Friedrich d. M. I, 36.
[2] S. Mühlhäuser Rathsarchiv.
[3] Dasselbe (Weim. Comm.-Arch., Reg. J, fol. 461; No. 11) lautet: „An Justus Menius.

Unsern Gruß zuvor. Würdiger, Lieber, Andächtiger. Wir haben Euer Schreiben gelesen, und wiewohl uns hoch bekümmerlich, daß nach dem Willen Gottes die Veste und Stadt Gotha in andrer Leute Hände kommen, nachdem wir aber bericht, daß sich die kaiserliche Majestät bei hohen theuren Worten habe vernehmen lassen, daß sie unsere wahre christliche Religion nicht anfechten noch hindern wollen, Euch auch von den kaiserlichen Kommissarien noch nichts verboten, zudem, daß sich die Diener göttlichen Worts zu Wittenberg und an andern Orten ihres Berufs für und für halten, Ihr auch bei unserem gnädigen lieben Herrn und Vater, uns

zurück. Dem Versprechen des Kaisers gemäß wurde „die wahre, christliche Religion nicht angefochten noch gehindert; die Kirchen = und Schuldiener wurden beschützt, der Gottesdienst wurde nicht gestört".

Aber der Aufenthalt der rohen Kriegsknechte, welcher vom 1. Juni bis zum 16. Oktober dauerte, hinterließ für die Stadt namentlich in sittlich = religiöser Beziehung traurige Folgen, die nicht sobald überwunden wurden. Ueberdies war das Leben am Hofe der drei jungen Fürsten, Johann Friedrich des Mittlern, Johann Wilhelms I., des Stifters der weimarischen Hauptlinie, und Johann Friedrich des Jüngern, ein keineswegs lobenswerthes. Der Hofprediger Stolz [1]) schreibt darüber:

und sonsten männiglich in diesen Landen für der vornehmsten Lehrer und Prediger, auch der andern armen Priester Vorgänger einer geachtet und gehalten werdet, wir auch den kaiserlichen Kommissarien Euer und der andern Diakoni halber zu Gotha vorgestern geschrieben und Euch sämmtlich in gutem Befehl zu haben gesonnen, welcher sich dann solches zu thun vor das gutwillig erboten, daraus wir uns versehen, solchem allen sollte also nachgegangen werden, darum begehren wir gnädiglich: Auch Ihr wollet Euch wiederum gegen Gotha verfügen und Euch wie zuvor Eures Berufes halten; was ihr Euch auch in Eurer Lehre und Predigt, auch mit Reichung der Sakramenta halten sollet, darinnen wissen wir Euch kein Ziel oder Maß zu setzen, sondern werdet Euch darinnen, wie Ihr bis daher gethan, als ein treuer christlicher Diener Gottes Worts wohl zu halten wissen, weil wir auch zu Gott hoffen und bitten, seine Allmächtigkeit werde es mit unserm Herrn Vater und uns zu guter Besserung schicken. So wollet mit seinen Gnaden, uns und Euren armen Pfarrkindern zu Gotha noch eine Zeit lang auch Geduld tragen. Das wollten wir Euch hinwieder nicht verhalten und wir sind Euch mit Gnaden geneigt. Datum Eisenach, Dienstags nach Trinitatis, Anno 47.

Johann Friedrich der Mittlere."

Melanchthon hatte Menius bringend aufgefordert, nach Eisenach oder Weimar zu entweichen, da er aus seinen Sternen ersehen habe, daß ihm Gefahren drohen. Er möge die durch dieselben angezeigten Warnungen nicht verachten, wie der unglückliche Churfürst gethan habe. (Corp. Ref. [ed. Bretschn.] VI, 568.)

1) Joh. Stolz oder Stolsius, Hofprediger des Churfürsten Friedrich, hatte bedeutenden Einfluß am Hofe und spielte eine nicht unwichtige Rolle in der Geschichte der weimarischen Landeskirche. Wir finden seinen Namen

„Wie ist aber zu Hof ein seltsam Wesen! wie Wenige thun doch allda ihrem anbefohlenen Amte genug! welch' eine Spaltung, Unwillen und Verbitterung ist unter den Hofpersonen! daß auch fremde Leute davon zu sagen wissen. Hält's doch schier Keiner mit dem Andern, die doch billig allen Rath und That zur Erhaltung der Zucht, Justizien und des Regiments Bestem sollten anwenden und fein zusammenhalten; denn durch Zwietracht im Regimente, wie auch die Vernunft und Erfahrung giebt, kann man zu keinem Aufnehmen kommen, sondern muß vielmehr und gewiß in einen Haufen fallen." [1])

Wenn es aber am Hofe so aussah, konnte man auch im Volke nicht mit Nachdruck auftreten. Daher drohte Menius von Gotha wegzugehn, wenn man „nicht Buße thue, die öffentlichen Laster, als großes Lästern, Ehebruch, Wucher, Geiz und dergleichen Laster, abschaffe oder dasselbe ernstlich strafe". Außerdem fühlte er sich dadurch gekränkt, daß sein Antrag, den alten und schwach gewordenen Rektor Pankratius Sussenbach zu pensionieren und seinen Schwiegersohn M. Lindemann an seine Stelle zu setzen, nicht angenommen wurde. Er bat deswegen 1551 um Versetzung nach Eisenach. Da er jedoch dieses Gesuch wieder zurücknahm, schrieb der Churfürst an seinen Sohn Johann Friedrich d. M.: „Wir hätten uns aber zu ihm, daß er also von Einem aufs Andere fallen sollte, nicht versehen, machen uns aber damit etwas Bedenken. Aber

---

unter dem Gutachten der weimarischen Theologen über das Interim; er bekämpfte Georg Merula wegen seines Irrthums in Bezug auf den Exorcismus bei der Taufe; er ist ein Mitunterzeichner der Censurae der fürstlich sächsischen Theologen über die Lehre Osianders und der Konfutation der Osianderschen Irrthümer. Nach dem Tode des Churfürsten, dem er auf seinem Sterbebette das heilige Abendmahl reichte, wurde er Kirchenvisitator. Als solcher verlangte er die Verdammung einiger majoristischen Schriften. Er setzte es durch, daß die Geistlichen bei der Austheilung des Abendmahls nicht vor dem Altar, sondern hinter demselben stehen sollten. Er starb 1556.

1) Beck, Johann Friedrich der M. I, 72.

weil er sonst in der Lehre rechtschaffen und kein Mangel an ihm zu spüren, muß man es geschehen lassen und mit ihm Geduld haben. Es ist aber daran zu merken, daß sie gleich so wohl als andere Leute Menschen und keine Engel sind." [1]

1) Augsburg, den 22. April 1551. Weim. Comm.-Arch., L, 403—411.

Drittes Kapitel.

Das Interim.

———

I.[1]

Nachdem der Kaiser die Macht der Protestanten niedergeworfen und ihre Hauptvertheidiger gefangen genommen hatte, glaubte er sein gegründetes Ansehen als Oberhaupt des Reiches auch in Sachen der Religion geltend machen zu müssen. Es lag ihm viel daran — und es wäre ja auch ein Glück für die deutsche Nation gewesen, wenn es möglich gewesen wäre, — die Einigkeit und Einheit in kirchlicher Beziehung wiederherzustellen. Aber wie sollte das geschehen? Daß die katholische Partei etwas aufgeben würde, daran war nicht zu denken;

———

1) Weim. Comm.-Arch., M, S. 398—403. — „Der Römischen Kaiserlichen Maiestat erclärung, wie es der Religion halben im hailigen Reich, biß zu außtrag des gemainen Concilii gehalten werden soll, auff dem Reichstag zu Augspurg, den XV. May im MDXLVIII Jar publiciert und eröffnet, vnd von gemainen Stennden angenommen. Getruckt zu Augspurg durch Philipp Vhlhart." — Johann Erdmann Bieck, Das dreifache Interim (Leipzig 1721). — Salig, Historie der Augsb. Konf. I, 570. — Pland, Geschichte des protestantischen Lehrbegriffs III, 2. S. 425. — Ranke, Deutsche Geschichte im Zeitalter der Reformation V, 33 ff. — Beck, Johann Friedrich der M. I, 76 ff.

das Koncil von Trient hatte bereits den deutlichen Beweis
geliefert, daß es eine Reformation der Kirche nicht wolle.
Konnte man nun von den Protestanten verlangen, daß sie einfach in den Schoß der alten Kirche wieder zurückkehren sollten?
Die strengkatholische Partei, der Beichtvater des Kaisers an
der Spitze, hatte wohl diese Absicht, aber selbst des Kaisers
Bruder, König Ferdinand, wies darauf hin, daß das ohne
einen neuen blutigen Krieg nicht möglich sei. Aber zu einem
Kriege hatte man kein Geld. Ueberdies war der Kaiser mit
dem Papste unzufrieden, weil er sich seinen Vorschlägen widersetzte und seine herrschsüchtigen Absichten schlecht verbarg, und
auf der andern Seite mußte er sich hüten, die Protestanten
vor den Kopf zu stoßen, weil er ihre Hülfe gegen die Türken
brauchte. Auch scheint es ihm ernstlich und aufrichtig darum
zu thun gewesen zu sein, eine Einigung herbeizuführen.

Da die Stände die Sache dem Kaiser anheimstellten, so
beschloß derselbe eine Feststellung ausarbeiten zu lassen, wie es
einstweilen (interim, daher der Name) bis zur Entscheidung
durch ein allgemeines Koncil in Glaubenssachen gehalten werden
sollte. Er berief dazu drei Männer, die als Repräsentanten
der drei Hauptrichtungen in der Kirche gelten konnten, Michael
Helding, Weihbischof von Mainz, einen strengen Altkatholiken,
Julius Pflug, der der milden Richtung des Erasmus huldigte
und nach der Schlacht bei Mühlberg wieder in sein Bisthum
zu Naumburg eingesetzt worden war, und den protestantischen
Hofprediger des Churfürsten Joachim II. von Brandenburg,
Johann Agricola. Der Letztere hat wahrscheinlich den Entwurf
zum Interim gefertigt, der aber dann von Pflug und Helding
wesentlich verändert wurde, und soll mit 700 Kronen belohnt
worden sein. Am 15. Mai 1548 wurde das Interim als
Reichsgesetz publicirt mit Zustimmung des in Augsburg versammelten Reichstages. Daher heißt es das Augsburger Interim.

II.

Es ging dem Interim, wie allen halben Dingen. Es wollte zwischen zwei Parteien vermitteln, und wurde von beiden zurückgewiesen. Der Papst protestirte entschieden dagegen. Ebenso der Churfürst von der Pfalz.

Die oberdeutschen Städte wurden meist gewaltsam ge= zwungen, dasselbe anzunehmen, aber die Prediger ließen sich lieber vertreiben, als sich zwingen, gegen ihr Gewissen zu han= deln. Man zählte gegen 400 Prediger, die im Oberland ver= jagt wurden. Ebenso fanden selbst die Fürsten, welche es an= genommen hatten, in ihren Ländern die größte Widersetzlichkeit bei der Einführung. In ganz Niedersachsen wurde es verworfen, am heftigsten in Magdeburg. Dem Churfürsten Joachim von Brandenburg, dessen Meinungen über Justifikation, Sakrament, Priesterehe und Messe das Interim vollständig entsprach, er= klärten die in Berlin versammelten Geistlichen, sie würden die ewige Verdammniß fürchten, wenn sie von der erkannten Wahr= heit abweichen wollten; der Kaiser sei mächtig, Gott aber noch viel mächtiger.

Auch von den gefangenen protestantischen Fürsten wurde die Anerkennung des Interims und des Koncils verlangt. Landgraf Philipp gab dem Kaiser eine Verschreibung, darin er sich verpflichtete, es in Sachen der Religion zu halten und alles das darin anzunehmen und zu bewilligen, was Herzog Moritz und der Markgraf gewilligt und nochmals willigen würden, da diese zwei Churfürsten ihm zugesagt hatten, bei der Augsburgischen Konfession fest zu beharren. Dem Chur= fürsten Johann Friedrich ließ er sagen, seine Rechtsverständigen hätten ihn berichtet, daß er nicht schuldig sei zu halten, was er in Sachen der Religion aus Zwang und Drangsal zusagte, und rieth ihm, es ebenso zu machen. Als ihm aber der Chur= fürst erklärte, darauf könne er nicht eingehen, denn es heiße: „Wer mich bekennt vor den Leuten" u. s. w., er wolle Gott bitten, daß er ihm Gnade verleihe, in den Sachen, die sein Wort belangen, nicht zu wanken, und er gedächte mit Gottes allmächtiger Hülfe dabei zu bleiben, es ginge ihm darüber, wie Gott wollte, da wurde der Landgraf zornig und sagte: „Wem nicht zu rathen, dem ist nicht zu helfen." Dem Bischof von Arras sagte er 10000 Gulden zu, wenn er es dahin brächte, daß er freigelassen würde.

Dem Churfürsten wurde die Freiheit angeboten, wenn er das Interim annehmen und das Tridentiner Koncil anerkennen wollte. Aber das Erbe des Himmelreichs zu erlangen war ihm theurer als Alles. Durch seine Weigerung zog er sich eine härtere Behandlung zu. Es wurde ihm angemuthet, Freitags und Sonnabends kein Fleisch zu essen; da er jedoch wegen seiner Leibesschwachheit Vorstellungen dagegen machte, wurde es ihm wieder gestattet. Aber sonst sollte Niemand am Tische Fleisch essen. Der Oberste, der mit an seinem Tische aß, hatte Befehl, wenn es Einer thäte, ihn sofort wegführen zu lassen; derselbe hatte auch Auftrag, ihm alle Bücher abzufordern, Niemanden zu ihm zu lassen, das Schreiben nicht mehr zu gestatten, die Diener abzuschaffen u. s. w. Der Hofprediger Christophorus Hofmann[1] mußte plötzlich die Herberge seines Herrn und nach wenigen Tagen auch die Stadt verlassen. Er ging nach Jena. Als man ihm seine auf Pergament gedruckte illustrirte Bibel wegnahm, sagte der Churfürst: „Wenn man mir auch alle Bücher nimmt, so kann man mir doch jetzt nicht aus dem Herzen reißen, was ich daraus gelernt habe, meinen Herrn Jesum Christum. Als man einst von Neuem in ihn drang, das Interim anzunehmen, soll bei heiterem Himmel ein Donnerschlag erfolgt sein. Da rief er aus: „Ach ja, Du alter starker Gott, Du lässest Dich hören, daß Du noch lebst, Du wirst es wohl machen."

---

1) Christoph Hofmann wurde, nachdem er Rektor in Salfeld gewesen war, zuerst Pfarrer in Harbisleben, dann in Penig. Als Hofprediger begleitete er den Churfürsten in seine Gefangenschaft. Als dieser auf Befehl des Kaisers seine Umgebung entlassen mußte, ging Hofmann nach Jena, wo er nach Görlitz' Tode von 1549—1557 Superintendent war. Er starb als Hofprediger des Herzogs Johann Albert zu Mecklenburg 1576.

Der Churfürst fürchtete, daß man, wenn er im Guten durchaus nicht nachgebe, „ihn mit dunklen Handlungen dahin bringen möchte" und daß man seiner Söhne einen oder beide an seiner Statt würde haben wollen, um sie am kaiserlichen Hofe als Geißeln zu behalten und in der päpstlichen Religion unterweisen und aufziehen zu lassen; er war aber fest entschlossen, nicht zu weichen, und wurde in diesem Entschlusse durch ein kräftiges Schreiben Amsdorfs bekräftigt [1]).

Um den alten Churfürsten in seiner Noth und Bedrängniß zu trösten, schrieben ihm seine Söhne einen Brief, welcher verdient hier mitgetheilt zu werden. Er lautet:

„Kindliche Liebe und Gehorsam alle Zeit zuvor. Hochgeborener Fürst, gnädiger lieber Herr und Vater. Euer Gnaden Schreiben, darinnen sie uns den jetzigen ihren Zustand väterlicher Meinung zu erkennen geben, haben wir mit kindlichem Betrübniß und herzlichem Mitleiden ver-

---

1) Nikolaus von Amsdorf, geboren den 3. December 1583 zu Zschoppau bei Wurzen, studirte seit 1502 in Wittenberg und wurde 1511 daselbst Professor der Theologie. Als treuer Freund begleitete er Luther 1519 zu der Leipziger Disputation, 1521 zum Reichstage nach Worms. 1524 wurde er auf Luthers Empfehlung Superintendent in Magdeburg und richtete hier, später auch in Goslar und Einbeck, das Kirchen- und Schulwesen ein. 1541 setzte ihn Churfürst Johann Friedrich statt des vom Domkapitel gewählten Julius von Pflug als Bischof von Naumburg ein. Als er 1547 nach der Schlacht bei Mühlberg diese Stelle verlassen mußte, floh er zuerst nach Gotha, dann nach Weimar, wo er als Kaplan des Churfürsten bei allen wichtigen kirchlichen Angelegenheiten zu Rathe gezogen wurde. In Folge seines heftigen Auftretens gegen das Interim verließ er mit Bewilligung der jungen Herzöge deren Fürstenthum und wandte sich wieder nach Magdeburg. Im Jahre 1550 riefen ihn diese auf den Wunsch ihres noch gefangenen Vaters zurück und stellten ihm die Wahl seines Aufenthaltsortes frei. Amsdorf wählte Eisenach und wurde hier, da Menius wohl hauptsächlich aus Furcht vor unangenehmen Berührungen mit ihm die Verwaltung der Superintendentur Eisenach aufgab, eine Art von Kirchenrath oder Generalsuperintendent. Er bewohnte das Haus, welches Menius ausgebaut hatte, und starb den 14. Mai 1565 unverheirathet. Sein Grabstein mit seinem Bildniß steht noch in der St. Georgenkirche daselbst.

nommen, bedanken uns doch gleichwohl gegen E. G. kindlich, daß Sie nicht unterlassen haben, uns davon gewissen Bericht zu thun. Wir hätten E. G. gerne zeitlicher wiederum geschrieben, so ist bedacht worden, damit ein wenig zu verziehen, auf daß wir möchten erfahren, ob Euch wieder verstattet werde, daß E. G. von uns Briefe empfangen mögen, wie wir denn Gott Lob nicht haben erfahren können, daß es gewehret würde. Darum bitten wir freundlich, E. G. wolle in solchem ihren großen Kreuz gedulbig sein, wie wir zu Gott verhoffen, er werde E. G. Gnade und Beständigkeit verleihen und alle Sachen endlich zu seinem göttlichen Lob und Preis schicken; so bittet man auch in den Kirchen umher mit ganzem und herzlichem Fleiß für und für für E. G. Und ist an dem, so wir wollen Christen sein, daß wir durch Leiden und Kreuz seinem geliebtesten Sohne unsrem lieben Herrn und Heiland Jesu Christo, wie die Schrift sagt, müssen ebenbildig werden. Wir haben aber, ihm sei Lob und Dank, den Trost, daß auch unsere Haare, als doch das geringste an einem Menschen, gezählt sind und keines ohne seinen göttlichen Willen fällt.

Es hat des Churfürsten zu Brandenburg Hofprediger der Eisleben an etlichen Orten trefflich hoch gerühmt und gesagt, es wäre auf diesem Reichstage der Religion halben mehr ausgerichtet, denn vorhin in zwanzig Jahren. Denn Kais. Maj. wäre selbst lutherisch geworden. So hat der Churfürst selbst auch viel seltsamer Worte laufen lassen, und glauben, sollte des Eisleben Rede Kais. Maj. vorkommen, Ihre Maj. würde wenig Gefallen darob haben.

Unsere liebe Frau Mutter und wir, auch die Kirchen, halten beharrlich an mit herzlichem Gebet für E. G. gegen Gott den Allmächtigen, der wird es auch ungezweifelt erhören; und E. G. wolle dieses unser Schreiben väterlich ob es wohl desselben gegen E. G. nicht bedurft hätte, weil sie Gott Lob im Worte Gottes also berichtet sind, daß sie die Dinge ihre Seligkeit belangend am besten verstehen, und von uns nicht anders denn aus herzlicher Liebe gemeint sein, vormerken.

Der Vater aller Barmherzigkeit wolle E. G. bei der Bekenntniß seines ewigen Worts und wahrhaftigen Lehre gnädiglich erhalten, und sie, wie bisher geschehen, mit dem hohen Geist und spiritu principale, damit sich David im Psalm zu bestetigen bittet, allewege stärken, und haben es E. G., welcher wir zu kindlicher Liebe und Gehorsam willig sind, nicht können unangezeigt lassen.

Datum Weimar Freitags nach Jakobi Anno Domini MDXLVIII. (31. Juli).

E. Gnaden

gehorsame Söhne

Johann Friedrich der Mittlere und
Johannes Wilhelm Gebrüder,
Herzoge zu Sachsen."

Darauf ertheilte der Churfürst folgende

Antwort an die jungen Herren auf ihre Trostschrift.

„Hochgeborene Fürsten, freundliche liebe Söhne. Wir haben E. L. Trostschrift, darin sie uns in unsern jetzigen Anfechtungen und Beschwerniß aus kindlichem Gemüth getröstet, empfangen und gelesen, vermerken solches von Euern Liebden ganz freundlich, und wir danken Gott, dem ewigen allmächtigen Vater im Himmel, für alle seine gnädige väterliche Wohlfahrt, daß er uns bisher in unserem Trübsal Gebuld und wider alle des Satans Anfechtung und sonderen großen Anbietungen Trost und Beständigkeit verliehen, der wolle es weiter allergnädigst thun und uns bis an unser Ende im rechten festen Glauben und Vertrauen an ihn und seinen geliebten Sohn unseren Herrn Jesum Christum erhalten. Denn obwohl die Anfechtung tobet und müthet, so wissen wir doch, daß Gott gesagt hat, Ps. 90: Ich bin mit ihm in Trübsal. Ich will ihn erretten und zu Ehren setzen, denn er hat meinen Namen erkannt. Und wie der Prophet sagt Jesaia 64: Auf ein Augenblick und gar eine kleine Zeit hab ich Dich verlassen; ich werde Dich aber mit übermäßiger Erbarmung wiederum überschütten.

Und weil wir durch viel Leiden und Trübsal müssen ins Reich der Himmel gehen, so wollen wir, wie auch E. L. in Gleichniß thun wollen, unser Vertrauen zu Gott richten und bei ihm Hülfe gewarten und gedulden, wie es seine Allmächtigkeit uns zuschicket. Der wird es, wann es ihm Zeit bedünkt, ganz väterlich und wunderlich schicken, und wenn wir zu ihm schreien, keineswegs außen bleiben.

Wir lassen geschehen, was Brandenburg der Religion halben mag vorbilden, aber es wird sich wohl finden. E. L. sind nun durch Gottes Gnade durch Anhörung der Prädikanten, hoffen wir, dermaßen in der heiligen göttlichen Schrift unterrichtet, auf wen sie sehen, ihr Trauen und Hoffnung setzen, und worauf sie verharren sollen. Darum zweifeln wir nicht, E. L. werden ungeachtet aller drohentlichen Beschwerung und Anbietung das zu thun, was E. L. zu ihrer Seelen Heil seliglich und des Zeitlichen halben verdammlich ist, zu unterlassen wissen. Der wolle E. L. auch gnädiglich und väterlich mit seinem Wort regieren, leiten und führen und vor allem Uebel behüten.   ·

Das haben wir E. L. hiewiederum väterlicher freundlicher Meinung nicht wollen bergen, denen wir mit freundlichem und väterlichem Willen gewogen sein.

Datum Augsburg, den 8. August 1548."

Nach vielfachen vergeblichen Bemühungen, ihn zur Annahme des Interims zu bewegen, übersandte der gefangene Churfürst dem Kaiser dieses glaubensmuthige Bekenntniß:

„Ich habe unterthäniglich angehört, daß römisch kaiserliche auch königliche Majestät, desgleichen Churfürsten, Fürsten und Stände des Reichs, sich entschlossen, wie es im heiligen Reich deutscher Nation, die christliche Religion betreffend, bis auf ein Koncilium gehalten werden solle, und daß die Kais. Maj. ernstlich an mich begehret, in gemeldten Beschluß auch zu willigen und mich demselben zu unterschreiben.

Nun weiß ich mich zu erinnern, daß höchst gedachte Kais. Maj. in Aufrichtung der Kapitulation anfänglich auch einen Artikel hat setzen lassen, ich sollte mich verpflichten, was in

einem Koncilio erkannt oder Ew. Maj. in Glaubenssachen ver=
orbnen würden, das wolle ich annehmen, demselben nicht ent=
gegen sein.   Als aber Ihrer Maj. in Unterthänigkeit vermeldet
worden, daß ich aus vielen stattlichen Ursachen meines Gewissens
halber solche Bewilligung nicht thun könnte und mich keine
Gefahr meines Leibes und Lebens dahin bewegen lassen würde,
da haben Ihre Maj. gedachten Artikel wieder auszulöschen be=
fohlen und fortan wegen der Religion weiter Handlung mit
mir nicht gepflogen, welches ich auch also mit unterthäniger
Danksagung angenommen, und nachdem ich dieser Beschwerung
meines Gewissens entladen, das Uebrige alles an Leib und Gut
in Ihrer Kais. Maj. allergnädigsten Wollen und Gefallen desto
leichtlicher unterthäniglich ergeben und darauf die Kapitulation
vollzogen, in gänzlichem Vertrauen, es sollte forthin desgleichen
an mich nicht gemuthet, sondern mir freigelassen werden, bei
der angenommenen und bekannten Religion zu verharren.
Dieweil aber die Röm. Kais. Maj. jetzo abermals bei mir ernst=
lich suchen läßt, daß ich zu dem gestellten Interim oder Rath=
schlag meine Verwilligung geben soll, so kann Ihrer Maj.
ich in Unterthänigkeit unangezeigt nicht lassen, daß ich von den
Dienern des göttlichen Worts von meiner Jugend auf der=
maßen unterrichtet und unterwiesen, auch durch fleißige Nach=
forschung der prophetischen und apostolischen Schriften habe
erkundet und es, wie ich mit Gott bezeuge, in meinem Gewissen
ohne alles Wanken halte, daß die Artikel, wie sie in der Augs=
burgischen Konfession begriffen, und was denen anhängt, die
rechte wahre christliche reine Lehre und in den Schriften der
heiligen Propheten und Apostel und Lehrer, welche deren Fuß=
tapfen nachgefolgt, dermaßen bestätigt und ergründet, daß da=
wider nichts Schließliches kann aufgebracht noch vorgewandt werden.

Darum sich auch weiland mein gnädiger lieber Herr Vater,
gottseligen Gedächtnisses, ich und andere aus gutem satten Ver=
stande und Wissenschaft derselbigen Konfession vor vielen Jahren
durch ordentliche Wege und Mittel bis auf Erkenntniß eines
freien christlichen und unparteiischen Koncilii uns anhängig ge=
macht, dabei denn mein gottseliger Herr Vater bis in seine

Gruben und ich bis auf heutigen Tag durch Gottes Gnade und Barmherzigkeit bestanden und auch bei unserer Regierung vor und nach der Konfession also haben lassen lehren und predigen und anders nicht gewußt, wie ich auch nicht anders weiß, denn daß wir damit unseren Unterthanen die ewige unvergängliche Wahrheit Gottes haben anzeigen und vortragen lassen. Wenn ich dann nun dessen in meinem Gewissen be= ständiglich überzeugt, so bin ich Gott gegen diese unaussprechliche Gnade, die er mir erzeigt hat, diese Dankbarkeit und Gehorsam schuldig, daß ich von der erkannten und bekannten Wahrheit seines allmächtigen Willens, den er durch sein Wort aller Welt offenbart, nicht abfallen soll, so lieb mir ist die ewige Selig= keit zu ererben und das ewige höllische Verdammniß zu vermeiden. Denn also lautet es, das tröstliche und erschreck= liche Urtheil Gottes: Wer mich bekennt vor den Menschen, den will ich bekennen vor meinem himmlischen Vater; wer mich aber verleugnet vor den Menschen, den will ich auch ver= leugnen vor meinem himmlischen Vater. Aber wenn ich das Interim für christlich und gottselig erkennen und an= nehmen sollte, so müßte ich die Augsburgische Konfession und was ich bisher von dem Evangelio Jesu Christi gehalten und geglaubt, in vielen trefflichen Artikeln, an denen die Seligkeit gelegen, wider mein eigen Gewissen bedächtlich und vorsätzlich verdammen und verleugnen und mit dem Munde das billigen, das ich in meinem Herzen und Gewissen dafür hielte, daß es der heiligen und göttlichen Schrift ganz und gar zuwider wäre. Ei Gott im Himmel, das wollte Deinen heiligen Namen ge= mißbraucht und grausamlich gelästert heißen, auch dafür zu achten sein, daß ich Dich droben in der hohen Majestät und meine Weltobrigkeit unten auf Erden mit gefärbten Worten betrügen und umführen wollte, welches ich doch mit meiner Seele theuer und allzutheuer würde bezahlen müssen. Denn das ist die rechte Sünde in den heiligen Geist, davon Christus drohet, daß sie weder in dieser noch in jener Welt, d. i. in Ewigkeit nimmermehr soll vergeben werden. So ich denn nun in meinem Gewissen dermaßen, wie gehört, versichert und ge=

fangen bin, und keines Bessern mit bewährtem Zeugniß der göttlichen Schrift berichtet werde, als bitte ich in aller Unterthänigkeit und Demuth, durch die Barmherzigkeit Gottes, die er in der Menschwerdung und Sterben seines einigen geliebten Sohnes, unseres Heilandes und Seligmachers Jesu Christi, dem ganzen menschlichen Geschlechte bewiesen hat, die Kais. Maj. wollten es mir zu Ungnaden nicht aufnehmen, daß ich in das Interim nicht bewillige, sondern bei der Augsburgischen Konfession endlich verharre, und alles andere hintangesetzt allein dahin sehe, wie ich nach diesem elenden, armseligen und betrübten Leben der ewigen Freude theilhaftig werden möge.

Denn daß ich, wie ich angelanget, in die Kais. Maj. gebildet, als sollte es mir nicht um die Religion oder Glauben, sondern um eine verhoffte Reputation und andere zeitliche Dinge hiemit zu erlangen zu thun sein, gleich als ob unter allen zeitlichen Gütern mir etwas Lieberes sein könnte, denn meine Erledigung, und daß ich vornemlich nach Gelegenheit meines schweren unvermögenden Leibes bei Weib und Kind in Ruhe und Gemach sein möchte, solches sind Gedanken des Herzens, welche Niemand erkennen kann, denn Gott selbst.

Aber ich bezeuge vor dem Angesichte Gottes und will es bezeugen am jüngsten Gericht, wenn Gott von mir und allen Menschen Rechenschaft fordern wird, wie wir unser Leben allhie auf Erden mit Gedanken, Worten und Werken haben zugebracht, daß ich hierin nichts Anderes suche denn die Ehre seiner Allmächtigkeit, und wie ich möge aufgenommen werden zu einem Kind und Erben des ewigen Lebens, daran wollten Kais. Maj. nicht zweifeln, und mit meinem verstrickten und gefangenen Gewissen, auch daß ich Gottes untrüglichen Zorn und Ungnade so hoch achte, gnädigst Geduld tragen.

Was äußerliche Sachen anlangt, bin ich allwegen begierig gewesen, Kais. Maj. unterthänigsten Gehorsam mit allen Treuen zu leisten, das weiß Gott; das will ich hinfort auch thun; und was ich Kais. Maj. zugesagt, gelobt und geschworen, fürstlich, aufrichtig und unverbrüchlich halten.

Der barmherzige Gott wolle Ihrer Maj. Herz gegen mir

erweichen, daß ich doch dermaleinst meiner langwierigen Gefängniß halben Gnade erlangen und derselbigen väterlich erledigt
werden möge, auf daß ich der erste Fürst und Blutsverwandte
Ihrer Maj. nicht sein dürfe, der sein Leben bei Ihrer Maj.
gefänglich zubringe.

Deren thue ich mich hiemit in aller Unterthänigkeit und
Demuth befehlen."

III.

Am 30. Juni 1548 erließ der Kaiser ein Schreiben an
die Herzöge zu Sachsen, in welchem er die Annahme des Interims verlangte. Die Antwort sollte binnen 21 Tagen erfolgen. Als Einige riethen, das Interim anzunehmen, um
dadurch die Freilassung des gefangenen Churfürsten zu erwirken;
später brauche man deswegen ein solches in der Noth gegebenes
Versprechen nicht zu halten, antwortete Johann Friedrich d. M.:
„Wir stellen solche Räthe zur Verantwortung, ob sie damit
dem schrecklichen Urtheil des Herrn Christi genugthun, da er
sagt: wer mich verleugnet u. s. w. Es müsse denn unrechte
Lehre mit dem Munde bewilligen nicht heißen, Christum verleugnen."

Die Herzöge beriefen alle Superintendenten ihres Landes
(von Gotha mit Eisenach, Salfeld, Jena, Neustadt, Weida,
Weimar, Orlamünde) und die Hof- und Stadtprediger nebst
einigen andern Gelehrten auf den 26. Juli nach Weimar und
befahlen ihnen, das Interim von Artikel zu Artikel zu prüfen
und ihnen alsbald zu berichten, was darin der heiligen Schrift
gemäß und anzunehmen sein möchte oder nicht. Die Prüfung
erfolgte am 27. Juli und am 28sten wurde folgender Bericht
übergeben:

„Gottes Gnade und Friede in Christo. Durchlauchte, hoch-
geborne Fürsten, gnädige Herren. Auf gnädiges Begehren
E. F. G. haben wir das Interim verlesen, einen Artikel nach
dem andern nach der gewissen Regel der Wahrheit, nemlich

der heiligen Schrift und göttlichem Wort mit Fleiß erwogen, und was in jedem Artikel annehmlich oder verwerflich befunden, aufs kürzeste unterschieblich und ordentlich verzeichnet, wie hernach folgt:

I.

Von dem Menschen vor dem Fall.

Diesen Artikel wissen wir an ihm selbst nicht zu tadeln, darin recht gelehrt wird, wie die menschliche Natur von Gott ganz recht, rein und wohl erschaffen, und Gott der Sünde, so in der Natur ist, keine Ursache sei.

II.

Von dem Menschen nach dem Fall.

Diesen Artikel tadeln wir auch nicht, denn er lehret auch recht von der Erbsünde, damit die ganze menschliche Natur verderbet und um ihretwillen in allerlei Leiden, Jammer und Noth, auch in die Strafe des Todes gefallen ist.

III.

Von der Erlösung durch Christum.

Dieser Artikel lehrt auch recht, daß wir durch den Sohn Gottes Jesum Christum allein von der Sünde, Gottes Zorn, ewigem Tod und Verdammniß erlöset und mit Gott dem Vater versöhnet sind.

IV.

Von der Rechtfertigung.

Dieser Artikel ist unrein und nimmt den schönen herrlichen Trost, der in den vorigen Artikeln gelehrt wird, allerding hinweg damit, daß er lehrt, man muß vor Gott gerecht, d. i. der Sünden los und zu Gnaden angenommen werden nicht durch den Glauben an den Heiland Christum allein (welches Glaubens auch in diesem Artikel nicht ein einiges Mal mit einem einigen Wort erwähnt noch gedacht wird), sondern durch die eingegebene Gerechtigkeit der Liebe, welche neben dem Verdienst des Herrn

Christi gleich nöthig und kräftig geachtet wird, den Menschen gerecht zu machen, d. i. bei Gott zu Gnaden zu bringen und angenehm zu machen.

V.
Von den Früchten und dem Nutzen der Recht= fertigung.

Davon wird auch unrecht gelehrt. Denn daß ein armer Sünder mit Gott versöhnt und in seinem Herzen zufrieden wird, die Hoffnung empfängt, daß er ein Kind Gottes und ein Erbe des ewigen Lebens sei, solches muß durch den Glauben allein geschehen, der da glaubt, daß ihm solches Alles aus lauter Gnaden und Barmherzigkeit allein durch das Verdienst Jesu Christi erworben sei und geschenkt wird.

Es sagt aber das Interim in diesem Artikel, daß unsere Gewissen mit Gott versöhnt werden und zu Frieden kommen, die Hoffnung des ewigen Lebens erlangen und wir zu Kindern Gottes werden müssen nicht durch den Glauben an Christum allein, sondern auch durch die Liebe, damit dann, weil dieselbe in uns nimmer vollkommen sein kann, die Gewissen zweifel= haftig gemacht werden, und zu rechtem Frieden mit Gott nimmer= mehr kommen mögen.

VI.
Von der Weise, dadurch der Mensch die Recht= fertigung bekömmt.

Hiervon wird erstlich recht gelehrt, daß man durch Buße und Glauben dazu kommen muß, nemlich so wir an unseren eignen Verdiensten verzagen und unser Vertrauen auf den Mittler Jesum Christum allein setzen. Es wird aber diese Meinung bald hernach umgekehrt und gefälscht, da gesagt wird: Wenn die Liebe oder eingegebene Gerechtigkeit zum Glauben komme, dann allererst werde die Rechtfertigung vollkommen. Und weiter: Wo die Liebe den Glauben nicht vollkommen mache, so sei es eine verstümmelte und mangel= hafte Gerechtigkeit, damit dann der Glaube an die verheißene

Gnade in Christo ganz ungewiß und zweifelhaftig gemacht wird.

VII.
Von der Liebe und guten Werken.

Von der Liebe und guten Werken ist wahr und recht gesagt, daß sie als Früchte dem rechtschaffenen Glauben folgen sollen.

Daß aber im Interim vorgegeben wird, die Liebe mache den Glauben, daß er rechtschaffen werde, und gebe ihm Kraft, den Menschen zu rechtfertigen und das ewige Leben zu erlangen, dieses ist unrecht und eine Lästerung des Herrn Christi.

Die ungebotenen selbsterwählten Werke, die sie opera supererogationis zu nennen pflegen, wissen wir anders oder höher nicht zu loben, denn sie vom Herrn Christo gelobt werden, Matth. 15, da er sagt: Sie dienen mir vergeblich mit Menschen Lehre. Und weil die Werke, so Gott geboten hat, uns nicht gerecht machen können, ist gewiß, daß es selbsterwählte ungebotene Werke viel weniger thun können.

VIII.
Vom Vertrauen der Vergebung der Sünden.

Wer da glaubt, daß er Vergebung der Sünden habe allein durch Christum, der mag in solchem Glauben nimmermehr zu viel fest und sicher werden. Denn auf die göttliche Verheißung kann Niemand zu viel vertrauen, sintemal sie aufs allergewisseste ist. Darum ist es eine Gotteslästerung, daß man die Leute zweifeln lehrt.

Wer aber Vergebung der Sünden nicht durch den Glauben an Christum allein, sondern durch Verdienst und Würdigkeit der Liebe, beneben dem Glauben erlangen will, wie im Interim unrecht gelehrt wird, derselbe kann freilich in seinem Gewissen nimmermehr zufrieden und sicher, viel weniger allzu gar viel sicher werden, sondern muß für und für im Zweifel stecken bleiben, es sei denn, daß ihn der römische Glaube sicher mache, welcher hält, daß weder Himmel noch Hölle, Gott noch Teufel, und nach diesem zeitlichen Weltleben kein ander Leben mehr, sondern eines jeden Menschen Wollust hie auf Erden sein Himmelreich sei.

IX.
Von der Kirche.

Davon wird recht gelehrt, daß sie die Gemeinschaft und Sammlung deren, so da glauben dem Evangelio Jesu Christi, welcher Haupt Christus ist, von dem sie auch durch den heiligen Geist regiert wird.

Es wird auch recht gesagt, daß außer dieser Gemeine oder Versammlung Niemand selig werde, er thue so viel Gutes er wolle.

Item daß in dieser Gemeine oder Sammlung vermenget sind Fromme und Böse, deren keiner davon ausgeschlossen wird, so lange sie Gottes Wort nicht verleugnen noch verdammen. Denn die Solches thun, sind kurzum keine Glieder der Kirche, sie führen Titel und Schein von Aemtern oder Heiligkeit, wie sie wollen, Bischof oder Vater.

Das ist aber unrecht, daß vorgegeben wird, die sichtbare Kirche sei an die Succession der päpstlichen Kirchen gebunden und müsse von denselben regiert werden, so doch öffentlich am Tage ist, daß dieselben Bischöfe von wegen des, daß sie das heilige Evangelium Jesu Christi lästern, verdammen und verfolgen, keine Glieder der Kirche, sondern vielmehr Feinde und Verstörer derselben sind.

Auch ist das unrecht, daß gesagt wird, die Kirche habe Macht, Kanones zu machen, damit sie ohne Zweifel des Papstes jus canonicum, decreta und decretales bestätigen wollen, zu Verletzung und großer unleidlicher Beschwerung der gläubigen Gewissen. Denn es steht geschrieben 1 Cor. 7: „Pretio magno emti estis, nolite fieri servi hominum."

Was aber ohne Verletzung des Glaubens und Beschwerung der Gewissen die Kirche äußerlicher Ordnung bedürftig, solche hat sie wohl zu machen.

X.

Von den Zeichen und Gemerken der wahren Kirche.

Hiervon wird recht gesagt, daß man die Kirche erkennen soll bei der rechten heilsamen Lehre und dem rechten Gebrauch der heiligen Sakramente, wie dieselben von Gott dem Herrn eingesetzt und gegeben und zu allen Zeiten in aller Welt einträchtig gehalten worden sind.

Das aber ist unrecht und Tyrannei, daß vorgegeben wird, die Kirche stehe auf der Succession der päpstlichen Bischöfe, welche doch öffentlich beweisen, daß sie keine Glieder der wahrhaftigen Kirche Christi sind, damit, daß sie die Lehre in der heiligen Propheten und Apostel Schriften gegründet und in der Kirche je und allewege von allen Christen einträchtig gehalten, geglaubt und bekannt verdammen und verfolgen, den rechten Gebrauch der heiligen Sakramente wider des Herrn Christi Einsetzung und Ordnung verkehren und sich also von dem Herrn Christo, welcher das einige wahrhaftige Haupt der Kirche ist, item von den lieben Propheten und Aposteln, welche die vornehmsten Glieder sind, mit der That selbst absondern. Derwegen mit ihnen als Abtrünnigen und rechten Schismaticis kein rechter wahrhaftiger Christ in Ewigkeit des Glaubens stehen kann. Quae enim conventio Christi et Belial?

XI.

Von der Gewalt und Autorität der Kirche.

Die Kirche hat keine Gewalt über die heilige Schrift, sondern sie ist der heiligen Schrift unterworfen, und ist ihr die heilige Schrift von Gott dazu gegeben, daß sie Gottes Willen daraus erkennen und nach demselben Alles richten und urtheilen soll.

Was nun der heiligen Schrift gemäß ist, solches wird von der Kirche als rechtschaffen approbirt, angenommen und gehalten.

Was aber der heiligen Schrift ungemäß und zuwider ist, solches wird von der Kirche auch verworfen und verdammt.

Daß aber Papst und Bischöfe sich anmaßen, die heilige

Schrift sammt des Glaubens Artikeln, so von der wahren alten Kirche je und allewege angenommen, gelehrt, geglaubt und bekannt worden sind, ja darauf die rechte wahre Kirche (als auf dem allein gewissen und festen Fundament und Grundfest) erbauet und gegründet steht, für Ketzerei verdammen und verfolgen, und dagegen öffentliche Irrthümer, Abgötterei und Mißbräuche wider die Schrift mit Gewalt in die Kirche eindringen, aufrichten, gebieten und vertheidigen; solches geschieht nicht aus Gewalt der Kirche, sondern aus teuflischer Hoffahrt des Antichrists, von dem geweissagt ist, daß er sich über alles das, so von Gott geprebigt wird, d. i. über die heilige Schrift und Gottes Wort, erheben wird, 2 Theff. 2.

Auslegung der Schrift, wo dieselbe von Dingen, so menschlichem Verstand zu hoch sind, redet, ist nicht ein Amt, Gewalt oder Macht, das sonderlichen gewissen Personen zusteht, als den Päpsten oder Bischöfen, also daß dieselben der heiligen Schrift einen Verstand oder Auslegung zu dichten haben nach ihrem Wohlgefallen und Gutdünken, sondern es ist eine sonderliche Gabe des heiligen Geistes, welche Gaben die Bischöfe nicht einer auf den andern erben, sondern von Gott dem heiligen Geist sonderlichen Leuten, wann und welchen er will, seines Gefallens gegeben wird, welcher Auslegung nicht von wegen der Person des Auslegers (er heiße Papst, Bischof oder Baber), sondern allein von beswegen, daß solche Auslegung der heiligen Schrift gemäß ist, angenommen und geglaubt wird.

Excommunicatio et jurisdictio.

Wie mit der Exkommunikation zu handeln und zu gebahren sei, solches lehrt der Herr Christus Matth. 18, darnach sich die Kirche zu halten hat. Und wie die Kirche das geistliche Reich des Herrn Christi und keine weltliche Politia ist, also hat sie auch keine weltliche politische Jurisdiktion nicht.

Concilia.

Determinationes irriger und streitiger Sachen sollen in Konciliis nicht nach Gutdünken, Wollen und Wohlgefallen der

Personen, die heißen Päpste, Bischöfe oder wie sie wollen, ohne und wider die heilige Schrift und Gottes Wort, sondern allein nach Inhalt und Ausweisung der heiligen Schrift und göttlichen Worts gestellt und angenommen werden, wie St. Paulus sagt: So wir oder ein Engel vom Himmel ein ander Evangelium predigen würden, der sei verflucht, Gal. 1.

Traditiones.

Es hat die Kirche für sich selbst gar kein Gesetz zu machen, die Gewissen daran zu verbinden, gleich wie sie auch kein göttlich Gesetz aus ihrer Macht aufzulösen und zu ändern hat.

Derwegen dieser Artikel, indem er des Papstes und der Bischöfe Gewalt über Gott, sein heiliges Wort und der Gläubigen Gewissen erheben und bestätigen will, gar mit nichten zu gedulden noch anzunehmen.

XII.
Von den Dienern der Kirche.

Daß die Kirche Diener habe, das Evangelium zu predigen und die heiligen Sakramente nach des Herrn Christi Einsetzung und Befehl zu administriren, ist in alle Wege von Nöthen, welche sollen mit Auflegung der Hände nach Verordnung der heiligen Apostel abgesondert und ordinirt werden.

Die päpstische Weihe der Fladenbischöfe und Meßpfaffen mit Schmieren und Plattenscheeren sammt anderm Narrenwerk halten wir für des Antichrists und seines Vaters des Teufels Fastnachtspiele.

XIII.
Vom obersten Bischof und anderen Bischöfen.

Dieser Artikel bestätigt nur des Papstes zu Rom Tyrannei, welche in der Kirche gar nicht zu gedulden ist, nachdem als Christus sagt: die Weltherren herrschen, ihr aber nicht also.

Alle Apostel haben von dem Herrn Christo einerlei Befehl, das heilige Evangelium zu predigen, zu taufen u. s. w. empfangen. Da sich nun die Bischöfe desselbigen Befehls, wie sie denn schuldig sind, hielten, dürfte man sich keiner Sekten und Spaltung besorgen; die Kontention vom Primat, damit der Teufel auch die Apostel angefochten, hat in der Kirche niemals Sekten verhütet oder gestillt, aber oftmals großen Jammer und Herzeleid darin angerichtet, wie alle Historien zeugen. Und solchen Bischöfen, die sich angezeigtes Befehls unseres Herrn Christi halten, denen ist man auch Gehorsam schuldig, wie Christus sagt: Wer Euch hört, der hört mich.

XIV.
Von Sakramenten insgemein.

In diesem Artikel wird der allerheilsamste und vornehmste Nutzen der wahrhaftigen Sakramente verschwiegen, welcher ist, daß sie den Glauben an die göttliche Verheißung erwecken und stärken sollen.

Daß aber im Interim gesagt wird, die Sakramente seien kräftig, wo solches nach der Mönche Lehre gemeint, daß die Sakramente ex opere operato Gnade geben sollen, ist unrecht, denn sie ohne Glauben nichts nützen, wie geschrieben steht: Wer nicht glaubt, wird verdammt werden.

Daß das Interim auch sieben Sakramente zählt, geschieht ohne Schrift. Denn im Neuen Testament sind dieses allein Sakramente, dabei Gott Vergebung der Sünden verheißt durch Christum, als da sind die Taufe und des Herrn Abendmahl. Wo nun solche Verheißung nicht ist, da kann auch kein Sakrament sein.

XV.
Von der Taufe.

Die Taufe ist kräftig, darin der heilige Geist durch's Wort der Verheißung in den Gläubigen wirkt. Was aber die Mönche und Sophisten von der Wirkung ex opere operato vorgegeben, danach dieser Artikel auch fast schmeckt, das ist unrecht, wie obgemeldt.

So ist dieses auch unrecht, daß im Interim vorgegeben wird, die jungen Kinder haben keinen eigenen Glauben, derwegen sie im Glauben ihrer Pathen und der Kirche getauft werden müssen; denn es heißt: Justus ex fide sua (non aliena) vivet. Dazu aber nützet der Pathen und Kirche Glaube den jungen Kindern, daß er sie auf Gottes Befehl und Zusage dem Herrn Christo zuträgt, für sie bittet, daß sie von ihm in sein Gnaden= reich angenommen und ihnen ein eigner Glaube gegeben werde.

Was weiter gesagt wird von der Intention des Täufers, solches ist nicht allein ein unnöthig, sondern auch ein gefährlich Ding, dadurch Ursach gegeben wird zu zweifeln, ob einer recht oder unrecht getauft sei. Denn wer kann den Täufling gewiß machen, was Intention sein Täufer, indem er ihn getauft hat, gehabt habe?

XVI.
Von der Firmung.

Dieser Artikel ist ohne allen Grund der Schrift gesetzt, ohne was mit den Haaren fälschlich darauf gezogen wird. Denn es ist weder Befehl noch Verheißung in der Schrift von diesem Sakrament. So hat die Kirche für sich selbst die Macht auch nicht, daß sie Sakramente einsetzen und ordnen möchte. Derwegen ihr solches hie auch unbillig auferlegt wird.

XVII.
Vom Sakrament der Buße.

Was in diesem Artikel von Erzählung der Sünden in der Beichte, desgleichen von der Kraft der willkürlich angenommenen oder vom Beichtvater aufgelegten Genugthuung gesagt wird, solches ist alles ohne und wider die Schrift, sintemal der Herr Christus der keines (daß er die Sünde erzählen heißen und Genugthuung dafür auferleget) gethan noch zu thun befohlen hat, dienet aber Beides, Beichte und Genugthuung, dazu, daß des Papstes Tyrannei in der Kirche damit bestätigt und sein Ablaßkram und Jahrmarkt erhalten werde.

XVIII.
Vom Sakrament des Altars.

In diesem Artikel wird die Transsubstantiation gelehrt,

b. i. es wird gelehrt, wie das Wesen Brods und Weins sich
allerding verlieren und aufhören und allein die bloße Gestalt
dableiben soll, darunter des Herrn Christi Leib und Blut gegeben werde, und wird daraus ein Artikel des Glaubens gemacht, welches doch klärlich wider die Schrift ist, so da sagt
1 Cor. 10: Das Brod (nicht die Gestalt des Brodes), das
wir brechen, ist das nicht die Gemeinschaft des Leibes Christi?

Zum andern wird auch vorgegeben, wer das Sakrament
würdig empfangen wolle, der soll und muß zuvor von Sünden
gereinigt sein durch die Buße, und wer nicht also von Sünden
gereinigt sei, der empfange dieses Sakrament unwürdig und
zum Gericht.

Darin ist zweierlei Mangel, denn erstlich wird nicht nach
der Schrift, sondern der Schrift zuwider gesagt, daß wir durch
Buße von Sünden gereinigt werden. Denn daß wir durch
Buße (sonderlich wie die Papisten davon reden) von Sünden
gereinigt werden sollen, das ist nicht, sondern durch den Glauben
werden wir gereinigt. Apg. 15.

Zum andern, weil im Sakrament Vergebung der Sünden
durch das Wort der Verheißung uns angeboten und versprochen wird, die aber, so von Sünden zuvor gereinigt sind,
solcher Vergebung nicht bedürfen, ist klar, daß dieses Sakrament nicht solche Gäste, so bereitan rein und satt sind, sondern die gern gereinigt und gesättigt werden wollten, fordern,
und steht die würdige Empfahung nicht in dem, daß du zuvor
rein seist, sondern daß du begehrest und glaubest gereinigt zu
werden u. s. w.

XIX.
Von der heiligen Oelung.

Dieser Artikel ist allerding gleich wie der XVI. von der
Firmung ohne alle Schrift, hat weder Befehl noch Verheißung
vom Herrn Christo, ist auch mit der Apostel Oelung gar
viel ein ander Ding gewesen, denn mit dieser Oelung, davon
hie geredet wird.

XX.

Vom Sakrament der Priesterweihe.

Wie Diener der Kirchen zum Predigtamt des heiligen Evangelii und zur Administration der heiligen Sakramente mit Auflegung der Hände abgesondert und ordinirt werden sollen, solches ist aus der Apostel Schriften kundlich.

Was aber von andern Ordinibus der Exorcisten, Lectorum, Ostiariorum u. s. w., item vom Amt des Meßopfers, auch von der Weise der Ordination oder Weihe zu solchen Aemtern mit Schmieren, Plattenscheeren, Alben, Kaseln, Stolen, Manipuln u. s. w. und was sonst zu der papistischen Pfafferei mehr gehören soll, vorgegeben und gefordert wird, solches ist alles ohne Schrift, ja wider die Schrift. Denn Christus zu seinen Aposteln nirgend gesagt: Gehet hin, haltet Winkelmesse und Opfer u. s. w., sondern so hat er gesagt: Gehet hin, predigt das Evangelium, taufet u. s. w.

XXI.

Vom Sakrament der Ehe.

Der Ehestand ist nicht vom Herrn Christo im Neuen Testament, sondern anfänglich im Paradies von Gott gestiftet, derhalben er auch für kein Sakrament des Neuen Testaments zu halten ist.

Und daß gesagt wird, wenn um Ehebruchs willen Eheleute geschieden werden, daß gleichwohl die unschuldige Person sich nicht wiederum verehelichen soll, solches ist unrecht. Denn Christus ja nicht von Tisch= und Bettscheidung, sondern von der Ehescheidung klärlich redet. So nun die Ehe geschieden wird, muß ja durch solche Scheidung die unschuldige Person von voriger Eheverbündniß frei, ledig und los sein und demnach sich als eine freie ledige Person anderweit zu verehelichen Macht und Recht haben.

Gleiches Falls ist dieses auch unrecht, daß gesagt wird, die Eltern haben nicht Macht aus einigerlei Ursachen, die heimliche Verlöbniß ihrer Kinder zu verhindern: denn so die Eltern ihres Gewalts gegen die Kinder sonst nicht mißbrauchen, sind ja die Kinder ihnen zu gehorsamen schuldig laut des 4. Gebots, und ist solcher Gehorsam nicht allein eine honestas, sondern vielmehr eine necessaria pietas et obedientia, nicht allein gegen die Eltern, sondern vielmehr gegen Gott den Herrn selbst, welcher das Gebot, Du sollst Deinen Vater und Deine Mutter ehren, ja so hart geboten hat und so steif gehalten haben will, als das Gebot: Du sollst nicht ehebrechen. In Summa: Es sollen die Eltern die Ehe oder Heirath der Kinder stiften, aber der Kinder Ehe oder Heirath der Eltern Gehorsam nicht aufheben noch zerreißen.

XXII.
Vom Opfer der Messe.

Dieser Artikel ist gar greulich, verkehrt den rechten Gebrauch des Abendmahls des Herrn Christi und lehrt eitel Abgötterei. Denn unser Herr Christus sein heiliges Testament dazu nicht eingesetzt, daß wir es Gott aufopfern und ihm geben sollen, sondern daß wir dadurch von ihm empfangen und annehmen sollen die Vergebung der Sünden durch sein Blut und Tod am Kreuz erworben.

Es wird auch der Spruch des Propheten Maleachi vom reinen Opfer ganz übel auf das Meßopfer gedeutet, sintemal er nur von der Predigt des heiligen Evangelii redet, gleichwie auch etliche Sprüche der alten Lehrer auch übel hierher gezogen werden, denn dieselben der Gestalt und Meinung vom Opfer gar nicht geredet haben, wie das Interim thut.

Und obgleich von ihrer etlichen also vom Opfer geredet worden, weil aber solches dem Befehl, Einsetzung und Ordnung des Herrn Christi stracks entgegen, so mußte man die Lehrer als Menschen, so irren können, fahren lassen und dem Herrn Christo, welcher nicht irren kann, allein folgen.

XXIII.
Vom Gedächtniß, Fürbitte und Anrufung der Heiligen.

Dieser Artikel lehrt öffentliche Abgötterei, dadurch dem Sohne Gottes Jesu Christo seine Ehre und einiges Amt geraubt und den todten Menschen zugeeignet wird, nemlich damit daß gesagt wird, ihre Fürbitte und Verdienst könne und solle uns helfen Schutz und Gnade zu erlangen.

Weiter wird auch dieses unrecht gesagt, daß die Heiligen durch ihr Verdienst seien selig geworden, und wird der Heiligen Verdienst mit dem Verdienst des Mittlers Jesu Christi böslich vermengt.

XXIV.
Vom Gedächtniß der Verstorbenen in Christo.

Dieser Artikel ist allein darum gesetzt, daß er das Fege= feuer bestätigen soll, davon doch aus der heiligen Schrift und Gottes Wort lauter nichts mag beweiset werden, ist aber darum allein erdichtet, daß er den Meßpfaffen und Mönchen in die Küche dient.

XXV.
Von der Kommunion, wie die bei dem Opfer der Messe soll gehalten werden.

Wie man des Sakraments nach der Einsetzung und Befehl des Herrn Christi genießen und gebrauchen soll, solches findet man bei den heiligen Evangelisten gewiß und klärlich beschrieben, darnach sich die Kirche halten soll.

Was aber allhie im Interim von einer Kommunion, die da soll ein Zeugniß des erdichteten Meßopfers sein, gesagt wird, solches ist dem Befehl und Einsetzung Christi nicht gemäß und in der wahren christlichen Kirche mit nichten zu halten noch zu gedulden, sondern ist nur ein Spektakel von Menschen erdichtet, darin des Sakraments Gott zu großer Mißbietung und der Kirche zu schwerem Aergerniß greulich mißbraucht wird. Wehe denen, durch welche solch Aergerniß kommt.

XXVI.
Von den Ceremonien und Gebrauch der Sakramente.

Dieser Artikel würde billiger genannt von Verkehrung und Mißbrauch christlicher nützlicher Ceremonien und der heiligen

Sakramente, darum daß er restituirt und konfirmirt das ganze Papstthum, und obgleich in vorigen Artikeln etwas Leibliches gesagt wäre, so wird solches doch durch diesen Artikel allzumal umgestoßen, also daß, wer dieses Interim annehmen wollte, derselbe gleich so lieb das ganze Papstthum annehmen möchte.

Dieses, gnädige Fürsten und Herren, haben auf E. F. G. gnädiges Begehren wir in Unterthänigkeit aufs kürzeste und so gut es in Eile hat geschehen mögen, auf das zugestellte Interim berichten sollen.

Der allmächtige, barmherzige, gütige Gott, Vater unseres lieben Herrn und Heilandes Jesu Christi, der wolle um desselben seines eingebornen ewigen Sohnes willen durch seinen heiligen Geist E. F. G. unser und aller rechtgläubigen Herzen gnädiglich behalten und bewahren, daß wir weder in dieses Interim noch in keinerlei andere teuflische Irrthümer und Abgötterei nimmermehr nicht verführt, sondern im reinen und festen Glauben und Bekenntniß seines heiligen Evangelii bis auf den fröhlichen Tag seiner herrlichen Erscheinung und unserer ewigen Erlösung beständig erhalten werden nach dem herrlichen Exempel und Vorbilde der theuren Bekenntniß E. F. G. lieben Herrn Vaters, unseres gnädigsten lieben Herrn und getreuen Landesvaters, welches nicht allein bei allen Christen, so lange die in diesem elenden Leben auf Erden sein werden, sondern auch im Reich der ewigen Herrlichkeit ohne allen Zweifel nimmermehr vergessen werden wird, zu der göttlichen Majestät ewigem Lob und Herrlichkeit. Amen."

Das Gutachten ist nach gemeinschaftlicher Berathung von Menius niedergeschrieben [1]) und von folgenden Geistlichen unterschrieben worden: Nikolaus vom Amsdorf; Justus Menius, Superintendent von Gotha und Eisenach; Dr. Kaspar Glacius, Pfarrer zu Orlamünde; Johann Weber, Superintendent zu

---

1) Das Manuskript von Menius findet sich noch im Comm.-Arch. zu Weimar, Reg. M., S. 416, Nr. 5; S. 421, Nr. 17. Nach Schlegel (Leben C. Aquilä, S. 410) hatten Amsdorf, Menius und Aquila den meisten Antheil an dieser Schrift.

Neustadt; Kaspar Aquila, Pfarrer und Superintendent zu Salfeld; Martin Gorolitius, Superintendent in Jena; Christophorus Hofmann, Hofprediger; Wolfgang Mostelius, Superintendent in Weida; Wolfgang Stein, Johann Stolz, Hofprediger, Laurentius Schröter, Johann Aurifaber [1]) aus Weimar; Johann Molitor aus Borna; Johann Graw, Superintendent in Weimar; Kaspar Müller [2]), Diakonus in Weimar; Nikolaus Staffelstein, Diakonus in Weimar.

IV.

Nachdem die Herzöge diesen Bericht gelesen und erwogen hatten, befahlen sie den Superintendenten, alle Pfarrer und Prediger ihres Sprengels vor sich zu bescheiden, ihnen das Interim und den Bericht vorzulesen und darauf einen jeden insonderheit zu fragen, was er annehmen und wobei er bleiben wolle oder nicht. „Und da vielleicht einer oder mehr sein würden, die bei der einmal erkannten und bekannten Wahrheit nicht zu verharren bedacht, dieselben wollet uns mit Namen berichten und unseres Bescheids weiter gewärtig sein." Alle

---

1) Er war 1519 im Mansfeldischen geboren, studirte seit 1537 Theologie in Wittenberg, wurde 1540 Informator der Kinder des Grafen Albrecht von Mansfeld, 1544 mansfeldischer Feldprediger und studirte 1545 und 1546 nochmals Theologie in Wittenberg. Im Jahre 1547 theilte er eine Zeit lang die Gefangenschaft mit dem Churfürsten, 1551 wurde er Hofprediger in Weimar. Da er in einem Kirchengebete vor falschen Lehren gewarnt hatte, wurde dies als gegen den Herzog gerichtet angesehen, der damals Hügel und Strigel in Jena hatte gefangen setzen lassen; deswegen erhielt er 1562 seinen Abschied. Er wurde später Pfarrer an der Predigerkirche zu Erfurt, wo er am 18. November 1575 starb. Er gab 1569 die Tischreden Luthers heraus.

2) C. Müller (Molitor) wurde in Jena Magister der Philosophie, Pfarrer, dann Superintendent in Orlamünde, 1560 Assessor des Konsistoriums. Er stand auf Strigels Seite und starb 1562.

und ein Jeder insonderheit erklärten, daß sie das Interim keineswegs annehmen, sondern bei der reinen Lehre des Evangeliums,
die sie bis daher gelehrt und bekannt hätten, bleiben wollten,
und unterschrieben mit eigner Hand den gestellten Bericht.

Auf seiner Rückreise von Augsburg war Agricola in Salfeld mit Aquila zusammengetroffen und hatte sich gerühmt,
„es wäre auf diesem Reichstage der Religion halben mehr ausgerichtet worden, denn vorhin in 20 Jahren; denn Kais. Maj.
wäre selbst lutherisch geworden". Dies veranlaßte Aquila, mit
einigen sehr heftigen Schriften gegen den abtrünnigen Hofprediger des Churfürsten von Brandenburg aufzutreten [1]).
Auch Amsdorf erklärte den jungen Fürsten, sobald er nur von
dem bevorstehenden Erscheinen des Interims hörte, daß sein Gewissen ihm nicht erlaube, dazu stillzuschweigen. Alle Warnungen
und Ermahnungen, davon abzustehen, waren vergebens.

Er wisse, sagte er, daß es ohne große Verfolgungen nicht
abgehen werde; deshalb wolle er nach Magdeburg weichen. Vor
der Pest fürchte er sich nicht; wenn diese ihn hinwegnähme,
so dürften ihn der Kaiser und die Mönche in Brüssel nicht verbrennen. Er wolle nicht gern, daß ein Bauer seinethalben
solle beschwert werden, viel weniger, daß die wohlgeordnete
Kirche und die wahre christliche Religion in diesen Landen
seinethalben zerrüttet werden sollte. Mit Zustimmung und

---

1) „Das Interim illuminirt und ausgestrichen mit seinen angeborenen,
natürlichen Farben, von Augsburg einem Freunde zugeschickt, cum scho-
liis marginalibus, welche nicht zu verachten. 1548. Wider den spötti-
schen Lügner und unverschämten Verleumder M. Eißleben Agricola nöthige
Verantwortung und ernstliche Warnung gegen das Interim von M. Aquila,
Bischofen zu Salfeld 1548. Copey der schönen Vermahnung, welche bei
den abtrünnigen interimistischen Christen von der teuflischen, gottlosen
Opfermeß dem armen einfältigen Volk wird vorgelesen in schönem Schein:
inwendig aber ist eitel Galle, Myrrhen, Aloe, Hölle, Teufel, Tod und
Verdammniß, mit Honig vermischt. 1551. Von M. Aquila. — Eine
sehr hochnöthige Ermahnung an das kleine, blöde, verzagte, christliche
Häuflein, daß sie in diesem erschrecklichen und letzten Theil der ZeitGottes
ewig Wort fröhlich bekennen sollen wider des Teufels Finsterniß, Lügen
und Mord geprediget. 1548 zu Erfurt gedruckt."

einer namhaften Geldunterstützung vom alten Churfürsten ging er nach Magdeburg, wo sich, nachdem es nach der Wittenberger Kapitulation in die Acht erklärt worden war, die heftigsten Gegner des Interim sammelten und eine Menge Gegen- und Spottschriften ausgehen ließen [1]).

Der Kaiser war schon über die abschlägliche Antwort der jungen Fürsten in Betreff der Annahme des Interims in hohem Grade aufgebracht gewesen; völlig zornig aber wurde er, als man ihm berichtete, daß in ihren Ländern solche Schriften gedruckt würden. Granvella äußerte gegen den gefangenen Churfürsten, seine Gemahlin und seine Söhne hielten sich dermaßen gegen die Kaif. Maj. in Sachen des Interims, daß er nicht wüßte, was endlich daraus werden könnte; denn er hätte Sorge, daß die Räthe, die ihren Vater verführt und um Land und Leute gebracht hätten, den jungen Herrn auch also thun würden. Ja man lasse sich nicht allein an dem genügen, daß die Herzogin und ihre Söhne der Kaif. Maj. das Interim gänzlich abgeschlagen, sondern man unterstünde sich auch, wie sie gewissen Schein hätten, Bücher im Druck wider solches und anderes der Kaif. Maj. Geschäft ausgehen zu lassen, darin auch die Kaif. Maj. an ihrer Kaif. Hoheit angegriffen und geschmäht worden. Es sei schwer genug, daß seine Söhne, die noch Kinder wären, Kaif. Maj. wollten lehren, was sie in Sachen der Religion thun sollte. Einen Mann, der ein Bischof wäre, dessen Namen man aber nicht zu nennen wisse, hätten sie von Handen kommen lassen.

Der Churfürst entschuldigte seine Söhne, daß dies sicher ohne Wissen und gegen den Willen derselben geschehen sei.

---

1) Der Haß und die Verachtung gegen das Interim gingen so weit, daß man Hunde und Katzen „Interim" nannte. Spottgedichte und Spottmünzen wurden zahlreich verbreitet. Hier mögen zwei Versschen stehen:

Selig ist der Mann,
Der Gott vertrauen kann
Und willigt nicht ins Interim,
Denn es hat den Schalk hinter ihm.

Der Türk hat seinen Alchoran,
Das Interim führt auf dieselbe Bahn;
Christus, sein Wort und Bileal
Sollen eins sein im Glauben überall.

Ueberdies sei in ihrem ganzen Gebiete gar keine Druckerei vorhanden. Ueber Erfurt, wo solche Bücher erschienen, hätten sie keine Botmäßigkeit. In ähnlicher Weise suchten die jungen Fürsten ihre Unschuld dem Kaiser gegenüber darzuthun und erklärten, daß sie Aquila hätten zur Untersuchung ziehen wollen, daß derselbe aber geflohen sei und sie nicht wüßten, wohin. Aquila hatte bei der Gräfin von Schwarzburg Zuflucht und Schutz gefunden.

Um die Erzeugnisse der Presse u. s. w. zu unterdrücken, erließ der Kaiser eine strenge Verordnung, in welcher es unter Anderem heißt: „Es sollen hinfüro alle Buchdrucker, wo und an welchen Enden die im heiligen Reich gesessen sind, bei Niederlegung ihres Gewerbes, auch einer schweren Pön, nemlich 500 Gulden in Gold, ihren ordentlichen Obrigkeiten unabläßlich zu bezahlen, keine Bücher, klein oder groß, wie die Namen haben möchten, im Druck ausgehen lassen, dieselben seien denn zuvor durch ihre ordentliche Obrigkeit eines jeden Orts oder ihre dazu verordneten Besichtiger der Lehre der christlichen Kirchen, dergleichen dem Abschied des Reichstages allhier, auch andern hievor aufgerichteten Abschieden, so demselben jetzo allhie gemachten Abschied nicht zuwider sind, gemäß befunden, dazu daß sie nicht aufrührerisch oder schmählich, es treffe gleich Hohe, Niedere, Gemeine oder sondere Personen an, und deshalb approbirt und zugelassen. Bei gleicher Pön sollen auch alle Buchdrucker schuldig und verpflichtet sein, in alle Bücher, so sie hinfüro mit Zulassen der Obrigkeit drucken werden, den Autor oder Dichter des Buchs, auch ihren, der Drucker, Namen, desgleichen die Stadt oder den Ort, wo es gedruckt worden, unterschiedlich und mit Namen zu benennen, und ernstliches Einsehens thun und verschaffen, daß nichts, so der katholischen allgemeinen Lehre der heiligen christlichen Kirchen ungemäß und widerwärtig oder zu Unruhe und Weiterungen Ursach geben, desgleichen auch nichts Schmähliches, Pasquills oder anderer Weise, wie das Namen haben möchte, diesem jetzo hier aufgerichteten Abschied und anderen Abschieden, so demselben nicht zu entgegen sind, ungemäß, in was Schein das geschehen möchte, Gedicht, geschrieben, in Druck gebracht, gemalt, geschnitzt, gegossen oder gemacht, sondern, wo solche und dergleichen Bücher, Schriften, Gemälde, Abgüsse, Geschnitz und Gemächts, im Druck oder sonst vorhanden wären, oder künftig ausgingen und an den Tag kämen, sollen dieselben nicht feil gehabt, gekauft, umgetragen, noch ausgebreitet, sondern den Verkäufern genommen und soviel möglich unterdrückt werden. Verkäufer und Käufer sollen gefänglich eingezogen und nöthigenfalls peinlich gefragt werden, wer der Autor sei" u. s. w.

V.[1]

Am 12. Oktober 1548 wies der Kaiser den Erzbischof von Mainz an, zu berichten, ob und in wieweit das Interim in den seiner Jurisdiktion und seinem Chrhsam unterworfenen Ländern durchgeführt sei; wo es noch nicht geschehen, soll er Fleiß verwenden, daß die Durchführung bald erfolge. Demnach ersuchte Sebastian, Erzbischof und Churfürst von Mainz, die Herzöge zu Sachsen, „die mit ihren Fürstenthümern, Landen und Leuten zum Theil in seines Erzstifts Chrhsam gehörig, freundlich, sie wollen ihre Unterthanen, die in der wahren christlichen Religion bisher gehorsamlich verharrt sind, vermahnen, daß sie hinfüro darin beständig bleiben wollen, da aber die Herzöge und die Ihren in der christlichen Religion Aenderung oder Neuerung vorgenommen hätten, alsdann wieder zu der allgemeinen christlichen Kirche treten und die Ihren gnädiglich und mit emsigem treuen Fleiß ernstlich dahin berichten, weisen und anhalten lassen, von solchen Aenderungen und Neuerungen unverzüglich abzustehn, sich wiederum in den Gehorsam der heiligen christ-

------

1) Weim. Comm.-Arch., Reg. M, S. 407, Nr. 3. — Cod. Chart. A, 396 auf herzogl. Bibliothek zu Gotha. Vgl. Brückner, Kirchen- und Schulenstaat im Herzogthum Gotha I, 283 ff. Beck, Johann Friedrich d. M. I, 83 ff.

lichen Kirche zu begeben, die heilige Religion und Ceremonien anzunehmen, zu halten und in dem Allen mit der römischen kais. Maj., ihm und andern gehorsamen christlichen Ständen und Unterthanen zu vergleichen".

Das Interim bestimmte: „Wer den Stuhl Petri inne hat als oberster Bischof, der soll mit dem Recht, damit es Petrus von Christo empfangen, da er sprach: Weide meine Schafe, die ganze Kirche regieren und verwalten, aber er soll seine Gewalt, so er hat, gebrauchen nicht zur Zerstörung, sondern zur Erbauung. Und diese vollkommliche Gewalt hat Christus Peter und seinen Nachkommen dermaßen gegeben, daß er doch den andern Bischöfen das Theil ihrer Fürsorge, so er ihnen befohlen, damit nicht benommen, sondern hat gewollt, daß sie in ihren Kirchen und Bisthümern wahrhaftige Bischöfe aus göttlichen Rechten sind, und sollen alle Christen dem obersten Bischof und ein jeder seinem Bischofe sonderlich gehorsam sein, wie der Apostel sagt: Seid gehorsam Euren Vorstehern, die da wachen für Eure Seelen."

Diejenigen Bischöfe nun, welche durch die Reformation beeinträchtigt worden waren, machten sofort Versuche, „dieses Theil ihrer Fürsorge" wieder zu erlangen. So spielen die Bischöfe von Meißen und Naumburg eine bedeutende Rolle in den Verhandlungen über die Einführung des Interims in den chursächsischen Landen. Die Bischöfe von Würzburg und Bamberg versuchten ihre Autorität im Koburgischen wieder geltend zu machen und sammelten sogar 600 Reiter in der Absicht, den Herzog Ernst von Koburg zu überfallen.

Der Erzbischof von Mainz lud durch einen gedruckten Aufruf, datirt den 28. September 1548, alle Pfarrer seiner Jurisdiktion auf den 19. November zu einem Synodus nach Mainz, wo über die befohlene Reformation des Klerus berathen werden sollte. Die Einladung wurde allen Pfarrern, die früher unter dem Erzbischof gestanden hatten, insinuirt. Ihr Verhalten dem gegenüber war sehr verschieden. Der Rath der Stadt Mühlhausen bat den Licentiaten Johann Cressen, Siegler und Scholastikus der Stiftskirche St. Severi zu Erfurt, die Mühlhäuser Pfarrer, die aus den ihm bekannten Ursachen nicht füglich erscheinen könnten, auf dem Synodus zu vertreten, damit er nicht als ungehorsam erscheine. Seit der Restitution sei er immer geneigt gewesen, allen Verordnungen nachzuleben, die zu Wiederaufrichtung des alten wahren christlichen und katholischen Glaubens und gottseliger Ceremonien gereichen möchten. Die Prediger aus den chursächsischen Landen entschuldigten ihr Ausbleiben, erboten sich aber sonst zu allem schuldigen Gehorsam gegen den Erzbischof. Hingegen die Pfarrer in dem Gebiete der jungen Herzöge weigerten sich entweder, die Citation anzunehmen, und protestirten feierlich dagegen, oder sie nahmen dieselbe zwar zuerst an, schickten sie aber bald dem Siegler in Erfurt zurück. Sie erschienen nicht in Mainz und entschuldigten sich auch nicht. Ebenso die evangelischen Prediger in Erfurt.

Menius war anderer Meinung gewesen. Er wollte dem Erzbischof im Namen seiner beiden Diöcesen eine motivirte Ablehnung zusenden und hatte zu diesem Zwecke eine Antwort in lateinischer Sprache entworfen [1]). Sie sollte ohne Namensunterschrift erfolgen, da auch die Citation zum Synodus nicht mit Namensaufschrift versehen gewesen war. Menius schickte das Concept an die herzoglichen Räthe und an Amsdorf. Den Herzögen gereichte der angewandte Fleiß des Superintendenten zu gnädigem Gefallen; sie hatten anfangs kein sonderliches Bedenken dagegen und waren willens, dasselbe ausgehen zu

---

1) Er wollte auch bei dieser Gelegenheit eine Schrift drucken lassen. Flacius (in seinem Register etlicher bitterer Unwahrheiten Menii F) berichtet darüber: „Ich weiß, daß Anno 1549 eine Schrift mit dem Titel ‚Lutheri Feber‘ von n Menio (wie mir dazumal für die ganze Wahrheit angezeigt ward) gemacht, gen Magdeburg geschickt worden ist, daß sie allda möchte gedruckt werden. In welcher Schrift war fast der Kern und das Allerbeste diese Historie oder Fabel, daß zu Mainz einmal ein sehr alter Stein gefunden sei, darauf gehauen war: Verte et videbis, Kehre um, so wirst du wohl sehen; und da man hat umgekehrt, so hätte man auf der anderen Seite die Worte gefunden: Moguntia ab antiquo Nequam, Mainz ist stets ein Schalk gewesen. Das ist Jost Meintz Urtheil von Mainz.“

laſſen. Aber aus verſchiedenen Urſachen achteten ſie dann dafür, mit ſolcher Schrift nicht zu eilen, zuförderſt deshalb, weil ſie glaub= lich berichtet worden waren, daß ihr Vetter, Herzog Moritz, abermals ſeine Theologen von Leipzig und Wittenberg nach Zella beſchieden habe, der Ende auf das Interim endlich zu beſchließen. „Und ſoll ſich Philippus Melanchthon und Andere vor ihrem Abreiſen aus Wittenberg haben vernehmen laſſen, nachdem die drei Biſchöfe des Hauſes zu Sachſen der Ende auch ſein würden, daß ſie ſich mit einander entſchloſſen, in keine Mu= tation auch in den Dingen, die man Mittelbinge heißt, zu be= willigen, noch ihnen den Biſchöfen etwas nachzuhängen. Sollte nun ſolches alſo geſchehen, wie wir uns zu ihnen gänzlich ver= ſehen wollen, ſo will daraus allerlei erfolgen. Und ſonderlich, daß durch Euch und andere unſerer Prädikanten nicht ſo gar der Katze die Schelle am erſten angehängt werden dürfe, und daß daſelbſt ohne Zweifel auch wird bedacht werden, was ſich unſeres Vetters Prädikanten im Lande zu Thüringen, die auch im Sprengel des Stifts Mainz geſeſſen, dieſfalls halten ſollen, welches dann gleichwohl unſer und Euer aller halben nicht ein geringer Vortheil nach allerhand Gelegenheit wäre. Sollte aber unſer Vetter oder Andere inne werden, daß Ihr, die Unſern, allbereit geſchrieben und den Anfang gemacht, ſo möchten ſie hinter dem Berge halten und ſehen wollen, was ſich Euer und anderer unſerer Prädikanten halben darauf zutragen wollte. Derhalben und aus andern mehr Umſtänden und be= wegenden Urſachen achten wir in allewege gut ſein, daß mit dieſer Schrift noch eine Zeit lang ſtillgehalten, nicht überſchickt, noch auch in Druck gegeben werde, bis man ſehe, wie ſich andere Leute, die ſolches in Gleichniß auch berührt, halten wollen.“ So blieb die Sache ruhen, und auch die Erfurter Prediger, die ebenfalls ſchon eine lateiniſche Antwort aufgeſetzt hatten und mit Menius gemeinſchaftliche Schritte thun wollten, hielten dieſelbe zurück.

Aber der Erzbiſchof gab deshalb ſeinen Verſuch noch nicht auf. Nachdem die Synode in Mainz beendigt worden war, ließ er durch seinen Siegler Edessen in Erfurt an Menius schreiben, daß er sich erinnern werde, wie er und die übrigen Pfarrer seiner Jurisdiktion in Thüringen zum Synodus citirt worden seien, aber dem keine Folge gegeben hätten. Auch habe man die verlangten Hülfsgelder für den Kaiser nicht eingeschickt. Es erfordere die Noth, solche Rebellion und Ungehorsam, wo er oder Andere ihm nicht zeitlich vorkämen, der Obrigkeit anzuzeigen. Deshalb lud Edessen die sämmtlichen Geistlichen auf den 5. April 1549 in den erzbischöflichen Hof zu Erfurt, um die Synodalbeschlüsse anzuhören.

Menius berichtete dies an die Herzöge, welche ihm darauf befahlen, dem Siegler zu antworten, daß er sein Gesuch an die Fürsten, als seine ordentliche Obrigkeit, gelangen lassen möge, und anordneten, daß man drei Abgeordnete nach Erfurt schicken möchte, welche die Synodaldekrete anhören, zugleich aber auch für sich und die übrigen Geistlichen Protest einlegen sollten, daß sie nicht etwa durch ihr Erscheinen die Jurisdiktion des Erzbischofs anerkennen wollten. Als Abgeordnete für die beiden Diöcesen Gotha und Eisenach wurden Johann Weiß aus Eisenach, Peter Fuldner, Pfarrer zu Waltershausen, und Johann Brembach, Diakonus in Gotha, mit folgender Vollmacht nach Erfurt gesandt. „Da wir jetziger Zeit alle von unseren Kirchen nicht haben abkommen können, derwegen so thun wir allesammt in beiden obengenannten Superattendenzien gesessen von unser aller wegen die würdigen Magister Petrus Fuldener, Johann Weiß und Johann Brembach hiermit vollmächtigen auf bestimmten Tag vor dem Siegler zu erscheinen, allda und am ersten öffentlich solemniter für sich und uns zu protestiren und zu bezeugen, daß wir mit solchem unseren Erscheinen in nichts weiteres, denn wir in Gottes Wort und dem Rechten schuldig, Willen gehabt, gewilligt oder uns irgend etwas unterworfen haben, und dann seine Anzeigung anzuhören und uns den andern und abwesenden davon Bericht zu thun, auch auf die Anzeigung und Vorhaltung, so ihnen von gedachtem Siegler gethan wird werden, Bedenkzeit zu Berathschlagung derselben zu bitten, und zu solchem, wie angezeigt, geben wir ob-

genannten Dreien hiermit unſer Mandat und Vollmacht inkraft
dieſes offenen Briefes."

Dieſe Drei erſchienen am 5. April in Erfurt vor dem
Siegler. Dieſer las ihnen die Synodaldekrete vor, gab ihnen
aber keine Abſchrift davon, und fragte ſie, ob ſie dieſelbe annehmen und halten wollten oder nicht. Auf ihre Bitte gewährte
er ihnen einen Monat Bedenkzeit.

Menius berichtete darüber an die Herzöge. Dieſen kam
viel darauf an, Zeit zu gewinnen und den Handel in die Länge
zu ziehen. Sie befahlen Menius, die Pfarrer ſeiner beiden
Diöceſen zuſammenzurufen und mit ihnen über eine Antwort
an den Siegler zu berathen, dieſe jedoch ihnen zuvor vorzulegen,
ehe ſie abgeſchickt würde. Dieſes ſollte indeſſen heimlich geſchehen; mit dem Siegler ſollte ſo verhandelt werden, als
wüßten die Herzöge von der ganzen Sache nichts. Wenn der
Biſchof ſich derſelben annehmen wollte, würde er ſich an ſie
ſelbſt zu wenden haben. Darüber müßte aber einige Zeit hin-
gehen. Inzwiſchen könnte man wohl genauer erfahren, wie ſich
Herzog Moritz und ſeine Prediger dazu verhielten.

Menius ſchrieb daher eine Verſammlung der unter ihm ſtehen-
den Geiſtlichen nach Eiſenach aus, welche, da er nicht ſelbſt er-
ſcheinen konnte, von Weiß und Brembach geleitet wurde [1]. Das
Reſultat war vorauszuſehen. In dem von Menius verfaßten,
am fürſtlichen Hofe nur wenig geänderten Schreiben an den
Siegler vom 17. Mai heißt es: „Ihr, als der Verſtändige,
habt wohl zu erachten, daß den Geſchickten die Dekreta in ſo
großer Anzahl alleſammt ganz einzunehmen, ſie im Gedächtniß
zu behalten und uns aller derſelbigen Inhalts zu berichten,

---

1) Pfarrer Johannes Schreiber von Frankenroba bittet in einem
Schreiben von Montag nach Miſericordias Domini, dem Tag der Verſammlung, Menius, ſein Außenbleiben entſchuldigen zu wollen, 1. weil er einen
böſen Schenkel habe und ihm zu wandern daran gar gefährlich ſei,
2. weil auf benannten Tag der Schultheiß bei ihnen zu Frankenroba
Wirthſchaft habe, 3. weil er durch gute Freunde vor zwei Landsknechten
gewarnt worden ſei, die ihm den Tod gedroht hätten, wenn ſie ihn auf
der Straße antreffen würden.

nicht möglich, uns aber in dieselbigen, deren wir selbst weder gesehen noch gehört haben, zu willigen und uns daran zu verpflichten in alle Wege bedenklich und beschwerlich sein will; derwegen wir uns auch mit gar keiner Antwort auf das, so uns unwissend und wir nicht genugsam haben mögen berichtet werden, vernehmen lassen können, bitten ganz freundlich, uns dessen nicht zu verdenken, uns auch solches zu keiner Gefahr noch Nachtheil zu verargen; da wir aber Kopeien der mehr gemeldeten Statuten bekommen, wollen wir uns davon unterreden und uns alsdann unverweislich vernehmen lassen." — Das darauf erfolgende ungünstige Schreiben des Sieglers hatte weiter keine Folgen.

VI. [1]

Churfürst Moritz hatte das Augsburger Interim nicht angenommen; um aber den Kaiser einstweilen zu beruhigen, ließ er seine Theologen und Stände in Leipzig zusammenkommen, welche um des Friedens willen sich bereit erklärten, in einigen Stücken, den Adiaphoris, d. i. gleichgültigen Dingen, die das Wesen des Glaubens nicht berührten, nachzugeben, und einen Vergleich zu Stande brachten, der gewöhnlich das Leipziger Interim genannt wird und damals allgemein spottweise der Chorrock hieß. Churfürst Moritz und Markgraf Albrecht von Preußen wollten dasselbe vertheidigen und durchführen, „wenn sie auch wüßten, daß sie der Teufel hole".

Als der Churfürst Johann Friedrich in Brüssel davon hörte, sah er voraus, daß der Kaiser, wenn er damit zufrieden, die Annahme auch von ihm und seinen Söhnen fordern würde. Er schrieb daher den Letzteren, dasselbe von ihren Theologen in Berathung ziehen zu lassen. Kanzler Brück ließ daher Menius, Gorolitius und Hoffmann zu einer Kommission in Jena für

---

1) Weim. Comm.-Arch., Reg. M, S. 403—425.

diesen Zweck zusammentreten. Die Sache sollte ganz geheim gehalten werden. Damit Niemand wisse, wohin Menius reise, mußte er eine Nacht in Erfurt bleiben und durfte nicht über Weimar gehen.

Die Kommission trat am 10. Februar 1549 zusammen. Brück legte ihr die Leipziger Beschlüsse und das Gutachten Melanchthons über die Adiaphora vor und verlangte von jedem ein besonderes Gutachten. Das von Menius lautet:

„Auf die Frage, da die Lehre, wie die durch göttliche Verleihung in unsern Kirchen bisanher geprediget wird lauts und inhalts der Augsburgischen Konfession, uns rein und lauter gelassen würde und wir auch also Frieden haben und behalten könnten, ob alsdann und auf denselben Fall auch mit Gott und gutem Gewissen die Punkte und Artikel, so von den Meißnischen Theologen und Ständen gestellt und auf dem Landtage zu Leipzig proponirt worden sind, angenommen, gewilligt und gehalten werden möchten, ist dieses unser Bedenken:

Nachdem hiebevor das Interim an ihm selbst ein solch Monstrum ist, das sich weder mit der rechten, reinen, christlichen Lehre des Evangelii Christi, noch allerding mit dem Papstthum vergleicht, sondern nur dahin gerichtet und gemeint ist, daß es die Leute von reiner Lehre und Glauben allgemählich abführen und mit der Zeit unvermerkt unter das Papstthum und Reich des Antichrists wiederum gefangen nehmen soll, so sind nun diese Artikel des leipzigschen Beschlusses auch also gestellt, daß sie unsere Lehre und das Interim etlichermaßen zusammenhängen und durchs Interim die Leute vielleicht gern an unsre Lehre ziehen wollten, wie solches die Bischöfe wohl gerochen und in ihrem Bedenken sich genugsam haben vernehmen lassen; dieweil man aber dagegen dieses auch wohl sieht und hört, daß der Kais. Maj. sammt der Bischöfe und aller Papisten Gemüth und Meinung mit allem ihrem Thun und Vornehmen gänzlich dahin gerichtet stehet, nicht, daß sie vom Papstthum auch das Allergeringste als unrecht bekennen und nachlassen, sondern daß wir Alles, was dem Papstthum zuwider ist, nachlassen, die öffentlich erkannte und bekannte Wahrheit

verleugnen und dagegen öffentliche kündliche Irrthümer und abgöttische Greuel wider Gottes heiliges Wort, wider unser Gewissen
zu unsrer ewigen Verdammniß annehmen, willigen und halten
sollen, denn so saget ja die Deklaration ausdrücklich, man soll
beim Papstthum bleiben oder, wer davon abgetreten, sich
wiederum hinzubegeben, entweder itzund sobald auf einmal,
oder aber mit der Zeit, also, daß man jetzt das Interim annehme und willige mit der Verpflichtung, was die Bischöfe, so
durchs Interim wiederum in allen ihren vorigen Gewalt gesetzt
und restituirt werden, in einem Koncilio ferner ordnen werden,
demselbigen alsdann auch zu gehorsamen.

Derwegen so ist leichtlich abzunehmen, daß mit solchem Erbieten, Weichen und Nachgeben man bei den harten steifen
Köpfen gar nichts ausrichten noch erhalten werde, ohn allein,
daß man sie nur steifer und trotziger in ihrem gottlosen Vornehmen macht und auf unsrer Seite den armen Einfältigen
großes schweres Aergerniß giebt, daß sie denken, wenn wir jetzt
dieses, dann jenes nachgeben, uns mit den Widersachern heut
in einem und morgen im andern vergleichen, wir seien der
Sachen ungewiß, fallen von der Wahrheit aus Furcht der Gefahr oder zeitlichen Wohlfahrt Gesuch ab, oder haben unnöthige
Zerrüttung leichtfertig erregt, deren wir anfänglich uns billiger
sollten enthalten haben, sintemal wir nunmals davon abtreten
könnten.

Und wiewohl es wahr ist, daß deren Dinge etliche und
viel ungefährliche Mittelbinge sind, die ihrethalben ohne Beschwerung und Verletzung der Gewissen könnten gehalten werden,
wie wir deren viel eine lange Zeit Jahre um der Schwachen
und Friedens willen gehalten haben und an etlichen Orten noch
gehalten werden, derwegen sich's ansehen ließe, als könnte und
sollte man solche Dinge nachmals billig halten, wo sie geblieben,
oder wo sie gefallen, wiederum auch aufrichten, so hat es aber
gleichwohl gar viel eine andere Gestalt und Meinung damit.

Denn obwohl die Mittelbinge, wie man sie nennt, an ihnen
selbst frei gehalten oder nachgelassen werden mögen, so gehört
doch solche Freiheit allein für die Gläubigen, die ihrer ge-

brauchen sollen zur Besserung und Erbauung und nicht zu Aergerniß und Zerstörung.

Wenn es nun die Meinung hätte, daß unsere Widersacher die Lehre des Evangelii und Glaubens an Christum mit uns annehmen und bekennen wollten, so könnten und sollten wir billig mit ihrer Schwachheit in solchen Mittelbingen eine Zeit lang Geduld tragen, mit ihnen essen, fasten, Kleider und anderes gebrauchen oder nicht gebrauchen, wie es die Nothdurft und Gelegenheit erfordern möchte.

Weil es aber diese Meinung mit den Widersachern gar nicht hat, denn sie begehren das Evangelium und Glauben an Christum mit uns nicht anzunehmen noch zu halten, sondern wollen uns davon abbringen oder in Grund gar vertilgen, ja wollen, daß wir ihre öffentliche widerchristliche, teuflische, abgöttische Greuel und Mißbräuche wider Gott und unser Gewissen annehmen und uns mit Leib und Seele in kündliche wissentliche Irrthum und ewige Verdammniß ergeben sollen, also daß unser Weichen und Nachgeben nicht sein noch heißen kann in rebus adiaphoris, d. i. in ungefährlichen frei willkürlichen Mittelbingen den Einfältigen, Gutherzigen, Schwachen zur Besserung und Stärkung des Glaubens aus Liebe in christlicher Freiheit dienen, sondern also heißt und ist es, mit unserm Weichen und Nachgeben bekennen und sich schuldig geben, daß wir jetzt geirrt und unrecht gethan haben, da wir die Mißbräuche des Papstthums weggethan und Aenderung darin vorgenommen haben, nun aber thun wir recht und wohl, daß wir von solchen Irrthümern wiederum abstehen und uns zum Papstthum wiederum bekehren, und wenn wir solches nicht thäten, so thäten wir Sünde und Unrecht, müßten derwegen des Teufels und ewig verdammt sein, derwegen auch die Widersacher solch unser Weichen und Nachgeben für kein Lieb noch Dienst erkennen, begehren noch annehmen, sondern es von uns als eine Pflicht von Rechtswegen haben wollen, daß wir's mit Schanden als einen Widerruf eines bekannten öffentlichen Irrthums thun und des Teufels Dank dazu haben sollen.

Darum obwohl die Dinge an ihnen selbst also geschaffen

sind, daß sie mit christlicher Freiheit, da es ohne Verletzung der Wahrheit und des Glaubens geschehe, gehalten werden möchten, so ist aber doch dieses groß Aergerniß, dadurch die Widersacher in ihrem gottlosen Wesen konfirmirt und gestärkt, die einfältigen christgläubigen Herzen aber zum höchsten betrübt und geärgert werden, gar für kein ungefährlich Mittelding zu achten.

Darum steht es ganz und gar darauf, dieweil durch Gottes Gnade und sein heilwärtiges seligmachendes Wort wir in die wahrhaftige und gewisse Erkenntniß gekommen sind, daß wir wissen, was Unterschieds zwischen dem seligen Gnadenreich unsres Herrn Jesu Christi und zwischen dem verdammten Sünden- und Teufelsreich des Antichrists sei, daß wir von solcher Erkenntniß gar mit nichten, auch um des allerkleinsten Härleins breit nicht weichen, sondern nach der erkannten Wahrheit frei heraus mit aller Freudigkeit bekennen, das Papstthum ist des Antichrists und Teufels Reich, darin ewig verdammt werden müssen alle, die darin sind und bleiben, das Interim ist des Antichrists und Teufels Netz, damit er die Seelen fangen und in sein Reich ziehen will. Darum soll sich Niemand zu ihnen nahen, an sie hängen, ihnen weichen, nachgeben, unterwerfen, noch sich mit ihnen in einigem Stücke vergleichen, so lieb ihm Gottes Gnade und seiner Seelen Seligkeit ist.

Unser Evangelium aber, wie das aus der heiligen Propheten und Apostel Schriften in unsern Kirchen, Gott Lob, geprebigt wird und in Augsburg öffentlich bekannt worden ist, das ist die ewige göttliche und allein seligmachende Wahrheit, und Alle, die das haben, hören, glauben und bekennen, die sind die rechte, wahrhaftige christliche Kirche und das rechte wahrhaftige Reich Jesu Christi.

Will nun Jemand vom verdammten Reich des Antichrists abweichen, dem Zorn Gottes, dem ewigen Tod und Verdammniß entfliehen und mit uns selig werden, den sollen und wollen wir gern und willig auf- und annehmen, mit seiner Schwachheit, so lang es von nöthen ist, gern Geduld haben und alles, was wir sollen und können, mit ihm tragen, so lang und fern er unſre Lehre hören und gedulden kann. Weil aber unſere Widerſacher deſſen gar nicht geſinnt noch gemeint ſind, ſondern wollen ſtracks das haben, daß wir die erkannte Wahrheit laſſen, unſre Seligkeit durch das theure Blut des eingebornen Sohnes Gottes erworben verächtlich hingeworfen, öffentliche, erkannte, gotteslästerliche, abgöttiſche Irrthümer und Greuel annehmen und halten ſollen, und das alles wiſſentlich, wider Gott und unſer Gewiſſen, wie können wir denn? Auch was hülfe es doch, daß wir von unnöthigen Dingen uns mit ihnen viel ver= gleichen wollten!

Darum iſt es am beſten und ſicherſten, man laſſe alle ſolche Handlung von den unnöthigen Dingen nur gänzlich unterwegen und geſchweige ihrer nur aller Dinge ſtille, bis ſolang, daß man der Hauptſachen, d. i. der Lehre und Glaubens, darauf allein aller Welt Heil und Seligkeit ſteht, mit ihnen einig oder gänzlich von ihnen geſchieden ſei. Wenn man mit ihnen in derſelben einig geworden iſt, alsdann iſt es gar leicht in den äußerlichen unnöthigen Dingen ſich zu vergleichen und alles zu thun und nachzulaſſen, was man für das Beſte achten kann; wird man aber in der Hauptſache der Lehre und Glaubens nicht einig, ſo iſt die Handlung von den äußerlichen unnöthigen Dingen nicht allein vergebens und unfruchtbar, ſondern zum höchſten auch ärgerlich und ſchädlich, beid unſerm und jenem Theil. Denn die Unſern werden dadurch hart und ſchwerlich geärgert, ſo man den Widerſachern weicht und nachgiebt und gleichwohl bei ihnen nichts damit erhält noch ausrichtet, daß ſie von ihrem Irrthum auch etwas nachgäben und weichen, ſondern dadurch nur ſtärker und härter werden, als ob ihr Ding ganz recht und gut, das unſre aber ſtracks falſch und böſe wäre.

Von den Artikeln der Meißner ſtückweiſe zu reden, iſt der= halb nicht groß von nöthen, daß ein jeder verſtändiger Chriſt aus dem, ſo oben angezeigt, von allen und jeden leichtlich judi= ciren und richten kann. Auch laſſen ſie es dabei nicht bleiben, und weil man ſich einmal auf den ſchlüpfrigen Weg in das Weichen und Wanken begeben hat, daß man auf dem Interim jetzt auf dieſe, dann auf jene Seiten wanket und weichet, werden sie nimmermehr zu keinem gewissen Stand kommen mögen, sondern alle Tage andere und neue ungewisse Tritte thun und immerbar wanken nnd gleiten müssen, bis solang sie Noth halb endlich entweder auf den Weg der Wahrheit allein treten, den Irrthum strafen und verdammen, oder aber (dafür sie Gott gnädiglich behüten und bewahren wolle) in den Irrthum mit fallen und sammt den Widersachern darin verderben müssen.

Es thut das Flicken und Klügeln in diesen Sachen doch ja nichts, soll und taugt auch nichts, allein daß es die Gewissen martert mit einer Reue über die andere und macht nur übel ärger. Gott wolle uns und alle die Seinen auf dem seligen Wege der anerkannten Wahrheit gnädiglich und in Ewigkeit beständig erhalten! Amen.

Es hat D. Philippus Melanchthon von dieser Sache auch sein Bedenken gestellt, darin er auf diese Meinung auch schließt, wo man den Kirchen die Lehre des Evangelii rein und frei in Friede und Ruhe erhalten könnte, daß man in äußerlichen und freien Mitteldingen, als mit den Kleidern, Gesängen, Fleisch- essen und was dergleichen mehr sein mag, etwas nachgeben sollte. Dieses achten wir auch, daß es zu thun sei, aber doch nicht anders noch eher, man habe denn das erste und nöthigste Hauptstück von der Lehre zuvor erhalten. Denn wo dasselbe nicht erhalten und gleichwohl in den äußerlichen Mitteldingen etwas nachgegeben und Aenderung gemacht würde, da kann noch mag es ohne groß und schwer Aergerniß nicht wohl abgehen, wie zuvor angezeigt. Darum achten wir, des Herrn Philippi Bedenken und Meinung sei auch dahin gerichtet und diesem un- sern gar nicht entgegen. Denn wenn die Widersacher die äußer- lichen Dinge als nöthig zur Seligkeit fordern und nicht freie Mitteldinge wollen sein und bleiben lassen, so wird die Lehre des Glaubens mit solchem ärgerlichen schädlichen Zusatz ge- fälscht und unrein gemacht. Das ist dann in keinem Weg nicht zu leiden noch zu willigen, noch dazu stillzuschweigen, da- mit man sich nicht an so vielen Seelen und Gewissen, so durch solche falsche Opinion verführt werden, schuldig und ihres Ver- derbens theilhaftig mache.

Wo man aber die Lehre frei und rein bleiben läßt und die äußerlichen Ceremonien, so freie Mittelbinge sind, an den Glauben und Gewissen nicht bindet, als wären sie nöthige Dinge, die man haben müsse zur Seligkeit, sondern läßt sie frei allein zur äußerlichen feinen Ordnung, Zierde und Wohlstand der Kirchen, zur Uebung des gemeinen Volks u. s. w. bleiben, da kann man sie auch ohne Beschwerung und Verletzung der Gewissen wohl mithalten, und wäre unrecht, so Jemand ohne Noth aus Eigensinnigkeit allhie Zerrüttung machen und sich mit andern nicht vergleichen wollte."

Gorolitius und Hoffmann arbeiteten ebenfalls besondere Gutachten aus, die wesentlich auf dasselbe hinauskamen, unterschrieben aber auch das von Menius mit.

———

VII. [1]

Nun wurden wirklich der Churfürst und seine zwei Söhne in zwei Schreiben des Kaisers (im Februar und April), resp. des Erzbischofs von Mainz, aufgefordert, entweder kurzum das Papstthum wieder anzunehmen oder das Interim in ihrer Landeskirche einzuführen. Wo nicht, so hätten sie die Ungnade Seiner Kais. Maj. und ernste Strafe zu gewarten. Da die Sache sehr ernst und wichtig war, beschlossen die Herzöge, sie den Landständen vorzulegen. Zuvor aber beriefen sie einige Theologen nach Weimar und verlangten von ihnen Gutachten darüber, was man dem Kaiser antworten solle und ob man in etlichen freien Mittelbingen, die von Gott weder geboten noch verboten sind, etwas willigen möchte oder nicht, sonderlich da gesagt würde, daß die Landstände zu Sachsen und Meißen auf dem Landtage zu Leipzig in solchen Dingen etwas zu willigen bedacht haben sollten.

Menius gab folgendes Gutachten ab: „Weil abermals

---

1) Weim. Comm.-Arch., Reg. M, S. 425—445.

von der Röm. Kaif. Maj. gefordert wird, daß man das Interim annehmen und in Kirchen allenthalben anrichten und ins
Werk bringen soll und viel Leute begehren sie zu unterrichten,
ob man auch in etlichen Dingen, die man Abiaphora, freie
Mittelbinge, zu nennen pflegt, als da find Ceremonien der Gesänge, Fasten und Feiertage, item Kleidung 2c. der Kaif. Maj.
zu Gehorsam und Unterthänigkeit, auch um Friedens willen in
den Kirchen, da bisanher die Lehre des heiligen Evangelii rein
und lauter geprediget, Aenderung machen, etwas nachgeben und
mit den Papisten sich vergleichen möge, wie denn etliche, und
sonderlich die Landstände zu Leipzig, in solchen Dingen etwas
nachzugeben und mit dem Gegentheil sich zu vergleichen beschlossen haben sollen, hierauf will ich mein Bedenken und Meinung, was ich mit gutem Gewissen thun und willigen kann,
einfältig und richtig anzeigen und einem Jeden sein Bedenken,
nachdem sein Verstand fassen und sein Gewissen ertragen kann,
allerbing unverstricket und frei lassen, zu folgen, zu thun und
zu lassen, was ihm gelegen, und allenthalben zu verantworten
sein will. Denn wiewohl wir, so im Predigtamt find, Unterricht zu geben schuldig, so gebühret uns doch nicht, Jemand
weiter zu verstricken, denn sein Verstand und Gewissen ihn
treibet und weiset, und muß in diesem Fall ein Jeder auf sich
selbst sehen, in was Verstand, Glauben und Gewissen er han-
dele, daß er es gegen Gott und männiglich verantworten könne,
damit Niemand den andern mit Wahrheit zu beschuldigen habe,
als ob er durch seine Beredung in Beschwerung geführt und
kommen sei.

Vom Interim.

Demnach, soviel das Interim, welches die Röm. Kaif.
Maj. anzurichten und ins Werk zu bringen aufs ernstlichste
fordert, betreffen thut, mag ein Jeder für sich thun und lassen,
was er seines Glaubens und Gewissens halber zu verantworten
weiß; ich aber für meine Person kann und will es nicht annehmen, auch in den Kirchen nicht dienen, da es angenommen
und gehalten werden soll, aus dieser Ursache, daß es der reinen

heilsamen Lehre des heiligen Evangelii zuwider ist und das ganze Papstthum mit allen seinen antichristischen Abgöttereien und Greueln wiederum aufrichtet und bestätiget.

Und obwohl bisweilen etwas darunter vermenget, das da scheinet, als ob es der Lehre des heiligen Evangelii mehr denn des Papstes Greueln und Irrthümern ähnlich, so ist es doch darum drein vermenget, daß es die andern Greuel decken, schmücken und färben soll, damit man sie desto weniger kennen möge.

So siehet und erfähret man auch wohl, daß die Bischöfe, auch die Kais. Maj. selbst dasjenige, so gut scheinet, von den Irrthümern und Mißbräuchen in keinem Weg wollen scheiden lassen, also daß man etwas in christlichem Verstand und Ge= brauch annehme und das andere, so gar auf keinem christlichen Verstand nicht gezogen, noch mit gutem Gewissen gehalten wer= den mag, fahren lassen, sondern es sollen mit Gewalt die Irr= thümer und Mißbräuche allesammt nichts weniger als die gött= liche Wahrheit von Jedermann gleich angenommen und ge= halten werden.

Die Artikel von der Lehre und bevoraus von der Justi= fikation sind gar unrein, die können wir mit gutem Gewissen gar nicht annehmen. Denn es wird darinnen dem Sohne Gottes, Jesu Christo, seine eigene Ehre, daß er allein unser einiger und ewiger Mittler, und Versühner jetzt genommen und zum Theil unsern eigenen Tugenden zugegeben, welches eine greuliche Schmach und Lästerung des Sohnes Gottes ist, und wird den armen Gewissen ihr höchster Trost damit zugleich ge= nommen, daß sie nicht gewiß halten können, sondern zweifeln müssen, ob ihnen Gott gnädig sei oder nicht.

So wird auch von Sakramenten viel unrecht gelehret, denn etliche Sakramente angegeben werden, so vom Herrn Christo weder eingesetzt noch befohlen sind, und diejenigen, so vom Herrn Christo eingesetzt und befohlen sind, die werden in greuliche Mißbräuche verkehret, wider Gottes Gebot und Ordnung, welches kein Mensch, Engel noch Kreatur zu thun hat, und allein vom Antichrist geschieht.

Und damit männiglich greifen möge, daß das Interim auf

nichts anderes gemeinet sei, denn das Reich des Antichrist, welches eigentlich ist das leidige Papstthum, wiederum ganz und gar aufzurichten, so erscheinet solches klärlich aus dem:

Erstlich, daß es die ganze heilige Schrift der Kirche unterwirft und vorgiebt, die Kirche habe Macht, die Schriften zu authentisiren, item auszulegen und zu deuten, so doch die Kirche nicht über Gottes Wort noch über die Schrift, sondern viel mehr die Schrift und Gottes Wort über die Kirche ist, denn durch das Wort wird die Kirche zu Hauf berufen und versammlet und ist darauf erbauet, wie St. Paulus saget: Ihr seid erbauet auf das Fundament der Apostel und Propheten, und das Interim selbst bekennet, daß die reine Lehre, wie sie in der Apostel und Propheten Schriften verfasset ist, das einige gewisse Zeichen sei, dabei die wahre Kirche erkannt werden müsse.

Zum andern ist das Interim darum nicht anzunehmen, daß es frei heraus saget, der oberste Bischof, der St. Peters Stuhl innehabe (wer verstehet hie nicht, daß der Papst zu Rom damit gemeinet werde?), der habe die ganze Kirche zu regieren und dem sollen alle Andern gehorsam sein; dieses wird ja mit klaren Worten im Interim gelassen.

Hat nun die Kirche Macht über die Schrift, und der Papst hat Macht über die Kirchen, nehmen wir dann das Interim an, so haben wir uns damit sammt der Schrift und Kirchen dem Papst schon ganz und gar unterworfen, daß wir kurzum alles lehren, glauben und halten müssen, nicht wie es Gott in der Schrift verordnet, eingesetzt und befohlen hat, sondern wie es dem Antichrist, dem Papst gefällt und wie er's haben will, und dürfen nicht denken, daß wir bei dem, so im Interim verfasset ist (wenn wir's gleich allesammt bis auf die untersten Buchstaben annehmen könnten und wollten), gelassen werden, sondern wir müssen vermöge und inhalts des Interims dem Papst in allem und jedem Stück unterthan und gehorsam sein, was er von Anfang gesetzt und geordnet hat, und hinfortan, so lange sein Reich bestehen wird (ach, Herr Gott, Du wollest es bald stürzen), setzen und ordnen wird.

Derwegen es auch den Namen hat, daß es Interim ist, als das nicht lange, vielweniger ewigen Bestand haben soll, sondern allein eine Zeit lang also gehalten werden soll, bis daß der Papst durch sein Koncilium seine Gewalt nach seinem Willen wiederum bekommen möge, dafür ihn aber unser lieber Herr Christus behüten wolle. Amen.

Drum wollen auch die Bischöfe und Papisten das Interim selbst nicht annehmen noch halten, ja auch bei Niemand suchen noch fördern, daß es angenommen und gehalten werde, sondern gedulden allein der Kais. Maj. zu Gefallen, daß es eine Zeitlang annehme und halte, wer da will, sie aber wollen kurzum ihr Papstthum restituirt haben, es geschehe sobald über kurz oder lang.

Derwegen wer das Interim annehmen will, derselbige eben so mehr das ganze Papstthum annehmen mag. Sintemal es dahin gänzlich gemeinet und gerichtet ist, auch endlich anders nicht, denn dahin gewißlich gereichen muß, daß aus Interimisten Papisten werden, das mag nun thun, wer den Herrn Christum verleugnen, der göttlichen Gnaden, Reichs und Seligkeit sich verzeihen und sich dem Teufel wissentlich und williglich ergeben will. Wir, so die Wahrheit des Evangelii einmal durch göttliche Verleihung erkannt und angenommen, wollen noch können es nicht thun, auch keinem Menschen solches zu thun in keinerlei Weise noch Wege nicht rathen.

Dieses wollen wir vom ganzen Interim insgemein gesagt haben.

Von Adiaphoris.

Soviel aber belanget, ob man in Adiaphoris, das ist in den freien unnöthigen Mitteldingen, als da sind Gesänge, Kleidung, Fast- und Feiertage 2c. der Kais. Maj. zu Gehorsam und Unterthänigkeit auch um Friedens willen, etwas in christlichen Kirchenordnungen ändern und sich mit dem Gegentheil vergleichen möge, ist dieses die Meinung, daß alle Christen sich billig schuldig bekennen, auch aufs allerunterthänigste erbötig sein sollen, der Röm. Kais. Maj. als unserer hie auf

Erben allerhöchsten von Gott geordneten Obrigkeit in allem dem unterthänig zu gehorsamen, daß sie ohne Verletzung der allmächtigen göttlichen Majestät und ihrer Gewissen können und mögen.

Da nun bei der Röm. Kais. Maj. dieses erhalten werden möchte, daß wir die heilsame Lehre des Evangelii, unsers lieben Herrn und Heilandes Jesu Christi, wie das in der heiligen Propheten und Apostel Schriften gegründet und von Anfang der Welt in der wahrhaftigen Kirche Gottes von den lieben Vätern, Propheten und Aposteln gelehrt, geglaubt und bekannt worden ist, sammt dem rechten Gebrauch der heiligen Sakramente nach Einsetzung und Ordnung unsers lieben Herrn und Heilandes Jesu Christi, desgleichen auch andere von Gott in der heiligen Schrift gesetzte und gebotene Ordnung mit Fried und Ruhe haben, lehren, bekennen, üben und uns derselbigen gebrauchen möchten, und die Kais. Maj. an dem zufrieden sein wollte, daß wir mit anderen Kirchen, so mit uns gleiche Lehre und Glauben haben und bekennen, einer gewissen Kirchenordnung in äußerlichen freien Mitteldingen vergleichen und dieselbige unsere Ordnung zunächst nach der Ordnung, so etwa in der alten Kirche gebräuchlich gewesen, anstellen und richten sollten, damit feine, ordentliche Gleichheit in allen unsern Kirchen einhellig und einförmig gehalten und dadurch auch Andere sich zu uns zu begeben gereizt werden möchten, achte ich für wahr, daß in dem der Kais. Maj. billig Gehorsam geleistet, Gott dem Herrn zu Ehren und Wohlgefallen und den Kirchen zu merklicher Erbauung, wohl und billig gedienet werden sollte, und wäre ein Ungehorsam und muthwilliger Frevel, strafwürdig, der Kais. Maj. sich ohne Noth in solchen Dingen widersetzen und die Kirchen um unnöthiger nichtiger Ursachen willen leichtfertig zu betrüben und wüst zu machen.

Wenn aber die Kais. Maj. uns die obangezeigten nöthigen Stücke, daran der göttlichen Majestät Ehre und aller Welt ewiges Heil und Seligkeit gelegen ist, als die reine Lehre des Evangelii, den rechten wahrhaftigen Gebrauch der heiligen Sakramente sammt andern von Gott in der heiligen Schrift eingesetzten und gebotenen Ordnungen nicht frei lassen, sondern uns von denselbigen auf falsche, gottlose, irrige Lehre, auf kündliche öffentliche Abgötterei und Mißbräuche im Gebrauch der heiligen Sakramente und anderer göttlichen Ordnungen mit Gewalt bringen und haben wollte, daß wir neben der falschen gottlosen Lehre und kündlichen abgöttischen Mißbräuchen, so im Papstthum und Interim gelehrt und gefordert werden, auch die äußerlichen Ceremonien mit Gesängen, Kleidern, Fasten und Feiertagen sammt andern dergleichen Menschensatzungen nicht als freie unnöthige Mitteldinge, um feiner gleicher Ordnung, nützlicher Uebung und Zucht willen, sondern als verdienstliche Gottesdienste zur Seligkeit nützlich und nöthig halten sollten, wie denn das Interim solches gewaltig gefordert und haben will und die Bischöfe in ihren neuen decretis synodalibus auch darauf bringen, auf den Fall ist zu bedenken, daß die Kais. Maj. sich über die göttl. Maj. erheben und sich derselbigen widersetzen thäten, und dieweil dann Gott dem Gehorsam, den wir der Kais. Maj. leisten sollen, seine Maß gegeben und sein gewisses Ziel gesteckt hat, als nemlich, daß wir Gott mehr denn den Menschen und dem Kaiser um Gottes, aber nicht unserm Herr Gott um des Kaisers willen gehorsamen und dienen sollen, derwegen so könnten noch sollten wir in diesem Fall der Kais. Maj. Ordnung auch in Adiaphoris und äußerlichen Ceremonien ja so wenig annehmen, als wir die reine Lehre des Evangelii, unsern Glauben und Bekenntniß an Christum verlassen und verleugnen könnten.

Denn was wäre das anders, wenn wir (dafür uns und alle frommen gottfürchtigen Herzen der gütige Gott behüten wolle) die reine Lehre des Glaubens an Christum fahren ließen, lehreten und glaubten, wir müßten und könnten Vergebung der Sünden, Gottes Gnade, Gerechtigkeit, ewiges Leben und Seligkeit erlangen nicht allein durch den Glauben an den Mittler Jesum Christum, Gottes Sohn, sondern auch durch Observanz und Haltung der Menschengebote und Ordnung; was wäre (sage ich) dieses anderes, denn Gott den Menschen und wiederum die Menschen unserm Herrn Gott gleichmachen, das ist Christum und Gott gar aller Ding verleugnen und aufs höchste und greulichste lästern und schmähen?

St. Paulus sagt Gal. 5: In Christo Jesu gilt weder Beschneidung noch Vorhaut etwas, das ist, nachdem Christus erschienen ist und durchs Evangelium geprediget wird, ist lauter nichts daran gelegen, es sei einer ein beschnittener Jude, oder ein unbeschnittener Heide, daran aber ist's alles gelegen, daß beide, Juden und Heiden, so selig werden wollen, an Christum glauben.

Also sagen und halten wir auch recht, daß in Christo lauter nichts daran gelegen ist, ob man in äußerlichen, freien unnöthigen Mittelbingen und Kirchenordnungen es sonst oder so halte, sondern daran allein ist alles gelegen, daß wir rechten Glauben an Christum haben und bekennen.

Darum, wo uns die Lehre und Gebräuche der Sakramente sammt andern göttlichen Ordnungen gelassen würden, könnten wir wohl, sollten auch billig und wollten, in andern freien unnöthigen Mittelbingen nach christlicher lieben Art Jedermann zu Gottes Ehre, zu Förderung des Evangelii und zu Besserung des Nächsten herzlich gern dienen, gleichwie St. Paulus von ihm selbst saget, daß er bei den Juden jüdisch und bei den Heiden heidnisch gelebt und sich bei allen auf allerlei Weise gehalten habe, damit er Jedermann dienen und ihrer viel gewinnen und zur seligen Erkenntniß des Herrn Christi bringen möchte, ließ derhalben seinen jungen Timotheum beschneiden, item beschor sein Haupt zu Kenchreä rc. Dieses alles hat St. Paulus also gethan und gehalten bei denen, so seinem Evangelio nicht öffentlich widersprochen noch entgegen, sondern solche Leute gewesen sind, zu denen er Hoffnung hat haben können, daß sie sich durch seinen Dienst zum Evangelio und Glauben bekehren möchten.

Dagegen aber da er gesehen, daß man dem Glauben, der Wahrheit des Evangelii und christlicher Freiheit zuwider, Abbruch und Nachtheil, drauf gedrungen und mit Gewalt hat haben wollen, daß man die Beschneidung, Gesetze und allerlei jüdische Observationes halten sollte als nöthige Dinge, ohne welche man nicht Gottes Gnade erlangen noch selig werden könnte, ob man gleich an Christum glaubete, da hat er der Dinge gar keines nicht einräumen und gar Niemands auch St. Petro und den andern Aposteln, welche doch damals das große Ansehen hatten, im allergeringsten nicht weichen wollen, sondern aufs heftigste dawider gelehrt, und mit der That gehandelt, hat Titum nicht wollen beschneiden lassen und Petrum darum, daß er den Juden zuviel nachhängte, öffentlich und hart gestraft, als der mit solchem seinem Nachhängen der Wahrheit des Evangelii Abfall macht, die halsstarrigen Feinde des Evangelii, Juden und falschen Apostel, stärkte und die schwachen Christen merklich ärgerte, wie solches in seinen Schriften, Gal. 1 und 2 und sonst allenthalben, nach der Länge zu sehen.

Drum ist nicht allein zu bedenken, welche Dinge an ihnen selbst freie Mittelbinge sind, und wie wir für uns solcher Dinge frei gebrauchen mögen, sondern was wir der göttlichen Ehre, der Wahrheit des Evangelii, unsers Glaubens und Bekenntnisses halben nicht allein gegen den Unsern, die Brüder sind, sondern auch, was wir gegen den Feinden und Widerwärtigen unsrer Lehre und Glaubens thun und lassen sollen und können.

Denn gleich wie wir der freien Mittelbinge gegen unsern Brüdern und Glaubensgenossen denselbigen zu Dienst und Besserung gebrauchen sollen, damit sie zu gleicher Erkenntniß und Glauben mit uns gebracht und dabei erhalten und also die Wahrheit des Evangelii weit ausgebreitet werde, denn damit wird Gottes Ehre gefördert, unser Nächster erbauet, unser Glaube bekannt und der christlichen Freiheit nach der Liebe Recht gebrauchet.

Also auch wiederum, da die Feinde des Evangelii, Glaubens und christlicher Freiheit, aus solchen freien Mittelbingen nothwendige und verdienstliche Werke der göttlichen Gnaden und Seligkeit dichten und die Gewissen damit bestricken wollen, daß wer solche Dings halte, derselbige Gott damit einen Dienst thue und Vergebung der Sünden, Gnade und Seligkeit erlange, wiederum aber wer sie nicht halte, derselbe damit sündige und dadurch in Gottes Zorn, Ungnade und Strafe falle, damit

6*

dann die Wahrheit des Evangelii verdunkelt, der Glaube ver=
leugnet, die christliche Freiheit gänzlich unterdrückt und die armen
Gewissen in die unträgliche Dienstbarkeit geworfen und gedrungen
werden, da erfordert wahrlich die Nothdurft, daß man den
Feinden und Widersachern nicht weiche und ist nicht mehr frei
in dem Fall solche Dinge zu halten, sondern christliche Ge=
wissen sind schuldig, aus vielerlei großen hochwichtigen und un=
vermeidlichen nothwendigen Ursachen sich dawider zu setzen und
den Feinden des Evangelii zu widerstehen, damit die Ehre
Gottes und seines Sohnes Jesu Christi, als der unser einiger
Mittler ist, die Wahrheit des Evangelii und unser Glaube
durch unsern unschuldigen Gehorsam und Weihe nicht verleug=
net sondern öffentlich bekannt werden.

Gal. 5 gebeut St. Paulus und sagt: Bestehet in der
Freiheit, damit uns Christus befreit hat, und laßt Euch nicht
wieder in das knechtische Joch fangen.

Koloss. 2. Laßt Niemand Euch Gewissen machen über
Speise und Trank oder über bestimmten Feiertagen.

1 Cor. 7. Ihr seid theuer erkauft, werdet nicht der Men=
schen Knechte.

Dieses Alles sind ernste Gottesgebote, darin Gott gebeut,
daß wir von der Wahrheit des Evangelii, christlichen Glaubens
und Freiheit uns ja nicht abführen lassen sollen auf Menschen
Lehre, sondern die erkannte Wahrheit und unseren Glauben
bekennen zu Gottes Ehre, zu Förderung des Evangelii und
unseres Nächsten Erbauung und Besserung.

Es suchen noch begehren unsere Widersacher nicht das,
daß wir aus christlicher Freiheit um Friedens, guter nütz=
licher Uebung und Zucht willen uns mit ihnen in den freien
Mittelbingen vergleichen sollen, sondern sie wollen solche Aen=
derung mit Gewalt und von Rechtswegen als nöthige Dinge
zur Seligkeit haben, daß wir von unserer Kirchenordnung, als
von einem unchristlichen Irrthum und Mißbrauch, abtreten und
uns in ihre öffentlichen Mißbräuche, als die rechte wahrhaftige
Gottesdienste und Ordnung wären, begeben sollen, das ist so
viel, als ob wir mit der That revocirten und als irrig, un=

chriſtlich und unrecht widerriefen alles, was wir bisher gelehrt
und gethan haben.

Damit würden ſie nur halsſtarriger in ihrem gottloſen
Weſen und die Unſeren ſammt anderen außer unſern Kirchen
zum höchſten geärgert; wer will das auf ſeinem Gewiſſen er=
tragen oder verantworten? Wo blieb da unſere Konfeſſion?

Item ſo wir mit den Papiſten uns in äußerlichen Kirchen=
ordnungen allein und in der Lehre und Glauben nicht auch
verglichen, Lieber, was wollte das für ein wüſtes, vermengtes
Weſen werden? Wer wäre hier beſſer oder frömmer denn
der andere? Quae conventio Christi et Belial? Sintemal
geſchrieben ſteht: Niemand kann zweien Herren dienen.

Es hat Daniel wider des Königs Darii Verbot wohl
können ſeinen Gott in geheim anbeten und wäre ein unnöthig,
ungefährlich, frei Mittelding geweſen, ob er gleich nicht mit
offenen Fenſtern gegen der Stadt Jeruſalem gebetet hätte, weil
aber ſein Anbeten der Bekenntniß ſeines Glaubens, welche kein
frei Mittelwerk, ſondern ein ernſtes Gottesgebot iſt, zugleich
mit angehörte, konnte, noch durfte Daniel um der Bekenntniß
willen, ſolch Werk nicht heimlich halten.

Alſo wäre es auch dem Eleazaro wohl ein frei ungefährlich
Mittelwerk an ihm ſelbſt geweſen, ob er des Antiochi Kriegs=
volk gefolgt und wider das Geſetz Schweinefleiſch gegeſſen hätte,
gleich wie es dem David ohne Beſchwerung und Gefährde war,
daß er von den Schaubroden aß, davon ſonſt nach dem Ge=
ſetze Niemand eſſen durfte, ohne allein die Prieſter, weil aber
es damals nicht allein um des Eleazari Perſon und um das
bloſe Werk des Fleiſcheſſens, ſondern um die Bekenntniß der
Religion und Glaubens zu thun war, konnte noch ſollte Elea=
zarus ſeinen Glauben nicht ſchweigen, vielweniger aber ver=
leugnen, ſondern mußte ihn öffentlich und frei bekennen, es
koſtete gleich, was es wollte. Alſo müſſen und ſollen wir auch
thun in dieſem gleichen Falle. Es iſt nicht zu thun um die
bloßen Werke der freien Mittelbinge, ja es iſt auch nicht um
unſere Perſonen, Leib und Gut zu thun, ſondern betrifft gar
viel ein höheres und größeres, als nämlich der göttlichen Maje=

stät Ehre, die Wahrheit des Evangelii und unser sammt aller
Welt Seelen ewiges Heil und Seligkeit.

Christenleute sollen in allen ihren Reden und Händeln auf-
richtig und wahrhaftig sein, Mund und Herz sammt allen
Geberden übereinstimmen, zuvoraus aber in Religion und
Glaubenssachen.

Darum mögen Die wohl bedenken, wie redlich sie handeln,
und ob sie nicht unseres Herrgotts sammt der Kais. Maj.
nicht spotten, so allein mit äußerlichen Ceremonien Papisten
oder Interimisten sich stellen und es aber doch innerlich im
Herzen nicht sein wollen, und wiederum innerlich im Herzen
oder vielmehr heimlich in Winkeln von etlichen Leuten wollen sie
Christen gehalten sein, da es keine Fahr hat, Gott zu keinen
Ehren, dem Evangelio zu keiner Förderung und keinem Menschen
zu Erbauung und Besserung gereichen kann, und es aber gleichwohl äußerlich zu Gottes Ehre, des Evangelii Förderung und des
Nächsten Erbauung und Besserung gar mit nichten bekennen wollen.

In Summa, ob durch unser Nachgeben und Weichen einigen
Menschen geholfen und gedienet werde, das ist ungewiß, zwei
Dinge aber müssen gewißlich folgen. Das eine, daß durch solch
unser Weichen die Widersacher nur freudiger und trotziger, die
Unsern aber sammt andern Leuten an unser Lehre und Glau-
ben nur zweifelhaftiger werden. Dann sehe man darauf, wie
rein man die Lehre des Evangelii auf unsere Kinder und
Nachkommen bringe.

Um angezeigter Ursachen willen können, sollen noch wollen
wir vermittelst göttlicher Verleihung in unserer Kirchenordnung
keine Veränderung machen, noch den Widersachern etwas nachgeben, noch uns mit ihnen vergleichen, es sei denn wie ob-
gemeldet, daß sie die reine Lehre des Evangelii mit uns annehmen, oder zum wenigsten die Kais. Maj. uns dabei bleiben
zu lassen versichere. Denn ohne das, da wir in einem Stück
wichen, hätten wir uns dem Papst und Teufel gänzlich unterworfen und ergeben, müßten für und für immerdar eines nach
dem andern nachgeben und einräumen, bis so lang daß wir
zuletzt weder Lehre noch Sakramente, Glauben, Bekenntniß,

Anrufung noch Gott behielten, das thue, wer da williglich zum Teufel fahren und mit Leib und Seele ewiglich verdammt sein will.

Von den Artikeln des Leipzigschen Landtags.

Weil kein Zweifel ist, die Theologen der Universitäten und Kirchen zu Wittenberg und Leipzig haben alle obangezeigte Ursachen und vielleicht andere noch mehr zum fleißigsten auch betrachtet und bewogen, ist gewiß, daß sie ihre Artikel auch anderer Meinung nicht gestellt haben. Denn da man bei der Röm. Kais. Maj. die christliche Lehre, wie die in ihren und unseren Kirchen bis anher geprebigt wird, mit Frieden erhalten könnte, daß alsdann in freien Mittelbingen sich einer solchen Ordnung, wie die Artikel mitbringen, zu vergleichen und in Kirchen einträchtig und gleichförmig zu halten wäre, wie dann broben im Eingang dieses Bedenkens angezeigt.

Daß aber zu allen und jeden Artikeln, insonderheit ordentlicher und unterschiedlicher Bericht gegeben werden soll, ist schwer aus zweierlei Ursachen: erstlich daß solche Artikel, wie man weiß, um etliche Mal verändert, und so gar ungleiches Lauts ausgebreitet worden sind, daß Niemand eigentlich wissen kann, wie sie von den Herren Theologen gestellt seien oder nicht, lassen sich fast ansehen, als seien sie durch etlicher Klüglinge Flickwerk geändert.

Zum andern, so werden solche Artikel in sehr ungleichen Verstand gezogen, auch von den Meißnischen Landständen selbst; denn die Bischöfe verstehen sie gänzlich auf ihre Meinung, das ist auf lauter papistisch; die Grafen aber sammt der andern Landschaft verstehen und ziehen sie auf den Verstand und Meinung unserer Lehre, wie wir in unseren Kirchen prebigen und bekennen, und zwar so sind sie gleichwohl also gestellet, daß sie an etlichen Oertern leichtlich auf widersinnischen Verstand gezogen werden mögen.

Jedoch da man ja Unterricht davon haben will, kann es kürzlich auch geschehen.

Und zwar ist von unnöthen, von dem Artikel von freien

Mittelbingen weiter zu sagen, weil derselbige droben nach Noth= burft und der Länge ausgeführt. [1]

Den Artikel von der Justifikation, item von guten Werken, weiß ich nicht zu tadeln, sondern bekenne, daß sie beide recht und wohl gestellt sind, sofern man sie im Verstand bleiben läßt.

Den Artikel von der Kirche, von derselbigen Dienern [2], item von Bischöfen und dem obersten Bischof, wie die für ihre Person geschickt sein und ihr Amt führen und ausrichten soll-

[1] Leipziger Interim (Bedenken der chursächsischen oder meißnischen Theologen): „Wir bedenken erstlich, daß Alles, was die alten Lehrer in den Abiaphoris, d. i. in den Mittelbingen, die man ohne Verletzung göttlicher Schrift halten mag, gehalten haben, und bei dem andern Theil noch im Gebrauch geblieben ist, hinfort auch gehalten werde, und daß man darin keine Beschwerung oder Weigerung suche oder vorwende, dieweil solches ohne Verletzung guter Gewissen wohl geschehen mag."

[2] Im Leipziger Interim lautet der Artikel von den Kirchendienern: „Daß hinfürder gelehrte Leute zu den Präbenden in Stiften präsentirt und geordnet werden, die so viel Verstandes in der göttlichen Schrift haben, daß sie die bischöflichen Aemter zu verwalten und zu der Kura und Vorsorge der Archidiakonatämter und Jurisdiktion der Kirchen tüchtig und denselben rechtschaffen vorstehen können.

Und daß man durch die Statuta und Gewohnheiten, die man in etlichen Stiften hat, allein qualificirte Personen zu Domherren zu machen, gottesfürchtige Leute, die zum bischöflichen Amte dienstlich, nicht hindern, sonderlich dieweil dieselbigen Statuta und Gewohnheiten auch in päpstlichen Ordnungen und Dekretalen kassirt und aufgehoben, und befunden, daß dadurch die Stifte voll müßiger und ungelehrter Leute werden.

Desgleichen daß auch gelehrte Pfarrherren und Kirchendiener verordnet werden, welche das Wort Gottes zu lehren und dem Volke christlich vorzustehen geschickt und tüchtig.

Und daß dem obersten und anderen Bischöfen, die ihr bischöflich Amt nach Gottes Befehl ausrichten und dasselbige zu Erbauung und nicht zu Zerstörung gebrauchen, unterworfen und gehorsam sein alle andere Kirchen- diener, welche Kirchendiener auch von solchen Bischöfen auf vorgehende der Patronen Präsentation geordinirt werden sollen, und sollen auch die- selbigen Kirchendiener, wenn die übertreten, und sonderlich die Priester, die eines unehrbaren Wandels sind oder unrechte Lehre treiben, mit or- dentlichen Mitteln gestraft werden, als mit Privirung ihres Amtes und endlich auch mit dem Banne."

ten, wäre sehr gut und allen Christen zu wünschen, daß es so wäre. Weil man aber (leider) das Widerspiel siehet, ist sich darauf gar nichts zu getrösten und nicht zu rathen, daß man sich ihnen als Feinden, Verfolgern und Zerstörern der Kirchen und des Evangelii unterwerfen sollte.

Von den Ceremonien bei der Taufe[1]) wäre von nöthen, daß ausdrücklicher und klärer angezeiget würde, was es für Ceremonien sein sollten, denn Chrisem, Oel und dergleichen in keinen Weg nicht leidlich sind.

Desgleichen sollte auch bei der Konfirmation[2]) klärlich angezeigt worden sein, was da für Ceremonien gehalten werden sollen. Denn Auflegung der Hände, nachdem die Konfirmanden verhört, ist leidlich und der apostolischen Ordnung gemäß, aber das Chrisem soll nicht dabei sein.

Bei der Buße, Beichte und Absolution[3]) sind auch Worte,

---

1) Leipziger Interim von der Taufe: „Daß die Kindertaufe mit dem Exorcismo, Absagungen, Beistand und Bekenntniß der Pathen und andern alten christlichen Ceremonien gelehrt und gehalten werde.“

2) Leipziger Interim: „Firmung: daß die Firmung gelehrt und gehalten werde, und sonderlich die Jugend, die erwachsen, von ihren Bischöfen oder wem es dieselben befehlen, verhört ihres Glaubens, daß sie den bekennen und die Zusage, die ihre Pathen in der Taufe für sie gethan und dem Teufel abgesagt haben, bekräftigen und also in ihrem Glauben vermittelst göttlicher Gnaden konfirmirt und bestätigt werden mit Auflegung der Hände und christlichen Gebeten und Ceremonien.“

3) Leipziger Interim: „Buße: Die Buße, Beichte und Absolution und was dem anhängig, daß die fleißig gelehrt und geprebigt und das Volk zur Beichte dem Priester zu thun und an Gottes Statt von ihm die Absolution zu empfangen, und dabei auch mit Fleiß vermahnt und angehalten werde zum Gebet, Fasten und Almosengeben. Daß auch Niemand zum hochwürdigen Sakrament des Leibes und Blutes Christi gelassen werde, er habe denn zuvor dem Priester gebeichtet und die Absolution von ihm empfangen. Und daß dabei das Volk fleißig gelehrt und unterrichtet werde, daß wir in diesem Sakrament vereinigt werden mit Jesu Christo unserm Heiland als dem Haupt und Gliedern seines Leibes, also daß wir in ihm zu allem Guten auferzogen und ernähret werden. Item daß wir mit dem heiligen Geist in Gemeinschaft zunehmen, denn unser viel sind ein Brod und Leib, wie St. Paulus sagt. Daß auch das Volk erinnert und gelehrt werde, wer dies Sakrament unwürdig nimmt, daß

welche weitläufig verstanden und gedeutet werden mögen, als auf Satisfaktion, so der Beichte im Papstthum anhängig und dann die Indulgentias und römischen Ablaß auf dem Rücken mit sich bringen.

Vom Sakrament des Altars ist nicht unrecht gesetzt, wiewohl gut und nöthig gewesen, daß vom Glauben, darin aller Nutzen der Empfangung und Nießung stehet, etwas klärer geredet worden wäre.

Von der Oelung[1]) ist gar dunkel und verdächtig geredet, daß derselbige Artikel, als der gar nach dem Papstthum schmecket und freilich von den Theologen also nicht gestellt worden ist, gar nicht anzunehmen noch zu billigen ist.

Zu dem Artikel von der Priesterordination sage ich gleich wie zu dem vorigen Artikel von den Kirchen, ihren Dienern und Aemtern, daß gut und wohl zu wünschen wäre, daß es mit dem Examen und ganzer Ordination recht und christlich zuginge; weil man aber das Widerspiel täglich und allenthalben vor Augen sieht, ist wenig und wohl sicher gar keine Hoffnung dazu. Zudem ist auch im Artikel nicht ausgedrückt,

---

ihm derselbige das Gericht isset und trinket, und derwegen zu Ablassung sündlichen Wandels und zu wahrhaftiger Buße, Gebet, Almosen, Mäßigkeit und anderem christlichen Wandel angehalten werden. Denn, wer das Leben empfahen und erhalten will, der muß die Ursache des Todes meiden und dem Arzt, der uns zu allen Tugenden und Guten reizt und vorangegangen ist, gefolgig und gehorsam sein."

1) Von der Oelung heißt es in dem Bedenken der chursächsischen Theologen: „Wiewohl in diesen Landen in vielen Jahren die Oelung nicht im Gebrauch ist gewest, dieweil aber in Marko und Jakobo geschrieben, wie die Aposteln deren gebraucht haben, wie dann Jakobus sagt: Ist Jemandes krank unter Euch, der berufe die Priester der Kirchen zu ihm, auf daß sie über ihn beten und salben ihn mit Oel im Namen des Herrn, und das Gebet des Glaubens wird ihn gesund machen und der Herr wird ihn erleuchten, darum mag man hinfort solche Oelung nach der Apostel Gebrauch halten und über den Kranken christliche Gebete und Trostsprüche aus der heiligen Schrift sprechen und das Volk des also berichten, damit man den rechten Verstand fassen und aller Aberglaube und Mißverstand vorkommen und verhütet werde."

mit was Ceremonien die Ordination geschehen soll und mögen die Bischöfe und andere Papisten solche Ceremonien gar leichtlich auf ihre Schmiere und Platten ziehen.

Der Artikel von der Ehe ist kurz, klar und recht.

Die Ordnung und Ceremonien bei der Messe [1]) möchten, wenn man der Lehre einig wäre, geduldet werden. Wiewohl gar nicht leidlich, daß alle Gesänge und Gebete in unbekannter und lateinischer Sprache gehalten werden sollen, weil solches wider St. Paulus Ordnung ist. 1 Cor. 14.

Auch müßte die Anrufung der Heiligen im Konfiteor ausgelassen und die Konsekratio nicht von der Dermung oder Transsubstantiation, vielweniger aber vom ganzen Kanone, verstanden werden; warum nennt man's aber nicht bei seinem eigenen und rechten Namen verba promissionis, verba coenae oder verba Testamenti, wie es die Evangelien selbst nennen.

Von Bildern weiß ich auch nichts zu strafen.

Für die horas Canonicas achte ich, wo in Städten, Stiften

---

1) Bedenken der chursächsischen Theologen: „Von der Messe: Daß die Messe hinfort in diesen Landen gehalten werde mit Leuchtern, Lichten Gefäßen, Gesängen, Kleidungen und Ceremonien, daß die Priester und Ministranten an Orten, da der Personen genug sind, in ihren gewöhnlichen Kirchenkleidern und Ornaten ehrlich vor den Altar gehen, anfänglich das Confiteor sprechen und daß man singet den Introitum, das Kyrie eleyson, das gloria in excelsis Deo et in terra, Dominus vobiscum, die Kollekta, die Epistel, und die jetzund angezogen, alles lateinisch, und wenn die Epistel zu Latein gesungen, alsdann auch deutsch dem Volk vorgelesen werde, das Graduale, das Alleluja, der Sequenz oder ein tractus nach Gelegenheit der Zeit und Feste, das Evangelium lateinisch gesungen und dem Volke deutsch vorgelesen, das Credo in unum deum und das patrem vermöge des Symboli, ganz wie es im Stift gebräuchlich; item in Pfarren, da nicht Stift sind, möchte man für das Graduale die alten deutschen Lieder singen, zu Weihnachten: Ein Kindelein, so lobelich; zu Ostern: Christ ist erstanden; zu Pfingsten: Nun bitten wir den heiligen Geist; und für das patrem: Wir glauben all' an einen Gott; — die Predigt des Evangelii, das Dominus vobiscum, — Oremus, — das Offertorium, — die praefatio, — sanctus, — consecratio, — pater noster deutsch, — Agnus dei, — Kommunio und Reichniß des Sakraments, — Kollekta, — Benediktio."

ober Schulen sind, daß zu Uebung der Jugend nicht ungut, sondern nütz sei, daß man Psalmos, Responsoria, Antiphonas, Hymnas und Kollekten de tempore und christlichen Festen halte, wie dann in unseren Kirchen bis anher geschehen ist, und noch geschieht.

Die Gesänge bei der Todten Begräbniß achte ich auch, daß sie einem Jeden seines Gefallens freizulassen seien, allein daß der Papisten Trödelmarkt mit den Vigilien und Seelenmessen damit nicht wiederum aufgerichtet oder bestätigt werde.

Desgleichen auch die Feiertage, Gottes Wort zu handeln und der Sakramente zu gebrauchen, aber nicht Procession und abgöttische Gepränge zu treiben, wie man am Feste corporis Christi, item auch St. Markus in der Kreuzwoche und Char- woche gepflogen hat.

Den Fleischmarkt[1]) lasse ich der weltlichen Obrigkeit zu fordern heimgestellt sein, allein daß kein Superstitio und Be- schwerung der Gewissen damit angerichtet werde.

Vom Wandel der Kirchendiener, daß derselbige ehrlich an- gerichtet und gehalten werde, achte ich von nöthen und nützlich und daß auch diejenigen, so sich ärgerlich halten und durch ordentliche gebührliche Erinnerung und Vermahnung der Gebühr nicht halten, gestraft, von ihren Diensten entsetzt oder auch von der Kirche exkommunicirt werden.

Dieses will ich von obangezeigten drei Stücken, als nem- lich vom Interim, Adiaphoris und den Leipziger Artikeln auf Euere Bitte berichtet haben, also daß Ihr wisset, was ich für meine Person in diesen Dingen halten, thun und lassen kann vermittelst göttlicher Verleihung, will aber zu solcher Meinung, die ich doch anders nicht denn christlich und in

---

1) Bedenken der chursächsischen Theologen: „Fleisch essen: daß man sich am Freitag und Sonnabend, auch in der Fasten, Fleischessens enthalte, und daß solches als eine äußerliche Ordnung auf der Kais. Maj. Befehl gehalten werde, doch daß Diejenigen, welche die Noth entschuldigt, als da sind Handarbeiter, wandernde Leute, schwangere Weiber, Kindbetterinnen, alte schwache Leute, Kinder, hiemit nicht verbunden sind."

Gottes Wort wohl gegründet achte, gar Niemand verbinden noch verpflichten, sondern einem Jeden sein Gewissen zu thun und zu lassen, was er gegen Gott und männiglich zu verantworten weiß, ganz frei und unbeschwerlich lassen. Gott der barmherzige, ewige und gütige Vater unseres lieben Herrn und Heilands Jesu Christi, der wolle sein heiliges Wort, wahrhaftigen Glauben und Bekenntniß seines lieben Sohnes in seiner Kirche rein und lauter erhalten, seiner Kirche Friede und Ruhe verleihen. Amen."

VIII. [1]

Die übrigen Theologen, Grau, Strigel, Stolz und Molitor schlossen sich diesem Gutachten an und unterschrieben dasselbe mit. Daher erhielt Menius den Auftrag, dasselbe zu einer Denkschrift umzuarbeiten. Dabei änderte er fast nichts als die Form der persönlichen Darstellung. Die Denkschrift wurde darauf von den Fürsten den Landständen vorgelegt und von diesen angenommen (13. März 1549).

Bei dieser Gelegenheit hielten es die Landstände für rathsam und beschlossen, in ihrem Namen einen Bericht oder ein Bekenntniß von der Lehre und der Kirchenordnung, wie es damit bei ihnen gehalten würde, stellen zu lassen und dann ihre Landesfürsten zu bitten, solchen ihren Bericht gnädigst anzunehmen und Kais. Maj. zu überschicken. Mit der Abfassung desselben wurde Menius beauftragt. Zugleich wurde ihm, weil damals nicht in allen Kirchen des Landes einerlei und gleiche Ordnung gehalten wurde, aufgegeben, eine Ordnung zu stellen,

---

1) Weim. Comm.-Arch., Reg. M, S. 425—445. — Konfession und Bekentnis des Glaubens der durchleuchten Hochgebornen Fürsten und Herrn, Herrn Johans Fridrichen des mittlern, Herrn Johans Wilhelm, und Johans Fridrichen des jungeren, Herzogen zu Sachsen, Landgrauen zu Düringen vnd Marggrauen zu Meissen ꝛc. landschaft zu Düringen vbergeben auffm landtage zu Weimar. Anno MDXXXXIX. Gedruckt zu Königsberg in Preußen.

daran man sich in allen Kirchen einförmig halten möchte, damit sich Niemand wie bisher über die Ungleichheit zu ärgern hätte. Die letztere arbeitete er nach der Wittenberger und der von Cruziger und Myconius gestellten Leipziger Kirchenordnung aus. Da das Bekenntniß nicht eine neue Konfession, sondern nur ein Bericht sein sollte, wie man bei der Augsburgischen Konfession verharre und bleibe, um insbesondere dem Kaiser zu beweisen, daß die Beschuldigung, als ob die jungen Fürsten in ihren Landen das Böseste vornähmen und thäten, eine Verunglimpfung Mißgünstiger sei, so paßte er dasselbe den drei Hauptstücken des Katechismus, den 10 Geboten, dem Glauben und dem Vaterunser an und ahmte die Ordnung der Augsburgischen Konfession so viel wie möglich nach.

Zur Charakteristik dieser höchst wichtigen Schrift mögen einige Stellen folgen, die ein allgemeineres Interesse in Anspruch zu nehmen geeignet sind.

Von der Autorität der heiligen Schrift wird bekannt, „daß die heilige Schrift, die man nennet die Biblia, nemlich der heiligen Propheten und Apostel Bücher, das Wort und der Mund sind, dadurch die allmächtige und ewige Majestät Gottes sich dem menschlichen Geschlecht offenbart, also daß kein Mensch von der göttlichen Majestät Wesen oder Willen etwas Gewisses und Rechtschaffenes erkennen oder wissen kann, er erkenne und lerne es denn aus der heiligen Schrift. Denn wiewohl beide, Propheten und Apostel, allesammt zugleich natürliche Menschen und Adamskinder gewesen sind, gleich uns, so haben sie doch nicht von sich selbst aus ihrem eignen natürlichen Verstand weder geredet noch geschrieben als Menschen und sind ihre Bücher und Schriften gar nicht ihr eignes menschliches Gedicht, sondern Gott der heilige Geist ist es, der durch ihren Mund geredet und durch ihre Hand geschrieben hat, derselbige ist der rechte wahrhaftige Meister und Dichter der heiligen Schrift, welcher der Propheten und Apostel Mund und Hand hat als seines Werkzeugs gebraucht, sein Wort und Lehre dadurch den Menschen kund zu thun, nicht anders wie die Propheten und Apostel der Feder und Tinte gebraucht haben, das Wort zu schreiben, und wie David seiner Harfe gebraucht hat, darauf zu spielen. Darum, gleichwie die Feder geschrieben und die Harfe psallirt hat, nicht von sich selbst, sondern darnach sie der Propheten und Apostel Hand geführt und regiert hat, also haben auch die Propheten und Apostel von der allmächtigen und ewigen Majestät Wesen und Willen gelehrt und geschrieben nicht von sich selbst, sondern nachdem Gott der heilige Geist ihnen in ihre Herzen und Mund gegeben hat". —

„Wiewohl es wahr ist, daß in der heiligen Propheten und Apostel Schriften hin und wieder etliche Stücke gefunden werden, die der Grammatik oder Historie halben, auch von wegen der eignen und sonderlichen Weise, so die Apostel in Reden nach ihrer Art führen und aber uns fremd und ungewöhnlich sind, dunkel scheinen, da denn der rechte Verstand von einem Jeden nicht so bald ersehen werden kann, derwegen auch die Ausleger oftmals sehr wunderliche und bisweilen auch ungereimte Deutungen machen, wie aus ihren Schriften zu sehen, also daß, wer da meinet, er wolle durch ihre Auslegung die Schrift besser verstehen, derselbe dadurch oftmals mehr irre und geblendet wird, daß er nicht wissen kann, was er annehmen oder lassen soll; so ist doch dieses dagegen auch mehr, daß die heilige Schrift der Propheten und Apostel in den Artikeln und Stücken, darin die wahrhaftige Gotteserkenntniß steht, so zum Glauben und unsrer Seligkeit uns armen Menschen von nöthen sind, gar nicht dunkel, sondern aufs allerhellste und lichteste ist, also daß, wer dieselben Artikel und Hauptstücke in rechter Ordnung und Verstand wohl faßt und dasjenige, so sonst dunkel scheint, dagegen hält, derselbe ein großes Licht davon empfängt und sich darein wohl richten kann. Denn obgleich etliche Sprüche und Reden so gar hellen, klaren und gewissen Verstand nicht bald geben wollen, so müssen wir dem heiligen Geist die Ehre geben, daß er Meister und wir Schüler sind, und denken, daß es nicht an dem Meister, sondern an uns groben Schülern mangelt, daß wir alles nicht können gründlich verstehen; ja, wir sollen dem lieben Gott von Herzen darum danken, wenn wir so weit kommen, daß wir die Hauptstücke und Summa

der Lehre, so in der heiligen Propheten und Apostel Schriften
verfaßt ist, begreifen und ziemlichermaßen verstehen mögen." —

„Das endliche Ziel, darauf die ganze heilige Schrift des
Alten und Neuen Testaments gerichtet ist, ist dieses, daß man
den Herrn Christum daraus erkennen, an ihn glauben und
durch ihn ewiges Leben und Seligkeit erlangen soll." —

Darauf wird der Unterschied zwischen Gesetz und Evangelium hervorgehoben und bei Besprechung des Alten Testaments
der Uebergang zur Behandlung der zehn Gebote angebahnt.
Mit Hinweisung darauf, daß das Gesetz uns nicht den Geist
und die Kräfte giebt, die an sich guten und heiligen Gebote
Gottes zu erfüllen, wird die Nothwendigkeit einer „gar neuen
Lehre", der Predigt des Evangeliums erwiesen und auf das
zweite Hauptstück übergeleitet. „Im ersten Gebot gebeut Gott,
daß man ihn recht und wahrhaftig erkennen soll; denn da er
sagt: Du sollst keine andern Götter haben neben mir, will er
eigentlich, daß man ihn, den einigen, wahrhaftigen Gott, von
andern falschen Göttern absondern und allein für den rechten
wahren Gott erkennen und ehren soll, daß er nur, wer er
sei, recht erkannt, von andern falschen Göttern abgesondert und
allein wie ein rechter wahrer Gott geehrt wird, solches fordert
und gebeut das Gesetz wohl; es lehret aber, noch giebt die Erkenntniß nicht; die Lehre aber und Predigt vom Glauben, die
ist's, die solche Erkenntniß Gottes lehret."

Wo die Rede vom Verdienste Christi ist, trägt Menius
die Lehre vom zweifachen Gehorsam (obedientia activa und
passiva) in einer Bestimmtheit und Ausführlichkeit vor, wie
das bisher noch nicht geschehen war. Bekanntlich ist Luther
der Urheber derselben. Hier erhielt sie zuerst kirchliche Geltung
für die herzoglichen Lande, ging dann in das weimarische Kon-
futationsbuch von 1559 über, nachdem sie in dem Osiandrischen
Streite Gegenstand weiterer Besprechung gewesen war, und erhielt
schließlich durch die Konkordienformel symbolische Autorität. Die
Stelle in unserer Konfession lautet: „Nun aber Christus auch
gekommen und in unsrem Fleisch erschienen ist, daß er uns aus
allem Schaden, Jammer und Noth helfen und uns ewig selig

machen wollte an Leib und Seele, so hat er uns zu unsrem
Heil gedient erstlich in dem, daß er uns von der Sünde und
Strafe, darein wir durch die Sünde gefallen waren, als nem=
lich von Gottes Zorn, vom ewigen Tode und des Teufels
Tyrannei erlöst hat, damit daß er unter Pontio Pilato für
uns gelitten, sich am Kreuz aufgeopfert, gestorben, begraben
und zur Hölle gefahren ist; denn solche Strafe hatten wir
armen Sünder verdient und sollten sie von wegen unserer
Sünden ewiglich gelitten und getragen haben, damit für die
Sünde bezahlen. Dieweil es aber gleichwohl an dem zu unserm
Heil und Seligkeit nicht genug war, daß er uns von der Strafe,
die wir wohl verdient hatten, erlöste, sondern unsere Nothdurft
erforderte auch, daß er uns Gottes Huld und Gnade, ewiges
Leben und Seligkeit erwürbe, welches wir durch unsere eigene
Gerechtigkeit, Werke und Verdienste für uns selbst zu thun nicht
vermöchten, nachdem durch Adams Fall aller Menschen Kräfte
verderbt und wir allesammt der Sünde gefangene Knechte ge=
worden sind, derwegen so hat er solches auch gethan und durch
seinen Gehorsam das Gesetz und Willen des Vaters ganz voll=
kommlich vollbracht und erfüllt, nicht allein in dem, daß er
uns von der wohlverdienten Ungnade, Strafe und Verdamm=
niß erlöst und uns den Vater versöhnt, sondern daß er uns
auch die unverdiente Gnade und Seligkeit erworben hat, wie
er selbst sagt Joh. 3: Also hat Gott die Welt geliebt, daß
er seinen eingebornen Sohn gab, auf daß Alle, die an ihn
glauben, nicht verloren werden (dieses ist die Erlösung von
der wohlverdienten Strafe), sondern das ewige Leben haben
(welches ist das Geschenk der unverdienten Gnade und Seligkeit)."

Vom Amt der Schlüssel wird also gelehrt, „daß beides,
das Binden oder Sündebehalten und das Lösen oder Sünde=
erlassen auf zweierlei Weise in der Kirche geschieht, einmal durch
das öffentliche Predigtamt, da insgemein allerlei Sünde ge=
straft, den Unbußfertigen und Ungläubigen die Verdammniß,
dagegen aber denen, die sich bekehren und dem Evangelio glauben,
Vergebung, Gnade und Seligkeit verkündigt wird, dabei es
Gott auch bleiben lassen und am jüngsten Tage danach richten

will, wie das Exempel des reichen Mannes und armen Lazari bezeugt, Luk. 16.

Zum andern geschieht solches auch außer der gemeinen Predigt mit sonderlichen Personen, und das auch auf zweierlei Weise; erstlich, wenn sonderliche Personen, so öffentlich in der Kirche kein sonderlich Aergerniß ausgerichtet haben, allein aus heimlichen Leiden und Unruhe ihres Gewissens Trost und Rath suchen und man ihnen aus dem heiligen Evangelio durchs Wort der Absolution die Vergebung verkündigt, wie denn in unsern Kirchen gewöhnlich geschieht von allen denen, so zum Tisch des Herrn gehn und das Sakrament des Leibes und Blutes Christi empfangen wollen; darnach so sonderliche Personen in öffentliche grobe Laster fallen, als da sind Todtschlag, Ehebruch u. dgl., dadurch die Kirche und christliche Gemeine geärgert wird, mit denselben wird nach Befehl und Ordnung des Herrn Christi also gehandelt, daß, wo sie sich selbst bekehren, ihre öffentliche Sünde vor der Kirche, die sie geärgert haben, auch öffentlich bekennen und um Vergebung gegen Gott und die Gemeine bitten, daß man ihnen erstlich die Vergebung in Gottes Namen durch eine öffentliche Absolution spricht und mittheilt, folgends auch ihnen von wegen der ganzen christlichen Gemeine verzeiht und sie wiederum als für Mitglieder derselben auf- und annimmt.

Welche aber in öffentlichen ärgerlichen Sünden unbußfertig verharren, die werden nach dem Befehl des Herrn Christi über die Strafe und Vermahnung, so durchs öffentliche Predigtamt geschieht, auch insonderheit erinnert, vermahnt, verwarnt, von Sünden abzustehn, sich zu bessern u. s. w. Die nun hierin folgen und sich bekehren, mit denen wird gehandelt wie mit denen, so sich selbst bekehren, Buße thun und sich mit Gott und der Gemeine öffentlich versöhnen. Welche aber über alle Strafe, Vermahnung, Erinnerung und Verwarnung, so beide durch das öffentliche Predigtamt und gegen sie auch insonderheit geschieht, sich gleichwohl nicht bekehren, weder mit Gott noch der Gemeine sich nicht versöhnen, sondern ganz verstockt und unbußfertig in der Aergerniß verharren, die werden billig als

die gottlosen Heiden von der christlichen Kirche und Gemeinschaft
ausgeschlossen und in den Bann verkündigt, und ist kein Zweifel
nicht, was dieses Bindens und Lösens hie auf Erden in der
Kirche und nach dem Befehl des Herrn Christi geschieht, es
geschehe auf welcherlei der oberzählten Weisen eine, wie es wolle,
daß solches auch bei Gott im Himmel Statt hat und angenehm ist.‘‘

Die Lehre vom Abendmahl wird in der milden Form vorgetragen, wie wir sie schon bei Menius kennen gelernt haben.

Die Weise und Ordnung, wie es in den Kirchen gehalten
wird, ist folgende:

„Von den Gotteshäusern.

Erstlich werden in allen Städten, Flecken und Dörfern
Gotteshäuser oder Kirchen gehalten, nach eines jeden Orts
Gelegenheit und Vermögen aufs beste und ehrlichste zugerichtet
mit Predigtstühlen, Taufsteinen, Kleidung und Zehrung, deren
man zum Gottesdienst und Ausrichtung aller christlichen Kirchen-
ämter bedürftig ist und zu gebrauchen pflegt, daß männiglich,
so hineinkommt und es sieht, sagen und bekennen muß, daß es
je Kirchen und Gotteshäuser sind, zu aller Nothdurft ehrlich
und wohl angerichtet. In solchen Gotteshäusern kommt die
Gemeine auf gewöhnliche Zeit zusammen, Gottes Wort zu hören
und der Sakramente zu gebrauchen, sich auch sonst in Gottes
Dienste zu üben, und werden außerhalb dieser Stätte keinerlei
heimliche Konventikula oder Winkelsammlungen nicht geduldet
noch verstattet, sondern mit allem Ernst verboten und gestraft.

**Von den Festen und Feiertagen, auch andern Zeiten,
darauf man in den Kirchen zusammenkommt.**[1])

Die Feste und Feiertage, an denen man des Gottesdienstes

---

1) Die chursächsischen Theologen erkennen als Feiertage an: den
Sonntag, den Geburtstag des Herrn, St. Stephan, St. Johannes Evan-
gelista, die Beschneidung des Herrn, der heiligen drei Könige Tag, die
Ostern mit zwei folgenden Tagen, die Auffahrt des Herrn, die Pfingsten
mit zwei folgenden Tagen, Corporis Christi, die Feiertage der heiligen
Jungfrau Maria, die Tage der heiligen Apostel, St. Johannis Baptisti,

gewöhnlich zu warten pflegt, sind diese: der Christtag sammt
den nachfolgenden Tagen; das Fest der Beschneidung; das Fest,
daran der Herr Christus von den Heiden besucht und erkannt
ist, Epiphaniä genannt; das Fest der Reinigung; das Fest
Johannis des Täufers; das Fest Magdalenä; das Fest Michaelis;
die Feste der Jungfrau Maria; die Feste der Apostel und
Evangelisten; die Charwoche; der Ostertag sammt den zwei
nächstfolgenden Tagen; das Fest der Himmelfahrt des Herrn
Christi; der Pfingsttag sammt den zwei nächstfolgenden Tagen.

Auf solche Feste, die man zu feiern pflegt, wird der Gottesdienst in der Gemeine ausgerichtet Vor- und Nachmittag, wie
hernach folgen wird.

Desgleichen hat man auch auf die gemeinen Werktage gewisse geordnete Zeit und Stunde, daran man zu Predigten
und andern Gottesdiensten Vor- und Nachmittags zusammen-
zukommen pflegt, wie hernach auch folgen wird.

Von Dienern der Kirchen.

Gleichwie man sonderlich geordnete Stätte und Zeit hat,
daran man sich insgemein zum Gottesdienst versammelt, also
hat man auch sonderliche Personen, die ordentlicher Weise dazu
berufen und verordnet sind, auf Weise und Form, wie droben
von der Ordination angezeigt, die gemeinen Aemter und Kirchen-
geschäfte zu führen und auszurichten, mit Predigen, Sakramente
reichen, Singen, Lesen, Beten u. s. w.

Und wiewohl zu solchem Kirchendienst keiner zugelassen noch
angenommen wird ohne ordentlichen Beruf und Ordinirung,
da er denn zuvor seiner Lehre Bericht thun und seines Lebens
und Wandels gut Zeugniß haben muß, so werden nichts desto
weniger, so oft es die Nothdurft erfordert, alle Pfarrer und
Prediger durch stattliche verordnete Personen visitirt und fleißige

St. Mariä Magdalenä, St. Michels und etliche andere, darauf man
allein Kirchenfeier mit Predigt und Messe und Kommunion hält, als
Konversionis Pauli, Dekollationis Johannis, Donnerstag, Freitag, Sonnabend in der Charwoche.

Forschung beide, ihrer Lehre und Lebens, gehabt, damit die Kirchen mit undienlichen Personen nicht beschwert oder geärgert werden.

So hat auch außer der Visitation ein jedes Revier seinen sonderlichen geordneten Superintendenten, der zu allen Zeiten auf die andern Pfarrer und Prediger ein Aufsehen hat, damit sie sich in ihrem Amte gebührlich und unärgerlich halten.

Von der Taufe.

Die Taufe wird in der Kirche öffentlich und zu bestimmter Zeit in gemeiner Sammlung (es werde denn mit Schwachheit der Kindlein verhindert) mit gebührlichen christlichen Gebeten, mit dem Exorcismo, Entsagung und gewöhnlicher Bekenntniß des heiligen christlichen Glaubens gehalten.

Vesper auf die Sonnabende und andere Feierabende.

Da werden gesungen etliche Psalmen mit gebührlichen reinen Antiphonen, Responsoriis und Hymnis, wie solches die Zeit bringt. Nach dem Hymno wird ein Kapitel aus der Biblia gelesen; nach dem Kapitel das Magnifikat mit gebührlicher Antiphon; darnach mit der Kollekte und Benedikamus beschlossen.

Von der Beichte und Verhörung der Kommunikanten.

Auf alle Sonnabende und andere Feierabende werden nach gehaltener Vesper in der Kirche alle Diejenigen, so auf folgende Sonntage oder Feiertage das Sakrament des Leibes und Blutes unsres Herrn Christi empfangen wollen, ein jeder insonderheit mit Fleiß verhört, mit Gottes Wort unterrichtet, getröstet und besonderlich auch absolvirt.

Auf die Sonntage und andere Feste Metten.

Da werden des Morgens früh etliche Psalmen mit gebührlicher Antiphon gesungen, item Responsoria; darauf wird ein Capitel aus der Biblia gelesen als zur Lektion, folgends das Kantikum Zachariä, Benediktus, mit der zugehörenden Antiphon, und mit der Kollekta und Benedikamus beschlossen. Nach diesen Gesängen hält man eine Predigt für das Hausgesinde und andere, so dazu kommen.

Messe oder Kommunio.

Vor sieben oder acht Hora wird das Amt der Messe oder Kommunio angefangen, dazu man gebührliche Gefäße, als Kelch und Patenen, auch Lichter, item die Priester ihre gewöhnlichen Chorkleider gebrauchen.

Und wird gesungen Introitus, Kyrie eleyson, Gloria in excelsis et in terra, Kollekta, Epistel, auf die Sonntage ein freier deutscher Psalm oder andrer geistlicher Gesang, bisweilen auch und sonderlich auf die Feste ein reiner Sequens, darnach die Lektio des Evangelii, das Symbolum lateinisch und deutsch. Darauf folgt dann die Predigt, darin dem christlichen Volk das gewöhnliche Evangelium ausgelegt und erklärt wird.

Nach der Predigt singt man die Präfation, auf die Präfation das Sanktus, oder anstatt dessen geschieht eine christliche Vermahnung an die Kommunikanten zum Gebete und würdiger Empfahung des heiligen Sakraments.

Darauf werden gesungen die Worte des Testaments und das Volk sobald darauf kommunicirt.

Unter der Kommunion singt man Agnus bei, und wo die Kommunion lange währt, andere christliche Gesänge dazu.

Nach der Kommunion liest der Priester eine Kollekte zur Danksagung und beschließt mit der Benediktio.

Vesper.

Des Sonntags und auf andere Feiertage wird um zwei Hora Vesper gehalten in gleicher Ordnung wie auf den Sonnabend zuvor mit Gesängen, wie sich nach der Zeit gebührt.

Nach vollendeter Vesper hält man eine Predigt, darin allerwege ein Stück vom Katechismo, als eins aus den zehn Geboten, ein Artikel des Glaubens, ein Stück aus dem Vaterunser, von der Taufe, vom Sakrament des Altars oder von der Beichte und Absolution dem Volk ausgelegt und erklärt wird.

Nach der Predigt des Katechismi hält man je zu Zeiten das gemeine Gebet der Litanie.

Auf die Werltage früh.

Da werden in Städten und wo Schulen sind des Morgens zu bequemer Stunde etliche Psalmen mit gebührlicher Antiphon gesungen, darauf ein Kapitel aus der Biblia gelesen, danach das Kantikum Zachariä, Benediktus, mit seiner gewöhnlichen Antiphon, darauf die Kollekta, und mit dem Benedikamus geschlossen.

Nach solchen Gesängen hält man eine Predigt.

Vesper.

Auf die Werltage wird es mit der Vesper um drei Hora gleichermaßen wie auf die Sonnabende gehalten.

Katechismus.

Auf daß das junge Volk, Kinder und Gesinde, in den Stücken der christlichen Lehre und Glaubens, so einem jeden Christen zu seiner Seligkeit zu wissen von nöthen sind, unterrichtet und geübt werde, so pflegt man in jeder Kirche die Wochen eins oder zweier nach gehaltener Vesper auf gewisse bestimmte Tage die Jugend, beide, Knaben und Mägdlein, die Stücke des Katechismi zu verhören, also daß sie dieselben nicht allein von Wort zu Wort auswendig zu recitiren und aufzusagen, sondern auch aufs kürzeste und einfältigste, was Verstandes ein jedes Stück habe, auszulegen wissen.

Solche Stücke des Katechismi sind diese: 1) Die heiligen zehn Gebote; 2) die Artikel des christlichen Glaubens; 3) das Gebet Vater unser; 4) Unterricht von der Taufe; 5) Unterricht vom Sakrament des Altars; 6) von der Beichte oder Absolution.

Daneben werden die Kinder auch gelehrt, wie sie täglich Morgens und Abends unserm Herrn Gott für allerlei Wohlthaten christliche Danksagung thun und sich demselben in gnädigen Schutz und Regierung befehlen sollen.

Item, wie man bei Tisch, ehe man ißt, beten und nach gehaltener Mahlzeit Gott danken soll.

Nach gehaltenem Katechismo, wenn die Kinder also verhört

sind, geschieht ein gemein Gebet zu Gott um gnädigen Frieden und glückseliges-Regiment.

Und wird vom jungen Volk Niemand zur Kommunion des Altars gelassen, er habe denn obangezeigte Stücke des Katechismi zuvor gelernt.

Ceremonien und Solennitäten, so beim heiligen Ehestande gehalten werden.

Die sich nach christlicher Ordnung in Ehestand begeben wollen, die müssen sich drei Sonntage zuvor, ehe denn sie Hochzeit halten, in der Kirche öffentlich ausrufen und ausbieten lassen, ob Jemand in der Gemeine Hinderniß wüßte der Blutfreundschaft oder anderer Verwandtniß, item anderer Verlöbniß oder sonst Ursachen halben, daß er solches vermelden und anzeigen wollte.

Und wird auch sobald das gemeine Gebet gefordert, damit sie durch göttliche Verleihung ihren Ehestand in Gottesfurcht und rechtem Glauben anfangen und seliglich vollführen mögen.

Wo nun solche Hindernisse angezeigt werden, die gemeinen, gewöhnlichen und üblichen Rechten ungemäß und ärgerlich scheinen, da wird die Ehe nicht zugelassen, es sei denn die Sache durch rechtliche Erkenntniß zuvor geörtert und entschieden.

Wo aber kein Hinderniß vorhanden, da werden öffentliche ehrliche Kirchgänge gehalten und die Ehe mit gebührlicher Benediktion sammt andern zugehörenden Ceremonien und Solennitäten celebrirt.

Besuchung der Kranken.

Die Kranken werden von den Priestern, da sie erfordert, besucht und aus Gottes Wort unterrichtet, wie sie Gottes gnädigen Willen in ihrer Krankheit erkennen und gedulden, weß sie sich christlich wider allerlei Anfechtung getrösten und wie sie sich zum seligen Abschiede aus diesem vergänglichen Leben bereiten und schicken sollen, werden auch mit dem Sakramente des Leibes und Blutes unsres lieben Herrn Jesu Christi berichtet; auch pflegt man für sie in der Kirche öffentlich mit großem Fleiß und Ernst zu bitten.

Vom Begräbniß der Todten.

Die in Christo entschlafen und von diesem Jammerthal ab-
scheiden im Glauben und Bekenntniß des Herrn Christi, die
werden an ehrliche Stätte gemeiner Begräbniß mit christlichen
Gesängen, lateinischen und deutschen, ehrlich und öffentlich be-
stättiget.

Vom Fasten.

Davon wird allezeit mit Fleiß und Ernst gelehrt, daß man
ein eingezogen, mäßig und nüchtern Leben führen und mit
Saufen und Fressen sich nicht beschweren soll, damit man nicht
allein auf bestimmte Zeit zum Gottesdienste und Uebung der
Gottseligkeit, als Gottes Wort zu lernen und der heilsamen
Sakramente heilsamlich zu gebrauchen geschickt sei, sondern damit wir auch alle ingemein der Zukunft und herrlichen Erscheinung unseres Herrn Christi (wenn die unversehens geschehen
wird) desto fröhlicher und seliger erwarten und auch sonst ein
jeder zur Stunde seines Abschieds, davon Niemand wissen mag,
wenn sie kommen wird, desto geschickter befunden werden möge.
Aber vom Unterschied der Speise, wenn man Fleisch essen
soll oder nicht, wird gelehrt, daß nach der Lehre St. Pauli
den Gläubigen nichts an ihm selbst unrein noch verboten, sondern alles und wohl zu gebrauchen sei, was Gott geschaffen
hat, allein daß es geschehe mit dem Gebet und Danksagung,
und wird gestraft die Teufelslehre, so der Christen Gewissen
und Glauben an sonderliche Speise verbinden will; jedoch läßt
man der Obrigkeit befohlen und frei sein mit dem Fleischmarkt,
gleichwie mit andern dergleichen Dingen, Ordnung zu machen
nach ihrer Gelegenheit."
Den Schluß bildet eine Abhandlung von christlicher Freiheit
von der Sünde und vom Tode, von der Gewalt des Satans,
vom ganzen mosaischen Gesetz und von der Freiheit der Christen
über menschliche Tradition und Satzungen.

IX.

Solchen Bericht und Bekenntniß unterschrieben sämmtliche Landstände und baten die Landesfürsten, diese Ordnung durch eine allgemeine Visitation in allen Kirchen einführen zu lassen. Die Fürsten waren damit ganz einverstanden, aber durch ihren Vater und ihren Oheim, den Herzog von Jülich und Klebe, erhielten sie von dem Zorne des Kaisers solche Nachrichten, daß sie zunächst nicht wagten, das Bekenntniß dem Kaiser zu überschicken. Vielmehr trugen sich nach dem Abreisen der Stände Dinge zu, die sie veranlaßten, an den Kaiser „eine demüthige und unterthänigste Schrift, auch sonst durch Mittelspersonen, die sich dazu angeboten, Verwendung zu thun". Sie erklärten ihm, daß sie sich „der Ceremonien und äußerlichen Gewohnheiten der Kaif. Maj. Deklaration nach, so viel sie mit Gewissen thun könnten, unterthäniglich halten wollten". Auch versprachen sie, die Kirchenordnung des Churfürsten Moritz, sobald sie ihnen glaublich zu handen gekommen, von ihren Predigern prüfen zu lassen und davon anzunehmen, was sie mit gutem Gewissen annehmen könnten.

Inzwischen hatten sie die Konfession ihrem Vater überschickt, um sein Urtheil und seinen Rath einzuholen. Dieser las sie „mit Freude und Lust", hatte aber große Bedenken und warnte davor, sie jetzt dem Kaiser zu übergeben. Vor allen Dingen aber wünschte er, daß darin auf die Augsburgische Konfession und die schmalkaldischen Artikel Bezug genommen würde, um etwaige Spaltung und Uneinigkeit zu vermeiden. Denn „wenn man anfinge, wie bereits vorhanden, in jeglichem Lande eine eigne Konfession zu stellen, würden ihrer so viel werden, daß man nicht wissen würde, welche die rechte und durch den heiligen Geist und Gottes Wort gestellte wäre".

In Folge dieses Schreibens des alten Herrn traten Brück, Jobst von Hain, Menius und Schnepf [1]) nochmals zusammen

---

1) Erhard Schnepf, 1495 zu Heilbronn geboren, studirte Anfangs Jurisprudenz, später in Folge eines Gelübdes seiner Mutter Theologie. Als

und beriethen im Beisein Johann Friedrichs des Mittlern über die eingewandten Bedenken. Sie kamen zu dem einhelligen Beschlusse, dem Willen der Landschaft gemäß die Konfession dem Kaiser zu übergeben, jedoch eine Vorrede davor zu setzen, in welcher auf die Augsburgische Konfession Bezug genommen und die neue Konfession ausdrücklich nur als eine Wieder= holung derselben hingestellt wird. Der schmalkaldischen Artikel zu gedenken, hielt Brück für unbequem, weil dieselben nie= mals anstatt einer Konfession der Kais. Maj. zugestellt wor= den, sondern eine sonderliche Abrede der einungsverwandten Stände gewesen sei, dabei sie auch in der äußersten Noth und Gefahr einmüthiglich zu verharren damals einander ver= sprochen.

Trotzdem machte der Erzbischof von Mainz am 27. Juni 1549 noch einen Versuch, die Herzöge zur Annahme des In= terims zu bewegen. Wenn sie dasselbe nicht rein annehmen wollten, machte er ihnen einige Zugeständnisse, zu denen er vom Papst und vom Kaiser ermächtigt worden war, damit das gemeine Volk sich desto gutwilliger in solche Ordnung führen und darin gehorsamlich erhalten lasse. Diejenigen Kirchendiener, welche in geistliche Strafe, Irregularität und Exkommunikation gefallen und wider Verbot und Gebrauch der allgemeinen Kirche nach empfangener Weihe und Ordination sich in den Ehestand begeben, auf neue Weise und wider die alte Ordung der katho= lischen Kirche celebrirt, die heiligen Sakramente gehandelt und

---

Pfarrer in Wimpfen wollten ihn die aufrührerischen Bauern zu ihrem Prediger haben, und er konnte sich ihnen nur mit Mühe entziehen. Im Jahre 1529 wurde er Prediger und Professor an der Universität zu Mar= burg. Dann half er die Reformation in dem Lande Herzog Ulrichs von Würtemberg einführen. Im Jahre 1535 wurde er Pfarrer in Stuttgart, 1643 Pfarrer und Professor der Theologie in Tübingen. Weil er sich dem Interim widersetzte, mußte er 1548 Tübingen verlassen. Die Ge= meinde geleitete ihn mit Weib und Kind in langem Zuge. Zunächst fand er eine Zuflucht in Weimar und wurde dann 1549 zum Professor der Theologie in Jena ernannt. Er starb den 1. November 1558.

gereicht und andere Kirchendienste verrichtet oder sonst dieselben profanirt und verachtet haben, sollen, wenn sie zum Gehorsam der Kirche zurückkehren und sich mit derselben in Lehre und Gebräuchen vergleichen, auch von dem vermeinten Ehestande abstehen und ihre angemaßten Weiber verlassen wollen, auf ihr Ansuchen gütlich und freundlich wieder aufgenommen, dispensirt und in ihrem Dienste und Einkommen gelassen und geduldet werden. Diejenigen, welche ohne vorhergehende Ordination sich in Kirchendienste eingelassen haben, sollen, sofern sie dazu geschickt erfunden werden, ordinirt und ebenfalls in ihren Stellen gelassen werden. Nach geschehener christlicher Beichte und empfangener und angenommener christlicher Pönitenz kann das offene Bekenntniß des Irrthums, Abjuration, Renunciation, Purgation und Pönitenz, so von Rechts wegen geschehen sollte, moderirt und gemäßigt werden. Wo das Volk von der Kommunion unter beider Gestalt abzustehn nicht zu bewegen sein sollte, haben die Ordinarien Vollmacht, ohne alle Kosten Dispens und Indulgenz zu ertheilen, vorausgesetzt daß die, so solches begehren, zuvor sonst in andern Stücken des Glaubens, in Lehre und Gebräuchen, mit der allgemeinen Kirche einig sind und vor einem Priester bekennen, daß „als viel unter einer, als unter beiden Gestalten begriffen, nemlich der wahre lebendige Christus ganz mit seinem heiligsten Leib und Blut, daß sie auch die Kommunion der einen Gestalt, dazu die allgemeine Kirche in dem, da sie außerhalb des Amts der heiligen Messe Priestern und Laien nur die eine Gestalt reicht, nicht strafen, sondern solches gut und recht sein lassen und bekennen".

Der Versuch war natürlich vergeblich. Vater und Söhne hatten ihre volle Zuversicht und Standhaftigkeit bald wiedergewonnen, und der gefangene Churfürst arbeitete sogar ganz selbständig ein Bekenntniß aus und schrieb es eigenhändig nieder, mit der Bestimmung, daß dasselbe, falls er im Gefängniß sterben und man versuchen sollte auszubreiten, er habe nachgegeben, gedruckt werde, damit die Welt sehe, wie treu und fest er an

seinem Glauben gehalten und daß er nicht in das Interim gewilligt habe. [1])

---

[1]) Der Kanzleischreiber Albert Kraus brachte dasselbe, in sein
Wams eingenäht, mit aus Brüssel. Gregor Brück und Erasmus von
Minkwitz erhielten Exemplare in Geheimschrift; Kraus behielt das Manuskript des Churfürsten als einen lieben Schatz, obwohl ihm aufgegeben
worden war, dasselbe zu vernichten. Im März 1570 erhielt er den Auftrag, aus dem Manuskripte eine Abschrift zu fertigen, welche noch im
Commun-Archive zu Weimar vorhanden ist.

Viertes Kapitel.

Vom Exorcismus.

———

I. [1]

Nach Luthers Taufbüchlein erfolgte die Taufhandlung in der evangelischen Kirche in folgender Weise. Der Täufer blies dem Kinde dreimal unter die Augen und sprach: „Fahre aus, Du unreiner Geist und gieb Raum dem heiligen Geist." Darnach machte er ihm das Zeichen des Kreuzes an Stirn und Brust und sprach: „Nimm das Zeichen des heiligen Kreuzes an Stirn und Brust." Hierauf folgte das Gebet: „O allmächtiger, ewiger Gott, Vater unseres Herrn Jesu Christi. Ich rufe Dich an über diesen N. N., Deinen Diener, der Deiner Taufe Gabe bittet und Deine ewige Gnade durch die geistliche Wiedergeburt begehrt. Nimm ihn auf, Herr, und wie du gesagt hast: Bittet, so werdet Ihr nehmen, suchet, so werdet Ihr finden, klopfet an, so wird Euch aufgethan, so reiche nun das Lohn dem, der da bittet, und öffne die Thür dem, der da anklopft,

———

[1] Justus Menius, Vom Exorcismo. Richter, Evangelische Kirchenordnungen des 16. Jahrhunderts, S. 7. — Weim. Comm.-Arch., Reg. N, S. 373. 374. Paullini, Hist. Isen., p. 151. Tentzelii Supplem. II, 778. Beck, Joh. Fr. b. M. I, 69 ff.

daß er den ewigen Segen dieses himmlischen Bades erlange und das verheißene Reich Deiner Gabe empfange durch Christum unseren Herrn. Amen!"

Hierauf nahm der Geistliche das Kind und legte ihm Salz in den Mund, mit den Worten: „Nimm, N., das Salz der Weisheit, die Dich fördere zum ewigen Leben, Amen. Habe Friede!"

Alsdann folgte ein Gebet, Gott wolle den Täufling gnädiglich ansehen und mit rechtem Glauben im Geist beseligen, daß durch diese heilsame Sintfluth an ihm ersaufe und untergehe Alles, was ihm von Adam angeboren ist und er selbst dazu gethan hat und er aus der Ungläubigen Zahl gesondert, in der heiligen Arca der Christenheit trocken und sicher behalten, „allezeit brünstig im Geist, fröhlich in Hoffnung, Deinem Namen diene, auf daß er mit allen Gläubigen Deiner Verheißung ewiges Leben zu erlangen würdig werde, durch Jesum Christum, unsern Herrn. Amen!"

Hierauf sprach der Täufer: „Ich beschwöre Dich, Du unreiner Geist, bei dem Namen des Vaters † und des Sohnes † und des heiligen Geistes †, daß Du ausfahrest und weichest von diesem Diener Gottes N., denn der gebeut Dir, Du Leidiger, der mit Füßen auf dem Meere ging und dem sinkenden Petro die Hand reichte."

Nach einem Gebet um Erleuchtung des Täuflings und Verlesung des Taufevangeliums aus Markus legte der Priester seine Hand auf des Kindes Haupt und betete knieend das Vaterunser. Darnach nahm er mit dem Finger Speichel, berührte damit das rechte Ohr und sprach: „Ephatha", d. i. thue dich auf; sodann das linke Ohr und die Nase, indem er sprach: „Du Teufel aber fleuch, denn Gottes Gericht kommt herbei." Darnach legte man das Kind in die Kirche und der Priester sprach: „Der Herr behüte Deinen Eingang und Ausgang von nun an bis zu ewigen Zeiten." Hierauf ließ er das Kind durch seine Pathen dem Teufel absagen und den Glauben bekennen. Wenn dies geschehen war, salbte er das Kind mit heiligem Oele auf der Brust und zwischen den Schultern, nahm das Kind und tauchte es in die Taufe. Dabei machte er ihm ein Kreuz mit dem Oel auf den Scheitel und sprach: „Der allmächtige Gott und Vater unseres Herrn Jesu Christi, der Dich anderweit geboren hat durch's Wasser und den heiligen Geist und hat Dir alle Deine Sünde vergeben, der salbe Dich mit dem heilsamen Oel zum ewigen Leben, Amen."

Während die Pathen das Kind noch in der Taufe hielten, setzte ihm der Priester die Haube auf und sagte: „Nimm das weiße, heilige und unbefleckte Kleid, das Du ohne Flecken bringen sollst vor den Richtstuhl Christi, daß Du das ewige Leben habest. Friede mit Dir!"

Zuletzt, wenn das Kind aus der Taufe gehoben wurde, gab ihm der Priester eine Kerze in die Hand mit den Worten: „Nimm diese brennende Fackel und bewahre Deine Taufe unsträflich, auf daß, wenn der Herr kommt zur Hochzeit, Du ihm mögest entgegengehen sammt den Heiligen in den himmlischen Saal und das ewige Leben habest. Amen!"

So wurde die Taufe celebrirt nach der ersten Ausgabe des Lutherischen Taufbüchleins von 1532. Allein damals hatte Luther schon anerkannt und zu bedenken gegeben, „daß in dem Taufen diese äußerlichen Stücke das Geringste sind, als da ist unter Augen blasen, Kreuze anstreichen, Salz in den Mund geben, Speichel und Koth in die Ohren und Nase thun, mit Oel auf der Brust und Schultern salben und mit Chresem die Scheitel bestreichen, Westerhemd anziehen und brennende Kerzen in die Hände geben, und was das mehr ist, das von Menschen die Taufe zu zieren hinzugethan ist. Denn auch wohl ohne solches alles die Taufe geschehen mag, und nicht die rechten Griffe sind, die der Teufel scheut und fleucht." Er hätte wohl manches gern geändert, aber um der schwachen Gewissen willen ließ er es fast so bleiben, daß sie nicht klagten, er wolle eine neue Taufe einsetzen und die bisher Getauften tadeln, als die nicht recht getauft seien. Aber Andere gingen mit Entfernung der katholischen Gebräuche kühn voran, wie wir gesehen haben, daß Strauß den Chrysam wegließ, weil er ihn nicht umsonst und um Gottes willen bekommen konnte. So fiel ein Stück nach dem andern. Luther selbst strich in den folgenden Ausgaben des Taufbüchleins mancherlei. Nur der Exorcismus behauptete faſt überall ſein Recht und ſeinen Platz. Allein auch an ihn wagten ſich Einige heran.

II.

M. Georg Merula [1]), Diakonus an der St. Margarethen-kirche zu Gotha, ließ die Worte „ich beſchwöre Dich, Du un-reiner Geiſt, daß Du ausfahreſt und weicheſt von dieſem Diener Jeſu Chriſti" bei der Taufhandlung einfach weg. Er hatte dies faſt ein Jahr lang gethan, ohne daß ſich Jemand darüber beſchwerte, bis am Sonntag vor Himmelfahrt 1550 der Kirchner dem Superintendenten davon Anzeige machte. Dieſer vermerkte es übel, daß ſich Merula unterſtanden hatte, ohne ſein und der andern beiden Diakonen Wiſſen, Rath und Willen für ſich ſelbſt allein in der Kirchenordnung eine Aenderung vorzunehmen, und befürchtete, daß das Volk daran Anſtoß nehmen möchte, wenn von dem einen Geiſtlichen die Taufe ſo, von dem andern anders vorgenommen würde, wie er denn auch bald berichtet wurde, daß es wirklich ſo geſchehen ſei. Daher forderte er Merula vor ſich und gab ſich ſammt den beiden andern Dia-konen Heinrich Thilo [2]) und Johann Brembach, alle Mühe, um ihn dahin zu bringen, daß er mit ihnen gleiche Ordnung hielte, aber vergebens. Darauf baten ſie ihn, wenn er Gewiſſens

----

1) Er war 1501 in Boleslau geboren. Nachdem er das Rektorat in Zwickau, Schneeberg und Altenburg bekleidet hatte, wurde er 1536 auf Empfehlung Melanchthons Rektor der Schule zu Gotha, 1540 Diakonus. Nach ſeiner Enturlaubung wurde er Pfarrer zu Jüterbock und blieb da-ſelbſt, bis er 1565 ſein Amt niederlegte und nach Wittenberg zog. Dort ſtarb er am 15. November deſſelben Jahres. Vgl. Bech, Joh. Friedr. d. M. II, 138.

2) Thilo war Mönch im Auguſtinerkloſter zu Gotha und wurde nach Einführung der Reformation Diakonus an der Auguſtinerkirche.

halber den Exorcismus nicht anwenden könne, so möge er eine
Zeit lang sich der Taufhandlung enthalten, bis sie sich verglichen hätten. Das wollte er aber auch nicht thun. Deshalb
befahl ihm nun Menius von Amtswegen, entweder die Taufe
in der üblichen Weise zu vollziehen oder keine Taufhandlung zu
verrichten, bis er hinreichende Gründe angezeigt habe, warum
der Exorcismus als unrecht nicht zu halten sein sollte. Dagegen erklärte Merula, dazu habe Menius keine Macht und
kein Recht, und fuhr fort in seiner Weise zu taufen.

Dadurch sah sich Menius veranlaßt, die Sache vor den
Schosser, die beiden Räthe und die Viermannen von der Gemeinde zu bringen (29. Mai 1550). Diese luden Merula
vor, welcher ganz bei seinen früheren Angaben und Gründen
stehen blieb. Er habe geglaubt, die Auslassung des Exorcismus würde Niemand beschweren und ärgern, wie er denn auch
bisher nicht vernommen habe, daß sich Jemand daran gestoßen
habe. Mit seinen Amtsbrüdern habe er nicht disputiren wollen,
um keine Spaltung in der Kirche zu veranlassen. Schon vor
etlichen Jahren, ehe er ins Amt gekommen wäre und als er
noch zu Wittenberg studirt hätte, habe er sich am Exorcismus
gestoßen und auch damals mit Andern davon disputirt. Trotzdem
habe er denselben seither gehalten. Da aber Osiander in seiner
Schrift gegen das Interim den Exorcismus auch angefochten
hätte, so wäre er dadurch in seinem Gewissen dermaßen beschwert worden, daß er ihn fortan nicht hätte halten können
und seit der Zeit unterlassen hätte. Da gleich im Anfang der
Taufe dem Teufel zu weichen geboten werde, nemlich mit den
Worten „fahre aus, Du unreiner Geist", so wäre der nachfolgende Exorcismus „ich beschwöre Dich" u. s. w. nur eine
vergebliche und unnöthige Wiederholung, welche Ursache gebe,
daß man an den ersten Worten „fahre aus" u. s. w. zweifeln
müßte. Endlich da seine Amtsbrüder selbst bekennten, daß der
Exorcismus nicht zur Substanz der Taufe gehöre, so sollte
man's ihm auch frei lassen, denselben zu halten oder auszu-
lassen.

Ebenso blieb er bei seiner Erklärung gegenüber dem Ver-

bote des Superintendenten, fernerhin Taufhandlungen vorzunehmen. Die ganze Kirche allein habe das Recht, ihm sein
Amt einzulegen. Auch solle man ihm, wenn man ihm eins,
nemlich das Taufen, verbiete, das Predigen und alles, was
sonst dazu gehöre, ebenfalls einlegen.

Daneben gingen schriftliche Verhandlungen her. Auf die
Eingabe [1]) des Superintendenten und der beiden anderen Diakonen an den Rath, welche Merula mitgetheilt worden war,
antwortete er in einer ausführlichen Schrift [2]). In der Vorrede beklagt er sich darüber, daß seine Amtsbrüder so rasch mit
ihm verfahren sind und sein Erbieten, sich von ihnen aus
Gottes Wort eines Bessern belehren zu lassen, nicht weiter berücksichtigt haben. „Ich hätte mich versehen, so Ihr mich aus
Gottes Wort Irrthums überwiesen, daß Ihr mich alsdann
mit sanftem Geist nach St. Paulus Lehre durch Gottes Wort
im rechten Verstand unterwiesen hättet; wo ich nach solcher
treuen brüderlichen Unterweisung durch Gottes Wort mich nicht
gebessert, hättet Ihr demnach noch genugsame ordentliche Mittel

---

1) Mit der Eingabe an den Rath war eine ausführliche Schrift von
Menius, mitunterschrieben von Thilo und Brembach, verbunden, welche
eigentlich die Antwort auf Merula's lateinischen Brief vom 22. Mai war
und den Titel führte: „Antwort uff M. Georgen schrifft. Vom Exorcismo, daß der bey der Tauffe in christlichen kirchen wol gebraucht werden
moge, vnd nicht als ein zeuberischer Grewel zu verdammen sey. 1550.“
Sie ist datirt vom 30. Mai, Freitag nach Pfingsten, und wurde auch
Merula zugestellt. Sie ist so ruhig gehalten, als die Antwort Merulas
hezig ist. Uebrigens ist diese Schrift keineswegs identisch mit der im
folgenden Jahre zu Erfurt gedruckten, wie fälschlich angegeben worden ist.

2) „Antwort uff die Hessige vnd Gifftige Schmachschrifft der Ern Justi
Mönii pfarhern vnd Superattendenten, Heynrich Thilen vnd Johan
Brembachs, beide Diakon Zu Gotha, vom Exorcismo bei der Tauffe.
Durch M. Georgium Merulam, auch Diakon daselbst. 1550. Psal. 28:
Herr zeuch mich nicht hin, vnter den Gotlosen vnd vnter den vbeletern,
die freuntlich reden mit Iren Negsten, vnnd haben böses Im Hertzen.
Psal. 35: Herr mach Dich auff, mir zu helffen. Denn es treten
frevelzeugen widder mich uff, die zeyhen mich des Ich nicht schuldig bin.
Psal. 36: Herr, laß mich nicht von den Stolzen vntertreten werden
vnnd die Hand der Gottlosen Stürze mich nicht. Amen.“

gehabt, mich zu Gehorsam zu bringen, hättet solcher unordentlichen und unchristlichen Weise gar nicht dazu bedurft, dadurch nichts mehr denn großes Aergerniß und Zerrüttung der Kirche erfolgte, und Euer hoffährtiges und hässiges Gemüth wider mich ist offenbar worden." Zunächst behauptet er dann, den rechten Exorcismus, der dem Worte Gottes gemäß sei und in den Worten bestehe „fahre aus" u. s. w., allezeit mit großem Ernst gehalten zu haben. Denn daß die Beschwörung des Teufels, deren er sich enthalten habe, allein der rechte Exorcismus zu nennen sei, könne weder aus der Schrift noch aus angesehenen Kirchenlehrern bewiesen werden. Ferner beklagt er sich darüber, daß der eigentliche Grund, warum er den Exorcismus weggelassen habe, nicht mit angegeben sei; daß er nemlich aus Gottes Wort zu der Auslassung der Beschwörung des Teufels bewogen worden sei, weil er in der ganzen Schrift nicht befinde, daß von den Vätern oder Propheten oder von dem Herrn Christo selbst oder von den Aposteln oder irgend einem Christen das Wort „beschwören" wider den Teufel, denselben dadurch auszutreiben, gebraucht worden sei, sondern allein auf Menschen, da es heißt, einen Eid von ihnen nehmen, d. i., daß sie bei Vermeidung Gottes Zorns sich in ihrem Gewissen der Wahrheit und Treue, die sie Gott schuldig seien, erinnern, dasjenige zu reden, zu bekennen und zu thun, was recht und wahr ist, welches ja dem Teufel nicht kann zugeeignet werden und in der Schrift auch nicht zugeeignet gefunden wird.

Als Grund, warum er nicht zuvor mit ihnen davon geredet habe, gibt er hier an, daß er in vielen Stücken erkannt habe, daß sie ihm feind seien und ihn allenthalben zu verhöhnen und zu verunglimpfen suchten. Da nun die Beschwörung des Teufels nicht zur Substanz der Taufe gehöre, d. h. der Taufe nichts gebe, wo sie gebraucht werde, und ihr nichts nehme, wo sie weggelassen werde, wie die Nothtaufe klärlich ausweise, so habe er sie in aller Stille ausgelassen. Wenn Menius sich seiner Autorität und seines großen Ansehens bei der Obrigkeit gegen ihn getröste, so sei das ein Beweis, daß er ein kluges, weises Weltkind sei; aber er solle bedenken, daß vor Gottes Gericht ein armer Diakon nichts weniger, sondern ebenso viel als ein Superintendent sei. Auf Gleichheit in äußerlichen Ceremonien zu halten, sei er bei der Ordination nicht ver= pflichtet worden. Wenn Menius und die beiden Diakonen darauf verpflichtet worden seien, so werde man ohne Zweifel Ursache dazu gehabt und sie vielleicht als solche stolze und leichtfertige Geister erkannt haben, die von Natur zu Neuerungen und Sonderlichkeiten geneigt seien. Ihm sei bei der Ordination das Versprechen abverlangt worden, daß er das Evangelium rein und treulich lehren, das Volk fleißig zur Buße und Liebe des Nächsten vermahnen und anhalten, die Sakramente nach Ordnung und Einsetzung des Herrn Christi treulich und willig administriren und fleißig in der Bibel studiren wolle, und weiter nichts.

Besonders heftig gegen Menius ist folgende Stelle: „Mich dünkt in allen meinen Sinnen, des Herrn Osiandri Schreiben wider das Interim eckele Euch, Herrn Justum Menium, über die Maßen sehr, und wolltet gern wider ihn schreiben und an ihm Ritter werden, besorgt aber, er möchte Euch zu hoch zum Haupte sein, und Ihr möchtet zu hart an ihm anlaufen. Und nachdem Ihr ihn öffentlich nicht dürft angreifen, muß der arme Diakon, M. Georg, hiezu des Esels Sack sein, auf den man schlägt, und meinet doch den Esel auch mit. Also führet Ihr meinen Namen, daß ich des Herrn Osiandri Schrift soll wider seinen Willen und Meinung verfälscht haben, so ich doch sein oder seiner Schrift zum Grunde dieser Sachen nicht mit einem Wort gedacht habe. Aber das ist auch ein Stück Eurer sonder= lichen Kunst und Weisheit, damit Ihr auf einmal in einer Sache zweier ritterlichen Thaten Lob zu erlangen gedenkt, erst= lich daß Dr. Osiander auch eine Feder lassen muß, als daß seine Schrift wider das Interim ärgerlich sei und Ihr dennoch bei ihm keinen Undank, sondern eitel Gunst erlangt, dieweil Ihr das Aergerniß von ihm auf den groben Eselsack, den Diakon M. Jorgen, transferirt, als der solche seine Schrift aus Unverstand wider seinen Willen torquirt und verfälscht hat, ob er gleich weder des Herrn Osiandri noch seiner Schrift in solchem Fall mit keinem Wort gedacht hat; zum andern, daß Ihr an dem groben halsstarrigen Diakon Euer häfsiges, neidisches Müthlein gekühlet, darum, daß er Euch nicht für einen gothischen Papst oder Obersthaupt der Kirche mit den Andern erkennen und halten will."

Menius war besonders darüber aufgebracht, daß Merula die Teufelsbeschwörung eine gotteslästerliche, zauberische Beschwörung genannt habe, die kein Christ mit gutem Gewissen brauchen könne, und hatte daraus gefolgert, daß damit nicht allein die Kirche in Gotha, sondern alle Kirchen des Landes eine Teufelsrotte und Teufelshure geschändet würden. Dagegen macht Merula geltend, daß er in seinem lateinisch geschriebenen Briefe den Ausdruck magicam adjurationem gebraucht habe, der noch keineswegs gleichbedeutend sei mit „gotteslästerlicher, zauberischer Beschwörung", und daß die Folgerung nicht zugegeben werden könne, da seine Schrift keine öffentliche, sondern ein nur an seine Amtsbrüder gerichteter vertraulicher und versiegelter Brief gewesen sei. In der päpstlichen Kirche habe man noch andere Irrthümer; aber deswegen dürfe man sie doch nicht mit solchen Namen belegen. Sonst würde auch daraus folgen, daß seit 1000 Jahren Niemand selig geworden sei. „Wo wollt Ihr Eueren eigenen Vater und Mutter, Brüder und Schwestern, ja Weib und Kinder lassen, die darunter verstorben sind? Sehet doch, wie fein theologisch ihr von der Sache redet. Ich schäme mich, weiß Gott, daß ich solche lausige lose Fratzen von Euch, Herr Jost, als einem so hochgerühmten Theologen schreiben soll; wenn's doch die andern beiden, Eure in dieser Sache verwandten Diakonen, allein für sich geschrieben hätten, so könnte es doch aber besser entschuldigt werden."

Hierauf sucht er aus 1 Sam. 14, 24. 27. 2 Kön. 10, 4. Nehemia 13, 25 nachzuweisen, daß das Wort „beschwören", lat. adjurare, bedeute „einen Eid von Jemandem annehmen oder fordern". Wenn das Wort auch in der Bedeutung „durch Gottes Gericht bedrohen und erschrecken" vorkomme,

so werde es doch nur von Menschen, nie vom Teufel gebraucht.

In der Verhandlung vor dem Rathe wurde so wenig ausgerichtet, als vor dem Superintendenten. Vielmehr erklärte
er froh zu sein, daß er sich nicht habe bereden lassen; man
hätte sonst aus ihm einen Interimisten und aus der Landeskirche eine interimistische Kirche gemacht.

III.

Dadurch sah sich Menius veranlaßt, die Sache an den Herzog
zu berichten. „Weil es ihnen aber zum höchsten beschwerlich
sein wollte, mit dem am Evangelio in einer Kirche zu dienen
und zu kommuniciren, der ihnen, ihrem Ministerio und der
ganzen Kirche so vermessentlich ohne Grund auflegen dürfe, daß
sie mit zauberischer gotteslästerlicher Beschwörung in Reichung
der heiligen Sakramente umgehen sollten, weil ferner das
Aergerniß bereits weiter erschollen als gut sei und Magister
Jorge ohnedies in seinen Predigten, was ihm angelegen, sehr
heftig mit einzuführen pflege, derwegen zu besorgen, er werde
auf der Kanzel der Sache zu erwähnen schwerlich unterlassen,
woraus dann noch größeres Aergerniß erfolgen möchte, so bat
er, der Herzog wolle doch gnädiglich befehlen, daß dem Magister mit Predigen und Taufen so lange innezuhalten geboten
werden möchte, bis die Sache gebührlicher Weise in Endschaft
gebracht und entschieden werde.“

Daraufhin wurde Merula nach Weimar citirt und dort
von einer theologischen Kommission (Schnepf, Stolz, Aurifaber und Grau) verhört (2. Juni). Als man ihn bedeutete,
daß das Wort „beschwören“ nichts anderes heiße als „gebieten“, so beruhigte er sich dabei und versprach, dieses Wort
in Zukunft bei der Taufe zu gebrauchen und sich mit
seinen Amtsbrüdern gleichförmig zu halten. Auf dieses Versprechen hin wurde ihm erlaubt, sein Amt weiterzuführen,

und er und die Uebrigen angewiesen, dieses Handels ferner nicht
zu gedenken.

Aber Merula hielt sein Versprechen nicht lange; er ließ
den Exorcismus bald wieder weg. Es wurden wieder viele
Unterhandlungen gepflogen, aber er war nicht zu bewegen davon abzustehen, erbot sich aber mit der oben genannten theologischen Kommission noch einmal darüber zu disputiren. Dies
geschah im Beisein fürstlicher Räthe am 11. November 1550.
Merula konnte keinen gewissen Grund seiner Singularität,
Trennung und Neuerung vorbringen und wandte nur vor, daß
in der ganzen heiligen Schrift kein Befehl oder Exempel darzuthun, darin der Teufel beschworen, d. i., wie er's verstand,
auf einen Eid gedrungen werde. Auch sei es gottlos und
zauberisch, den Teufel, weil er ein Lügner von Anbeginn, auf
einen Eid zu treiben. Dagegen hätten die Apostel das Wort
„ich gebiete Dir" gebraucht; daher sei es ihm in seinem Gewissen unleiblich, das Wort, welches der Schrift gemäß, fahren
und das Wort „ich beschwöre Dich", welches nicht zur Taufe
vornehmlich gehöre und nur von Menschen geordnet sei, ob es
schon in gutem Verstande sein möchte, sich aufdringen zu lassen.
Darauf wurde ihm erwiedert, der Exorcismus sei alt und bald
nach der Apostel Zeit eingeführt worden; der theure Mann und
Rüstzeug Gottes, Dr. Luther, habe ihn als der heiligen Schrift
nicht zuwider geduldet; die in diesen Landen gültige Taufordnung
sei noch von Niemandem getadelt oder verdächtigt worden; das
Wort הִשְׁבִּיעַ, ὁρκίζω, adjuro, „ich beschwöre" heiße in der
heiligen Schrift nicht allein einen Eid von Jemandem fordern, sondern auch Jemandem mit Bedrohung des göttlichen Gerichts gebieten; da die Beschwörung von Gott weder geboten noch verboten,
also ein Adiaphoron sei, so habe die Kirche gut Fug und Recht,
sie zu gebrauchen, besonders da sie dazu diene, die Macht und
Herrlichkeit zu beweisen, welche Gott der Kirche durch Christum
mitgetheilt habe. Deshalb wollte Merula auch Diejenigen,
welche den Exorcismus anwendeten, nicht anfechten, verlangte
aber für sich die Freiheit, ihn wegzulassen, eben weil er ein
Adiaphoron wäre. Da nun aber Mitteldinge keineswegs solche

sind, welche Jeder nach seinem Gefallen halten kann, wie er
will, sondern solche, die so gehalten werden müssen, wie sie die
Kirche eingeführt hat; da ferner das Weglassen dieses an sich
unbedeutenden Wörtchens Spaltung und Aergerniß anrichten
und Andere veranlassen würde, in andern Dingen ebenfalls
willkürlich zu verfahren; da endlich Merula mit der Erklärung,
daß er es seinem Gewissen beschwerlich erachte, Diejenigen stillschweigend verdamme, die es anders hielten als er, so gab die
Kommission, obwohl sie anerkannte, daß Merula mit Fleiß,
ehrbarem Wandel und Geschicklichkeit viele (14) Jahre der Kirche
zu Gotha gedient habe, doch dem Herzog zu bedenken, ob es
zu leiden sei, daß einer ohne alle Ursache eine alte „löbliche
approbirte Ceremonie seines Gefallens ändern, aufheben und
also der Gemeine allerlei Nachdenkens bereiten und die Kon-
kordiam der Kirche damit trennen sollte".

Indessen zögerte der Herzog mit der Entscheidung, in
der Hoffnung, Merula werde sich eines Besseren besinnen. Merula glaubte nach dem reformatorischen Princip der alleinigen
Autorität der Schrift in vollkommenem Rechte zu sein, wenn
er das zu thun sich standhaft weigerte, wozu er in der Schrift
keinen Befehl fand; hingegen Menius, dessen Handlungsweise
übrigens aus der damaligen Zeit erklärt und entschuldigt werden
muß, hatte sich einmal in superintendentiellem Eifer fortreißen lassen
und glaubte die Autorität seines Amtes und der Kirchenordnung
aufrecht erhalten zu müssen. Deshalb wiederholte er, nachdem
er drei Monate gewartet hatte, mit den beiden andern Diakonen die Bitte an den Herzog „Gott zu Ehren, dem heiligen
Ministerio zu Förderung, zu Erhaltung der christlichen Ordnung
der Kirche, zu Verhütung großer Aergernisse und zu Erbauung
und Besserung der Kirche, den Sachen unverzüglich Rath zu
schaffen", und zeigte zugleich an, daß sie nicht umhin könnten,
das Volk von der Kanzel über die eigentliche Bedeutung des
Streites aufzuklären, „auf daß männiglich erkennen und verstehen möge, was das sei, worin Merula sich von uns und
andern Kirchen absondert, und daß unsere Kirchenordnung nicht
wider Gott und unrecht, sondern christlich und recht sei, die

wir und alle Christen mit Gott und gutem Gewissen wohl halten können und billig halten sollen." (12. Januar 1555.)

Der Herzog ertheilte umgehend (14. Januar) dem Rathe zu Gotha den Befehl, nochmals in Güte mit Merula zu verhandeln; wenn er sich nicht weisen lasse, ihn sofort zu enturlauben. Auf diesen Vorhalt sandte Merula wieder ein langes Schreiben an den Herzog mit den heftigsten Ausfällen gegen Menius, „auf daß doch die grausame, unchristliche Tyrannei und übermäßige Neid und Haß Herrn Justi Menii wider ihn kund werde" [1]). Schließlich bat er, S. F. G. wollten mit ihm Armen nicht gar übel fahren lassen, daß er eben im großen Winter mit Weib und Kindern sollte aus dem Hause vertrieben und seine Besoldung ihm so plötzlich abgebrochen werden, in Betrachtung seiner treuen Dienste, die er nun 14 Jahre, 3 Jahre in der Schule und 11 Jahre in der Kirche zu Gotha, mit aller Treue und Ernst, und zuvor 20 Jahre in Zwickau, Schneeberg, Altenburg gepflogen. Besonders weil sein Jahr in diesem Amte mit Michaelis angefangen, wollten S. F. G. aus Gnaden ihm Herberge und Besoldung bis wieder auf Michaelis unabbrüchlich reichen lassen. — Diese Bitte wäre ihm gewährt worden, zumal da auch der gefangene Churfürst, welchen der Herzog um Rath gefragt hatte, ganz damit einverstanden war, wenn Merula nicht durch neue unbesonnene Heftigkeit seine sofortige Verweisung herbeigeführt hätte.

Am Sonntage Invocavit hielten Menius und Brembach [2]) die angekündigte Predigt über den Exorcismus und Merulas Abweichung davon. Darauf verbreitete dieser eine im gröbsten Tone gehaltene Schmähschrift: „An die Achtbaren, Namhaften, Ehrsamen und Weisen, Herrn Schösser, beide Räthe und ganze Gemeine zu Gotha, Bericht und Antwort

---

1) Stolz schrieb unter Merulas Eingabe: „Sic tua mendacem te mala causa facit."

2) Johann Brembach war zuerst Schullehrer in seiner Vaterstadt Waltershausen, dann Pfarrer zu Sundhausen, 1542 Diakonus in Mühlhausen, 1547 Diakonus in Gotha, 1555 Pfarrer in Waltershausen. Hier starb er den 5. Februar 1570.

auf die unwahrhaftige Invectiva oder Schandpredigt, so Justus Menius und Johann Brembach wider mich auf den Sonntag Invocavit dieses 51. Jahres in beiden Pfarrkirchen zu Gotha gepredigt. M. Georgius Merula." Darin nennt er seine Gegner Teufelsdiener, Verfälscher aller reinen christlichen Lehre, Verführer des Volks, Zerrütter aller christlichen Liebe, Ordnung, Zucht, Ehrbarkeit und Einigkeit, die vom Teufel besessen, und in welche der Mord= und Lügengeist des Antichrists ganz gefahren ist und die sich auch von ihm, als die Willigen, gerne, willig und weidlich reiten und spornen lassen; Menius insbesondere einen Papstteufel u. s. w., und verfährt oft mit beißender Ironie und Satire, z. B. wenn er schreibt: „Wir von Gottes Gnaden Justus Menius, Gothaischer und Eisenachischer Papst, und Johann Wirrbock, Kancellarius u. s. w."

Das wurde nun dem Hofe doch zu toll. Stolz, Grau und Schnepf baten den Herzog, „das heillose Maul zu stopfen". Daneben wühlte Merula unter der Bürgerschaft und brachte eine Petition zu seinen Gunsten zu Stande, ja es kam zu einem förmlichen Auflaufe, bei welchem drei Männer gefänglich eingezogen wurden. Der Rath sandte die Petition an den Herzog, hoffte aber nichts Gutes davon, wenn die erbitterten Gegner neben einander an derselben Kirche dienen sollten, und beantragte Merulas definitive Entlassung. Zu Palmarum (22. März 1551) wurde er seines Amtes entsetzt und des Landes verwiesen.

Auf Anrathen des Churfürsten wurde bestimmt, daß die Kinder, welche Merula ohne Exorcismus getauft hatte, nicht noch einmal getauft werden sollten.

IV.

Der Streit war natürlich nicht auf die Stadt Gotha beschränkt geblieben. Die Frage wurde namentlich von den Pfarrern in den beiden von Menius verwalteten Diöcesen lebhaft verhandelt, und es fanden sich unter ihnen auch Solche, welche in der Sache ganz auf der Seite Merulas standen, z. B. der Pfarrer Peter Juldner aus Waltershausen. Deshalb schrieb Menius sein Buch vom Exorcismus [1]) und widmete dasselbe „allen Pfarrern und Dienern der Kirchen Jesu Christi in den Superattendentien Gotha und Eisenach".

In diesem Schriftchen legt er allen Nachdruck auf die Aktion d. h. die in den bekannten Agenden vorgeschriebene Weise und Form der Taufe. Er unterscheidet viererlei Personen, die bei solcher Aktion in der Taufe gegenwärtig sind. Die erste ist der Täufling, welcher außer dem Reiche des Herrn Christi, im Reich und unter der Gewalt des Teufels gefangen ist, um dessen Erledigung willen die Aktion vorgenommen wird. Sodann ist als zweite Person die Kirche da, durch etliche ihrer gläubigen Glieder vertreten, welche sich um den armen gefangenen Täufling annimmt, denselben von seinem Gefängniß zu entledigen. Die dritte Person ist der Feind, nemlich der böse Geist, der den armen Täufling unter seiner Gewalt gefangen hat, wider den die ganze Aktion angestellt und vollführt wird. Die vierte Person ist anstatt der göttlichen Majestät der Täufer, durch welche der arme Gefangene erledigt und zum seligen Reiche der Gnaden Christi durch die Taufe angenommen werden soll.

Diese vier Personen richten die Aktion bei der Taufe in folgender Weise aus: Die Kirche bringt den Täufling zur Taufe und zeigt kurz an, was geschehen soll, daß nemlich der Täufling aus der Gewalt des Teufels entledigt und in das Reich Christi aufgenommen werde. Das Erstere geschieht mit den Worten: „Fahre aus" u. s. w., das andere mit den Worten: „Nimm das Zeichen des heiligen Kreuzes" u. s. w.

---

1) Johann Friedrich d. M. hätte den Druck des Buches gern verhindert, damit sich nicht weitere Discussionen über den Gegenstand daran knüpften; er erließ auch einen dahin gehenden Befehl an den Buchdrucker Gervasius Stürmer in Erfurt, aber er kam zu spät; es waren schon zu viele Exemplare ausgegeben.

Darnach bittet die Kirche, daß der Täufling durch den Glauben Gottes Gnade und Segen empfangen möge. Da das der boshafte Feind nicht gern geschehen läßt, so bedrohet ihn die Kirche mit der Strafe des göttlichen Gerichts, daß er den Täufling aus seiner Gewalt ledig lasse und von ihm weiche (Exorcismus). Diesem ernstlichen, auf Gottes Befehl, in seinem Namen und auf seine Verheißung geschehenden Gebete muß der Teufel weichen, wie die tägliche Erfahrung in der Kirche bezeugt. [1] Darnach wird durch die Verlesung des Evangeliums aus Markus die ganze Aktion konfirmirt und bestätigt. Wenn nun damit die Kirche das Ihrige gethan hat, thut auch der Täufling das Seinige, entsagt dem Teufel, bekennt durch die Pathen seinen Glauben und bittet um das Sakrament der heiligen Taufe. Und so wird denn die Aktion damit beschlossen, daß der verordnete Diener auf Befehl und im Namen Gottes die Taufe vollzieht, und damit nicht blos zusagt, sondern auch wahrhaftig darreicht, um was die Kirche und der Täufling gebeten haben.

„Und aus dem Allen erscheint genugsam, daß sich die ganze Aktion durch und durch in allen Stücken mit dem Sakrament der Taufe gänzlich vergleicht und kein einziges Wort darin ist, das der Einsetzung, Kraft, Wirkung oder rechtem Gebrauch der Taufe zuwider oder ungemäß sei. Denn es bittet ja die Kirche, noth thut für den Täufling und wider den Teufel nichts Anderes denn eben das, darum Gott die Taufe eingesetzt und das er durch die Taufe zu geben verheißen, welches auch sie, die Kirche selbst, durch die Taufe zuvor empfangen hat. In Summa, es vergleicht sich die Aktion mit der Taufe allenthalben also, daß die Aktion anderes nicht bittet noch suchet, denn eben dasjenige, das die Taufe giebt oder wirkt; gleichwie

---

1) In einer zweiten 1591 erschienenen Auflage steht bei dieser Stelle am Rande: „Wie denn alle christliche Prediger, so mit Ernst und Andacht taufen, sehen und befinden werden, daß sich an und um Kindlein, wenn die Worte des Exorcismi gesprochen werden, sonderliche Gestus und Geberden erregen, sehen und hören lassen."

auch wiederum die Taufe nichts Anderes gibt oder wirkt denn dasjenige, so in der Aktion gebeten und gesucht wird, also daß, wer an der Aktion etwas strafen oder verwerfen will, derselbige die Taufe zugleich auch strafen oder verwerfen will, sintemal die Aktion nichts Anderes denn eben die rechte Form und Weise ist, darnach man der Taufe seliglich genießen und gebrauchen muß."

Daraus könne man ersehen, was es für ein Geist sei, der die Aktion in der Taufe angreife. Seit 23 Jahren habe er viel mit ihm zu fechten gehabt und ihn ziemlich kennen gelernt. Es sei das nun das zweite Mal, daß ihm derselbe in sein befohlenes Pfarramt eingreife und unter seinen lieben Brüdern und Mitdienern Spaltung und großes Aergerniß anzurichten sich unterstehe [1]).

Aber Menius sollte fast um dieselbe Zeit noch viel schlimmere Dinge von diesem Geiste erfahren.

---

1) Die Argumente, welche Menius im Folgenden für den Exorcismus vorbringt, sind im Verlaufe der Darstellung bereits alle besprochen worden und können jetzt füglich übergangen werden.

Fünftes Kapitel.

Die Blutsfreunde aus der Wiedertaufe.

I. [1])

Wie wir früher gesehen haben, lag Menius seit Beginn seiner amtlichen Thätigkeit in Eisenach in stetem Kampfe mit den Wiedertäufern. Es war ihm auch wirklich im Verein mit dem energischen Vorgehen der Regierung gelungen, dieser ausgearteten Sekte in seinen beiden Diöcesen allen Boden zu entziehen. Aber auf zwei Seiten drohten sie fortwährend wieder von der Grenze hereinzubrechen, von Mühlhausen und von Hessen her. So lange Menius in Mühlhausen thätig war, wußte er sie auch hier niederzuhalten, aber die von ihm eingeführte Reformation war nie vollständig durchgedrungen, und der Rath der Stadt, der die evangelischen Fürsten stets als die Unterdrücker der freien Reichsstadt ansah, ergriff begierig die Gelegenheit, um sich durch Annahme des Interim die Gunst des Kaisers und damit die Reichsfreiheit zu erwerben. Unter solchen Schwankungen und gegenseitigen Kämpfen im Regiment der Stadt war es nicht zu verwundern, daß die Sekte

---

1) Weim. Comm.-Arch., Reg. N, 493. Menius, Von den Blutsfreunden aus der Wiedertaufe.

dort fortwucherte und bei günstigem Anlasse hervorbrach. So wurden im Jahre 1551 einige Bürger und Einige aus der Vogtei verhört. Ihr Sammelplatz war bei Einem in Langula. Einige bekannten, daß sie zufolge der Lehre, daß alle Männer ein Leib seien, und gleichfalls alle Weiber, an der Gemeinschaft der Weiber Theil genommen hätten.

In dieser widerlichen und scheußlichen Gestalt drangen sie in das Gebiet der Fürsten von Sachsen herüber. Etliche, die früher schon der Wiedertaufe verdächtig oder auch öffentlich anhängig gewesen waren, aber hernach widerrufen hatten, machten sich dadurch wieder verdächtig, daß sie sich von der christlichen Gemeinde abzogen, den Rotten heimlich nachhingen und Anhänger derselben zu Zeiten zu sich zogen, sich gegen ihre Pfarrer und Seelsorger empörten und ihnen freventlich widersprachen. Sie wurden deswegen gefänglich eingezogen und von Menius verhört.

Einer aus Kraula verdammte alle Artikel der Wiedertäufer als unchristlich und gab gründlichen Bescheid von allen christlichen Hauptartikeln. Er wurde deshalb aus dem Gefängniß entlassen, lief aber sofort wieder zu der Sekte, kam dann wieder zu Menius und nahm seinen Widerruf zurück.

Ein Anderer von Thüngeda, Klaus Ludwig, war früher Oberster und Lehrer der Wiedertäufer gewesen, hatte aber ihre Irrthümer öffentlich widerrufen und Buße gethan. Trotzdem hatte er sich wieder zu seiner alten Gesellschaft gehalten und war etliche Jahre in der Irre umhergeschlichen. Er wollte kein Wiedertäufer sein noch heißen und gab sich sogar Mühe, Andere, die der Wiedertaufe anhingen, davon abzuziehen. Menius fand nur den Irrthum, „weil sie glaubten, daß sie Christus von Sünden, Gottes Zorn und dem einigen Tode und Verdammniß erlöset und zu wahrhaftigen Gotteskindern gemacht habe, demnach, weil sie denn einmal von der Sünde und dem Tode erlöst und Gottes Kinder geworden seien, darum so könnten sie auch keine Sünde mehr haben, sondern müßten von allen Sünden gewißlich ganz rein, vollkommen, gerecht und heilig sein". Menius konnte von diesen beiden nicht recht erfahren, wie sie das meinten; er unterrichtete sie daher aus der heiligen Schrift über ihren Irrthum; sie dankten dafür und sagten zu, ihren Irrthum zu bekennen, und wurden entlassen. Sofort aber vereinigten sie sich wieder mit ihrer Gesellschaft und der eine schrieb sogar in seinem und seines An= hangs Namen Drohbriefe an andere Gemeinden, deren Pfarrer vor seiner falschen, irrigen Lehre gewarnt hatten. Diese Ge= meinden sollten ihre Pfarrer entlassen und Prediger aus ihrer Gesellschaft annehmen, wo nicht, so könnte er ihnen nicht für Schaden stehen.

Ein dritter endlich, Hans Kindervater von Langula, der auf dem Schlosse zu Langensalza gefangen gehalten wurde, ent= deckte Menius den wahren Sinn des obigen Satzes: „Wer aus Gott geboren ist, der sündigt nicht, d. i. alle die Lüste und Neigungen, so sich in seiner Natur und Fleisch regen, das sind keine bösen, sündlichen noch unreinen Lüste, sondern es seien eitel Anregungen vom heiligen Geiste, und darum, wer solchen Lüsten, so sich in der Natur und Fleisch regen, wirklich folgt und sie vollbringt, derselbe thut keine Sünde; desgleichen der, so auch ein Kind Gottes ist und einem andern solche seine Lüste vollbringen hilft, der thue auch keine Sünde, sondern sie beide werden vom heiligen Geiste getrieben und regiert, voll= bringen des heiligen Geistes Werk und Willen, dadurch eins vom andern geheiligt wird." Es liege auch nichts daran, ob solche fleischliche Lüste dem göttlichen Gesetze zuwider seien; denn Christus habe alle Gläubigen vom Gesetze erlöst und frei ge= macht und das alte Testament ganz und gar aufgehoben, daß kein Gläubiger nach demselben zu leben verpflichtet sei. Ja es sei ein unrein und schädlich Ding um das Gesetz, da Paulus Phil. 3 sagt: „Was mir Gewinn war, das hab ich um Christus willen für Schaden geachtet" u. s. w.

Wie sie lehrten und glaubten, also thaten und lebten sie auch. Wenn einen Mann eines andern Weibes und ein Weib eines andern Mannes gelüstete, so erklärten sie das für einen Antrieb des heiligen Geistes und eitel Heiligkeit. Kindervater bekannte nicht allein, alles dies selbst mitgemacht zu haben, sondern erbot sich auch, aus der Schrift nachzuweisen, daß Christen so zu thun gebühre. Er führte dafür an 1 Cor. 10: Wir viele sind ein Leib, die wir von einem Brode essen. Tit. 1: den Reinen ist alles rein. Darum könne weder der Mann vom Weibe noch das Weib vom Manne, weil sie beide gleich rein seien, verunreinigt werden, sondern welches in dem Fall dem Andern zu Willen werde, Das werde dadurch geheiligt. 1 Cor. 9: Haben wir nicht auch Macht, eine Schwester zum Weibe mit umherzuführen? — Endlich habe Christus selbst Matth. 24 und Luc. 17 geweissagt: Wie es geschah zu den Zeiten Noahs, also wird's auch geschehen zu den Zeiten des Menschensohns: Sie aßen, sie tranken, sie freieten, sie ließen sich freien u. s. w.

Klaus Ludwig stellte sich als Gottes Sohn dar und sagte [1]), er und Alle, die seines Glaubens seien, könnten nicht sündigen; es sei ihm offenbart, daß er alle Gottlosen der Erde mit dem Schwerte Gideons ausrotten und die seines Glaubens seien, freimachen solle; es sei die fleischliche Vermischung der Brüder und Schwestern geheiligt, davon Gottes heilige Kinder ohne Erbsünde geboren würden, welche Vermischung dann ihr Sakrament sei, nemlich der Mann das Brot und das Weib der Wein; deswegen bedürften ihre Kinder oder sie weder Taufe, Sakrament noch Predigt. In ihren Zusammenkünften las er ihnen aus dem Testamente vor und predigte darüber. Darnach sprach er: „Gehet hin und mehret Euch und wachset, wie Gott befohlen hat, und wer alsdann keine Schwester oder Brüder bekommt, der mag davon gehen oder harren", was sie nach Joh. 6 Christerie nannten. Hans Krummer von Eisenach wollte er nicht in seine Gesellschaft aufnehmen, weil er krank und zu schwach war, um seinen Kelch zu nehmen.

Auf die Frage, wer ihn eine solche Auslegung des Neuen Testaments gelehrt habe, antwortete Kindervater, er habe dasselbe für sich gelesen und studirt; da sei es ihm von Gott also offenbart und ins Herz gegeben worden, wie Joh. 6 stehe:

---

1) Hochhuth, in Niedners Zeitschrift für hist. Theol. 1859, S. 183.

Sie werden alle von Gott gelehrt sein, denn Gott habe durch den Propheten Joel solches auch zuvor verkündigt u. s. w. Er trotzte auch darauf, Gott solle und werde es durch nachfolgende Wunderzeichen bekräftigen. „Und wiewohl ihm alles aus heiliger göttlicher Schrift aufs gewaltigste und also widerlegt worden, daß er darauf verstummen müssen und nicht ein Wörtlein antworten können, so ist er dennoch gleichwohl so halsstarrig und verstockt, daß er sich davon nicht will ableiten lassen, sondern beruft sich auf einen offenen freien Plan fürzukommen und allda sammt andern seinen Bundgenossen (die er seine Blutsfreunde nennt, daher daß sie sich dergestalt, wie oben angezeigt, unter einander fleischlich vermischen) die Sachen auszuführen."

II.

Ganz gleiche Erscheinungen zeigten sich auch in andern ans Hessische angrenzenden Theilen des Fürstenthums, namentlich in Kreuzburg, welche ebenso mit hessischen Blutsfreunden in Verbindung standen, wie die obengenannten mit mühlhäusischen.

Im Jahre 1548 wurde Barthel Kieselbach, welcher vorher in Marksuhl gewohnt hatte und dort der Wiedertäuferei halben ausgewiesen worden war, von dem Amtmann Christoph von Harstall in Mihla ins Gefängniß gebracht und verhört. Im Jahre 1551 wurde Georg Schuchard in Kreuzburg gefänglich eingezogen, der bereits 1540 mit seinem Bruder Lutz Schuchard und Simon Weiß von Menius verhört, aber, weil sie Besserung angelobten, wieder entlassen worden war. Es stellte sich bald heraus, daß er mit einem gewissen Strohans von Etterwinden in Verbindung gestanden habe. Der Schultheiß Michael Schelbas von Kreuzburg ersuchte daher den Schultheißen Johann Leye von Eisenach, diesen zu vernehmen. Strohans wurde gefänglich eingezogen und verhört. In Bezug auf die Lehrartikel antwortete er nichts Ungebührliches; hinsichtlich seines Umganges mit Schuchard gab er an: Er sei etliche Male und jüngst auf

9*

dem Kreuzburger Jahrmarkte in Geschäften bei Schuchard gewesen, welcher sich allerlei seiner verführerischen Sekte vernehmen lassen; sonderlich aber und vornemlich habe er gesagt, wie er nach dem Geist aus Gott geboren und deswegen ohne alle Sünde wäre; ihm wäre auch Alles rein zu gebrauchen; unter rechten Christen stehe einem jeden vollkommen reinen Christen Alles, es sei Weib, Kind oder Gut, zu gebrauchen frei; wenn er als ein Reiner mit Strohansens Weibe oder einem andern sich fleischlich vermischen würde, so würde sie, als die unter dem Gesetze verbunden, dessen ledig und durch das fleischliche Werk geheiligt und also seiner Reinigkeit fähig, sofern sie das willig thäte und glaubte, — und wenn er also bei einem andern Eheweibe, welches seines Glaubens wäre, schliefe und sich mit ihr fleischlich vermischte, breche er damit nicht die Ehe, sündige auch nicht; so er sich aber solcher Werke mit einer andern Weltfrau, welche nicht heilig und seines Glaubens sei, gebrauchte, so wäre es ein Ehebruch. Georg Schuchard hätte auch von Strohans ihm solch Werk zu verstatten begehrt; er aber, Strohans, hätte ihm Solches mit einem Unwillen abgeschlagen.

Am 20. August 1551 berichtet Johann Friedrich der Mittlere an seinem Vater [1]): „ — Dieweil denn gedachter Schuchard nicht allein berührter Sekten und Glaubens mitverwandt, sondern derselben Anfänger und Meister ist, wie er selbst bekennt, sich auch in die fleischliche Vermischung eingelassen und Ehebruch begangen, so ist dieser Handel in eine Rechtsfrage gestellt und den Schöppen zu Leipzig zugeschickt worden. Was nun darauf erkannt wird, dem will ich, nachdem Schuchard vormals der Wiedertaufe halben auch gefänglich gesessen und sich damals unterrichten lassen, zudem erheischt und erfordert die hohe und unvermeidliche Nothdurft, in dem einen Ernst, Andern zur Abscheu, zu gebrauchen. Denn ich weiß E. G. ferner nicht unangezeigt zu lassen, daß unter solcher Schuchards gefänglicher Enthaltung seine Blutsfreunde, wie sie sich genannt und an-

1) Beck, Joh. Fr. d. M. II, 213 f.

gegeben, an mich geschrieben und um seine Erledigung, ihn auch auf freien Plan zu öffentlichem Verhör zu stellen, gebeten, sich auch darin vernehmen lassen, der Prediger Untugend öffentlich auszuschreiben. Darauf ich ihnen den Bescheid geben lassen, daß er, der Schuchard, wider Recht nicht sollte beschwert werden, dabei es auch bis anher geblieben. Aber vor wenigen Tagen haben mir etliche meine Schosser, Schultheißen, auch Räthe der Städte zu erkennen gegeben, daß in etlichen vielen Dörfern, desgleichen an den Thoren der Städte Eisenach, Gotha und Waltershausen, Briefe [1]), in weiße Kluppen eingesteckt, befunden worden, welche von Denen, so gemeldter Sekte verwandt, ausgegangen, und damit E. G. wissen, was Inhalts diese Schriften sind, so thue E. G. ich deren etliche hieneben übersenden, und will E. G. weiter nicht bergen, daß Herr Justus Menius jetzt allhier gewesen und berichtet, daß eben die Nacht, so gemeldte Briefe früh befunden, in Herzog Moritz, auch der jungen Landgrafen zu Hessen Fürstenthum dergleichen Briefe bis in 60 auch sollen eingesteckt und einer zu Salza, welcher die Briefe dahingebracht, darüber betreten und gefänglich eingezogen worden sein; von dem wird man, wie es hierum eine Gelegenheit hat, und wer dieser Sekte allenthalben zugethan und verwandt ist, ohne Zweifel erfahren. Dieweil dann zu besorgen, der Verwandten und Anhänger solcher Sekte werden mehr sein, denn man gedenken und sich vermuthen kann, so ist Herr Justus Willens, förderlich die Pfarrer seiner Superattendenz zusammen zu erfordern und ihnen, worauf derselben Sekte Irrthum haftet und steht, zu berichten, auch zu befehlen, fürder dem Volk in den Predigten davon Anzeige zu thun und sie zu verwarnen, sich davor zu hüten und solcher Sekte und Irrthums, auch aller deren Anhängern und Verwandten gänzlich zu enthalten und zu entäußern, desgleichen auch selbst Aufsehens und Aufachtung zu haben. Denn nachdem die Verwandten vielgemeldter Sekte, wie E. G. aus ihren Schriften sehen werden, einen schönen Schein führen und solchen

---

1) Verfasser derselben war Klaus Ludwig.

dahin lenken, männiglich einzubilden, als wollten sie von Christo
und Evangelio mit der That und Gewalt gedrungen werden,
so wird besorgt, daß der gemeine Mann in dem leichtlich
könnte betrogen und verführt werden, welches aber durch angezeigten Bericht, Verwarnung und Aufsehen der Prediger durch
göttliche Verleihung verhofflich zuvorkommen, so will ich den
andern Superintendenten unseres Fürstenthums dergleichen zu
thun fürderlich auch befehlen. Und nachdem gedachter Herr
Justus selbst zu Kreuzburg gewesen und mit dem Schuchard
geredet, so hat er angezeigt, daß er von dem Schuchard vermerkt, daß er sich mit 16 andern seiner Sekte Weibern fleischlich vermischt, ingleichniß Andere mit seinem Weibe auch gethan,
daher sollen seiner Sekte Verwandte ihnen seine Blutsfreunde
nennen. So sollen sie auch die Pfarrer und Prediger Teufels-
töpfe heißen und vorgeben, wer deren nur viel zerschlagen und
zerbrechen könnte, der thäte Gott daran einen großen Dienst
und wohlgefällig Werk. Es haben auch der Schosser und
Rath zu Gotha in ihrem Schreiben, so sie dieser Sekte halben
an mich gethan, vermeldet, als soll ein Bürger in Gotha,
welcher in die Niederlande mit Waith handelt, berichtet haben,
daß die Wiedertäufer der Ende erstlich auch Briefe angeschlagen
und eingesteckt, damit sie ihnen dann einen Anhang gemacht,
folgend aber hätten sie sich zusammengeschlagen und mit
Morden, Brennen und anderer Thrannei einen großen, trefflichen und merklichen Schaden gethan. Nachdem dann dieser
Sekte Anhänger Intent und Vorhaben gewißlich auch auf nichts
Gutes, sondern dahin ohne Zweifel gerichtet, ihnen durch diese
Schreiben einen Anhang zu machen und zu erlangen und alsdann ihr Vornehmen so viel an ihnen ins Werk zu setzen, so
ist von nöthen, solchem mit Gottes Hülfe in der Zeit vor-
zutrachten und zu begegnen. Wie aber und welcher Gestalt,
auch durch was Mittel und Wege dasselbige geschehen solle, bin
ich sammt den Räthen nicht aller Dinge schlüssig; es soll aber
E. G. von mir hienach zu erkennen gegeben werden."

Der gefangene Churfürst war mit den von seinem Sohne
getroffenen Maßregeln im Ganzen zufrieden, nur wäre es nach

seiner Meinung nicht nöthig gewesen, die Schöppen zu Leipzig wegen der Bestrafung um Rath zu fragen, da das kaiserliche Mandat von 1529 darüber klare Bestimmungen enthalte. Als dann das Urtheil der Leipziger dahin ausfiel, daß Schuchard, weil er die heilige Schrift zur Vertheidigung der Unzucht mißbraucht, verbrannt werden müsse und diese Strafe nur dann in die leichtere der Hinrichtung durch das Schwert zu verwandeln sei, wenn er zuvor Buße thue, so war der Churfürst damit nicht einverstanden; „daß man ihm das Feuer auferlegt, das ist unseres Erachtens auf die Ketzer gemeint. Solches einzuräumen und doch ihn umzubringen, hätten wir viel Bedenken. So man ihn aber mit göttlicher Schrift von seinem Irrthume bekehren könnte, halten wir für christlich, auch nütze und gut; aber Ketzer mit Furcht des Feuers zu bedrohen und nicht mit der Schrift zu unterrichten, können wir nicht für christlich noch recht ansehen". Doch überließ er die Art der Bestrafung seinem Sohne und dessen Räthen. Da Schuchard standhaft auf seinen Ansichten beharrte, wurde er verbrannt. Auf dem Wege zum Scheiterhaufen wies er den Geistlichen zurück, indem er sagte, er sei ein Kind Gottes und ohne Sünde, er bedürfe keiner Gebete und keiner Fürbitte bei Gott.

Denselben Tod erlitt nach eingeholtem Urtheil der Leipziger Schöppen Klaus Bach von Kraula.

Trotzdem wucherte diese Sekte noch eine Zeit lang im Geheimen fort. Im Jahre 1557 saß Kindervater wieder gefangen und gab auf angewandte Tortur an, daß Klaus Ludwig der Verfasser jener geheimen Briefe sei, und daß sie, wenn sie einen Anhang bekommen hätten, das Volk hätten zu ihrem Glauben zwingen oder todtschlagen wollen. Um dieselbe Zeit hielt Klaus Ludwig noch Versammlungen seiner Gemeinde in der Vogtei und zu Kunefeld im Amt Rotenburg.

III.

Gegen diese Sekte gab Menius (am Tage Aegibii 1551) seine Schrift von den Blutsfreunden aus der Wiedertaufe heraus und widmete sie den christlichen Landständen Thüringens. „Auf daß wir den Teufel solche Schmach, Schande und Schuld nicht stillschweigend auf uns treiben und darnach unsere christlichen Kirchen und Landschaft ausrufen lassen, als ob solches bei uns gelehrt, geübt und geduldet würde, sondern damit alle Welt wisse, höre und sehe, daß wir alle göttliche Ordnung in der Kirche, im weltlichen Regiment und Hauszucht mit allem Ernst aufs allerfleißigste und getreulichste fördern und handhaben, und dagegen allen Denen, so dieselben zerstören wollen, so viel wir nur können und mögen, steuern und wehren, darum bin ich bewogen und verursacht, den Schwärmern zu begegnen und zu wehren, die sich nicht unter uns oder bei uns in unsern Kirchen und Landschaft, sondern an andern und denen Orten, da man die reine Lehre des Evangelii nicht leiden will, enthalten, aus denselben Löchern in unsere Kirchen und Landschaft gleich wie die giftigen Schlangen und Kröten aus ihren Klüften und Büschen an die Sonne auskriechen, andere Leute mit ihrem Gift, wo sie könnten, zu beschmeißen und zu vergiften.

Und zwar, daß sie von uns nicht herkommen, sondern unsere ärgsten Feinde sind, nichts weniger als andere Teufelsrotten, solches erscheint aus dem genugsam, daß sie nicht allein bei uns nicht sind in ordentlicher Gemeinschaft der Kirchen, Regiments und anderer Ordnung, sondern verdammen solches alles, lästern unsere Kirchen und heißen's gehegte Winkel, die Prediger falsche Propheten, verachten alle Gebote und Verbote der ordentlichen Obrigkeit, ja alle Eide und Pflicht dazu, bedrohen uns aufs feindlichste, welches alles sie freilich nicht thäten, wenn sie mit uns und wir mit ihnen eins wären.

Darum weil sie nicht mit, sondern wider uns, wir auch nicht mit ihnen, sondern wider sie sind, warum will man denn uns das zumessen, dessen wir unschuldig sind? Was plagt man uns Unschuldige und läßt diese Bande, ja Leib= und Seel=

beschädiger frei gehen? Die Obrigkeiten, so solche Schwärmer
in ihren Gebieten halten und hegen, wollen unschuldige Christen
bei und unter ihnen nicht leiden, ja sie trachten danach, wie
sie auch in fremden Herrschaften, da sie doch nichts zu schaffen
haben, unschuldig Blut möchten vergießen helfen und lassen
doch solche Sekten dieweil unter ihnen hausen und wohnen, von
denen ihre eigenen Unterthanen sammt andern beschmeißt werden
allein darum, auf daß sie zu lügen und zu lästern haben, was
solche Sekta Schande und Laster anrichtet, als hätte solches
unser Evangelium und wir gethan, so doch ihnen von uns gar
keiner, aber uns und den Unsern von ihnen unermeßlicher,
großer Schade geschieht, erstlich damit, daß sie die giftigen
Würmer, die Schwärmer, halten und hegen, von denen unsere
Kirchen und Landschaft beschmeißt werden, zum andern auch damit, was Arges dieselbigen anrichten, daß sie darnach solches
Alles zumal auf uns lügen, als hätten wir's mit unserer Lehre
ausgerichtet, und als wäre es ihnen von uns widerfahren, wiewohl wir wider solche ihre giftigen Lügen und Lästerung genugsam und übrig entschuldigt sind vor Gott und aller Welt,
sintemal wir solchen Rotten je und allewege widerstanden, dawider gelehrt und geschrieben haben, wie es Gottlob öffentlich
am Tage ist, also, da es ohne uns gewesen und wir diesen
Sekten mit solchem Ernst nicht widerstanden und gewehrt hätten,
unsere untreuen Nachbarn, so solche Sekten hausen und hegen,
längst wohl sollten und würden erfahren haben, was Gesind-
leins sie beherberget hätten, und wer weiß, wie sie ihnen der
Herberge noch danken werden [1]).

Wie ich aber als der Geringste nach dem Vermögen, so
Gott mir verliehen hat, den Rotten bis daher widerstanden
und die Kirchen dieser Grenze treulich wider sie geschützt habe,

---

1) Die ganze Stelle ist gegen Mühlhausen gerichtet, welches Menius
weiterhin das Nest nennt, aus welchem das Ungeziefer steigt und kreucht.
Der Rath der Stadt sandte deßhalb die Schrift dem Dr. Ziegler, um
zu erfahren, ob er den Injurianten nach der Kammergerichtsordnung
belangen möge.

also will ich vermittelst göttlicher Verleihung, wie ich schuldig
bin, noch thun, so lange mich die Luft hie tragen wird, unsere
Kirchen mit Gottes Hülfe wider sie zu vertheidigen, ungeachtet
ob ich vielleicht mit solchem meinem wohlgemeinten treuen Fleiß
und Dienste gar schmalen Dank und geringe Gnade in dieser
Aprilzeit verdienen werde. Denn es heißt und soll heißen:
Um deinetwillen, liebe Welt, weder gethan noch gelassen.

Bitten demnach und vermahnen hiemit im Herrn, es wolle
ein Jeder, nachdem ihm Standes und Berufes halben gebührt,
das Seine dabei auch thun, Pfarrherrn und Prediger Gottes
Wort mit Ernst und Fleiß wider diese und andere Rotten zu
predigen und mit der Kirche fleißig zu bitten, daneben auch die
Obrigkeit, daß sie das Ihre auch thue, damit göttliche Ordnung
beide in den Kirchen und äußerlichen Ständen gehandhabt und
Zucht und Ehrbarkeit erhalten werden.

Es lassen sich Etliche dünken, kitzeln sich selbst damit und
haben's gleich eine Freude, als ob diese Rotte allein wider die
Pfarrherren und Prediger sich empöre. Das mögen sie also
halten und glauben, wie sie wollen, und könnte wohl geschehen,
wenn Gott dem Teufel verhängen wollte, daß sie das Spiel
mit Pfarrherren und Predigern vielleicht möchten anfangen,
denn denen sind sie am feindesten, als die ihnen den größten
Widerstand thun; aber liebe Herren, da sehet mit auf, da sich's
mit den Pfarrherrn und Predigern anfängt, über wem es endlich ausgehen, und wo ihr bleiben werdet."

Sechstes Kapitel.
Der Osiandrische Streit.

I. [1]

Andreas Osiander, geb. den 19. December 1498 zu Gunzen=
hausen, wurde, nachdem er auf den Schulen zu Leipzig und
Altenburg vorgebildet worden war und die Universität zu Ingol=
stadt besucht hatte, 1522 erster Prediger an der Lorenzkirche
in Nürnberg. Im Gegensatze zu den hier auftauchenden wieder=
täuferischen Bestrebungen bildete er sich bald eine eigenthümliche
Auffassung namentlich der Rechtfertigungslehre aus. Das erste
Zeugniß davon findet sich in dem „Guten Unterricht und getreuen
Rathschlag aus heiliger göttlicher Schrift, was man sich in
diesen Zwietrachten, unsern heiligen Glauben und christliche Lehre
betreffend, halten soll“, welchen er im Jahre 1524 im Auf=
trag des Rathes der Stadt verfaßte. Darin entwickelte er
bereits seine Rechtfertigungstheorie nach allen ihren Haupt=

---

1) Weim. Comm.=Arch., Reg. K, S. 318, Nr. 11. Mörlin,
Historia, welcher Gestalt sich die Osiandrische Schwermerey im Lande zu
Preussen erhoben; 1554. Salig II, 915 ff. Planck IV, 249 ff.
Heberle, Osianders Lehre in ihrer frühesten Gestalt, in Stud. und
Krit. 1844.

punkten. Ausgehend von dem Gegensatz von Wort Gottes und Menschenwort unterscheidet er ein äußeres und ein inneres Wort. Was Gott seinem eigentlichen Wesen nach sei, kann er allein aussprechen und begreifen. Er begreift, versteht, erkennt und bildet sich ab in seinem heiligen göttlichen Wort, das ist, er gebiert einen Sohn, und das ohne allen Anfang von Ewigkeit her. Das Leben wird allein im Wort, das da Gott ist und ohne das nichts gemacht ist, das gemacht ist, erfunden, also daß auch in Gott kein anderes Leben ist, denn das Wort. Die äußerliche Predigt ist das Werkzeug, das Medium, durch welches das ewige, wesentliche Wort Allen eröffnet und den Gläubigen eingepflanzt wird. Unser Wissen von Gott ist mit dem Sein Gottes in uns identisch. „Gott erkennt sich selbst, seine Erkenntniß ist ein Wort, und das Wort ist Gott selbst. Dasselbe Wort läßt er uns eröffnen und predigen im heiligen Evangelio; denn daselbst wird uns die Natur Gottes eröffnet, nemlich seine Gerechtigkeit, Wahrheit, Weisheit, Gnade und Barmherzigkeit u. s. w., wie er denn sich selbst erkannt und das Alles in Christo erzeigt hat. Und wer das Wort recht vernimmt, behält und glaubt, der empfängt Gott selbst, denn Gott ist das Wort. So nun durch den Glauben das Wort Gottes, Christus unser Herr, in uns wohnt, und wir mit ihm eins sind worden, mögen wir mit Paulo sprechen: ich lebe, lebe aber nicht ich, sondern Christus lebet in mir. Und da sind wir dann durch den Glauben gerechtfertigt; denn es leben nicht wir, d. i. wir leben nicht nach dem fleischlichen Sinn, sondern der Sinn und Geist Christi ist und lebet in uns; der kann ja nicht anders denn gerecht sein und Gerechtigkeit in uns wirken. — Den rechten lebendigen Glauben nennet Paulus die Gerechtigkeit Gottes, nicht allein darum, daß sonst keine Gerechtigkeit vor Gott gilt als die Gerechtigkeit des Glaubens, sondern auch, daß wir durch den Glauben mit Gott vereinigt werden und er alsdann seine eigene Gerechtigkeit durch den Glauben in uns wirkt." Wenn Osiander auch ausdrücklich anerkennt, daß die Sünde im Menschen nur allmälig und in diesem Leben niemals völlig getilgt

wird, so ist doch seine Auffassung der Rechtfertigung als Gerecht=
machung nicht zu verkennen.

So lange Luther lebte, trat Osiander mit dieser Ansicht
nie in der Weise hervor, daß er sie in ihrer Verschiedenheit
von der allgemein von den Reformatoren angenommenen Form
geltend gemacht hätte.[1] Doch ahnten bereits Manche, daß
bei dem Manne nicht Alles richtig sei. Während des Kon=
vents zu Schmalkalden predigte er über 1 Joh. 4: „Daran
sollt ihr den Geist Gottes erkennen: ein jeglicher Geist, der da
bekennt, daß Jesus Christus sei ins Fleisch kommen, der ist
von Gott. Und ein jeglicher Geist, der da nicht bekennt, daß
Jesus Christus ins Fleisch kommen sei, der ist nicht von Gott.“
Diesen Spruch legte er damals ebenso aus, wie in seiner in
Königsberg herausgegebenen Disputation. Daran merkte Ams=
dorf, „daß Osiander etliche sonderliche Hirnitzen habe“, und
sagte: „Wenn der Geist dermaleinst Zeit und Raum würde
kriegen zu schwärmen, so würde aller andern Schwärmer
Schwärmerei gegen ihn nur eitel Kinderspiel müssen geachtet
werden.“ Zwei Jahre später, während des Konvents zu Hagenau,
kam er gelegentlich mit Menius auf die Lehre von der Recht=
fertigung zu sprechen und fuhr dabei heraus, daß Luther und
Andere davon nicht allerdinge recht hielten; doch ließ er's dabei
und entdeckte sich damals nicht weiter, redete aber doch so viel,
daß Menius seit der Zeit immer argwöhnte, Osiander habe
etwas Besonderes in sich stecken.

---

1) Der Behauptung Osianders gegenüber, daß er wohl dreißig Jahre
so von der Rechtfertigung gelehrt habe, wie er in seiner Konfession schreibe,
behaupten die sächsischen Prediger in ihren Censuren nur, daß er nicht so
deutlich von der eingegebenen und eingegossenen Gerechtigkeit öffentlich ge=
predigt habe, sonst würden Wenzeslaus Link und Veit Dietrich ihm gewiß
widersprochen haben, und führen selbst aus der „Antwort Osianders auf
den Artikel der Rechtfertigung gegen der Antwort, so der Barfüßer Lektor
oder Prediger von wegen den Papisten gegeben, gestellet“ (1525, wahr=
scheinlich dieselbe Schrift, welche oben angeführt wurde) folgenden Artikel
an: „Es ist nicht mehr denn nur einige einfältige Gerechtigkeit, die vor
Gott gilt, die ist Gott selbst, das Wort ist aber Christus, das fassen wir
im Glauben, und ist also Christus als Gott selbst in uns unsere Ge=
rechtigkeit, die gilt allein vor Gott“ u. s. w.

Im Jahre 1548 nahm Nürnberg das Interim an. Deswegen legte Osiander seine Stelle nieder und wandte sich zunächst nach Breslau. Bald darauf berief ihn Herzog Albrecht von Preußen, der Osiander auf einer Reise in Nürnberg 1532 kennen gelernt, sich mit ihm über die Religion beredet und dabei so viel Gefallen an ihm gefunden hatte, daß er noch 1553 in einem öffentlichen Ausschreiben erklärte, Osiander habe ihn in der reinen Lehre unterrichtet und als sein geistlicher Vater zu vollkommener Erkenntniß des göttlichen Worts und Willens gebracht, an die vor Kurzem gegründete Universität zu Königsberg. Da er sogleich zum ersten Professor der Theologie ernannt wurde, so fühlten sich die bisherigen Professoren der Theologie Staphylus, Hegemon (Herzog) und Isinder dadurch gekränkt. Dazu kam, daß er sogleich bei seiner Antrittsdisputation (am 5. April 1549) mit einer gewissen Eitelkeit und Ostentation seine eigenthümlichen theologischen Ansichten geltend zu machen suchte, was er bis dahin, wie ihm seine Gegner Schuld gaben, aus Furcht vor Luther nicht gethan hatte. [1] Der Erste, der ihn deswegen angriff, Matthias Lauterwald aus Elbingen, war für Osiander viel zu unbedeutend, als daß er ihm hätte antworten sollen. Nun fingen aber auch Staphylus und Isinder an, im Auslande und in Königsberg, bei Bürgern und Studenten zu klagen und zu warnen, daß Osiander die allergefährlichste Ketzerei nach Preußen gebracht habe, daß man damit umgehe, mit dem Artikel von der Rechtfertigung dem Volke auch die ganze lutherische Lehre wieder zu nehmen u. s. w. Eine bedenkliche Bewegung und Gährung bemächtigte sich der Gemüther, die noch stieg, als von allen Gegenden her Briefe in dieser Angelegenheit nach Königsberg gelangten. Die Predigten, welche die Geistlichen in Bezug darauf halten zu müssen glaubten, waren natürlich nicht dazu angethan, die hochgehenden Wogen zu besänftigen. Der Herzog ließ sich durch die verschiedenen Denunciationen und Gerüchte in seiner Meinung

---

1) Nach Luthers Tode soll er einmal öffentlich gesagt haben, jetzt, da der Löwe todt sei, wolle er mit den Hasen und Füchsen leicht fertig werden.

von Osiander so wenig irre machen, daß er ihm vielmehr befahl, seine Lehre von der Rechtfertigung zu veröffentlichen und in einer Disputation zu vertheidigen (24. Oktober 1550). Die hier und in dem Bekenntniß [1]) aufgestellten Sätze lassen sich etwa kurz so zusammenfassen: Der Mensch wird in der Rechtfertigung von Gott nicht blos für gerecht erklärt, sondern gerecht gemacht und zwar geschieht dies durch die Mittheilung seiner wesentlichen Gerechtigkeit. Die wesentliche Gerechtigkeit Gottes aber ist Christus, der durch den Glauben in den Menschen übergeht, mit seiner Kraft und seinem Wesen in ihm wohnt und lebt und gewissermaßen ein Fleisch mit ihm wird. Durch Christus wird der Leib der Sünde zerstört; der heilige Geist kommt mit ihm in die Menschen; die Liebe Gottes wird in sein Herz ausgegossen; eine überschwengliche Kraft Gottes erfüllt ihn [2]). Diese Weise der Rechtfertigung werde in der heiligen Schrift so deutlich und klar gelehrt, daß Derjenige, welcher glaube, daß der Mensch auf eine andere Art gerecht werden könne, gewiß den Namen eines Theologen nicht verdiene oder wenigstens in seinem Herzen ein Zwinglianer sein müsse.

In Folge dieser Disputation und einer heftigen Schrift, die er 1552 herausgab [3]), wurden die Unruhen noch größer.

---

1) „Von dem einigen Mittler Jesu Christo und von der Rechtfertigung Bekenntniß. Andr. Osiander. Königsberg 1551.“

2) In seinem Bekenntniß spricht er die streitige Frage mit diesen Worten aus: „, ob uns Gott, dieweil wir in Sünden und gottlos geboren sind, mit der That und Wahrheit gerecht mache und von der Sünde reinige, oder ob er uns allein von wegen des Glaubens gerecht spreche, so wir doch nicht gerecht sind, und er uns auch nicht gerecht mache, sondern lasse uns bleiben, wie wir vorhin waren, wie die falschen Richter thun?“

3) „Bericht und Trostschrift an Alle, so durch das falsche, heimliche Schreyen meiner Feinde geärgert oder betrübt worden sind.“ — Nach der Weise der damaligen Zeit übergoß er seine Gegner mit den gewöhnlichsten Schimpfreden, nannte sie Esel und beschuldigte sie, daß sie zwinglisch und ärger als zwinglisch seien. Auch in andern Schriften geht sein Schimpfen zuweilen selbst über das damals erlaubte Maß hinaus. Er belegt seine

Deshalb machte der Herzog den Versuch, einen Vergleich zwischen den streitenden Theologen zu Stande zu bringen, und ernannte den damaligen Rektor der Universität Aurifaber, einen Schwiegersohn Osianders, und Joachim Mörlin, der kurz vorher zum Prediger nach Königsberg berufen worden war, zu Kommissarien. Mörlin suchte die Parteien davon zu überzeugen, daß sie in ihren Meinungen weit weniger auseinandergingen als in ihren Ausdrücken. Aber durch den Eigensinn von den Gegnern Osianders wurde der Versuch vereitelt. Da sie bezweifelten, ob Osiander die Ausdrücke in echt lutherischem Sinne nehme, so suchte er in einer eignen Schrift[1]) nachzuweisen, daß Luther nicht blos ebenso wie er gelehrt, sondern sich auch ebenso ausgedrückt habe, indem er dazu Stellen benutzte, in welchen Luther entweder von dem ganzen Geschäft der Heilsordnung oder von der Heiligung und Erneuerung, nimmermehr aber von dem Akt der Rechtfertigung allein sprach. Damit schob er zugleich den Vorwurf der Abweichung von der echtlutherischen Lehrform auf seine Gegner zurück und denuncirte besonders Melanchthon als verführerischen Verfälscher des lutherischen Lehrbegriffs. Die Folge davon war, daß nun auch Mörlin auf die Seite seiner Gegner trat und zwar in heftigster Weise ihn angriff. Er zog das Volk in den Streit herein, warnte auf der Kanzel vor der greulichen Lästerung Osianders, forderte die fürstlichen Räthe, die Universität und die Magistrate der Stadt auf, der Sache schleunigst Einhalt zu thun, und erklärte eher nicht blos ein Fürstenthum, sondern die ganze Welt räumen zu wollen, als zu einer solchen Gotteslästerung und einem so teuflischen Irrthume länger zu schweigen.

Da die Bewegung tief ins Volk drang, so war sogar Störung der öffentlichen Ruhe zu befürchten. Deshalb befahl

---

Gegner mit Namen wie „Säue, Füchse, Frösche"; nennt den einen einen groben Tölpel, den andern einen unverschämten Esel, der ein Sauhirt sei statt eines Seelenhirten u. s. w.

1) „Etliche schöne Sprüche von der Rechtfertigung des Glaubens des ehrwürdigen hochgelehrten D. Martini Lutheri heiligen Gedächtniß. Andr. Osiander. Königsberg 1551."

der Herzog beiden Parteien Stillschweigen. Aber seine Vor-
liebe für Osiander ließ den Herzog bald einen andern Weg
einschlagen. Er befahl ihm, seine Lehre von der Rechtfertigung
in ein Bekenntniß zusammenzufassen und aus der Schrift zu
beweisen. Diese Konfession sandte er dann seinen Gegnern zu
und verlangte deren Censuren darüber. Aber diese sandten sie
zurück und erklärten, Osiander sei seines Irrthums aus heiliger
Schrift überwiesen und habe sich damit selbst seines Amtes entsetzt. Mörlin ernannte sich zum Interimsbischof und übte alle
zu Osianders Amt gehörigen Handlungen aus; er schloß die
Anhänger Osianders vom Abendmahl aus und verkündigte
von der Kanzel, daß er keinen, der seine Predigten besuche, in
den Beichtstuhl oder zu Pathenstellen zulassen würde. „Thut
dazu“, sagte er in seiner Predigt, „thut dazu, liebe Kindlein,
und leidet diesen Greuel nicht länger im Lande. Thut dazu nicht
nur um Euret-, sondern um der kleinen Kinder willen, die noch
in den Wiegen liegen, und vielmehr um deren willen, die Ihr
noch in den Lenden thut tragen, daß sie nicht von dieser teuflischen Ketzerei vergiftet werden. Denn es wäre Euch tausendmal
nützer, daß Ihr im Blut watetet bis über die Knie, daß der
Türke vor die Stadt käme und Euch Alle ermordete; ja es
wäre Euch selbst nützer, daß Ihr Juden und Heiden wäret,
denn daß Ihr solches leidet. Denn Ihr seid ebenso wohl mit
dieser Lehre verdammt, als die Heiden. Ich will Euch gewarnt
haben, wer sich noch will warnen lassen. Welcher aber nicht
will, der fahre hin zum Teufel. Ich darf sie nicht erst dem
Teufel übergeben, denn sie sind schon zuvor sein, Alle, die diese
Lehre annehmen; und ich will es wieder öffentlich anzeigen, daß
ich derselben keinen, der die Lehre annimmt oder in seine Predigten geht, zu dem Sakrament gehen lassen will, sie mögen
hinlaufen, wo sie wollen. Ihr sollt sie auch nicht grüßen, keine
Gemeinschaft mit ihnen haben, sondern fliehen, als wären sie
der Teufel selbst.“

II.

Da führte der Herzog den schon früher gefaßten Entschluß aus und bat die Theologen fast aller protestantischen Länder um Gutachten über die streitige Angelegenheit. So schrieb er auch an den gefangenen Churfürsten und dessen Bruder Johann Ernst, sowie auch an Johann Friedrich den Mittlern, und bat sie, von ihren Theologen ein Erkenntniß aus Gottes Wort über Osianders Konfession vom Artikel der Justifikation verfassen zu lassen und ihm zu seinen Händen zuzuschicken. Die herzoglich sächsischen Theologen: Amsdorf; Justus Jonas, Superintendent zu Koburg; Erhard Schnepf; Maximilian Mörlin[1]); Pastor zu Koburg; Menius; Johann Grajo, Pastor in Weimar; Victorin Strigel, Johann Stolz; Joh. Aurifaber; Joh. Birnstiel und Joh. Faselius, beide Prediger in Koburg, hielten eine Konferenz und schickten drei Censuren, deren Verfasser Menius, Strigel und Schnepf waren, mit ihrer Namensunterschrift ein. [2]) Das Gutachten von Menius, welches das Datum des 18. Januar 1552 trägt, zeichnet sich durch Klarheit und würdige Haltung vor den beiden andern vortheilhaft aus.

In der Einleitung spricht Menius das Bedauern der Theologen darüber aus, daß dem Herzoge Albrecht von Preußen, der sich durch Einführung der Reformation, durch Gründung von Schulen u. s. w. um die Kirche Christi so wohl verdient gemacht habe, die Betrübniß über diesen ärgerlichen Handel nicht erspart worden sei. „Da aber der hoffärtige ehrsüchtige Geist ja nicht können noch wollen verborgen sein, sondern mit

---

1) Maximilian Mörlin, der Bruder Joachims, früher Prediger in Pegau, Zeitz, Schallau, wurde 1544 Hofprediger in Koburg, 1561 erster geistlicher Assessor bei dem Konsistorium in Weimar, 1569 abgesetzt und zum Superintendenten in Dillenburg berufen; aber durch Johann Friedrich den Mittlern wurde seine Zurückberufung nach Koburg (1574) vermittelt. Er starb 1584.

2) Menius gab sie 1552 in Erfurt bei Gervasius Stürmer heraus unter dem Titel: „Censurae, d. i. Erkentnis aus Gottes Wort vnd heiliger Schrifft, Uber die Bekentnis Andreä Osiandri, Von dem einigen mitler Jesu Christo, vnd von der Rechtfertigung des Glaubens."

Gewalt herausbrechen, wie man sagt, oben aus und nirgend
an, möchten wir, wo es auch möglich, gerne wünschen, der löbliche Fürst, Herzog Albrecht, hätte die Verschaffung gethan, daß
der Zank unter den Theologen in der Schule geblieben und
nicht auf die Kanzel gebracht wäre, oder, da S. F. G. solches
ja nicht möglich gewesen zu verhüten, wie wir doch achten,
daß es wohl hätte geschehen können, daß S. F. G. doch bedacht, es wäre allzuviel an dem, daß die Kirchen in ihren
Landen durch solchen Zank perturbirt würden, und derwegen
verhütet hätten, daß solch Aergerniß nicht weiter in anderer
Landen Kirchen ausgestreuet worden, wie denn leider geschehen
ist, durch allerlei Schriften, so Osiander (denn seines Gegen-
theils Schriften sind uns keine zugekommen, ausgenommen
etliche Episteln D. Joachim Mörlins) die Zeit, so er in Preußen
gewesen ist, durch den Druck öffentlich beide lateinisch und deutsch
ausgehen lassen, welche fast allesammt also beschaffen, daß ein
jeder Verständige leichtlich daraus zu spüren, daß mehr sein
eigner Name, Ehre und Ruhm, hohe Kunst, Scharfsinnigkeit
u. s. w. mit anderer Leute getreuer, fleißiger, nützlicher und
heilsamer Arbeit hässiger und feindseliger Vernichtigung und
Verkleinerung, denn Gottes Ehre, des Evangeliums Förderung
und der Kirchen Heil gesucht und gemeinet werde."

Es sei unbillig, daß die Schriften seiner Gegner, die doch
als treue Diener Christi um ihres Gewissens und Amtes halben
nicht schweigen konnten, nicht auch durch den Druck veröffentlicht werden durften. Ebenso wäre es billig gewesen, wenn
ihnen auch die Meinung Osianders zur Beurtheilung mit zugeschickt worden wäre. Daher soll in dieser Censur nur die
Konfession Osianders ohne allen Affekt nach der heiligen Schrift
geprüft werden.

Es sind aber der heiligen Schrift zuwider 1) der Artikel von
der Person und den Naturen des Mittlers Jesu Christi, indem
Osiander lehre, der Mittler Christus Jesus sei unsere Gerechtigkeit und mache uns gerecht allein nach seiner göttlichen Natur
oder Menschheit; die menschliche Natur sei an sich selbst nicht
gerecht, viel weniger sei sie unsere Gerechtigkeit, die uns gerecht

10*

mache, sondern gleichwie die ewige wesentliche Gerechtigkeit Gottes uns Sünder, wenn sie durch den Glauben in uns wohnt, gerecht mache und uns bewege dasjenige zu thun, was recht ist, also sei die menschliche Natur Christi auch gerecht nicht an sich selbst, sondern von der göttlichen wesentlichen Gerechtigkeit, welche in ihr wohnt und mit ihr persönlich vereinbart ist, von welcher auch die menschliche Natur bewegt werde recht zu thun.

2) Von dem Amt und den eigenen sonderlichen Werken des Mittlers Jesu Christi lehret Osiander wider die Schrift erstlich damit, daß er das Amt und Werk des Mittlers trennt, indem er die Erlösung, Versöhnung, Genugthuung und Rechtfertigung von einander scheidet, welche doch als Effekt und Wirkung allzugleich aus einem Werke und einer Ursache, nemlich aus dem zweifachen Gehorsame Christi herfließen und also an einander hangen, daß ihrer keins ohne das andere sein kann; zweitens daß er sagt, das Leiden und der Tod sammt dem ganzen Gehorsam des Mittlers Christi, so er für uns gelitten und geleistet hat, sei nicht unsre Gerechtigkeit und werde uns nicht zugerechnet, daß wir derhalben gerecht gesprochen werden, und vorgebe, wenn solcher Gehorsam unsere Gerechtigkeit sein sollte, so müßten wir wohl vor 1500 Jahren, längst zuvor ehe wir geboren, gerecht geworden sein. — Sollte das letztere Argument gelten, so könnte man aus seiner Lehre auch so argumentiren: Ist die ewige wesentliche Gerechtigkeit Gottes unsere Gerechtigkeit, so sind wir nicht allein vor 1500 Jahren, sondern von Ewigkeit her, ehe irgend ein Mensch geschaffen war, gerecht gewesen.

3) Von der Gerechtigkeit des Mittlers Jesu Christi, die den Gläubigen zugerechnet wird und vor Gott allein gilt, lehrt Osiander unrecht, indem er sagt, solche Gerechtigkeit sei die ewige und wesentliche Gerechtigkeit Gottes, von welcher Gott selbst in seinem göttlichen Wesen gerecht ist und heißt, ja welche Gerechtigkeit das göttliche Wesen und Gott selbst ist; denn die wesentliche Gerechtigkeit Gottes ist justitia judicis mandans, accusans, arguens et damnans, und nicht justitia mediatoris justificans peccatores, wie daraus klar wird, daß zur Rechtfertigung des Sünders drei Personen gehören, der Richter, Gott, welcher

ben Sünder anklagt, straft und verdammt, der Sünder, welcher sich vor diesem Richter mit eigner Gerechtigkeit nicht schützen kann, weil er keine hat, und endlich der Mittler Jesus Christus, welcher zu der göttlichen die menschliche Natur annehmen, des Gesetzes Gerechtigkeit für uns erfüllen und für unsre Sünde bezahlen mußte. Die wesentliche Gerechtigkeit Gottes hat auch Adam vor dem Falle nicht gehabt und die von dem Menschen geforderte Gerechtigkeit wird darum Gerechtigkeit Gottes genannt, weil sie Gott dem Menschen anfänglich anerschaffen und nachmals im Gesetz geboten hat. Diese Gerechtigkeit würde vor Gott gelten, wenn sie Jemand hätte; da sie aber kein Mensch aus eignen Kräften erwerben kann, so mußte Christus für uns eintreten. Sein Gehorsam ist unsere Gerechtigkeit, Genugthuung, Versöhnung, Erlösung und Seligkeit.

4) Diese Gerechtigkeit läßt er aller Welt durch die Predigt des Evangeliums und durch die heiligen Sakramente vortragen, anbieten und schenken. Wer der Verheißung glaubt, der empfängt solche Gnadenschätze wahrhaftig. Hier macht Osiander subtile Disputationen vom äußerlichen und innerlichen Wort, die nur vorwitzigen Geistern dienen damit zu spielen; ja es lautet ärgerlich, wenn er sagt, das Wort sei nicht kräftig, wenn es nicht offenen, hörenden Ohren und verständigen Herzen gepredigt werde, was die Wiedertäufer und andere, so die mündliche Predigt verachten, allein ihre Geisterei rühmen und gleichwohl des heiligen Geistes Kraft und Wirkung nicht weiter Statt noch Glauben geben, denn sofern sie es mit ihrer Vernunft fassen mögen, gar leicht annehmen würden, ihre Irrthümer damit zu bestätigen. Vielmehr ist das Wort Gottes nicht allein die Stimme eines Predigers, sondern zugleich auch eine wirkende Kraft des heiligen Geistes. Daher kann Gott Ohren und Herzen öffnen, daß sie hören und verstehen, und das Wort kräftig sei, sintemal nicht wir das Wort fassen, sondern vielmehr wir von dem Wort gefaßt werden müssen.

5) Was richtet aber Osiander mit seiner Lehre aus? Er lehrt: Gott macht uns gerecht, wenn uns das Evangelium durch das äußerliche Wort gepredigt werde, in welchem das

innerliche Wort, welches der Herr Christus selbst ist, zu uns gebracht wird, daß wir ihn darin ergreifen und empfangen durch den Glauben, daß er in uns wahrhaftig sei und wohne. Wenn wir denn dieses innerliche Wort, welches Christus, Gottes und der Jungfrau Maria Sohn, ist, im äußerlichen Wort durch den Glauben ergreifen und empfangen, daß er in uns wahrhaftig sei und wohne, so bringe er mit sich zu uns seine ewige göttliche und wesentliche Gerechtigkeit, die er mit Gott dem Vater und heiligen Geist von Ewigkeit hat, ja die er mit Gott dem Vater und heiligen Geist von Ewigkeit selbst ist, daß dieselbige ewige und wesentliche Gerechtigkeit Gottes durch den Glauben auch in uns sei und wohne, uns bewege und treibe, die Sünde abzutödten und der Gerechtigkeit zu gehorsamen mit Wollen und Vollbringen in Worten, Werken und Geberden. Wenn wir also in der Wahrheit und mit der That gerecht seien, dann werde uns die Gerechtigkeit auch von Gott zugerechnet, und wir werden um ihretwillen von Gott gerecht gesprochen. Ohne das aber sei es unmöglich, daß Gott Einen gerecht sprechen sollte, der nicht auf diese Weise mit der That gerecht sei.

Aus solcher Lehre kann sich kein armer Sünder eines gnädigen Gottes trösten, der ihm keine Sünde zurechnen, sondern ihn vielmehr aus Gnaden gerecht schätzen, an Kindesstatt und zum Erben des ewigen Lebens und ewiger Seligkeit annehmen wolle. Auch die heiligsten Kinder Gottes spüren die Kraft der Sünde noch in sich, ja gerade sie fühlen sie und betrüben sich über sie am meisten. Muß da nicht das geängstigte Gewissen eines armen Sünders bei Osianders Lehre verzweifeln? — Ferner, Gott will in keinem Sünder wohnen, der nicht zuvor gerechtfertigt und versöhnt ist, wie Osiander selbst bekennt. Wenn wir nun gleichwohl nicht gerecht werden, ohne daß er mit seiner wesentlichen Gerechtigkeit in uns wohnt, so folgt nothwendig, daß Gott nimmermehr in uns wohnt, und wir auch nimmermehr gerecht noch selig werden. Wollte Osiander sagen, durch den Glauben bereits theile Gott dem Sünder seine wesentliche Gerechtigkeit mit, so würde ihm das nichts helfen, weil er Erlösung, Versöhnung und Genugthuung von der Rechtfertigung absondere und leugne, daß Christi Leiden und Sterben sammt seinem ganzen Gehorsam unsere Gerechtigkeit sei. Damit, daß Osiander die Versöhnung, Erlösung und Genugthuung der Rechtfertigung vorsetzt und beides von einander trennt, thut er „wie ein trunkener toller Fuhrmann, der den Wagen vor die Pferde spannt, haut Seile und Ketten, damit eins das andere ziehen soll, entzwei und will darnach gleichwohl fahren". Die Zeugnisse, welche er aus der Schrift anführt, beweisen nur, daß Christus sammt Gott dem Vater und heiligen Geist in Denen wahrhaftig wohnen wolle, so weiland Sünder und gott-los gewesen, aber nunmehr sich bekehrt und durch den Glauben gerechtfertigt, mit Gott versöhnt, zu Gnaden angenommen und wahrhaftige Gotteskinder geworden sind.

Schließlich werden die Herzöge von Sachsen gebeten, bei Albrecht von Preußen dahin zu wirken, daß er fernerhin der Patronus und Defensor dieser schädlichen, ärgerlichen und irri-gen Lehre Osianders nicht mehr sein, vielmehr Osiander an-halten wolle, daß er durch eine öffentliche Erklärung sich mit der Lehre und Konfession der christlichen Kirche vergleiche und das Aergerniß aufhebe, oder wenn Osiander das nicht wolle, daß dann der Herzog mit seiner Landeskirche Osianders Irr-thum öffentlich verdamme, und daß er von wegen seines fürst-lichen Amts Versehung thun wolle, daß keiner seiner Theologen und Prädikanten hinfort weder auf der Kanzel noch in der Schule lehren, lesen, disputiren oder schreiben dürfe anders, denn was und wie in andern der Augsburgischen Konfession verwandten christlichen Kirchen und Schulen gelehrt und ge-halten wird.

III.

Menius erwartete, daß irgend ein bedeutender Kirchenlehrer wider diese Osiandrische Ketzerei, die noch dazu den Hauptartikel von der Rechtfertigung betraf, auftreten werde. Da dies nicht der Fall war, so glaubte er sich so wenig vor ihm fürchten zu

müssen, als daß junge Blut David vor dem unbeschnittenen
großen Philister Goliath, „obgleich Osiander auf seine große
Kunst fast hoch pochen und ihn armen deutschen Catechistam,
unter andern D. Luthers gottseligen und D. Philippi Discipuln,
als einen Hund, Sau, Fuchs oder Esel, wie er bis daher gethan,
verachten und ihm die Löwenhaut, als er sich trutziglich vermessen thue, abzustreifen sich unterstehen werde". „Demnach",
heißt es in der vom 16. Februar 1552 datirten Vorrede zu
seiner ‚Gerechtigkeit, die vor Gott gilt', „ dieweil ich ja von Gottes
Gnaden ein getaufter Christ, der heiligen christlichen Kirchen
und Schulen zu Wittenberg Alumnus, des hocherleuchteten
Mannes Doctoris Martini Lutheri gottseligen sammt seines
lieben getreuen Mitgehülfen D. Philippi Melanthonis geringsten Discipuln einer und nunmehr, nachdem ich im Pfarr- und
Predigtamt, dazu ich vor 30 Jahren ordentlicher Weise berufen,
in Kirchen dieser Lande des einigen rechten und wahrhaftigen
Seelenhirten und Bischofs meines lieben Herrn Jesu Christi
armer Schafknecht und Diener bin, dieses (Gott erbarm' es)
sehen und hören soll, daß Andreas Osiander mit seiner neuen un-
erhörten selbsterfundenen Lehre (welche im Grund nichts Besseres
ist denn der päpstischen Mönche und Sophisten antichristische Lehre,
ja so viel ärger und schädlicher, so viel sie besser und heilsamer
scheinet) in dieser Lande Kirchen wie ein wüthender, reißender
Wolf mit ganzem Gewalt durch seine Schriften einreißen, alles
zerstreuen und verwüsten soll, ob ich denn wohl gegen ihm mich
viel zu schwach bekennen muß, als der mir mit Sprachen und
Künsten viel zu wohl gerüstet und gewappnet ist, so kann noch
darf ich's dennoch nicht unterlassen, ich muß den Wolf zum
wenigsten anschreien, ob ich entweder ihn schrecken und aus unsern Pferchen verjagen, oder aber andere, so zu Rettung der
Schäflein Christi besser geschickt sind denn ich, mit meinem Anschreien und Bellen zum wenigsten doch aufwecken möge, damit
sie beide mir und den armen Schäflein in der Noth zu Hülfe
kommen.

Ermahne derhalben hiemit alle getreue Diener unsers einigen Seelenhirten und Bischofs Jesu Christi bei den Treuen

und Pflichten, damit sie ihm, unserm lieben Herrn Christo Jesu, verwandt und zugethan sind, sie wollen doch auch einmal aufwachen, nicht immerdar so faul sein, schlafen und die Schäflein, für welche unser getreuer Hirte Christus Jesus sein Leben gelassen hat, aus dem Rachen dieses Wolfs retten und erhalten helfen und bedenken, daß Gott am Tage des Gerichts derselbigen Blut und Seelen von ihren Händen fordern will. Denn es greift der Wolf das Schaf nicht beim Schwanz oder bei einem Ohre, sondern bei der Kehle hat er's, und kostet uns allen unser ewiges Leben und Seligkeit, welche schon dahin und verloren ist, wenn wir diesen Artikel von der Justifikation uns nehmen oder verfälschen lassen. Derwegen wir wohl zusammenstehn und einander getreulich helfen mögen mit Mund, Hand und Herzen, dawider zu predigen, schreiben und beten, auf daß nicht allein Diejenigen, so noch unverführt sind, erhalten, sondern auch die Verführten, und da es möglich, Osiander auch selbst, bekehrt und errettet werden.

Denn Gott weiß, daß mir's um den Mann, dem Gott viel hoher Gaben verliehen hat, damit er auch der Kirche und dem Reiche Christi wohl dienen könnte und es billig thun sollte, herzlich und getreulich leid ist; Gott wolle ihm gnädiglich helfen, daß er sich erkenne und bekehre, beides ihm selbst und Andern zur Seligkeit. Amen."

Die Beifügung „wider die neue alkumistische theologiam Andreae Osiandri" erklärt Menius selbst mit folgenden Worten: „Es scheint fast, dem Osiander sei lange Zeit bis daher zu Muthe gewesen, wie etwa dem Raimundo Lullio, welcher der Alchimisten Kunst Meister sein wollte, damit sich auch des Osiandri Theologia in vielen Stücken vergleicht. Denn gleichwie die Alchimie mit den Werken der Schöpfung zu thun hat und damit umgeht, daß sie nicht allein forschen, wissen und lehren will, wie Gott durch Wirkung der Elemente und Himmelskräfte von oben herab die Metalle, so in der Erde verborgen liegen, schaffe und verwandele, sondern wie man auch solche Gottes Werke nach, ja nicht allein nach, sondern auch Gott dem Schöpfer selbst weit zuvorthun und dasjenige, so durch

göttliche Wirkung zu seiner endlichen Vollkommenheit noch nicht
gekommen ist und gewöhnlicher Weise noch in langer Zeit oder
wohl nimmermehr dazu kommen würde, dasselbige nach dieser
Kunst der Alchimie durch menschliche Hand, Fleiß und Arbeit
dazu gefördert werden möge, also daß aus Blei und Merkurio
gut bewährt Silber, aus den alten kupfernen Kesseln, Tiegeln
und Pfannen gut rein Gold und endlich aus Kohlen Asche und
aus Asche Dreck werde.

Gleich also macht ihm Osiander mit seiner selbst- und neu-
erfundenen Theologia, mit den Werken der Erlösung und Rechtfertigung auch zu thun und geht damit um, daß er den ewigen,
heimlichen, unerforschlichen Rath und unerschöpflichen Brunnen
der göttlichen Weisheit, wie Gott seinen eingeborenen und einigen,
ewigen Sohn menschliche Natur an sich zu nehmen, wenngleich
kein Mensch nie gesündigt hätte, gleichwohl beschlossen, so klar
und scheinbarlich ans Licht bringe, daß weiter gar nichts, auch
nicht ein einiger Gedanke davon verborgen bleibe. Gleich wie
vor des Lullii Kunst sich auch kein Silber noch Gold in der
Erde und die quinta essentia in keinem Ding, das geschaffen
ist, nicht verborgen bleiben kann. Und nachdem Gottes Sohn
nun Mensch geworden, hat Osiander auch damit zu thun, wie
er Gottheit und Menschheit in allen ihren Werken so rein von
einander scheide, daß in einem jeden entweder pur lauter Gottheit und kein Tröpflein Menschheit oder aber eitel pur lauter
Menschheit und gar keine Gottheit und in keinem Werk Gottheit mit der Menschheit vereinigt oder vermenget befunden
werde, d. i., daß kein Mensch die ungelauterte Gerechtigkeit des
Mittlers, der Gott und Mensch zugleich ist, sondern allein die
ganz und gar pur lautere göttliche Gerechtigkeit, d. i. einen
guten Nichts, durch seinen Glauben annehmen und empfangen
soll.

Denn der Menschheit braucht Osiander in seiner Theologie
anders nicht denn wie die Alchimisten eines Aquaforts, Scheide-
wassers oder andern Zusatzes, damit das Unreine vom Silber
und Gold abgetrieben wird. Denn es sagt Osiander, die
Menschheit Christi mit ihrem ganzen Gehorsam, Leiden und

Sterben nehme allein die Sünde und den Fluch des Gesetzes
von dem Sünder hinweg, gleichwie das Aquafort, Scheidewasser
und anderer Zusatz das Unreine von Gold und Silber hinweg-
nimmt, wenn die Sünde und Fluch hinweg- und gleich als das
Unreine von Silber und Gold abgetrieben sind, also denn muß
die wesentliche Gerechtigkeit Gottes den Sünder gerecht und
gleich als zum pur reinen und lautern Gold machen.

Und wer weiß, ob Osiander diese seine neue Theologia aus
des Raimundo Lullii Buch, welches er librum Secretorum
Naturae seu Quintae essentiae intitulirt und genannt hat,
genommen habe? Denn in desselbigen Buches Präfation steht
nach der Länge beschrieben, erstlich, wie Lullius seine Kunst
gern in die ganze Welt hätte ausgebreitet, daß er davon einen
Namen bekommen und in der Welt ein neuer Gott und
Schöpfer geworden wäre, und gleichwohl nicht dazu kommen
konnte, darum er fast darüber betrübt ward, lief in eine Wüste
und wollte vor Leid in Traurigkeit sterben, wo ihm nicht ein
Benediktinermönch zukommen, der ihm dazu geholfen, daß die
schöne edle Kunst der Alchimie in seinem Kloster angerichtet
worden wäre, wie jetzt Osiander seine neue alchimistische Theologia auch lange Zeit gern in die Welt ausgelassen hätte,
wenn's ihm hätte wollen angehen; weil er dies aber bisher
nicht gekonnt, ist er in die preußische Einöde gekommen, da er
sie nun offenbaret.

Und vergleicht sich nicht allein Mann mit Mann und Werk
mit Werk, sondern in gedachter Präfation führet der Lullius
auch gleich des Osiandri oder vielmehr Osiander jetzt des Lullii
Wort von der essentiali justitia. Denn dieses sind des Lullii
Worte in gemeldter Präfation, daß er sagt: Potestas Dei et
sua justitia convertuntur, unde dico, quod in potestate ita
est essentiale justificare, sicut essentiale posse. Non igitur
potest Deus aliquid, quin possit cum justitia, alias esset
destructa unitas essentialis potestatis et justitiae, ex quo
quidem multa horribilia inconvenientia sequi possent. Haec
Raimundus."

In dem Buche geht Menius nun weit tiefer auf die Lehre

Osianders ein und sucht sie gründlicher zu widerlegen, als er es in seiner Censur gethan hatte. Dabei bekundet er eine Schärfe der Auffassung, Klarheit der Darstellung und gründliche Kenntniß der biblischen Theologie, wie sie nur bei den wenigsten Theologen jener Zeit beisammengefunden werden. Nimmt man noch die glückliche Ironie hinzu, welche er hie und da einfließen läßt, so wird man durch diese Schrift unwillkürlich an seine humanistische Bildung und an seinen Verkehr in Mutians wissenschaftlich=heiterem Kreise erinnert. Leider aber hat er sich nicht von der Unsitte der Streittheologen jener Zeit freigehalten, daß er aus den Sätzen seines Gegners eine Menge Folgerungen zieht und diese als dessen Behauptungen bekämpft, an welche jener nicht gedacht oder gegen die er sich ausdrücklich verwahrt hat. Dabei schreibt er in einem Tone, wie er in jener Zeit nur einem alten Humanisten und treuen Schüler Melanchthons möglich war. Trotzdem hält er die Fahne Luthers hoch und giebt in seinem Eifer für die Reinheit der Lehre selbst einem Amsdorf nichts nach. Seine Schrift von der Gerechtigkeit ist eine seiner gründlichsten, besten und gelungensten; in ihr faßt er die Kräfte seines männlichen Geistes und die Blüthe seiner wissenschaftlichen Bildung zusammen.

Wo er gegen die Trennung Osianders von Erlösung, Versöhnung, Genugthuung und Rechtfertigung spricht, sagt er: „Die Versöhnung kann ohne die Rechtfertigung nicht geschehen, so wenig als ein effectus sine causa efficiente geschehen kann. Desgleichen muß Vergebung der Sünden und Erlösung vom Tod auch verstanden werden unangesehen, ob ihr keins ausdrücklich nicht gedacht wird. Sintemal wo Gott versöhnt ist, die Sünde als eine Ursache des Zorns und Ungnaden auch vergeben und vergessen und die Strafe des Todes, so der Sünde folgen sollte, erlassen werden muß. Also, wo die Schrift von Vergebung der Sünden sagt, weil dieselbige nicht geschehen kann ohne die Versöhnung, die Versöhnung auch nicht ohne die Rechtfertigung, so muß von Noth wegen beide, Versöhnung und Rechtfertigung, unter der Vergebung mit verstanden werden, ob ihr gleich ausdrücklich nicht gedacht wird. Desgleichen muß die

Erlösung vom Tode auch verstanden werden, denn wo die Sünde durch die Vergebung hingenommen ist, da hat die Strafe keine Statt nicht. Desgleichen, wo die Schrift der Rechtfertigung gedenkt, muß von Noth wegen die Versöhnung auch verstanden werden, ob ihr gleich ausdrücklich nicht gedacht wird, sintemal unmöglich ist, daß Gott mit denen zürnen sollte, so gerechtfertigt sind, und weil die Versöhnung der Rechtfertigung also, wie gehört, anhängt, so hängt der Versöhnung die Vergebung der Sünden und fortan der Vergebung der Sünden die Erlösung vom Tode, Hölle und Teufel und ewiger Verdammniß auch an und mag kurzum der keins vom andern geschieden werden."

Osiander hatte verschiedene Stellen in der lutherischen Bibelübersetzung getadelt und wollte namentlich da, wo Luther übersetzt hat „Gerechtigkeit, die vor Gott gilt", hergestellt haben „Gottes Gerechtigkeit". Darüber sagt Menius: „ Wo Osiander mehr des Evangelii Wahrheit und den gewissen, reinen und lautern Verstand der Schrift denn seinen eignen Ruhm und Namen zu erheben und dagegen andrer Leute wohlgemeinten, großen getreuen Fleiß, Mühe und Arbeit zu verkleinern und zu vernichtigen gesinnt und geneigt wäre, weil er denn gesehen und gehöret, wie lange Zeit mit großer Mühe und Fleiß D. Luther sammt andern vortrefflichen gelehrten Leuten zu Wittenberg damit umgegangen, daß sie die heilige Schrift in rechtem Verstand verdeutschen möchten, also daß sie nicht allein über einer Dolmetschung oder Translation etliche Jahre zugebracht, sondern nachdem sie damit zu Ende gekommen, dieselben auch zum andern, ja wohl zum dritten oder vierten Male von Neuem vor die Hand genommen, und vorn angefangen, daß freilich unzählig viel frommer, ehrlicher Leute erfahren haben, das ihnen sonst unglaublich gewesen, was großer Mühe es gekostet hat, die Bibel dergestalt, wie man sie, Gott lob, hat, zu verfertigen, und weil denn von D. Luther und Andern zu mehreren Malen angezeigt, wie solch Werk nicht eines oder zweier Männer, auch nicht eines oder zweier Jahre Arbeit wäre, sondern damit viel Leute sämmtlich lange Zeit genug zu schaffen haben möchten, darum wäre Osiander rühmlicher gewesen, er hätte Gott zu Ehren und der Kirche zu Nutz die Zeit, da D. Luther und Andere noch am Leben und im Werk gewesen, sonderlich da er ihre Translation und Verdeutschung zum ersten, andern und dritten Mal hat öffentlich ausgehen sehen, daß er den guten Leuten seine Gedanken und Verstand auch vermeldet hätte, wo er sich bedünken lassen, daß sie der rechten Meinung und rechten Verstand nicht getroffen, sondern gefehlt hätten.

Weil aber Osiander solches nicht gethan und nun allererst, was D. Luther bei Zeit seines Lebens verstanden, gelehrt und gedolmetscht, nach seinem Tode zu tadeln sich untersteht, solches giebt gewisse Anzeigung, daß Osiander wohl vermerkt und verstanden hat, daß D. Luthers Lehre, Verstand und Dolmetschung im Grunde recht wäre, welche er nicht strafen könnte, und so er's thäte, daß er damit gar redlich anlaufen und vor aller Welt darüber zu Schanden werden müßte. Derwegen er denn damit bis daher nach des D. Luthers Tode verzogen, thut sich nun allererst hervor mit seiner selbsterfundenen neuen Lehre, Verstand und Dolmetschung, vermeinend, alle Welt mit seinem großen Geschrei zu übertäuben, als ob er von D. Luther gar nichts, sondern alles, so D. Luther gewußt, und noch ein viel Mehreres und Besseres ohne Mittel vom heiligen Geist oder von ihm selbst habe, so doch ihrer beider, D. Luthers und Osianders, Lehre genugsam anzeigt, daß sie von einerlei Geist nicht herkommen."

In Bezug auf die Person Christi weist er viel gründlicher als in seiner Censur nach, daß das Amt und Werk des Mittlers nicht der einen oder der andern der beiden Naturen allein, sondern der ganzen Person zugeeignet werden müsse, und entwickelt dabei die Lehre von der communicatio idiomatum in einer Consequenz, wie es bis dahin kaum geschehen war. Sodann vergleicht er die Osiandrische Rechtfertigungslehre mit der des Interim und findet, „daß im Grunde des Osiandri neue und selbsterfundene Theologie nichts andres ist, denn eben das, so im Interim und Papstthum auch gelehrt wird. Denn mit dem Interim führet er auch schier einerlei Wort, indem er von einer eingegossenen und das Interim von einer eingegebenen Gerechtigkeit lehrt. Und ob er mit des Papstes Lehre gleich nicht einerlei Rede führt, so ist er doch in der Meinung so einig mit ihr, daß sie beide zugleich als zu einem Ziele schießen und mit einander zugleich einen Zweck treffen, nemlich daß sie lehren, der Glaube an Christum mache uns allein ohne die Werke vor Gott nicht gerecht, sondern die Werke, welche, wie Osiander sagt, Christus, oder, wie die päpstischen Sophisten sagen, die Gnade in uns wirkt, müssen zugleich dabei sein, nehmen also die Exklusiva und mit der Exklusiva dem Glauben allen seinen Ruhm und Kraft in der Justifikation ganz und allerdinge hinweg und schreiben's den Werken allein oder je principaliter zu."

Man könnte sogar fragen, ob Osiander zwinglisch oder Zwingli osiandrisch sei, denn „sollten des Mittlers Amt und Werk nicht alle und zugleich der Person, sondern den Naturen ein jegliches nach ihren Idiomatis und Eigenschaften unterschied= lich und insonderheit zugeeignet werden, wie Osiander verkehrlich streitet, so müßte folgen, daß auch Christus nach der Menschheit nicht könne zur Rechten des Vaters sitzen, d. i. mit dem Vater allenthalben gegenwärtig sein und zugleich alles mit ihm schaffen, erhalten und regieren, sondern müßte nach der Menschheit Art und Eigenschaft nur an einem Ort allein sein, aus welchem Grund der Zwingel beweisen wollte, daß Christi Leib und Blut nicht könnten im Sakrament des Altars sein".

Uebrigens möge noch bemerkt werden, daß diese Schrift in Anlage und Gang der Darstellung der von ihm verfaßten Censur vollständig analog ist.

* * *

IV. [1]

Die Censuren der herzoglich sächsischen Theologen vermochten

---

1) Die folgende Darstellung schließt sich möglichst eng an an: „Preu= ßische Handelunge der kurfürstlichen Sächsischen Gesandten mit den Osian-

so wenig die erhitzten Gemüther in Königsberg zu beruhigen und den Streit zu schlichten, als die zahlreichen Gutachten, welche aus andern Ländern eingingen. Auch der am 17. October 1552 erfolgte Tod Osianders änderte nichts darin, vielmehr dauerte der Streit unter den beiderseitigen Anhängern mit gleicher Heftigkeit fort. Die Osiandrische Partei brachte es dahin, daß die sämmtlichen Gegner, vor Allen Mörlin, aus Königsberg vertrieben wurden. Aber die Bevölkerung der Hauptstadt und die Geistlichen des Landes hatten bereits viel zu sehr für oder wider Partei ergriffen, als daß der Zweck der Beruhigung damit hätte erreicht werden können.

Als der Churfürst Johann Friedrich nach seiner Rückkehr aus der Gefangenschaft (im September 1552) von dem Stande dieser Streitigkeiten hörte, war er darüber befremdet, daß der Herzog Albrecht seinem Erbieten nach die Exekution nicht auf die Censuren hatte folgen lassen, Osiander seine Schwärmerei weiter auszubreiten nicht verboten und dem heiligen Evangelio seinen freien Lauf nicht wiederum gelassen hatte, wie es denselben vorher gehabt, sonderlich bei Leben der zwei theuren und treuen Männer D. Preismann und D. Polyander christlicher und seliger Gedächtniß. Im Gegentheil hatte man Osiander erlaubt seine Schriften drucken zu lassen, und die „unseligen, verblendeten, verstockten und verhärteten Osiandristen hatten in ihrem gefaßten Irrthum nur immerdar je länger je mehr heftiger und geschwinder fortgedrückt, in der Meinung die reine christliche Lehre, wie die zuvor in allen Kirchen bis auf des

---

dristen oder den Artikel von der Justifikation oder Rechtfertigung des Glaubens ausgeben durch Justum Menium." Das Manuskript liegt druckfertig bei den Akten und auf dem Titel steht bereits „Gedruckt zu Jena 1555". — Dasselbe hatte schon die fürstliche Censur passirt, aber einestheils die volle Beschäftigung der Jenaischen Pressen mit dem Drucke von Luthers Werken, anderntheils die Ungnade und Untersuchung, in welche Menius wegen der Lehre von den guten Werken verfiel, scheinen die Ursache zu sein, daß der Druck unterblieb. Wenigstens habe ich kein Exemplar davon auftreiben, auch keine Notiz finden können, daß das Buch wirklich gedruckt worden sei.

Osiandri Zerrüttung einhellig gelehrt worden, gänzlich auszurotten und zu vertilgen, und dagegen ihre gotteslästerliche
verdammte Schwärmerei anstatt der göttlichen allein seligmachenden Wahrheit auf den Plan zu bringen, also daß auch
alle andern christlichen getreuen Lehrer, so die Wahrheit des
heiligen Evangelii sammt unzählig vieler christgläubiger Seelen
Heil und Seligkeit wider diese Verführung retten wollen, darüber in große Gefahr und Noth gekommen sind". Deshalb
entschloß sich der Churfürst, „weil es der göttlichen Majestät
Ehre, die Wahrheit des heiligen Evangelii, der Menschen Heil
und Seligkeit, auch Rettung vieler beschwerten und beängstigten
Gewissen belangen thät, Gott dem Allmächtigen zu Lob und
Ehren, den armen betrübten und verwirrten Gewissen zu Trost
und Wiederbringung, auf die Freundschaft und Zuversicht, damit er dem Herzog, seinem Oheim und Schwager, freundlich
vertraut und zugethan, eine Schickung beide von etlichen ihren
Räthen und Theologen an den Herzog zu thun, wie er denn
solches christlicher Liebe und Pflichten nach schuldig wäre". [1]

Zu Gesandten erwählte er Friedrich von Wangenheim,
Dr. jur. Christoph Helffant (Elephas) [2], Justus Menius und
Johann Stolz, und gab ihnen in einer ausführlichen Instruktion
an, was sie werben und thun sollten. Als sie am 6. April
1553 ankamen, „wurden sie auf fürstlicher Durchleuchtigkeit
Verschaffung ehrlich angenommen, in die Stadt geleitet, ihnen
ein fürstliches Gemach angewiesen und die ganze Zeit, so lange
sie da verharret, von S. F. G. sammt derselben edlen und
löblichen Räthen (ohne Zweifel ihrem gnädigsten Churfürsten

---

1) Daß der Churfürst wirklich rein aus Interesse an der Sache der
Reformation und Kirche die Abgeordneten nach Preußen geschickt habe, ist
bezweifelt worden, geht aber unzweifelhaft aus seinem Schreiben an den
Grafen Wilhelm von Henneberg hervor, durch welchen er den Grafen von
Waldeck gewinnen wollte, sich an der Gesandtschaft zu betheiligen.

2) Am liebsten hätte er Eberhard von der Thann, der sich sehr viel
mit kirchlichen Angelegenheiten beschäftigt hatte, mitgeschickt, aber dieser
war zu des Churfürsten großem Bedauern durch andere Geschäfte verhindert.

und Herrn zu Ehren) aufs allerherrlichste gehalten und trak=
tirt. Und hat Jedermann", schreibt Menius, „wem es nur
beliebet, bei uns frei zu= und abgehen mögen. Derwegen den
löblichen Räthen von Funk mit gesparter Wahrheit unverschämt
aufgedichtet wird, als hätten sie die Vorsehung geschaffet, daß
keiner, der es in der Religion mit F. D. hielte, bei uns hätte
ab= oder zugehen mögen. Auch sind wir, die Gesandten, alle=
sammt niemals versperrt innen gesessen, sondern haben unser
Gemach Jedermann, wem es nur von F. D. vergünstigt und
zugelassen aus= und einzugehn, frei offen stehen lassen. Zudem
sind wir auch täglich, ein Jeder nach seiner Gelegenheit, aus=
und eingegangen, da Jedermann, wem es gefällig gewesen, alle=
zeit wohl zu uns kommen und uns anreden mögen. Ueber das
alles, wenn gleich solche Verschaffung von den Räthen geschehen
wäre, das doch in der Wahrheit nicht ist, und wir uns so ganz
und gar in geheim abgesondert hätten innen halten wollen, dessen
wir doch auch nie begehrt noch gesinnt gewesen, so wäre es doch
alles vergebens und umsonst gewesen, sintemal es mit dem Ge=
mach, darein wir gewiesen, eine solche Gestalt und Gelegenheit
hatte, daß nicht wohl etwas Heimliches darin geredet oder ge=
handelt werden kann. Es habe nun Funk diese Lügen auf die
löblichen Räthe gedichtet und geschrieben, worauf er wolle, so
kann doch Jedermann dabei abnehmen, weil er sobald im Ein=
gange seines Berichts auf beide uns die Gesandten und die
hochlöblichen F. D. zu Preußen Räthe so unverschämt und
leichtfertig lüget, was ihm in dem, so hernach folgt, weiter zu
glauben sein wolle."

Am 8. April hatten die Gesandten Audienz und brachten
ihre Werbung vor. Sie erinnerten erstlich den Herzog zum
fleißigsten und treulichsten, die reine Lehre des heiligen Evan=
geliums Luthers Schriften und der Augsburger Konfession ge=
mäß in den Kirchen und Schulen seines Landes predigen und
lehren, dagegen Osianders neu erdichtete, fremde und unbe=
kannte Lehre fahren zu lassen, zumal da die Lehre der Augs=
burgischen Konfession von Osiander selbst auf etlichen Reichs=
und Sammlungstagen ohne alle Disputation und Widerrede

öffentlich für die gewisse und reine Wahrheit des heiligen Evangeliums bekannt und bezeugt, dagegen Osianders jetzige Lehre von allen aller christlichen Kirchen und Schulen Theologen, weil sie göttlicher Schrift entgegen, irrig und verführerisch, einhellig verworfen und verdammt worden wäre. Darauf erboten sich Menius und Stolz, wenn der Herzog über die eingebrachten Censuren weiteren Bericht begehre, denselben aus Gottes Wort und heiliger Schrift mit allem Willen gern zu thun.

Am 14. April wurden Menius und Stolz vor den Herzog geladen, wo die Häupter der Osiandristen, der Hofprediger Funk, Sciurus u. A., versammelt waren. Der Herzog eröffnete die Verhandlung mit einem Gebete und sprach dann seinen Dank gegen den Churfürsten und seine Gesandten aus, daß sie eine so weite und beschwerliche Reise nicht gescheut hätten. Er wandte Entschuldigung vor, daß er von der Augsburgischen Konfession und der reinen Lehre des Evangeliums, wie dieselbe durch Luther erklärt, nicht abgewichen wäre, wie er mit Unrecht allgemein bezüchtigt werde, und betheuerte, daß diese Spaltung ihn immer zum allerhöchsten beschwert und gekränkt hätte, welche, wie er berichtet, daher ursprünglich entstanden sein solle, daß die Gelehrten in der Schule aus Ehrgeiz mit einander gezankt und immer Einer besser denn der Andre hätte sein wollen, in welches Gezänk Osiander auch gekommen wäre und etliche Disputationes gehalten hätte, welche im Druck ausgegangen. Denselben hätten sich andere opponirt und diese Spaltung also erregt, ohne Zweifel darum, daß man den guten Mann gern hätte verkleinern wollen. Darauf erzählte er, welchen Fleiß er angewandt habe, um die Spaltung zu vergleichen, aber ohne Erfolg, sprach dann seine Geneigtheit aus, alles zu thun, was zur Beilegung derselben dienen könnte, und forderte schließlich Funk auf, das Bekenntniß ihres Glaubens und ihre Lehre vorzulesen.

Hierauf trat Funk vor und sprach die Hoffnung aus, daß die Abgesandten bei unparteiischer Prüfung finden würden, wie unbillig und fälschlich sie mit ihrer Lehre verunglimpft und beschwert würden. Nach Vorlesung des Bekenntnisses bat er abermals um unparteiische Prüfung, erinnerte die Abgeordneten daran, daß sie ihres Haushaltens in der Kirche vor Gott Rechenschaft würden geben müssen, und zeigte an, wie er diese Theologie durch mancherlei Kreuz und Anfechtung gelernt habe, ohne welche er sonst vielleicht nimmermehr dazu gekommen wäre. Menius und Stolz erklärten, das ihnen übergebene Bekenntniß genau prüfen, mit andern Schriften Osianders und Funks vergleichen und ihr Urtheil in einer besonderen Gegenschrift übergeben zu wollen. Dagegen wandten die Osiandristen ein, die Lehre Osianders werde oft durch Lügen entstellt und verdunkelt; sie hätten dieselbe nie anders verstanden, als sie in ihrem Bekenntniß dargestellt sei. Menius wies auf Osianders Konfession, in welcher seine Lehre so klar stehe, daß sie weiter keiner Erklärung bedürfe. Doch fügte der Herzog hinzu, Osianders Schriften wollten mit besonderem Fleiß gelesen sein; sie wären, wie auch seine Predigten, oft falsch verstanden worden, weil man entweder den Zusammenhang nicht gehörig beachtet oder weil man Osiander in Verdacht gehabt habe, als verstehe er die Sachen ganz anders, als die Worte lauteten. Und das sei doch gar nicht wahr. Wer wie er die Predigten und Schriften Osianders aufmerksam lese, werde bald finden, daß er ganz mit Luther übereinstimme. Unter seinen Widersachern aber, von denen es viele nur aus Haß und Feindschaft gegen seine Person wären, gebe es gar manche, welche anders lehrten als Luther.

In ihrer Gegenschrift stellten Menius und Stolz zuerst die Lehre von der Rechtfertigung nach der heiligen Schrift und der Augsburgischen Konfession zusammen und zeigten dann an, was sie in dem Bekenntniß der Osiandristen dieser widerwärtig und ungemäß befunden hatten, mit Widerlegung aus der heiligen Schrift und ohne alle persönlichen Invektiven. Als sie am 19. April [1]) vorbeschieden wurden, um ihre Gegenschrift zu

---

1) „Daß Funk in dem Bericht, welcher von dieser Handlung an Churfürsten, Fürsten und derselben Gelehrte gelanget, anzeigt, wie oft wir, den 15. und 17. April, F. D. haben ansagen lassen, als wären

übergeben, fiel es ihnen auf, daß die weltlichen Räthe wieder
nicht mit eingeladen waren. Darum baten sie, ihre Mit=
gesandten doch der Handlung auch mit beiwohnen zu lassen.
Die Bitte wurde ihnen gern gewährt. Menius übergab die Gegen=
schrift in längerer Rede und bat zum Schluß, „es wollten S.
F. G. dieselbe ihre Schrift, wie sie ohne alle verdrießliche
feindselige Worte, auch ohne alle Bitterkeit aufs allerglimpf=
lichste und bescheidenlichste gestellet, also auch in Gnaden von
ihnen auf= und annehmen, mit unterthäniger Erbietung, da
S. F. G. in einem oder mehr Punkten oder Artikeln weite=
res Berichts oder Erklärung bedürfen oder begehren würden,
daß sie sich in dem nach Erforderung der Nothdurft ihres
Vermögens in Unterthänigkeit ganz willig erzeigen wollten".
Nach Vorlesung der Schrift begehrte Funk eine Abschrift;
sie wollten sich aus Grund der heiligen Schrift darauf also

---

wir mit unserer Schrift auf die übergebene Bekenntniß fertig, und aber
damit gleichwohl nicht erschienen wären, sondern solches allezeit wiederum
abkündigen lassen und also die Zeit, so wir F. D. selbst bestimmt, nicht
gehalten, dieses ist sein des Funken Gedicht mit gesparter Wahrheit.
Denn wie sollt uns auch möglich gewesen sein, näher denn in 4 Tagen
aufs kürzeste die übergebene Bekenntniß in allen ihren Artikeln zu er=
wägen, mit andern der Osiandristen Schriften zu konferiren, nothdürftige
Antwort darauf zu stellen und dieselbige aufs wenigste gezwiefacht um=
schreiben zu lassen? Aber wie sollte dieser Kanker feiern können und
müssig sein, daß er nicht sein Geweb spinnen sollte?
Solcher Unwahrheit ist das auch eine, daß er sagt, wir haben unsere
Schrift allererst auf den 20. April übergeben (es hätte es denn der
Schreiber mit Umschreiben versehen), da es doch auf den 19. geschehen
ist, wie der schöne getreue Geschichtschreiber hernach im Titel ihres Gegen=
berichts oder Defensionsschrift den andern Tag Maji übergeben selbst bekennt.
Das mag aber wohl wahr sein, daß wir in den 4 Tagen, nachdem wir
der Osiandristen Bekenntniß empfangen, etliche Male angeredt und be=
fragt worden, wann wir wohl mit unserer Antwort fertig werden möch=
ten, darauf wir dann geantwortet, es sollte an unserm Fleiß nicht mangeln,
die Sachen zu fördern, und was wir heut nicht fertigen könnten, wollten
wir doch morgen thun. Aber was dienet dies zur Sache anders, denn
daß die Osiandristen uns gern viel Unglimpf zumessen wollten, wenn
sie könnten?"

erklären, daß die Gesandten ihres Verhoffens damit nur wohl zufrieden sein sollten, mit fernerem Anhang, wo man sich untereinander freundlich besprechen, einer den andern hören und den Ohrenbläsern nicht zu viel stattgeben wollte, so möchten seines Erachtens diese Sachen leichtlich und wohl verglichen werden.

Am 2. Mai übergaben die Osiandristen ihre Antwort, wobei der Herzog begehrte, Menius und Stolz möchten es wohl beherzigen und ihre Antwort dermaßen darauf stellen, daß zur Hauptsache gegriffen und Weitläufigkeit vermieden, daß auch nichts Anderes denn allein Gottes Ehre und der Kirchen Friede und Ruhe gesucht werde. Die Antwort war aber fast grob und weitläufig, zudem auch mit stachelichen, bittern und höhnischen Worten gespickt, daß sie, wenn sie vor der Uebergabe verlesen worden wäre, vielleicht nicht angenommen worden wäre oder wenigstens eine Unterredung darüber stattgefunden hätte. Dabei suchte Funk wieder mit der Hinweisung auf Gottes Gericht zu schrecken; „wie denn aller Schwärmer gewöhnliche Art und Weise ist, wenn sie ihre Schwärmerei beweisen und wider die Wahrheit verfechten sollen und es aber doch nicht thun können, daß sie alsbann Gottes Namen und Gericht anziehen und ihr Ding damit zum höchsten betheuern, als suchten und meinten sie gar nichts anderes denn die lautere Wahrheit und Gottes Ehre, bedrohen ihre Widersacher mit Gottes Gericht, daß sie ihrer Schwärmerei aus Gottes Wort nicht widersprechen sollen, und da sie ihnen gleich widersprechen, daß ihnen doch in dem Niemand glauben soll, sondern alle Welt soll ihre Schwärmerei für eitel Heiligthum und himmlische Weisheit halten. Gleichergestalt rühmen sie auch hoch einher von ihren großen Leiden, Kreuz und Anfechtung, wie dieser Schwärmer Funk droben auch gerühmet, wenn er seine osiandrische Theologie nicht durch Kreuz und Anfechtung gelernt hätte, er wäre vielleicht nimmermehr dazu gekommen; derhalben man ihnen um solcher ihrer vorgewandten heuchlerischen Geistlichkeit und Heiligkeit willen glauben und zu allem ihrem Vorgeben nur stracks Ja und Amen sagen soll, es sei recht, muß auch recht bleiben,

wenn gleich der heilige Geist durch Gottes Wort in allen christ=
gläubigen Herzen aufs allergewaltigste dawider schreie und
zeugete."

Darauf erwiderte Menius, diese Hinweisung auf Gottes
Gericht sei nicht nöthig, sie hätten selbst ein Gewissen, das sie
nicht wissentlich beschweren wollten; wenn man sie für gottver=
gessen und leichtfertig halten wollte, so möge man doch bedenken,
daß sie die Gesandten des Churfürsten wären, an dessen Ge=
wissenhaftigkeit Niemand zweifeln könne; den sollten sie doch
billig mit ihrem Verdacht verschonen; sie wollten sich im Handel
allenthalben also halten, daß sie es zu verantworten wüßten.
Wenn Funk wüßte, was für Aergerniß Osiander nicht allein
in Preußen, sondern auch in Deutschland angerichtet habe, würde
er sich vielleicht bedenken, ihn so heftig zu vertheidigen. Da
konnte sich der für Osiander eingenommene Herzog nicht ent=
halten zu bemerken, Osiander für seine Person sei nicht Ursache
des Aergernisses, sondern Diejenigen, so ihn fälschlich ausge=
tragen und ihm seine Lehre verkehrten.

Die Abgeordneten dachten nun daran, „die verstockten und
durch ihr eignes Urtheil verdammten, abtrünnigen Ketzer fahren
zu lassen und weiter gar keine Schrift mit ihnen zu wechseln,
sondern dem frommen alten und löblichen Fürsten, welcher von
den unseligen Leuten so jämmerlich verführt und betrogen wurde,
ihren Ungrund, Sophisterei, Kalumnien und greuliche Gottes=
lästerung, damit sie die Wahrheit des Evangeliums so unver=
schämt verfälschten und verdunkelten, in einer andern Schrift
besser zu entdecken und aufs greiflichste vor Augen zu stellen",
da wurde aber Menius am 3. Mai von einem schweren, ge=
fährlichen und langwierigen Fieber befallen [1]), so daß nur ein

---

1) „Nicht vom Vollsaufen auf Gastereien, wie mir der fromme Mann
Funk in seiner Kontinuation § 21 mit eitler Unwahrheit unverschämt
auflegen wollte; denn das ja die Wahrheit und allen denen, so in Preu=
ßen um mich und die andern Gesandten gewesen, wissentlich ist, daß
ich die ganzen 5 Monate über, so lange ich in Königsberg zu Preu=
ßen gesund und trank gewesen, in gar keines Menschen Hause zu Gast
gekommen bin, denn da die Universität beneben F. D. zu Preußen Räthen

Stück der beabsichtigten Schrift vollendet und dem Herzoge übergeben werden konnte.   Den 16. Mai hatten die Abgeord=

auch uns die Gesandten einmal ins Kollegium gebeten, item auf einem hochzeitlichen Mittagsmahl im Kneiphofe und bei F. D. Obermarschall Fr. von Oelsnitz seliger Gedächtniß, da denn an allen dreien Orten gar kein unredig noch übermäßig Trinken geschehen, wie alle Diejenigen, so dabei gewesen, zeugen müssen.

Ich achte es aber dafür, es sei dem Funken über das, daß er sonst un= verschämt zu lügen pflegt, wie alle die, so ihn kennen, wissen, aus täglicher Füllerei dieses widerfahren, daß er sich dünken läßt, Alles was er nur sieht, nicht allein lebendige Menschen, so vor ihm übergehn, sondern auch alle andern todten und von Natur unbeweglichen Dinge, als Häuser, Bäume, Stöcke und Berge, das taumele allesammt, wie solcher vollen Bierzapfen Art und Gewohnheit ist.   Aber das gehört nicht hierher, son= dern ins Osiandrische Schmeckbier (eine Schmähschrift Osianders wider seine Gegner).

Jedoch kann und will ich gleichwohl nicht sagen, daß ich die ganze Zeit über, so lange wir zu Königsberg in Preußen gewesen, niemals nicht voll gewesen sei.   Denn das zu geschweigen, wie herzlich und höchlich mich und andere fromme Herzen die ganze Zeit über betrübt und bekümmert hat, daß wir täglich vor Augen sehen und hören mußten den großen er= bärmlichen und kläglichen Jammer und das große Herzeleid, welches die heillosen Osiandristen in Kirchen und Schulen mit so schwerem Aergerniß und Verderben vieler Seelen angerichtet haben, so muß ich dieses auch bekennen, daß der erbärmliche Spiegel, den M. Johann Stolsius und ich in des getreuen Verfechters christlicher Wahrheit D. Joachim Mörlins Hause gesehen haben, uns beide gar voll Jammers und Traurigkeit ge= macht hat, da wir Beide sahen, wie des ehrlichen getreuen und damals von Kirchen und Haus verjagten Mannes armes Weib in tödtlicher Leibesschwachheit darniederlag und ihre elenden Kinderlein ganz trostlos und verlassen um sie, ihre Mutter, herumkrochen, also, daß es auch wohl einen Stein hätte erbarmen mögen; denn F. D. Herz damals durch den Funken der Osiandrischen wesentlichen Liebe also angezündet und ent= brannt war, daß weder wir, die Gesandten, noch andere mit Bitten so viel nicht erlangen konnten, daß man dem ehrlichen guten Mann, der sich doch allerweg zu Verhör und Verantwortung auf Recht erbieten thät, nur eine einige Stunde zu den Seinen hätte kommen lassen wollen.   Da, ja, sage und bekenne ich frei, daß ich recht trunken und voll war, zwar von keinem Wein oder Bier, sondern von großem bittern Jammer und Traurigkeit über den elenden Spiegel, den ich sehen mußte, also daß ich mich leichtlich als ein Trunkener vergessen und das geredet hätte, das mir vielleicht bei

neten wieder Audienz und baten um die Erlaubniß zu einem
freien, öffentlichen Gespräche mit den Osiandristen. Das wurde
ihnen aber rund und kurz abgeschlagen, „daraus sie leichtlich
zu vermerken gehabt, daß Friede und Einigkeit nicht anders
denn also gesucht würde, daß sie die Wahrheit zusehend und
stillschweigend unterdrücken lassen und der Osiandristen gottes=
lästerliche Schwärmerei wider Gott und ihr Gewissen wissentlich
Recht sprechen sollten". Zwar erbot sich nun der Rathsmann
Johann Vernecker, ein Privatgespräch zwischen beiden Parteien
zu Stande zu bringen, Funk sagte auch anfangs zu, schob aber
den Termin von einem Tage zum andern hinaus, so daß
vor der Hand nichts daraus wurde.

Ehe Menius die angefangene Schrift vollenden konnte,
reiste der Herzog am 5. Juni nach Krakau und übergab den
sächsischen Abgeordneten einen Abschied, in welchem er dem
Churfürsten herzlich für seine Bemühung dankte, in Bezug auf
Osiander aber bei seinen schon oft wiederholten Behauptungen
stehen blieb. Er bat um eine Synode der angesehensten
Theologen, welche bestimmen sollte, wie hinfort in den restau=
rirten Kirchen über den Artikel von der Rechtfertigung gelehrt
werden sollte. Zum Beweise, daß er die Spaltung gern ge=
stillt gesehen hätte und auch nicht gestatten wollte, der Augs=
burgischen Konfession zuwiderzuhandeln, habe er beschlossen,
mittlerweile in seinem Herzogthum zu befehlen, daß sich alle
Pfarrer und Prediger der oberländischen Theologen Deklaration
und Konfession gemäß halten sollten.

V.

Bei diesem Abschiede würde es geblieben sein, wenn nicht

Jedermann nicht zum Besten hätte mögen gedeutet werden, hab' mich
aber doch enthalten. Ob ich nun meinen Fehler von solcher Füllerei
bekommen, das will ich nicht groß widerreden, sondern laß es dem lieben
Gott befohlen sein und den losen Funken immerhin das Seine reden."
Vgl. Mörlin, Historia, welcher gestalt ꝛc., S. 6.

Graf Poppo von Henneberg zufällig um diese Zeit nach Preußen gekommen wäre und es zu weiterer Handlung gebracht hätte. Dieser wirkte bei dem Herzoge, den er noch in Soltau traf, die Erlaubniß zu einem Gespräche aus. Dasselbe wurde am Sonntag nach Johanni, den 25. Juni, Nachmittags 1 Uhr, im Rüsthause vor dem Schlosse (in dem darin befindlichen Gasthofe lag Menius krank) in Gegenwart der churfürstlich-sächsischen Gesandten eines Theils und Funks, Sciurus', Lorenz Mewes', Bürgermeisters der Altstadt, des Kämmerers Bartel Fichlaw und des Stadtschreibers Bartel Richaw andern Theils abgehalten. Graf Poppo eröffnete es mit einigen einleitenden und ermahnenden Worten und forderte Menius auf, den Anfang zu machen.

Menius zeigte nun zuerst artikelweise kürzlich und ordentlich an, wie vom Artikel der Justifikation aus Grund heiliger Schrift inhalts der Augsburgischen Konfession Dr. Martin Luther gelehrt habe, dergleichen auch noch in allen der Augsburgischen Konfession verwandten Kirchen einhellig gelehrt werde, und stellte dann ebenfalls artikelweise dem gegenüber, in welchen Punkten und Stücken Osiander und seine Anhänger von dieser Lehre abwichen. Dann bat er die Osiandristen, anzuzeigen, was sie in der Kirchenlehre Irriges und Unrechtes, das der heiligen Schrift ungemäß sei, vermerkt hätten, und wo ihre neue Lehre in der Schrift gegründet wäre. Denn daß Gott in den Gläubigen wohne und sie durch seinen heiligen Geist bewege und treibe, zu thun, was recht ist, und der Sünde zu widerstreben, solchem widersprächen sie gar nicht, sondern bekennten und lehrten es auch. Dem aber widersprächen sie, 1) daß solche Einwohnung und Treibung die Gerechtigkeit des Glaubens sein solle, davon Paulus lehre, und darauf wir uns verlassen und vor Gottes Gericht bestehen müßten. Denn das wäre ja klar und offenbar, daß Paulus nirgends sagte, daß die Gläubigen die Worte und den Gehorsam, dazu sie vom heiligen Geiste getrieben würden, für die Gerechtigkeit des Glaubens halten und darauf bauen und trauen sollten; 2) könnten sie dieses auch nicht für recht erkennen, daß die Osiandristen die

Naturen in Christo also schieden, daß sie die Rechtfertigung der göttlichen allein zueigneten und der menschlichen nicht auch, da doch Paulus sage, der gekreuzigte Christus (welcher freilich nach der göttlichen Natur allein nicht Christus, viel weniger aber gekreuzigt ist) sei uns von Gott geworden zur Weisheit, Gerechtigkeit, Heiligung und Erlösung; 3) könnten sie nicht billigen, daß sie in der Rechtfertigung, Genugthuung, Vergebung der Sünden, Versöhnung mit Gott und Erlösung von einander schieden, also daß sie etliches der göttlichen und etliches der menschlichen Natur allein zueigneten. Denn gleich wie die Sünde eine Ursache wäre, um deren willen Gott mit uns zürnte und uns zum Tode verdammte, also wäre wiederum die Rechtfertigung (welche Vergebung der Sünden, durch die Genugthuung Christi erworben, und Zurechnung der Gerechtigkeit Christi in sich begriffe) auch eine Ursache, um deren willen uns Gott versöhnt werde, uns zu Gnaden annehme und selig mache, also daß es unmöglich wäre, diese Dinge von einander zu scheiden.

Funk bat, man möge ihnen schriftlich übergeben, was Menius gesagt habe, da die Rede zu lang sei, um auf Alles sofort antworten zu können; sie wollten dann auch schriftlich antworten. Da ihnen aber Poppo diese Bitte mit Entschiedenheit abschlug, bequemte sich Funk zu einer sofortigen Antwort und erklärte, sie trennten die Person Christi nicht, auch wiesen sie mit ihrer Lehre von der Gerechtigkeit des Glaubens die Leute nicht auf die Werke, sondern lehrten sie allein auf Christum den Felsen bauen, der für unsere Sünde gestorben und zu unserer Gerechtigkeit wieder auferstanden sei. Den müsse man durch den Glauben ergreifen und ihm eingeleibt werden, daß wir in ihm und er in uns wäre, daß wir also seines Leibes Glieder und sein heiliger Tempel würden, Leben, Frömmigkeit und Heiligkeit von ihm empfingen und durch seinen heiligen Geist gereinigt würden, damit wir vom Tode der Sünde durch Christum auferweckt lebendig, durch seine Frömmigkeit fromm, durch seine Heiligkeit heilig und durch den heiligen Geist geführt, geleitet und gestärkt würden, daß wir der Sünde wider-

stehen und Gott dem Vater in Heiligkeit und Gerechtigkeit an=
fangen zu dienen, bis daß wir endlich von den Sünden gar
abstürben und in verklärtem Leibe wieder auferstünden. Da
würden wir dann Christo dem Herrn, der uns von Gott wor=
den wäre eine Weisheit, Frömmigkeit, Heiligkeit, und seinem
heiligen Geiste gar und vollkommen gehorsam sein und also
ewig mit ihm in Heiligkeit und Freuden leben. Und wiewohl
wir in diesem Leben auch durch die Kraft Jesu Christi und
seines heiligen Geistes gute Früchte trügen, so hießen sie doch
Niemanden darauf bauen; denn auch diese guten Werke, welche
Christen thäten, wären nicht ihre eignen, sondern des Herrn
Christi, der sie durch seine Christen als seines Leibes Glieder
wirke, wie er selbst spreche Joh. 15: Ohne mich könnt ihr
nichts thun. Darum hätten wir uns gar nichts zu rühmen,
wieviel auch der guten Werke durch uns geschehen möchten, denn
nur allein des Herrn, wie geschrieben stehe: Wer sich rühmet,
der rühme sich des Herrn.

Darauf fragte ihn Menius, wie er darauf käme, daß er
vom Gehorsam und Leiden Christi jetzt so tröstlich und wohl
redete, davon er doch zuvor geschrieben, daß sich Niemand in
Anfechtung darauf getrösten möchte, denn es hielte den Stich
nicht.

Darauf antwortete er, es sei jetzt nicht Ort und Zeit,
davon zu reden, und sprach nun davon, was die Worte „Ge=
rechtigkeit" und „rechtfertigen" in der Schrift bedeuteten, indem
er deutlich zu erkennen gab, als wäre die Spaltung nur ein
Wortgezänk und Mißverständniß der beiden Worte, wie es Brenz
auch genannt, bellum grammaticale. Das Wort „Gerechtig=
keit" werde oft mißbräuchlich für „das Recht" und „das Ge=
richt Gottes" verstanden. Wo in der Schrift justitia dei,
Gottes Gerechtigkeit, stünde, da müsse „Gottes Frömmigkeit"
verstanden werden, daß er so fromm wäre und seinen Sohn
sendete uns von der Sünde zu helfen. Dafür brachte er Be=
weisstellen aus der Schrift und aus Luthers Kirchenpostille
vor. Darnach würde das Wort Gerechtigkeit auch wohl für
die Früchte und Werke der Gerechtigkeit genommen, als 1 Joh. 1:

Wer Gerechtigkeit thut, ist gerecht; Phil. 1: Seid erfüllt mit Früchten der Gerechtigkeit.

Hierauf antwortete Menius: daß Jesus Christus, Gottes Sohn, unsere Gerechtigkeit wäre, dem widersprächen sie nicht, aber darin könnten sie ihnen nicht Recht geben, daß sie lehrten, er sei unsere Gerechtigkeit allein nach seiner göttlichen Natur und unsere Erlösung allein nach seiner menschlichen Natur. Dadurch werde die Person Christi getrennt. Funk entgegnete, sie redeten von Christus, der in einer Person wahrer Gott und Mensch wäre.

Als Stolz darauf hinwies, daß diese Trennung in dem Bekenntniß Osianders klar ausgesprochen sei, sagte Funk, wie solches zu verstehen sei, darüber hätten sie sich in ihren Schriften genugsam erklärt, es wäre dies eben nicht ihre Meinung. Auf einen nochmaligen Einwand von Stolz antwortete Funk, sie wären da nicht Osianders, sondern ihre Lehre zu verthei-digen. Auf die Frage von Stolz, warum sie sich dann dazu bekennten und sie zu vertheidigen suchten, gaben sie keine Antwort.

Menius faßte nun das Bisherige dahin zusammen, daß Christus unsere Gerechtigkeit sei, wäre nicht streitig; die Frage wäre, wie er unsere Gerechtigkeit sei. Seine ewige wesentliche Gerechtigkeit würde uns nichts helfen, wenn er nicht Mensch geworden wäre und die im Gesetz geforderte Gerechtig-keit für uns erfüllt hätte, die wir alsdann durch den Glauben aneignen müßten. Diesen Sinn hätten auch die von Funk an-geführten Aussprüche des Apostels Paulus und Luthers. Denn Luther rede da nicht allein von Christus nach seiner göttlichen Natur, sondern de verbo incarnato, de Deo homine, et de verbo, quod caro factum est. Alles was vom Amt des Mitt-lers ausgesagt werde, müsse der ganzen Person Christi zuge-eignet werden, daß es heiße, Gottes Wunder, Gottes Leiden, Gottes Martern, Gottes Blut und Gottes Tod rechtfertigt, versöhnt, heiligt, erlöst und seligt uns.

Hierauf sprach Funk von der Rechtfertigung. Den Begriff derselben fasse Menius zu eng, als begreife sie weiter nichts als

die Versöhnung, während doch Luther in der Auslegung des
51. Psalms auch die Erneuerung mit darunter verstehe. Menius
entgegnete, das hätten sie in ihren Schriften schon angezogen,
sei aber auch bereits widerlegt worden. Versöhnung und Erneuerung seien zwei Stücke, die auf die Rechtfertigung folgten.
Wann Gott den Sünder um des Glaubens an Christum willen
gerecht gesprochen habe, dann sei er auch versöhnt und nehme
ihn als Kind zu Gnaden an, und gebe ihm weiter den heiligen
Geist, der ihn erneuere. Weil jedoch diese Erneuerung im
irdischen Leben nur ein schwacher Anfang sei und unvollkommen
bleibe, deshalb baue und traue der Glaube nicht darauf, sondern bleibe stehen auf der Gerechtigkeit, welche ihm durch's
Evangelium von Christus geschenkt ist, welche ist Vergebung der
Sünden und die zugerechnete Gerechtigkeit, die Christus nach Erforderung des Gesetzes mit seinem Gehorsam für uns erfüllet hat.

Nun warf Funk die Frage auf, wer denn Richter sein
solle, da beide Theile Gottes Wort für sich hätten? Das
müsse auf der Kirche Erkenntniß stehen; dem wolle er nach-
leben; und wer ihn eines Bessern unterweise, dem wolle er
die Ehre thun, und wo er geirrt, dasselbe öffentlich bekennen
und widerrufen. Helffant aber sagte, Gottes Wort werde und
müsse selbst Richter sein; das Gewissen werde Funk seiner Zeit
auch noch kommen.

Bei diesen Worten stand Funk auf und wollte sich entfernen, Graf Poppo hielt ihn aber noch zurück. Funk meinte
nun, wenn man sich über die Bedeutung der zwei Worte
„Gerechtigkeit und Rechtfertigung" einigen könnte, so halte er
die Einigkeit über die andern Punkte für leicht möglich, und
fragte Menius, ob er auch zuließe, daß Gott, Vater, Sohn
und heiliger Geist unsere Gerechtigkeit wäre? Menius antwortete, Christus, der nicht allein wahrer Mensch, sondern mit
dem Vater und heiligen Geiste auch Gott sei, der wäre unsere
Gerechtigkeit, damit nemlich, daß er mit seinem Gehorsam uns
von Sünden und aller Ungerechtigkeit erlöst und dagegen alle
im Gesetz von uns erforderte Gerechtigkeit für uns vollkommen
erfüllt hätte.

Als auf Funks nochmalige Bitte um schriftliche Verhand=
lung Stolz erwiderte, daß sie ihre Meinung deutlich und klar
genug dargelegt hätten, mischte sich auch Sciurus ein mit
folgendem Argument: Was Gerechtigkeit sein sollte, das müßte
ewig sein; Vergebung der Sünden wäre nicht ewig, darum
könne sie auch nicht Gerechtigkeit sein. Die Sünde wäre nicht
ewig, darum könne auch die Vergebung der Sünde nicht ewig,
folglich auch nicht Gerechtigkeit sein.

Nun entstand ein allgemeines Durcheinanderreden und Funk
bat, weil die Sachen sich nicht wollten vergleichen lassen, son=
dern seiner Erachtung durch eine Synode decidirt werden müß=
ten, ihnen zu erlauben, daß sie sich entfernten. Graf Poppo
schloß die Unterredung mit der Ermahnung, daß man beiderseits
mittlerweile mit Schreiben und Drucken innehalten und die
Sache nicht weitläufiger machen möge.

Darauf erwiderte Menius: „Nachdem von Osiander in
seinem Schmeckbier viel gottesfürchtiger, gelehrter, frommer,
ehrlicher und unbescholtener Leute aufs allerhäßlichste, schänd=
lichste und schmählichste ohne alle redliche Ursachen, dazu mit
eitlem Ungrund und Unwahrheit angetastet worden, unter
denen er einer, so wäre er bedacht und entschlossen gewesen,
dem Lästerer, da ihn Gott durch sein Gericht nicht weggenom=
men, mit gebührlicher Antwort darauf zu begegnen; weil er
aber in Dem, eher denn er seine Antwort ausgehen lassen,
dahingerissen und nunmehr um diese und andere seine viel=
fältige greuliche und dergestalt unerhörte Lästerung wider Beide,
Gott und unschuldige Leute, ausgebreitet, vor dem gerechten
Richter antworten müßte, hätte er's dabei auch bleiben lassen.
Weil er aber jetzt vernommen, daß gemeldtes Schandbuch allda
in Königsberg durch den Druck wiederum und von Neuem
ausgehen sollte, so bäte er S. F. G. unterthäniglich, die
wollten abwesens F. D. zu Preußen bei derselben heimgelasse=
nen edlen und löblichen Räthen diese gnädige Verfügung thun,
daß sie den Buchdrucker vor sich erfordern und von ihm an=
hören wollten, ob er solches für sich selbst oder aber auf eines
Andern Befehl vornehme und ihm alsdann denselben, von dem

es vorgenommen ober angeschafft, zu Recht halten. Denn er könne bei sich nicht anders achten, denn daß Derjenige, der solche Schand = und Schmachschrift weiter auszubreiten sich unterstünde, derselbe sie auch gegen allen Denjenigen, so darinnen mit Namen angetastet, injuriiret und an ihren Ehren verletzt würden, zu Recht zu verantworten schuldig und pflichtig wäre."

Der Graf versprach seine Vermittelung, und Sciurus, der Inspektor der Druckerei war, erklärte, wenn es der Herzog wünsche, solle die Fortsetzung des Druckes unterbleiben. Damit endigte das Gespräch. Die Gesandtschaft reiste unverrichteter Dinge zurück; Menius aber konnte wegen seiner Krankheit erst gegen Mitte des Septembers [1]) nachfolgen.

<hr>

VI.

Die Verhandlungen dauerten noch eine Zeit lang fort; Churfürst Johann Friedrich erlebte das Ende derselben nicht [2]).

<hr>

1) Am 22. September war er in Buttstädt. Vgl. Weim. Comm.-Arch. M, 432, Nr. 11.

2) Er starb den 4. März 1554. Wo Menius in seiner Leichenprebigt von dessen Treue und Gewissenhaftigkeit im Worthalten spricht, erzählt er folgende Geschichte: „Es hatten S. Churf. G., da sie in ihrer Kindheit und in Sterbens Zeiten auf dem Schloß Wartburg gewesen, einem armen Männlein, der die Esel getrieben, um ein geringes, in dem das Männlein ihnen willfahret, einen Rock verheißen, welcher Verheißung das Männlein über etliche Jahre hernach, da es mit Alter und Schwachheit beladen, und der junge Herr erwachsen und männlich worden, S. Churf. G. in einer Supplikation unterthänigst erinnert und gebeten, dieweil er des Rocks nunmehr bedürftig, daß sie ihrer gnädigen Zusage sich erinneren und ihn mit einem Kleide gnädiglich versehen wollten. Sobald nun S. Churf. G. des armen Menschen Supplikation verlesen und sich ihrer Zusage, so sie in ihrer Kindheit gethan, zu erinnern wohl gewußt, haben S. Churf. G. darauf gesagt, was ein Fürst zusage, das sollt' er auch

Im Lande zu Preußen fanden Archidiakonats-Konferenzen von Predigern statt, welche in fanatischem Hasse wüthende Beschlüsse faßten. So lautete einer: „Weil der Herzog, unser gnädigster Herr, auf den Antrieb von Menschen, die ein gebrandmarktes Gewissen haben, leider damit umgeht, die irrige, gottlose und verfluchte Lehre Osianders durch mehrere Mittel, wie durch neue vorgeschriebene Gebetsformeln, Katechismen, und andere hinterlistige Wege in unsere Kirchen einzuführen, so beschließen wir, daß nichts dieser Art, was uns in Zukunft von ihm zukommen wird, von einem unter uns angenommen, noch viel weniger befolgt oder bekannt gemacht, sondern von uns allen als irrig und ketzerisch verworfen werden soll." Sie erklärten, keinen Visitator annehmen zu wollen, der nicht feierlich versichere, daß er Osianders Lehre nicht allein nicht beistimme, sondern auch nie beigestimmt habe. Solche Beschlüsse schickten sie an alle Prediger des Landes zur Unterschrift und sandten sie dann dem Herzoge zu. Unter solchen Umständen hatte natürlich auch eine neue im Namen des Herzogs aufgesetzte Konfession keine Aussicht, beiden Parteien zu genügen, und eine von Württemberg entsandte theologische Kommission war ebenfalls nicht im Stande eine Vermittelung herbeizuführen. Die am 3. September 1554 in Königsberg eröffnete Generalsynode beschloß, die herzogliche Konfession in ihren Würden bleiben, d. h. auf sich beruhen zu lassen, und verlangte die Publikation und Exekution der über Osianders Lehre von den auswärtigen Kirchen eingegangenen Judicia. Eine Weigerung in dieser Beziehung heiße den heiligen Geist in den Verfassern derselben Lügen strafen und Christum verleugnen. Alle Osiandristen sollten öffentlich widerrufen, die Schriften Osianders, ihre eignen und überhaupt alle, in denen seine Irrthümer ver-

---

billig halten, und mit den Worten sobald ihr fürstlich Kleid, welches sie angehabt, nemlich einen Rock von köstlichem Gewand und mit Sammt verbrämet, von ihrem Leib abgezogen und ihn dem armen Männlein dahingegeben, der ihn bald zu Geld gemacht und sein lange Zeit zu seiner Unterhaltung wohl genossen hat." (Leichpredigt C.)

theidigt würden oder versteckt wären (also auch das Ausschreiben
des Herzogs), verdammen und von ihrem Amte so lange sus-
pendirt bleiben, bis sie aufrichtige Buße gezeigt hätten. Diese
Beschlüsse wurden dem Herzoge mit der Erklärung überschickt,
wenn er sich weigerte, dies Urtheil zu vollziehen, so sollte bald
die ganze Welt erfahren, daß es noch Christen im Lande Preußen gebe, die durch Gottes Geist getrieben dem Teufel selbst
in den Bart greifen dürften, wenn auch Himmel und Erde
darüber brechen sollten.

Daher entließ der Herzog die Synode mit folgendem Abschiede: Da sie seine Konfession nicht angenommen hätten, so
sollten sie nach der württembergischen Konfession lehren, „daß
zwar die Vergebung der Sünden, durch Christi Leiden erworben,
des armen Sünders Gerechtigkeit vor Gott sei, daß aber die
mit Gott Versöhnten und Gerechtfertigten auch sollen verneuert
werden, ihr Leben nach allen Geboten Gottes einzurichten,
welches geschieht durch Gott Vater, Sohn und heiligen Geist,
welche mit aller ihrer Gerechtigkeit, Weisheit und Heiligkeit in
den Gläubigen als ihren Tempeln wohnen und sie auch fromm
und heilig zu machen hier anheben". Auf der Kanzel sollen
sie sich alles ärgerlichen Lästerns und aller persönlichen Injurien
enthalten. „Betreffend aber die Exekution der auswärtigen
über Osianders Lehre eingegangenen Urtheile, so sollte ihnen
diese bewilligt sein, nur wolle der Herzog erst die Judicia
einiger auswärtigen Kirchen über die Form ihrer Vollziehung
noch einholen."

Auch in Thüringen dauerte der Kampf gegen Osiander fort.
Amsdorf und Andere erließen Streitschriften gegen ihn, und ohne
alle Veranlassung und Noth behandelten die fanatischen Theologen
auch hier die Frage mit Schimpfen und Schmähen auf der
Kanzel, wie die heilsbedürftigen Seelen zu jener Zeit überhaupt
weit mehr mit Streittheologie gefüttert wurden als mit dem
Evangelium des Friedens. Im Februar 1555 brachte ein
Abgeordneter des Herzogs von Preußen, Dr. Georg Lange,
den Abschied der Königsberger Generalsynode nach Weimar und
bat um ein Urtheil der herzoglichen Theologen darüber. Jo-

hann Friedrich der Mittlere übertrug die Abfassung desselben Amsdorf, Schnepf und Stolz, welche damals gerade mit der Kirchenvisitation beschäftigt waren. Diese antworteten von Koburg aus am 11. Februar:

„Anfänglich mögen wir mit Wahrheit schreiben, daß uns die Zwiespalt in Preußen ob dem vornehmsten Artikel unseres christlichen Glaubens zum höchsten zu Gemüth gegangen und betrübt hat, angesehen daß dadurch unser liebes Evangelium greulich verlästert und die Kirche Christi in Preußen jämmerlich zerrüttet sind worden, haben auch zu erhalten göttliche Wahrheit und zu retten viel bestürzte Seelen, unsere Censur, Konfutation und Bedenken öffentlich in Schriften und mündlich dargethan, wie uns als Christen gebührt hat, und von andern der Augsburgischen Konfession Verwandten in großer Anzahl gleicher Weise geschehen, hätten auch gänzlich verhofft, es sollte auf so viel Judicia, Bedenken, Vermahnung und Unterhandlung christlicher Lehrer und Kirchen, auch folgend auf jüngst gehaltenem Synodo in Preußen, da sich denn die Prediger unseres Theils durch Gottes Gnade wohl verhalten, öffentliche Verdammung, Aenderung und Abschaffung des schädlichen Irrthums Oslandri erfolgt und die Kirche daselbst wiederum zu Friede und Ruhe gesetzt sein worden, wie solches denen, so die Wahrheit hätten suchen, annehmen und fördern wollen, wie sie sich denn vorhin der Kirchen Erkenntniß zu geleben erboten, wohl angestanden hätte.

Daß aber solches nicht geschehen und auch noch von etlichen Theologen Beschönigung und Milderung gedachter verführerischen Lehre vorgegeben und also die nöthige Abschaffung und Revolation gehindert worden, tragen wir mit allen frommen Christen und sonderlich den betrübten Christen in Preußen ein christliches Mitleiden und bitten Gott, er wolle um seines Namens Ehre willen gnädiglich drein sehen und diese beschwerliche Sache und Aergerniß aufzuheben und zu wenden andere Mittel und Wege geben, denn so im preußischen Abschied verleibt sind.

Denn wiewohl der Abschied viel anders lehrt von der Rechtfertigung des armen Sünders vor Gottes Gericht, denn zuvor Osiander und sein Anhang gelehrt und im Druck durch die ganze Christenheit ausgebreitet haben, nemlich daß die Vergebung der Sünden durch unseres Herrn Jesu Christi bitteres Leiden und Sterben erworben des armen Sünders Gerechtigkeit sei vor Gottes Gericht, so er's mit Glauben annimmt, welches alles Osiander mit den Seinen zum heftigsten hievor angefochten und verdammt hat, so ist doch erstlich nicht recht, noch zu billigen, daß die Prediger in Preußen auf die württembergische Deklaration gewiesen werden, weil darin, was Osiander unrecht gelehrt, zum mehreren Theil verschwiegen und übergangen, und dagegen den Lehrern unseres Theils mit Ungrund aufgedichtet wird, als hätten sie der wesentlichen Gerechtigkeit Gottes in der Rechtfertigung des Sünders am gebührenden Ort ihren Raum nicht gelassen. Darum Herr Brenz und seine Zugeordneten von den Unseren, nemlich Nikolaus von Amsdorf, Justus Menius und Ehrhard Schnepf insonderheit ersucht, aber von ihm bis anher unbeantwortet geblieben.

Dazu wird in der Deklaration im Handel von der Rechtfertigung des armen Sünders, darüber mit Osiander der vornehmste Streit gewesen, das Wort Gerechtigkeit auf zweierlei Verstand gedeutet und also von zweierlei Weise der Rechtfertigung des armen Sünders, als die eine durch die wesentliche Gerechtigkeit Gottes (ohne Schrift), die andere durch Vergebung der Sünden (nach St. Pauli Lehre) gehandelt, desgleichen in solcher Frage die Gerechtigkeit des Glaubens mit den himmlischen Gütern des ewigen Lebens, so dem Glauben folgen und hier nur anfangen, aber nicht des Sünders Gerechtigkeit vor Gott sein sollen, gefährlich vermengt werden.

Zum andern so wird im Abschied des Osianders Irrthum nicht mit einem Wort noch ausdrücklich verdammt, ja dagegen ernstlich und bedrohlich verboten, etwas dawider zu lehren, predigen, reden oder schreiben, und vorgegeben, als sei in Preußen nie anders denn vermöge der Epistel St. Pauli zu den Römern und nach Inhalt der Augsburgischen Konfession von des armen Sünders Rechtfertigung vor Gottes Gericht gelehrt worden, so doch Osianber und sein Anhang, wie das ihre Bücher nochmals zeugen, greuliche Lästerung wider die Vergebung der Sünden, wider den Gehorsam, Blut und Tod Jesu Christi, als sei es nicht unsere Gerechtigkeit vor Gott, öffentlich gelehrt, geschrieben und gefochten, derhalben auch die Genugthuung, Versöhnung und Erlösung von der Rechtfertigung gerissen und diese der göttlichen Natur Christi allein zugeeignet und also die imputativam justitiam gänzlich aufgehoben, die Lehrer und Kirchen, so das Leiden und Sterben Christi für ihre Gerechtigkeit gehalten, zum heftigsten verdammt und die Vertheidiger der Augsburgischen Konfession als Verleugner göttlichen Worts gescholten haben.

Welche und andere mehr irrige Punkte keineswegs zu übergehn noch zu billigen, auch nicht können aus christlichem Eifer geboten werden zu verschweigen.

Weil denn der Abschied also gefährlich gestellt ist, und Osianders Lehre darin zum mehreren Theil gebilligt, die verführerischen Prediger geduldet und den frommen Predigern hinfort dawiber zu lehren der Mund gestopft sein soll, können wir denselbigen keineswegs für christlich und heiliger Schrift gemäß erkennen, noch die frommen Herzen, welche an dem Revers nicht begnügt, sondern einen größern Ernst begehren, verdenken.

Denn ist es denjenigen, so bisher Osianders Irrthum vertheidigt und unsere Lehre dagegen verdammt haben, ein rechter Ernst, zur Gemeinschaft der christlichen Kirchen wiederum zu treten und die Wahrheit des Evangelii zu fördern, so müssen sie Gott die Ehre auch vor der Welt geben und erstlich des Osiandri Irrthum namhaftig machen, öffentlich verdammen und widerrufen, die Bücher, darin Osianders Meinung verfochten wird, sammt der neuen verdächtigen und der Schrift ungebräuchlichen Art zu reden verwerfen und verbieten.

Desgleichen muß man die Prediger und Lehrer, so des Osianders Irrthum vertheidigt und also Gott gelästert, die heilige Schrift verfälscht, fromme Prediger und Christum verdammt, viele Seelen verführt und verwirrt haben, von sich thun, absetzen und wieder aus dem Lande jagen, und dagegen ben frommen Predigern und Christen, so darum, daß sie der osiandrischen Verführung widersprochen, ihres Amtes entsetzt und des Landes verwiesen, wiederum ihre Ehre und guten Namen restituiren, das Land und die Vokationes öffnen und dazu zu kommen Raum und Freiheit lassen, nachmals auch den frommen Predigern und Christen die Meldung und Konfutation obgedachter verführerischen Lehre keineswegs stopfen oder verbieten, sondern ihren freien Lauf und Antithesin, sofern ihr Amt und Gottes Wort solches erfordert, ihnen lassen, damit zu jeder Zeit die armen Schäflein vor solchem Greuel und Gift verwarnt und unverführt bleiben mögen.

Inmaßen wir auch für billig achten, was der preußische Legat bei E. F. G. gesucht, nemlich daß E. F. G. sollten bei ihren Theologen Verschaffung thun, von diesem Zwiespalt auf den Kanzeln ferner nichts auszubreiten, zu schreiben noch zu drucken oder auch weitere Revokation, denn so viel der Abschied vermag, zu begehren, tragen keinen Zweifel, E. F. G. werden ihrem christlichen Verstande nach solche Suchung nicht annehmen, sondern mit nothdürftiger Antwort abzuschlagen wissen."

Die Antwort Johann Friedrich des Mittlern an Herzog Albrecht von Preußen fiel natürlich ganz in diesem Sinne aus. Dem Letzteren fiel die Verwirrung in seinem Lande, welche immer höher stieg, immer schwerer aufs Herz. Zuletzt mischte sich der König von Polen, als Oberlehensherr, ein, und im Einverständniß mit den Ständen wurde eine Kommission niedergesetzt, welche die Händel schlichten sollte. Der Herzog mußte die gänzliche Ausrottung des Osiandrismus zugestehen. Funk wurde zum Tode verurtheilt (1566). Mörlin und Venediger, die beiden Hauptgegner Osianders, wurden zurückgerufen, und der eine zum Samländischen, der andere zum Polenzischen Bischof ernannt. Ein von Mörlin ausgearbeitetes Bekenntniß, in welchem die Irrthümer Osianders mit klaren Worten verdammt wurden, wurde von einer neuen Synode sämmtlicher preußischen Prediger zu Königsberg angenommen. Die Osiandristen in Kirchen und anderen Aemtern wurden abgesetzt, die vertriebenen Prediger restituirt.

So trug das papierne Papstthum den ersten großen Sieg davon, für welchen leider auch Menius gekämpft hatte, ohne zu ahnen, wie nahe doch im Grunde genommen Osianders Lehre von der Erneuerung mit seiner Ansicht vom neuen Gehorsam und dessen Nothwendigkeit zur Erhaltung der Seligkeit verwandt war.

Siebentes Kapitel.

Der Konvent zu Eisenach 1556.

Die Vergeltung sollte Menius bald ereilen. Wie er aus Osianders Sätzen Folgerungen gezogen und ihm die Behauptung derselben Schuld gegeben hatte, an die er nicht gedacht hatte, so erging es ihm von andrer Seite in Bezug auf den Satz Majors, daß gute Werke zur Seligkeit nöthig seien.

Während seines Aufenthalts in Magdeburg, wohin er wegen der Gefahren, die ihm in Folge seines Verhaltens gegen das Interim drohten, geflohen war, hatte Amsdorf in Verbindung mit Matthias Flacius Illyricus [2]) angefangen die Behauptung

---

1) Weim. Comm.-Arch., Reg. N, 121—129. 131—139. Rebhan, Hist. eccl. Isen. Tentzelii Supplem. II, 785. Menius, Bericht der bittern Wahrheit, G, iij ff. Salig, Historie der Augsb. Konf. III, 46 ff. Beck, Joh. Friedr. d. M. I, 286 ff.

2) Matthias Flacius (Flacich oder Blach), geboren den 3. März 1520 zu Albona in Illyrien, daher gewöhnlich Illyricus genannt, erhielt seine Bildung in Mailand und Venedig; die Reformation Luthers zog ihn nach Deutschland; zuerst ging er nach Basel, 1540 nach Tübingen, 1541 nach Wittenberg, wo er 1544 Professor der hebräischen Sprache wurde. Nach der Schlacht bei Mühlberg (1547) floh er nach Braunschweig, kehrte aber noch in demselben Jahre nach Wittenberg zurück. Das Interim reizte

Majors zu bekämpfen und sich in eine gewisse feindselige Haltung
gegen die Wittenberger und Leipziger hineingearbeitet, welche
Major nicht ohne Weiteres verdammen wollten. Im Jahre
1552 kam er nach Thüringen zurück und nahm seinen Sitz in
Eisenach, während Menius, aus Rücksicht auf seine schwächliche
Gesundheit, die Verwaltung der Diöces Eisenach aufgab. Hier
suchte er nun ebenfalls die Theologen gegen die Wittenberger
und Leipziger zu gewinnen; aber da alle Veranlassung zum
Streite fehlte, mißglückten diese Versuche größtentheils. Da
bot sich ihm 1554 eine höchst erwünschte Gelegenheit, seinen
glühenden Eifer für die größere Ehre Gottes zu bethätigen.

ihn zu den heftigsten Streitigkeiten, so daß er sich von den „schwachen
Wittenbergern" lossagte und seine Entlassung nahm. Nun irrte er in
Braunschweig, Lüneburg, Hamburg umher, bis er in Magdeburg, „der
Kanzlei Gottes", einen festen Sitz und zahlreiche Mitstreiter fand. Nach
der Einnahme Magdeburgs wurde er amnestirt. An den hierauf ent-
brennenden Streitigkeiten nahm er den größten und heftigsten Antheil.
Durch seine Centuriae Magdeburgenses historiae ecclesiasticae, die er
mit Wigand, Juder, Faber, Corvinus u. A. herausgab, wurde er der
Vater der protestantischen Kirchengeschichtsschreibung. Seine rastlose Thätigkeit gegen das Interim und alle Adiaphoristerei empfahlen ihn Johann
Friedrich dem Mittlern so, daß er ihn zum Professor der Theologie nach
Jena berief. Seine Berufung war das Resultat eines widerwärtigen
Parteitreibens. Denn Amsdorf wollte haben, daß er neben Schnepf als
„ein Obersuperattendent über alle Superattendenten" verordnet werden
und darauf sehen sollte, „daß Niemand neue Lehre oder Ceremonien ein-
führe oder anrichte und daß ein jeder Pfarrer oder Prediger bei der Religion, Lehre oder Ceremonien, so jetzund in diesen Landen auf- und angerichtet seien, bleibe, davon nicht weiche, auch nicht etwas weiter fürzunehmen sich unterstehe". Einen gleichzeitigen Ruf nach Heidelberg schlug
er aus und zog am 27. April 1557 in Jena ein. Die traurigsten Zerwürfnisse mit den bisherigen Professoren waren die Folge und brachten
die junge Universität an den Rand des Verderbens. Sie endigten mit
seiner Entlassung 1561. Von nun an führte er ein unstätes Leben; er
hielt sich in Frankfurt a. M., Regensburg (1562), Antwerpen (1566),
Straßburg (1567) auf, bis er 1575 in Frankfurt starb. Seine grenzenlose Streitsucht brachte ihn auch mit seinen früheren Freunden und Anhängern in Zerwürfnisse und machte seinen Namen sprüchwörtlich zur Bezeichnung eines ungezogenen Menschen.

Im Juni dieses Jahres schrieben die Herzöge eine Visitation[1]) für die Kirchen des ganzen Landes aus und ernannten Amsdorf, Menius, Schnepf und Stolz zu geistlichen, die Räthe Diez von Brandenstein und Dr. Christian Brück zu weltlichen Mitgliedern der Visitationskommission. Daß Menius in dem freundschaftlichsten Verhältnisse zu Melanchthon stand und seine Söhne in Leipzig und Wittenberg studiren ließ, war für einen Amsdorf Grund genug zum Mißtrauen gegen ihn. Als die Visitation in der Stadt Weimar beendigt war, legte man Menius einige Bücher vor, die er als adiaphoristisch verdammen sollte; ebenso verlangte man von ihm, daß er die Schriften Majors durch ein öffentliches Ausschreiben mit für unchristlich erklären sollte. Menius weigerte sich dies zu thun, weil er nicht wußte, was es für Bücher wären, wer sie geschrieben und was darin Rechtes oder Unrechtes gelehrt werde, weil er auch zu der Zeit die Schriften Majors noch nicht gelesen hatte und weil er recht wohl merkte, daß es dabei auf eine Verdammung der Theologen zu Wittenberg und Leipzig abgesehen sei. Zu einem Streit mit den chursächsischen Theologen wollte er aber um so weniger seine Hand bieten, als erst kurz vorher zwischen den Herzögen und dem Churfürsten von Sachsen ein Vertrag geschlossen worden war, daß sich die beiderseitigen Theologen in keiner Weise belästigen und befehden sollten. Zudem erklärten Amsdorf und Stolz selbst, daß Major seine Behauptung, um deren willen sie seine Schriften verdammt haben wollten, in der Auslegung der Epistel Pauli an die Philipper bereits zurückgenommen und in einer Weise erklärt habe, daß man daran nichts tadeln könne.

---

1) Bei dieser Gelegenheit gab Stolz im Auftrage der Fürsten die Schmalkalder Artikel von Neuem heraus. In der vom 26. September datirten Vorrede kommt folgende Stelle vor: „Es sollten sich aber etliche Derjenigen, so diese Artikel zuvor als für recht und göttliche Wahrheit, dabei man bleiben müßte und sollte, gebilligt und ihre Namen unterschrieben finden, billig ihres Abfalls schämen, daß sie hernach den Artikeln zuwider Sakramentirer, Antinomer, Interimisten, Adiaphoristen, Osiandristen u. s. w. sind worden ".

Diese Weigerung nahm man Menius in hohem Grade übel, so daß er selbst sah, er werde das Geschäft der Visitation mit diesen Männern nicht ohne viele Unannehmlichkeiten fortsetzen können. Deshalb bat Menius die Herzöge, ihn mit der Visitation hinfort gnädiglich zu verschonen, da er wegen seiner Leibesbeschaffenheit und blöden Gesichts nunmehr und zuvörderst in der unbequemen Winterszeit über Land zu reisen nicht vermöchte und Morgens und Abends ohne Schaden für seine Augen nicht bei Licht arbeiten könnte. Darauf wurde er für eine Zeit lang beurlaubt. Aber seine Gegner verschmähten auch Klatschereien nicht, um ihren Zweck zu erreichen. Die Fürsten wurden glaubwürdig berichtet, daß Menius seit der Zeit etliche viel Tagereisen über Feld, als zu etlichen Wirthschaften nach Nordhausen u. s. w. bei kaltem Wetter gezogen und daselbst nach Ortsgebrauch bei Licht über Tisch und sonst wohl weit in die Nacht hinein hätte sitzen können. Dazu hätten fromme und gutherzige Pfarrer und Seelsorger aus der Superintendentur Gotha gegen vertraute Personen mitleidig geklagt, als hätten sie von Menius eigenthümliche Reden vernommen, derhalben zu besorgen, daß aus Verhängniß des Allmächtigen und Anstiften des Satans in künftiger Zeit allerlei Mißverstand und gefährliche Opinion in der wahren christlichen Kirche und der Augsburgischen Konfession zuwider, da hierin nicht zeitig Rath geschafft würde, erwachsen und entstehen möchte. — Daher seien seine Gründe wohl nur vorgeschobene und erdachte, um sich der Visitation zu entziehen. Da nun den Fürsten nicht allein von Gott dem Allmächtigen das weltliche Schwert zu führen gnädiglich verliehen, sondern auch getreue Aufseher und Wächter der göttlichen Kirche zu sein befohlen würde, so fanden sie sich veranlaßt, bei Zeiten für die Reinhaltung des Glaubens zu sorgen und trugen Schnepf auf, zu berichten, was er über diese Angelegenheit in Erfahrung gebracht habe oder bringen könnte, und sein Gutachten abzugeben, wie man in dieser Beziehung mit Menius zu verfahren habe.

Als die Visitatoren in Weida waren, schickte Menius in vertraulicher Weise etliche Propositionen an Schnepf, in denen er nach Schnepfs Auffassung sich unterstand, den Irrthum Majors zu vertheidigen. Er schrieb ihm dabei, er könne durchaus nicht in die Verdammung Majors willigen, die im Anfang der Visitation von den Herren Visitatoren solches Irrthums halben verlangt worden wäre, wiewohl er dazumal aus Unbedacht, da er D. Majors Bücher noch nicht gelesen, in solche Verdammung desselben auch gewilligt hätte. Dieses ihm nur vertraulich mitgetheilte Buch zeigte Schnepf trotzdem den übrigen Visitatoren und bat Menius in seinem Antwortschreiben, die Propositionen zurückzuhalten. Stolz wußte zu erzählen, daß Menius schon auf seiner Reise nach Königsberg erklärt habe, er wisse die Proposition Majors nicht zu verdammen.

Im November übergab Menius seine 110 Propositionen zu Gotha den Visitatoren; Amsdorf stellte diesen zuerst 195, am 25. December 46 entgegen. Am Sonntag nach Weihnachten schickte Menius sein Urtheil und Bekenntniß über Majors Satz an Schnepf; dasselbe lautet: „So viel des ehrwürdigen und hochgelehrten Herrn Georgii Majoris Lehre von guten Werken, daß und wie dieselben zur Seelen Seligkeit von nöthen seien, belangen thut, kann ich, Justus Menius, sie anders nicht, denn der heiligen Schrift, Augsburgischen Konfession und Doktoris Lutheri seligen Lehre allenthalben gemäß erkennen, also daß nemlich dieses seine Meinung sei, daß allen Denen, so durch den Glauben an Christum Vergebung ihrer Sünden, Gerechtigkeit, heiligen Geist, ewiges Leben und Seligkeit aus lauter Gottes Gnade und Barmherzigkeit ohne alle ihre eignen Werke und Verdienste, allein um des einigen Mittlers Jesu Christi willen erlangt haben, von nöthen sei, damit sie alle solche himmlische Güter und Gnadenschätze nicht wiederum verlieren und ewig mit den Teufeln verdammt werden, daß sie bis in ihren Tod wider die übrigen Sünden im Fleisch durch ihr ganzes Leben immerdar streiten und rechtschaffene Früchte der Buße wirken, ihren Glauben in solchem neuen Gehorsam üben, beweisen und gewiß machen, dazu sie dann vom heiligen Geist angeregt und getrieben werden, sintemal des heiligen Geistes Gabe, so auf die Vergebung der Sünden gewißlich folgt, nicht faul noch müssig, sondern vielmehr kräftig und thätig ist, reinigt und feget täglich die übrige Sünde aus und arbeitet, daß sie den Menschen recht rein und heilig mache, wie solches in allen Exempeln und Historien derer, so von Anfang der Welt jemals bekehrt und selig worden sind, daß es also allerwege und niemals anders ergangen und geschehen sei, zu befinden und unmöglich ist, daß es in göttlicher Ordnung anders denn also mit einigem Sünder, der wahrhaftig bekehrt wird, ergehen könne.

Auf solche Meinung und nicht anders muß ich D. Majoris Rede verstehen, da er setzet, Gute Werke seien nöthig zur Seligkeit, nicht sie damit zu erlangen, sondern daß sie bei Denen, so durch den Glauben an Christum aus lauter Gnaden ohne alle Werke und Verdienste schon selig und Kinder Gottes worden sind, als Früchte und Wirkung des heiligen Geistes gewißlich folgen müssen.

Daß auch niemals Jemand selig worden sei noch selig werden möge, in dem nach erlangter Seligkeit gute Werke nicht gefolgt hätten und noch folgen müßten, so er anders in der erlangten Seligkeit bestehen und bleiben wolle.

Und daß dieses seine Meinung sei, giebt seine selbsteigne Erklärung, so er allerwege dabei gesetzt hat, ohne welche sonst diese seine Worte, wenn sie für sich selbst allein stünden (Gute Werke sind nöthig zur Seligkeit, Ohne gute Werke ist Niemand jemals selig worden und ist unmöglich ohne gute Werke selig werden) auch wohl auf einen andern und ärgerlichen Verstand gezogen werden möchten, derhalben D. Major auch hinzugesetzt, solche Reden seien der heiligen Schrift gemäß, so sie recht verstanden werden.

Also und nicht anders verstehe ich D. Majors Lehre von guten Werken, daß und wie sie zur Seligkeit nöthig sind, und kann nach meiner Einfalt aus seinen Schriften keinen andern Verstand zeigen, ich wollte denn (dafür mich mein lieber Gott gnädiglich behüten wolle) wider Gottes Gebot und mein eigen Gewissen ein falscher Zeuge sein, kann auch solche Lehre gar nicht als irrig verwerfen, das alles mit Gott und meinem Gewissen bezeugend, keinem Menschen auf Erden zu Liebe noch zu Leide."

Auch Schnepf stellte Propositionen auf und übergab sie
Menius, um am folgenden Tage mündlich mit ihm darüber zu
disputiren. Das Resultat der Unterredung war, daß Schnepf
(2. Januar 1555) berichtete, daß „Justi Menii Sentenz und
Meinung von der Rechtfertigung und guten Werken recht, aufrichtig, der heiligen Schrift gemäß und untadelig ist, wie auch
D. Major endlich in dem Kommentar über die Epistel an die
Philipper sich also erklärt, daß er von allen Punkten des Artikels der Rechtfertigung des Menschen recht schreibt und von
Niemand gescholten werden kann". Nur seien die Ausdrücke
nicht immer unverdächtig; daher sollten sie in der Kirche nicht
geduldet werden. Denn in der Gemeine Gottes müsse man
nicht allein, was wahr und recht ist, predigen, sondern die
wahre rechte Meinung auch mit solchen Worten und Reden in
Schriften oder Predigten dargeben, welche nicht dunkel, zwei-
sinnig, zänkisch, der heiligen Schrift ungemäß seien, sondern die
da hell, klar, fest, gewiß und der heiligen Schrift allerdinge gemäß seien. Hätte Major und mit ihm Menius nur gesagt:
„Gute Werke sind den Christen nöthig", so wäre daran gar
nichts auszusetzen: nun hätte er aber, vielleicht aus guter Meinung, um die Leute ernster zur Besserung des Lebens anzuhalten, hinzugefügt „zur Seligkeit", dadurch sei die Behauptung
zweifelhaft und der Schrift zuwider geworden; denn so könne
man leicht die guten Werke als eine theilweise Ursache der
Rechtfertigung ansehen. Daher sei sein und seiner Kollegen
Streit wider Major nicht der Meinung, sondern der Rede
halben, die in der Kirche nicht geduldet werden dürfe.

Aber bei der Unterredung mit den Visitatoren, die auf dem
Rathhause zu Gotha stattfand, konnte Menius nicht dazu gebracht werden, die Sätze Majors als verdächtig zu verdammen,
sondern verharrte in einer gewissen Neutralität, indem er erklärte, gänzlich vertheidigen könne er sie nicht, und wolle sie
auch fernerhin nicht brauchen, wie er sie bisher nicht gebraucht
habe; aber er könne sie auch nicht damniren, weil sie mit an-
gehefteter Erklärung recht verstanden und gebraucht werden
möchten. In seinem Schreiben an die Visitatoren sagt er,

„daß die forma loquendi, da sie gleich an ihr selbst ohne alle
Erklärung blos steht, nicht simpliciter falsa, sondern allein
ambigua ist, deswegen sie D. Luther seliger ungern leiden wollen,
und da sie in tractatione doctrinae legis geführt wird, von
guten Werken abstractive zu reden nicht unrecht, sondern recht
und wahr gesagt wird, quod bona opera sunt ad salutem
necessaria". Deshalb könne er nicht ohne Weiteres verdammen;
„denn Verdammen, liebe Herren, ist ein schwer und gefährlich
Ding, zumal in solchen hohen und großmächtigen Sachen, wie
ihr als die Verständigen selbst wißt".

Diese Antwort betrübte die Visitatoren aufs höchste, besonders diejenigen unter ihnen, die wie Stolz ihn als ihren Lehrer
und Vater zu verehren gewohnt gewesen waren. Den Fürsten
riethen sie die Sache einstweilen ruhen zu lassen.

Um dieselbe Zeit schickte der Rath von Nordhausen an
Schnepf, Menius und Stolz und die Gelehrten von Jena einen
Boten mit der Bitte, ihr Urtheil über den Streit, der zwischen
den dortigen Predigern über Majors Proposition ausgebrochen
war, abzugeben und Wege vorzuschlagen, wie die Sachen zu
Friede und Einigkeit zu richten seien. Als die Uebrigen Menius
ersuchten, ihrer Erklärung beizutreten, ließ er ihnen sagen, sie
möchten für sich schreiben, er wolle es auch für sich thun; er
gedächte bei seiner Meinung zu verharren, die er mündlich und
schriftlich kund gegeben. Ein nochmaliger Versuch von Stolz
ihn zu gewinnen fruchtete nichts. Darauf verboten ihm die
Visitatoren, seine Antwort nach Nordhausen abzuschicken; wogegen er erklärte, er wolle zwar stillhalten, aber wenn ihn
Jemand anspreche oder der nordhäusische Bote Antwort von
ihm fordern oder auch der Rath zu Nordhausen selbst um
Antwort wieder ansuchen würde, so wüßte er das, was er für
recht erkennte, nicht zu verschweigen.

Der erste Akt dieses Dramas schloß damit, daß die Fürsten
(15. Januar) Menius zu erkennen gaben, er möchte von der
Vertheidigung des majoristischen Satzes abstehen, auch weder auf
der Kanzel noch sonst in seinen Reden und Schreiben an gute
Freunde oder Andere die Proposition schützen, sondern mit den

andern Lehrern des Fürstenthums in Verdammung der schäd=
lichen Proposition übereinstimmen und sich keineswegs anders
verhalten, wie sich denn Ihre Fürstl. Gn. zu ihm gänz=
lich versehen wollten. Denn im Fall der Weigerung würden
sie gedrungen, wider ihn den Ernst vorzuwenden, was sie doch
lieber ihm zum Besten nicht thun möchten. Denn wiewohl sie
Niemanden, was er in seinem Herzen glauben oder halten sollte,
zwingen sollten oder wollten, so erkennten sie sich doch ihres
tragenden fürstlichen Amtes halber schuldig, so viel als möglich
zu wehren, daß falsche Lehre in ihren Landen nicht ausgebreitet,
öffentlich gebilligt und gelehrt oder verfochten werde.

II.

Die Sache konnte natürlich nicht geheim gehalten werden.
Einestheils konnte es Menius nicht umgehen, mit seinen Geist=
lichen über den einmal ruchbar gewordenen Vorfall zu sprechen;
anderntheils posaunten seine Widersacher in aller Welt aus,
er unterstehe sich, Majors Sache öffentlich zu vertheidigen in
allen seinen Predigten, und habe angefangen von der Gerechtig=
keit, die vor Gott gilt, oder wie der Mensch vor Gott gerecht
werden müsse, auf eine andere Weise und Form zu lehren und
zu predigen, als er vor der Zeit mit D. Luther zu lehren ge=
pflegt habe; ja er sei von der Lehre des Evangeliums ganz
und gar abgefallen und zu einem Papisten geworden. Von
verschiedenen Seiten her wurde in Gotha angefragt, ob es an
dem sei; so auch von Weida aus. Daher beschloß Menius,
seinen guten Namen und seine Ehre, sowie auch die Ehre der
Kirche, in welcher er diente, durch eine Vertheidigungsschrift zu
retten. Er faßte dieselbe auf das glimpflichste ab und ohne
Jemandes Namen zu nennen; er wollte sie dem Superinten=
denten Wolfgang Mostelius, dem Bürgermeister und Rath der
Stadt Weida, seinen günstigen Herren und guten Freunden,

widmen und unter dem Titel [1]): „Entschuldigung Justi Menii auf die unwahrhaftige Verleumdung, darin ihm auferlegt wird, als sollte er von der reinen Lehre des Evangeliums abgefallen sein", erscheinen lassen. Bereits hatte er das Manuscript nach Erfurt in die Druckerei geschickt, als die Visitatoren, welche damals in Koburg waren, Nachricht davon erhielten. Da sie fürchteten, daß er den ganzen Handel der Länge nach erzählen und sie genöthigt sein würden, darauf zu antworten, so empfahlen sie den Herzögen, Menius an der Herausgabe seines Buches zu hindern. Diese gaben daher sofort (13. Februar 1555) dem Landhofmeister und obersten Befehlshaber auf dem Grimmenstein, Bernhard von Mila, den Auftrag, von Menius Handgelöbniß und Handschrift zu fordern, daß er das Buch aus der Druckerei zurücknehmen und den Herzögen mittheilen, auch Majors Sache nicht auf der Kanzel vertheidigen wolle. Menius versprach beides; als aber sein Bote nach Erfurt kam, war das Manuscript bereits durch einen Boten der Herzöge abgeholt worden. Daraus mußten sich diese überzeugen, daß Menius unschuldig sei, und auch Bernhard von Mila mußte bestätigen, daß er sich Majors Lehre niemals anhängig gemacht, auch derselben noch dieses vorgefallenen Mißverständnisses auf der Kanzel mit keinem Worte gedacht habe.

Daß Menius so gerechtfertigt vor seinen Landesherren dastehen sollte, wollte seinen Anklägern, den Herren Visitatoren, gar nicht gefallen. Amsdorf setzte eine kleine Schrift auf und übergab sie seinem Diener, daß er sie in seinem Namen sollte ausgehen lassen, ob er stürbe, wenn Menius wieder hervorbrechen würde. Darin bezeugte er zunächst vor Gott und aller Welt, daß er nicht rede noch handle von der Proposition: Gute Werke sind nöthig zur Seligkeit, wie Justus Menius oder Georg Major sie verstünde und auslegte, sondern wie sie von Art und Natur der Worte von Jedermann verstanden werden müßte. Trotzdem geht seine ganze Polemik gegen Menius, und

---

[1] Er ließ sie später in seinem Bericht der bittern Wahrheit abdrucken.

er will aus dessen Entschuldigung nachweisen, daß er von der reinen Lehre des Evangeliums abgefallen sei. Es war dem alten Zeloten eben nicht um die Sache, sondern allein um die Person zu thun. Außerdem wurden den Herzögen verschiedene Gerüchte zugetragen, als habe sich Menius nur deswegen von den Visitatoren abgesondert, damit er sich desto leichter aus dem Lande begeben könnte. Zu diesem Zwecke habe er bereits den besten Theil seines Vermögens weggeschafft und an einen sichern Ort gebracht.

Durch solche unsichere und ungegründete Angaben ließ sich Herzog Friedrich der Mittlere wieder zu ganz ungerechtfertigten Maßregeln gegen Menius fortreißen. Er befahl Bernhard von Mila, ihn in Bestrickung zu nehmen und angeloben zu lassen, daß er sich mit seinem Leibe, Weibe, Kindern und aller seiner Habe ohne Vorwissen und Bewilligung seiner Landesherren nicht aus der Stadt entfernen wollte. Für den Fall, daß sich Menius dessen weigerte, sollte er ihn sogleich auf dem Schlosse, wo ihm der Befehl zu eröffnen war, in Gewahrsam bringen, keinen Brief an ihn gelangen, ihn auch keinen Brief schreiben lassen, sowie auch allen und jeden mündlichen Verkehr mit ihm unbedingt verhindern. Als der Landhofmeister seinen Schreiber zu Menius schickte, um ihn auf das Schloß zu citiren, traf ihn dieser im Begriff in den Wagen zu steigen, um in Schönau einen neuen Pfarrer in sein Amt einzuweisen. Er versprach daher Abends wiederzukommen und am folgenden Morgen auf dem Schlosse zu erscheinen. Er kam zwar Abends wieder nach Gotha, fuhr aber am andern Morgen nach Halle. Statt seiner erschien der Diakonus Thilo bei Bernhard von Mila und übergab ihm ein Schreiben von Menius, in welchem dieser anzeigte, wie und aus welchen Ursachen er sich gezwungen sehe, aus dem Lande zu weichen. In Halle berichtete ihm sein Schwiegersohn, der Superintendent Sebastian Boëtius, was man sich dort und in Wittenberg über ihn erzähle. Er legte deshalb seinem verehrten Lehrer und Freunde, Ph. Melanchthon, an dessen Urtheil ihm so viel gelegen war, dar, wie sehr er von der Proposition Majors abweiche. Auch rechtfertigte er sich in einem Schreiben an die Herzöge gegen die Anschuldigungen seiner Widerwärtigen und erbot sich zu Verhör und Verantwortung. Da nun auch seine Amtsgenossen von Gotha sich persönlich an den Hof begaben und ihn entschuldigten, so erhielt er vom Herzoge die Antwort, daß er sich ungefährdet und sofort wieder nach Gotha verfügen und sein ihm anbefohlenes Amt, wie zuvor, mit treuem Fleiß abwarten sollte. Wenn es nöthig wäre, wegen der vorgefallenen Irrungen ein Verhör anzustellen, sollte ihm das nicht verweigert werden. Menius kehrte nach Gotha zurück und meldete dies am 26. März. Zugleich bat er, man möge ihm gestatten sich erforderlichen Falls gegen seine Verleumder zu vertheidigen. Denn das Geschrei, daß Justus Menius von der reinen christlichen Lehre ganz und gar abgefallen, sei nicht allein durch ganz Deutschland, Ober- und Niederland, sondern auch bis in andere Nationen geflogen. Das könne er nicht stillschweigend anhören und erdulden. Wenn man ihm aber seine Verantwortung nicht frei lassen könne, so bitte er aufs unterthänigste und demüthigste, ihm mit Gnaden zu erlauben, daß er sich nochmals anderswohin zu Dienst, wohin ihn der liebe Gott berufen werde, begeben möge. Darauf erhielt er (2. April) die Antwort, daß wegen zu vieler Geschäfte der Bescheid erst später erfolgen könne, vielleicht auch, wie Menius meint, darum, damit seine Widerwärtigen nicht in so vielen Lügen durch seine wahrhaftige Verantwortung offenbarlich ergriffen und schamroth werden mußten.

Damit ruhte die Sache eine kurze Zeit.

III.

Im Laufe des Jahres 1556 veröffentlichte Menius zwei kleine Schriften: Von der Bereitung zum seligen Sterben (dem Bürgermeister Cotta von Eisenach und Georg von Wangenheim dem ältern gewidmet), und: Von der Seligkeit, eine Predigt über Luk. 10, und schickte dieselbe mehreren angesehenen Män-

nern zu. In beiden Büchern vermied er die verpönten Ausdrücke von der Nothwendigkeit der guten Werke zur Seligkeit
sorgfältig, aber ein Mann wie Menius, der einen großen Theil
seiner gesegneten Thätigkeit der Bekämpfung der widertäuferi-
schen Sekten gewidmet und einen vortrefflichen Anfang zur ge-
trennten Behandlung der Sittenlehre gemacht hatte, konnte dabei nicht schweigen vom neuen Gehorsam und von der Heiligung,
die dem Glauben folgen müssen, wenn nicht die Rechtfertigung
wieder verloren gehen soll. Er kannte die Herzensbedürfnisse
des gemeinen Mannes und die sophistischen Trugschlüsse der
Weltmenschen viel zu gut, als daß er nicht hätte versuchen sollen
beiden gerecht zu werden. Er hatte Gelegenheit genug gehabt,
die Schwärmer schreien und sagen zu hören: „Thue, was du
willst; glaubst du nur, so ist alles nichts. Der Glaube vertilgt alle Sünde. Gute Werke taugen nichts und sind in
keinerlei Weise noch Wege nöthig zur Seligkeit." Wir haben's
ja oben gehört und es ist aus den Klagen der Reformatoren
bekannt, wie wenig doch die Reformation zunächst Einfluß gehabt
hatte auf das sittliche Leben des Volkes. Daher betonte es
Menius wie sonst so auch in diesen Schriften, daß eine sittliche
Erneuerung und ein guter Lebenswandel nothwendig seien, um die
durch den Glauben ohne Verdienst der Werke rein aus Gottes
Gnade erlangte Rechtfertigung und Seligkeit zu behaupten und
zu behalten[1]). Gewiß ein vollkommen evangelischer Gedanke!

---

1) Menius hatte Melanchthon und Bugenhagen um ihr Urtheil über
sein Buch gebeten. Der Erstere antwortete: „Legi tua scripta, quae mihi
misisti, et adfirmo recte, pie, proprie et perspicue traditam esse doctrinam
περὶ δικαιοσύνης καὶ περὶ τῶν δικαίων ἔργων. Scio nihil tam cir-
cumspecte dici posse, quod non sophistica vel turbare possit. Sed ab
Ecclesia abesse sophisticam oportebat, ac te meminisse scio meas
veteres querelas de horum temporum sophistica. Vetus fabella est, ex Ti-
tanum sanguine terram edidisse Gigantes. Ita nostro tempore ex
veteris sophisticae seminibus multa nova sophismata orta sunt." (Corp.
Ref. VIII, 787.)

Menius selbst führte sechs Ursachen für seine Lehrweise an: 1) Damit
man den Papisten das Maul stopfe, die den Evangelischen Schuld geben,
als verachteten sie alle guten Werke, und lehrten, der Mensch könne schon

Aber er roch danach, als involvire er die Nothwendigkeit guter
Werke zur Seligkeit, und da Menius nach dieser Seite hin bereits anrüchig war, so konnte für seine fanatischen Gegner nichts
klarer sein, als daß er in diesen Schriften die Nothwendigkeit
guter Werke zur Seligkeit vortrage.

Für Amsdorf waren diese Schriften etwas sehr Willkom-
menes. Er schrieb sogleich (den 8. Juli 1556) an die Herzöge,
er könne nicht umgehen, des Menii Schreiben und Büchlein zu
widerlegen und bat seine Gegenschrift in Jena drucken zu lassen.
Er schrieb dabei: „Dieweil diese Proposition (Gute Werke
sind von nöthen zur Seligkeit) von Doktor Martin Luther,
den Gott deutscher Nation zu einem Lehrer und Propheten erweckt und gegeben hat, öffentlich verdammt und verworfen ist,
daß sie als eine unchristliche und ketzerische Proposition nicht zu
dulden noch zu leiden ist, und dasselbige nicht aus seinem eignen
Sinn oder Kopf, sondern aus und nach der Lehre des heiligen
Pauli solches gethan hat, welcher deutlich, klar und hell spricht:
„Fides sine operibus justificat", d. i. der Glaube macht
uns gerecht, fromm und selig ohne Werke, daraus folgt, daß
die Werke zur Seligkeit nicht von nöthen sind. Denn wo sie
zur Seligkeit von nöthen wären, so wären sie auch von nöthen
zur Gerechtigkeit; sind sie aber von nöthen zur Gerechtigkeit, so
macht der Glaube allein uns nicht fromm noch gerecht oder
selig, sondern der Glaube mit den Werken. Welches stracks
ist wider die Lehre des heiligen Pauli, qui dicit: fides sine
operibus.

Dieweil denn solche Lehre und Proposition, daß der Glaube
allein ohne Werke uns fromm, gerecht und selig macht, ein

---

selig werden, wenn er gleich in allen Sünden und Schanden lebte;
2) ebenso um den Antinomern zu begegnen, welche alles Gesetz aufheben
wollten; 3) den Osiandristen, welche klagten, man treibe den Artikel von
der Erneuerung gar zu kaltsinnig; 4) gegen die Lehre des Interims von
der eingegossenen Gerechtigkeit; 5) gegen Diejenigen, welche vorgäben, wenn
einer gläubig sei, so wären alle bösen Lüste nicht mehr sündlich und schädlich, weil sie einmal vom heiligen Geist geheiligt wären; 6) wider den gemeinen Pöbel, der die Freiheit des Glaubens gar zu sehr mißbrauchte.

Artikel, Grund und Eckstein unseres christlichen Glaubens ist, so können und sollen wir davon nicht disputiren, zweifeln, glossiren oder deuten; sondern es soll und muß ein Jeder lehren, predigen und glauben, daß die Werke zur Seligkeit nicht von nöthen sind.

Und ob er wohl der Proposition einen eignen Verstand machte und geben will, darin der Werke Verdienst ausgeschlossen wird; so leidet es doch die Proposition nicht, sondern ist ihr ganz zuwider und entgegen, wider die Art und Natur der Worte, dieweil sie den Verdienst der Werke mit sich bringen und in sich schließen, wie's denn alle Menschen allezeit verstanden haben und unsere Nachkommen auch verstehen würden.

Derhalben man solche Proposition in keinem Wege in der christlichen Kirche dulden noch leiden kann, denn dieweil ein Christenmensch schon fide et spe selig ist, wie können denn ihm die guten Werke zur Seligkeit, die er bereits hat, von nöthen sein? Sie sind ihm wohl von nöthen zu einem christlichen Leben als fructus fidei, als signa und testimonia fidei, seinen Glauben, d. i. seine Seligkeit, damit zu beweisen und gewiß zu machen.

Daß er aber sagt, die Proposition sei legalis, ist nur eine Ausflucht. Denn das Gesetz spricht an keinem Ort, daß die Werke nöthig sind zur Seligkeit, es spricht aber, audire vocem domini sei von nöthen zur Seligkeit. Daß aber Christus sagt: Si vis ingredi, serva mandata, ist nicht anders gesagt: Willst du leben, so glaube. Denn das Gesetz wird allein durch den Glauben erfüllt und nicht mit Werken. Darum kann diese Proposition: bona opera sunt necessaria ad salutem, nicht legalis sein. Denn das Gesetz verheißt seinen Thätern alles sub conditione, welches von der Seligkeit nicht kann noch mag verstanden werden, salus enim gratis sine conditione promittitur.

Will nun Menius solche Lehre mit uns annehmen, lehren und predigen und seinen Irrthum erkennen, bekennen und widerrufen, so soll er in seinem Amt und Dienst bleiben, wo nicht, so soll ihm das Predigtamt gelegt und verboten werden."

Dieses geharnischte Schreiben versetzte den Hof sogleich

wieder in die größte Bewegung. Von den fürstlichen Räthen erachtete Franz Brück das Buch von Menius in re nicht für unrecht, sondern allein etliche Worte mißdeutlich, die Uebrigen aber für irrig und unrecht. Sofort wurden von allen angesehenen Theologen des Landes Gutachten eingeholt. Schnepf befand, daß Menius etliche Reden in selbigem Buche führe und gebrauche, welche gar verdächtig, D. Majors Irrthum verwandt und zugethan und um deßwillen in keinem Wege in der Kirche Gottes zu dulden seien. Die übrigen Jenenser, Hügel[1]), Schröter, Strigel und Stigel konnten aus diesem Büchlein nicht mit Grund vernehmen, daß Menius von der reinen Lehre abgefallen sei, und verlangten nur, weil Etliche dies behaupteten, eine ausführlichere und bessere Erklärung darüber, ob die guten Werke als Ursache oder als Früchte der Rechtfertigung angesehen werden sollten.

Das Gutachten von Mörlin und Stößel, welche von jetzt an nächst Amsdorf die heftigsten Gegner von Menius sind, geht dahin: „Obwohl Menius die Art der Rechtfertigung mit feiner Ordnung, zierlichen guten Worten, auch mit erlesenen guten Zeugnissen der heiligen Schrift dermaßen darthut, daß ihm nicht leichtlich etwas zu tadeln und nur in der Meinung nicht fast Ungleichheit mit der unsern zu spüren, so mißfällt uns doch zum höchsten 1) daß er die verdächtige und irrige Proposition, Gute Werke sind nöthig zur Seligkeit, überall mit einflicht, 2) daß er mit so geschwinden und heftigen Worten diejenigen antastet, welche gute Werke als nöthig zur Seligkeit nicht zulassen.“

---

1) Andreas Hügel, zuerst Prediger in Amberg, dann Diakonus in Wittenberg, mußte sein Pfarramt zu Neustadt in der Mark Brandenburg aufgeben, weil er sich dem Interim des Churfürsten Joachim von Brandenburg widersetzte. Er fand 1549 wieder eine Anstellung als Diakonus in Jena und wurde 1550 Superintendent daselbst. Aber schon 1559 wurde er wegen der flacianischen Händel abgesetzt und mit Strigel auf der Leuchtenburg gefangen gehalten. Nach seiner Freilassung wurde er 1562 Superintendent in Orlamünde. Im Jahre 1570 wurde er auch hier entlassen und starb bald darauf an der Pest.

Auch finden sie es höchst verdächtig, daß er solch sein Büchlein nicht zu Jena, „da die Inspectio und Censura aller Schreiben verordnet", sondern zu Erfurt hat drucken lassen. Dagegen preisen sie den christlichen Eifer Amsdorfs, insbesondere
daß er sein Buch erst zur Censur an Ihre Fürstl. Gn. eingeschickt hat und dasselbe in Jena drucken lassen will. Bei
alledem finden sie es höchst betrübend, daß „von solchen hohen
Personen und unserer Kirchen Vorgängern mit solchen heftigen
Worten ineinandergesetzt wird, denn Menius in solchem Schreiben des Bischofs für einen Abtrünnigen und der von der reinen
Lehre abgefallen sei, beschuldigt und ausgerufen wird. Es laufen
auch andere geschwinde Affektus und Personalia mit unter, die,
sobald sie öffentlich im Druck ausgebreitet, nicht allein der
Person, sondern dem ganzen Ministerio und vorgehenden Arbeit
und Handlung Menii große Verachtung, Spott und Infamiam
bringen würden, über das hierdurch nur ein größer Feuer angezündet und Menius zur Verantwortung und allerlei beschwerlichen Gegenschriften wiederum schreiten und ins Feld sich begeben würde.

Wir könnten auch nicht aus Menii Schreiben so viel ungereimte Opinion und Meinung erzwingen, wie sie ihm vom
Herrn Bischof aufgelegt und zugemessen werden. Demnach zu
besorgen, es werde Menius solche Erklärung seiner Proposition,
wie sie vom Bischof dargethan, nicht allerding zulassen, und mit
gleichem Ungestüm wiederum allerlei absurditates nach seinem
scharfsinnigen Verstande und listiger Geschwindigkeit aus des
Bischofs Schreiben hervorbringen und werde des Folgerns,
Zankens und Schmähens auf beiden Theilen weder Maß noch
Ende sein." Daher rathen sie, Menius vor einen Konvent der
angesehensten Theologen zu laden und ihm zu verbieten, anderswo
als in Jena Bücher drucken zu lassen. Das gegenwärtige möge
unterdrückt werden. Amsdorf möge man mittheilen, was man
mit Menius vorhabe; sein Buch solle erst gedruckt werden,
wenn der Konvent es beschließe, dann aber auf jeden Fall die
gehässigen Personalia ausgemärzt werden [1]).

1) Das Buch erschien noch in demselben Jahre unter dem Titel:

Amsdorf antwortete auf die Einladung zum Konvent, er werde sich einstellen. „Gott gebe, daß es wohl gerathe. Ich besorge, es sei vergeblich und umsonst. Ich habe es nie erfahren, gehört oder gelesen, daß es nach einem Gespräch sei besser geworden, aber der Vernunft und Welt zu Gefallen muß man wohl thun und nachlassen.‟

Menius aber wurde von dem Landhofmeister Bernhard von Mila, dem Amtmann Jost von Reckrodt und dem Hofrath Dr. jur. Stephan Klodt auf das Schloß geladen [1]). Hier eröffneten ihm diese im Namen der Herzöge: 1) er solle sich des Predigtstuhles in Gotha enthalten; 2) er solle ohne Vorwissen und Willen der Herzöge die Stadt nicht verlassen; 3) er solle den folgenden Montag in Eisenach erscheinen und in Gegenwart Johann Friedrich des Mittlern sich mit angesehenen Theologen unterreden und vergleichen; 4) er solle von dieser Sache mit keinem Menschen weder öffentlich noch insgeheim reden.

Darauf erwiderte Menius: Er habe sich bisher in seinen Predigten und Schreiben unverweislich gehalten und trüge auch noch keine Scheu, sich gegen Jedermann darüber zu verantworten, wie er denn früher seine Meinung an die Herzöge nach der Länge geschrieben und gerne gesehen hätte, wenn er deswegen verhört worden wäre. Er könne sich wohl denken, daß ihm die Visitatoren, die ihm widerwärtig, deren Gegenbericht er auch bis anher nicht habe zu Händen bekommen können, bei den Herzögen eingetragen, daraus ihm diese Beschwerung erfolgt. Er hätte sich dieser Geschwindigkeit nicht versehen, weil ihm auf sein Schreiben von Halle aus an die Herzöge freigelassen worden sei, zu predigen, was er aus Gottes Wort zu verantworten wüßte. Demgemäß habe er sich bisher verhalten und sei in Gotha geblieben, obwohl er mehrere Berufungen erhalten habe. Man möge ihm doch die Stellen in seinem Buche zeigen, an welchen er die Proposition Majors vertheidigt habe. Dem

---

„Auff den schwantz oder letzter anhang des sermons von der seligkeit Justi Menii. Antwort Niclas von Amsdorff.‟

1) Für den Fall, daß sich Menius weigerte, alles dies anzugeloben, waren sie beauftragt, ihn sofort gefangen zu setzen.

Verlangen der Fürsten werde er sich fügen; denn er wisse sich zu erinnern, daß ihm ohne Beruf und Zulassung der Obrigkeit zu predigen nicht gebühren wolle. Käme er aber einmal von der Kanzel, so würde das Wiederauftreten bei ihm stehen, und wäre des Vertrauens, daß kein Mensch ihm Schuld geben würde, daß er auf der Kanzel des Majors Lehre mit einem Wort gedacht oder erreget hätte. Darum sollte ihm das Predigen billig gestattet sein. Könne es aber nicht sein, so müßte er's dahin stellen. Die Zusage werde er geben, weil sie mit Zwang und Gewalt verlangt werde; es wäre aber nicht nöthig gewesen, da es nicht sein Gemüth sei, sich oder seinem Ministerio einen Schandfleck zuzuziehen. Zu der Unterredung in Eisenach wolle er sich stellen. Doch weise er die Visitatoren als Richter entschieden zurück, weil sie parteiisch seien. Zuletzt bat er, da S. Fürstl. Gn. ihn zu einem Diener nicht haben wollten, ihn zu enturlauben. Er wolle sich anderswo niederthun, wie ihm denn erst vor kurzer Zeit noch etliche Konditiones zu Straßburg und an andern Orten vorgestanden.

Schließlich versprach Menius mit Handgelöbniß alles ohne Einschränkung und Bedingung zu halten, und wünschte, die Unterredung möchte ganz öffentlich unter freiem Himmel statt finden, da er sich in keiner Weise zu scheuen habe.

Da er zuletzt noch erklärt hatte, wenn er jetzt einmal von der Kanzel käme, so würde er nimmermehr wieder hinaufgehn, so baten B. von Mila, Reckenrodt und Klobt die Herzöge, ihm die kurze Zeit bis zu dem Konvente das Predigen zu erlauben, zumal da sie bezeugen müßten, daß er bisher auf der Kanzel nichts gepredigt habe, was an Majors Satz erinnere, und da man damit verhüten könne, daß er nach abgehaltener Unterredung Gotha verlasse.

Allein es wurde ihm alles abgeschlagen, und nur mit großer Mühe erlangte er es, daß er wenigstens den Diakonus Brembach von Gotha und den Pfarrer Fuldner von Waltershausen als Beistände mit nach Eisenach brachte.

IV.

Als Menius am 2. August in Eisenach ankam, hoffte er, es würde zwischen ihm und den Theologen eine christliche und freundliche Unterredung und Vergleichung erfolgen. Er wurde in die Versammlung geführt, welcher der Herzog Johann Friedrich der Mittlere in Person präsidirte. Hier wurden ihm die von Viktorin Strigel aufgestellten Thesen, die er zuvor selbst aus dem Lateinischen ins Deutsche übersetzt hatte, mit dem Bedeuten vorgelegt, er solle sich darauf erklären, ob er sie annehmen wolle oder nicht[1]). Eine Unterredung darüber wurde nicht gestattet; doch gab man ihm kurze Bedenkzeit und erlaubte ihm dann, seine schriftlich verfaßte Erwiderung darauf vorzulesen und zu übergeben. Diese lautete:

„Durchleuchtiger, Hochgeborener Fürst, gnädiger Herr! Was E. F. G. gestriges Tages Vormittags in Ihrem Namen und Gegenwärtigkeit mir gnädiglich vorhalten lassen, ob ich wohl dasselbige meines schwachen, geringen Verstandes halb so ganz vollkommlich und nach Nothdurft nicht genugsam eingenommen, noch vielweniger aber zu repetiren vermag, habe ich's doch fürnehmlich und in Summa auf nachfolgende Punkte und Artikel gerichtet und gemeinet verstanden:

---

1) Nach der Eröffnung des Konvents durch den Herzog Johann Friedrich traten die Theologen zu einer Besprechung zusammen und erklärten dann, daß die Proposition: Gute Werke sind nöthig zur Seligkeit, in keinem Wege in der Kirche zu leiden sei. Amsdorf las seine schriftlich abgefaßte Meinung vor und übergab sie. Mörlin erklärte das ad salutem für den Drachenschwanz, den man herunterthun müsse. Victorin Strigel findet in der Proposition eine Versuchung Gottes und eine Betrübniß der christlichen Kirche. In ähnlicher Weise erklärten sich die übrigen Mitglieder. Darauf wurde Menius vorgeladen und ihm der Beschluß kundgethan, daß die Form der Rede: Gute Werke u. s. w. nicht zu leiden sei Man begehre von ihm keine Erklärung, wie er's deuten möchte, sondern ob er von diesem Irrthum abstehen wolle. Menius bedankt sich zuerst dafür, daß man ihm die Verantwortung gestattet, bittet aber um einige Bedenkzeit. Da Menius schon seit 14 Tagen davon gewußt habe, wird ihm nur bis Nachmittags 2 Uhr Bedenkzeit gewährt.

I. Daß E. F. G. nichts weniger als derselben Vorfahren, Großvater und Vater, christlicher und hochlöblicher Gedächtniß entschlossen und bedacht, die reine christliche Lehre des Evangelii, so dieselben mit Darstreckung ihrer Chur= und Fürstenthum, Land und Leute, auch Guts und Bluts, in I. F. G. Landen rein und lauter vermittelst göttlicher Hülfe zu erhalten, vermöge der Konfession, so I. Churf. G. Anno 1530 auf dem hochberühmten Reichstage zu Augsburg Kais. und Kön. Maj., sammt anderen des heiligen Römischen Reichs Churfürsten, Fürsten, Ständen und Städten damals überantwortet und zugestellet;

II. und dieweil aber ich neulicher Zeit ein Büchlein durch den Druck öffentlich ausgehen lassen, in welchem ich der christlichen Lehre und der Augsburgischen Konfession zuwider, einen Artikel ausdrücklich gesetzt dieses Lauts und Inhalts: daß die Werke zur Seligkeit nöthig sein sollten, welcher Artikel, da er de causa efficiente verstanden werden sollte, der heiligen göttlichen Schrift, Evangelio und unserem christlichen Glauben stracks allerdinge entgegen wäre, da er aber gleich de effectu und fructibus fidei verstanden werden sollte, daß er doch in den articulum justificationis über sich empor steigen und derowegen mit solcher Interpretation auch nicht zu leiden sein wollte, und dieweil denn E. F. G. derowegen Ihre fürnehmen Theologen in stattlicher Anzahl hiezu erfordert, die auch auf Ihr gnädigst Begehren sich von Mund zu Mund darauf so viel erklärt, daß gedachter Artikel in der christlichen Kirche weder für sich so blos (gute Werke sind nöthig zur Seligkeit), noch mit einigerlei Deklaration, als daß gute Werke zur Erhaltung der Seligkeit nöthig sein sollten, keineswegs gar nicht zu gedulden sein sollte, vornemlich auch aus dieser Ursache, daß er in der hochberühmten Universität Wittenberg Anno 1538 durch den weiland hocherleuchteten Herrn D. Martinum Lutherum seliger Gedächtniß in öffentlicher Disputation öffentlich verdammt und explodirt sein soll, dabeineben ich dann selbst persönlich auch gewesen und ihn durch mein eigen judicium beineben andern soll haben kondemniren helfen;

III. Demnach dann E. F. G. von mir gnädiglich begehren, ich wollt mich endlich und eigentlich erklären und vernehmen lassen, ob ich solche Proposition, als die ambigua, flexiloqua, noxia und perniciosa wäre, wollt fahren lassen und vermöge meines vorigen judicii bei dem, so der reinen christlichen Lehre der Augsburgischen Konfession gemäß und hiebevor durch mein eigenes judicium approbirt worden, nochmals bleiben.

Nachdem ich denn, Gnädiger Fürst und Herr, in dieser hochwichtigen, großen Sache von E. F. G. anher erfordert worden, daß ich mit andern E. F. G. Theologen mich davon unterreden sollte, und mich nichts wenigers versehen gehabt, als daß man ohne alle vorhergehende Unterrede mit der Sache so geschwind eilen würde, so habe ich E. F. G. aufs unterthänigste gebeten, die wollten mir so gnädig sein und mir hierauf bis auf heutigen Morgen Bedenkzeit gnädiglich geben.

Daß nun solches geschehen, bedank gegen E. F. G. ich mich aufs unterthänigste, daß sie sich in dieser hochwichtigen Sache Gott zu Ehren und mir zu Gnaden erzeigt haben, und will demnach im Namen Gottes, so viel ich in solcher Eile zu bedenken vermocht, in Unterthänigkeit mich mit Antwort erklären, jedoch mit diesem unterthänigen Vorbehalt, weil die Sache groß, Gottes Ehre und mein armes Gewissen betreffen thut, da ich in Eil etwas nicht genugsam bedacht, daß mir solches in alle Wege ohne Nachtheil sein möge, davon ich auch protestiren thue.

Sage demnach auf den ersten Artikel E. F. G. gnädiger Fürhaltung, daß mir wohl wissentlich, mit was Mühe, Fleiß, Kosten, Treu und Gefahr, auch großen merklichen erlittenen Schaden E. F. G. Vorfahren, Großvater und Vater, christlicher und hochlöblicher Gedächtniß, inmaßen auch E. F. G. sammt derselben Herrn Brüdern, meine gnädigen Fürsten und Herren, selbst die christliche Lehre bis daher nicht allein in ihren eignen Chur- und Fürstenthumen, sondern auch in fremden Landen und Nationen auszubreiten, zu pflanzen, zu verfechten sich bemühet haben. Dafür ihren Chur- und E. F. G. die ganze Welt, viel weniger aber ich Armer, Elender gebührliche Danksagung thun kann, bitte aber Gott von Herzen, er wolle

E. F. G. sammt derselben Unterthanen in dem wohl angefangenen und bis daher wohl vollführten Werk gnädiglich erhalten. Amen.

Und wiewohl ich genugsam weiß und verstehe, wie gar ich nichts bin noch vermag, weiß mich auch lauter nichts zu rühmen, so stelle ich doch in keinen Zweifel, es werden E. F. G. sammt derselben Landschaft zu guter Maßen wissen, was ich durch göttliche Verleihung in sechs Visitationen dabei auch gethan, und damit allerlei Rotten, so sich nun in die 28 Jahr hiernächst ereignet, widerstanden worden, bin auch noch heutiges Tages und eben diese Stunde dessen gesinnt, was ich zu Erhaltung christlicher Lehre vermittelst göttlicher Verleihung zu thun vermag, daß ich dasselbige mit aller Treue ganz willig und gern thun will, so lang ich einen Odem in meinem Leibe habe.

Zum andern, soviel mein ausgegangen Büchlein belanget, darinnen ich den Artikel, daß gute Werke nöthig seien zur Seligkeit, ausdrücklich gesetzt haben soll, sage ich, daß meines Wissens und Vertrauens gemeldter Artikel dergestalt, wie mir vorgehalten worden, nit zu befinden, und berufe mich deß auf gemeldetes mein Büchlein. Das aber bekenne ich, wie es auch der Buchstab meines Büchleins augenscheinlich ausweiset, daß ich geschrieben und halte: Wann einem armen verdammten Sünder von Gott dem Vater aus lauter Gnaden und Barmherzigkeit, allein um des Mittlers Jesu Christi willen, seine Sünde vergeben, er zu Gnaden aufgenommen, mit Gott versöhnet, ein Kind Gottes und Erbe der ewigen Seligkeit worden ist, daß ihm gleichwohl von nöthen sei, damit er in der geschenkten Seligkeit erhalten werde, daß er sich von Sünden abziehe, und neuen Gehorsam anfahe, damit er nicht wiederum aus Gnaden in Zorn, aus dem Leben in Tod und aus der Seligkeit in Tod zurückfalle, wie bald und leichtlich geschehen. Daß nun die Herren Theologen solche Lehre als der heiligen Schrift und Augsburgischen Konfession zuwider und ungemäß mit Grund verdammen können, kann ich nach meiner Einfalt wahrlich, wahrlich, als mir mein lieber Herr Christus helfe, nicht verstehen, und mag mich mit ihnen davon gerne unterreden, mit aller Bescheidenheit. Will mich aber gar nicht zu ihnen versehen, daß sie so gefährlich gegen mir handeln werden und meine Worte, die ich mit völligem gewissen Verstand ohne alle Ambiguität gesetzt, auf die ungewisse und mißverständige Proposition, gute Werke sind nöthig zur Seligkeit, restringiren und einziehen werden; denn so sie solches thun wollten, wie ich doch nicht hoffe, müßten sie meinem armen unschuldigen Büchlein große Gewalt thun, und viele Worte, so klar darinnen stehen, entweder ganz und gar herausthun, oder je zum wenigsten verdunkeln, und dagegen mir andre Worte hineinbringen, so doch von mir nicht gesetzt sind.

Ich bekenne und habe es je und alle Wege bekannt, daß die Rede, Gute Werke sind nöthig zur Seligkeit, eine mißverständliche, halbmündige, unvollkommene und gefährliche Rede sei, die so blos an ihr selbst ebenso wohl auf unchristlichen irrigen Verstand als auf rechten christlichen Verstand gezogen werden möge. Derhalben D. Martinus Luther gerathen, man soll sie entweder gar unterschieblich führen und alle Worte wohl baden, daß man gewiß wissen und erkennen möge, wohin sie gerichtet und gemeinet sei, oder soll ihr ganz und gar müssig gehen. Denn also lauten seine Worte: Illa propositio aut est distinguenda aut simpliciter repudianda. Daß sie aber als aller Ding ketzerisch von ihm verdammt sein sollte, habe ich von ihm nie weder gehört noch gelesen. Sintemal sie in doctrina legis je nicht verdammt werden kann, wie der Sächsischen Kirchen, Lübeck, Hamburg und Lüneburg Prediger auch bekennen [1]).

---

1) Hier fiel ihm Amsdorf wie ein „grober Truntenbold" ins Wort und sagte: „Da meinst Du mich mit, es ist erlogen, Du loser, schändlicher, verlogener Mann, Du lügst auf die zu Magdeburg, sie haben nicht so geschrieben" u. s. w. Menius entgegnete: „Gnädiger Herr, ich lüge nicht, ich rede die Wahrheit und kann es fürlegen, das Buch ist zu Magdeburg gedruckt." Zu seiner Wuth rief Amsdorf: „Wenn's wahr ist, so will ich mir den Kopf lassen abhauen: es ist erlogen." Trotzdem daß ihm der Herzog mit der Hand zuwinkte, beruhigte sich Amsdorf doch nicht, so daß Menius sagte: „Gnädiger Fürst und Herr, ich bin zu einer christlichen und freundlichen Unterredung beschieden. Da ich nun nicht soll

Wiewohl ich nun die Zeit, da diese Disputation gehalten worden, nemlich Anno 1538, zu Wittenberg nicht gewesen und demnach
auch davon nichts hab judiciren können, wiewohl auch an meinem judicio nichts gelegen; so hab ich aber doch weiland des
ehrwürdigen Herrn Friedrich Mhconii Handschrift, der damals
in England beineben Andern verschickt worden und solche Disputation gegenwärtig angehöret und mit seiner Hand aufge-
zeichnet hat, welche sich mit dem ausgegangenen Magdeburgischen
Druck allenthalben nicht vergleicht; zudem ist dabeineben auch
seine Handschrift vorhanden einer Instruktion, so ihm damals
von den Herren Theologen zu Wittenberg mitgegeben, worauf
er sich mit denen Englischen in allen Artikeln unserer christlichen
Konfession vergleichen sollt oder nicht. Darinnen mehr denn
einmal zu befinden, daß ihm vorgeschrieben, diese Proposition,
daß gute Werke zur Seligkeit nöthig, ohne Widerfechtung
nachzulassen, meines Erachtens aus dieser Ursach, obwohl
Rechtfertigung und Seligkeit aneinanderhangen und zusammen-
gehören, daß doch das Wort Seligkeit weit mehr in sich beschließt
denn das Wort Rechtfertigung; denn ohne vorhergehende Verneuerung oder Heiligung wird man wohl vor Gott gerecht
allein durch den Glauben; aber wenn man durch den Glauben
gerecht worden ist und die Hoffnung der Seligkeit erlangt hat,
muß wahrlich die Verneuerung und Heiligung mit ansahen zur
Vollendung der Seligkeit, wie St. Petrus sagt: die Seligkeit
sei des Glaubens Ende. So ist ja die Gabe des heiligen Geistes,
damit wir verneuert werden, unter andern Wohlthaten, so der
Glaube empfähet, nicht die geringste, sondern eine mit der
größten. Derwegen sie von der Seligkeit mit nichten ausgeschlossen werden kann, sondern in alle Wege von nöthen ist,
damit wir zu dem, so wir im Anfang gehabt und durch den
Fall Adams verloren haben, wiederum kommen mögen. Man
lese die Auslegung D. Lutheri über das Evangelium des

gehört werden, so bitte ich unterthänig um Beurlaubung." Aber der
Herzog befahl ihm fortzufahren.

Eine ähnliche Scene ereignete sich, als Amsdorf gegen den Beschluß
des Konvents protestirte und im Zorn nach Hause lief.

18. Sonntags nach Trinitatis; item in libro de conciliis, quaternione XI und LXI, sammt den sehr vielen testimoniis, so ich aus seinen und anderer trefflichen Theologen Schriften anziehen kann. Aber wie dem allen, weil diese propositio, wie die Herren Theologi selbst bekennen, ambigua et flexiloqua, d. i. dunkel und mißverständlich ist, derhalben sie D. Luther entweder wohl unterscheiden oder gar aller Ding hat meiden heißen, so mag ich vor Gott auf mein Gewissen auch mit Wahrheit vor aller Welt das zeugen, daß ich sie so blos und ambigue mein Leben lang weder in Predigten noch Schreiben niemals geführet habe, dessen ich mich auf alle Die, so meine Predigten angehört, desgleichen auch auf alle meine ausgegangenen Schriften hiemit referiren thue. Gedenk ihr auch nachmals die Zeit meines Lebens nicht zu gebrauchen noch zu verfechten, auch keinem andern, der unter meinem Befehl ist, wissentlich zu verstatten, daß er ihr gebrauchen möge, will sie aber vielmehr, da sie wider die Schrift und reine Lehre von Jemand geführt würde, nach meinem Vermögen widerfechten und verdammen helfen. Nachdem ich aber je und allewege nicht auf meine eigne und besondre Weise, sondern einhellig mit D. Luther seligen, D. Philippo Urbano Rhegio, Johanne Brentio, Johanne Aepino, Alexandro Alesio und andern den vornehmsten zu unsern Zeiten Theologen einhellig gelehrt und geschrieben habe, daß denen, so aus Gnaden durch den Glauben um Christus willen Vergebung der Sünden, heiligen Geist, ewiges Leben und Seligkeit erlangt haben, von nöthen sei, damit sie alles das, so sie aus Gnaden durch den Glauben erlangt haben, behalten und nicht wiederum verlieren, daß sie einen neuen Gehorsam anfangen, die übrige Sünde im Fleisch abzutödten und die Gerechtigkeit, darin sie vor Gott ewig leben sollen, anzufahen und darin bis zur Vollendung im künftigen Leben zu verharren. Weil denn solche Lehre in Gottes Wort gegründet und der einhellige Konsensus aller christlichen Kirchen ist, so weiß ich davon keineswegs gar nicht abzustehen, verhoffens zu Gott, es werden weder C. F. G. noch die Herren Theologen von mir solches keineswegs nicht begehren, und da ich's auch für mich

selbst thun wollt, mir solches keineswegs nicht gestatten, sinte=
mal es zur Schmach des Herrn Christi, zum Aergerniß aller
christlichen Kirchen und mir selbst sammt allen anderen, so mir
in dem nachhängen und folgen würden, zu ewigem Verderben
und Verdammniß gereichet.

Zum dritten bitte demnach E. F. G. aufs unterthänigste,
auch um Gottes willen, die wollen mich hinfortan bei solcher
Lehre, wie ich die bis daher allweg geführt und sonderlich in
meinen neulichst vor dem nächsten ausgegangenen Büchlein
ausgegangenen Schriften, als nemlich ‚Wider die Blutfreunde
aus der Wiedertaufe‘, und der Bekenntniß, so ich wider das
Interim auf Begehren gemeiner Landstände gestellt habe, welches
auch nicht allein ihnen die Landstände, sondern auch die Herren
Theologen damals gefallen lassen und subscribirt haben, nach=
mals frei bleiben lassen. Es sollen, ob Gott will, E. F. G.
bei mir dieses mit Wahrheit nimmermehr befinden, daß ich
einigen Menschen auf Erden zu Lieb oder Leid anders schreiben
oder lehren will, denn ich jemals hiebevor gethan habe, ich werde
denn aus Gottes Wort Irrthums, das ich doch nicht hoffe,
aber doch, da mich Gott fallen ließe, zu Dank willig und gern
annehmen will, überweiset.

Dieses, gnädiger Fürst und Herr, will E. F. G. ich auf
das gestrige E. F. G. gnädiges Fürhalten in Unterthänigkeit
hiemit zu begehrter Antwort gegeben haben, ganz unterthänig=
lich bittend, es wollen E. F. G. von mir solches in Gnaden
vermerken und mein gnädiger Fürst und Herr sein und bleiben
u. s. w.‟

Nachdem Menius diese Erklärung vorgetragen hatte, ließ
man ihn abtreten und in seiner Herberge weiteren Bescheid
erwarten. Noch denselben Dienstag Abends nach 5 Uhr wurde
ihm durch Dr. Daniel und Johann Luther folgendes Bedenken
der Theologen schriftlich mit dem Bedeuten überantwortet,
bis zum folgenden Mittwoch früh sich weiter darüber zu er=
klären:

„Durchlauchtiger Fürst, gnädiger Herr. Wir haben Herrn
Justi Menii Deklaration, welche er auf heutigen Tag vor

E. F. G. und derselben löblichen Räthen gethan hat, nicht
allein von ihm selbst hören verlesen, sondern nachmals auch mit
Fleiß übersehen und erwogen, und befinden, daß nachfolgende
Artikel nicht genugsam von ihm deklarirt und bewiesen seien.

I. Daß er straks verneinet, er habe diese formam verborum
oder Proposition: bona opera sunt necessaria ad salutem,
weder in seinem Büchlein von der Seligkeit noch in seinen
anderen Schriften niemals geführt und gebraucht. Wiewohl
es aus seinen Propositionen, so er den Herren Visitatoren
zugestellt, genugsam erscheint, daß er diese formam verborum
gänzlich will vertheidigen und konfirmiren mit Zeugniß beider
Lehre des Gesetzes und Evangelii und verdammt Diejenigen,
die solche Proposition negiren, als Antinomer und hostes
Evangelii und beneficiorum Evangelii. Welche ungegründete
und unträgliche Auflage wir keineswegs können auf uns liegen
und bringen lassen, jedoch weil itzund der Streit vornemlich
ist von gemeldetem Büchlein, so wollen wir desselben Worte
ohne einigen Zusatz angeben und alle Christen davon lassen
urtheilen, ob die Worte: bona opera sunt necessaria ad salutem, darin zu befinden sind oder nicht: ‚Hörest Du da,
lieber Christ, der Du durch den Glauben an Christum von
Sünden, Gottes Zorn, Tod, Teufel und Hölle erlöset, mit
Gott versöhnet, zu Gnaden angenommen, ein Kind und Erbe
des ewigen Lebens, Seligkeit und Herrlichkeit worden bist, was
Dir zu Deiner Seligkeit (die Dir ohne Zuthun aller und
allerlei Gesetz und Werk aus lauter Gottes Gnaden und Barmherzigkeit allein um Christus willen durch den Glauben widerfahren ist) noch weiter von nöthen ist, daß Du darinnen be-
stehest und dabei bleiben mögest u. s. w.‘ Item im Büchlein von der Bereitung zum seligen Sterben § 3: ‚fähet
er (der heilige Geist) auch in den Gläubigen an Gerechtigkeit und Leben, welcher Anfang in diesem Leben, weil wir
auf Erden in diesem sündlichen Fleisch wandeln, ob er gleich
noch ganz schwach und unvollkommen ist, ist er doch gleichwohl zur Seligkeit nöthig und wird künftiglich nach der Auferstehung vollkömmlich vollendet werden, daß wir darin vor

14 *

Gott ewig wandeln und selig seien.' Ob Herr Menius nun wollte vorgeben, er hätte diese Worte: bona opera sunt necessaria ad salutem, nicht blos, ohne Auslegung, gesetzt und gebraucht, so wissen doch die Kinder in der Schule, daß aus dem est tertii adjecti folget das est secundi adjecti, als wenn ich sage: Turca est vastator orbis. Ergo Turca est. Also wenn man sagt: bona opera sunt necessaria ad salutem conservandam vel retinendam, so folgt auch dies: bona opera sunt necessaria; item: bona opera sunt necessaria ad salutem. Damit er uns aber nicht Schuld giebt, als hätten wir Lust zu quittiren, so wollen wir von seinem Verstand für das andere Stück aus göttlicher Schrift und guten Argumenten handeln und reden.

II. Weil auch Menius in seiner Deklaration erstlich passive redet, als nemlich, daß ihm, dem Gerechten, gleichwohl von nöthen sei, damit er in der geschenkten Seligkeit erhalten werde, daß er sich von Sünden abziehe und neuen Gehorsam anfahe, damit er nicht wiederum aus Gnaden in Zorn, aus dem Leben in den Tod und aus der Seligkeit in die Verdammniß wieder zurückfalle, wie bald und leichtlich geschehen; und darnach active mit diesen Worten, daß Denen, so aus Gnaden durch den Glauben um Christus willen Vergebung der Sünden, heiligen Geist und ewiges Leben und Seligkeit erlanget haben, von nöthen sei, damit sie alles das, so sie aus Gnaden durch den Glauben erlanget haben, behalten und nicht wiederum verlieren, daß sie in neuem Gehorsam anfahen die übrige Sünde im Fleisch zu tödten und die Gerechtigkeit, darinnen sie vor Gott ewig leben sollen, anzufahen und darin bis zur Vollendung im künftigen Leben zu verharren; so ist von nöthen, daß er sich besser deklarire, wie er das Wort ‚behalten‘ verstehe und deute; sintemal die Proposition: bona opera conservant salutem, oder bona opera sunt necessaria ad conservandam salutem das Ansehen hat, als gebe sie den Werken, das proprie dem Glauben gehört, denn der Glaube nicht allein im Anfange, sondern auch im Mittel und Ende gerecht und selig macht und auch die geschenkte Seligkeit erhält, laut des Spruchs: Justus fide sua vivet. Item Phil. 1: Qui coepit opus bonum in vobis, perficiet usque ad diem Christi. So ist es auch wider die naturam causarum et effectuum, daß eine causa efficiens sollt erhalten werden von ihrem effectu. Als der Schöpfer wird nicht von der Kreatur erhalten, auch nicht der Brunnen von seinem Bächlein, item die Seele wird nicht von dem Athem erhalten, auch nicht der Baum von seiner Frucht, und kann schwerlich ein contrarium exemplum gegeben werden. Nun ist offenbar, daß alle guten Werke vom Glauben als einem Brunnen fließen; weil denn gute Werke nicht gethan, viel weniger aber Gott gefällig sein können ohne den Glauben, welcher der Brunnen, das Leben und Athem der guten Werke ist und bleibt; derhalben wird nicht der Glaube von den Werken, sondern gute Werke von dem Glauben erhalten.

III. Will zu bedenken sein, ob man diese Proposition: bona opera sunt necessaria ad salutem, als eine legis doctrinam möge in der Kirche dulden und leiden, besonders wenn man sie allein abstractive oder de idea legis versteht und nicht menget in den Artikel justificationis und in den Gehorsam justificatorum et salvatorum, da sie denn gar keine Statt noch Raum haben mag. Denn daß man sie nicht soll mengen in den Artikel de justificatione, das bezeugen genugsam die exclusivae Paulinae: sine lege, sine operibus, gratis, in semine non in seminibus. Daß man sie auch nicht ziehen noch deuten solle auf den neuen Gehorsam in justificatis, das ist mit vielen Argumenten zu beweisen, als nemlich, daß die justificati schon durch den Glauben beide Schätze, justitiam et salutem, erlanget haben. Item, daß wir post justificationem nicht mehr sein unter dem Gesetz, soviel die Justifikation und Salvation belanget, ob wir wohl dem Gesetz zu gehorsamen schuldig und pflichtig sein, sondern sein unter der Gnade und nicht mehr Kinder der Magd Agar, sondern der Sara, d. i. der freien. Wie aber oft gemeldte Proposition möchte von etlichen Gelehrten und scharfen disputatoribus abstractive und de idea legis verstanden werden; jedoch weil bei den Einfältigen, bei dem größten Theil der Kirchen allerlei Mißverstand, Aergerniß und Zwietracht daraus erfolget, und wir in ecclesia, wie St. Paulus von sich zeuget, im Lehren nicht allein den Weisen, sondern auch den Unweisen vornemlich dienen sollen und müssen; so wäre es billig und nöthig, daß man solche Worte: bona opera sunt necessaria ad salutem, auch in doctrina legis nicht führet noch gebraucht; gleichwie die heiligen Väter propter ambiguitatem et propter insidias Arianorum etliche Reden, die doch an ihm selber nicht allerdinge unrecht waren, verworfen haben und verdammet, als nemlich: Filius Dei est creatura; item: Christus est creatura. Wie nun die Arianer solche Propositionen zogen auf die göttliche Natur in Christo, also thun auch zu unseren Zeiten die Papisten, welche, so sie hören diese Proposition: bona opera sunt necessaria ad salutem, sprechen sie alsbald, man sei mit ihnen eins worden und ziehen's aus dem foro legis in forum Evangelii, wie auch die Worte von den Einfältigen in unseren Kirchen nicht anders verstanden werden, und ohne daß das discrimen Legis et Evangelii schwerlich zu erhalten ist, wie fleißig man es immer treibe. Im Fall aber, daß diese Proposition jetziger Zeit von männiglich recht verstanden würde, so ist doch zu besorgen, daß bei unseren Nachkommen solche Rede nicht allein legaliter, sondern auch weitläuftiger zu Abbruch der Ehren Christi, zu Verfälschung der reinen Lehre von der Justifikation, zum Strick der Gewissen und zu andern unzähligen Schäden möchte gedeutet werden, weil es so bald de causa efficiente oder merito als vom effectu verstanden wird.

IV. Kann man nicht umgehen eine richtige Deklaration dieser Worte zu begehren, als da er spricht, daß das Wort ‚Seligkeit‘ weit mehr in sich beschließe denn das Wort ‚Rechtfertigung‘. Denn St. Paulus Röm. 4 aus dem 42. Psalm diese Definition der Seligkeit schöpfet, daß der Mensch nicht anders selig werde denn durch Vergebung und Zudeckung der Sünden. Und Eph. 2 sagt Paulus: Gratia estis salvati, gleichwie er Röm. 3 gesagt hat: Justificati gratis per gratiam. Daraus denn gewaltiglich zu schließen ist, daß die Worte Justificatio und Salvatio seien synonyma oder aequipollentia, und eines so viel begreift als das andere. Wie auch der selige Mann Lutherus zum öftermal spricht: Regnum Christi et Regnum Dei non differunt re sed modo rei. So ist auch männiglich bekannt der Spruch Petri Akt. 15: Credimus nos salvari per gratiam Domini sicut et patres salvati sunt. Item der Sohn Gottes sagt selber Joh. 3: Qui credit in filium, habet vitam aeternam. Und Joh. 5: Er kommt nicht in das Gericht, sondern er ist durch den Tod zum Leben gedrungen.

V. Bedarf die Klausula ‚in Vollendung der Seligkeit‘ einer weiteren Erklärung, sintemal sie das Ansehen hat, als pugnire sie dem Spruch Pauli Kol. 2: In Christo consummati estis. Item Ebr. 10: Una oblatione consummavit in aeternum sanctificatos.

VI. Weil Menius conditionaliter redet von der oft gemeldeten Proposition, als wollte er sie für sich selbst nicht mehr lehren, auch Anderen, die unter seinem Befehl seien, sie zu lehren nicht gestatten, so sie Jemand wider die Schrift und reine Lehre führen würde; so können wir mit den Aposteln Akt. 10 diese Proposition, so viel den articulum justificationis et salvationis und die novam obedientiam salvatorum belangt, simpliciter als eine tentationem Dei, turbationem ecclesiae und diversionem animarum verwerfen und verdammen, und secundum quid, wie man in Schulen pflegt zu reden, um vieler Ursachen willen, die droben erzählet sein, als nemlich propter ambiguitatem et propter insidias hostium, sofern sie auch legaliter mag exlusirt werden, gleicher Gestalt auch verwerfen und explodiren.

Diese Artikel, gnädiger Fürst und Herr, wie im Anfang gemeldet, erfordern genugsame und richtige, nicht umschweifige Deklaration und Konfirmation, auf daß E. F. G. sammt Ihrer Lande Kirchen und Lehre gewiß sein, wobei Menius bleiben und ob er propter concordiam Ecclesiae nicht allein mit uns und andern rechtschaffenen Lehrern der reinen evangelischen Lehre und Schriften anhangen, sondern auch die unleidliche Proposition verdammen und explodiren wolle, welche unzählige Aergerniß und Zwietracht erregt, auch nicht Christo, sondern dem Bauch und Papstthum dienet, und mit süßen und prächtigen Worten die einfältigen Herzen betrübt und verführt, soviel aber seine Deklaration de conservatione salutis belangt, davon haben wir kurzen Bericht aus Gottes Wort dargethan, und sein in Unterthänigkeit E. F. G. und wer es sonst von uns begehrt, näher Bericht und Grund anzuzeigen willig und bereit, bitten auch unterthäniglich, daß E. F. G. diese kurze und einfältige Schrift in Eil gestellt gnädiglich verstehen und aufnehmen wolle, deren wir uns als arme Diener in Unterthänigkeit thun befehlen."

Zur Beantwortung dieses Bedenkens ließ man Menius nur bis den folgenden Tag Morgens 6 Uhr Zeit; zur bestimmten Stunde erschien er vor dem Herzoge, sowie dessen Theologen und Räthen, und verlas folgende Antwort:

„Auf E. F. G. gnädigstes Begehren, daß ich mich auf der Herren Theologen Schreiben und übergebene Artikel weiter und categorice erklären wolle, sage ich auf ersten wie zuvor, daß ich die Rede, gute Werke sind nöthig zur Seligkeit, niemals in meinen Predigten noch Schriften geführt oder gebraucht habe, berufe mich dessen auf alle meine Zuhörer und ausgegangene Schriften. So viel aber meine propositiones, die ich den Visitatoren zugestellt habe, belangen thut, bekenne ich, daß ich selbe Proposition gestellt und sie dem Herrn Ehrw. Dr. Ehrhard Schnepf vertraulicher Meinung zugeschickt habe, nach seinem Bedenken entweder mit ihm allein oder auch, da er's für gut ansehen würde, mit den andern Herren Visitatoren davon freundlich und bescheidentlich zu disputiren, und habe sie keinem Menschen, auch meinen Mitdienern allhie zu Gotha nicht zukommen lassen, bis so lang die Sache, Gott weiß wie und durch wen, an E. F. G. gelanget, und ich darüber in beschwerliche Verdacht und Nachrede kommen bin. So viel die angezogenen Worte meines Büchleins und Predigens belanget, sage ich nachmals wie zuvor, daß solche halbmündige und mißverständige Rede: Gute Werke u. s. w., darinnen nicht funden werde, man wolle mir denn Gewalt thun und meine Worte, so ich hineingesetzt, herauskratzen und andere fremde, so ich nicht

gesetzt, hineinbringen, das ich aufs allerfleißigste gebeten und
nachmals bitten thue. Bitte auch, man wolle von gedachtem
Büchlein und Predigt also judiciren, daß man vom ganzen
Argument ungestückelt, wie sich's gebührt, judiciren und nicht
ein Stück gefährlicher Weise herauszwacken und das andere,
als gehöre es nicht dazu, stillschweigend übergehen und allerdinge hintansetzen. Denn weil ich von der Seligkeit völligen
Unterricht habe thun sollen, habe ich auch nicht allein davon,
wie man sie erlange und dazu komme, sondern wie man auch
dabei bleiben und darinnen bestehen möge, unterrichten müssen.
Daß man mir auch das hinterste, wie man in der erlangten
Seligkeit bestehen müsse, ins vorderste, nemlich wie man die
Seligkeit erlangen und dazu kommen möge, ziehen und versetzen wolle, bin ich nicht geständig und bitte davon aufs
fleißigste.

Aufs andere, daß ich in meiner Deklaration gesetzt, wie
wir in der geschenkten Seligkeit erhalten werden, passive, und
darnach, wie wir sie erhalten mögen, active, darüber die
Herren Theologi weiter Erklärung begehren, sonderlich davon,
wie wir die Seligkeit erhalten mögen, darauf sage ich, daß
beiderlei Reden ‚die Seligkeit erhalten‘ und ‚in der Seligkeit erhalten werden‘, gar einerlei sein und sein müssen.
Sintemal uns Gott also in Gnaden und in der Seligkeit erhalten will, sofern wir nicht nach den sündlichen Lüsten unseres
Fleisches, sondern nachdem wir vom heiligen Geist gelehrt
werden, wandeln und ihm gehorsam sind. Also redet Dr.
Luther in der Epistel am Ostertage: Dazu hat uns Gott Wort
und Geist geben, dadurch wir sollen üben und treiben, daß der
alte Sauerteig, so uns überbleibt, ausgefegt werde, auf daß
wir bei der angefangenen Reinigung bleiben und nicht wiederum
davon fallen und den Glauben, Geist und Christum (ich halte
ja, das sei unsere Seligkeit) erhalten mögen. Und in der
Epistel des 9. Sonntags nach Trinitatis: Er hat uns schon
geben sein Wort, Sakrament, Gnade, Geist und Gaben, so
wir bedürfen und will uns auch förder helfen, daß wir erhalten werden, allein daß wir nicht davon fallen und die Gnade

von uns schlagen durch den Unglauben, Undankbarkeit, Ungehorsam und Verachtung seines Wortes ꝛc. Da wird angezeigt, was wir zur Erhaltung thun sollen, denn es heißt, wie
Christus sagt, nicht wer da anfähet, sondern wer beharret bis
ans Ende, werde selig werden, und hernach am Ende, darum
siehe Dich vor und laß Dich den Teufel nicht betrügen, es bedarf Aufsehens, Du hast das Fleisch am Hals, welches immerdar wider den Geist streitet, und den Teufel zum Feinde und
allenthalben für und für bei Dir selbst, daß Du nicht wieder
verlierest, was Du empfangen hast, denn Du hast erst recht
angefangen und noch nicht das Ende erreicht; darum mußt Du
hier sorgen, kämpfen und wacker sein, daß Du, wie St. Paulus
sagt, mit Furcht und Zittern Dein eigen Heil erstreitest.
Phil. 2. Aus dem Allen ist meines Erachtens klar und genugsam zu verstehen, wie wir unsere Seligkeit erhalten und
darinnen erhalten werden müssen.

III. Was die Proposition, gute Werke sind nöthig zur
Seligkeit, in doctrina legis belanget, halte ich noch, wie die
Prediger der Kirchen zu Lüneburg, Hamburg, Lübeck und
Magdeburg davon geschrieben, man müsse und sie könne nicht
als ketzerisch verdammen, sondern müsse sie lassen recht und wahr
sein. Denn wenn nach des Gesetzes Lehre dem Menschen zur
Seligkeit nicht nöthig wäre, Gottes Gebote zu halten, sondern
stünde ihm ohne Gefahr der Seligkeit frei, dieselben zu übertreten, so könnte auch Niemand um der Uebertretung willen
vom Gesetz weder angeklagt noch verdammt werden. Wo uns
aber das Gesetz um der Uebertretung willen nicht verklagt noch
verdammt, da bedürfen wir auch nicht des Mittlers, der uns
versöhnet und selig macht. Wie Luther in secunda disputa-
tione de lege wider die Antinomer zeugt. Darum kann noch
weiß ich diesen Verstand keineswegs als ketzerisch zu strafen noch
zu verdammen.

IV. und V. Daß das Wort ‚Seligkeit‘ weit mehr in
sich begreife, denn das Wort ‚Rechtfertigung‘, ist an ihm
selbst klar und offenbar. Denn zur Rechtfertigung gehören
eigentlich die zwei Stücke, Vergebung der Sünden durch den

Tod und Blut Christi erworben, und daß uns der Gehorsam, damit Christus das Gesetz für uns erfüllt hat, uns zur Gerechtigkeit gerechnet werde. Wer dieses durch den Glauben ergreift und annimmt, der ist gerecht vor Gott, denn er hat keine Sünde, die ihn anklagen und verdammen könnte, sintemal sie vergeben sind, hat aber die vollkommene Gerechtigkeit des Glaubens und der Erfüllung Christi, die ihm zugerechnet wird, als hätte er sie selbst geleistet und vollbracht, der er sich im Glauben, so lange er hienieden auf Erden bleibt, zu getrösten und zu genießen hat: ist dadurch im Glauben gerecht und selig in der Hoffnung.

Weil wir aber nicht ewig also im Glauben gerecht und in der Hoffnung selig werden (denn Glaube und Hoffnung müssen aufhören in jenem Leben 1 Cor. 13), derowegen denn die Gerechtigkeit und Seligkeit, darin wir im künftigen Leben fürder ewig wandeln sollen, in diesem Leben anfahen müssen. Darum gehört zur Vollendung unserer angefangenen Erlösung und Seligkeit nicht allein die Rechtfertigung des Glaubens, daß uns die Sünde vergeben und der Gehorsam Christi zur Gerechtigkeit zugerechnet werden, sondern daß auch wir verneuert werden und wahre Gerechtigkeit und Seligkeit mit uns hier durch den heiligen Geist angefangen und künftiglich auch vollendet werden, also daß zur Seligkeit nicht allein Vergebung der Sünden und Zurechnung des Gehorsams Christi, sondern auch die Gabe des heiligen Geistes, dadurch wir verneuert werden, gehören und von nöthen sein, wie Dr. Luther in obgemeldten und viel andern mehr Orten klärlich zeugete und sonderlich in der Auslegung der Epistel des nächstvergangnen Sonntags, da er also sagt: Die Erlösung ist wohl angefangen, aber noch nicht ganz in uns vollendet; aus Egypten bist Du kommen, durch das rothe Meer gegangen, d. i. aus des Teufels Gewalt durch die Taufe Christi in Gottes Reich geführt, aber Du bist noch nicht durch die Wüste ins gelobte Land, und kannst es noch unterwegen versehen, daß Du geschlagen werdest und Deiner Erlösung fehlest. Hiemit, hoffe ich, sei auch klar genug dargethan, was mehr zur Seligkeit denn zur Recht=

fertigung gehöret und wie die Seligkeit noch in uns vollendet werden müsse.

VI. Daß ich mich erkläre, ich will die Proposition: Bona opera etc. für mich nicht lehren noch verfechten, auch keinem, der unter meinem Befehl sei, solches zu thun gestatten, sondern da sie wider die Schrift von Jemand geführt würde, sie nach meinem geringen Vermögen widerfechten und verdammen helfen, sage ich darauf und darum erstlich, daß sie in des Gesetzes Lehre recht und wahr ist, wie die sächsischen Prediger auch zeugen, zum andern, daß Dr. Luther seliger in der Predigt über das Evangelium des 18. Sonntags nach Trinitatis klärlich und gewaltiglich beweiset und herausstreicht, wie das ganze Gesetz in uns, die wir selig werden wollen, aufs allerreinste und vollkommenste erfüllt werden muß; zum dritten, daß solche Proposition in rechtem guten Verstande von vielen bewährten Lehrern geführt ist und nochmals geführt werden möchte; daß ich nun dieselbe gleich andern, so ihr der Schrift und Evangelio zuwider mißbraucht haben und noch mißbrauchen möchten, verdammen sollt, davor behüte mich mein lieber Herr Christus und behalte mich sammt andern, so es begehren, in seiner Wahrheit, daß ich ja Niemand zu Liebe noch zu Leide aus eignem bösen Affekt mich bewegen lasse. Solches habe ich auf E. F. G. gnädiges Begehren auf der Herren Theologen übergebene Artikel antworten wollen und bitte E. F. G. 2c."

Als Menius diese Erklärung vorgelesen hatte, ließ man ihn abtreten. Nach Verlauf einer Stunde wurde er wieder vorgefordert; im Namen des Fürsten verlangte der Kanzler von ihm sofort über folgende Thesen[1]) mit Viktorin Strigel zu disputiren:

„I. Wiewohl diese Rede: Gute Werke sind nöthig zur Seligkeit, wenn man das Gesetz predigen soll und davon redet, wie wir's zu halten und vollkommlich zu erfüllen schuldig sind, wohl mag geduldet werden, so sind doch sonst viel großwichtige

---

1) Die Thesen im lateinischen Urtext folgen in dem Receß; hier werden sie nach der Uebersetzung von Menius wiedergegeben.

Ursachen, um derenwillen man ebenso wenig sagen soll: Gute Werke sind nöthig zur Seligkeit, als man sagen soll: Christus ist eine Kreatur.

II. Wenn man davon zu handeln hat, wie ein verdammter Sünder soll gerecht werden und selig, ist die Rede keineswegs zu leiden, daß man sagen wollte: Gute Werke sind nöthig zur Seligkeit.

III. Wenn man davon lehren soll, wie in denen, so durch den Glauben mit Gott versöhnet sind, neuer Gehorsam oder Verneuerung folgen soll, muß man auch nicht sagen, daß gute Werke zur Seligkeit, sondern um anderer Ursachen willen nöthig sind.

III. Der Glaube allein macht gerecht und selig vom Anfang durchaus bis zum Ende.

V. Gute Werke sind nicht nöthig, die Seligkeit damit zu erhalten.

VI. Rechtfertigung und Seligmachung sind einerlei Bedeutens und gelten eins so viel als das andere und mag eins wohl statt des andern gesetzt werden, können noch sollen von einander nicht geschieden werden.

VII. Derohalben solche Rede, welcher die Papisten zu ihrem Vortheil und wo sie sich dünken lassen, daß es ihnen eben sein wolle, zu mißbrauchen pflegen, um vielerlei Aergerniß und Zwietracht, auch anderer Ursachen willen, davon die Apostel Akt. 15 Meldung thun, aus der Kirche verworfen und nicht gebraucht werden soll."

Mit großer Mühe erlangte Menius Bedenkzeit bis 1 Uhr Mittags; von da an bis 4 Uhr disputirte er über diese Sätze mit Viktorin Strigel in Gegenwart der Fürsten, Räthe und Theologen mit Ausnahme Amsdorfs, den man wohlweislich fernhielt, in freundlicher und brüderlicher Weise; sie verglichen sich aus heiliger Schrift von Artikel zu Artikel zur großen Freude aller Anwesenden. Der Kanzler hielt eine „sehr schöne lange" Gratulationsrede und zeigte an, daß diese Vergleichung und Disputation in die Form einer Konfession gebracht und von den Herren Theologen allerseits mit eigener Hand unter-

schrieben werden solle [1]). Die von Strigel verfaßte Kon=
feſſion lautet:

„Conclusio et decretum synodi Isenacensis anno MDLVI
celebratae, qua Majoris et Menii error damnatus est.

Was der Sohn Gottes, unſer Herr und Heiland Jeſus
Chriſtus, vor ſeinem Leiden und Auferſtehen den ewigen Vater
mit herzlichem Seufzen und Flehen gebeten hat, daß uns der
Vater wollte heiligen in der Wahrheit, d. i. in ſeinem Wort,
und uns in ihm einig machen, das bittet er ohne Aufhören,
bis er das Reich Gott und dem Vater überantworten wird,
auf daß Gott ſei Alles in Allem. Zu dieſem hohen und ewigen
Prieſter ſollen wir uns halten und von Herzen bitten, daß er
ſammt dem Vater und heiligen Geiſte uns wolle bei reiner
unverfälſchter Lehre des heiligen Evangelii, dazu auch in chriſt=
licher Einigkeit und beſtändiger Bekenntniß allezeit bis ans Ende
gnädiglich erhalten. Dieweil denn zu unſerer Zeit allerlei
Mißverſtand und irrige Deutung neben vielfältigen Aergerniſſen
und Zwieſpalt dieſer Propoſition halber: daß gute Werke
nöthig ſind zur Seligkeit, vorgefallen, und der leidige Satan
auch in unſeren Kirchen, welche durch Gottes Gnade bis anher
unbefleckt ſind erhalten worden, ſolchen Sauerteig der Phari=
ſäer gern hätte eingetragen; ſo haben die durchlauchtigen, hoch=
gebornen Fürſten und Herrn aus chriſtlichem und hochlöblichem

---

1) Bei der in Menius' Abweſenheit gepflogenen Berathung über den
Synodalabſchied ſagte Amsdorf, er beſorge, ſie wären mit Menius eben
ſo eins, wie die Arianer mit dem Nicäniſchen Koncil. Man müßte ihn
zwingen, eine runde Erklärung auszuſtellen, was er zugebe und was er
abtrete, und das müßte in eine Schrift gefaßt werden, ſonſt würde man
nie mit ihm ins Reine kommen. Mörlin ſtimmte dem bei; man dürfe
Menius ja kein Loch laſſen, wodurch er entwiſchen könnte; er müſſe ſich
in einer öffentlichen Schrift Demjenigen, was in der Verhandlung vor=
gekommen ſei, gemäß erklären. Hügel verlangte, daß er eine Gloſſe oder
Deklaration über ſeine Schrift von der Seligkeit herausgeben; Weiß, daß
er die ganze Schrift korrigiren und umdrucken laſſen, das korrigirte
Manuſkript aber zuvor den Theologen zu Jena zur Durchſicht und Be=
gutachtung vorlegen ſolle.

Eifer und Vorsorge, so sie für ihre Landeskirchen getragen, einen Synodum oder Konventum etlicher ihrer Prädikanten und Theologen zu Eisenach versammelt, darinnen nach gehaltenem Kolloquio oder Unterrede folgende 7 Artikel oder Propositiones einmüthiglich sind erklärt und aus göttlicher heiliger Schrift genugsam bewiesen worden. Damit nun nicht allein dieser Lande Kirchen, sondern auch alle christlichen Versammlungen, wo sie sind, wissen, was in gemeldtem Synodo Gott zu Ehren und männiglich zu Trost gehandelt worden, auch unsere Nachkommen sich auf dieses Zeugniß zu berufen haben, da diese Disputation wieder erregt würde, ist uns von hochgedachten unsern gnädigen Fürsten und Herren befohlen worden, die Summa der Handlung in eine kurze formam confessionis zu fassen, welchem Befehl wir hiermit in aller Unterthänigkeit Gehorsam wollen leisten. Und bitten den Vater unseres Herrn Jesu Christi, daß er ihm alle Zeit eine christliche Gemeinde in diesen Landen wolle sammeln und erhalten und uns für Rotten und Sekten gnädiglich behüten. Amen.

Der erste Artikel.

Etsi haec oratio: bona opera sunt necessaria ad salutem, in doctrina legis abstractive et de idea tolerari potest, tamen multae sunt graves causae, propter quas vitanda et fugienda est, non minus quam illa: Christus est creatura.

Das ist: Wiewohl diese Rede: Gute Werke sind nöthig zur Seligkeit, möchte geduldet und gelitten werden, sofern sie eine Gesetzlehre ist und bleibt und verstanden wird abstractive und de idea, jedoch sind viele großwichtige Ursachen, um welcher willen sie nicht im Predigen oder Schreiben solle gebraucht werden, gleichwie man sich hütet für diesen Worten: Christus ist eine Kreatur.

So viel nun diesen ersten Artikel belangt, bekennen wir, daß Gottes Gesetz, in den 10 Geboten begriffen, sei eine ewige unwandelbare Regel oder Richtschnur, welche von allen vernünftigen Kreaturen, Engeln und Menschen erfordert vollkommenen Gehorsam, d. i. herzliche Liebe gegen Gott und den

Menschen, ohne alle Sünde und böse Lüste, und verheißt Denen, so solchen Gehorsam leisten, zeitliche und ewige Güter. Dagegen aber dräuet sie Gottes Zorn und Fluch, zeitliche und ewige Strafe allen Engeln und Menschen, welche nicht Alles halten, was im Buch des Gesetzes steht. Diese Definition oder Beschreibung soll und muß verstanden werden de abstracto et de idea, wie man in Schulen pflegt zu reden, definitiones traduntur de ideis. Damit aber der gemeine Mann diese Schulworte verstehen könne, wollen wir unsere Meinung durch ein einfältiges Gleichniß erklären. Es ist zweierlei Frage von einem Thaler; die erste, was der Thaler gelte? die andere, wer den Thaler habe? Auf die erste Frage pflegt man also zu antworten, ein guter unverfälschter Thaler gelte 24 Groschen, oder 24 Groschen sind nöthig zu einem Thaler, und so ein Heller daran mangelt, ist die Münze an Schrot und Korn zu gering. Auf die andere Frage antwortet ein armer Lazarus: Ich habe keinen Thaler, kann auch als ein schwacher und kranker Mann nicht einen Heller mit meiner Arbeit erwerben, sondern was ich esse und trinke, das muß man mir um Gottes willen geben. Also hat es auch eine Gelegenheit mit Gottes Gesetz. Wenn man von demselbigen disputirt, wie es an ihm selber ist und nicht sieht auf die arme und sündliche Natur menschlichen Geschlechts, so möchte die Meinung dieser Proposition geduldet werden: Gute Werke sind nöthig zur Seligkeit, wie andere propositiones legis geduldet oder verstanden werden. Denn das Gesetz fordert nicht allein solchen Gehorsam, wie oben gemeldet, sondern verheißt auch Denen, so ihn haben, das Leben, juxta illud: qui fecerit hoc, vivet in eis. Und ist gleich geredet, als wenn man sagt: Eine Rose ist eine Blume. Diese Rede ist Sommer und Winter wahr, obschon im Winter keine Rose mehr auf Erden ist. Wenn man aber diese regulam justitiae hält gegen menschlichem Geschlecht, als gegen einem krummen und ungeschlachten Holz, so findet sich alsdann die Ungleichheit des Gesetzes und unserer sündlichen Natur, davon St. Paulus sagt: lex spiritualis, ego carnalis. In dieser Kollation ist die Frage, ob wir armen Sünder nach dem Fall der voll-

kommenen Gehorſam haben oder nicht, welchen das Geſetz erfordert und welchem es große Dinge verheißt? Hierauf müſſen
wir Alle mit Paulo antworten und bekennen Röm. 8, 3:
Cum impossibile esset legi, quia infirmabatur per carnem,
misit Deus filium. Item: Sensus carnis est inimicitia adversus Deum. Legi enim Dei non subjicitur nec subjici
potest. Item Gal. 3, 21: Si data esset lex, quae posset
vivificare, utique per legem esset justitia. Hier fragen aber
die Einfältigen: Warum ſoll man dieſe Propoſition: Gute
Werke ſind nöthig zur Seligkeit, nicht brauchen in Predigten
oder Schreiben, ſo doch die Meinung abstractive und de idea
möchte nach der Art des Geſetzes verſtanden werden? Antwort: Die fürnehmſte Urſache iſt, daß St. Paulus ſeinem
Jünger Timotheo und allen chriſtlichen Predigern ernſtlich an-
befiehlt: formam habeto sanorum verborum, als wollte er ſagen,
man ſolle in der Kirche Gottes nicht zweifelhaftige, mißdeutliche,
halbmündige Worte brauchen, ſondern helle und deutliche Reden
führen, auf daß beide die Meinungen und Weiſe zu reden
dem Glauben und der Schrift ähnlich ſei, juxta illud: Pro-
phetia sit analoga fidei. Item: Qui loquitur in ecclesia,
loquatur sermones Dei. Item: Vita profanas vocum varie-
tates. Denn obgleich man keinen Zankapfel oder Zankeiſen
unter die Einfältigen wirft, ſo hat es dennoch Mühe genug,
daß man Einigkeit und rechten Verſtand erhalte. Die andere
Urſache iſt, daß man ſich um der Feinde und ihrer Kalumnien
willen wohl muß vorſehen im Schreiben und Reden, wie der
Herr Chriſtus zu ſeinen Jüngern ſagt: Estote simplices sicuti
columbae, et prudentes sicut serpentes; d. i. gleichwie eine
Taube keine Galle hat und Niemand mit ihrem Schnabel oder
Krällein beſchädigt, alſo ſollen auch die Chriſten nicht rachgierig,
ſondern gütig und freundlich ſein. Wie aber eine Schlange den
Kopf verwahret im Streit oder die Ohren zuſtopft, daß ſie des
Zauberers Beſchwörung nicht anhöre, alſo gebühret uns fleißig
auf die Feinde des Evangelii unter der wahren Kirche Achtung
zu geben, damit ſie nicht Urſach haben unſere Lehre zu läſtern
oder zu verkehren. Derohalben auch die heiligen Väter nicht

haben in der Kirche dulden wollen die Proposition: Christus est Creatura. Denn obwohl die menschliche Natur in Christo ihren Anfang hat und nicht von Ewigkeit gewesen ist, und könnte die Proposition per communicationem idiomatum im rechten Verstande geduldet werden, jedoch haben sich die heiligen Väter vorgesehen und gehütet für den giftigen Schlangen, den Arianern, welche alsbald diese Rede wollten ziehen und deuten auf die göttliche Natur in Christo mit unleidlicher blasphemia und Gotteslästerung. Also müssen wir uns auch für unseren Feinden und Lästerern, den Papisten, wohl fürsehen, damit sie uns diese Worte: Gute Werke sind nöthig zur Seligkeit, nicht aus unserem Munde nehmen und ihres Gefallens fälschlich deuten und also uns mit unserem eigenen Schwert schlagen. Die britte Ursache ist, daß diese Proposition nicht ausgedruckt in der heiligen Schrift zu befinden ist, und kann die Meinung des Gesetzes wohl mit anderen und besseren Worten, die nicht so streitig sind, vorgebracht und dargethan werden. Die vierte Ursache ist, daß diese Proposition nicht leichtlich in dem Kerker des Gesetzes kann behalten und also verwahret werden, daß sie nicht einschleiche in die Lehre des Evangelii. Weil denn sonst mit großer Mühe und Arbeit der Unterschied des Gesetzes und Evangelii schwerlich zu erhalten ist, so sollen wir hiermit nicht Ursach geben zu solcher schädlichen Konfusion bei der Lehre des Gesetzes und Evangelii. Aus diesen und andern Ursachen schließen wir, daß, obwohl die Meinung der Proposition: Gute Werke sind nöthig zur Seligkeit, nach des Gesetzes Art und Natur abtractive und de idea möchte geduldet werden so sollen doch diese Worte mit nichten gebraucht werden, weder im Schreiben noch Predigen von denen Kirchen, welche das reine Evangelium haben.

Der zweite Artikel.

In foro justificationis et salvationis haec propositio: bona opera necessaria sunt ad salutem, nullo modo ferenda est, d. i.: In dem Hauptartikel des christlichen Glaubens, da man lehrt, wie der Mensch vor Gott könnte gerecht und selig

werden, kann man diese Rede: Gute Werke sind nöthig zur
Seligkeit, gar keineswegs dulden oder leiden.

In diesem anderen Artikel bekennen wir mit dem heiligen
Petro: Non est aliud nomen sub coelo datum hominibus,
in quo oporteat nos salvos fieri, nisi nomen Jesu Christi;
neque enim in ullo alio est salus. Und mit Paulo: Sine
lege, sine operibus legis gratis justificamur et salvamur
per fidem in Christum. Item: in semine, non in seminibus, quasi in multis, sed tanquam in uno, qui est Christus.
Denn gleichwie den Juden ernstlich verboten war, zweierlei
Samen in einen Acker zu säen, also ist uns mit höchstem
Ernst von Gott verboten, mehr denn einen einigen und ge-
benedeieten Samen des Weibes und Abrahä in den Acker der
Rechtfertigung und Seligkeit auszusäen. So sind auch neben
den exclusivis, die alle unsere Werke von der Rechtfertigung
und Seligkeit rein abschneiden, vier hochwichtige Ursachen, warum
man obgemeldte Proposition in diesen Acker nicht streuen soll,
sondern gänzlich daraus als ein Anathema verwerfen. Erstlich,
auf daß unserm Herrn und Heiland Jesu Christo seine gebührliche Ehre nicht benommen, sondern dieselbige ihm ganz und
vollkommen gegeben werde. Denn was man unseren Werken, es
sei gleich viel oder wenig, in diesem Stück, belangend die
Justifikation und Salvation, zuschreibt, das geschieht mit Verletzung und Verkleinerung der Ehren unseres Erlösers, Gerecht-
und Seligmachers, sintemal er nicht allein Justus, sondern
auch Salvator vom Propheten genennet wird. Zum andern,
auf daß die armen Gewissen zu aller Zeit und vornehmlich in
geistlichen Kämpfen, welche der Psalm nennt dolores mortis
et pericula inferni, einen festen und unbeweglichen Trost haben
wider Gottes Zorn, wider den Fluch des Gesetzes, wider Sünde,
Tod, Teufel und Hölle. Denn es ist unmöglich, daß sich ein
betrübtes und ängstiges Gewissen sollte halb oder ganz auf
eigne Werke verlassen und darauf beruhen, wie solches zu
anderer Zeit weitläufiger erklärt wird und hie ohne Noth ist
Alles zu wiederholen. Zum dritten, so kann Niemand Gott
den Herrn anrufen, er setze denn all sein Vertrauen auf den

einigen Mittler Jesum Christum, wie er selber spricht: quicquid petieritis patrem in nomine meo, dabit vobis. Und Paulus: quomodo invocabunt, si non credent? Zum vierten ist nicht möglich, daß man erhalte Unterschied zwischen dem Gesetz und Evangelio, wenn man nicht bringet auf das Wörtlein gratis und auf den einigen Mittler zwischen Gott und den Menschen, Jesum Christum; denn obwohl das Gesetz zeitliche und ewige Güter verheißt, so fordert es doch allewege die Kondition oder Bedingung eines vollkommenen Gehorsams ohne Sünde. Damit nun dem Herrn Jesu Christo seine vollkommene Ehre gegeben werde, und die Gewissen einen festen und unbeweglichen Trost haben, auch das Gebet nicht verhindert, und der Unterschied beider Lehre des Gesetzes und Evangelii nicht verdunkelt werde, so können wir der Proposition: Gute Werke sind nöthig zur Seligkeit, keinen Raum noch Statt lassen in articulo justificationis et salvationis.

Der dritte Artikel.

In foro novae obedientiae post reconciliationem nequaquam bona opera ad salutem, sed propter alias causas necessaria sunt, d. i.: In dem Artikel, darinnen man lehret vom neuen Gehorsam, der nach der Versöhnung mit Gott sein soll, sind die guten Werke um vieler Ursachen willen von nöthen, aber nicht mit diesem unleidlichen Anhang: Zur Seligkeit.

Soviel diesen Artikel betrifft, ist dieses unser richtiges und einfältiges Bekenntniß, daß gute Werke dem Glauben als rechtschaffene Früchte folgen sollen und müssen und um vielerlei Ursachen willen nöthig sind, aber keineswegs zur Seligkeit, welche wir zuvor durch den Glauben als ein Geschenk Gottes aus lauter Gnade empfangen und erlangt haben. Denn gleichwie zur Rechtfertigung unsere Werke nichts thun können, also vermögen sie nichts zu thun zu der Erbschaft des ewigen Lebens, wie Paulus sagt Röm. 4, 14: Si ex lege hereditas, jam non ex promissione etc. Item: gratia salvati estis. Dei donum est, non ex operibus etc. Eph. 2, 8. Wiewohl aber viele

Ursachen nach der Länge können erzählet werden, um welcher willen gute Werke von nöthen sind, so wollen wir doch auf dies Mal um der Kürze willen nur drei erzählen. Die erste Ursache ist, daß wir Gott nicht allein als einen Schöpfer, sondern auch als einen lieben Vater mit unserm schwachen Gehorsam loben und preisen sollen, wie der Herr Jesus sagt: Sic luceat lux vestra. ut videant opera vestra bona et glorificent Patrem, qui in coelis est. Und: omnia facite ad gloriam Dei. Die andere Ursach ist, daß wir im Glauben darreichen Tugend, wie Petrus spricht, d. i., daß wir den Glauben üben und nicht lassen müssig sein, sondern unseren Beruf und Erwählung fest machen. Denn wiewohl die Erwählung bei Gott dem Herrn fest und unbeweglich ist, sintemal der Herr die Seinen kennt, so muß doch die Erwählung auch bei uns fest und bekannt sein, welches denn geschieht, wenn wir den Glauben nicht lassen müssig liegen, sondern ihn üben und gebrauchen als einen lebendigen und thätigen Schatz. Die dritte Ursache ist, auf daß die guten Werke unseren Nächsten in viel Wege dienen. Denn gleichwie ein unchristlich Leben andere Leute im Irrthum stärkt, und von der Lehre des Evangelii abschreckt, also leuchtet ein christlich und gottselig Leben für und lockt sie zu dem Evangelio und zur rechten Anrufung Gottes.

Demnach ist kein Zweifel, daß gute Werke von nöthen sind dem Glauben zu folgen als gute und geschlachte Früchte, aber dieser Anhang soll gänzlich und rein davon abgeschnitten werden: ‚zur Seligkeit‘. Denn gleichwie die Medici, so sie wollen einen Theriacam machen, müssen sie vor allen Dingen der viperae oder echidnae, d. i. einer Schlangen, die uns in Deutschland unbekannt ist, den Kopf und den Schwanz abhauen, auf daß nicht die heilsame Arznei dadurch vergiftet und verderbt werde; also muß man von den Werken diesen Schwanz oder Anhang ‚zur Seligkeit‘ abschneiden, damit nicht der süße und liebliche Honigschmack durch diesen Essig versäuert und verbittert werde, und zwar, welchen die trefflichen Vermahnungen, so in der Schrift sind, nicht dahin bewegen, daß er sich eines gottseligen Wandels befleißige, den wird man mit diesem Anhang „zur Seligkeit‘ nimmermehr dahin treiben.

Der vierte Artikel.

Sola fides justificat et salvat in principio, medio et fine, d. i.: der Glaube macht allein gerecht und selig, nicht allein im Anfang, sondern auch durchaus bis ans Ende.

Diesen Artikel bekennen wir darum, daß die particula sola rein bleibe ohne allen Zusatz aller anderen Dinge, sie haben Namen, wie sie immer wollen. Denn die armen betrübten Gewissen können sonst nirgends Ruhe und Frieden mit Gott finden denn bei dem einigen Mittler Christo. Es soll auch Niemand gedenken, daß der Glaube allein ratione principii oder im Anfang gerecht und selig macht, d. i. wie Malvenda und andre Papisten vorgeben, daß der Glaube allein eine Vorbereitung sei zur Seligkeit und Gerechtigkeit, sondern dafür soll man es halten, daß der Glaube sei das A und das O, d. i. der Anfang, Mittel und Ende beider Wohlthat, der Rechtfertigung und Seligkeit. Hier möchte aber Jemand fragen, ob die Gabe des heiligen Geistes, welche allezeit mit der Gnade, d. i. mit der Vergebung der Sünden, den Gläubigen geschenkt wird, ein Theil sei oder eine Mittlersache der Rechtfertigung und Seligkeit. Antwort: Wiewohl es wahr ist, daß gratia und donum per gratiam, wie Paulus redet Röm. 8, 24, nicht können getrennt werden, sondern allezeit bei einander sind, so ist doch die Gabe des heiligen Geistes nicht ein Stück oder Theil, viel weniger aber eine Mittlersache der Justifikation und Salvation, sondern sie ist ein Anfang, Folge und Zugabe der Gnaden, d. i. der Versöhnung mit Gott und Annehmung zum ewigen Leben; darum auch St. Paulus sie nennet (2 Cor. 1, 22) das Siegel und Pfand unserer Seligkeit. Denn gleichwie arrha nicht den Ehestand stiftet, sondern ist ein Pfand und Zeugniß der künftigen Hochzeit und Heimfahrt, also ist der heilige Geist ein gewisses Zeugniß in unseren Herzen, daß wir sind Gottes Kinder. Ja er hilft auch auf unserer Schwachheit und schreiet für uns vor Gott mit unaussprechlichem Nutzen (Röm. 8, 26).

Der fünfte Artikel.

Bona opera non sunt necessaria ad retinendam salutem, d. i.: Gute Werke sind nicht nöthig die Seligkeit zu erhalten.

Hier bekennen wir, daß, obwohl die guten Werke aus vielen Ursachen, wie oben gemeldet, nöthig sind, so soll man doch nicht den Werken die Erhaltung der Seligkeit zuschreiben, welche Kraft allein der Glaube, oder das gleichviel ist, Christus hat. Denn der Gerechte lebet seines Glaubens, d. i., er hat beide Gerechtigkeit und Seligkeit durch den Glauben. Und: qui coepit in vobis opus bonum, perficiet usque ad diem Jesu Christi; als wollte er sagen: Christus ist nicht allein der Anfänger, sondern auch der Erhalter und Vollführer der geschenkten Seligkeit. Und: Virtute Dei custodimini per fidem ad salutem (1 Petr. 1). So ist auch wider die Natur und Eigenschaft einer Ursache oder causae, daß sie sollte von ihrem effectu oder Frucht erhalten werden, als zum Exempel: Der Schöpfer aller Dinge wird nicht durch die Kreatur erhalten, wie auch nicht der Brunnen von seinem Bächlein oder der Baum von seinen Früchten. Nun ist aber nach Jedermanns Bekenntniß der Glaube eine Ursache, Brunnen und Baum der guten Werke. Denn gleichwie die Person ohne den Glauben weder gerecht vor Gott noch selig ist, also können die guten Werke nicht gethan werden und sind Gott nicht angenehm und gefällig ohne den Glauben, juxta illud: Quicquid non est ex fide, peccatum est. Item: Impossibile est placere Deo sine fide. Derohalben wird der Glaube oder Seligkeit nicht von den Werken, sondern von andern Ursachen, als vom heiligen Geist durch's Wort erstlich angezündet, danach erhalten, gestärkt und vermehrt. Aus diesem ist offenbar, daß man nicht soll active reden, welches ist eine confusio causae et effectus. Und hätte weniger Gefahr und Mißverstand auf sich, da man sagt: Gute Werke sind dazu nöthig, daß wir die Sünde und

Aergerniß dadurch vermeiden, welche streben und streiten wider den Glauben und gut Gewissen. Denn es ist unmöglich, daß bei einem bösen Gewissen oder Vorsatz hinfort zu sündigen sollte der Glaube und Seligkeit statt haben.

Der sechste Artikel.

Synonyma sunt et aequipollentia seu termini convertibiles Justificatio et Salvatio, nec ulla ratione distrahi aut possunt aut debent, d. i. diese zwei Wörtlein, Rechtfertigung und Seligkeit, sind Wechselwörtlein, d. i., es begreift eins so viel wie das andere und wird eins für's andere gebraucht, und diese zwei Wohlthaten, Rechtfertigung und Seligkeit, sollen und mögen nicht von einander geschieden und getrennt werden. Weil das 4. Kapitel zu den Römern der Brunnen und lebendige Quelle ist, daraus man den Artikel von der Justifikation schöpfen soll, so wollen wir kürzlich anzeigen, wie am selbigen Ort St. Paulus die Seligkeit beschreibt. Es allegirt aber St. Paulus den 32. Psalm: Beati, quorum remissae iniquitates et quorum tecta sunt peccata. Beatus vir, cui Dominus non imputavit peccatum. Und macht daraus eine solche Definition, daß die Seligkeit sei nichts anderes, denn Vergebung und Zudeckung der Sünde. Wo aber Vergebung der Sünden ist, da ist auch die Erbschaft der ewigen Seligkeit. Wie denn St. Paulus bald hernach Meldung thut des Erbtheils, als er spricht: Si ex lege hereditas et non ex promissione, vana est fides et otiosa promissio. Denn wer ein Kind ist, der ist auch ein Erbe. Nun ist das unleugbar, wie man in Schulen redet: quod definitio et definitum convertuntur. Derowegen folgt, daß Justificatio ebenso viel begreift, als salvatio, sintemal Niemand kann selig sein, er sei denn gerecht. Hierher gehören diese nachfolgenden Zeugnisse: Justificati estis gratis per gratiam (Röm. 3, 24); gratia salvati estis (Eph. 2, 8); qui credit in filium, habet vitam aeternam (Joh. 3, 36); non veniet in judicium, sed transivit per mortem in vitam (Joh. 5, 24). Es möchte aber ein Einfältiger, wenn er solches hört, bei sich gedenken: Wie kann ich gerecht und selig sein, so

ich doch in meinem Fleische noch Sünde fühle, und dem zeitlichen Tode unterworfen bin? Hierauf ist richtig zu antworten: Das Reich Christi in diesem Leben und das künftige ewige
Leben, da Gott wird sein Alles in Allem, haben keinen Unterschied re ipsa, sondern allein modo rei, d. i., hier haben wir
beide Gerechtigkeit und Seligkeit im Glauben und Hoffnung,
dort aber nach der Auferstehung werden wir's haben im
Schauen. Also wenn ein junger Fürst geboren wird, ob er
schon in der Wiege liegt und kann noch nicht von wegen seiner
Kindheit das Regiment führen, so ist er doch gleichwohl nicht allein
ein Kind, sondern auch ein Erbe und der Herr über alle Land
und Fürstenthümer, die sein Herr Vater unter ihm hat; nachmals, wenn er zu seinen Tagen kommt, nimmt er sich um die
Regierung an u. s. w. Also sind wir itzo Kinder Gottes,
und ist unser Leben in Christo Jesu verborgen, wenn aber
unser Herr Jesus Christus sich wird offenbaren, so werden wir
auch zugleich mit ihm offenbart und verklärt werden. Derohalben soll man keineswegs von einander trennen die Rechtfertigung und Seligkeit, so wenig als man einem jungen Fürsten und Herrn das Erbe kann trennen von der Kindschaft.
Es soll auch Niemand ihm träumen lassen, daß wir durch den
Glauben allein gerecht werden, aber nicht ohne Werke können
selig werden, wie etliche falsche Lehrer vorgeben. Denn wer
Jemand zu seinem Kinde annimmt, der macht ihn auch zu
seinem Erben aller seiner Güter, so er hat und vermag.
Wiewohl aber diese wahrhaftige, wohlgegründete und nöthige
Lehre von den Epicurischen Schweinen fälschlich gedeutet und
zu Stärkung des sicheren und wilden Lebens mißbraucht wird,
so muß man doch vielmehr sehen auf die Ehre Christi des
Sohnes Gottes und auf den heilsamen Trost ängstiger Gewissen, denn auf die porcos Epicuri, von welchen Johannes
sagt: Qui facit peccatum, ex diabolo est. Item: Qui sordet,
sordescat adhuc.

Der siebente Artikel.

Explodatur ergo ex ecclesia cothurnus papisticus propter

scandala multiplicia et dissensiones innumerabiles et alias causas, de quibus apostoli Act. XV loquuntur, b. i. derohalben soll aus der Kirche Gottes verstoßen und verworfen sein die halbmündige, mißdeutige und papistische Proposition: Gute Werke sind nöthig zur Seligkeit, von wegen vieler Aergernisse und unzähligen Gezänkes, auch um anderer Ursachen willen, von welchen die Apostel reden Akt. 15.

Diesen letzten Artikel verstehen und deklariren wir also, daß die Proposition: Gute Werke sind nöthig zur Seligkeit, ob sie wohl legaliter et abstractive kann verstanden werden, jedoch um obberührter Ursachen willen nicht, weder im Schreiben noch Predigen, soll gebraucht werden, und aus den beiden Artikeln von der Justifikation und neuen Gehorsam allerdings verstoßen und verworfen sein, vornemlich, weil sie so viele Aergernisse bei Freund und Feind und so viel Zwietracht erregt, auch nicht Christo, sondern dem Bauch und Papst, den zweien schändlichen Göttern, dient, und mit süßen und prächtigen Worten die einfältigen Herzen verführt, wie zu den Römern Paulus redet (16). Zu diesem endlichen Beschluß, der bei Vielen wird das Ansehen haben, als sei er gar zu hart und streng, bringet uns das 15. Kap. Aktorum, darinnen eben die Frage erörtert wird, die itzund von Neuem auf die Bahn ist gebracht worden. Wo ihr euch nicht beschneiden lasset nach der Weise Mosis, so könnet ihr nicht selig werden. Item: da traten etliche auf von der Pharisäer Sekte, die gläubig worden waren, und sprachen, man muß sie beschneiden und gebieten zu halten das Gesetz Mosis. Von dieser Frage, welche der jetzigen Disputation so gleich ist, als ein Ei dem andern sein kann, fällt Paulus der Apostel ein solch Urtheil aus dem heiligen Geist und nicht Jemand zu Liebe oder zu Leide: Was versucht ihr Gott mit Auflegung des Jochs auf der Jünger Hälse, welches weder unsere Väter noch wir haben mögen tragen, sondern wir glauben durch die Gnade unseres Herrn Jesu Christi selig zu werden, gleicher Weise wie auch sie. Was es aber für eine schreckliche Sünde sei Gott den Herrn versuchen, das bedenke ein gutherziger Christ tiefer und weiter bei sich selbst, denn wir es in einer Kürze auf diesmal erzählen können. Denn Gott versuchen ist nichts Anderes, denn von seinem Wort und Willen, den er im Wort offenbaret hat, muthwilliger Weise abtreten und aus eigenem Gutdünken und Vorwitz sich unterstehen etwas Besseres und Klügeres zu machen, denn es Gott selbst geordnet und gestiftet hat. Also wenn Gott der Herr sagt: Du sollst den Herrn anbeten und ihm allein dienen. Nein! sagt der Antichrist, der Papst zu Rom, es ist nicht genug, daß Du Gott allein anbetest und ihm dienest, Du mußt auch die Mutter Gottes und andere Heilige anbeten und mit selbst erwählten Diensten ehren. Heißt das nicht Gott den Herrn übermeistern und unsere große Thorheit Gottes Weisheit vorziehen? Also heißt das auch Gott verachten. Denn Gott der Herr spricht in seinem Wort: Gratia salvati estis, non ex operibus. Und ein armer Mensch untersteht sich, das Gegentheil zu lehren und zu vertheidigen: Nein, traun, man kann nicht ohne gute Werke selig werden; gute Werke sind auch nöthig zur Seligkeit. Darnach schreiben die heiligen Apostel alle sämmtlich an die Kirchen in Syria und Cilicia: Dieweil wir gehört haben, daß etliche von den Unseren sind ausgangen und haben euch mit Lehren irre gemacht und eure Seelen zerrüttet und sagen: Ihr sollt euch beschneiden lassen und das Gesetz halten, welchen wir nichts befohlen haben u. s. w. In dieser Schrift werden zwei greuliche und schreckliche Sünden den Gesetz- und Werktreibern aufgelegt, nemlich Verwirrung der Kirchen und Aergerniß oder Zerrüttung der Seelen. Denn weil die Kirche Gottes Haus und Tempel ist, kann man leichtlich abnehmen, was für Sünde sei diesen Tempel besudeln und beflecken. Gleichwie ein Wiedehopf sein eigen Nest beschmeißet, so doch geschrieben steht: ne sitis scandalo ecclesiae: vae illi, per quem venit sc andalum. Zuletzt betrachte Jedermann mit höchstem Fleiß, was die Zerrüttung der Seelen auf sich habe. Es sagt der Sohn Gottes: Was hilft es einem Menschen, wenn er gleich die ganze Welt hat, und nimmt Schaden an seiner Seele? Ist da an einer Seele, die da besser ist, denn die ganze Welt, so viel und groß gelegen, wer kann den

unaussprechlichen Schaden und Verderben vieler Seelen genugsam beweinen und beklagen? Weil denn die Proposition:
Gute Werke sind nöthig zur Seligkeit, Gott den Herrn versucht, die Kirche Gottes betrübt, ärgert und verwirrt, endlich
auch die Seelen greulich zerrüttet, so lassen wir es bei der
heiligen Apostel Beschluß bleiben und bitten den treuen Gott,
daß er uns sammt unseren und anderen evangelischen Kirchen
für solchem Sauerteig der Pharisäer und Heuchler durch seinen
heiligen Geist behüten wolle. Wir bitten auch alle frommen
Christen, wo sie sind in dieser letzten Zerstreuung, daß sie
unseren geringen Dienst Gott zu Ehren, der Wahrheit zum
Zeugniß, zum Trost und Stärkung der einfältigen und betrübten Herzen nach christlicher Liebe deuten und im besten verstehen
und aufnehmen wollen, welchen wir mit unserm armen Gebet
und in andere Wege nach Vermögen zu dienen ganz willig
und bereit sind."

Die Konfession wurde unterschrieben von: Dr. Nikolaus
Amsdorf, Bischof; Dr. Maximilianus Mörlin, Pastor und
Superintendent in Koburg; M. Viktorinus Strigelius, Professor der Universität Jena; M. Andreas Hügel, Pastor in
Jena; M. Kaspar Molitor, Pastor in Orlamünda; M. Johannes Aurifaber, Hofprediger in Weimar; Johannes Albinus
(Weiß), Pastor und Superintendent in Eisenach; M. Johannes Stößel, Hofprediger in Weimar. Justus Menius
unterschrieb, da er sich durch die ihm vorgelegte Widerrufs-
formel beschwert fühlte, mit der Bemerkung, daß er bisher
immer so gelehrt und geschrieben habe. Da dies aber Anstoß
erregte, fügte er folgende Worte mit eigener Hand hinzu:
„Ego Justus Menius hoc meo chirographo protestor hanc
confessionem veram et orthodoxam esse eamque me pro
dono mihi divinitus collato voce et scriptis hactenus et
publice defendisse et porro defensurum esse. Cum autem
eam verborum formam, qua de necessitate novae obedientiae
reconciliatorum in libello meo de beatitudine recens edito
usus sum, in diversam sententiam accipi a nonnullis intel-
ligam, polliceor me totum illum locum retexturum itaque

sententiam explicaturum esse, ut piae confessioni per omnia consentanea futura nihilque habitura ambiguitatis aut scandali sit."

Zum Abschied befahl der Kanzler den Superintendenten, auf die Pastoren und Pfarrer ihrer Diöcesen fleißig Acht zu haben, daß über die Proposition: Gute Werke sind nöthig zur Seligkeit, nur der unterschriebenen Konfession gemäß gepredigt werde, und daß die Theologen nichts drucken lassen sollten, bevor es von den dazu verordneten Doktoren und Theologen „besichtigt und approbirt" worden sei. Auch sollten sie bei Vermeidung schwerer Ungnade nirgends anders drucken lassen als in Jena.

V.

Nun schien Alles geschlichtet und beigelegt zu sein. Aber schon von allem Anfang an hatte Amsdorf seine Bedenken gehabt über das abstractive und de idea in der ersten Proposition und hatte deshalb die Konfession nur mit einer gewissen Limitation unterschreiben wollen und die Veröffentlichung derselben durch den Druck ernstlich widerrathen. Jetzt bot der Mann noch Alles auf, um seinen eigensinnigen Kopf durchzusetzen. Er machte eine Eingabe an die Fürsten und suchte durch beigelegte Briefe zu beweisen, daß bereits Aergerniß und Spaltung daraus hervorzugehen anfingen. Deshalb wurden noch in demselben Jahre (2. Oktober) die beiden Räthe und Kanzler Dr. Christian Brück und Peter Brehmer an ihn geschickt, um ihn, den bedeutendsten Theologen des Landes, zu beruhigen. Der Satz Majors: Gute Werke sind nöthig zur Seligkeit, sei ja in der Konfession klar und deutlich verworfen. Durch die Wörter de idea und abstractive dürfe man sich nicht beirren lassen. Diejenigen, welche sich dagegen erklärten, hätten wahrscheinlich die angehängte Deklaration nicht gelesen, sonst würden sie gewiß zufrieden sein; sie müßten denn besondere Lust dazu haben, Aergerniß und Spaltung in der Kirche anzurichten;

dann könne man es denselben aber in keiner Weise recht machen. Da Amsdorf sowohl als auch die übrigen Theologen die Eisenacher Konfession ohne jegliche Klausel unterschrieben und es auf sich genommen hätten, ihren Beschluß gegen männiglich zu vertheidigen, so hätten die Fürsten ernstes Bedenken, nachträglich etwas daran zu ändern. Denn sollte etwas ausgelassen oder geändert werden, so könne Menius daran Anstoß nehmen und glauben, er sei nicht mehr an sein Versprechen, der Eisenacher Konfession gemäß den Satz: Gute Werke sind nöthig zur Seligkeit, auf der Kanzel nicht zu gebrauchen, gebunden. Könne Amsdorf die Worte de idea und abstractive durchaus nicht ertragen, so solle er sie durch deutlichere zu ersetzen suchen; die Herzöge seien nicht abgeneigt, dann die sämmtlichen Theilnehmer am Eisenacher Gespräche wieder zusammenkommen zu lassen, um eine neue Vereinbarung herbeizuführen. Am liebsten würde es ihnen aber sein, wenn es bei dem gefaßten Beschlusse bleiben könnte.

Darauf ertheilte Amsdorf diese Antwort: „Achtbare und hochgelehrte, günstige liebe Herren und Freunde! Ich habe Eure Werbung von wegen meiner gnädigen Fürsten und Herren unterthäniglich gehört und eingenommen, und daß im Anfang J. F. G. diese Proposition Majoris: Bona opera sunt necessaria ad salutem, in ihrer Landeskirche in keinem Wege zulassen noch gestatten wollen, hab' ich von Herzen gern gehört und vernommen, und Gott gebe seine Gnade, daß J. F. G. und wir alle dabei bis an unser Ende beharren und beständig bleiben. Daß aber diese Worte: Abstractum, Concretum, Idea, in der ersten Proposition der Eisenacher Konfession in keinem Wege können zugelassen und geduldet werden, unangesehen der angehängten Deklaration, welche dieser Proposition: Bona opera sunt necessaria ad salutem, ihren natürlichen Verstand nicht nimmt, den die Worte von Natur und Art der Sprache geben, daß die Werke die Seligkeit verdienen, denn ein Jeder, der diese Proposition hört oder liest: Bona opera sunt necessaria ad salutem, der versteht nicht anders, denn daß die Werke neben dem Glauben die Seligkeit verdienen, welches in der christlichen Kirche unträglich und unleidlich ist.

I. Darum, daß solche Werke Idea und Abstractum in der Kirche Christi eine neue, ungewöhnliche Rede ist, welche nie erhört noch von keinem Lehrer, neuem oder altem, gebraucht worden ist. Und dieweil die Christen von den Artikeln unseres christlichen Glaubens nicht mit ungewöhnlichen und seltsamen Worten, durch menschlicher Vernunft Weisheit erdacht, reden, sondern solcher Worte, so der Schrift und Glauben gemäß sind, gebrauchen sollen; dieweil denn diese Worte, abstractive etc., in der Schrift nicht erfunden, auch von Niemand sind gebraucht worden, so ist es am allerbesten, ja auch von nöthen, daß man sie fahren lasse und derselben in keinem Wege gebrauche noch leide in der christlichen Kirche.

II. So sind es dunkle und finstere Worte, die der gemeine Mann nicht verstehen, auch Niemand deutlich geben kann. Dieweil man denn vom christlichen Glauben und sonderlich in diesem höchsten und wichtigsten Artikel der Justifikation deutlich und verständlich reden soll, daß es der gemeine Mann verstehen kann, so ist es hoch von nöthen, daß man klarer und heller Worte, die ein Jeder verstehe, dazu gebrauche und vor finstern dunkeln Worten sich hüte und bewahre; darum diese Worte, in praedicatione legis, abstractive, in keinem Wege geduldet noch gelitten werden.

III. So sind solche Wörter kein nütz, frommen noch bessern Niemand. Was aber in der Kirche Christi nichts bessert noch nützet, das soll man nicht lehren noch predigen.

IV. So thun sie großen Schaden, ärgern die Unsern und machen die Gewissen irre, stoßen die frommen Einfältigen vor den Kopf, daß sie nicht wissen, was sie glauben oder halten sollen. Darum kann man ohne Gefahr mit gutem Gewissen dieselbigen Worte nicht gebrauchen, noch in der Kirche Christi zulassen.

V. So stärken solche Worte unsere Widersacher, die Papisten, welche frohlocken und sich rühmen, daß wir unsere Lehre widerrufen, und obwohl sie beß keinen Grund haben, so nehmen sie doch davon und brechen eine Ursache vom Zaune, daß sie uns schmähen und lästern. Darum sollen wir uns vor solchen Worten hüten, daß wir Niemand damit ärgern noch Ursach geben unser Evangelium zu lästern.

Und zum letzten, so will Menius selbst solche Worte nicht leiden noch annehmen, wie er öffentlich zu Jena, wie mir M. Aurifaber schreibt, dem Viktorino ins Angesicht soll gesagt haben diese folgende Worte: Viktorine, bleibt nur daheim mit eurem Abstracto und Concreto etc.

Und dieweil Menius seinen Irrthum nicht erkannt noch erkennen will und auf seinem Irrthum bleibt, auch denselben noch dazu vertheidigt, als habe er nicht geirrt, noch Unrecht gethan oder geschrieben und sein Büchlein ein unschuldig Büchlein genennet, so haben wir in unserem Gespräch und Konfession nichts ausgerichtet noch ihm etwas genommen. Warum will man denn das Eisenachische Gespräch und Konfession zu unserem Hohn und Spott drucken und an Tag geben, dieweil es keinen Nutzen noch Frommen bringt, sondern würde groß Aergerniß machen und anrichten? Denn die Wörter Idea und abstractive kann man nicht deutlich geben, denn es ist eine sophistische erdichtete Rede und ein lauter Nichts, die man nicht deuten noch erklären kann. Denn es ist keine lex abstracta in rerum natura, denn lex in sua substantia et essentia docet et praecipit opera. Darum kann man die erste Proposition unseres Gesprächs gar nicht dulden noch leiden. Derhalben ist nichts Besseres, man schweig still und halte mit dem Gespräch und Konfession gar inne, und frage den Menium noch auf den heutigen Tag (wie ich vor und in dem Gespräch gerathen habe), ob er geirrt habe oder nicht, ob er diese Proposition mit uns verdamme oder nicht, Gute Werke sind von nöthen zur Seligkeit. Alsdann würde man wohl hören, was er sagen und bekennen wird. Denn sich weiter mit ihm oder Andern in ein Gespräch oder Unterredung einzulassen und zu begeben, ist wahrlich verloren, vergeblich und umsonst. Denn diese Proposition: opera non sunt necessaria ad salutem, ist dreißig Jahre in allen Disputationen und Predigten und sonderlich in

Büchern Lutheri deutlich erklärt und genugsam erweiset und
bewähret, daß es hinfürder keiner Erklärung noch Beweisung be=
darf. Will nun Menius solches mit uns halten und seinen
Irrthum bekennen und davon abstehen und sein Büchlein emen=
diren, so ist die Sache schon schlichtig. Wo aber Menius auf
seiner Meinung beharren würde, wie er gewißlich thun wird,
so werden alsdann E. F. G. gegen dem Menio wohl zu halten
wissen."

Dieses ganz in der Art und Weise seiner heutigen Glaubens=
genossen gehaltene Schreiben Amsdorfs, sowie die von andern
Theologen, namentlich Flacius Illyricus und Wigand, ein=
geholten Gutachten bewirkten, daß die Herzöge die Konfession
in ihren Archiven ruhen ließen, bis sie Flacius im Jahre
1563 veröffentlichte.

Aber damit war die Sache noch nicht abgethan. In einem
Schreiben an Aurifaber hatte Amsdorf die Eisenacher Verhand=
lungen ein schönes unnützes Geschwätz genannt und dem ganzen
Synodus aufgelegt, als hätte man unter dem Scheine solchen
Geschwätzes die Wahrheit verloren. Diese Schrift wurde
überall ausgebreitet und drohte nicht allein den betreffenden
Personen, sondern auch ihrem Amte Schmach und Abbruch zu
bringen. „Denn was können unsere Zuhörer von uns halten",
schreiben Hügel und Strigel an die Herzöge, „wenn sie des be=
redet sind, daß ihre Lehrer als unnütze Wäscher von der Wahr=
heit abgefallen sind?" Darum baten sie um gnädigen Schutz
gegen solche Invektiven Amsdorfs.

Um aller Weiterung und Spaltung zuvorzukommen, wurde
befohlen, daß Niemand mehr davon sprechen und schreiben,
und daß man namentlich von Amsdorf, als einem alten, ver=
lebten, ehrlichen Manne, schweigen solle. Aber Schnepf, Hügel
und Strigel erklärten, sie würden darauf mit Freuden eingehen
und Amsdorf nicht mit gleicher Münze bezahlen, wenn seine
Briefe nicht in alle Welt verbreitet worden wären. So aber
verlange das Wohl der Kirche und Schule und die Rettung
ihres eigenen guten Namens, daß Amsdorf, gerade weil er in
großem Ansehen stehe, entweder seine Behauptung aus der

Schrift beweise oder revocire. Denn als Kirchen- und Schuldiener könnten sie den Verdacht nicht länger mit Geduld und
Stillschweigen ertragen, als hätten sie durch das Geschwätz von
der Idea und Abstracto die Wahrheit verloren.

Zudem fing das Reich noch weiter an unter sich uneinig zu
werden. Die Jenenser nahmen es übel, daß Illyricus an die
Universität gezogen werden sollte. Die Herzöge hatten davon
gehört, daß die Einigkeit in Jena nicht lange dauern würde,
und gaben ihrem Rathe Schneidewin Auftrag, Hügel, Schnepf
und Strigel darüber Vorhalt zu thun. Darauf erklärte Schnepf,
obwohl sie gehört, daß Illyricus hinkommen sollte, so hätten
sie doch kein gründliches Wissen davon oder wozu er gebraucht
werden oder was er thun sollte. Sie hätten sich für ihre
Person dessen nicht vernehmen lassen, noch auch von andern
solche Rede vernommen, ohne daß fast allgemein das Gerücht
ginge, Illyricus werde recht in Theologia lesen; sie hätten
bisher dieselbe nicht grammatice gelesen. Es sollte ihm leid
thun, wenn die Einigkeit, in der sie nun neun Jahre
lang zusammen gelebt und gelehrt, durch Illyricus zerstört
werden würde. Strigel aber stellte nicht in Abrede, daß er
sich etwa vernehmen lassen, wenn Illyricus in seinen Vorlesungen und Diktaten etwa grübeln oder vielleicht reformiren
wollte, so würde er es von ihm nicht leiden; doch wollte er
mit ihm keinen Bauernkrieg anfangen, sondern vor die rechte
Schmiede gegen Hofe gehen. Sie wären aber durchaus gesonnen, wenn er hinkäme, ihm alle Freundlichkeit, Ehre, Güte
und Liebe zu beweisen, so wie sie ein Gleiches von ihm hofften.
Sie müßten aber mit aller Freundlichkeit, aber auch Bestimmtheit erklären, daß sie sich das Grübeln, Zanken und Reformiren
von ihm nicht würden gefallen lassen. Auch hätten sie vernommen, daß er in der Lehre nicht rein sei. Denn er habe
in einem Briefe gesagt, daß in der heiligen Schrift nirgends
zu befinden, daß λόγος Christus filius Dei genannt werde,
außer in der Apokalypse, welche apokryphisch sei. Auch falle
es auf, daß Illyricus wider alle möglichen Irrthümer und
Ketzereien geschrieben habe, aber noch kein Wort gegen Calvin

und andere Sakramentirer. Daher möchte es nicht ungut sein, Illyricus hinsichtlich seiner reinen Lehre in allen Artikeln zu prüfen.

Die drei Theologen wandten sich sogar an die Universität mit der Bitte, bei den Fürsten darum einzukommen, daß sie gegen Amsdorf einschreiten möchten, damit sie nicht zu einer öffentlichen Vertheidigung gezwungen würden, welche leicht zu größerer Verwirrung und Störung der Kirche führen könnte. Am 8. April 1557 reichten die Professoren der Universität ein Gesuch an die Herzöge ein, sie wollten in dieser Sache nach Nothdurft der Umstände also gnädiges Einsehen haben, daß dieser Handel ganz und gar versöhnt, Schaden und Aergerniß verhütet und beide beschwerte Personen entledigt werden möchten.

Auch Illyricus war mit dem Verhalten Amsdorfs unzufrieden und hatte auf die Bitte des Herzogs mehrmals versucht, ihn umzustimmen. Aber vergebens. Daher stellten die Fürsten selbst an Amsdorf das gnädige Begehren, er wolle seines Theils sich in dieser Sache gebührlich halten und davon ferner nicht disputiren oder etwas in Schriften erwähnen, noch Jemanden deswegen mit Worten beschweren oder angreifen, damit dieser Handel weiter stille sein und bleiben, auch gänzlich und endlich verlassen und vergessen werden möchte. Amsdorf gab zur Antwort, daß er sich des Befehls gehorsam halten wolle, wenn die Jenenser nicht den Anfang machen würden. Daher erging auch an diese, die inzwischen nochmals den Hof um Beschleunigung der Sache gebeten und sich dadurch einen Verweis zugezogen hatten, das gleiche Ansinnen. Ueber die Worte, welche Amsdorf in seinem Briefe an Aurifaber und in der Vorrede zu Luthers Werken über die erste Eisenacher Proposition gebraucht hätte, sollten sie sich beruhigen, da sie schon früher geschrieben und nicht auf sie zu beziehen seien. Sie möchten daher diese Dinge endlich vergessen und fallen lassen. Sie sollten nur bedenken, was für Nachtheil und Schaden für das Wort Gottes daraus erwachsen und welche weiteren Mißverständnisse und Aergernisse entstehen würden, wenn sie, die vornehmsten Theologen dieser Lande, auf welche alle Welt sehe, sich so herum-

16*

zanken wollten, da sie doch selbst wüßten, wie es dieser Zeit fast allenthalben leider stehe und gelegen sei. Wenn sie also die Sache der Vergessenheit übergeben wollten, so würden sie damit ein christliches, löbliches und rühmliches Werk thun.

Aber die Geister, die der Hof gerufen, konnte er nicht so leicht wieder bannen. Die Jenenser blieben dabei, daß sie mit den Worten Amsdorfs gemeint seien und daß sie dazu nicht stillschweigen könnten. Diese Wunde könne überhaupt nicht mit Stillschweigen geheilt werden. Wenn sie auch schweigen wollten, so würden bald wieder Andere auftreten und durch ihre Auflagen sie zur Antwort zwingen, wie sich bereits etliche hätten vernehmen lassen.

So dauerten die Verhandlungen noch eine Zeit lang fort, bis Amsdorf erklärte: Gute Werke sind schädlich zur Seligkeit [1]). Auf dem hauptsächlich aus andern Gründen zusammengerufenen Konvente zu Weimar im Mai 1557 kam die Sache noch einmal zur Sprache. Die Majorität verlangte, daß nicht blos die Proposition: Gute Werke sind nöthig zur Seligkeit, sondern auch des Menius Lehre und Glosse sollte verdammt werden. Etliche gaben vor, Menius vermenge die Lehre von der Gerechtigkeit mit der Wiedergeburt, daraus denn folgen müßte, daß wir nicht allein durch den Glauben, sondern auch durch den neuen Gehorsam selig würden. Dem widersetzten sich Schnepf und Hügel, berichteten an den Herzog und wiesen aus Menius' Schriften nach, daß seine Lehre rein und untadelhaft sei, wobei sie jedoch auf ihrer früher abgegebenen Meinung stehen bleiben wollten, daß die oft genannte Proposition dunkel und zweifelhaft und deshalb in der Kirche nicht zu gebrauchen sei. Ebenso protestirten sie dagegen, daß die Person Majors verdammt werde, da er seine Lehre später deutlich erklärt habe, so daß sie in keiner Weise gegen die Rechtfertigung durch den Glauben verstoße.

---

1) „Daß die Proposition ‚Gute Werke sind zur Seligkeit schädlich' eine rechte, wahre, christliche Propositio sei, durch die heiligen Paulum und Lutherum, gelehret und geprediget. Von Nik. von Amsdorf." (1559).

Des Menius Schriften fanden in Altenburg bei Vielen freudige Aufnahme und Beifall. „Sie wurden von Vielen gelesen, gelobt, geliebt, vertheidigt und kanonisirt, als die, die da recht seien, Leben, Hände und Füße haben; ja als deren man nicht entrathen könne, die Wahrheit zu erklären." Dem Superintendenten Alexius Brisnicerus machte das viel Sorge und Kummer.. Wenn er merkte, daß ein Pfarrer seines Sprengels — was namentlich bei den jüngeren ziemlich häufig vorkam — sich zu dem erschrecklichen Irrthum des Menius hinneigte, so ließ er ihn vor sich kommen und besprach sich mit ihm darüber; er glaubte aber damit dem einbringenden Gifte nicht genug vorbeugen zu können und bat, man möge ihm gestatten, daß er zu diesem Zwecke eine besondere Synode mit seinen Pfarrern halte. Sein Eifer wurde belobt, seine Bitte abgeschlagen.

V.

Für Menius hatte der Konvent die ernstesten Folgen. Zwar stand er gerechtfertigt da; er kehrte nach Gotha in sein Amt zurück und verwaltete dasselbe wie früher. Aber seine Gegner ließen ihm keine Ruhe. Seine Unterschrift des Eisenacher Beschlusses legten sie ihm als einen öffentlichen Widerruf aus und verbreiteten das Gerücht, er habe den Herzog fußfällig um Begnadigung seines Lebens bitten müssen. Amsdorf sollte geäußert haben, wenn er Landesfürst wäre, würde er Menius den Kopf abschlagen lassen. Solcher unverschämten Lügen kamen Menius noch mehr zu Ohren, so daß er gezwungen war, den wahren Sachverhalt zu erzählen. So hatte der Erfurter Geleitsmann in Gotha und Erfurt allerlei Unwahrheiten ausgesprengt und Dr. Ratzenberger[1]) beschuldigte ihn in einem

1) Der bekannte Arzt des Churfürsten Johann Friedrich. Er wohnte zu der Zeit in Erfurt.

Schreiben an den Rath zu Nordhausen, obwohl er die Abiaphoristerei nicht öffentlich vertheidigt habe, so sei er doch auf
der Adiaphoristen Seite geneigt gewesen. Diese Schmähschrift
wurde in Erfurt ausgebreitet, so daß sie die Leute auf der
Gasse fanden. In besondern Konventikeln mit einigen Prädikanten zog er bei Bier und Wein auf Menius los, und die
frommen Prediger brachten's dann auf die Kanzel. Um sich
bei Amsdorf einzuschmeicheln, richteten sie ein Synodalschreiben
an ihn, erklärten sich gegen alle Nothwendigkeit der guten Werke
und protestirten gegen die erste Proposition des Eisenacher Ab-
schiedes. Sie fühlten sich besonders verpflichtet ihren Glauben
öffentlich zu bekennen, weil Menius' Buch in Erfurt erschienen war.
Andreas Prach, Prediger zu den Augustinern, war damit noch
nicht zufrieden, und schrieb noch zwei besondere Bedenken gegen
die Eisenacher Synode, fand aber mit seinen Verdrehungen der
Schrift wenig Anklang. Dieselben Gerüchte wurden durch einen
Juristen an den erzbischöflichen Hof zu Halle gebracht, so daß
Boëtius, Menius' Schwiegersohn und Superintendent zu Halle,
deswegen an ihn schrieb. Ebenso berichtete ihm sein Sohn
Eusebius von Wittenberg aus, daß Illyricus in einem gedruckten Briefe ihm Schuld gebe, er habe in seinem Büchlein
den majoristischen Irrthum von Neuem gelehrt. Von Jena sei
nach Wittenberg berichtet worden, daß ihn Victorinus im Kolloquio zum Bekenntniß und zum Widerrufe des Irrthums gedrungen habe. Im Hennebergischen erzählte man gar, der
Herzog habe ihn in Eisenach gefänglich einziehen lassen, damit
ihm der Kopf abgeschlagen werde. Auch hatte sich ein „Doktor
eines großen langen Namens, aber, wie man sagt, nicht so gar
großer und langer Kunst" [1]) gegen einen andern Prediger gerühmt,
er habe ihn zu Eisenach allein eingetrieben und mit Schriften
also übertäubt, daß er seinen Irrthum habe bekennen und
widerrufen müssen, während er doch im ganzen Kolloquio „wie
ein stummer Götze" nicht ein einziges Wort mit ihm geredet
hatte. Diesen Lügen gegenüber schwieg Menius zum Theil, zum

---

1) Maximilian Mörlin.

Theil trat er ihnen mit offener Darstellung des wahren Her-
gangs entgegen, so namentlich in einem Briefe an den Pfarrer
zu Zella. Das legten ihm aber seine Gegner so aus, als
rühme er sich, daß man ihm auf der Synode zu Eisenach nichts
hätte anhaben können.

Seinem gegebenen Versprechen, daß er sein Büchlein also
ändern wolle, daß es Niemand mehr mißverstehen könnte, nach-
zukommen, hatte sich noch während des Konvents Gelegenheit
dargeboten. Es ging ihm nemlich die Nachricht zu, daß in
Wittenberg ein Nachdruck desselben verbreitet werde. Daher
arbeitete er dasselbe schnell in den beiden angefochtenen Stellen
um und ließ es wieder drucken, so daß der Nachdruck sofort
als solcher zu erkennen war. Bei Hofe aber wartete man
lange darauf, daß Menius sein revidirtes Buch zum Druck in
Jena einsenden sollte.

Endlich wurde noch vom Diakonus Thilo in Gotha ausgebreitet, der Diakonus Weidemann habe den Eisenacher Handel
auf die Kanzel gebracht, und Menius habe ihn dafür nicht
gestraft. [1])

---

1) Der Diakonus Melchior Weidemann predigte am 11. August: „Das
Gesetz ist nöthig zur Seligkeit; Christus ist gekommen, nicht das Gesetz
aufzuheben, sondern zu erfüllen." Nach dem Gottesdienste ging Thilo
sogleich zu Menius, der die Predigt mit angehört hatte, und beschwerte
sich über seinen Amtsbruder. Ob das etwa die in Eisenach geschehene
Vergleichung sei, in einer Predigt so viel Mal anzuziehen: Das Gesetz ist
nöthig zur Seligkeit! Menius antwortete ihm, daß auch ihm die Predigt mißfallen und daß er deswegen mit Weidemann gesprochen und ihm
gerathen habe, solche Ausdrücke in Zukunft nicht wieder zu gebrauchen.
Acht Tage darnach predigte Weidemann wieder. Aber seine Predigt gefiel
Thilo wieder nicht, und da ihn Menius auf sein Ersuchen nicht streng
genug behandelte, so fühlte er sich als ältester Diakonus verpflichtet, die
Sache dem Rathe anzuzeigen und mit noch mehr Beispielen aus früheren
Predigten seines geliebten Gevatters und Amtsbruders zu belegen. Auf
Erfordern mußte sich Weidemann vollkommen zu rechtfertigen, erklärte aber
auch, nachdem er von Menius über den Beschluß des Eisenacher Konvents
berichtet worden sei, sich demgemäß verhalten zu wollen. Der Hof, der
inzwischen auch Kenntniß davon erhalten hatte, ließ es bei der Verwarnung des Superintendenten bewenden. Darüber konnte sich Thilo nicht

Da hing denn Aurifaber der Katze wieder die Schelle an und berichtete an den Hof. Der Diakonus Thilo, welchen Menius und Weidemann als Kalumniator bezeichneten, gilt ihm als ein zuverlässiger Mann, weil er zu seiner Partei hält. Er wünscht, die Fürsten möchten nun ernstlicher mit Menius handeln und ihn zur Revokation anhalten. Er bedauert, daß er und die übrigen Visitatoren so mild mit ihm verfahren sind, er wolle sich das sein Leben lang eine Witzung und Warnung sein lassen. Denn er habe sie jämmerlich betrogen. Besonders erbittert ist er auf den Diakonus Weidemann in Gotha. Der Mann habe geradezu gelogen. Wenn Menius denselben auch schon gewarnt und verwiesen habe, so sei das doch lange nicht genug. Man müsse an ihm ein Exempel statuiren, daran alle andern Prediger einen Spiegel haben möchten. Er sei mit Unwillen Prediger und habe vor Kurzem erklärt, wenn man ihn um seiner Predigten willen absetze, so wolle er eine andere Fakultät studiren. Ueberdies wolle ihn der Rath zu Gotha gern los sein, da die Gemeinde seine Predigten nicht wohl vernehmen könne, weil er seine Rede kurz abbreche. — Um seinen Zweck zu erreichen, verschmähte er die niedrigste Schmeichelei gegen die Fürsten nicht.

Amsdorf wollte wissen, Menius habe sich von dem Erzbischof zu Magdeburg zum Superintendenten von Halle bestellen lassen.

Darauf erfolgte ein scharfes herzogliches Restript von Heldburg aus, gegen welches sich aber Menius wohl zu verantworten wußte. Er wies nach, daß er weit mehr Ursache habe,

---

beruhigen, beantragte beim Rathe die Enturlaubung Weidemanns und berichtete weiter an die fürstlichen Räthe, wobei er alle möglichen Gründe zusammensuchte, aus denen er zu entfernen sei. Der Rath gab zu, daß Weidemann für die große Kirche allerdings eine schwache Stimme habe, hoffte aber, daß er ein tüchtiger Prediger werden würde, und bat deswegen, wenn sie ihn nicht in Gotha behalten könnten, ihm eine andere Stelle in Ehren zu geben. Da auch Aurifaber derselben Ansicht war und darauf aufmerksam machte, daß eine Absetzung Menius beleidigen würde, so konnte dies Mal Thilo mit seiner Denunciation nicht durchbringen.

sich über Andere zu beklagen, als Andere über ihn, und bot seine Entlassung an. Um sein korrigirtes Buch zu bekommen, wurde ein eigener Bote nach Leipzig und Wittenberg geschickt; wieder wurden Gutachten darüber eingeholt.

Zur Michaelismesse reiste Menius nach Leipzig, um daselbst mit seinem alten lieben Freunde und Lehrer Melanchthon wegen des Studiums seiner Söhne Rücksprache zu nehmen. Dort erfuhr er, daß man über die Eisenachischen Verhandlungen dahin Bericht gethan hatte, der ihm zu Schmach und Schande gereichte. Ja der Berichterstatter hatte sogar die Blödigkeit seines Gesichts benutzt, um ihn zu verkleinern, und erzählt, Menius habe, als er in das Zimmer geführt worden sei, nicht gesehen, wie ihm der Herzog die Hand entgegengehalten habe, so daß ihn der Hofmeister hätte zu ihm leiten müssen. Als er wieder nach Hause kam, fand er Briefe von seinem Sohne Eusebius und von einem Freunde vor, die ihm von ungünstigen Gerüchten über ihn und von Agitationen des Flacius gegen ihn Nachricht gaben und zugleich eine Abschrift von dem Briefe Amsdorfs an Aurifaber schickten. Auch hörte er, wie Maximilian Mörlin und Stößel von den Herzögen nach Magdeburg zu Illyricus und nach Braunschweig zu Joachim Mörlin geschickt worden waren, um deren Urtheil über die Eisenacher Synode einzuholen. Dabei fürchtete er, daß diesen seine Meinung nicht rein objektiv, sondern nach der Auffassung seiner Gegner dargestellt werden möchte.

Aus dem allen konnte er ersehen, was er zu erwarten hatte. Unter solchen Umständen konnte er nicht glauben, daß seine fernere Wirksamkeit in Gotha eine gesegnete sein werde. Da er auch auf sein letztes Schreiben von den Herzögen keine Antwort erhalten hatte, so befürchtete er von Seiten derselben wieder so ungerechtfertigte harte Maßregeln, wie er sie schon erfahren hatte, und beschloß dem aus dem Wege zu gehen. Deswegen ließ er am 27. Oktober an J. F. G. die demüthige Bitte gelangen, sie wollten es ihm nicht verdenken, daß er sich nicht gern möge bestricken lassen, sondern so lange entweiche, bis daß er aus J. F. G. Antwort vernehme, was er sich in

Gnaden, wie er hoffen wolle, oder Ungnaden, wie er sich gleichwohl von wegen seiner Widerwärtigen besorgen müsse, gewarten
solle. Hätte er mit Frieden sein Ministerium führen und die
Freiheit haben können, sich gegen die, welche ihn falscher Lehre
bezüchtigten, zu verantworten, so hätte er wohl bleiben mögen.
Daß er aber solche beschwerliche Auflage mit Unschuld tragen,
dazu schweigen und gleichwohl nichts desto weniger dessen gewarten solle, daß J. F. G. sich wider ihn zu Ungnaden und geschwinden Befehlen von seinen Widerwärtigen bewegen ließen,
solches wolle ihm gar zu unerträglich sein.

Nachdem er zuvor in einem Schreiben an den Amtmann
Jost von Reckrodt, sämmtliche Diakonen, den Schosser Joh.
Löbe und den Rath sein Amt niedergelegt und gebeten hatte,
dasselbe so lange verwalten zu lassen, bis er von den Herzögen
Antwort erhielte, begab er sich nach Langensalza. Rath und
Kirchendiener waren über dieses Entlassungsgesuch vollständig
erschrocken, schickten dasselbe an die Herzöge und fragten an,
was sie thun sollten. Am 22. November ersuchte der Rath
in einem von den Herzögen diktirten Schreiben Menius, wieder
in sein Amt zurückzukehren, indem er ihn versicherte, daß seines
Wissens auch die Fürsten ihm noch in Gnaden gewogen seien.
Dabei bezeugten sie ihm, daß er fast 14 Jahre ihr christlicher,
treuer und wohlgelehrter Pfarrer und Seelsorger gewesen sei,
auch Kirchen und Schulen habe anrichten helfen und zum fleißigsten gefördert habe, daß sie auch an ihm und seinem Weibe,
Kinder und Gesinde an Wandel und Wesen keinen Mangel gehabt
und noch haben, „da wir auch von Ew. Ehrw. berichtet werden,
was derselben mißfällig, oder aber was wir zur Förderung
solcher Sachen zu suchen und fürzunehmen thun sollen, in dem
soll uns kein Fleiß vermieden noch gespart werden mit fernerem Erbieten, uns gegen Ew. Ehrw. als unseren frommen treuen Pfarrer
und Seelsorger also zu erzeigen, daß Ew. Ehrw. daran gutes Gefallen haben sollen, der hohen und tröstlichen Zuversicht, Ew. Ehrw.
werden dieser unserer christlichen Suchung Statt geben.“

Menius stellte hierauf folgende Bedingungen für seine
Rückkehr:

„1) daß er vor Denen Frieden habe, welche ihn beschuldigt haben oder noch thun, daß er falsche Lehre lehre, und gegen sie geschützt werde;

2) daß ihm freigelassen werde, sich, sein Ministerium, Lehre und Kirche wider Andere, so ihn außerhalb Landes verleumden, zu vertheidigen;

3) nicht gedrungen werde, Andern zu Gefallen etwas wider sein Gewissen zu approbiren und zu verdammen;

4) in vorfallenden Kontroversien nicht allein der Theologen dieses Landes, deren etlicher Judicia ihm aus billigen Ursachen verdächtig und beschwerlich, sondern auch anderer Theologen Augsburgischer Konfession Kognition und Judicio unterworfen werde;

5) daß er sich von Denen nicht absondern dürfe, durch deren treuen Fleiß und Arbeit er täglich sehe, daß Gott seine Kirche mit Erklärung der heilsamen Lehre sammt andern großen und hohen geistlichen Gaben ganz gnädiglich erbaue und stärke. Denn weil er sich ihrer Arbeit und Gaben in Vollführung seines Amtes beide zu seinem selbsteigenen und anderer Leute Nutz und Besten zu gebrauchen nicht entbehren noch begeben könne, also wüßte er sich auch ihrer als seiner lieben Herrn Präceptoren gar mit nichten zu äußern, so lang und fern er sehe, daß sie nach Gottes Wort recht und aufrichtig einhergingen. Im widrigen Fall könnte er sich mit Leib und Seel in unerträgliche Beschwerung und Servität nicht begeben.

6) daß seine gnädigen Fürsten, so ihnen etwa von seinen Widerwärtigen etwas Uebles vorgebracht und angegeben würde, ihn nicht so bald mit ungnädigen geschwinden Befehlen bestricken lassen und dergleichen übereilen, sondern ihn zuvor gnädig hören und nicht so bald von seinem Pfarramt entsetzen wollten."

Auf diese Bedingungen antwortete Brück (24. December) dem Schosser, wenn sich Menius in sein berufen Amt gegen Gotha wieder einstellen, desselben abwarten und sich sonst dieses Landes alter und neuer Visitation und Kirchenordnung gemäß halten werde, so solle an billigem und gnädigem Schutz und Schirm kein Mangel sein; da er aber solches zu thun nicht bedacht, so werde man ihm vor andern Theologen im Lande kein eigenes oder sonderliches machen.

Darauf hin erklärte Menius nicht zurückkehren zu können, fühlte sich in seinem Gewissen beruhigt und schob alle Schuld auf die, welche ihm die Ursache dazu gegeben. Er ließ seine Frau und Kinder, sowie sein Hausgeräthe nach Langensalza nachkommen und wandte sich bald darauf nach Leipzig. Es zeugt nicht eben von hochherziger Gesinnung, daß der Rath zu Gotha angewiesen wurde, darob zu sein, daß Menius aus der Pfarrei nichts hinwegführe oder verkaufe, das ihm nicht eigenthümlich zustünde und gebühre. Menius hatte etwas Besseres um seine Landesherren verdient. Als daher der Rath am 5. Januar 1557 nochmals um seine Rückberufung bat, wurde sie ihm natürlich abgeschlagen, weil er sein Amt muthwillig verlassen habe. Und als Menius ein Zeugniß seiner reinen Lehre vom Rathe begehrte (27. Januar), mußte dieser zugestehn, daß er auf der Kanzel nie etwas Irrthümliches gelehrt habe, und war willens, ihm das gewünschte Zeugniß auszustellen; aber der Hof erlaubte es nicht, da er angeblich sein in Eisenach gegebenes Versprechen nicht gehalten habe.

Viertes Buch.

Menius in Leipzig.

———

Erstes Kapitel.

Streit mit Flacius.

I.

Menius fand in Leipzig sehr bald eine Anstellung als Prediger an der Thomaskirche. Nach einer allerdings nicht sehr glaubwürdigen Quelle (Flacius) wäre er an dieselbe berufen worden, ohne daß eine Vacanz stattfand. Es wäre dies leicht denkbar, da gerade in dieser Zeit seine treue Anhänglichkeit an die Wittenberger und Leipziger Theologen recht zu Tage trat. Dieselbe war auch ohne Zweifel der innere und tiefere Grund, aus welchem die Gegner der sogenannten Philippisten, Amsdorf, Flacius, Stolz, Otto, Gallus u. s. w., so feindselig gegen ihn auftraten. Daher waren diese auch noch nicht damit befriedigt, daß Menius ihren Intriguen und unverschämten Lügen weichend Gotha verlassen hatte; namentlich Flacius ließ keine Gelegenheit vorbeigehen, ohne Menius einen Hieb zu versetzen. In seiner fanatischen Wuth gegen das Interim und die Adiaphora scheute er sich nicht zur niederträchtigsten Lüge zu greifen, wie nur die Jesuiten aller Jahrhunderte und aller Kirchen zur größeren Ehre Gottes gethan haben.

Menius war willens gewesen, dem Lästerer Illyricus und seiner Rotte zu antworten, die ihn wider Gott, die Wahrheit und ihr eigen Gewissen verleumbeten und austrugen, als wäre er von der reinen Lehre des Evangeliums, sonderlich was den Artikel von der Gerechtigkeit, die vor Gott gilt, belangt, abgewichen und hätte angefangen, davon auf andere Meinung und Weise zu lehren und zu schreiben, denn er vor der Zeit mit D. Luther seliger Gedächtniß und andern christlichen Lehrern einhellig zu lehren und zu schreiben gepflegt hätte", aber er zögerte damit, weil er sich mit den giftigen Leuten nicht gern beißen und zanken wollte und weil er bedachte, daß ja verständige Christen die Unwahrheit der Beschuldigungen vor Augen sahen. Er versuchte die Lästerung durch Geduld zu überwinden, um nicht durch den Zank den Gegnern des Evangeliums Freude, den frommen Christen aber Betrübniß und Aergerniß zu bereiten.

Als aber Flacius am Ende seines Buches von der Einigkeit schrieb: „Es regen jetzt Major und Menius in ihren gedruckten Büchern wiederum den Irrthum, daß gute Werke zur Seligkeit nöthig seien, daß es derwegen sehr zu besorgen ist, daß das letzte Unglück ärger werde denn das vorige", glaubte er es seinem guten Namen, seiner Ehre und seinem Amte schuldig zu sein, daß er nicht länger schwiege und sich dadurch gewissermaßen als schuldig bekenne. Deshalb stellte er eine kurze Verantwortung, nicht also, daß er darin mit den Lästerern um die Meisterschaft kämpfen wollte, wer den Andern überlügen und überlisten könnte, denn darin wolle er ihnen mit allem Willen gern gewonnen geben, gern bekennen, daß sie Meister seien, und hiemit öffentlich zusagen, daß sie's seinethalben auch fortan wohl bleiben sollten, sondern darauf sollte diese seine Antwort gerichtet sein, daß er mit Grund der Wahrheit auf's einfältigste anzeigen wollte: 1) was es mit dem Illyrico sammt seiner Rotte für einen Anfang und Gelegenheit habe, 2) warum er sich von den Theologen der christlichen Kirchen und Schulen zu Wittenberg und Leipzig nicht habe absondern können noch wollen, und 3) warum er sich an den Lästerer Illyricus und seine Rotte nicht hängen könne noch wolle.

II.

Der Hauptinhalt dieser Verantwortung auf Matth. Flacii Illyrici giftige und unwahrhaftige Verleumdung und Lästerung ist nun folgender:

Als der Kaiser das Interim erließ, war alle Welt im höchsten Grade bestürzt. Etliche meinten, man solle ohne alle Weigerung annehmen und willigen in alles, was im Interim vorgeschlagen und im Tridentinischen Koncil beschlossen würde, ohne danach zu fragen, ob es der heiligen Schrift und dem christlichen Glauben gemäß sei oder nicht, damit man nur Frieden habe und Krieg und Blutvergießen, sowie den gänzlichen Untergang der deutschen Nation abwenden und verhüten möchte. Andere dagegen, man solle alles, was im Interim vorgeschlagen und zu Trident beschlossen würde, ohne Weiteres zurückweisen und allein bei der angenommenen und bekannten Lehre des Evangeliums nach Inhalt der Augsburgischen Konfession bleiben und darüber gewärtig sein, was der liebe Gott geben werde. Die Dritten, man möge, wie schon öfter, in einem Gespräche versuchen, ob man die Hauptstücke der christlichen Religion, nemlich die Lehre des heiligen Evangeliums, den Gebrauch der Sakramente nach der Einsetzung Christi, sammt andern göttlichen Ordnungen, wie die in Gottes Wort und der heiligen Schrift gegründet sind, rein und frei erhalten könnte, daß man alsdann in etliche äußerliche menschliche Ordnung, die der heiligen Schrift nicht entgegen und den gläubigen Gewissen nicht verletzend wären, willigte.

Als nun von den Ständen verschiedene Bedenken gestellt, aber noch nichts fest beschlossen worden war, nahm Illyricus die Gelegenheit wahr, obgleich er weder in einem öffentlichen Kirchen- oder Schulamt stand noch sonst dazu berufen war, die guten Herren der Universität Wittenberg, insbesondere Ph. Melanchthon, statt ihnen für die vielen und großen Wohlthaten, die sie ihm viele Jahre lang erzeigt hatten, zu danken, durch anonyme und pseudonyme Schriften zu verketzern und zu verdächtigen. Zuletzt hat er ihnen in einer unter seinem Namen erschienenen Schrift Schuld gegeben, sie hätten dazu gerathen, nicht allein in äußerlichen, an sich freien, von Gott weder gebotenen noch verbotenen Dingen den Papisten nachzugeben und sich mit ihnen zu vergleichen, und die größten Schmähungen auf sie gehäuft. Viele schlossen sich ihm an, indem sie meinten, es möchte ihnen zu besonderen Gnaden, Ehren und Gutem gereichen, wenn sie die Gelehrten in Wittenberg und Leipzig schänden und lästern hälfen. Alle Gegner wurden abtrünnige Adiaphoristen gescholten, und es kam so weit, daß kaum eine Kirche oder Schule zu finden war, zwischen deren Predigern und Lehrern darüber nicht eine höchst beklagenswerthe Spaltung eingetreten wäre.

Auch Menius entging den Lügen und Lästerschriften der illyrischen Rotte nicht. Da er die Theologen in Wittenberg und Leipzig nicht lästern und verdammen half, so posaunten sie aus, er sei auch von der reinen Lehre des Evangeliums abgefallen und habe sich an die gehängt, die sie verfälschten und verkehrten. Bei den Herzögen von Sachsen wurde er verleumdet, als lehre er von der Gerechtigkeit, die vor Gott gilt, daß man die Seligkeit nicht durch den Glauben an Christum allein, sondern neben dem Glauben auch durch das Verdienst der guten Werke erlangen müsse. Solches hatte ihm Illyricus am Ende seiner Schrift von der Einigkeit derjenigen, die in vergangenen Jahren für und wider die Adiaphora gestritten, offen vorgeworfen.

Von den Theologen in Wittenberg und Leipzig kann und will sich Menius nicht trennen, weil er weiß, „daß diese Leute sich in ihr Amt, ja auch in diese ganzen Sachen nicht selbst eingedrungen und eingeflochten haben, wie der Lästerer Illyricus sich jetziger Zeit ohne allen ordentlichen Beruf in alle Kirchen einbringt, sich über sie alle empört und Meister und Richter über sie sein will, sondern daß sie nach göttlicher Ordnung ordentlicher Weise dazu berufen und dazu gedrungen sind, daß sie es nicht haben umgehen können". Sodann haben sie ihr Amt getreulich und recht geführt und die Lehre des heiligen Evangeliums aus Grund heiliger Schrift ganz rein und lauter gelehrt, geprebigt und geschrieben, allerdinge in einerlei Verstand

und Meinung mit dem seligen Luther. Insbesondere hat sich
Melanchthon durch seine Loci communes ein unsterbliches Verdienst um die Kirche erworben. Luthers Schriften enthalten
zahlreiche Beweise dafür, daß er dies alles vollkommen anerkannte. Illyricus murmelt viel von Korruptelen und Ver-
fälschungen der Lehre, kann aber keine nachweisen.[1)] Ferner
hat Gott die Lehre, die Predigt und die Schriften der Wittenberger und Leipziger auch nach Luthers Tode reichlich gesegnet,
so daß ferne Länder und Nationen durch sie in der Erkenntniß
des reinen Evangeliums gefördert werden und späten Nachkommen zur Erlangung der ewigen Seligkeit verholfen wird.
Durch das Geschrei, als hätten diese Theologen in das Interim gewilligt, dadurch die Lehre des Evangeliums verfälscht und
die Gegner gestärkt, will sich Menius auch nicht von ihnen abwenden lassen, weil er nicht weiß, was eigentlich das Wahre
an der Sache ist, da sich die Angaben darüber geradezu widersprechen. Flacius giebt es freilich schon für ein Verbrechen
aus, daß sie sich überhaupt in eine Verhandlung mit den Bischöfen von Meißen, Merseburg und Naumburg eingelassen
haben, was doch zu Lebzeiten Luthers öfters geschehen und nie
von ihm mißbilligt worden ist. Er folgt hierin offenbar dem
Beispiele des Vornehmsten seines Anhangs (Amsdorf), welcher
geschrieben hat: „Maledicta sint omnia colloquia cum ad-

---

1) Als Beispiel für die Sprache, in welcher man sich damals bekämpfte,
möge folgende Stelle dienen: „Es wühlet und grübelt der Lästerer Illyricus sammt seiner Rotte in diesem Buch (Loci communes) hin und
wieder, stänkert umher durch alle Artikel, und wollte gern etwas Stinken-
des finden, darin er mit seinem unflätigen Saurüssel wohl umstören
möchte, daß der Gestank durch die ganze Welt röche und Jedermann die
Nase dagegen zuhalten müßte.. Weil aber die unflätigen brechungerigen
Säue nichts finden können, pferchen und schmeißen sie selbst ihren eigenen
Mist hinein u. s. w. Darum will ich alle gutherzige fromme Christen
hiemit getreulich vermahnt haben, die wollen Gott den Herrn herzlich
bitten, daß er solche unflätige Säue, die sein Heiligthum also schändlich
verunreinigen, aus seinem Tempel etwa in einen Koben oder Kloaka, dahin sie gehören, austreiben wolle" u. s. w.

versariis", und aufs allerheftigste widerrathen und wider=
stritten, daß man ja in kein Kolloquium nimmermehr nicht
willigen sollte; denn so oft man kolloquirte, müßte man aller=
wege um etwas weichen und nachgeben. Aber sie können, wie
man sieht, auch temporisiren, wollte Gott, der Lästerer sammt
seiner Rotte sollten dermaleinst selbst zu Händeln kommen und
ihre Kunst und große Mannheit für sich selbst beweisen, was
sie könnten, so würde man wohl erfahren, was für Pfeile sie
in ihrem Köcher hätten. Aber wehe der armen Kirche, wenn es
mit ihr dahin kömmt, daß solche Leute ihr Wort reden und die
Wahrheit verfechten sollen. Wenn es mit Refusiren und Pro=
testiren, ja mit Lügen, Kalumniiren und Lästern auszurichten
wäre, da wären sie rechte Helden zu."

Haben aber die Wittenberger wirklich in freien Mittel=
dingen nachgeben wollen, so weiß Menius auch heutiges Tages
solchen Vorschlag nicht zu verwerfen; denn es wissen alle pro=
testantischen Stände, „daß man auf dem Reichstage zu Augs=
burg 1530 und später sich erboten hat, daß man die päpstischen
Bischöfe für Ordinarios erkennen, ihre Jurisdiktion gedulden
und die Ordination bei ihnen auch suchen wollte, wenn sie uns
nur allein die Lehre des Evangeliums sammt dem Gebrauch
der heiligen Sakramente und andere in der heiligen Schrift
gegründete göttliche Ordnung frei lassen wollten. Auch Luther
hat sich solchen Vorschlag gefallen lassen, und auf dem Land=
tage zu Weimar 1549 hat sich Menius in seinem hernach
angenommenen Gutachten in demselben Sinne ausgesprochen.
Illyricus hat noch nicht bewiesen, wo und in welchen Artikeln
die christliche Lehre dabei verfälscht worden wäre, und wird es
wohl auch nie beweisen können. Hätten sie aber auch wirklich
geirrt, wie ja Gott schon große Heilige hat straucheln und selbst
schwer fallen lassen, so sollten Illyricus und seine Rotte, wenn sie
rechte Christen wären, sie nicht als halsstarrige und verstockte
Ketzer meiden und verdammen, sondern vielmehr in christlicher
Liebe aus der heiligen Schrift widerlegen und auf den rechten
Weg zurückführen. Sie scheinen es aber nur auf die Erpressung
eines „peccavi" abgesehen zu haben. „Wenn ich's mit Gunst

vor den großen eifrigen Heiligen thun dürfte, so möchte ich
wohl gern etwas sagen, nur scherzweise, denn ich will nicht
hoffen, daß sie's für einen Ernst verstehen sollen. Jedoch will
ich's nicht sagen, sondern nur diese ungefährliche Frage thun,
ob sie es auch leiden könnten und ihnen gefallen möchte, daß
ihnen das Davidische peccavi also gesungen würde? Nemlich,
daß man etwa in einer großen namhaftigen Stadt einen gemeinen Reichstag ausschriebe und wenn da aus aller Welt
allerlei Stände zusammengekommen wären, daß man dann auf
dem offnen Marktplatze unter freiem Himmel einen hohen herrlichen Thron aufbauete, mit allerlei köstlicher Tapezerei aufs
prächtigste geschmückt und geziert, darauf man dann den heiligen
Propheten Matthiam Flacium Illyricum in aller Solennität
und Herrlichkeit setzte und neben ihm zu beiden Seiten die
zwei N. und N. A. und G. Christian Alemann und Christoff
Cunrad sammt andern dieser Synagogen vornehmsten Hohen-
priestern, Schriftgelehrten und Pharisäern, und wenn dieses
nun also alles zugerichtet und bestellt wäre, daß also dann die
armen großen Sünder, nemlich die Theologen der christlichen
Kirchen und Schulen zu Wittenberg und Leipzig barhäuptig
und barfüßig, mit Stricken umgürtet, vor die große Herrlichkeit dieser Propheten vorgeführt würden, denen sie sich da vor
aller Welt müßten unter die Füße legen, sich stückweise vorlesen
lassen, was ihnen schuld gegeben würde, sich dazu ohne alles
Widersprechen bekennen, um Gnade und Vergebung bitten und
dann die Absolution cum injuncta debita poenitentiali satisfactione secundum decretum et beneplacitum praesidentis
empfangen, und wenn dieses Alles also vollendet wäre, daß alsdann dieser ganze solemnis actus ad perpetuam rei memoriam
eingeleibt und eingefället würde in das große, schöne, herrliche,
wunderbare und divinum opus, nemlich das Chronicum ecclesiasticum Illyrici, welches bis daher noch von Niemand, oder
je von sehr Wenigen gesehen worden ist und vielleicht in künftiger Zeit noch viel weniger gesehen werden wird." [1]

---

[1] Wer erkennt hier nicht sofort den Verfasser der Responsio ad amicum?

Wenn ihm vorgeworfen wird, daß er den Wittenbergern als seinen Lehrern zu sehr anhange und zu viel nachgehe, so bekennt er gern, daß sie ihm lieb sind. „Wollte Gott, ich könnte meine Liebe gegen sie dermaßen erweisen, wie ich mich zu thun schuldig bekenne, so wollte ich's fürwahr auch thun. Denn ich achte es dafür, kann auch anders nicht verstehen, denn daß ich's von wegen göttlichen Gebots schuldig und pflichtig bin, und würde mich gegen Gott schwerlich versündigen, da ich ihnen undankbar wäre oder ihnen die Wohlthaten mit Argem vergälte, die ich von ihnen empfangen habe, deren ich auch noch täglich gebrauche und der Kirche des Herrn Christi in meinem Predigtamt damit diene. Denn die unzählig vielen, großen und manchfaltigen Freundschaft, Ehren und Guten, die von ihnen Allen, insonderheit aber und vornemlich von meinem lieben Herrn und Praeceptor D. Philippo mir und meinen Kindern, die ich in der Universität zu Wittenberg gehabt und noch habe, erzeigt und bewiesen worden, zu geschweigen, so muß ich vor Gott und aller Welt bekennen, bekenne es auch hiermit willig und gern, was mir unser lieber Herr Gott Erkenntniß und Verstands der heiligen und seligen Lehre des Evangelii aus Gnaden und Barmherzigkeit verliehen hat, dessen ich beide mich selbst in meinem eigenen Gewissen wider alle Anfechtung zu trösten und Andern in der Kirche des Herrn Christi damit zu dienen weiß, daß er mir solches alles durch diese Herren, insonderheit durch D. Luther seligen und nichts wenigers auch durch D. Philippum gegeben hat. Denn ohne des Herrn Philippi Unterricht und Anweisung wäre mir nicht wohl möglich gewesen, aus den weitläufigen Schriften D. Luthers die Summa der ganzen christlichen Lehre in unterschiedliche Artikel also zu fassen, viel weniger andern Leuten davon ordentlichen unterschiedlichen und gründlichen gewissen Unterricht zu geben, wo er mir dazu nicht sonderlich gedienet hätte. Ja ich mag wohl mit Wahrheit sagen, daß D. Luther seliger selbst von ihm gerühmt und bekannt hat, daß er in dem Fall ihm selbst viel und nützlich gedient habe." Um so größer ist die Undankbarkeit des Flacius, welcher, da er in Wittenberg die hebräische

Grammatik lesen und die Psalmen erklären sollte, „nicht einen einigen Psalm für sich selbst erklären oder eine einige Lektion hat thun können, es hat's ihm der Herr Philippus müssen vorschreiben und ihm sammt seinem Weib und Kindern mit seiner Arbeit ihre Besoldung und Brod vorverdienen müssen".

An Illyricus kann sich Menius keinesfalls anschließen; denn er ist weder von Gott noch von Menschen dazu berufen, sich über die Pfarrer und Prediger der Kirchen und Diener und Professoren der Schulen als Meister und Richter aufzuwerfen, wie er es in Sachsen, Meißen, Thüringen und andern Ländern gethan hat. „Vielmehr hat er sich selbstthürstiglich, freventlich und vermessentlich wider Gottes öffentliches Verbot, wider alle Rechte und der wahren christlichen Kirchen Ordnung, Gebrauch und Gewohnheit eingedrungen. Denn daß er nicht von Menschen oder durch Menschen berufen sei, das bedarf keiner Beweisung, weil öffentlich am Tage und vor Augen ist, daß er niemals in einer Kirche dieser Lande (nicht weiß ich, was er bei seinen Wenden) so viel Befehls gehabt, daß er die Spinnweben aus den Fenstern und von den Wänden hätte abkehren sollen, geschweige, daß er sollte Befehl gehabt haben, darin zu lehren und andere Lehrer zu richten, zu rechtfertigen und zu reformiren. Denn so ehrgeizig und ruhmredig ist er wohl, da er in einiger Kirche einigen Beruf oder Befehl gehabt, er würde es in seinen Schriften ohne Zweifel durch die ganze Welt gerühmt haben, weil er sonst so unverschämt und mit öffentlicher Unwahrheit rühmen darf, wenn es ohne ihn und seine Rotte gewesen, so wären alle Kirchen durch's Interim und Adiaphora gar zu Boden gegangen." Die unmittelbare Berufung durch Gott hat mit der Apostel Zeit aufgehört, daß er aber von Menschen berufen sei, wird er nicht eher beweisen, als wenn zu St. Nimmers Tag der Rabe, den Noah aus der Arche fliegen ließ, wiederkommen wird. „Es ist zu erbarmen und fürwahr eine große greuliche Strafe über uns tollen vollen Deutschen, daß wir bei solchem hellen Licht göttlichen Worts so gar stock und starr blind sind auf allen Seiten, daß wir nicht auf Gottes Wort sehen und nach demselben allein richten und urtheilen, sondern uns nur mit anderen Geplärren äffen und umführen lassen. Der Papst führt seinen Haufen, der hängt ihm an und folgt ihm, wohin er nur will, als hätte er's von Gott Befehl, da er doch keinen nicht beweisen kann. Dieser Wende Illyricus thut ihm gleich also, wirft sich selbst auf und erhebt sich über alle Kirchen und Schulen, dieselben zu richten, zu rechtfertigen und zu regieren, also, wen er recht spricht, der soll gerecht sein, wen er verdammt, der soll verdammt sein, und wiewohl wenig Leute und schier bei uns Deutschen Niemand weiß, wer er ist, woher er gekommen, ob er ein getaufter Christ oder was er sonst sei, was sein Glaube sei, noch dennoch sind wir solche leichtfertige Leute, daß wir hinzu laufen, als wäre es eitel gewiß und kündlich Heiligthum mit ihm." Wenn sich Illyricus auf das allgemeine Priester= thum beruft, so beweist er nur, daß er mit der christlichen Lehre so meisterlich umzugehen weiß wie der Esel mit der Harfe. Denn es ist wohl wahr, daß alle Christen Priester sind, d. h. daß sie zu allen Zeiten und Orten geistliche Opfer thun mögen mit Beten, Danksagen, allerlei guten Werken, Geduld in allerlei Trübsal u. s. w., aber die Schrift auslegen ist eine sonderliche Gabe des heiligen Geistes. Denn wenn alle Christen diese Gabe hätten, bedürfte man des ganzen Predigtamtes nicht. Auch daß er in Wittenberg Magister geworden und Lektor der hebräischen Sprache und des Alten Testaments gewesen ist, giebt ihm nicht Macht und Recht, sich zum Richter in religiösen Händeln aufzuwerfen und ganze christliche Kirchen, ehrliche löb= liche Städte, unbescholtene Leute, auch aus hohem fürstlichen Stande und nach ihrem Tode, ohne alle Scheu vor aller Welt zu lästern und zu verleumden.

„Denn daß er des ehrlichen Namens dieser christlichen Kirche und blühen Stadt Leipzig nicht verschont, sondern unter demselbigen ihren Namen die Lehre, welche er als falsch und sträflich verdammt, ausschreit und sie das Leipzig'sche Interim nennt, damit doch weder diese Kirche noch Stadt nichts zu schaffen gehabt hat, ist eine lautere giftige Bosheit, ja auch eine öffentliche unverschämte Lüge ist es. Denn es ist öffentlich

am Tag, daß die Lehre des Evangelii von Gottes Gnaden
aus Grund heiliger Schrift so rein und lauter allhie in dieser
Stadt und Kirche gelehrt und geprediget wird, als sie an irgend
einem andern Ort, es sei auch wo es wolle, geprediget werden
mag, und Trotz dem verlognen giftigen Verleumber, Kirchen-
schänder und Lästerer, daß er's anders beweise.

Auch ist öffentlich am Tage und unwidersprechlich wahr,
daß in Ceremonien gar keinerlei Veränderung vorgenommen
worden ist, denn es wird mit allem auf diesen heutigen Tag
also und auf die Form und Weise gehalten, wie es anfänglich
durch weiland die hochwürdigen und hochgelehrten Männer
D. Caspar Creuciger und Herrn Friedrich Mecum seliger Gedächtniß allerdinge, wie man's die Zeit bei Leben D. Luthers
seligen in der christlichen Kirche zu Wittenberg hielt, verordnet
und angerichtet worden ist, und halte es dafür, gutherzige
fromme Christen sollen an solcher christlichen Kirchenordnung
nicht weniger, sondern wohl besser Gefallen haben, denn an
vielen neuen deformationibus, so durch des Illyrici Rotte in
vielen Kirchen eingeführt worden sind."

In Betreff des Vorwurfs, daß er gelehrt habe, gute Werke
seien nöthig zur Seligkeit, beruft sich Menius auf das Zeugniß
der Gemeinden, denen er nun 36 Jahre lang gedient habe,
und fordert Illyricus auf, ihm diese Irrlehre aus seinen
Schriften nachzuweisen, nicht um seiner Person, sondern um
seines Amtes und der Gemeinden willen, denen er bisher gedient hat und noch dient. Um aber Jedermann zu zeigen,
was er gelehrt habe und noch lehre, fügt er ein ausführliches
Bekenntniß seines Glaubens hinzu, dessen Summa diese ist:
„Durch Werke wird vor Gott Niemand gerecht noch selig.
Warum? Darum, daß sie dem Gesetz Gottes nicht genug
thun, weder mit Bezahlung für die Sünde, noch mit Erfüllung
der Gerechtigkeit. Allein durch den Glauben an Christum wird
man vor Gott gerecht und selig. Warum? Darum, daß
man durch den Glauben empfängt erstlich Vergebung der Sünden und die Gerechtigkeit oder Gehorsam Christi, damit er das
Gesetz erfüllt hat für uns, darnach, daß man auch empfängt

ben heiligen Geist, der die Gerechtigkeit im Gesetz erfordert, in uns auch ausrichtet und erfüllt, hie in diesem Leben anfänglich und im künftigen vollkömmlich." Die Gabe des heiligen Geistes, hier ein neues Leben anzufangen, ist allerdings nöthig zur Seligkeit; die Rede: Gute Werke sind nöthig zur Seligkeit, habe er niemals geführt und wolle sie auch nicht führen; sie gelte nicht in articulo de justificatione, aber in articulo de lege et renovatione könne er sie nicht als ketzerisch verdammen. Denn „ist es recht, daß man sagt: die Heiligung oder Verneuerung des heiligen Geistes ist nöthig zur Seligkeit, so kann es auch nicht unrecht sein, daß man sagt, Gute Werke sind nöthig zur Seligkeit, sintemal gewiß und unwidersprechlich wahr ist, daß die Heiligung oder Verneuerung ohne gute Werke nicht ist noch sein kann."

III.

Die Streitschriften folgten nun Schlag auf Schlag. Flacius konnte nicht sofort ausführlich antworten, deshalb ließ er vorläufig ein Büchlein unter dem Titel „Die alte und neue Lehre Menii, zu einem Vorlauf oder Vortrab seiner Antwort" erscheinen. Diesem setzte Menius seinen „Bescheid, daß seine Lehre, wie er die vorher geführt und noch führt, nicht mit ihr selbst streitig noch widerwärtig, sondern allenthalben einerlei und der Wahrheit des Evangelii gemäß sei. Auf den Vortrab Illyrici" entgegen.

In seinem „Vortrab" hatte Flacius beweisen wollen, daß er einen göttlichen Befehl und Beruf dazu habe, falsche Lehre aufzudecken und die Kirche bei dem reinen Worte Gottes zu erhalten, darum auch des Menius vermeintliche Irrlehre öffentlich zu strafen. Denn Menius lehre jetzt auf eine andere Weise und Meinung, als er vor der Zeit gethan habe. Er sei auch falscher Lehre überwiesen worden und habe widerrufen müssen.

Auf des Menius Frage nach seiner Vokation, von wem er denn dazu berufen sei und wer ihm doch den Befehl gegeben habe, daß er sich so vermessentlich über aller christlichen Kirchen und Schulen Lehrer und Diener erhebe und dieselben seines Gefallens meistern, rechtfertigen und reformiren wolle, so doch Niemand wisse, was er selber von christlicher Lehre, Glauben und Religion in allen Artikeln glaube und halte, hatte Flacius mit der Hinweisung auf Matth. 18, 15 ff. geantwortet: „Sündiget aber Dein Bruder an Dir, so gehe hin und strafe ihn zwischen Dir und ihm alleine. Höret er Dich, so hast Du Deinen Bruder gewonnen. Höret er Dich nicht, so nimm noch einen oder zwei zu Dir, auf daß alle Sache bestehe auf zweier oder dreier Zeugen Munde. Höret er die nicht, so sage es der Gemeine. Höret er die Gemeine nicht, so halte ihn wie einen Heiden und Zöllner. Wahrlich, ich sage Euch, was Ihr auf Erden binden werdet, soll auch im Himmel gebunden sein, und was Ihr auf Erden lösen werdet, soll auch im Himmel los sein."

Dagegen erklärt Menius: Wenn vermöge dieses Befehls alle Christen Recht und Macht haben sollten, ebenso zu thun wie Flacius, so würde ein überaus feines und schön ordentliches Wesen in der Christenheit werden. Das wolle Gott verhüten. Dieser Befehl erstrecke sich gar nicht dahin, daß jeder Christ Recht und Macht haben solle, sich über aller Kirchen und Schulen Lehrer zu empören und allenthalben einzubringen und reformiren zu wollen. Aber auch gesetzt, der Befehl habe diese Meinung und Flacius sei ein Christ, davon man doch nichts Gewisses sagen könne, warum er sich denn nicht nach solchem Befehle halte? Wenn Menius wirklich gegen ihn gesündigt habe, dessen er sich aber nicht bewußt sei, da er ihn in seinem Leben seines Wissens nie mit Augen gesehen, viel weniger aber etwas mit ihm zu schaffen gehabt habe, so hätte er ihn erst allein, dann im Beisein zweier oder dreier Zeugen strafen müssen. Das habe er aber nicht gethan, obwohl er zu der Zeit, als Menius Pfarrer in Gotha gewesen, mehrmals daselbst durchgekommen und als Zuhörer in seiner Kirche ge-

sehen worden sei. Statt dessen verleumde er ihn in seiner Läster=
schrift, als lehre er Irrthum und Unrecht, und thue ihm doch
daran wider Gott, die Wahrheit und sein eignes Gewissen nur
große Gewalt und Unrecht. Daraus könne man sehen, was
er für ein Christ sei, wie er dem Befehle Christi, mit dessen
Namen er sich gern decke, Gehorsam leiste, und welche christ=
liche Liebe er gegen ihn als einen Bruder mit solcher Ver=
leumbung bewiesen habe und noch beweise.

Auf die Beschuldigung, daß er jetzt anders lehre als früher,
antwortet Menius so: „Weil der Artikel christlicher Lehre
viel und nicht einerlei sind, und der Satan diese Weise von
Anbeginn gehabt und noch hat, daß er jetzt diesen, dann jenen
Artikel durch seine Rotten anzufechten pflegt, wie nun alle
Artikel nicht von einerlei, sondern von mancherlei Materien
lehren, also ist auch unmöglich, von allen Artikeln auf einerlei
Weise zu reden und sie zu verfechten, sondern es muß von
einem jeden Artikel das und also gelehrt werden, das und wie
sich davon aus Grund heiliger Schrift zu lehren gebührt.

Demnach als vor etlichen Jahren die Papisten und Wieder=
täufer wider die Wahrheit des Evangeliums und sonderlich
wider den Artikel von der Rechtfertigung stritten und gaben
vor, der Glaube an Christum allein mache keinen armen ver=
dammten Sünder vor Gott weder gerecht noch selig, sondern
man müsse es auch mit eignen Werken und Leiden zugleich mit
verdienen, gleichwie es Christus mit seinem Gehorsam und
Leiden verdient habe u. s. w., da habe ich solchen Irrthum
aus Grund heiliger Schrift, so viel mir Gott damals aus
Gnaden verliehen, und aufs beste ich vermocht habe, wider=
fochten, also daß auch D. Luther seliger damit wohl zufrieden
gewesen, wie meine Schriften mit D. Luthers Vorreden und
Zeugniß damals wider beide, Papisten und Wiedertäufer, aus=
gegangen zeugen und ausweisen, widerfechte ihn auch noch heu=
tiges Tages gleicher Gestalt, und will es mit Gottes Hülfe
fortan weiter thun bis in meine Grube.

Da aber hernach die schändliche Rotte der Antinomer und
nach denselben auch die Blutfreunde aus der Wiedertaufe ent=

standen, welche den Artikel von der Rechtfertigung und Erlösung
zufrieden ließen, ja trieben ihn aufs heftigste, und mußt ihrer
Schwärmerei bester Grund sein, gleichwie itzund Flacius mit
seiner Rotte auch thut, legten sich aber wider den Artikel von
der Heiligung, und gaben die Antinomer vor, weil der Glaube
an Christum allein, ohne Zuthun aller Gesetze und Werke, vor
Gott gerecht und selig mache, also obgleich Einer in öffentlicher
Sünde, Ehebruch, Mord, Gotteslästerung stecke, daß er gleichwohl rechten Glauben haben und behalten und selig werden
könnte. Darum soll man das Gesetz aus der Kirche ganz
und gar hinweg thun u. s. w.

Die Blutfreunde aber, als die vom unreinen Geist leib-
haftig besessen waren, die machten's so gar überaus unflätig
und grob, daß sie unverschämt und ohne alle Scheu vorgaben,
sich auch darauf brennen und köpfen ließen, wenn einer gläubig
wäre, so wäre er auch Gottes Kind und hätte den heiligen
Geist, von dem er geheiligt, regiert und getrieben würde, welches
dann sofern recht und wahr geredet ist; aber daraus wollten sie
weiter dieses einführen und schließen, weil sie Gottes Kinder
und aus Gott geboren wären, so könnten sie auch keine Sünde
thun. Das deuteten sie also: Sie thäten was sie nur wollten,
so wäre es eitel Heiligkeit und keine Sünde, ob es gleich öffentlich wider Gottes Gebot wäre. Denn weil sie geheiligt wären
und vom heiligen Geiste getrieben würden, darum so wären
alle die Gelüste und Neigungen, so sich in ihrem Feisch regten,
vom heiligen Geist erweckt und nicht sündlich. Ja sie wurden
also vom Teufel geblendet und getrieben, daß, wenn ein Ehemann zu eines andern Eheweib Lust hatte und Schande mit ihr
übte, so sagten sie, sie hätten einander geheiligt.

Diese Teufelsrotte verachtete und lästerte das heilige Gesetz Gottes also, daß sie es nicht allein Dreck nannten, sondern
durften auch sagen, daß es schädlich und verdammlich wäre,
beriefen sich auf den Spruch St. Pauli Phil. 3. Da doch klärlich zu sehen ist, daß St. Paulus redet nicht vom göttlichen
Gesetz, welches an sich selbst recht, heilig, gut und zum Leben
gegeben ist, viel weniger aber von der Verneuerung des heiligen

Geistes in den Gläubigen, sondern allein von seiner eignen Werkgerechtigkeit redet er, die er vor seiner Bekehrung aus dem Gesetz zu haben vermeinte.

Da nun, sage ich, diese beiden Teufelsrotten, Antinomer und Blutfreunde, den Artikel von der Heiligung dermaßen begannen zu widerfechten, gleichwie die Papisten und Wiedertäufer dem Artikel von der Rechtfertigung und Erlösung gethan haben und noch thun, und man auch sonst vor Augen sieht, wie Jedermann gläubig und Christ sein will, und ihrer doch so gar wenig gesehen werden, die sich den heiligen Geist regieren lassen; derhalben auch Osiander uns Predigern Schuld gab, als lehrten wir von der Gerechtigkeit des Glaubens so gar faul und kalt Ding, daß die Leute bei Gott Gnade und Vergebung der Sünden, auch ewiges Leben und Seligkeit erlangen könnten, ob sie gleich ohne alle Bekehrung und Besserung blieben, wie sie zuvor im Unglauben gewesen wären, daran er uns doch Gewalt und Unrecht that; da habe ich meines befohlenen Amtes halben auch nicht umgehen können, diese Irrthum und Gotteslästerung der Antinomer und Blutfreunde aus Grund heiliger Schrift zu strafen, desgleichen auch der ungegründeten Auflage Osianders zu widersprechen und das Ministerium und Predigtamt der Kirchen, die mir damals befohlen waren, so viel Gott Gnade gab, zu verantworten.

Habe derhalben beneben dem Artikel von der Rechtfertigung und Erlösung auch den Artikel von der Heiligung, Verneuerung des heiligen Geistes oder neuem Gehorsam (welches alles eins ist) so viel desto fleißiger und emsiger getrieben, beides in meinen Predigten und Schriften, will es auch fortan thun und alle treuen Diener des Evangelii dergleichen zu thun getreulich vermahnt haben, sintemal Jedermann leichtlich abnehmen kann, was der Teufel durch Flacium und seine Rotten suchet und meinet damit, daß sie wider solche Lehre sich so heftig setzen, dawider so greulich toben und wüthen, aber doch mit dem Unterschied, daß die Heiligung der Rechtfertigung nicht vorgehe, sondern nachfolge, sintemal der heilige Geist Niemand heiligt, er sei denn durch den Glauben an Christum gerechtfertigt, gleich-

wie wiederum Keiner durch den Glauben an Christum gerechtfertigt ist, der nicht folgends auch durch den heiligen Geist
geheiligt und verneuert wird.

Und sage demnach noch heutigen Tages, daß solches Vorgeben, beide der Antinomer und Blutfreunde, eitel greuliche
und recht teuflische Gotteslästerung sei, welche Flacius und seine
Rotte nicht wenig stärken helfen damit, daß sie die Verneuerung
oder neuen Gehorsam, welchen der heilige Geist in allen Gläubigen gewißlich wirkt und schafft, als allerdinge zur Seligkeit
unnöthig verwerfen und verdammen.

Denn Christus hat uns freilich mit seinem theuren Blut
darum nicht erlöst, daß wir in allerlei Sünden und Lastern
nach den Gelüsten unseres Fleisches beharren sollen, sondern daß
wir vielmehr durch Buße davon abstehen, uns bekehren und,
nachdem wir erlöst und versöhnt sind, durch Christum Gott in
Gerechtigkeit und Heiligkeit, die ihm gefällig ist, loben und dienen
sollen, wie man die Kinder lehret, wenn man ihnen im Katechismo den Artikel von der Erlösung erklärt.

Und ist unmöglich, daß Der rechten Glauben haben und
dadurch bei Gott in Gnaden leben und selig sein könne, der
ohne Buße und wahrhaftige Bekehrung in seinen Sünden und
gottlosem Wesen beharret.

Denn alle die, so aus Gnaden durch den Glauben an
Christum vor Gott gerecht, versöhnt und selig werden, müssen
gewißlich auch bekehrt, geheiligt und verneuert werden. Denn
der Glaube läßt den Menschen nicht, wie er ihn findet, sondern empfängt wahrhaftig den heiligen Geist, der ihn verneuert und heiligt, daß er gar ein neuer und heiliger Mensch
werde, der neu Herz, Sinn, Muth und ein ganz neues Leben
und Wesen kriege. Dies, sage ich, muß geschehen und geschieht
gewißlich in Allen, die wahrhaftigen Glauben haben, dadurch
sie vor Gott gerecht und selig werden. Geschieht es aber nicht,
so ist gewißlich auch kein rechter Glaube da, weder Christus,
Gottes Gnade, Heil noch Seligkeit.

Darum ist es eine offenbarliche Verfälschung und unleidliche
Corruptela des Evangelii, da man den Artikel von der Heili-

gleichwohl selig macht, so haben beide Rotten, Antinomer und Blutfreunde, mit ihrer Schwärmerei allerdings recht und gewonnen, und mag nicht allein die Lehre des göttlichen Gesetzes, sondern auch der ganze Artikel von der Heiligung aus der christlichen Kirche allerding weggethan und verworfen werden. Und das wollt der Teufel auch gern haben. Aber Gott wird ihm wehren.

Dieses Alles, das ich vom andern Stücke geschrieben habe, will ich dem Vortraber jetztmals zum kurzen und richtigen Bescheid gegeben haben, für mich. Damit aber alle frommen Christen sehen mögen, daß es nicht meine allein, sondern auch anderer christlichen Lehrer Meinung mit sei, so will ich etliche wenige Zeugnisse aus derselben Schriften hinzusetzen."

Nun folgen Belege aus Luthers, Melanchthons, Veit Dietrichs, Urbanus Rhegius', Johann Brenz', Erhard Schnepfs und Nikolaus Gallus' Schriften. „Ich konnte", fährt Menius fort, „aus Dr. Luthers Schriften dergleichen Zeugnisse noch viel mehr anführen, darinnen er klärlich lehret, wie in Denen, so an Gott gläubig geworden sind, auch Verneuerung des heiligen Geistes, neues Leben und neuer Gehorsam von Noth wegen folgen muß, oder, wo das nicht geschieht, daß auch aller Glaube, Gottes Gnade, Christus, Leben und Seligkeit verloren ist. Ich will es aber jetziger Zeit bleiben lassen, wollt ihrer auch wohl auf dies Mal so viel nicht angeführt haben, wenn mich nicht zwei Ursachen dazu bewegt hätten.

Die erste, daß Flacius und seine Rotte sich mit Dr. Luthers Namen, am meisten bei dem gemeinen Mann schmücken wollen, mich und Andere verdächtig zu machen, als lehrten wir anders, denn er gelehrt hat, und wären sie allein Diejenigen, so die Lehre rein hätten und erhielten, welcher doch keins wahr ist. Zum andern habe ich ihrer auch desto mehr angeführt, daß sie nicht sprechen, wenn ich nur ein einiges angeführt hätte, es möchte ihm vielleicht ohngefährlich also entfahren sein, wie der alte Tieltappe zu Gotha einmal zu mir sagte, da ich ihm Dr. Luthers Auslegung über den 4. Vers des 51. Psalms von der Verneuerung des heiligen Geistes zeigte, es wäre ein einiger

Locus, man würde ihrer freilich nicht viel mehr finden, da Dr. Luther auf solche Meinung geschrieben hätte. Aber wie er ein Tieltappe 33 Jahre gewesen ist, bleibt er's fortan auch wohl [1]).

Von der Rede: Gute Werke sind nöthig zur Seligkeit, habe ich zuvor, in meiner Verantwortung geschrieben. Ich habe sie mein Leben lang niemals weder in Predigten, noch Schriften geführt, führe sie auch noch nicht. Darum darf auch Niemand mit mir darum fechten. Dabei laß ich's bleiben.

Es bedarf Beides guter Erklärung, man sage: Gute Werke sind nöthig zur Seligkeit, oder: sind nicht nöthig zur Seligkeit. Denn gleich wie die Affirmation: Gute Werke sind nöthig ꝛc., von den Papisten und Wiedertäufern wider den Artikel von der Rechtfertigung dahin gezogen werden kann, als machte der Glaube allein nicht vor Gott gerecht und selig, sondern die Werke müßten auch etwas dabei thun; also kann die Negation: Gute Werke sind nicht nöthig, von den Antinomern und Blutfreunden auch wider den Artikel der Heiligung dahin gezogen werden, als wäre die Verneuerung des heiligen Geistes auch unnöthig.

---

1) Es ist unserem Menius der Vorwurf gemacht worden, daß ihm „Luther der erste und einzige dem deutschen Volke von Gott gesandte Apostel sei, der alleinige Verkünder der Wahrheit, dessen Aussprüchen er sich blindlings unterwerfe, dem er bereitwillig die Censur über seine eignen Schriften zugestehe. Auf selbständige Erforschung der heiligen Schrift mache er keinen Anspruch mehr: ihm genüge es, sich mit Luther im Einklang zu wissen und seinen Gegnern Aussprüche Luthers entgegenhalten zu können. Namentlich machten seine letzten theologischen Streitschriften gegen Osiander, Flacius, Amsdorf diesen Eindruck. Er sende selbst seine Schriften, ehe er sie in Druck gebe, zur Approbation nach Wittenberg!" (Kampschulte, Die Universität Erfurt II, 268 f.) Die Ungerechtigkeit dieses Urtheils geht aus Obigem hervor. Die sclavische Unterwürfigkeit unter den Buchstaben Luthers ist allerdings ein trauriger und beklagenswerther Zug der Reformationszeit; aber ist einer der Gehülfen der Reformation unabhängig und selbständig gewesen, so ist es Menius. Seine Gegner, die auf die Worte Luthers schworen, konnte er natürlich nicht besser widerlegen als eben durch Aussprüche Luthers. Was hätten auch einem Flacius und Amsdorf gegenüber Vernunftgründe geholfen!

Wer nun solche Rede führt oder führen will, der mag darum fechten; ich für mich laß es bleiben, habe mich auch in dieses ärgerliche Gebeiß nie einmengen wollen [1]), und möchte

---

1) Es ging Menius genau ebenso wie Georg Major. Dieser schreibt in seiner „Bekentnus D. Georgij Maioris MDLIX": „Daß ich diese Worte: Werke sind den Gläubigen zur Seligkeit nöthig, mein Leben lang weder in meinen Lektionibus, Predigten oder Schriften nie nicht gebraucht, berufe ich mich auf alle Diejenigen, so meine Lektiones und Predigten gehört und Schriften gelesen." Mochte er sich auch zu Frieden und Einigkeit erbieten und alle christliche Obrigkeit unterthänigst und demüthigst bitten, sie wollen ihre Theologen, Pfarrherren und Prediger auch dahin halten, daß die Kirche Gottes nicht ferner durch tägliches Lästern, Schreien und Schreiben turbirt und betrübt werde, es half Alles nichts; Amsdorf und Flacius hatten einmal Ketzer gerochen, da wollten sie dieselben auch gebraten haben! — Uebrigens stimmt Major mit Menius in den Artikeln von der Rechtfertigung und Heiligung vollkommen überein, wie folgende der oben angeführten Schrift entnommenen Stellen beweisen: „Also erlangen wir Vergebung der Sünden und Zurechnung der Gerechtigkeit und werden Erben ewiger Seligkeit durch Glauben, darum daß der Glaube nicht auf eigne Werke und Würdigkeit, sondern allein auf die Barmherzigkeit Gottes in Christo Jesu zugesagt sich verläßt und vertraut. Denn die verheißene Barmherzigkeit und Vergebung der Sünden wird anders nicht erkannt noch empfangen denn durch solchen Glauben. Denn Christus muß für und für der Anfang, Mittel und das Ende der Justifikation und Seligkeit sein und bleiben, und sollen und müssen hiervon aller Menschen Werke und Verdienst, wie die mögen genannt werden, praecedentia, concurrentia aut sequentia, ganz und gar ausgeschlossen und abgesondert werden. — Wenn der Mensch nun also allein durch den Glauben ohne alle seine Werke und Verdienst aus Barmherzigkeit Gottes um Christi willen Vergebung der Sünden, Gerechtigkeit, heiligen Geist und Erbschaft der Seligkeit empfangen, alsdann, sage ich, daß im Menschen, als der nun in Christo Jesu eine neue Kreatur geschaffen zu guten Werken, Eph. II, der neue Gehorsam, welcher in guten Werken, so Gott im Dekaloge geboten, als Früchte des Glaubens und der vorgehenden Gerechtigkeit folgen soll, welcher, da er nicht folgt, ist's eine gewisse Anzeigung, daß solcher Mensch gewißlich Christum nie recht erkannt, auch keinen wahrhaftigen lebendmachenden Glauben gehabt, noch des ewigen Lebens theilhaftig geworden sei (1 Cor. 6. Röm. 8). Wiewohl nun solche Früchte dem wahrhaftigen Glauben folgen sollen und müssen, demnach ist der Mensch nicht von wegen solchen neuen Gehorsams oder guten Werken wegen vor Gott gerecht und selig, sondern bleibt für und für

gern (wenn's möglich wäre) wünschen, die es angefangen haben, hätten dieweil beiderseits dafür geschlafen, oder hätten's in Schulen unter sich allein disputirt und die Kirchen damit zufrieden gelassen.

Was ich mit dem Herrn Dr. Erhard Schnepf davon disputirt habe, das ist zwischen uns Beiden allein gar guter freundlicher Wohlmeinung geschehen, aus keinem Vorwitze, sondern aus großer Verursachung, wie der Herr Doktor so wohl weiß wie ich. Ich bin auch niemals Willens gewesen, solche Disputation auszubreiten, geschweige, daß ich sie sollte ausgebreitet haben, wie Flacius mir mit Unwahrheit aufgedichtet, und weiß fürwahr, wenn die Flacianer Rotte (die doch solche Disputation von mir nicht bekommen hat) sie so wenig ausgebreitet hätte, als ich, es würden's bis auf diesen heutigen Tag wenig Leute gesehen haben. Denn da ich's hätte ausbreiten wollen, hätte ich's durch den Druck thun mögen, habe es aber, wie gesagt, nicht thun wollen.

Weil es denn eine Privat- und besondere Disputation zwischen dem Herrn Dr. Schnepf und mir allein gewesen ist, so hat sich auch Flacius sammt seiner Rotten ja so wenig darum anzunehmen, so wenig ich mich darum annehme, was er mit seinen Rottengesellen zu schaffen hat.

Hat er aber ja Lust mit mir zu disputiren, nicht von fremden Gezänken, die mich nichts angehen, sondern von dem, das ich gelehrt und geschrieben habe, und noch heutiges Tages lehre, so nehme er's gebührlicher Weise vor, ohne Aergerniß einfältiger Christen und ohne Zerrüttung der Kirchen, so soll es ihm in alle Wege unversagt sein."

Was Flacius von seiner Damnation und Revokation sage, sei alles erlogen. Denn er habe nicht eine Damnation, son-

---

bis an sein Ende gerecht, Gott gefällig, ein Kind und Erbe Gottes allein aus Barmherzigkeit Gottes 'um Christi willen durch Glauben, welches denn wider des Osiandri essentialem justitiam und des Interims justitiam inhaerentem, quae constat fide, spe et charitate, auch wider den papistischen Irrthum von der Justifikation stets soll und muß erhalten werden.

bern eine Konfession unterschrieben. Seine Unterschrift melde nicht, daß er jemals einen Irrthum von der Nothwendigkeit der guten Werke zur Seligkeit gelehrt habe, sondern daß ihm etliche seiner Worte vom neuen Gehorsam mißverstanden worden seien und daß er die mißverstandenen Worte ändern und den Artikel so stellen und erklären wolle, daß man ihn auf keinen Mißverstand mehr solle ziehen können.

***

IV.

Hierauf antwortete Flacius mit seiner dem Könige von Dänemark gewidmeten Apologie [1]). Er beklagt sich im Eingang über den Ton, den Menius gegen ihn angeschlagen habe. „Sein Buch ist eine Posaune nicht nur zu einem, sondern zu vielen Kriegen und Streiten. — Ich wollt was Großes verwetten, daß in 20 Jahren nicht ein Buch ausgegangen, darin so viel Lästerns und Scheltens wäre und das so viel Habers erregte, wenngleich die Papisten wider die Evangelischen oder wir wider sie geschrieben haben. Es ist schwerlich eine Zeile darin, die nicht was Giftiges und Gräßliches in sich hätte." Und es ist wahr, Menius hat sich zu Ausdrücken und Redensarten fortreißen lassen, die man von dem alten Humanisten nicht hätte erwarten sollen; aber die Beschuldigungen und Lügen, die gegen ihn ausgestreut wurden, waren auch so flacianisch, daß die wegen ihrer Schärfe bekannte Feder des Menius sich auch in voller Kraft zeigen mußte; aber Unwahrheiten und Lügen hat sie nicht geschrieben.

Im ersten Theil seiner Schrift versucht Flacius sich gegen die von Menius gegen ihn vorgebrachten Beschuldigungen zu vertheidigen. Er habe ohne Noth gegen ihn geschrieben, und

---

1) „Apologia M. Fl. Illyrici, auff zwo vnchristliche Schrifften Justi Menii, darinnen von den grewlichen Verfelschungen der Adiaphoristerey vnd Majoristerey allerley nützlichs angezeigt wird. Anno MDLVIII."

daß er nicht seine Lehre, sondern seine Person bekämpfe, zeige deutlich, welche sonderliche große Lust und Freude er zum Habern habe, sowie daß er nichts Wichtiges in seinen Schriften tadeln könne. Daher schmähe er auch ihn und Andere, die sich die abiaphoristischen Irrthümer nicht gefallen lassen wollten, mit Unrecht eine Rotte und Schwärmer, wie man nur Diejenigen zu nennen pflege, welche schädlichen Irrthümern nachfolgten und von der Wahrheit und der Kirche Gottes abgefallen wären. Hingegen sind die Abiaphoristen und Majoristen eine rechte abgefallene Rotte, da sie falscher Lehre gefolgt sind und mit dem Antichrist gebuhlt haben. „Beiß mir das Nüßlein auf, lieber Meni, et eris magnus Apollo. Menius plaudert viel, daß er sich nicht habe wollen noch sollen an mich oder meine Rotte (wie er redet) hängen. Wer hat Solches je von ihm begehrt? Er mag sich in 1000 guten Jahren Namen an einen Baum hängen, oder wo er will, ich bin nur wohl zufrieden, daß er sich nicht an mich hänge."

Daß er nicht aus Ehrgeiz, auch nicht aus Neid und Haß mit seinen Schriften hervorgetreten sei, daß er vielmehr zuvor privatim und in aller Güte vor den kräftigen Irrthümern der Interimisterei, Abiaphoristerei und Majoristerei gewarnt habe, sei von ihm in seinem Buche von der Einigkeit klar bewiesen worden. Er habe sich dessen nicht ohne Beruf und nicht gegen die Kirchenordnung angemaßt. Das sei übrigens die gewöhnliche Einrede falscher Lehrer, wenn sie nichts gegen die Sache selbst vorbringen könnten. Man möge nur daran denken, mit welchen Gründen die jüdischen Hohenpriester den Propheten, Christo und den Aposteln entgegentraten. Die fragten auch: In welcher Macht thust Du dies? Oder wer hat Dir diese Macht gegeben? Wer bist Du? Warum taufst Du? Er habe sich zudem nie über alle Kirchen Christi und Schulen setzen und sie regieren wollen. „Denn wo habe ich irgend einen geringsten Pfarrherr zu regieren mich unterstanden? Wo habe ich einem geringsten Küster was geboten oder verboten? Wo habe ich mich irgend in einer Kirche unterstanden zu predigen, zu taufen, zu kommuniciren oder absolviren, zu formiren

oder zu reformiren?" — „Was aber belanget die Vokation.
ist zu wissen, erstlich ingemein, daß, obwohl die ordentlichen
Personen aus Gottes Befehl sollen und müssen Denen vorstehen,
welchen sie verordnet sind, auch sich Niemand in ihr Amt
mengen, sondern ihnen gehorsamen und folgen soll, so ist doch
solches nicht von der äußersten Noth zu verstehen. Denn Noth,
wie man sagt, bricht Eisen, Noth bricht auch Gesetz, und wie
auch die Juristen sagen, Necessitas non habet legem. — Hat
Bileams Esel recht gethan, daß er seines Herrn Thorheit gestraft hat? — Ich frage aber alle Christenmenschen, die da
wissen um die jämmerliche Sichtung der Kirche Gottes und
Gewalt der Finsterniß des 1547., 48., 49., 50. und 51.
Jahres, ob nicht über die Maßen hoch von nöthen sei gewesen,
die Schäflein Christi zu trösten, zu vermahnen zur Beständigkeit, zu verlegen so viel Interim u. s. w.?" — Durch sein
Taufgelübbe und die 10 Gebote sei er allerdings verpflichtet,
die göttliche Wahrheit zu vertheidigen und die Irrthümer zu
widerlegen. Wenn Menius ihm rathe, doch in sein Vaterland
zu gehen und sich seines Nächsten anzunehmen, so rede er wider
sich selbst; denn einmal habe er nicht erst lange überlegen
dürfen, wer sein Nächster sei, da die Noth groß gewesen, sodann
seien seine Landsleute gar nicht seine Nächsten, da sie noch in der
römischen Finsterniß gefangen wären, sondern die Evangelischen.
Menius werfe ihm vor, daß er nicht nach dem von ihm angeführten Spruche Matth. 18 mit ihm verfahren sei. Aber
der Streit sei nicht zwischen ihm und Menius, und nicht von
seinem Beruf wider Menius, sondern wider die Abiaphoristen gewesen; eine wirklich gar zu lächerliche Ausrede, zumal da Flacius
in demselben Buche Menius den Hauptführer der Abiaphoristen
nennt.

Zudem sei er nicht ohne allen menschlichen Beruf zu diesem
Werke gekommen. Denn er sei ein Studiosus der heiligen
Schrift gewesen und habe zu Basel, Tübingen und Wittenberg Theologie studirt; er habe als Magister geloben müssen,
nicht allein Philosophie, sondern auch die wahre Religion treulich lehren und fördern zu wollen. Nun dürfe allerdings ein

wittenbergischer Magister nicht an allen Univerſitäten leſen, aber doch Bücher ſchreiben und darin die Wahrheit dargeben und den Irrthum ſtrafen. Ferner ſei er 1545 von Churfürſt Johann Friedrich zu einem Lektor der heiligen Schrift Alten Teſtaments in ſeiner natürlichen Sprache berufen worden und habe damit ebenfalls Macht bekommen wider alle Irrthümer zu ſchreiben. Als er Oſtern 1549 Wittenberg verlaſſen habe, ſei er in Hamburg von dem dortigen geiſtlichen Miniſterium vermahnt worden, die Sache Gottes nicht zu verlaſſen.

„Menius ſagt viel von meiner Vokation; wie haben aber die Adiaphoriſten ihrer Vokation gewartet? Eben wie die Kundſchafter der Israeliten, die da hätten ſollen vorgehen dem Volk in das gelobte Land; da unterſtanden ſie es wieder zurück in Egypten hineinzuführen. Wer hat ſie berufen, die Kirche Jeſu Chriſti mit ihrem adiaphoriſchen Interim zu betrüben?

Wie hält ſich auch Menius nach ſeiner ordentlichen Vokation? Alſo daß er läuft von ſeiner Pfarre hinweg und bringet ſich in die Kirche zu Leipzig, da keine Kondition, wie ich höre, ledig iſt. Heißt das die göttliche Vokation hoch achten oder aber ein Allotriepiſkopus werden, einer, der ſich in eine andere Kirche einbringt, hineinbettelt, prakticirt und ſupplicirt oder hineinflicket, davon Paulus 1 Cor. 4 ſchreibet und ſolche That dem Diebſtahl vergleicht?

Iſt er nicht jetzt eben in dieſem ſeinem Schreiben ein Allotriepiſkopus, der ſich in ein fremd Land einbringt, daß er für die Adiaphoriſten antworten will, ſo ſie doch die Sache mehr angehet und ſie es beſſer könnten handeln, ſondern weil er ſelbſt bekennt, daß er die Sachen nicht verſtehe und gänzlich keinen gründlichen Bericht davon habe? Iſt das ſeines Berufs warten oder ein Allotriepiſkopus oder Allooſkopus ſein?"

In der Noth dürfe man nicht viel von dem Beruf diſputiren. „Wer hat berufen die jungen Kinder und den gemeinen Pöbel, daß ſie von Chriſto ſchreien wider der Hohenprieſter und Phariſäer Willen: Hosianna in excelsis Deo; benedictus qui venit in nomine Domini?"

Daß Menius ſage, er wiſſe nicht, ob Flacius getauft ſei,

ein Gewissen habe u. s. w., sei eine feindselige, lotterbübische Verleumbung; auch von Menius würden viele tausend, tausend
Menschen nicht wissen, ob er getauft sei; er glaube nicht, daß
er zwei gewisse Zeugen dafür aufbringen könnte. Was seinen
Glauben betreffe, so habe er sich zur Augsburgischen Konfession
bekannt und deren Lehre in vielen Schriften vertheidigt. Daß
er Jedermann urtheile und verdamme, und daß er den abiaphoristischen Streit nicht gern geschlichtet sehen möchte, sei eine
öffentliche Unwahrheit und unverschämte Lüge. Ebenso ungerecht
sei die Bezeichnung als Lästerer für ihn. „Ich will was
Großes verwetten und stelle es hiemit in aller frommen Christen
Urtheil, ob in allen meinen Schriften so viel Scheltens und
Schmähens sei, als in dieser einigen des Menii." Menius
werfe ihm Undankbarkeit gegen die Wittenberger vor; aber das
sei doch gewiß keine Undankbarkeit, wenn er sie davon zurückzuhalten suche, daß sie die Kirche Gottes wieder zum römischen Antichrist führten.

Im zweiten Theil bekämpft Flacius Menius als Vertheidiger der Adiaphoristen. Menius hatte mehrmals erklärt, daß
er nicht sicher wisse, was die chursächsischen Theologen gewilligt
hätten. Darauf erwidert Flacius: „Lieber Meni, Du bekennst
selbst, daß Du nichts Gründliches von der Sache wissest; darum
so weißt Du nicht, was Du glaubest, bedarfst auch keiner Antwort. — Zum Andern handelt auch dieser abiaphoristische Fürsprecher in diesem Stück überaus listig und boshaftig. Denn
er wollte gern die Leute überreden, daß auch diese Lehrer
und Kirchen zur Zeit des Interims die Abiaphoristerei gewilligt und gelobt hätten. Solches thut er aber gleichwohl nicht
öffentlich und mit ausgedruckter Beschuldigung, sondern zwacket
nur etliche Sprüche aus einem Bedenken von der Abiaphoristerei
zu Weimar Anno 1549 von den Theologen gestellt, zu welchem
sich auch Menius selbst bekennt, wie ich's denn auch mit seiner
eigenen Hand geschrieben gesehen habe. In welcher Sophisterei
oder Sykophanterei man dies crimen falsi nun sehr wohl
merken soll, daß er einen gestümpelten Spruch aus dem Anfang des
Bedenkens und den andern schier aus dem Ende zwacket und setzt

die beiden zusammen, gleich als sie also bei einander und nichts Anderes im obgedachten Bedenken stünden. Welches, sage ich, wohl zu merken ist, beide zu erforschen die Wahrheit und zu erkennen den Meister aus seinem Werk."

Ja wohl den Meister Flacius erkennt man aus diesem Beispiel als ein Muster absichtlicher Verdrehung und wissentlicher Lüge. Flacius mußte aus den Akten, die ihm zugeschickt worden waren, weil man Menius bei Hofe verdächtigt hatte, daß seine Mittheilungen aus denselben in mehreren Punkten gefälscht seien, wissen, daß Menius zu dem in Rede stehenden Bedenken sich nicht allein bekannt, sondern daß er dasselbe verfaßt hatte, und doch hat der Lästerer die Stirn, aus dem nemlichen Bedenken zu beweisen, daß die Theologen der herzoglichen Länder treu gegen alle Adiaphora gestanden hätten, während Menius durch nur theilweise Mittheilung desselben sie habe verdächtigen wollen, als hätten sie in das Interim gewilligt. Ja weiterhin erkennt er sogar Menius als Verfasser an und leitet daraus den Vorwurf des Wankelmuths und der Unbeständigkeit her, da er damals die Adiaphora so entschieden verworfen habe, jetzt aber so heftig vertheidige. Natürlich wer mit Lügen umgeht, dem passirt es leicht, daß er aus einer in die andere verfällt. Wie Menius sich in Wahrheit in dieser Angelegenheit verhalten habe, ist uns hinlänglich bekannt, und wir brauchen deshalb nicht weiter auf die Ausführungen von Flacius einzugehen.

Von seinen Kollegien in Wittenberg schreibt er: „Philippus hat sich erst selbst erboten gegen mir und Andern ohne meine Bitte, er wollte gern eine kurze Disposition oder Summas über den ganzen Psalter schreiben. Darum da ich sonst hab den Psalter lesen wollen, so hab ich's der Jugend zu gut gern geschehen lassen, sonderlich weil Dr. Creuziger, Ziegler und Andere ihn, daß er schreiben, und mich, daß ich anhalten wollte darum baten. Weiter da sich mehrmals zutrug, daß ich allzu oft mußte darum laufen und daß ich bisweilen 2 oder 3 Psalmos auslas, ehe ich die Summaria von ihm bekommen konnte, so wollte ich ihn auch nicht mehr darum ansprechen. Aber er selbst und die obgedachten Herrn vermahnten mich, daß ich mit

Anhalten nicht aufhören wollte. Hab's auch sonst nie heim=
lich gehalten, sondern öffentlich bekannt, daß die Summa
nicht mein sei. Hab auch nie von keinem Drucker, da ich
gleich darum angesprochen worden bin, etwas dafür begehrt,
sondern sie stracks zu ihm gewiesen. Derwegen so kann ich
fast mit gutem Gewissen sagen, daß mich das Papier, Laufen und
Anhalten mehr gekostet, denn ich Genieß davon gehabt habe.
Denn ich habe viel Zeit, Mühe und Sorge daran wenden
und verlieren müssen. Ich habe ja auch (ohne Ruhm zu reden)
zu Wittenberg ohne Hülfe Philippi griechisch gelesen gelehrten
Gesellen, als die Epistel Pauli an die Römer, Korinther,
Epheser und Galater, item das ganze Organon, Ethica, Poli=
tika, Rhetorika, Oekonomika und de anima Aristotelis, und
habe gleichwohl die Disputation darüber gemacht. Welche, so
Menius, Major und Pfeffinger dazu (die mir stets vorwerfen,
daß ich ungeschickt sei) lesen sollten, würden gewißlich darüber
genugsam schwitzen. Ich verhoffe aber, daß, weil ich über solche
schwere Bücher die Disposition gefunden, hätte ich über die
kurzen Psalmen die Disposition auch finden können."

Der dritte Theil handelt von dem angeblichen Irrthum
unseres Menius in Bezug auf die Lehre von den guten Wer=
ken, und wiederholt alle die Verdrehungen und Beschuldigungen
seiner Gegner, die wir schon kennen. Es wird nachgewiesen,
daß Menius diesen Irrthum in vielen Stellen seiner Schriften
verdammt habe; aber eben deswegen hätte man ihm auch
glauben sollen, daß er ihn nicht gelehrt habe, wie er so oft
versicherte.

V.

Auch Amsdorf mischte sich noch ein und versuchte in einem
besonderen Werke zu beweisen, „daß Justus Menius sein vo=
cation vnd kirche verlassen vnd von der reinen lehr des Evan=
gelii abgefallen sey".

Da in diesen Schriften die Thatsachen vielfach wissentlich und absichtlich entstellt, und doch in falschem Lichte dargestellt waren, so gab Menius in seinem „Bericht der bittern Wahrheit" eine aktenmäßige Darstellung von dem Verlaufe der Verhandlungen über das Interim und von seinem Streite über die Nothwendigkeit der guten Werke zur Erhaltung der Seligkeit. Trotzdem schwiegen Amsdorf und Flacius noch nicht; sie konnten zwar nicht leugnen, daß Menius die volle Wahrheit berichtet, gaben ihm nun aber Schuld, daß er den Streit von der Hauptsache abzulenken suche, und stellten sich, als ob Menius ihnen das furchtbarste Unrecht thue. Amsdorf machte seiner Galle Luft, indem er „von dem süßen Gift oder Lügen und bittern Zorn, Neid und Haß Justi Menii wider uns" schrieb, und verdammte in seinem „öffentlichen Bekenntniß der reinen Lehre des Evangelii und Konfutatio der jetzigen Schwärmer" Meniisten und Majoristen mit herzlichen Stoßseufzern über das Eindringen der leidigen Vernunft und Philosophie in die „Religion Luthers", wobei er die vorwurfsvolle Anfrage an den Herrgott nicht zu unterdrücken vermag: „Ach Gott, himmlischer Vater, wie kannst Du doch solche greuliche Lästerung Deines Namens dulden und leiden?" Endlich das „Register Illyrici etlicher bitteren Unwahrheiten Menii und Anderer" ist mehr ein Register etlicher bitteren Unwahrheiten Illyrici. In welchem Geiste das Werkchen geschrieben sei, zeigt sogleich folgender Tollhäusler-Schluß über den Titel von Menius Schrift: „Menius nennt im Titel sein Buch ‚die bittere Wahrheit'. Nun ist die wahre Wahrheit Gottes süßer (wie der 19. Psalm bezeugt) denn Honig und Honigseim. Darum so muß die Meintzische Wahrheit keine wahre Wahrheit, sondern nur eine falsche Wahrheit sein." Wenn er fragt, warum Menius die Schriften und Bekenntnisse, welche er gegen die Adiaphora gemacht zu haben sich rühme, nicht damals der Kirche zum Trost und Unterricht in Druck habe ausgehen lassen, so muß man annehmen, daß Flacius bei Menius eine eben solche Frechheit und eben solchen Ungehorsam voraussetzte, wie er besaß, da er so gut, wie wir jetzt, aus den Alten wußte, daß die Herausgabe von den Fürsten verboten worden war, oder daß er wider besseres Wissen und Gewissen sich stellte, als kenne er die Akten nicht. Im weiteren Verlaufe aber behauptet er, daß das von Menius gestellte Bedenken über das Leipziger Interim nicht viel besser sei als die Adiaphoristerei selbst, während er doch in seiner Antwort „auf das Ausschreiben der zwei Universitäten und die Invectiva Scholasticorum"[1]) aus diesem Bedenken lang und breit beweist, daß Menius früher ein entschiedener Gegner des Interim und der Adiaphora gewesen und erst jetzt „ein fürnehmster Patron und Fürsprecher der Adiaphoristen" geworden sei. So geht's, wenn ein Lügner kein gutes Gedächtniß hat.

Menius war in der letzten Zeit so sehr in den Eifer des Streites hineingerathen, daß er diese Schriften schwerlich unbeantwortet gelassen haben würde, wenn ihn nicht der Tod von diesem Kampfplatze abgerufen hätte.

---

1) „Auff das außschreiben der zweten Bniversiteten, vnd die Invectivam Scholastirorum, Antwort M. Fla. Illyrici, darin die Adiaphoristen aus jren eigen Schrifften vnd zeugnissen, jrer grewlichen Bulerey mit der Babylonischen Bestien vberwiesen werden. Gedruckt zu Jhena, durch Thomas Rewart MDLVIII."

Zweites Kapitel.

Menius' Privatleben und Tod.

I.

In Leipzig wurde Menius die Freude zu Theil, den Abend seiner Tage mit einem hervorragenden Gliede jenes Freundschaftskreises zu verleben, der ihm seine Jugend versüßt und sein ganzes Leben hindurch vor theologischer Einseitigkeit bewahrt hatte. Er fand dort Camerarius wieder, den dieses Wiedersehen mit großer Freude ergriff. Auch an Pfeffinger gewann Menius bald einen treuen Freund, da sie durch gleiche theologische Anschauung sowie durch den Kampf mit gemeinsamen Gegnern zusammengeführt wurden. Allein es war ihm nicht vergönnt, dieses Glück lange zu genießen. Schon seit mehreren Jahren war Menius leidend; in Königsberg hatte ihn ein heftiges Fieber lange Zeit ans Krankenlager gefesselt. Die Aufregung in seinem Streit mit Flacius, den er mit großer Heftigkeit führte, mag seinem geschwächten Körper den Todesstoß gegeben haben. Er starb am 11. August 1558.

Melanchthon beschreibt in seiner Vorrede zu Menius' Predigten über die Epistel an die Römer sein Lebensende also: „Es ist auch der christliche Abschied des Herrn Justi Menii aus diesem Leben ein Zeugniß seines guten Gewissens, rechten

Glaubens und rechter Anrufung. Denn Alle, so um ihn ge-
wesen sind in seiner Krankheit, wissen, daß er täglich seine
Konfession wiederholt hat. Und neulich hat er eine klare lange
Bekenntniß seines Glaubens von allen Artikeln gethan, in
Gegenwärtigkeit der ehrwürdigen Herren Dr. Johänn Pfeffinger,
Dr. Salmus und anderen Herren, hat sich also damals und
sonst oft fröhlich dem Sohne Gottes befohlen mit Erholung
dieser tröstlichen Verheißung: Also hat Gott die Welt geliebt
u. s. w., item: Wahrlich, wahrlich, ich sage Euch, wer meine
Rede höret, und glaubet dem, der mich gesandt hat, der hat
das ewige Leben. Er hat auch ernstlich gebetet, daß Gott diese
Lande gnädiglich bewahren wolle und wolle nicht Zerstörungen
der Kirchen und ehrlichen Regimente kommen lassen, hat auch
harte Rede gehabt wider Servetum und alle Mahommetisten,
die den Sohn Gottes lästern. Aus diesem Allen zu verstehen
ist, daß des frommen christlichen Mannes Leben und Sterben
ein Zeugniß ist gewesen vom Herrn Christo. Darum er in
diese Zahl zu rechnen, davon geschrieben ist: Beati mortui,
qui in Domino moriuntur.“

Auf die Nachricht von seinem Tode schrieb Melanchthon
seinem Schwiegersohne Eusebius Menius einen Trostbrief [1]),

1) „Eusebio Menio, filio.
S. D. Carissime fili, hodie ad vos accessuri eramus ego, Caspar
et Esromus, et auriga conductus erat; sed acceptis tuis literis ante
meridiem, dolore retentus sum, quem mihi . . . . recordatio historiae
triginta annorum adfert. Amicitia mihi cum patre tuo non est orta
a juvenilibus voluptatibus, sed ex societate maximorum negotiorum,
et quae Ecclesiae utilissima fuerunt. Sustinuit pater amplius annos
triginta in Thuringia omnia officia Episcopi, recte docuit suas Ecclesias, judicavit controversias dogmatum, refutavit adversarios optimis
scriptis, rexit inspectiones Ecclesiarum, de multis maximis negotiis
contulit mecum suas cogitationes. Ex his tantis causis orta et con-
firmata amicitia duravit et durabit in aeternum. Non possum igitur
non dolere tali orbatus amico. Deinde familiae causa doleo. Sed or-
filium Dei, custodem Ecclesiae, ut nos omnes servet et gubernet, et
orphanorum nostrorum pater sit. Hac consolatione leni tuos dolores,
quod Deus vult orphanis opitaluri. Paterna officia tibi et filiae meae,

der Zeugniß ablegt von der treuen Freundschaft, welche beide Männer im Leben verbunden hat, sowie von dem Schmerze, der den überlebenden ob des heimgegangenen Freundes ergriff.

Pfeffinger hielt ihm den 13. August die Leichenrede über Jes. 57, 1. 2: „Aber der Gerechte kommt um, und Niemand ist, der es zu Herzen nehme; und heilige Leute werden aufgerafft und Niemand achtet darauf. Denn die Gerechten werden weggerafft vor dem Unglück; und die richtig vor sich gewandelt haben, kommen zum Frieden und ruhen in ihren Kammern." Er rühmte den Verstorbenen als einen treuen, frommen, christlichen und gelehrten Mann. Auch Georg Major veröffentlichte eine Lobrede auf seinen Gesinnungsgenossen. [1]

II.

Die Familienverhältnisse von Menius sind wenig bekannt. Er scheint zweimal verheirathet gewesen zu sein. Aus erster Ehe wurde ihm am 7. November 1524 sein ältester Sohn Justinus, am 19. Januar 1527 sein zweiter Sohn Eusebius geboren. Beide besuchten das Gymnasium zu Eisenach; bei der vielfachen Abwesenheit des Vaters führte Voëtius, der Rektor der Schule, die Aufsicht über sie. Der unruhige Geist von Justinus machte dem Vater viele Sorge. Melanchthon stellte ihm das Horoskop und fand, daß die Gestirne eine große Neigung zum Kriegerstande zeigten; man müsse ihm die Zügel straff halten. Er wurde zwar, nachdem er eine Zeit lang Lehrer an der Schule zu Mühlhausen gewesen war, da er als ein frommer und fleißiger Mann empfohlen wurde, 1550 zum Verwalter des

---

tuae conjugi, praestabo donec Deus concedet. Plura scribere non potui properantetabellario. Bene vale et repugna dolori. Wittenbergae 13. Aug. a. 58.　　　　　　Philipp. Melanth."

1) G. Majoris Epicedion Justi Menii.

Stifts zu Gotha ernannt, indessen verwirkte er einen Rest
von 2106 Gulden und mußte 1580 dem Rathe zu Weimar
einen Versicherungsbrief über diese Summe ausstellen. Hingegen Eusebius machte tüchtige Fortschritte in seinen Studien
und wurde Magister und Professor der Philosophie zu Wittenberg. Er war Schwiegersohn Melanchthons [1]).

Als Luther im August 1540 in Menius' Hause in Eisenach
herbergte, hatte er große Freude an seinem Söhnchen Timo-
theus [2]). Eine Tochter Elijabeth. heirathete Seb. Boëtius,

---

1) Melanchthon schrieb 1546 an Menius: „De filio tuo adhuc bene
spero. Sed si est vere Martia natura, non acerrimo repugnemus.
Itaque genesin mihi mitti volo. Moveor nota, quam in facie habet;
sed si est jnvenilis cupiditas, omnino frenanda est. Et adhuc frenum
injiciendum esse censeo. Eusebius amat litteras et feliciter discit. Si
Justini genesis vere Martia est, aliquid consilii reperiemus, nec
festinandum censeo." — Am 9. September übersandte er seine Beobach-
tungen: „Filiorum genesce tibi mitto. Valde difficile est repugnare
naturae. Video Justinum esse feroculum, et decus in re militari con-
secuturum, si militiam sequeretur; sed difficultates etiam minatur
Martis et Saturni oppositio. Frenandum esse adhuc judico. Delibera-
bis autem, an velis eum aut scribam esse apud aliquem bellatorem
aut studiosum doctrinae causidicorum. Ad haec erit idoneus. Nostram
tenuiorem philosophiam et disputationes exiles geometricorum, physi-
corum et ethicorum non tractabit." — Unter das Horoskop von Justinus schrieb er: „inquieto ingenio est et ad negotia Martia accommo-
dato"; unter das von Eusebius: „pericula ex lapsibus et inimicitiis
magna, sed ingenio valet". (Corp. Reform. [ed. Bretschn.] V, 779.
848; VII, 553.) — Luther schrieb am 11. August 1542: „Mirum,
quam mihi placuit filiorum tuorum, mi Juste, improbitas et impor-
tunitas, qui, ut tibi similes et te parentem referrent exemplo per-
fectae diligentiae, non reliquerunt mihi otium, donec extorquerent re-
sponsum. Deus det, ut sic in omnibus sint et perseverent tales, praesertim quae ad pietatem et honestatem pertinent, quod opto et peto,
ut voluntate Dei fiat etiam in meis liberis." de Wette V, 488. —
Vgl. Beck, Joh. Friedr. d. M. II, 138.

2) Luth. Br. (ed. de Wette) V, 300: „Nihil est, mi Juste, quod
sollicitus sis, quam simus in domo tua accepti aut tractati: plus est
actum, quam merebamur adeoque quam volebamus. Promtissimae
fuerunt et sedulae omnium voluntates et operae, praesertim uxerculae

als er Superintendent in Halle war; eine Stieftochter war mit Magister Lindner verheirathet.

Auch Nahrungssorgen waren unserm Menius nicht fremd. Hatte er auch gerade nicht mit Mangel zu kämpfen, so wurde es ihm doch schwer seine Söhne auf der Universität zu erhalten. Die Besoldungen waren in jener Zeit überhaupt gering, auch wenn man die Billigkeit aller Lebensbedürfnisse berücksichtigt; besonders dürftig aber waren sie für die evangelischen Geistlichen. Denn eines Theils war der Gedanke, daß die evangelischen Geistlichen meistens auch eine Familie zu versorgen hatten, der damaligen Welt noch zu neu, als daß er die gehörige Berücksichtigung sogleich hätte finden sollen, und deshalb hatten sie, wenn das Glück gut war, dieselben Einnahmen zu beziehen, die ihren katholischen Vorfahren zugestanden hatten. Anderntheils aber lag es in der noch von einem Stückchen Bauernaufruhr geschwängerten Luft, daß man der Kirche und den kirchlichen Stellen so viel als möglich zu entziehen suchte; von dieser Luft waren auch die besten evangelischen Fürsten nicht unberührt geblieben; keiner wollte bei der Säkularisirung der Klöster seine Taschen ganz leer ausgehen lassen; und eine unparteiische Geschichtsdarstellung kann nicht leugnen, daß von den Gründen gegen eine Aussöhnung mit der alten Kirche die Frage wegen der Kirchengüter nicht in letzter Reihe stand. Endlich wurden aus den vorhandenen kirchlichen Mitteln auch noch die alten Priester und sonstigen Personen, welche Ansprüche darauf hatten, für ihre Lebenszeit versorgt, und erst was übrig blieb, gehörte den neuen Predigern. Die Gemeinden verstanden sich selten dazu, ihnen etwas zuzulegen; ganz natürlich, da die Reformation nicht aus ihnen herausgewachsen war und sie auch nicht zur Ordnung und selbständigen Verwaltung der kirchlichen Angelegenheiten herangezogen wurden. Was sie geben mußten, gaben sie mit Widerwillen; wo sie etwas abzwacken konnten,

---

tuae. Filium tuum Timotheum animi gratia docebamus surripere nuces, idque videbamus et gaudebamus, eratque nostrum theatrum vel solus satis jucundum." Vgl. p. 303 u. 334.

thaten sie es mit Herzenslust. Ausnahmen von dieser Regel waren sehr selten und in der Regel durch die liberale Persönlichkeit des Predigers veranlaßt. An manchen Orten, z. B. in Eisenach, kam hinzu, daß die Kasualien nicht bezahlt wurden (in Eisenach hatte es Strauß abgeschafft, und so blieb es bis gegen 1550), und dies verursachte in einer einigermaßen bedeutenden Gemeinde schon einen großen Ausfall.

Als Menius Superintendent zu Eisenach wurde (1529), bekam er 80 Gulden; bei der zweiten Visitation (1533) wurde seine Besoldung auf 100 Gulden erhöht. Dazu verwilligte ihm der Churfürst noch ein Gnadengeld von 50 Gulden, welches er auch noch in Gotha fortbezog. Hier hatte er außerdem 100 Gulden, 6 Erfurter Malter Korn, 3 Malter Gerste, 2 Malter Hafer, 20 Schock Reisigholz zu beziehen und eine halbe Hufe Landes und einen Acker Wiese zu benutzen [1]). So lange er die Superintendentur Eisenach mit verwaltete, bezog er davon noch 30 Gulden, aber nach seiner Versicherung reichten dieselben nicht immer für die Kosten bei der jährlichen Visitation der umfangreichen Diöces.

Zum Studium seiner Kinder sollte er noch ein Lehen von 44 Gulden haben.

Gewiß ein sehr kärgliches Einkommen für einen Mann von der außerordentlichen Thätigkeit eines Menius.

III.

Diese Thätigkeit reicht zwar noch nicht an die von Luther und Melanchthon hinan, bleibt aber immerhin staunenswerth,

---

1) Bei einer Feststellung des Pfarreinkommens in der Diöces Eisenach im Jahre 1545 wird ein Erfurter Malter Korn zu 3 Gulden angeschlagen, ein Malter Gerste 2 Gulden, ein Malter Hafer 1 Gulden 10 Groschen 6 Pfennige, der Ertrag einer Hufe Landes von 30 Ackern zu 5 Gulden, der Ertrag eines Ackers Wiesewachs 1 Gulden.

wenn man sich vergegenwärtigt, daß er einen kirchlichen Sprengel
verwaltete, in den sich bis in neuere Zeit zwei Generalsuperinten-
denten theilten, daß er fast täglich predigte, und daß er trotzdem noch Zeit fand zu allgemeinen Kirchenvisitationen, zur Bekämpfung von Sektirern und Irrlehrern innerhalb und außerhalb
des Landes und zur lebhaftesten Theilnahme an allen kirchlichen und theologischen Vorgängen seiner Zeit. Seine humanistische Bildung setzte seinen Geist in den Stand, sich leicht
in die verschiedensten Lebensverhältnisse und Gedankenkreise
hineinzufinden und dieselben frei zu beurtheilen. Seine schrift-
stellerische Thätigkeit war populär im edelsten Sinne des Wortes
und trug unstreitig zur Verbreitung und zur Befestigung des
evangelischen Sinnes unter den Gebildeten sehr viel bei. Ein
gewisser praktischer Instinkt lehrte ihn für seine Schriften
Themata wählen, die unmittelbar ins Leben eingriffen. Dahin
gehören namentlich auch seine exegetischen Arbeiten[1]). Eine
derselben möge hier noch kurz besprochen werden.

Im Jahre 1532 gab er eine Erklärung des ersten Buches
Samuelis heraus. Der biblische Text wird in erbaulicher
Weise ausgelegt und auf die damaligen Zeitverhältnisse ange-
wendet. Die Lehre vom Glauben und dessen Kraft wird ganz
besonders berücksichtigt. Die Zeiten Eli's, da des Herrn Wort
theuer war, vergleicht er den Zeiten vor Luthers Auftreten.

---

1) Die Stelle Röm. 7, 11 f. erklärt er in folgender Weise: „Ich
weiß, daß in mir, das ist in meinem Fleische, wohnet nichts Gutes. Wollen
habe ich wohl (aus dem heiligen Geist), aber vollbringen das Gute
finde ich nicht (in meiner Natur und Kräften). Denn das Gute, das
ich will (dazu mich der heilige Geist treibt), thue ich nicht, sondern das
Böse, das ich nicht will (nach des heiligen Geistes Anregung), das thue
ich (wider den heiligen Geist aus angeborner und aufgeerbter Sünde,
welche auch nach der Wiedergeburt in den heiligen Gotteskindern übrig
ist). So ich aber das thue (nach dem Fleisch), das ich nicht will
(nach dem Geist), so thue ich's (der ich in Christo neu geboren bin) nicht,
sondern die Sünde, die in mir wohnet (das ist, die nach der Wiedergeburt in meiner Natur noch übrig ist und darin sich regt), die thut's.
(Von den Blutfreunden aus der Wiedertauff. E iij.)

Sauls Werke sind ihm ein Vorbild der papistischen Werke, Sauls unholdes Gemüth gegen seinen Sohn Jonathan ein Vorspiel der wiedertäuferischen Greuel; auch für den römischen Antichrist und die sakramentirerischen Irrgeister findet er Exempel. Samuel ist nicht der Verfasser der nach ihm benannten Bücher, weil in ihnen Vieles erzählt wird, was erst nach seinem Tode geschehen ist; aber sie tragen seinen Namen, weil Alles, was sie enthalten, nach dem durch Samuel geredeten Worte Gottes geschehen ist. In der Vorrede spricht er von dem Nutzen der biblischen Geschichte und dem Unterschiede derselben von der Profangeschichte. Die letztere eröffnet nur menschliche Anschläge, schärft zwar das Urtheil und verhilft zu weltlicher Klugheit, aber sie führt nicht zur Seligkeit und Gewißheit und vermag nicht die wahre Ursache zu zeigen, welche alle menschlichen Anschläge und Begebenheiten lenkt und leitet. Dadurch wird die menschliche Vernunft nicht gebessert, sondern wider Gott gereizt, von dem sie voll böser Meinung steckt und den sie für ihren Feind hält. Daher die Beschwerden der Historiker über das Glück und Schicksal der Menschen. Dagegen die biblischen Historien erzählen nicht schlechtweg den Verlauf einer Sache, sondern zeigen dabei den alles regierenden heiligen Willen Gottes an. Daher entspringt aus der Beschäftigung mit denselben der unaussprechlich große Nutzen, daß man daraus den göttlichen Willen gewiß erkennen, die Kraft des göttlichen Worts verstehen, darin den Beweis für die ganze Lehre des Neuen Testaments und Zeugnisse für die Einigkeit des Glaubens finden und aus den herrlichen Glaubensexempeln Trost in Noth und Tod schöpfen lernt. Saul, da er die Ammoniter angriff, Jonathan, da er ins Lager der Philister einfiel, David im Streit wider Goliath sind solche Exempel von der Kraft und Wirkung des Glaubens. [1])

---

1) In der Vorrede, welche Luther zu dieser Schrift schrieb, tadelt er zuerst die Väter, weil sie mit den Geschichten der Art sehr unglücklich umgegangen seien, indem sie das Hauptwerk von dem durch Liebe thätigen Glauben (wodurch sie einzig und allein von weltlichen Historien unterschieden wären) vergessen und auf allerhand kaltsinnige seltsame Allegorien

Die ihm natürliche Milde wurde in der Hitze des Streites zur schneidenden Schärfe und bittern Satire und machte ihn zum gefürchteten Gegner [1]); aber in seinen theologischen Ansichten stand er doch trotz aller Hochachtung und Verehrung gegen Luther seiner ganzen Natur gemäß mehr auf Seiten seines innig geliebten Lehrers und Freundes Melanchthon. Aus dem heiteren Freundeskreise der Jugend hat er auch im Alter ·den Sinn für die Freuden des Lebens behalten, aber doch im Glauben an die Astrologie und bei der Noth der Gläubigen das Ende der Welt nahe geglaubt·[2]).

---

gefallen, womit sie die biblischen Historien zu tobten Schatten gemacht hätten. „Non ita fecit Menius hoc libello, sed ad fontem et caput revocavit omnia et fidem sanctorum erga Deum in historiis eminere docet, qua arte implevit illud, quod in oratorum et doctorum laude est, scilicet veteribus novitatem, obscuris lucem, contemtis gratiam addere et feliciter miscere utile dulci. Nam si hunc commentarium priscis conferes, videbis et ipsas historias per fidei usum velut per baptismum suum renasci et novas fieri et nobis nostro etiam seculo, imo in perpetuum vivere." Vgl. Unsch. Nachr. 1710, S. 263.

1) Es finden sich viele Klagen über seine spitzen Worte, aber auch viele Bewunderung seiner scharfen Dialektik, je nach dem Standpunkte des Beurtheilers. Mörlin sagte von ihm: „Ich kenne D. Menii Feder, wird die rauschen, so wird der Teufel auf dem Gegentheil Abt werden."

2) „Bedenke nur bei Dir selbst, was doch so viele große, mancherlei und erschreckliche Zeichen, die in so gar kurzer Zeit, beide am Himmel und auf Erden geschehen, bedeuten mögen, ja forsche die Schrift und siehe, ob's nicht die Zeichen seien, die unser lieber Herr Jesus Christus als Zeichen seiner herrlichen Zukunft verkündigt hat Luk. am 21. Ob Du aber der Astronomie Kunst und Ursachen Dich etwas bewegen lassen und denken wolltest, seien ja große, seltsame und wunderliche Zeichen geschehen und gesehen worden, so seien auch darauf ja so große, seltsame und wunderliche Fälle und Aenderungen auf Erden erfolgt, welche Fälle solch Himmels - und andere Zeichen bedeutet, und damit nun ihre Deutung und Wirkung also vollendet haben, wie wir denn gesehen und gehört, daß es in viel großen Königreichen und Herrschaften, als Dänemark, Ungarn, Frankreich, Robus, Roma und Oesterreich sich so schrecklich und seltsam begeben hat.

·Darum so will ich den Sternkundigen in ihre Kunst, als der ich gar ·unverständig bin, gern ungegriffen und ungefrevelt lassen und ihnen zu

Sein Name hatte einen guten Klang in evangelischen Landen; nach Lüneburg, Magdeburg, Merseburg, Schmalkalden, Straßburg wurde er als Superintendent oder Bischof begehrt; aber er wünschte den Kirchen, denen er seine Manneskraft geweiht hatte, zu dienen bis ans Ende seiner Tage, und er that es, bis er unverdienter Weise und durch nicht zu rechtfertigende Maßregeln bestimmt wurde, zu weichen. Aber mit ihm wich nicht sein Geist und der Segen seiner Arbeit. Die von ihm reformirten Landestheile haben fort und fort frei von aller orthodoxen Starrheit nach rechter evangelischer Freiheit gerungen; noch heute weht sein milder Sinn, der Zeit angepaßt, in ihnen, gepaart mit seinem christlichen Ernste. Im Geiste seines Reformators hat Thüringen, das Land der deutschen Mitte, stets dem Evangelium mehr gehuldigt als dem Lutherthum.

Gefallen willig glauben, daß sie der Welt Läufte aus des Himmels Zeichen viel vermerkt haben, und solche Zeichen die Dinge, so die Zeit daher ergangen, bedeutet und angezeigt haben mögen; aber das sollen sie nicht mir sondern meinem lieben Herrn Jesu Christo zu Gefallen und Ehren, ob sie wollen, auch glauben, und ob sie gleich auch nicht wollen, dennoch ohne ihren Dank lassen wahr sein und bleiben, ja auch endlich mit allen Kreaturen erfahren und Gott gebe mit Gnaden inne werden, daß solche Himmelszeichen und seltsame Weltläufte ihre Endschaft noch nirgend erreicht noch ausgerichtet haben, sondern in ihrem Deuten noch allesammt zugleich stille stehen, zeigen und zeugen auf den heutigen Tag noch immerdar stark und fest, daß die herrliche und selige Zukunft unsers allmächtigen Erlösers Jesu Christi vorhanden und nahe sei." (Der Wiedertäufer Lehre und Geheimniß.)

Anhang.

Verzeichniß
von
Menius' Schriften.

1.

In was Glauben vnd Meynung die Kyndlein zur heyligen Tauff zu forddern seyen. Item: Wie des heyligen Leichnambs vnnd Blutts vnsers HErren Christi fruchtbarlich zu niessen. Kurtzer vnnd eynfaltiger Vnterricht Justi Menii. 1525. In 4. 2 Bogen.

2.

Sprüche Salomonis, verdeutscht, 1526 in Erfurt gedruckt.

3.

Widder den Hochberumbten Barfußer zu Erffurt, D. Cunrad Klingen, Schutzred vnd grundliche Erklerung etlicher Haubtartikel Christlicher Lere durch Justum Menium. Mit einer Vorrede Martini Luthers. Wittenberg 1527.

4.

Etlicher Gottlosen vnd widderchristlichen lere von der Papistischen Messen, so der Barfusser zu Erfurt D. Konrad Kling gethan, Verlegung durch Justum Menium am Sonntag Reminiscere geprediget 1527. Mit einer kurzen Vorrede Luthers. — Am Ende: Gedruckt zu Wittemberg durch Hans Lufft 1527.

5.

Kommentarius über die Apostelgeschichte, 1527 zu Nürnberg gedruckt.

6.

Erynnerung was denen, so sich ynn Ehestand begeben, zu bedenken sey. Just. Menius. Wittemberg 1528. — Am Ende: Gedruckt zu Wittemberg durch Nickel Schirlentz MDXXVIII.

7.

An die hochgeborene Fürstin, Fraw Sibilla Hertzogin zu Sachsen, Oekonomia Christiana, das ist, von Christlicher Haushaltung Justi Menij. Mit einer schönen Vorrede D. Martini Luther. Wittemberg MDXXIX. — Am Ende: Gedruckt zu Wittemberg durch Hans Lufft. Im Jare MDXXIX.

8.

Der Widdertauffer lere vnd geheimnis, aus heiliger schrifft widderlegt, Mit einer schönen Vorrede, Martini Luther. Psalm LXIII. Wittemberg MDXXX. — Am Ende: Gedruckt zu Wittemberg durch Nickel Schirlentz MDXXX.

9.

Ad Apologiam Joannis Croti Rubeani Responsio amici, ad quem privatim eam scripsit.

10.

Katechismus Justi Menii. 1532.

11.

In Samuelis librum priorem Enarratio, Justo Menio Auctore. Wittenberg 1532.

12.

Lutheri Commentarius in epist. ad Galatas ins Deutsche übersetzt 1535.

13.

Sepultura Lutheri. Ecce quomodo moritur justus, et nemo est qui considerat. 1538. 4. 4 Bogen.

14.

Wie ein iglicher Christ gegen allerley lere, gut vnd böse, nach Gottes befelh, sich gebürlich halten sol. Justus Menius. Mit einer Vorrhede D. Mart. Luther. Wittemberg MDXXXVIII. — Am Ende: Gedruckt zu Wittemberg durch Nickel Schirlentz MDXXXVIII.

15.

Von dem Geist der Widerteuffer. Justus Menius. Mit einer Vorrede D. Mart. Luther. Wittemberg MDXLIIII. — Am Ende: Gedruckt zu Wittenberg, durch Nickel Schirlentz MDXLIIII.

16.

Ein tröstliche Predigt, oder der Leich vnd Begrebnis, des Erwirdigen HERrn Friderichen Mecums, Pfarrherrn vnd Superattendenten zu Gotha. Durch Justum Menium: Pfarrherrn vnd Superattendenten zu Eisenach, am VIII tage Aprilis, Anno MDXLVI gethan. Selig sind die Todten, die im Herrn sterben. Apoka 14. Gedruckt zu Wittemberg, durch Georgen Rhaw.

17.

Von der Notwehr vnterricht: Nützlich zu lesen. Durch Justum Menium. Witteberg MDXLVII. — Am Ende: Gedruckt zu Witteberg, bey Veit Creutzer MDXLVII.

18.

Konfession vnd Bekenntnis des Glaubens der durchleuchten Hochgebornen Fürsten vnd Herrn Herrn Johans Fridrichen des mittlern, Herrn Johans Wilhelm, vnd Herrn Johans Fridrichen des jüngern Hertzogen zu Sachsen Landgrauen zu Düringen vnd Marggrauen zu Meissen re. landschafft zu Düringen obergeben auffm landtage zu Weimar. Anno MDXXXXIX. Psalm 119. Ich rede von deinen zeugnissen für Königen, vnd scheme mich nicht. Gedruckt zu Königsberg in Preussen.

19.

Der C. vnd XXVIII. Psalm, vom heiligen Ehestande. Justus Menius. Wittemberg 1550. Gedruckt zu Wittemberg, durch Veit Creutzer.

Angedruckte Schriften.

32.

Justi Menii Buch, das einem christen nicht geziemet auf einmahl mehr dan ein einiges eheweib zu haben. Anno 1542. (Heidelberger Universitätsbibliothek.)

33.

Preussische Handelunge der kurfürstlichen Sechsischen Gesandten mit den Osiandristen vber den Artikul von der Justifikation oder Rechtfertigung des Glaubens ausgeben durch Justum Menium. (Weim. Comm.-Arch.)

Verlorene Schriften.

34.

De usu historiae sacrarum litterarum. Cf. de Wette IV, 311. (Wenn diese Schrift nicht ein und dieselbe ist mit der Enarratio in Samuelis librum priorem! Was um so mehr möglich ist, da Luther noch vom Manuskript spricht und deswegen vielleicht den Titel nicht kannte, sondern nur den Inhalt. Und dieser ist wirklich praktische Auslegung der biblischen Geschichte. Auch schrieb Luther hernach eine Vorrede dazu über den Nutzen der biblischen Geschichte.)

35.

Ein kurzer vnd ehnfeltiger „Vnterricht" über Taufe und Abendmahl, weil darin „nicht allehn mit grossen und groben Vnverstand, sondern auch mit erschrecklicher Vnachtsamkeit vnd Vnordnung gefahren" worden.

36.

Lutheri Feder. (Doch ist es ungewiß, ob diese Schrift gedruckt worden ist; sie sollte 1549 anonym in Magdeburg gedruckt werden und war gegen den Erzbischof von Mainz gerichtet. Vgl. Bericht Illyrici etlicher bittern Unwahrheiten Menii F.)